Die Haftung des Verkäufers für Sachmängel und Falschlieferung nach dem Wiener Übereinkommen über den internationalen Warenkauf unter Berücksichtigung des deutschen und griechischen Rechts

Inaugural-Dissertation
zur Erlangung des Doktorwürde
einer Hohen Juristischen Fakultät
der Ludwig-Maximilians-Universität
zu München

vorgelegt von

Sofia Stathouli

2006

Referent: Professor Dr. Dr. h. c. mult. Claus-Wilhelm Canaris
Koreferent: Professor Dr. Helmut Köhler
Tag der mündlichen Prüfung: 18. Juli 2006

Sofia Stathouli

Die Haftung des Verkäufers für Sachmängel und Falschlieferung nach dem Wiener Übereinkommen über den internationalen Warenkauf unter Berücksichtigung des deutschen und griechischen Rechts

2., unveränderte Auflage

UTZ

Herbert Utz Verlag · München

Rechtswissenschaften

Herausgegeben von

Prof. Dr. Thomas Küffner
küffner maunz langer zugmaier, München

Band 51

Zugl.: Diss., 2006

Bibliografische Information der Deutschen Nationalbibliothek:
Die Deutsche Nationalbibliothek verzeichnet diese Publikation in der Deutschen Nationalbibliografie; detaillierte bibliografische Daten sind im Internet über http://dnb.d-nb.de abrufbar.

frühere Ausgabe: ISBN 978-3-8316-0634-4

ISBN 978-3-8316-8144-0

Printed in EU
Herbert Utz Verlag GmbH, München
www.utzverlag.de

Meinen Eltern,
die sich ohne Rücksicht auf sich selbst
für mich einsetzen

Vorwort

Die vorliegende Arbeit stellt die überarbeitete und aktualisierte Fassung der im Wintersemester 2004-2005 unter dem Titel „Die Haftung des Verkäufers für Sachmängel und Falschlieferung nach dem Wiener Übereinkommen über den internationalen Warenkauf unter Berücksichtigung des deutschen und griechischen Rechts" bei der Juristischen Fakultät der Ludwig-Maximilians-Universität München eingereichten Dissertation dar.

Professor *Dr. Dr. h. c. mult. Claus-Wilhelm Canaris* hat diese Arbeit angeregt und betreut. Für seine umfassende wissenschaftliche und persönliche Unterstützung fühle ich mich ihm zu tiefsten Dank verpflichtet. Herrn *Professor Dr. Helmut Köhler* ist für das Zweitgutachten mit seinen hilfreichen Hinweisen zu danken. Dank gebührt auch meinen Athener Lehrern Professor *Dr. Michael Stathopoulos,* Professor *Dr. Philippos Doris* und Professor Dr. *Ioannis Karakostas,* die mich bereits in meinen Studienjahren gefördert und ermutigt haben, das Magister- und Doktorstudium an der Ludwig-Maximilians-Universität in München durchzuführen. Die Stiftung „KONRAD ADENAUER" und die Stiftung „ALEXANDER S. ONASSIS" haben durch ein Promotionsstipendium meinen Aufenthalt in Deutschland wesentlich erleichtert, wofür ich ihnen ebenfalls Dank schulde.

Zuletzt möchte ich mich bei den Assistenten meines Betreuers Herr *Dr. Carsten Herresthal* und Frau *Christa Hausmann* für ihre wertvollen Ratschläge bedanken.

Sofia Stathouli

Athen, im Juli 2006

Inhaltsübersicht

Inhaltsverzeichnis

Kapitel 2

Die Vertragswidrigkeit der Kaufsache
Die Haftung des Verkäufers für Sachmängel und Falschlieferung im Wiener UN-Kaufrecht im Vergleich mit dem deutschen und griechischen Recht

Kapitel 3
Die Rechtsbehelfe des Käufers bei der Lieferung einer vertragswidrigen Ware im Wiener UN-Kaufrecht im Vergleich mit dem deutschen und griechischen nationalen Recht

Abkürzungsverzeichnis

a. A.	andere Ansicht
a. a. O.	am angegebenen Ort
AcP	Archiv für civilistische Praxis
Abs.	Absatz
a.F.	alte Fassung
AG	Amtsgericht
AGBG	Gesetz zur Regelung des Rechts der Allgemeinen Geschäftsbedingungen
Alt.	Alternative
Anm.	Anmerkung
AP (ΑΠ)	Areios Pagos (Άρειος Πάγος)
ArchN (ΑρχΝ)	Archio Nomologias (Αρχείο Νομολογίας) = Archiv von Rechtsprechung
Art.	Artikel
Aufl.	Auflage
BB	Betriebs-Berater
Bespr.	Besprechung
BGB	Bürgerliches Gesetzbuch
BGBl.	Bundesgesetzblatt
BGH	Bundesgerichtshof
BGHZ	Bundesgerichtshofszeitung
BMJ	Bundesministerium der Justiz
BR-Drucks.	Bundesrats-Drucksache
BT-Drucks.	Bundestags-Drucksache
bzw.	beziehungsweise
ca.	circa
CA	Cour d' appel
CC	Cour de Cassation, Campre civile
c. i. c.	culpa in contrahendo
CIF	cost, insurance, freight

	(Kosten, Versicherung, Fracht)
CISG	United Nations Convention on Contracts for International Sale of Goods
CISG-Oline	Online-Informationsdienst der Universität Basel zum Wiener Kaufrechtsübereinkommen vom 11. April 1980, htpp//:www.cisg-online.ch
CONF.	Conference
CR	Computer und Recht
DAR	Deutsches Autorecht
DB	Der Betrieb
d. h.	das heißt
ders.	derselbe
Diss.	Dissertation
E	Entwurf 1978
EAG	Einheitliches Gesetz über den Abschluss von internationalen Kaufverträgen
EEN	Efimeris ton Ellinon Nomi kon (Εφημερίς των Ελλήνων Νομικών) = Juristische Zeitschrift in Griechenland
Efeteio Athen (ΕφΑθ)	Berufungsgericht in Athen
Efeteio Thessaloniki (ΕφΘεσ)	Berufungsgericht in Thessaloniki
EG	Europäische Gemeinschaft
Einf.	Einführung
Einheitliches Kaufrecht u. nat. OR.	Einheitliches Kaufrecht und nationales Obligationenrecht (s. Literaturverzeichnis)
EKG	Einheitliches Gesetz über den internationalen Kauf beweglicher Sachen
EllDik (ΕλλΔικ)	Elliniki Dikaiosini

	(Ελληνική Δικαιοσύνη) = Juristische Zeitschrift in Griechenland
etc.	et cetera
evtl.	eventuell(e)
EwiR	Entscheidungen zum Wirtschaftsrecht
f.	folgende
ff.	fortfolgende
Fn.	Fußnote
FOB	free on board (Frei an Bord)
franz. Cc.	Code civil (Frankreich) / Codice civile (Italien)
FS	Festschrift
gem.	gemäß
ggf.	gegebenenfalls
gr. ZGB	griechisches Zivilgesetzbuch
h. L.	herrschende Lehre
h. M.	herrschende Meinung
HGB	Handelsgesetzbuch
Hrsg.	Herausgeber
Hs.	Halbsatz
i. e. S.	im engeren Sinne
IHR	Internationales Handelsrecht
INCOTERMS	International Commercial Terms der internationalen Handelskammer
i. S. d.	im Sinne des / der
i. V. m.	im Verbindung mit
IPR	Internationales Privatrecht
IPRax	Praxis des Internationalen Privat- und Verfahrensrecht
JA	Juristische Ausbildung
JBl	Juristische Blätter
JuS	Juristische Schulung
JW	Juristische Wochenschrift
JZ	Juristenzeitung
Kfz.	Kraftfahrzeug
lit.	Litera

LG	Landgericht
LM	Nachschlagewerk des Bundesgerichtshofs herausgegeben von Lindenmaier, Möhring u. a.
LZ	Leipziger Zeitschrift für deutsches Recht
m.	mit
m. E.	meines Erachtens
m. H.	mit Hinweis
MDR	Monatsschrift des deutschen Rechts
MPr Athen (ΜΠρ Αθ)	Monomeles Protodikeio Athen = Landgericht in Athen
MünchKomm	Münchener Kommentar zum Bürgerlichen Gesetzbuch (s. Literaturverzeichnis)
NJW	Neue Juristische Wochenschrift
NJW-RR	NJW-Rechtsprechungsreport
NoB	Nomiko Bima (Νομικό Βήμα) = Juristische Zeitschrift in Griechenland
Nr.	Nummer
Off. Rec.	Official Records; (s. Literaturverzeichnis)
OGH	Oberster Gerichtshof
o. g.	oben genannte(n)
OLG	Oberlandesgericht
OLGR	Oberlandesgerichtsrecht
pFV	positive Forderungsverletzung
ProdHaftG	Produkthaftungsgesetz
RabelsZ	Rabels Zeitschrift für ausländisches und internationales Privatrecht
RdW	Österreichisches Recht der Wirtschaft

RG	Reichsgericht
RGZ	Reichsgerichtszeitung
RegE	Regierungsentwurf
RIW	Recht der internationalen Wirtschaft
Rn.	Randnummer
Rspr.	Rechtsprechung
S.	Seite bzw. Satz
s.	siehe
SchR	Schuldrecht
sog.	so genannt(en)
teilw.	teilweise
TranspR-IHR	Transportrecht- Internationales Handelsrecht
u. a.	und andere(s)
u. ä.	und ähnliche(s)
UCC	Uniform Commercial Code
UdSSR	Union der Sozialistischen Sowjetrepubliken
ULIS	Uniform Law on the international Sale of Goods (EKG)
UNIDROIT	Institut international pour l' unikation du droit prive / International Institute for the Unification of Private Law
UNCITRAL	United Nations Comitee on International Trade Law
UNCITRAL-YB	UNCITRAL-Yearbook, New York: United Nations Publikation; (s. Literaturverzeichnis)
UN-Kaufrecht	United Nations-Kaufrecht
UN-Übereinkommen	United Nations-Übereinkommen
UNILEX	Centre for Comparative and Foreign Law Studies (Hrsg.), UNILEX; (s. Literaturverzeichnis)
Urt.	Urteil
USA	United States of America

u.s.w.	und so weiter
u. U.	unter Umständen
v.	von
VerjährungsÜmen	Verjährungsübereinkommen
VersR	Versicherungsrecht
Vgl.	Vergleiche
Vorbem.	Vorbemerkung
WM	Wertpapier Mitteilungen: Zeitschrift für Wirtschaft und Bankrecht
WiR	Wirtschaftsrecht, Zeitschrift für Theorie und Praxis
z. B.	zum Beispiel
ZeuP	Zeitschrift für Europäisches Privatrecht
ZIP	Zeitschrift für Wirtschaftsrecht und Insolvenzpraxis
zit.	zitiert
ZfRVgl.	Zeitschrift für Rechtsvergleichung

Einleitung – Intention der Autorin

Am 11.04.1980 wurde in Wien das Übereinkommen der Vereinten Nationen über den internationalen Warenkauf geschlossen.
Niemand kann mehr bezweifeln, dass mit diesem Übereinkommen, das seit dem 01.01.1988 in Kraft ist, ein modernes und neutrales Kaufgesetz zur Verfügung steht, das zu einem international einheitlichen Verständnis von Rechtsbegriffen beigetragen hat. Besonders wurde damit die Frage der Rechtswahl erleichtert, die durch einen unterschwelligen Nationalismus erschwert war.
Das UN-Kaufrecht enthält materielle Rechtsvorschriften, die den Abschluss von internationalen Kaufverträgen über bewegliche Sachen betreffen; unabhängig davon, ob die Vertragsparteien Kaufleute sind oder nicht oder ob der Vertrag handelsrechtlicher oder bürgerlich-rechtlicher Art ist. Es enthält Vorschriften über die Pflichten der Parteien sowie über ihre Rechte bzw. ihre Rechtsbehelfe, falls die andere Partei ihre vertraglichen Pflichten verletzt hat.
Während der langen Anwendung der Konvention in der Mehrheit der Nationen auf der Welt[1] hat sich sowohl eine umfangreiche Literatur über die Auslegung dieser Vorschriften als auch eine international einheitliche Rechtsprechung entwickelt.
Daher könnte man sagen, dass eine nochmalige Beschäftigung mit der Auslegung der Vorschriften des UN-Kaufrechts über die Rechte des Käufers im Fall der Lieferung einer mangelhaften oder einer ganz anderen Sache als der vereinbarten nichts Neues darstellt und folglich nicht von Interesse für den Rechtsanwender ist.
Heutzutage bekommt aber das UN-Kaufrecht hinsichtlich des Rechtsbehelfssystems der vertragstreuen Partei im Fall einer Vertragsverletzung für die nationalen Kaufrechte in Deutschland und Griechenland, die in Umsetzung der sog. Verbrauchsgüterkaufrichtlinie (Richtlinie 1999//44/EG) kürzlich reformiert wurden, eine besondere Bedeutung, denn die wesentlichen Änderungen der Kaufrechte in beiden Ländern liegen in einer inhaltlichen Neugestaltung der Rechtsbehelfe des Käufers entsprechend dem Vorbild des UN-Kaufrechts.

---

[1] Informationen über die Anwendung des UN-Kaufrechts sowie über die Staaten, die das Wiener Übereinkommen unterzeichnet haben, kann man unter www.cisg-online.ch sammeln.

Nach ihrer Reform gewähren beide nationale Rechte dem Käufer dieselben Rechtsbehelfe in derselben Rangordnung wie das UN-Kaufrecht.

Demnach kann der Käufer bei der Lieferung einer vertragswidrigen Ware Nachbesserung, Ersatzlieferung, Minderung des Kaufpreises, Rücktritt vom Vertrag oder Schadensersatz statt der ganzen Leistung nicht in freier Wahl, sondern nur in einer bestimmten Reihenfolge verlangen: Der Käufer kann nämlich zunächst Nachbesserung oder Lieferung einer Ersatzware verlangen (sog. primäre Rechtsbehelfe), sofern dies nicht unmöglich oder unverhältnismäßig ist, während er die sekundären Rechtsbehelfe, also entweder Preisminderung oder Vertragsauflösung bzw. Rücktritt vom Vertrag oder Schadensersatz statt der ganzen Leistung erst verlangen kann, wenn er keinen Anspruch mehr auf die primären Behelfe hat oder wenn der Verkäufer nicht innerhalb einer angemessenen Frist oder nicht ohne erhebliche Unannehmlichkeiten für den Käufer Abhilfe geschaffen hat. Das Wahlrecht zwischen den primären Rechtsbehelfen sowie auf der Ebene der sekundären Rechtsbehelfe steht folglich dem Käufer zu.

In beiden nationalen Kaufrechten wird also in Übereinstimmung mit dem Kaufrecht der Vereinten Nationen der Vorrang der Herstellungsansprüche des Käufers normiert, zu dem im Interesse des Verkäufers ein gewisser Ausgleich hinzutritt, in dem diesem eine zweite Chance zur Erbringung der geschuldeten Leistung bzw. ein Recht zur zweiten Andienung eingeräumt wird.

Hierbei ist aber die Besonderheit zu erwähnen, dass mit der deutschen und griechischen Regelung über das Recht des Verkäufers zur zweiten Andienung eine vom UN-Kaufrecht abweichende Regelung zur Bewerkstelligung dieses Interessenausgleichs getroffen wird. Während nämlich beide nationale Kaufrechte gemäß den o. g. Richtlinien den Käufer von vornherein auf die Nacherfüllungsansprüche grundsätzlich beschränken und die Geltendmachung der sekundären Rechtsbehelfe lediglich unter bestimmten Voraussetzungen zulassen, gewährt das UN-Kaufrecht umgekehrt dem Verkäufer in Art. 48 CISG unter bestimmten Voraussetzungen das Nacherfüllungsrecht.

Dies ist der hauptsächliche Unterschied zwischen den beiden nationalen Kaufrechten und dem internationalen Kaufrecht, der im Ergebnis in der Frage nach der Verteilung der Beweislast zwischen den Parteien liegt.

Der Verkäufer ist nämlich nach dem UN-Kaufrecht für das Vorliegen der sein Nacherfüllungsrecht begründenden Voraussetzungen beweispflichtig, während nach dem deutschen und griechischen internen Kaufrecht der Käufer derjenige ist, der die Voraussetzungen zu beweisen hat, die ihn zur Geltendmachung der sekundären Rechtsbehelfe berechtigen und dem Verkäufer die Möglichkeit zur Nacherfüllung nehmen.

Alle weiteren Fragen, wie beispielsweise die nach dem Konkurrenzverhältnis des Rechtsbehelfs des Käufers der Vertragsaufhebung bzw. des Rücktritts vom Vertrag zum Nacherfüllungsrecht des Verkäufers oder die nach der Auslegung wichtiger Rechtsbegriffe wie der Unzumutbarkeit bzw. Unannehmbarkeit der Nacherfüllung werden praktisch abhängig auch von der Beweislastverteilung zwischen den Kaufparteien in diesen Rechten beantwortet.

Das ist zu erwarten. Im Rahmen des UN-Kazfrechts ist die Absicht der Verfasser hinsichtlich der Mehrheit seiner Vorschriften offensichtlich, die Position des Verkäufers zu verstärken. Denn hier handelt es sich um internationale Käufe, wobei beide Parteie genauso stark und sachkundig sind. Daher ist der Verkäufer derjenige, der durch den Beweis seiner Bereitschaft zur Nacherfüllung die Möglichkeit dem Käufer zur Geltendmachung seiner Rechte nimmt.

Im Rahmen der nationalen Kaufrechten von Deutschland und Griechenland handelt es sich dagegen um interne Käufe, wobei der Käufer, weil er normalerweise nicht fachkundig ist, die schutzbedürftige Partei ist. Daher ist der Käufer derjenige, der über die Erfüllung des Vertrags oder den Rücktritt davon nach der Vertragsverletzung durch den Verkäufer entscheidet.

Bei der Erörterung der verschiedenen Voraussetzungen für die Geltendmachung des Rechts des Verkäufers zur zweiten Andienung oder eines sekundären Rechtsbehelfs des Käufers in beiden nationalen Rechtsordnungen zeigt sich aber, dass die isolierte Betrachtung der nationalen Rechte gegenüber dem UN-Kaufrecht nicht zu befürworten ist. Auslegungsergebnisse darüber sind durch eine ergänzende Überprüfung der Vorschriften des internationalen Kaufrechts zu ziehen.

Deshalb beschäftige ich mich in Folgenden mit der Auslegung der verschiedenen Voraussetzungen der Rechte des Käufers im Fall der Lieferung einer vertragswidrigen Ware im Rahmen des UN-Kaufrechts, die ich weiter mit den Parallelvorschriften des deutschen und griechischen internen Kaufrechts gegenüberstelle. Damit hoffe ich, dass ich nicht nur zum Verständnis der nationalen Kaufvorschriften in beiden Ländern, sondern auch zur Verstärkung der Position des Käufers gemäß den Kerngedanken eines europäischen Kaufrechts beitrage.

Kapitel 1

Vorbemerkungen

§ 1. Entstehung und allgemeiner Inhalt des UN-Übereinkommens über den internationalen Warenkauf von 11.04.1980

I. Einleitung

Am 11.04.1980 hat die vom Generalsekretär der Vereinten Nationen in Wien einberufene Diplomatische Konferenz nach fünfwöchigen Verhandlungen das Übereinkommen über internationale Kaufverträge über bewegliche Waren beschlossen.

Das Wiener Übereinkommen sollte an die Stelle des Haager Kaufrechtsübereinkommens von 1964 treten, das damals nur von wenigen Staaten ratifiziert worden war.

Zwei Unterschiede im Vergleich zu den Haager Kaufgesetzen sind besonders zu beachten: Der erste ist, dass das UN-Kaufrecht als ein „self-executing"-Kaufrecht für die Vertragsstaaten mit dem völkerrechtlichen Übereinkommen in Kraft tritt. Es bedarf nicht, wie die als Anhang dem völkerrechtlichen Übereinkommen beigefügten Haager Kaufgesetze, des zusätzlichen In-Geltung-Setzens[2]. Zweitens sind im Wiener Kaufrecht im Unterschied zum Haager Kaufrecht der Kaufabschluss und das materielle Kaufrecht zusammengefasst. Dadurch wurde nicht nur eine Verkürzung erreicht, sondern auch der Gefahr von Widersprüchen und der Notwendigkeit von Wiederholungen vorgebeugt.

Heute, nach 25jähriger Anwendung des UN-Kaufrechts, zeigt seine breite Resonanz sowie die dazugehörige internationale Rechtsprechung, dass damit die internationale Rechtsvereinheitlichung auf dem für den Außenhandel wichtigen Gebiet des Kaufrechts Wirklichkeit geworden ist.

Im Folgenden hat der Leser, durch eine übersichtliche Darstellung des Verlaufs der Entstehung des Wiener Übereinkommens sowie seiner Grundzüge

---

[2] Vgl. *Volken* in *Schlechtriem,* Einheitliches Kaufrecht und nat. OR., S. 81 ff.

die Gelegenheit, vor der Auslegung der Vorschriften über die Haftung des Verkäufers für Sachmängel und Falschlieferung im Einzelnen das Rechtssystem des UN-Kaufrechts als Ganzes näher zu betrachten.

II. Geschichtliche Entwicklung der Kaufrechtsvereinheitlichung

1. Notwendigkeit einer einheitlichen Regelung für den internationalen Warenhandel

Bei einer Klage mit einem internationalen Bezug entscheidet das Gericht über das anwendbare Recht. Kann es nicht auf bi- oder multilaterale Abkommen kollisionsrechtlicher oder sachrechtlicher Art zurückgreifen, zieht es das Internationale Privatrecht des Landes des Käufers oder des Verkäufers heran.

Die auf diesem Weg gewonnene Entscheidung ist aber wenig vorhersehbar, besonders wenn es sich um mehr als eine Rechtsordnung handelt.

Außerdem ist zu bemerken, dass die Rechtsfindung regelmäßig von einem Heimwärtsstreben geprägt ist. Die Gerichte neigen dazu, zur eigenen lex fori zu gelangen, da sich der Richter am besten in der eigenen Rechtsordnung auskennt. Das schafft aber eine Unsicherheit für eine gerechte Beurteilung solcher Fälle. Andererseits kann die Bestellung von Sachverständigen dieses Problem nicht lösen, weil der Richter keine fundierten Kenntnisse der ausländischen Vorschriften hat, sondern führt vielmehr zu hohen Kosten und zu einer längeren Verfahrensdauer[3].

Um den internationalen Handel vor diesen Nachteilen zu bewahren und zu einem internationalen Entscheidungseinklang zu gelangen und damit die Rechtssicherheit zu fördern, wurde dann vorgeschlagen, die Errichtung eines einheitlichen Warenkaufrechts anzustreben.

Dafür mussten die typischen Umstände des internationalen Kaufs wie die große räumliche Distanz, die erschwerte Kommunikationsmöglichkeit und die zeitliche Verzögerung Eingang in die Bemühungen zur Kaufrechtsvereinheitlichung finden[4]. Vor allem aber galt es, den unterschiedlichen Vorstellungen der Entwicklungsländer und der Industrieländer gerecht zu werden und gleichzeitig einen Kompromiss der Länder mit der Common-Law-Tradition bzw. der Civil-Law-Tradition zu erreichen.

---

[3] Vgl. *Diedrich,* Autonome Auslegung, S. 24 f.

[4] Vgl. *Daun,* JuS 1997, S. 811, 812.

Unter diesen Bedingungen und mit dem Ziel der Kaufrechtsvereinheitlichung wurden bereits im Jahre 1964 die zwei Haager Kaufgesetze auf der entsprechenden Konferenz beschlossen, die aber schließlich aus Gründen, die im Folgenden erörtert werden, nicht von vielen Staaten anerkannt wurden.
Aufgrund des geringen Erfolgs des Haager Kaufrechts wurden die Bemühungen zur Schaffung eines von möglichst vielen akzeptierten internationalen einheitlichen Kaufrechts fortgeführt. Auf der Konferenz in Wien im Jahre 1980, an der Vertreter aus 62 Staaten aller Rechts- und Wirtschaftssysteme teilnahmen, wurde dann das UN-Kaufrecht ausgearbeitet.

2. Die Haager Übereinkommen von 1964

- **Das Einheitliche Gesetz über den internationalen Kauf beweglicher Sachen (EKG)**
- **Das Einheitliche Gesetz über den Abschluss von internationalen Kaufverträgen (EAG)**

Die Bemühungen zur Vereinheitlichung des Kaufrechts gehen in die Zeit zwischen den beiden Weltkriegen zurück. Ihr Verlauf ist in der Literatur schon mehrfach eingehend erörtert worden[5], so dass er hier nur mit einigen Stichworten in Erinnerung gerufen zu werden braucht:
Im Jahr 1930 nahm das Römische Institut für die Vereinheitlichung des Privatrechts (UNIDROIT) Vorarbeiten für ein Kaufrechtsübereinkommen auf, die von dem österreichischen Rechtsgelehrten *Ernst Rabel,* dem Gründer und damaligen Direktor des Kaiser-Wilhelm-Instituts für ausländisches und internationales Privatrecht in Berlin, maßgebend beeinflusst wurden[6].
Die Vorarbeiten führten zu den Entwürfen der Jahre 1935 und 1939. Das UNIDROIT hatte die Arbeiten aber wegen des zweiten Weltkriegs unterbrochen und erst einige Zeit danach, im Jahre 1951, wurde der Entwurf von 1939 in einer diplomatischen Konferenz in Den Haag diskutiert. Im Jahre 1956 wurde der betreffende Entwurf nach Überarbeitung in einem Sonderausschuss interessierten Staaten und internationalen Organisationen vorge-

---

[5] Vgl. *Dölle,* in der Einleitung zu dem von ihm herausgegebenen Kommentar zum einheitlichen Kaufrecht, Das Haager Kaufrechtsübereinkommen vom 1. Juli 1964, 1. Aufl., München 1976.
[6] *Rabel* hat schon mit seiner umfassenden rechtsvergleichenden Untersuchung der Regeln zum Warenkauf in seinem Werk von 1936 „Das Recht des Warenkaufs I" die Grundlage für solche Bemühungen gelegt.

legt und in der Folgezeit, aufgrund der verschiedenen Stellungnahmen, abermals verändert.
Der veränderte Entwurf aus dem Jahre 1963 war die Diskussionsgrundlage für die Haager Kaufrechtskonferenz, die im April des folgenden Jahres abgehalten wurde.
Als Ergebnis dieser Konferenz wurde im Haager Übereinkommen vom 1.Juli 1964 das Einheitliche Gesetz über den Abschluss von internationalen Kaufverträgen (EAG) und das Einheitliche Gesetz über den internationalen Kauf beweglicher Sachen (EKG) verabschiedet.
Diese Aufspaltung des Einheitskaufrechts in zwei Gesetze hatte ihren Grund vor allem darin, dass potentielle Unterzeichnerstaaten das gesamte Einheitliche Kaufrecht wegen der Bestimmungen über den Vertragsabschluss ablehnen würden, denn hinsichtlich des Rechts des Vertragsabschlusses bestanden erhebliche Unterschiede zwischen den Rechtssystemen der Vertragsstaaten.
Die Trennung vom EKG und EAG wurde auch mit den zum damaligen Zeitpunkt geführten Überlegungen für ein weltweites Abkommen über den Abschluss von internationalen Verträgen begründet, das nicht nur für Kaufverträge gelten sollte[7].
Diese beiden Übereinkommen wurden aber in den folgenden Jahren trotz der hochgestellten Erwartungen lediglich von neun Staaten[8], darunter am 17.07.1973 von der Bundesrepublik Deutschland[9], ratifiziert.
Die Gründe dieser mangelnden Resonanz differieren von Staat zu Staat; allerdings lassen sich einige Hauptkritikpunkte feststellen, die im Folgenden dargestellt werden.

3. Ergebnisse und Erfahrungen bei Anwendung des Haager Kaufrechts

Die Gründe dafür, dass die Haager Kaufgesetze die Hoffnungen für die weltweite Vereinheitlichung des Kaufrechts nicht erfüllten, liegen hauptsächlich in der zum sehr geringen Teil sachlichen Kritik an den Übereinkommensregeln, die zwar erhoben wurde, sich jedoch auf verhältnismäßig

---

[7] Vgl. *Jagert/Essen/Derichsweiler*, JuS 1989, S. 973, Fn. 22.
[8] Weitere Vertragsstaaten waren: Belgien, Gambia, Israel, Italien, Luxemburg, Niederlande, San Marino und Großbritannien.
[9] Vgl. BGBl I 1973, S. 856, 868.

geringfügige Details beschränkte und im Wesentlichen nur rechtsdogmatischer Natur war[10].

Das war darauf zurückzuführen, dass der Teilnehmerkreis der Staaten an der Haager Konferenz zu klein (nur 28 Staaten) und zu sehr von Europa dominiert war. Unter den 28 Teilnehmern befanden sich zudem 19 westeuropäische, hingegen nur drei osteuropäische Staaten, ohne die ehemalige UdSSR. Daher kam es von Seiten der sozialistischen Staaten zu keiner Ratifizierung. Ebenso waren nur drei Entwicklungsländer vertreten. Die Europäer begannen damals erst langsam die grundlegenden Veränderungen in der internationalen Zusammenarbeit mit den Entwicklungsländern wahrzunehmen, die heute bei rechtsvereinheitlichenden Privatrechtskonferenzen regelmäßig die Mehrheit der Teilnehmer stellen. Die mangelnde Teilnahme von Entwicklungsländern an der Haager Konferenz hatte daher ein Misstrauen dieser Länder gegenüber dem Haager Kaufrecht zur Folge; sie sahen nämlich in ihm ihre Interessen nicht genügend berücksichtigt. Deshalb ratifizierte nur ein Entwicklungsland (Gambia) die Haager Kaufgesetze[11].

Bedeutsam war auch die ablehnende Haltung der USA. Ihre fehlende Ratifikationsbereitschaft hatte einen negativen Einfluss auf die Attraktivität des Haager Kaufrechts, da die USA einer der wichtigsten Handelspartner sind.

Bei den Bemühungen um internationale Rechtsvereinheitlichung hatten sie sich also sehr zurückhaltend gezeigt[12]. Hinzu kam noch, dass die USA zu dieser Zeit im eigenen Land durch den Uniform Commercial Code (UCC) ihr Kaufrecht vereinheitlicht hatten. Am Anfang wurde sogar angeregt, dieses Recht auch als internationales Einheitsrecht anzubieten. Es war aber schließlich verständlich geworden, dass eine solche Übernahme nur neue Probleme schaffen würde. Der UCC gilt nur ergänzend auf der Grundlage des Common Law und deswegen wäre er nur unter großen Schwierigkeiten auf den internationalen Bereich zu übertragen, wo eine Rechtsvereinheitlichung zwangsläufig einen Kompromiss zwischen den Ländern der Common-Law-Tradition und den Ländern des Civil Law darstellen musste.

Deshalb war sehr bald absehbar, dass die Haager Kaufgesetze keine weltumspannende Akzeptanz erreichen würden und deswegen die Bemühungen um eine Vereinheitlichung des auf internationale Warenkäufe anwendbaren Rechts fortgesetzt werden sollten.

---

[10] Vgl. *Herber*, Das VN-Übereinkommen über internationale Kaufverträge, RIW 1980, S. 601.

[11] Vgl. *Jagert/Essen/Derichsweiler,* JuS 1989, S. 972.

[12] Vgl. *Jagert/Essen/Derichsweiler,* a. a. O.

4. UNCITRAL-Entwurf und das UN-Kaufrechtsübereinkommen

Bereits drei Jahre nach der Haager Konferenz berief die Vollversammlung der UN als ständigen Ausschuss die United Nations Commission on Internationale Trade Law (UNCITRAL) ein, welche im Jahre 1968 die Beratungen zur Revision des Einheitlichen Kaufrechts aufnahm.
Diese Arbeiten von UNCITRAL waren als die kontinuierliche Fortsetzung der Vereinheitlichungsbemühungen anzusehen, da man dabei nicht völlig neu begann, sondern, was anfangs kritisiert worden war, auf der Grundlage des Haager Kaufrechts und der wissenschaftlichen Vorarbeiten von *Rabel* mit dem Ziel weiterarbeitete, ein für möglichst viele Staaten akzeptables Einheitskaufrecht zu schaffen[13].
Die Beratungen im Rahmen der UNCITRAL Kommission wurden im Jahre 1976 abgeschlossen und während dieser wurde der das materielle Kaufrecht betreffende sog. „Genfer Entwurf" ausgearbeitet.
UNCITRAL gelang es hierbei, den Inhalt der Haager Konvention auf 67 Artikel (gegenüber 101) zu straffen. Die Kürzung war auf eine Vereinfachung der Gliederung des Einheitlichen Kaufrechts zurückzuführen, die von den meisten Kritikern auch außerhalb von UNCITRAL als eine Verbesserung angesehen wurde[14]. Wiederholungen, die im Haager Kaufrecht häufig waren, wurden ebenfalls vermieden. Ferner wurden manche Begriffe bei der Definition der Lieferung und beim Gefahrübergang realitätsnäher gefasst und die in der Praxis gefährliche automatische Vertragsaufhebung in besonderen Fällen beseitigt.
Weiter kamen im Jahre 1977 der „Wiener Entwurf" – ein ebenfalls dem materiellen Kaufrecht gewidmeter Entwurf – sowie im Jahre 1978 ein Entwurf über den Vertragsabschluss zur Ausarbeitung. Diese beiden Regelungsgebiete – Vertragsabschluss und Vertragsabwicklung – wurden im sog. „New Yorker Entwurf" zusammengefasst. Diese Zusammenfassung hatte den Vorteil gegenüber den Haager Kaufgesetzen, dass die internationalen Regeln übersichtlicher wurden, ohne dass die beiden Normenkomplexe über den Vertragsabschluss und über die Vertragsabwicklung verschieden definierte räumliche Anwendungsbereiche zu erhalten brauchten.

---

[13] So *Schlechtriem,* Einheitliches UN-Kaufrecht, (1981), S. 3; *ders.,* Internationales UN-Kaufrecht, (1996) Rn. 3.
[14] Vgl. *Herber,* Die Arbeiten des Ausschusses der Vereinten Nationen für internationales Handelsrecht, RIW 1980, S. 82, Fn. 12.

Auf der Grundlage dieses Entwurfs wurde weiter bei der im März und April 1980 in Wien abgehaltenen Abschlusskonferenz der endgültige Text des UN-Kaufrechts ausgearbeitet. An dieser Konferenz nahmen 62 Staaten teil, von denen sich 42 in der Schlussabstimmung dafür aussprachen.
Unter diesen Teilnehmerstaaten[15] befanden sich nicht nur alle führenden Welthandelsnationen, sondern es waren auch alle Regionen sowie Rechts- und Wirtschaftssysteme angemessen vertreten. Es waren somit alle Voraussetzungen zur Verwirklichung des Ziels der Kaufrechtsvereinheitlichung erfüllt, wie es sich *Rabel* vorgestellt hatte.
Am 11.04.1980 wurde schließlich das Übereinkommen der Vereinten Nationen über Verträge über den internationalen Warenkauf beschlossen, das am 1.1.1988 in Kraft trat.

III. Geltungsbereich des UN-Kaufrechts gem. Art. 1 CISG

Das UN-Kaufrechtsübereinkommen legt durch einfache Kollisionsnormen (Art. 1-6 CISG) seinen Anwendungsbereich selbst fest.
Nach diesen Vorschriften findet das UN-Kaufrecht auf Kauf- und Werklieferungsverträge über bewegliche Sachen Anwendung, wenn der Käufer und der Verkäufer ihre Niederlassung oder ihren gewöhnlichen Aufenthaltsort in verschiedenen Vertragsstaaten haben. Dies muss vor oder beim Vertragsabschluss erkennbar gewesen sein. (vgl. Art. 1 Abs. 2 CISG).
Daneben erfährt das Wiener Kaufrechtsübereinkommen im Vergleich zum Haager Kaufrecht durch Art. 1 Abs. 1 lit. b CISG noch eine wesentliche Ausweitung seines Anwendungsbereichs. Nach dieser Vorschrift ist das UN-Kaufrecht nämlich auch dann anwendbar, wenn die Regeln des IPR als maßgebliches Statut das Recht eines Vertragsstaates bestimmen.
Eine Einschränkung der Anwendung in sachlicher Hinsicht ist in Art. 2 lit. a CISG geregelt, wonach Käufe zum persönlichen, Familien- oder Haushaltsgebrauch aus dem Geltungsbereich des UN-Übereinkommens ausgenommen sind. Damit wird sichergestellt, dass nationale Gesetze zum Schutz der Konsumenten nicht durch das internationale Wiener Kaufrecht unterlaufen werden können.
Zum Schluss ist im Zusammenhang mit dem Anwendungsbereich des Wiener Kaufrechtsübereinkommens noch zu erwähnen, dass die Vertragspar-

---

[15] S. eine Liste der Teilnehmerstaaten in: *Schlechtriem*, Einheitliches UN-Kaufrecht, (1981).

teien gem. Art. 6 CISG seine Anwendung ganz oder teilweise ausschließen können.

1. Geltung für bewegliche Sachen

Das Wiener Kaufrechtsübereinkommen regelt nach Art. 1 Abs. 1 CISG internationale Kaufverträge über Waren. „Waren" in seinem Sinne sind nur bewegliche Sachen[16].

Wie schon oben erwähnt, finden sich sachliche Einschränkungen der Konvention besonders in Art. 2 CISG.

Nach diesem Artikel gilt also das UN-Kaufrecht nicht für bestimmte ausdrücklich erwähnte Vertragstypen wie etwa den Kauf von Aktien, Schiffen, Flugzeugen und Elektrizität. Von seinem Geltungsbereich sind auch Käufe zum persönlichen Gebrauch, zum Gebrauch in der Familie oder im Haushalt ausgeschlossen, es sei denn, dass dieser Zweck dem Verkäufer nicht bekannt oder nicht erkennbar war (vgl. Art. 2 lit. a CISG).

Das Übereinkommen der Vereinten Nationen beschränkt sich nämlich praktisch auf Handelskäufe, obwohl nach Art. 1 Abs. 3 CISG keine Differenzierung zwischen Kaufleuten und Nichtkaufleuten erfolgt[17]. Daher bedarf es auch keiner vertragsautonomen, von nationalen Rechten losgelösten Auslegung des Begriffs des „Handelskaufs". Es kommt allein auf einen beabsichtigten beruflichen, nicht notwendigerweise gewerblichen Gebrauch an. Damit vermeidet das internationale Übereinkommen insbesondere Kollisionen mit nationalen Verbraucherschutzgesetzen.

Im Fall des persönlichen Gebrauchs hat der Käufer diesen zu beweisen, wenn er sich zu seinen Gunsten auf die Unanwendbarkeit des CISG beruft. Demgegenüber trägt der Verkäufer die Beweislast dafür, dass er vor oder beim Vertragsabschluss weder wusste noch wissen musste, dass die Ware für einen solchen Gebrauch gekauft wurde[18].

Das UN-Kaufrecht gilt auch nicht für Personenschäden, da diese in vielen Ländern Gegenstand besonderer Gesetze über die Produkthaftung sind (vgl. Art. 5 CISG).

---

[16] Vgl. *Schlechtriem,* Internationales UN-Kaufrecht (1996), Rn. 32.

[17] Vgl. *Herber,* Das UN-Übereinkommen über internationale Kaufverträge, RIW 1980, S. 601, 603.

[18] Vgl. *Staudingers/Magnus,* Art. 2, Rn. 28.

Weitere Fälle der Unanwendbarkeit des UN-Kaufrechts, die aber eine geringe praktische Bedeutung haben, enthalten die Vorschriften des Art. 2 lit. b bis lit. f CISG.
Das Wiener Übereinkommen gilt gem. Art. 3 Abs. 1 CISG nicht nur für reine Kaufverträge, sondern auch für Verträge über Lieferungen von Waren, die erst nach dem Vertragsabschluss gefertigt werden. Dies ist aber nur für Verträge vorgeschrieben, bei denen der Besteller nicht selbst einen wesentlichen Teil der für die Fertigung benötigten Produkte beizuliefern hat.
Entsprechend dem Grundsatz hinsichtlich der Verteilung der Beweislast zwischen den Parteien, dass jede Vertragspartei die Beweislast für die ihr selbst günstigen Ereignisse trägt[19], ist also der Fall, dass diejenige Partei, die behauptet, dass das Übereinkommen wegen der Regelung des Art. 3 Abs. 1 CISG nicht anwendbar ist, darzulegen und zu beweisen hat, dass der Käufer (Besteller) einen wesentlichen Teil des notwendigen Stoffs zu beschaffen hat.
Gem. Art. 3 Abs. 2 CISG sind auch Verträge aus dem Anwendungsbereich des UN-Kaufrechts ausgeschlossen, wenn der überwiegende Teil der Pflichten der Partei, welche die Ware liefert, in der Ausführung von Arbeiten oder Dienstleistungen besteht. Dabei handelt es sich normalerweise um Vertriebshändler- oder Franchiseverträge sowie um andere Vereinbarungen, in deren Mittelpunkt das Vertriebskonzept, globale Liefer- und Abnahmeverpflichtungen und sonstige Rahmenbedingungen stehen. Andererseits gilt aber für diejenigen Lieferverträge, die in der Durchführung der Vertriebsverträge getätigt werden, das UN-Kaufrecht.

2. Niederlassung der Parteien in verschiedenen Staaten

Das UN-Kaufrecht ist auf einen grenzüberschreitenden Sachverhalt zugeschnitten (vgl. den Wortlaut des Art. 1 Abs. 1 CISG: „...[das Wiener Übereinkommen ist] zwischen Parteien anzuwenden, die ihre Niederlassung in verschiedenen Staaten haben“). Es gilt folglich nicht für reine Inlandsfälle. Der grenzüberschreitende Charakter des Vertrags, der sich aus der Niederlassung der Parteien in verschiedenen Staaten ergibt, ist von ihrer Staatsangehörigkeit oder Kaufmannseigenschaft sowie von der bürgerlich- oder handelsrechtlichen Art des Vertrags gem. Art. 1 Abs. 3 CISG unabhängig.

---

[19] Vgl. *Schlechtriem,* Internationales UN-Kaufrecht (1996), Rn. 50.

Das UN-Kaufrecht regelt die Beweislast für die Erkennbarkeit der Niederlassung der Kaufparteien in verschiedenen Staaten nicht ausdrücklich. Es schreibt in Art 1 Abs. 2 CISG nur vor, dass der erforderliche Auslandsbezug des Kaufvertrags vor oder bei seinem Abschluss erkennbar gewesen sein muss. Ein vorschneller Rückgriff auf nationales Recht hinsichtlich der Beweislastregeln würde offenbar die mit dem Kaufrecht der Wiener Konferenz angestrebte Rechtsvereinheitlichung gefährden. Daher ist auch hier gem. Art. 7 Abs. 2 CISG der allgemeine Grundsatz des Einheitsrechts anzuwenden, nach dem jede Partei die für sie günstigen Voraussetzungen zu beweisen hat[20].

Dementsprechend, trägt derjenige, der das internationale Kaufrechtsübereinkommen ausschließen will, die Beweislast dafür, dass die Anwendung des UN-Kaufrechts an der Erkennbarkeit der ausländischen Niederlassung seines Vertragspartners scheitert.

a. Niederlassungsstaaten als Vertragsstaaten

Gem. Art. 1 Abs. 1 lit. a CISG gilt das Wiener Übereinkommen für Kaufverträge über Waren, sofern die Vertragsparteien ihre Niederlassung in verschiedenen Vertragsstaaten haben.

Bestehen Zweifel, wo die maßgebliche Niederlassung einer Partei liegt, ist Art. 10 CISG heranzuziehen. Danach ist primär die Niederlassung maßgebend, die unter Berücksichtigung der vor oder bei Vertragsabschluss den Parteien bekannten oder von ihnen angenommenen Umstände die engste Beziehung zu dem Vertrag und zu seiner Erfüllung hat (vgl. Art. 10 lit. a CISG). Hat die Partei hingegen keine Niederlassung, ist ihr gewöhnlicher Aufenthalt gemäß der Vorschrift des Art. 10 lit. b CISG maßgebend.

Damit das UN-Kaufrecht anwendbar ist, müssen die Kaufparteien also nicht nur ihre Niederlassung oder ihren gewöhnlichen Aufenthalt in verschiedenen Staaten haben, sondern diese Staaten müssen zusätzlich auch Vertragsstaaten sein. Nur diese sind an das Wiener Kaufrechtsübereinkommen gebunden.

---

[20] Vgl. *Schlechtriem,* Internationales UN-Kaufrecht (1996), a. a. O.

b. IPR-Verweisung auf das Recht eines Vertragsstaats

Nach der Regel des Art. 1 Abs. 1 lit. b CISG können durch das Internationale Privatrecht die Vertragsparteien zur Anwendung des Rechts eines Mitgliedsstaats und damit zur Anwendung des UN-Kaufrechts geführt werden. Sinn und Zweck dieser über das IPR führenden Anwendungsvariante ist es, den räumlich-persönlichen Anwendungsbereich des Übereinkommens über das Gebiet der Vertragsstaaten hinaus zu erweitern[21].

Allerdings können die Vertragsstaaten nach Art. 95 CISG einen Vorbehalt der Geltung dieser Vorschrift erklären. Dann besteht keine Anwendungsverpflichtung des UN-Kaufrechts für diese Staaten. Dem Vorbehalt ist aber nur für die Rechtsanwendung aus der Sicht der Vorbehaltsstaaten Bedeutung beizumessen. Verweist daher das Internationale Privatrecht eines Staates, der keinen Vorbehalt nach Art. 95 CISG erklärt hat, auf die Rechtsordnung eines Vorbehaltsstaates, ist das UN-Kaufrecht nach Art. 1 Abs. 1 lit. b CISG anzuwenden[22].

Der Grund dafür ist, dass der Vorbehalt lediglich die Staaten befreit, die eine entsprechende Erklärung abgegeben haben, das UN-Kaufrecht in der nach Art. 1 Abs. 1 lit. b CISG vorgesehenen Variante anzuwenden[23]. Das Kollisionsrecht eines Staates führt aber zur Anwendung des UN-Kaufrechts, wenn dieses auf die Rechtsordnung eines Vertragsstaates verweist. Denn durch diese Verweisung zeigt er, dass er die integrative Kraft des UN-Kaufrechts entfalten will[24].

Das Wiener Einheitskaufrecht gilt also immer, wenn auf das nationale Recht eines Vertragsstaates verwiesen wird, ungeachtet der Tatsache, dass dieser Staat den Vorbehalt nach Art. 95 CISG wahrgenommen hat[25]. Das

---

[21] Vgl. *Schlechtriem,* Internationales UN-Kaufrecht, (1996), Rn. 16.

[22] Vgl. *Schlechtriem,* Internationales UN-Kaufrecht, (1996), Rn. 18.

[23] Vgl. *Karollus,* UN-Kaufrecht, S. 31, 34; *Piltz,* Internationales Kaufrecht, § 2, Art. 1, Rn. 89.

[24] Vgl. dazu *Pünder,* RIW 1990, S. 873, 874 (Prozess in einem Vorbehalts- oder in einem Nichtvertragsstaat).

[25] Dagegen ist der Rückgriff auf die Anwendung des UN-Kaufrechts über das IPR nach Art. 1 Abs. 1 lit. b CISG nicht möglich, wenn trotz der Niederlassungen in verschiedenen Staaten eine umfassende Anwendung des Übereinkommens aufgrund der Erklärung der Vorbehalte gem. Art. 92, 93 und 94 CISG nicht in Betracht kommt. Wenn dabei die Anwendung des UN-Kaufrechts möglich wäre, würden die auch von den Nichtvorbehaltsstaten zu respektierenden Erklärungen zu Art. 92, 93 und 94 CISG in ihrer Bedeutung entwertet (vgl. dazu *Herber/Czerwenka,* Art. 92, Rn. 3).

angerufene Gericht muss sich aber – anders als im Fall des Art. 1 Abs. 1 lit. a CISG – nicht in einem Vertragsstaat befinden[26].
Die Regelung des Art. 1 Abs. 1 lit. b CISG war eine Kompromisslösung hinsichtlich der Anwendung des Haager Kaufrechts. Schon in Den Haag wollte die Mehrheit der Delegierten es für die Anwendung des Einheitsrechts ausreichen lassen, dass Käufer und Verkäufer ihre Niederlassung in verschiedenen Staaten haben, ohne Rücksicht darauf zu nehmen, ob es Vertragsstaaten sind[27].
Die Bewertungen dieser Vorschrift fielen aber unterschiedlich aus. Insbesondere sprach sich Deutschland mit der Argumentation[28] dagegen aus, dass das UN-Kaufrecht infolge einer Sonderanknüpfung von Teilfragen nach dem IPR der lex fori schließlich nur teilweise zur Anwendung käme und dass es in einem internationalen Übereinkommen rechtspolitisch ungewöhnlich wäre, die Vertragsstaaten auch zu seiner Anwendung gegenüber Angehörigen von Nichtvertragsstaaten zu verpflichten.
Trotzdem wurde aber bewiesen, dass die Lösung des Art. 1 Abs. 1 lit. b CISG gegenüber der Haager Regelung eine klare Verbesserung darstellte, da auf diese Weise Staaten, die sich noch nicht zu einer Ratifizierung entschlossen haben, dennoch mit dem UN-Kaufrecht in Berührung kommen können[29].

IV. Der dispositive Charakter des UN-Kaufrechts

1. Abdingbarkeit gem. Art. 6 CISG

Das Wiener Übereinkommen ist ebenso dispositiv wie das Haager Kaufrecht. Seine Regeln können ganz oder teilweise, ausdrücklich oder stillschweigend[30] nach Art. 6 CISG abbedungen werden.

---

[26] Vgl. *Enderlein/Maskow/Strohbach,* Internationales Kaufrecht, Art. 1, Rn. 6.3.
[27] Vgl. *Pünder*, RIW 1990, S. 870.
[28] Vgl. *Schlechtriem,* Einheitliches UN-Kaufrecht (1981), S. 11; *ders.,* Internationales UN-Kaufrecht (1996), Rn. 16.
[29] Vgl. aber dagegen *Herber,* Die Arbeiten des Ausschusses der Vereinten Nationen für internationales Handelsrecht, RIW 1980, S. 603, der in der Entscheidung für den weiten Anwendungsbereich des UN-Kaufrechts die „befürchtete" Folge sieht, dass der Geltungsbereich des Übereinkommens durch die zu der Regel des Art. 1 Abs. 1 lit. b CISG eingeräumte Vorbehaltsmoglichkeit unnötig kompliziert wird.
[30] Eine stillschweigende Abedingung des UN-Kaufrechts soll sich aus hinreichenden Anhaltspunkten ergeben, dass die Parteien die Anwendung des Übereinkommens nicht wollen (vgl. die Entscheidung OLG Köln, ZIP 1992, S. 1482 ff.). Die Nichtanwendung der Konvention kann insbe-

Die Parteien können also entweder die Anwendung des UN-Kaufrechts für Verträge außerhalb seines Anwendungsbereichs vereinbaren, und zwar auch dann, wenn eine der Parteien in einem Land ansässig ist, in dem das UN-Kaufrecht nicht gilt, oder sie können seine Anwendung ausschließen.
Die Bestimmung, dass eine konkrete nationale Rechtsordnung gelten soll, genügt demgemäß für die Abwahl des UN-Kaufrechts regelmäßig nicht, da die Wahl der Rechtsordnung eines Vertragsstaates im Zweifel das Einheitsrecht mitumfasst[31]. Daher muss in jedem Einzelfall gem. Art. 8 CISG der mutmaßliche Wille der Parteien erforscht werden[32]. Das wird mit dem Argument begründet, dass das rechtspolitische Anliegen, nämlich der Konvention eine möglichst breite Anwendung zu verschaffen, nicht zum Kriterium für die Auslegung von Willenserklärungen Privater missbraucht werden darf.
Demgemäß wird man Verträge – außer diejenigen Fälle, in denen das UN-Kaufrecht ohne Parteiabrede anzuwenden wäre (unter den Voraussetzungen von Art. 1 Abs. 1 lit. a CISG) – eher dahingehend auslegen müssen, dass sich die Parteien in den internationalen Handelskreisen mit der Vereinbarung über die Geltung des nationalen Rechts eines Vertragsstaates der Anwendung der Konvention zugunsten dieses internen nationalen Rechts entziehen wollten[33]. Dem entspricht die Entscheidung des BGH vom 04.12.1985 (zum Haager Einheitskaufrecht), wonach von einer Verweisung auf deutsches Recht auch die Haager Kaufgesetze als dessen Bestandteile erfasst werden. Der BGH hat aber auch darauf hingewiesen, dass für die Auslegung der Erklärung, es solle deutsches Recht gelten, der jeweilige Einzelfall maßgebend ist[34].

---

sondere daraus abgeleitet werden, dass die getroffenen Vereinbarungen inhaltlich keinen Platz für ihre Geltung lassen. Dagegen sind die Fälle selten, in denen die Parteien ausdrücklich und wirksam die Rechtsordnung eines Nichtvertragsstaates als maßgeblich bestimmt haben (vgl. *Piltz,* Internationales Kaufrecht, § 2, Art. 6, Rn. 110).

[31] Vgl. *Holthausen,* Vertraglicher Ausschluss des UN-Übereinkommens über internationale Warenkaufverträge, RIW 1989, S. 515.

[32] *Bianca/Bonell/Bonell,* Art. 6, Anm. 2.3.3; *Herber/Czerwenka,* Art. 6, Rn. 10; *Reinhart,* UN-Kaufrecht, Art. 6, Rn. 5.

[33] Vgl. *Karolus,* UN-Kaufrecht, S. 38, 39. A. A. aber *Neumayer,* RIW 1994, S. 102; *Holthausen,* Vertraglicher Ausschluss des UN-Übereinkommens über internationale Warenkaufverträge, RIW 1989, S. 516; *Piltz,* Neue Entwicklungen im UN-Kaufrecht, NJW 1996, S. 2768, 2770; *ders.,* Internationales Kaufrecht, § 2, Art. 6, Rn. 111, wonach kaum jemand etwa mit der Wahl des „deutschen Rechts" wirklich das UN-Kaufrecht meinen will. Aus der Formulierung, es gelte „deutsches Recht" kann sich ohne Zweifel ergeben, dass die Parteien die Anwendung des BGB oder HGB wollen. Nach dem Grundsatz der Privatautonomie muss diesem Wunsch der Parteien Rechnung getragen werden.

[34] Vgl. BGH, RIW 1986, S. 214.

Das gilt unabhängig davon, ob die Parteien eine Rechtswahl in Kenntnis des UN-Kaufrechts und seines Anwendungsbereichs getroffen haben. Eine ausdrückliche oder stillschweigende Abwahl des Übereinkommens setzt aber bei der Formulierung der Ausschlussklausel immer zumindest Kenntnis der Parteien vom UN-Kaufrecht bzw. ein Verhalten voraus, aus dem sich in irgendeiner Weise ergibt, dass sie mit der Nichtanwendung der Konvention gerechnet haben[35]. Es ist aber nicht notwendig, dass die Parteien gerade im Bewusstsein handelten, das Übereinkommen auszuschließen, wenn nur ihre Abrede zwangsläufig zum Ausschluss führt[36].

Wenn man all dies bedenkt, kommt man also zum Schluss, dass es falsch wäre, in der Vereinbarung einer Rechtswahlklausel in jedem Fall einen Ausschluss der Konvention sehen zu wollen[37].

Die Frage hingegen, ob eine Rechtswahl wirksam und daher beachtlich ist, wird nicht nach dem UN-Kaufrecht, sondern nach nationalem Recht beantwortet[38].

2. Die Bedeutung von Gebräuchen und Gepflogenheiten gem. Art. 9 CISG

Entsprechend seinem dispositiven Charakter gehen Handelsbräuche und Gepflogenheiten den Regelungen des UN-Kaufrechts gem. Art. 9 CISG vor.

Handelsbräuche sind allgemeine oder in bestimmten Kreisen hinsichtlich des internationalen Handels tatsächlich herrschende Übungen, derer Verbindlichkeit unabhängig davon hergeleitet wird, ob sie registriert oder veröffentlicht worden sind[39]. Das Gewohnheitsrecht kann daher als Brauch berücksichtigt werden[40].

Die Gepflogenheiten sind Praktiken oder Übungen, die, obwohl sie nicht allgemein anerkannt sind, für die Vertragsparteien verbindlich sind, da sie sich über einen längeren Zeitraum bei gleichartigen Geschäftsbeziehungen

---

[35] Vgl. *Holthausen,* Vertraglicher Ausschluss des UN-Übereinkommens über internationale Warenkaufverträge, RIW 1989, S. 516; *Piltz,* Internationales Kaufrecht, § 2, Art. 6, Rn. 109, 110.

[36] Vgl. BGH, NJW 1981, S. 1156 und 2640; *Holthausen,* Vertraglicher Ausschluß des UN-Übereinkommens über internationale Warenkaufverträge, RIW 1989, S. 515.

[37] Vgl. auch dazu *Enderlein/Maskow/Strohbach,* Internationales Kaufrecht, Art. 3, Rn. 1.3. (Fn. 16); *Herber/Czerwenka*, Art. 6, Rn. 15.

[38] Vgl. LG Duisburg, Urt. v. 17.04.1996 – 45 (19) 080/94, CISG-Online Case 186.

[39] Vgl. *Heilmann,* Mängelgewährleistung, S. 111; *Daun,* JuS 1997, S. 811, 815.

[40] Vgl. *Herber/Czerwenka*, Art. 9, Rn. 12.

herausgebildet haben[41]. Daher können die Parteien, die in ihren früheren Geschäftsbeziehungen regelmäßig die Anwendung bestimmter Allgemeiner Geschäftsbedingungen vereinbart haben, bei neuen Vertragsabschlüssen auch ohne ausdrücklichen Hinweis an diese gebunden sein. Beurteilungsmaßstab ist dabei das Verhalten von vernünftigen Parteien, die sich in der gleichen Lage wie die Parteien befinden, die aufgrund der Übung im Rahmen der bisherigen Geschäftsverbindung erwarten, dass diese Gepflogenheiten auch für die Zukunft beibehalten werden[42].

Nach der Vorschrift des Art. 9 Abs. 1 CISG werden vereinbarte Gebräuche und zwischen den Parteien entstandene Gepflogenheiten also berücksichtigt.

Das gleiche gilt auch für die sog. internationalen Handelsbräuche, die nicht vereinbart sind, gem. Art. 9 Abs. 2 CISG.

Von solchen Bräuchen – sofern die Vertragsparteien sie kannten oder kennen mussten oder diese bei Verträgen der jeweiligen Art in dem betreffenden Geschäftszweig weithin bekannt sind und von den Angehörigen dieses Geschäftszweigs regelmäßig beachtet werden – wird angenommen, dass sie im Vertrag oder bei seinem Abschluss stillschweigend den Vorrang gegenüber den Regelungen des Übereinkommens haben.

Aufgrund der allgemeinen Kenntnis[43] von der Beachtlichkeit internationaler Handelsbräuche wird nämlich ihre Vereinbarung fingiert[44]. Kraft fingierter Vereinbarung gehen zwar die zu berücksichtigenden Gebräuche den Bestimmungen des UN-Kaufrechts vor, sie werden aber gegenüber den individuell praktizierten Gepflogenheiten häufig nachrangig bleiben[45]. In einem solchen Fall wird man sogar in Anlehnung an die Regel des Art. 6 CISG (vgl. oben) davon ausgehen müssen, dass der Wille der Parteien nicht vermutet werden kann, sondern ausdrücklich oder stillschweigend erklärt werden muss.

Abschließend ist daran hinzuweisen, dass die in Betracht kommenden Bräuche in sachlicher, räumlicher und persönlicher Hinsicht darauf zu untersuchen sind, ob sie auf das konkret zu beurteilende Geschäft übertragbar und weithin bekannt sind und zudem gewöhnlich berücksichtigt werden.

---

41 Vgl. *Heilmann,* Mängelgewährleistung, S. 117.

42 Vgl. *Heilmann,* Mängelgewährleistung, S. 118.

43 Obwohl es im Art. 9 Abs. 2 CISG auf die konkrete Kenntnis zwischen den Parteien nicht ankommt, werden Gebräuche nicht berücksichtigt, die zwar weithin – etwa in ganz Europa – bekannt sein mögen, außerhalb dieser Regionen aber nicht in Betracht gezogen werden müssen; vgl. auch dazu in *Herber/Czerwenka*, Art. 9, Rn. 10.

44 Diese Fiktion gilt aber nicht für die regionale oder örtliche Handelsbräuche. Vgl. dazu *Heilmann,* Mängelgewährleistung, S. 115.

45 Vgl. *Piltz,* Internationales Kaufrecht, § 2, Art. 9, Rn. 178; *Heilmann*, Mängelgewährleistung, S. 109.

Demzufolge, kann ein lokaler oder nationaler Brauch, der normalerweise ohne Vereinbarung den Bestimmungen des UN-Kaufrechts nicht vorgeht, unter diesen Voraussetzungen im internationalen Handel anerkannt werden und somit Berücksichtigung finden[46].

V. Grundzüge des UN-Kaufrechts – Gliederung, Inhalte und Strukturen des UN-Kaufrechts

Das UN-Kaufrecht gliedert sich in vier Teile:
Der Teil I betrifft den Anwendungsbereich des Übereinkommens und enthält allgemeine Bestimmungen in den Art. 1-13 CISG zur Auslegung von Erklärungen oder konkludentem Verhalten der Parteien, zur Beachtlichkeit von Gebräuchen und Gepflogenheiten sowie zu den förmlichen Erfordernissen. Das UN-Kaufrecht lässt allerdings noch eine Reihe von kaufrechtlichen Aspekten ungeregelt, so etwa die Anforderungen an die Gültigkeit von Kaufverträgen im Hinblick auf die Geschäftsfähigkeit, die guten Sitten und den Verstoß gegen gesetzliche Vorschriften, die Regelung des Eigentumsübergangs, die Stellvertretung beim Kauf und die Verjährung. Insbesondere die Verjährung von Ansprüchen aus Kaufverträgen ist bereits Gegenstand eines selbständigen UN-Übereinkommens, welches an das UN-Kaufrecht angepasst wurde.
Der Teil II (Art. 14-24 CISG) hat den Vertragsabschluss zum Gegenstand.
Hier regelt das Wiener Übereinkommen das Zustandekommen des Vertrags, die förmlichen Erfordernisse und die Abänderung ihm unterliegender Kaufverträge. Nach den Art. 14 ff. CISG bestimmt sich insbesondere, ob ein wirksames Vertragsangebot vorliegt, ob dieses rechtzeitig und verbindlich angenommen wurde sowie welche Konsequenzen eine verspätete oder inhaltlich abweichende Annahmeerklärung auslöst.
Diese Regelung gilt gleichermaßen für die Einbeziehung von Allgemeinen Geschäftsbedingungen. Die Überprüfung der Gültigkeit sonstiger Vertragsbestimmungen ist aber aus dem Geltungsbereich des UN-Kaufrechts gem. Art. 4 lit. a CISG herausgenommen.
Im Teil III der Konvention finden sich Vorschriften zum materiellen Kaufrecht (Art. 25-88 CISG).

---

[46] Vgl. *Herber/Czerwenka,* Art. 9, Rn. 9; *Karollus,* UN-Kaufrecht, S. 52.

Es handelt sich hier um den eigentlichen Kern des UN-Kaufrechts, wo vor allem die Pflichten des Käufers und des Verkäufers aufgrund der Erfüllung des Kaufvertrags bestimmt werden.
Das Übereinkommen regelt also in Art. 34 CISG die Pflicht des Verkäufers, dem Käufer die sich auf die Ware beziehenden Dokumente zu übergeben und enthält Bestimmungen zum Abschluss des Beförderungsvertrags, zur Versendungsanzeige und zur Transportversicherung.
In Art. 32, 54 CISG verpflichtet auch die Konvention den Käufer unter anderem, bereits vor Zahlungsfälligkeit alle Maßnahmen zu treffen, damit die Zahlung ordnungsgemäß geleistet werden kann.
Darüber hinaus wird festgelegt, welche Rechte der anderen Seite erwachsen, wenn der Verkäufer bzw. der Käufer nicht ordnungsgemäß leistet. Es wird der Erfüllungsanspruch nach den Art. 46 und 62 CISG, der Vertragsaufhebungsanspruch nach den Art. 49 und 64 CISG, die Herabsetzung des Kaufpreises nach Art. 50 CISG, der Schadensersatzanspruch nach den Art. 45 Abs. 1 lit. b, 61 Abs. 1 lit. b und Abs. 2 sowie im Fall der nicht rechtzeitigen Zahlung der Anspruch auf die Zahlung von Zinsen gem. Art. 78 CISG geregelt. Es wird auch das Recht des Verkäufers auf zweite Andienung in Art. 48 CISG geregelt.
In diesem Teil des Übereinkommens sind zudem die Bestimmungen zum Gefahrübergang, zur Vertragsaufhebung und zum Schadensersatz, die für beide Seiten gelten können, in gesonderten Kapiteln zusammengefasst.
Schließlich bilden völkerrechtliche Bestimmungen den letzen Teil (IV) der Konvention (Art. 89-101 CISG). Diese Schlussbestimmungen betreffen das völkerrechtliche Inkraftsetzen des UN-Kaufrechts, die den Vertragsstaaten eingeräumten Vorbehaltsmöglichkeiten, sein Verhältnis zu anderen Übereinkommen und seinen zeitlichen Geltungsbereich.

VI. Zusammenfassung

Die Geschichte der Kaufrechtsvereinheitlichung begann bekanntlich mit dem im Jahre 1930 von *Ernst Rabel,* dem Präsidenten des Internationalen Instituts für die Vereinheitlichung des Privatrechts in Rom (UNIDROIT), unterbreiteten Vorschlag, die Vereinheitlichung des Rechts der grenzüberschreitenden Warenkäufe in das Arbeitsprogramm des Instituts aufzunehmen.
Ziel der Vereinheitlichung des materiellen Kaufrechts war es, dem internationalen Handel die Unsicherheiten und Schwierigkeiten des internationalen Privatrechts und somit die Anwendung fremden Rechts zu ersparen.

Die Vereinheitlichungsbemühungen führten im Jahre 1964 zu der Verabschiedung der Haager Kaufgesetze auf der entsprechenden Konferenz. Diese Gesetze, die nur von neun Staaten in Kraft gesetzt wurden, begünstigten erwiesenermaßen zu sehr die Interessen der westlichen Industrieländer und wurden deshalb von Staaten der Dritten Welt nicht übernommen. Aber auch wichtige Handelspartner wie die USA, Frankreich oder die skandinavischen Länder haben diese nicht ratifiziert.

Wegen des Scheiterns des Haager Kaufrechts wurde also die Kaufrechtsvereinheitlichung im Jahre 1968 durch UNCITRAL (United Nations Commission on International Trade Law) als Arbeitsprogramm übernommen und ein neues Einheitskaufrecht wurde auf der Grundlage der Haager Kaufgesetze erarbeitet.

UNCITRAL und seine Arbeitsgruppen erarbeiteten verschiedene Entwürfe, deren letzter aus dem Jahre 1978 (sog. „New Yorker Entwurf") Grundlage der im März/April 1980 in Wien abgehaltenen UN-Konferenz war, die das hier vorgestellte Übereinkommen in seiner endgültigen Fassung enthielt hat.

Was den Anwendungsbereich des UN-Kaufrechts betrifft, ist die Grundvoraussetzung die Internationalität des Kaufvertrags. Gem. Art. 1 Abs. 1 CISG muss der Kaufvertrag zwischen Parteien geschlossen sein, die ihre Niederlassung in verschiedenen Staaten haben. Zusätzlich stellt das Wiener Übereinkommen alternativ weitere Voraussetzungen auf:

Art. 1 Abs. 1 lit. a CISG normiert den „Normalfall" der unmittelbaren Anwendung, wonach die Parteien ihre Niederlassung bzw. gewöhnlichen Aufenthaltsort gem. Art. 10 lit. b CISG in verschiedenen Vertragsstaaten haben. Parallel dazu ist die Offensichtlichkeit dieser Internationalität nach Art. 1 Abs. 2 CISG erforderlich, sowie der fehlende vertragliche Ausschluss des UN-Kaufrechts durch die Parteien nach Art. 6 CISG.

Durch Art. 1 Abs. 1 lit. b CISG wird der „Problemfall" normiert, wonach das Wiener Kaufrechtsübereinkommen auch dann anzuwenden ist, wenn die Regeln des internationalen Privatrechts zur Anwendung des Rechts eines Vertragsstaates führen. Hinzu kommt, dass den Vertragsstaaten gem. Art. 95 CISG eine Befreiung von dieser völkerrechtlichen Verpflichtung möglich ist.

Nach Art. 6 CISG steht den Parteien auch frei, das Einheitsrecht abzuwählen oder seine Geltung außerhalb seines ursprünglichen Anwendungsbereichs zu vereinbaren. Eine solche Absprache kann konkludent oder stillschweigend erfolgen. Von der Wahl einer nationalen Rechtsordnung eines Vertragsstaates kann allerdings nicht automatisch auf eine Abwahl des UN-Kaufrechts geschlossen werden, da es deren Bestandteil ist. Erforderlich ist daher hier eine Auslegung des mutmaßlichen Willens der Parteien gem. Art. 8 CISG entsprechend den Besonderheiten des Einzelfalls.

Der Regelungsbereich des Übereinkommens der Vereinten Nationen kann schließlich durch die zwischen den Parteien vereinbarten Gebräuche oder Gepflogenheiten gem. Art. 9 Abs. 1 CISG beschränkt werden. Auch internationale Handelsbräuche gehen den Regelungen des UN-Kaufrechts gem. Art. 9 Abs. 2 CISG vor, sofern sie auf das konkret zu beurteilende Geschäft übertragbar und weithin bekannt sind.

Das Wiener Übereinkommen ist in vier Teile gegliedert: Teil I, der den Anwendungsbereich und allgemeine Bestimmungen regelt; Teil II, der Vorschriften über den Abschluss grenzüberschreitender Warenkaufverträge umfasst; Teil III, der sich auf das materielle Kaufrecht bezieht, nämlich auf die Pflichten und die Rechtsbehelfe der Parteien sowie auf die Gefahrtragung, die Schadensberechnung und die Wirkungen der Aufhebung des Vertrags; und Teil IV, der Schlussbestimmungen über völkerrechtliche Themen enthält.

Kapitel 2

Die Vertragswidrigkeit der Kaufsache Die Haftung des Verkäufers für Sachmängel und Falschlieferung im Wiener UN-Kaufrecht im Vergleich mit dem deutschen und griechischen Recht

§ 2. Der Begriff des Sachmangels und der Falschlieferung nach dem UN-Übereinkommen und nach deutschem und griechischem nationalem Recht

I. Festlegung der geschuldeten Beschaffenheit der Ware gem. Art. 35 CISG – Die Beweislast für die Vertragswidrigkeit der Ware

Bei einer Rechtsstreitigkeit bezüglich der vertragswidrigen Beschaffenheit der Kaufsache muss sich das Gericht an irgendeiner Stelle mit ihrer Vertragsmäßigkeit i. S. d. Art. 35 CISG beschäftigen. Art. 35 CISG bestimmt die Anforderungen, denen die gelieferte Ware entsprechen muss.
Das UN-Kaufrecht trennt zwischen der Haftung für vertragswidrige Beschaffenheit der Ware und der Haftung für Rechtsmängel (vgl. Art. 35 und 41 CISG). Es differenziert hingegen nicht zwischen Sachmangel und Zusicherung einer Eigenschaft oder zwischen peius- und aliud-Lieferung. Unter dem Begriff der Vertragswidrigkeit der Kaufsache fallen daher grundsätzlich sämtliche Qualitäts- und Quantitätsabweichungen, Abweichungen in der Art sowie Verpackungsmängel der Ware[47].
Im Kaufrechtsübereinkommen fehlt eine ausdrückliche Regelung über die Beweislastverteilung zwischen den Parteien hinsichtlich der vertraglichen Festlegung der geschuldeten Beschaffenheit der Ware[48]. Im Hinblick auf die angestrebte Rechtsvereinheitlichung ist jedoch das nationale Prozessrecht nicht heranzuziehen. Die Zuweisung der Beweislast hinsichtlich der

---

[47] Vgl. *Schlechtriem,* Internationales UN-Kaufrecht, (2003), Rn. 132.
[48] Ein Antrag auf die Bestimmung der Beweisverteilung bei der Vertragswidrigkeit der Kaufsache wurde sogar abgelehnt, vgl. UNCITRAL-YB VIII (1977), S. 37, Nr. 177 f.

Vertragsmäßigkeit oder der Vertragswidrigkeit der Kaufsache richtet sich vorrangig nach den allgemeinen Grundsätzen, die gem. Art. 7 Abs. 2 CISG dem Übereinkommen zugrunde liegen[49].

Dementsprechend ist die Beweislast nach vorzugswürdiger Meinung gemäß den Einwirkungsmöglichkeiten der Kaufparteien auf die Ware zu verteilen[50].

Dafür spricht sowohl die Regelung der Gefahrtragung in Art. 36 CISG, wo der Zeitpunkt des Gefahrübergangs vom Verkäufer auf den Käufer für die Bestimmung der Verantwortungssphäre jeder Partei als maßgebend bestimmt wird[51], als auch die Regelung über den Verantwortungsbereich des Verkäufers nach Art. 79 CISG, wonach dieser nur für solche Handlungen oder Unterlassungen haftet, die er selbst oder durch einen Dritten beherrscht[52]. Danach soll zunächst der Verkäufer beweisen, dass die Ware beim Gefahrübergang den an sie gemäß dem Vertrag zu stellenden Anforderungen genügt[53], während die Beweisführung ab der (rügelosen) Abnahme der Ware dem Käufer obliegt[54]. Das steht im Einklang mit der internationalen Rechtsprechung[55].

Eine solche Beweislastverteilung ist auch nach den Wertungen der Art. 38 und 39 CISG konsequent, wo die Untersuchungs- und Rügeobliegenheit des Käufers nach Übergabe der Ware geregelt ist[56]: Der Verkäufer kann demgemäß erst nach Ablauf der Untersuchungs- und Rügefristen davon ausgehen, dass er nicht mehr wegen Vertragswidrigkeit der Ware in Anspruch genommen wird. Bis dahin muss er mit Beanstandungen seitens des Käufers rechnen, auf die er dann der Situation entsprechend reagieren kann. Hinsichtlich der Beweisführung bedeutet dies, dass bei einer ordnungsgemäßen

---

[49] Vgl. *Herber/Czerwenka*, Art. 4, Rn. 8 und Art. 7, Rn. 15.

[50] Vgl. *MünchKomm/Gruber*, Art. 35, Rn. 45; *Schlechtriem/Schwenzer*, Art. 35, Rn. 49.

[51] Vgl. unten, § 3.I.2. und 3.

[52] Nach überzeugender Ansicht hat aber der Verkäufer keine – oder zumindest sehr selten – eine Entlastungsmöglichkeit von der Haftung nach Art. 79 CISG, wenn er eine mangelhafte Ware geliefert hat, vgl. dazu unten, § 10.I.2.c. und § 11.I.1.

[53] Vgl. *Schlechtriem/Schwenzer*, Art. 35, Rn. 49; *Staudinger/Magnus*, Art. 35, Rn. 55.

[54] Vgl. *Herber/Czerwenka*, Art. 35, Rn. 9; *Piltz*, Internationales Kaufrecht, § 5, Rn. 21; für generelle Beweislast des Käufers, vgl. *Enderlein/Maskow/Strohbach*, Internationales Kaufrecht, Art. 36, Rn. 2; *Welser*, in *Doralt*, Das UNCITRAL-Kaufrecht, S. 105, (110); *Audit*, La vente internationale de marchandises, Anm. 102; *Bianca/Bonell/Bianca*, Art. 36, Anm. 3.1.

[55] Vgl. BGH, BGHZ 129, S. 75, 81 = NJW 1995, S. 2099, 2100 = LM Nr. 2 = CISG-Online Case 144; OLG Frankfurt, RIW 1991, S. 591; BGH, NJW 2002, S. 1651, 1653 = LM Nr. 10 = ZIP 2002, S. 672 = CISG-Online Case 651; LG Saarbrücken IHR 2003, S. 27 = CISG-Online Case 713; LG Flensburg, IHR 2001, 202; Handelsgericht Zürich UNILEX, E. 1998.21.01 = CISG-Online Case 415; *Witz/Wolter*, Die neue Rechtsprechung französischer Gerichte zum Einheitlichen UN-Kaufrecht, RIW 1998, S. 278, (285).

[56] Vgl. unten, § 4.I.2. und 3.

Rüge der Verkäufer nachweisen muss, dass die Kaufsache zum Zeitpunkt des Gefahrübergangs, vertragsgemäß war[57]. Anders ist aber zu entscheiden, wenn die Rügefrist abgelaufen ist und der Käufer die Leistung der Ware anstandslos als Erfüllung der Verkäuferpflichten hat gelten lassen. Weil sich der Käufer dabei nicht mehr erfolgreich auf einen offenen Mangel berufen kann, hat er den Beweis zu führen, dass ein selbst bei ordnungsgemäßer Untersuchung nicht erkennbarer Mangel aufgetreten ist[58]. Der Verkäufer kann sich dann auf das Bestreiten des Vortrags des Käufers beschränken[59].

1. Vertragliche Leistungsbeschreibung als primärer Maßstab nach Art. 35 Abs. 1 CISG („subjektiver Fehlerbegriff")

Gem. Art. 35 Abs. 1 CISG hat der Verkäufer eine Ware zu liefern, die hinsichtlich Menge, Qualität, Art und Verpackung den ausdrücklich oder stillschweigend getroffenen Festlegungen im Vertrag entspricht. Dieser Grundsatz gilt sowohl beim Stück- als auch beim Gattungskauf[60]. Die Regel des Art. 35 Abs. 1 CISG entspricht den Vorschriften des Art. 33 Abs. 1 lit. a, b, und f EKG[61], die ihre Vorläufer sind[62].

In erster Linie maßgebend hinsichtlich der Vertragsmäßigkeit der Kaufsache sind also die zwischen den Parteien bestehenden konkreten Vereinbarungen darüber, die gem. Art. 8 CISG auszulegen sind[63]. D. h., dass die Fehlerfreiheit bzw. die Vertragsmäßigkeit der Ware aus der subjektiven Sicht der beiden Vertragsparteien und nicht aus einer eventuell bestehenden Verkehrsauffassung bestimmt wird, und dass die objektiven Kriterien, die in Art. 35 Abs. 2 CISG festgelegt sind, nur zur Ergänzung der vertraglich

57 Vgl. *MünchKomm/Gruber*, Art. 35, Rn. 45; Cour de Cassation, CISG-Online Case 791.

58 Vgl. *Henninger*, S. 222; *Schlechtriem/Schwenzer*, Art. 35, Rn. 49.

59 Vgl. *Freiburg,* Das Recht auf Vertragsaufhebung, S. 85 f.

60 Vgl. *Schlechtriem/Schwenzer,* Art. 35, Rn. 11.

61 Artikel 33 EKG: (1) Der Verkäufer hat seine Pflicht zur Lieferung nicht erfüllt, a) wenn er nur einen Teil der verkauften Sache oder Menge ausgehändigt hat, die größer oder kleiner als die von ihm vertraglich versprochene ist; b) wenn er eine andere als die vertraglich vereinbarte Sache oder eine Sache anderer Art ausgehändigt hat; c) ....; d) ....; e) ...; f) im allgemeinen, wenn er eine Sache ausgehändigt hat, die nicht im Vertrag ausdrücklich oder stillschweigend vorgesehenen Eigenschaften und besonderen Merkmale besitzt.

62 Vgl. *Herber/Czerwenka,* Art. 35, Rn. 1.

63 Vgl. *Schlechtriem,* Internationales UN-Kaufrecht, (2003), Rn. 133; *Karollus,* UN-Kaufrecht, S. 116; *Staudinger/Magnus,* Art. 35, Rn. 10, 13; *Herber/Czerwenka,* Art. 35, Rn. 3; *Heuzé,* Art. 35, Anm. 285; *Reinhart,* UN-Kaufrecht, Art. 35, Rn. 2; *Enderlein/Maskow/Strohbach,* Internationales Kaufrecht, Art. 35, Rn. 1.

vereinbarten Leistungsmerkmale aufgestellt werden[64]. Dadurch wird vermutet, dass die Parteien diese zum Inhalt ihrer Vereinbarung machen wollten.

Dementsprechend trifft die Partei, zu deren Gunsten eine vertragliche Absprache wirkt, die Darlegungs- und Beweislast. Macht der Käufer beispielsweise geltend, dass die Ware zwar den gewöhnlichen Anforderungen i. S. d. Art. 35 Abs. 2 lit. a CISG, nicht aber denen des Vertrags genügt, so muss er eine entsprechende Vereinbarung beweisen[65]. Demgegenüber hat der Verkäufer zu beweisen, dass die Ware nach der Parteienvereinbarung geringeren Anforderungen als denen des Art. 35 Abs. 2 CISG entsprechen muss[66].

Es wird also deutlich, dass Art. 35 Abs. 1 CISG zur Festlegung der geschuldeten Beschaffenheit der Ware einen „subjektiven Fehlerbegriff"[67] bzw. die vertragliche Leistungsbeschreibung als primären Maßstab benutzt, der durch objektive Kriterien im zweiten Absatz des Art. 35 CISG präzisiert wird.

Das ist mit Art. 25 CISG über den Hauptbegriff der „wesentlichen Vertragsverletzung" konsequent, wonach zur Konkretisierung dieses unbestimmten Rechtsbegriffs auch auf ein subjektives und ein objektives Element abgestellt wird.

Nach dem Wortlaut dieser Vorschrift soll nämlich die Wesentlichkeit einer Vertragsverletzung beurteilt werden unter Berücksichtigung einerseits des subjektiven Interesses des Käufers, dessen Erfüllung er „nach dem Vertrag hätte erwarten dürfen" (subjektives Element), und unter Berücksichtigung andererseits des objektiven Gewichts des infolge der Pflichtverletzung entstandenen Nachteils beim Käufer, den eine vernünftige Person der gleichen Art wie der Verkäufer und unter gleichen Umständen hätte voraussehen können (objektives Element).

Aus dem Aufbau dieser beider Hauptvorschriften des Wiener Übereinkommens, des Art. 35 CISG und des Art. 25 CISG, kann man die Schlussfolgerung ziehen, dass das UN-Kaufrecht generell durch einen Kompromiss zwischen der subjektiven und der objektiven Auffassung zur Auslegung

---

[64] Vgl. *Schlechtriem/Schwenzer,* Art. 35, Rn. 6; *Schlechtriem,* Internationales UN-Kaufrecht, (2003), Rn. 133; *Karollus,* UN-Kaufrecht, S. 116; *MünchKomm/Gruber*, Art. 35, Rn. 9; *Bianca/Bonell/Bianca,* Art. 35, Anm. 2.1.; *Kircher,* Die Voraussetzungen der Sachmängelhaftung, S. 49 f.; *Petrikic,* Das Nacherfüllungsrecht, S. 42; *Schneider,* UN-Kaufrecht und Produktenhaftpflicht, S. 12; *Staudinger/Magnus,* Art. 35, Rn. 10; *Schnüll,* Die Haftung des Verkäufers für Fehler und zugesicherte Eigenschaften, S. 162; BGHZ 132, S. 290, 297.

[65] Vgl. *Schlechtriem/Schwenzer,* Art. 35, Rn. 18.

[66] Vgl. *Henninger*, S. 220.

[67] Zit. in *Schlechtriem/Schwenzer,* Art. 35, Rn. 6.

wichtiger Rechtsbegriffe und somit durch einen Ausgleich zwischen den Interessen der Parteien charakterisiert ist[68].
Der Grad der Abweichung der gelieferten Ware ist für die Haftung des Verkäufers irrelevant[69]. Deshalb hat der Käufer, wenn die Kaufsache beim Gefahrübergang auf den Käufer vertragswidrig ist, egal ob die Vertragswidrigkeit bzw. die Vertragsverletzung wesentlich, unwesentlich oder auch geringfügig ist, das Recht, die entsprechenden Rechtsbehelfe auszuüben. Im Gegensatz zum Haager Kaufgesetz, wonach eine nur geringfügige Vertragswidrigkeit gem. Art. 33 Abs. 2 EKG[70] außer Betracht bleiben musste, wurde auf der Wiener Konferenz die Auffassung vertreten, es sei durchaus sachgerecht, den Verkäufer grundsätzlich auch für solche Abweichungen haften zu lassen[71].
Allerdings können im Einzelfall vertragliche Vereinbarungen sowie Gebräuche und Gepflogenheiten ein anderes Ergebnis nahelegen. Liegt der Fehler beispielsweise innerhalb der Toleranzen, die nach dem Vertrag, einem Handelsbrauch oder nach einer Gepflogenheit zwischen den Parteien zulässig sind, scheidet eine Vertragswidrigkeit der Kaufsache aus[72].
Ebenso ist keine Unterscheidung zwischen Mangelfreiheit im Allgemeinen und dem Fehlen von besonders zugesicherten Eigenschaften getroffen[73]. Ist aber eine Eigenschaft zugesichert, so wird sie in der Regel für den Käufer eine erhebliche Bedeutung haben. Damit begründet ihr Fehlen eher eine wesentliche Vertragsverletzung als einen bloßen Mangel der Kaufsache[74], die für die Anwendung sowohl der Vorschrift über den Rechtsbehelf der Vertragsaufhebung nach Art. 49 Abs. 1 lit. a CISG als auch der Vorschrift über den Rechtsbehelf der Ersatzlieferung nach Art. 46 Abs. 2 CISG entscheidend ist. Auch für die Entlastung des Verkäufers von Schadensersatzansprüchen (vgl. Art. 79 CISG) kann eine Zusicherung relevant sein, da dabei der Schaden infolge der Zusicherung erhöht werden kann[75]. Normalerweise sichert der Verkäufer daher nur eine Eigenschaft der Ware zu, die in seinem Einflussbereich liegt[76].

---

[68] Vgl. *Schlechtriem,* Internationales UN-Kaufrecht, (2003), Rn. 111 und 135.
[69] Vgl. *Staudinger/Magnus,* Art. 35, Rn. 11.
[70] Art. 33 Abs. 2 EKG: „Mengenmäßige Abweichungen sowie das Fehlen eines Teils der Kaufsache oder von Eigenschaften oder besonderen Merkmalen bleiben außer Betracht, wenn sie unerheblich sind".
[71] Vgl. UNCITRAL-YB (1973), S. 64, Nr. 43, 44.
[72] Vgl. *Reinhart,* UN-Kaufrecht, Art. 35, Rn. 3; *Staudinger/Magnus,* Art. 35, Rn. 11.
[73] Vgl. *Staudinger/Magnus,* Art. 35, Rn. 16.
[74] Vgl. *Piltz,* Internationales Kaufrecht, § 5, Art. 35, Rn. 166.
[75] Vgl. *Staudinger/Magnus,* Art. 35, Rn. 16.
[76] Vgl. *v. Caemmerer/Schlechtriem/Schwenzer,* Art. 35, Rn. 20; *Huber,* Die Haftung des Verkäufers, S. 11; *Ziegler,* S. 70.

a. Die Haftung des Verkäufers für Qualitätsabweichungen der Ware

Eine Qualitätsabweichung der Kaufsache, d. h. ein Sachmangel i. e. S., liegt vor, wenn die gelieferte Kaufsache nicht die Qualität aufweist, die die Parteien im Kaufvertrag ausdrücklich oder stillschweigend vereinbart haben[77]. Im Fall einer konkludenten Vereinbarung ist unter Anwendung der allgemeinen Regeln der Vertragsauslegung zu prüfen, ob das Vorhandensein von speziellen Eigenschaften der Ware stillschweigend vereinbart wurde oder nicht. Stillschweigende Zusicherungen können aber oft nur schwer von den Fällen des Art. 35 Abs. 2 lit. b CISG abgegrenzt werden, wo es sich um keine Vertragsvereinbarung handelt, sondern um die Bekanntgabe eines bestimmten Verwendungszwecks gegenüber dem Verkäufer[78]. Obwohl die Rechtsfolgen für beide Fälle identisch sind, ist diese Abgrenzung bei der Anwendung des Art. 35 Abs. 3 CISG notwendig, weil dort die Haftung des Verkäufers für die Vertragswidrigkeit der Kaufsache nur dann ausgeschlossen werden kann, wenn es keine besondere Parteivereinbarung gibt[79]. Generell muss aber die Frage, ob eine stillschweigende Vereinbarung vorliegt, nach dem Einzelfall entschieden werden, wobei nicht nur der Vertrag, sondern auch Handelsbräuche oder Gepflogenheiten unter den Parteien maßgebend sein können[80].

Nach überzeugender Definition umfasst der Begriff „Qualität" neben allen der Ware selbst anhaftenden Eigenschaften, auch alle Beziehungen der Kaufsache zur Umwelt, die nach der Verkehrsanschauung für ihre Brauchbarkeit oder ihren Wert entscheidend sind[81]. Entsprechend dazu ist aber der geringere Wert der Ware selbst grundsätzlich kein Qualitätsmangel[82]. Der Wert kann keine Rolle beim Gebrauch der Ware spielen, da er keine Eigenschaft ist. Deshalb führt eine falsche Angabe des Verkäufers darüber zu keinem Qualitätsmangel.

---

[77] Vgl. *Herber/Czerwenka,* Art. 35, Rn. 3; *Enderlein/Maskow/Strohbach,* Internationales Kaufrecht, Art. 35, Rn. 1; *Staudinger/Magnus,* Art. 35, Rn. 13; *Schlechtriem/Schwenzer*, Art. 35, Rn. 7.

[78] Vgl. *Schlechtriem/Schwenzer*, Art. 35, Rn. 20.

[79] Vgl. *Hutter,* S. 65; *Heilmann,* Mängelgewährleistung, S. 206; *Schlechtriem/Schwenzer*, Art. 35, Rn. 38; *Audit,* La vente internationale de marchandises, Anm. 101, Fn. 3; *Aue,* S. 80 f.; *Bianca/Bonell/Bianca*, Art. 35, Anm. 2.9.2.; *Karollus,* UN-Kaufrecht, S. 119; *Loewe,* Internationales Kaufrecht, Art. 35, S. 56; *Heuzé,* Art. 35, Anm. 291; Sekretariatskommentar, Art. 33, Anm. 14.

[80] Vgl. *Heilmann,* Mängelgewährleistung, S. 192.

[81] Dies gilt auch im EKG; vgl. *Beß,* S. 69; zum UN-Kaufrecht vgl. *Hutter,* S. 35; *Schlechtriem/Schwenzer*, Art. 35, Rn. 9.

[82] Vgl. *Hutter,* S. 35; *Heilmann,* Mängelgewährleistung, S. 178, 179.

Das gilt aber nicht, wenn der Verkäufer ihn ausdrücklich zugesichert hat, so etwa wenn er zusichert, dass die Ware im Bestimmungsland wegen bestimmter Eigenschaften einen besonderen Wert hat, der den hohen Kaufpreis rechtfertigt. Dabei handelt es sich um eine Parteivereinbarung über die Qualität der Kaufsache im Sinn des Art. 35 Abs. 1 CISG, die auch die vom Verkäufer gemachten Wertangaben umfasst[83].

b. Die Haftung des Verkäufers für Falschlieferung – die Falschlieferung als Unterfall der Abweichung der Ware von den Anforderungen des Vertrags

Das Wiener Übereinkommen sieht keine Unterscheidung zwischen der Schlecht- und der Falschlieferung vor. Die Ware muss ausdrücklich nach Art. 35 Abs. 1 CISG hinsichtlich der Qualität und Art vertragsgemäß sein[84]. Sowohl bei der Lieferung eines aliud als auch bei der Lieferung einer mangelhaften Ware hat der Verkäufer, egal ob es sich um eine Gattungs- oder Stückschuld handelt[85], seine Vertragspflicht nicht ordnungsgemäß erfüllt. Es besteht sogar keine Unterscheidung zwischen einem genehmigungsfähigen und einem nicht genehmigungsfähigen aliud[86]. Eine aliud-Lieferung stellt folglich regelmäßig keine Nichtlieferung, sondern eine mangelhafte Lieferung dar.

Ob im Fall einer besonders krassen Abweichung von der vertraglichen Beschaffenheit eine Nichtlieferung anzunehmen ist, lässt der BGH jedoch offen[87]. Daher ist streitig, ob die Lieferung eines krassen aliud als eine Lieferung vertragswidriger Ware zu behandeln ist, oder als eine Nichtlieferung.

---

[83] Vgl. *Schlechtriem/Schwenzer*, Art. 35, Rn. 9.

[84] Vgl. *Huber*, JBl 1989, S. 273, 278; *Staudinger/Magnus,* Art. 35, Rn. 9; *Schlechtriem/Huber*, Art. 31, Rn. 36; *MünchKomm/Gruber*, Art. 35, Rn. 4.

[85] Vgl. *Schlechtriem/Huber*, Art. 31, Rn. 36; *MünchKomm/Gruber*, Art. 35, Rn. 4; *Honnold*, Uniform Law, Rn. 256.1; OGH, TranspR-IHR 1999, S. 48, 49 = ZRVgl. 2000, S. 33 = CISG-Online Case 483.

[86] Vgl. *Staudinger/Magnus,* Art. 35, Rn. 9; *Schlechtriem/Schwenzer*, Art. 35, Rn. 10; *MünchKomm/Gruber*, Art. 35, Rn. 4; BGH, IPRax 1997, S. 342 mit Anm. *Benicke*, S. 326, 328; *Bitter*, BB 1993, S. 2315, 2320; *Herber/Czerwenka,* Art. 35, Rn. 2; *Enderlein/Maskow/Strohbach,* Internationales Kaufrecht, Art. 35, Rn. 5; *Piltz,* Internationales Kaufrecht, § 5, Rn. 26; OGH, TranspR-IHR 1999, S. 48, 49 = ZRVgl. 2000, S. 33 = CISG-Online Case 483; OGH, IHR 2001, S. 40, 41 = CISG-Online Case 641.

[87] Vgl. BGHZ 132, S. 290, 296 f. = BGH, NJW 1996, S. 2364, 2365 = LM Nr. 3 = IPRax 1997, S. 342, 343 = CISG-Online Case 135.

Diese Frage hat besondere Bedeutung in Zusammenhang mit dem Recht des Käufers auf Vertragsaufhebung nach Art. 49 Abs. 1 CISG. Denn wenn in einer krassen Falschlieferung eine Nichtlieferung zu sehen ist, dann ist eine Rüge nach Art. 39 CISG entbehrlich und die Vertragsaufhebung nur über Nachfristsetzung gem. Art. 49 Abs. 1 lit. b CISG zu erreichen[88]. Andernfalls, wenn also ein aliud stets als Lieferung einer vertragswidrig beschaffenen Ware gesehen werden muss, ist die Vertragsaufhebung nach den Voraussetzungen der Art. 49 Abs. 1 lit. a, 38 und 39 CISG nur bei rechtzeitiger Rüge und konkreter Anzeige der Rüge und vor allem nur bei einem wesentlichen Vertragsbruch möglich[89]. Der Weg zur Vertragsaufhebung über Nachfristsetzung wird dann erschwert.

Nach h. M.[90] sind alle Fälle einer Falschlieferung – also auch eine krasse Falschlieferung – als vertragswidrige Lieferungen anzusehen, die nur die beschränkten Rechtsmittel der Sachmängelhaftung eröffnen.

Für diese Ansicht sprechen gewichtige Gründe:

Vor allem weist die Wortlautinterpretation des Art. 35 Abs. 1 CISG in diese Richtung[91]. Der Verkäufer hat die Pflicht zur Lieferung einer vertragsgemäßen Ware nicht nur in Bezug auf Qualität, Quantität und Verpackung, sondern nach dem Wortlaut dieser Vorschrift auch in Bezug auf die Art. Eine Unterscheidung zwischen der Lieferung eines krassen aliud und der Falschlieferung würde daher erhebliche Abgrenzungsschwierigkeiten verursachen. Dafür spricht ebenso die Entstehungsgeschichte des Übereinkommens[92], aus der es sich ergibt, dass die oft schwer berechenbare Abgrenzung von aliud und peius für das Einheitskaufrecht keine Rolle spielen sollte. Die Behandlung der aliud-Lieferung als Lieferung einer nicht vertragsmäßigen

[88] Vgl. *Schlechtriem/Schwenzer/Müller-Chen*, Art. 49, Rn. 15.

[89] Vgl. *Staudinger/Magnus,* Art. 49, Rn. 21; *Schlechtriem/Schwenzer*, Art. 35, Rn. 10; *Schlechtriem/Schwenzer/Müller-Chen*, Art. 49, Rn. 15; BGH, 03.04.1996, CISG-Online Case 135 = BGHZ 132, S. 290, 301; OLG Frankfurt, 18.01.1994, CISG-Online Case 123 = NJW 1994, S. 1013 = RIW 1994, S. 240.

[90] Vgl. *Staudinger/Magnus,* Art. 49, Rn. 21; *Schlechtriem/Schwenzer*, Art. 35, Rn. 10; *Schlechtriem,* EwiR 1996, S. 597-598; *Schlechtriem,* Vertragswidrigkeit, öffentlich-rechtlIche Vorgaben (Grenzwerte) für Schwermetallbelastung, Vertragsaufhebung, EwiR 1995, S. 569-570; *Piltz,* Internationales Kaufrecht, § 5, Art. 35, Rn. 26; *Enderlein/Maskow/Strohbach,* Internationales Kaufrecht, Art. 35, Rn. 5; *Ryffel,* Schadenersatzhaftung des Verkäufers, S. 17; *Herber* in *Doralt,* Das UNCITRAL-Kaufrecht, S. 143; *Binder* in *Doralt,* Das UNCITRAL-Kaufrecht, S. 146; *Lessiak* in *Doralt,* Das UNCITRAL-Kaufrecht, S. 144-145; .*Kircher,* Die Voraussetzungen der Sachmängelhaftung beim Warenkauf, S. 51; *Heilmann*, Mängelgewährleistung, S. 171; a. A. aber *Neumayer* in *Doralt,* Das UNCITRAL-Kaufrecht, S. 136; *ders.*, RIW 1994, S. 99, 105; *Neumayer/Ming,* Art. 35, Rn. 3; *Aicher/Hoyer/Posch,* Wiener Kaufrecht, S. 118; *Bianca/Bonell/Bianca*, Art. 35, Anm. 2.4.; Sekretariatskommentar, Art. 33, Anm. 2 und vor allem Art. 29, Anm. 3.

[91] Vgl. BGH, IPRax 1997, S. 342 mit Anm. *Benicke*, S. 326, 328; *Schlechtriem/Huber*, Art. 31, Rn. 36.

[92] Vgl. UNCITRAL-YB IV (1973), S. 64 und VII (1976), S. 91 und S. 106 f.

Ware war schon im EKG ausdrücklich bestimmt (vgl. Art. 33 Abs. 1 lit. b EKG)[93]. Durch den Wegfall dieser Bestimmung im UN-Kaufrecht war aber nicht beabsichtigt, irgend etwas daran zu ändern[94].

Der Gleichsetzung von krasser aliud- und Schlechtlieferung kann letztlich auch nicht entgegenhalten werden, dass der Käufer bei der Lieferung eines krassen aliud kein Recht auf Minderung des Kaufpreises – das für die Fälle der vertragswidrigen Lieferung charakteristisch ist – haben kann, weil die Berechnung des Minderungsbetrags i. S. d. Art. 50 CISG dabei nicht möglich ist[95]. Zwar ist der Rechtsbehelf der Minderung bei der Lieferung einer ganz anderen Ware als der vereinbarten nicht anwendbar, weil die Motivation, die für die Preisgestaltung der vereinbarten Ware entscheidend war, für die Herabsetzung bzw. die Minderung des Preises der gelieferten Ware nicht besteht[96], das bedeutet aber nicht, dass diese Lieferung nicht als eine Lieferung vertragswidriger Ware zu behandeln ist. Dagegen wird dabei den Interessen des Käufers durch einen Anspruch auf Schadensersatz oder durch das Recht auf Vertragsaufhebung ausreichend Rechnung getragen[97]. Die Lieferung eines krassen aliud ist daher als eine vertragswidrige Lieferung zu behandeln.

Eine andere Lösung wäre also nur ein Weg zur Umgehung der Fristen für die Untersuchung der gelieferten Ware und die Rügenanzeige des Käufers nach Feststellung des Mangels[98]. Denn die Untersuchungs- und Rügeobliegenheit des Käufers nach den Art. 38 und 39 CISG würde bei der Behandlung einer krassen aliud-Lieferung als Nichtlieferung vollständig entfallen, was aber im Fall der Vertragswidrigkeit nur gem. Art. 40 CISG im Rahmen des UN-Kaufrechts erlaubt ist, wonach der Verkäufer die Tatsachen, auf denen die Mangelhaftigkeit der Kaufsache beruht, kannte oder hätte kennen müssen[99].

Im Fall der Lieferung eines krassen aliud ist aber meiner Meinung nach vorzugswürdig, den Schutz des Käufers nicht mit den Vorschriften über

---

93 Art. 33 EKG: (1) Der Verkäufer hat seine Pflicht zur Lieferung nicht erfüllt, ...b) wenn er eine andere als die vertraglich vereinbarte Sache oder eine Sache anderer Art ausgehändigt hat.

94 Vgl. *Ziegler*, S. 69; *v. Caemmerer/Schlechtriem/Huber,* Art. 35, Rn. 9; *Holthausen*, RIW 1990, S. 128.

95 Vgl. *Aicher/Hoyer/Posch,* Wiener Kaufrecht, S. 118.

96 Vgl. dazu unten, § 10.I.2.a.

97 Vgl. *MünchKomm/Gruber*, Art. 35, Rn. 4.

98 Vgl. *Schlechtriem/Schwenzer*, Art. 35, Rn. 10; *Aicher/Hoyer/Posch,* Wiener Kaufrecht, S. 118; BGH, IPRax 1997, S. 342 mit Anm. *Benicke*, S. 326, 328, nach dem nicht auszuschließen ist, dass es Fälle krasser Falschlieferung gibt, in denen der Verkäufer gutgläubig einen krassen aliud liefert. Dabei erscheint es also zumutbar, dass der Käufer ohne weiteres diese offenbare Falschlieferung rügt.

99 Vgl. dazu unten, § 4.I.4.

seine Untersuchungs- und Rügeobliegenheit nach Art. 38, 39, 40 und 44 CISG sicherzustellen[100].

Wie unten erklärt wird[101], ist dabei der Käufer von der Untersuchungs- und Rügeobliegenheit zu entlasten. Denn es ist nicht sachgerecht den Käufer mit der strengen Folge des Rechtsverlusts aufgrund der Unterlassung der Rügeobliegenheit bei einer krassen aliud-Lieferung – die meistens auf ein Versehen des Verkäufers zurückzuführen ist – zu belasten, während der Verkäufer bei Lieferung des krassen aliud oft grob fahrlässig handelt.

Deshalb ist die Ansicht zu vertreten, dass der Verkäufer sich dabei seinerseits nicht auf die Verletzung der Anzeigeobliegenheit durch den Käufer berufen kann, wenn er selbst oder seine Hilfspersonen die Pflicht zur Individualisierung der Ware gem. Art. 32 Abs. 1 CISG verletzt haben[102].

Diese Unterscheidung in der Behandlung der Fälle, in denen ein krasser aliud geliefert wird, betrifft aber nur die Untersuchungs- und Rügeobliegenheit des Käufers. Bezüglich seiner Rechtsbehelfe gelten nur die Gewährleistungsrechte der Art. 45 ff. CISG. Denn die Meinung überzeugt, dass alle Fälle einer Falschlieferung nach dem Wortlaut des Art. 35 Abs. 1 CISG zu erfassen und dann als Fälle einer vertragswidrigen Lieferung zu behandeln sind.

c. Die Haftung des Verkäufers für Quantitätsabweichungen der Ware

Das UN-Kaufrecht behandelt die Mengendifferenzen als Vertragswidrigkeiten mit der Folge, dass sie generell der Rügepflicht nach Art. 39 CISG unterliegen[103].

Im Gegensatz zu Art. 33 Abs. 1 lit. a EKG wurde die Unterscheidung zwischen Teillieferung und Mengenabweichung im UN-Kaufrecht aufgegeben. Beide Fälle werden wegen der identischen Rechtsfolgen gleich behandelt. Daher ist eine Abgrenzung zwischen Quantitäts- und Qualitätsabweichung, die bei nationalen, uneinheitlichen Rechtsordnungen aufgrund der verschie-

---

[100] Dagegen aber *MünchKomm/Gruber*, Art. 35, Rn. 5.

[101] Vgl. dazu unten, § 4.I.2.b.

[102] Vgl. *Resch*, ÖJZ 1992, S. 470, 472; dazu auch unten, § 4.I.2.b.

[103] Vgl. *Staudinger/Magnus*, Art. 35, Rn. 9; *Schlechtriem/Schwenzer*, Art. 35, Rn. 8; *Schlechtriem*, Internationales UN-Kaufrecht, (2003), Rn. 134; *Heilmann*, Mängelgewährleistung, S. 171 f.; *Herber/Czerwenka*, Art. 52, Rn. 2; *Piltz*, Internationales Kaufrecht, § 5, Rn. 29; LG Landshut, Urt. v. 05.04.1995, 54 O 644/94 CISG-Online Case 193.

denen Rechtsfolgen zu Problemen führt, hier bedeutungslos[104]. Um eine solche Abgrenzung geht es in Fällen, bei denen eine Quantitätsabweichung auch als Qualitätsabweichung eingestuft werden kann[105].
Die Mehr- oder Zuviellieferung kann ebenfalls eine Vertragsverletzung darstellen[106], für die aber besondere Rechtsfolgen nach Art. 52 Abs. 2 CISG gelten. Danach hat der Käufer im Fall der Lieferung einer größeren Menge als der vereinbarten den entsprechenden Preis zu bezahlen, wenn er die größere, ursprünglich nicht vereinbarte Menge abnimmt. Sonst kann er diese verweigern. Entscheidend ist dabei, ob die Mehrlieferung sofort i. S. d. Art. 38 und 39 CISG entdeckt und dem Transporteur die überschießende Menge sogleich wieder mitgegeben werden kann[107]. Wenn nicht, hat der Käufer die Ware nach Art. 86 CISG zu lagern und zu pflegen, sowie den höheren Kaufpreis zu zahlen.

d. Die Haftung des Verkäufers für Mängel an der Verpackung oder am Behältnis den Anforderungen des Vertrags

Nach Art. 35 Abs. 1 CISG haftet der Verkäufer auch für Mängel an der Verpackung der Ware oder an einem anderen Behältnis den Anforderungen des Vertrags.
Eine solche Regelung fand sich im Haager Kaufgesetz nicht. Jedoch fiel eine fehlerhafte Verpackung sehr oft als Vertragsverletzung unter Art. 33 Abs. 1 lit. d oder f EKG[108].
Der Grund für die Erwähnung der Verpackung als Voraussetzung der Vertragsmäßigkeit der Kaufsache liegt in der Länge der internationalen Handelsrouten sowie in der Notwendigkeit, die Ware weiterverkaufen zu können.
Die notwendige Verpackung der Kaufsache kann sich direkt aus dem Vertrag, aus den Gepflogenheiten der Parteien oder aus Handelsbräuchen ergeben[109], die stillschweigend dem Vertrag zugrunde gelegt wurden. Bei der Verletzung der Verpackungspflicht finden grundsätzlich dieselben Rechts-

---

[104] Vgl. *Staudinger/Magnus,* Art. 35, Rn. 9; *Schlechtriem/Schwenzer*, Art. 35, Rn. 10; *Schlechtriem/Huber*, Art. 31, Rn. 36; *Freiburg,* Das Recht auf Vertragsaufhebung, S. 71 f.; *Piltz,* Neue Entwicklungen im UN-Kaufrecht, NJW 1996, S. 2768, 2772.
[105] Vgl. entsprechendes Beispiel in *Hutter*, S. 31.
[106] Vgl. *Schlechtriem/Schwenzer*, Art. 35, Rn. 8.
[107] Vgl. *Herber/Czerwenka,* Art. 52, Rn. 5.
[108] Vgl. *Heilmann,* Mängelgewährleistung, S. 175.
[109] Vgl. *Staudinger/Magnus,* Art. 35, Rn. 14.

behelfe für den Käufer Anwendung, die bei anderen Sachmängeln vorgeschrieben sind. Diese sind jedoch einzuschränken: Der Käufer kann bei einer mangelhaften, vertraglich vereinbarten Verpackung schwerlich Nacherfüllung oder Nachbesserung nach Art. 46 CISG verlangen, wenn die Ware selbst trotz ihres Verpackungsmangels schadlos angekommen und geliefert ist, sofern die Verpackung keine Rolle für die Weiterverkaufbarkeit spielt[110]. Eine solche Einschränkung ergibt sich aus dem Prinzip des guten Glaubens nach Art. 7 CISG.

2. Objektive Kriterien zur Präzisierung der vertraglichen Leistungsumschreibung nach Art. 35 Abs. 2 CISG

Wenn die Parteien keine Bestimmung über die Beschaffenheit der Kaufsache getroffen haben, ist ein Rückgriff auf die objektiven Kriterien der Vorschriften in Art. 35 Abs. 2 CISG zur Auslegung ihres mutmaßlichen Willens erforderlich[111].

Art. 35 Abs. 2 CISG steht daher im Einklang mit der allgemeinen Vorschrift des Art. 6 CISG, die der Parteiautonomie Vorrang vor den Regelungen des Übereinkommens einräumt.

Die Parteivereinbarungen über die konkreten Anforderungen an die vertragsgemäße Leistung gehen also immer den objektiven Kriterien des Art. 35 Abs. 2 CISG vor, mit denen schließlich mangels ausdrücklicher oder stillschweigender Vereinbarung eine Interpretation des Vertragszwecks erreicht wird. Daher haben diese, wie oben schon gesagt wurde, nur eine ergänzende Funktion[112] zur vertraglichen Leistungsbeschreibung.

Die einzelnen Regelungen des Art. 35 Abs. 2 CISG kommen nicht nebeneinander zum Zuge, sondern es ist jedes Mal festzustellen, welcher Fall vorliegt. Wurde dem Verkäufer kein bestimmter Verwendungszweck mitgeteilt, ist folglich zunächst an Art. 35 Abs. 2 lit. b CISG als spezielle Vorschrift zu denken[113].

[110] Vgl. *Hutter,* S. 38.
[111] Vgl. *Schlechtriem/Schwenzer*, Art. 35, Rn. 12.
[112] Vgl. dazu oben, § 2.I.1.
[113] Vgl. *Heilmann,* Mängelgewährleistung, S. 177.

a. Geeignetheit der Ware für den gewöhnlichen Gebrauch

„Haben die Parteien nichts anderes vereinbart, so entspricht die Ware nur dann dem Vertrag, wenn sie sich für die Zwecke eignet, für die Waren der gleichen Art gewöhnlich gebraucht werden."
Diese Vorschrift hat ihren Vorläufer in Art. 33 Abs. 1 lit. d EKG, der vom Wiener Kaufrecht ohne wesentliche Änderung übernommen wurde[114].
Entscheidend ist, was der Käufer nach seiner Lebenserfahrung unter Berücksichtigung der objektiven Verkehrsanschauung über die üblichen Gebrauchszwecke für eine Ware der gleichen Art erwarten durfte[115]. Demzufolge eignet sich die Ware nicht mehr zum gewöhnlichen Gebrauch, wenn ein Mangel oder eine ihrer Eigenschaften ihren Gebrauch wesentlichen behindern oder nicht ordnungsgemäße, fehlerhafte Ergebnisse oder unübliche Kosten hervorrufen wurden[116]. Ferner eignet sich die Kaufsache zum gewöhnlichen Gebrauch i. S. d. Art. 35 Abs. 2 lit. a. CISG nicht (und dann ist sie als vertragswidrig vom Käufer nicht anzunehmen), wenn sie zwar im Wesentlichen brauchbar ist, aber nicht zu dem geforderten Gebrauchszweck im Geschäftsleben des Importlandes[117], wie z. B. zur Weiterveräußerung. Daher hat der Verkäufer den Käufer hierüber zu informieren[118]. Das Einstehenmüssen des Verkäufers kommt dann aber nur nach den einschränkenden Voraussetzungen des Art. 35 Abs. 2 lit. b CISG in Betracht[119].
Umstritten ist, ob die Eignung zum gewöhnlichen Gebrauch impliziert, dass die Ware mindestens einer durchschnittlichen Qualität entsprechen muss[120].

---

[114] Artikel 33 EKG: (1) Der Verkäufer hat seine Pflicht zur Lieferung nicht erfüllt, ...d) wenn er eine Sache ausgehändigt hat, die nicht die für ihren gewöhnlichen Gebrauch oder ihre kaufmännische Verwendung erforderlichen Eigenschaften besitzt....

[115] Vgl. *Bianca/Bonell/Bianca*, Art. 35, Anm. 2.5.1.; *Herber/Czerwenka,* Art. 35, Rn. 4; *Staudinger/Magnus,* Art. 35, Rn. 18; *Karollus,* UN-Kaufrecht, S. 116.

[116] Vgl. *Bianca/Bonell/Bianca,* Art. 35, Anm. 2.5.1; *Heilmann,* Mängelgewährleistung, S. 183.

[117] Vgl. *Bianca/Bonell/Bianca*, Art. 35, Anm. 2.5.1; *Heilmann,* Mängelgewährleistung, S. 183; *Petrikic,* Das Nacherfüllungsrecht, S. 43; *Kuhlen,* Produkthaftung im internationalen Kaufrecht, S. 74.

[118] Vgl. *Staudinger/Magnus,* Art. 35, Rn. 20; *Piltz,* Internationales Kaufrecht, § 5, Rn. 39; *Heilmann*, Mängelgewährleistung, S. 186; Sekretariatskommentar, Art. 33, Anm. 5.

[119] Vgl. *Schlechtriem/Schwenzer*, Art. 35, Rn. 13.

[120] Dafür, *Herber/Czerwenka*, Art. 35, Rn. 4; *Aue,* S. 24 f.; *Ziegler*, S. 70; *Staudinger/Magnus,* Art. 35, Rn. 19; *Schlechtriem/Schwenzer*, Art. 35, Rn. 15; *Piltz,* Internationales Kaufrecht, § 5, Rn. 40; *Heilmann*, Mängelgewährleistung, S. 201; offengelassen, *Bianca/Bonell/Bianca*, Art. 35, Anm. 3. 1.; *Enderlein/Maskow/Strohbach,* Internationales Kaufrecht, Art. 35, Rn. 8; *Audit,* La vente internationale de marchandises, Anm. 98; *Heuzé,* Art. 35, Anm. 289.

Ursprung dieser Kontroverse ist die unterschiedliche Regelung dieser Frage in den nationalen Rechten. Einige Rechtsordnungen enthalten – u. a. die deutsche und die griechische[121] – Vorschriften, wonach eine Gattungsware grundsätzlich von mittlerer Art und Güte sein muss. In anderen Rechtsordnungen wird aber beim Fehlen einer vertraglichen Absprache allein die Handelbarkeit der Ware gefordert, die unter Umständen schon bei einer geringeren als der durchschnittlichen Qualität erreicht werden kann[122]. Ausgehend davon, dass das Ziel des UN-Kaufrechts die Vereinheitlichung des Rechts des internationalen Warenverkehrs ist, kann weder denjenigen Rechtordnungen gefolgt werden, nach denen eine Ware zum gewöhnlichen Gebrauch geeignet ist, wenn sie durchschnittlicher Qualität ist, noch denjenigen, die generell auf die Handelbarkeit der Ware abstellen. Derart pauschale Ansichten berücksichtigen den internationalen Charakter des Übereinkommens nicht und würden das Erreichen seines Zieles gefährden. Daher ist hier ohne Berücksichtigung nationaler Erwägungen mit Blick auf den Einzelfall von einer vertragsautonomen Auslegung i. S. d. Art. 7 Abs. 1 CISG auszugehen[123].
Berücksichtigt man dann, dass der abstrakte Begriff der „durchschnittlichen Qualität“ öffentlich-rechtliche Vorschriften des Importlandes umfasst, kann man zu der Schlussfolgerung kommen, dass dabei keine allgemeine Verkehrsanschauung maßgebend sein kann, sondern die Verkehrsanschauung an dem bestimmten Ort, wohin die Sache geliefert oder wo sie entsprechend ihrem Zweck weiterverkauft wird. Wenn also eine Ware, deren gewöhnlicher Zweck die Weiterveräußerung ist, in einem bestimmten Land nicht mehr absetzbar ist, während sie in anderen Ländern durchaus zu verkaufen ist, ist sie in diesem Land mangels Absetzbarkeit für den gewöhnlichen Zweck nicht geeignet[124].
Es gibt auch die sogenannten öffentlich-rechtlichen Vorgaben, die für die Verwendung einer Kaufsache relevant sind. Solche Bestimmungen können etwa aus Arbeitnehmer-, Verbraucher- und Umweltschutzgesetzen folgen[125]. Nach überzeugender Auffassung[126] soll die Kaufsache auch diesen entsprechen, um nach Art. 35 CISG vertragsgemäß zu sein.

---

[121] Vgl. § 243 Abs. 1 BGB und hinsichtlich des griechischen Schuldrechts Art. 289 Abs. 2 gr. ZGB.

[122] Vgl. *Bianca/Bonell/Bianca,* Art. 35, Anm. 2.5.1; *Schlechtriem/Schwenzer*, Art. 35, Rn. 15.

[123] Zustimmend *Audit,* La vente internationale de marchandises, Anm. 98; *Schlechtriem/Schwenzer*, Art. 35, Rn. 16; *Heilmann*, Mängelgewährleistung, S. 185.

[124] Vgl. *Bianca/Bonell/Bianca,* Art. 35, Anm. 2.5.1; *Schlechtriem/Schwenzer*, Art. 35, Rn. 15; *Herber/Czerwenka*, Art. 35, Rn. 4; *Staudinger/Magnus*, Art. 35, Rn. 19; *MünchKomm/Gruber*, Art. 35, Rn. 17.

[125] Vgl. *Schlechtriem/Schwenzer*, Art. 35, Rn. 17.

[126] Vgl. dazu *Freiburg,* Das Recht auf Vertragsaufhebung, S. 91.

Jetzt stellt sich die Frage, ob der ausländische Verkäufer alle Importvorschriften der jeweiligen Länder kennen muss, oder ob ihm dies nicht zugemutet werden kann. Selbstverständlich ist die Anwort auf diese Frage negativ. Der Käufer kann vom Verkäufer nicht erwarten, dass dieser die ausländischen Regeln beherrscht[127]. Dagegen hat der Käufer nach dem Grundsatz von Treu und Glauben, der auch im Rahmen des internationalen Handelsrechts gilt, die Obliegenheit dem Verkäufer alle Auskünfte über die bestehenden Vorschriften zu geben[128]. Sonst kann er sich nach Art. 80 CISG nicht auf die Vertragswidrigkeit der Ware wegen Verstoßes gegen öffentlich-rechtliche Vorschriften berufen[129]. Das ist logisch, weil hier aufgrund der Verschiedenheit dieser Verwendungsbestimmungen zwischen dem Käufer- und dem Verkäuferland nicht über den gewöhnlichen Gebrauch der Kaufsache entschieden werden kann; weder die Eignungserwartungen des Käufers noch diese des Verkäufers sind für die Vertragsmäßigkeit der Kaufsache maßgeblich. Daher soll der Käufer die öffentlich-rechtlichen Vorschriften seines Landes dem Verkäufer i. S. d. Art. 35 Abs. 2 lit. b CISG deutlich bekannt machen[130].

Die Antwort ist aber anders, wenn es sich um eine langjährige Geschäftsbeziehung handelt. Dann kann man hinsichtlich lang bestehender Vorschriften keine Aufklärungsobliegenheit des Käufers annehmen, da vom Verkäufer erwartet werden kann, dass er die betreffende Regelung kennt[131]. Die Situation ist wieder anders, wenn diese Vorschriften kürzlich geändert wurden und es dem Verkäufer noch nicht zugemutet werden kann, sie zu kennen. Dann ist die Verletzung der Aufklärungsobliegenheit des Käufers gegeben, wenn er den Verkäufer darüber nicht informiert. Die Beurteilung ist also hier im Wesentlichen eine Frage des Einzelfalls[132].

---

[127] Vgl. BGH, RIW 1995, S. 595 ff.; vgl. auch dazu *Schlechtriem/Schwenzer*, Art. 35, Rn.17; *Staudinger/Magnus*, Art. 35, Rn. 22; *Herber/Czerwenka*, 35, Rn. 4, 5; *Pilz*, Internationales Kaufrecht, § 5, Rn. 35, 41; *Hutter*, S. 46 f.; *Bianca/Bonell/Bianca*, Art. 35, Anm. 3.2.; *Audit*, La vente internationale de marchandises, Anm. 98; *Enderlein/Maskow/Strohbach*, Internationales Kaufrecht, Art. 35, Rn. 8; *Heuzé*, Art. 35, Anm. 290; widersprüchlich aber *Heilmann*, Mängelgewährleistung, S. 184.

[128] Vgl. BGH, RIW 1995, S. 595 ff:; *Schlechtriem/Schwenzer*, Art. 35, Rn.17.

[129] Vgl. zu EKG, OLG Düsseldorf in *Schlechtriem/Magnus*, Internationale Rechtsprechung zu EKG und EAG, Art. 76 EKG, Nr. 4; zu UN-Kaufrecht, *Ziegler*, S. 71.

[130] Dann überschneidet sich die Eignung zum gewöhnlichen Zweck nach Art. 35 Abs. 2 lit. a CISG mit der Eignung zu einem besonderen Zweck nach Art. 35 Abs. 2 lit. b CISG.

[131] Vgl. *Bianca/Bonell/Bianca*, Art. 35, Anm. 3.2.; *Audit*, La vente internationale de marchandises, Anm. 98; *Schlechtriem/Schwenzer*, Art. 35, Rn. 17; *Heilmann*, Mängelgewährleistung, S. 185; *Staudinger/Magnus*, Art. 35, Rn. 34; *Neumayer/Ming*, Art. 35, Rn. 7.

[132] Vgl. *Pilz*, Internationales Kaufrecht, § 5, Rn. 37, der eine ausdrückliche vertragliche Regelung für die Vertragspraxis empfiehlt.

Auf bestimmte Vorgaben im Land des Käufers kann aber jedenfalls abgestellt werden, wenn sie ebenso im Verkäuferstaat bestehen[133]. Dabei können diese für die Eignung der Ware zum „gewöhnlichen Gebrauch" i. S. d. Art. 35 Abs. 2 lit. a CISG maßgeblich sein.

b. Nichteignung der Ware für einen bestimmten Zweck

Art. 35 Abs. 2 lit. b CISG stellt auf einen bestimmten Gebrauchszweck ab, der dem Verkäufer beim Vertragsabschluss ausdrücklich oder auf andere Weise mitgeteilt werden muss. Ferner setzt er voraus, dass der Käufer auf die Sachkunde und das Urteilsvermögen seines Vertragspartners vertraut hat und auch vertrauen durfte.
Vorläufer dieser Bestimmung ist Art. 33 Abs. 1 lit. e EKG[134]. Die betreffende Vorschrift des Wiener Übereinkommens weicht aber davon in zwei Punkten ab:
Der erste Punkt betrifft die Bekanntgabe eines bestimmten Zwecks. Während nämlich der bestimmte Zweck nach dem Haager Kaufgesetz ausdrücklich oder stillschweigend schon vertraglich vereinbart sein sollte, wird hier nicht auf den Vertragsinhalt Bezug genommen. Der konkrete Gebrauchszweck der Sache braucht nicht vereinbart zu sein. Es genügt nach dem Gesetzeswortlaut, dass dieser Zweck dem Verkäufer während der Vertragsverhandlungen erkennbar ist. Das bedeutet, dass der Verkäufer bei angestrengtem Überlegen „hätte erkennen müssen" [135], in welcher Weise der Käufer die Sache gebrauchen will. Folglich muss der Käufer ausdrücklich oder zumindest stillschweigend durch seinen Verhalten deutlich auf den bestimmten Gebrauchszweck hinweisen, so dass dieser für den Verkäufer

---

[133] Vgl. *Schlechtriem/Schwenzer,* Art. 35, Rn. 17.

[134] Artikel 33 EKG: (1) Der Verkäufer hat seine Pflicht zur Lieferung nicht erfüllt, ...e) wenn er eine Sache ausgehändigt hat, die nicht die für einen im Vertrag ausdrücklich oder stillschweigend vorgesehenen besonderen Gebrauch erforderlichen Eigenschaften besitzt....

[135] Positive Kenntnis über den Gebrauchszweck braucht der Verkäufer nicht zu haben. Das tatsächliche „Wissen" des Verkäufers wäre unpraktisch, weil der Beweis über seine tatsächliche Kenntnis nur sehr schwer geführt werden kann. Überdies ergibt sich dies schon aus dem Wortlaut des Art. 35 Abs. 2 lit. b CISG, der nur auf den Akt der Bekanntgabe abstellt, während es auf eine tatsächliche Kenntnisnahme nicht ankommt. So *Karollus,* UN-Kaufrecht, S. 117; *Hutter*, S. 43; *Ziegler*, S. 70; *Staudinger/Magnus,* Art. 35, Rn. 28; *Schlechtriem/Schwenzer*, Art. 35, Rn. 21; *Enderlein/Maskow/Strohbach,* Internationales Kaufrecht, Art. 35, Rn. 11. A. A. aber *Heilmann,* Mängelgewährleistung, S. 180; *Reinhart,* UN-Kaufrecht, Art. 35, Rn. 6; LG Regensburg, TranspR-IHR 2000, S. 30 = CISG-Online Case 514.

ohne große Schwierigkeiten und ohne geistiges Kombinieren erkennbar ist. Die Mitteilung des bestimmten Zwecks durch Dritte reicht auch aus[136].

Der zweite Unterscheidungspunkt zwischen Art. 33 1 lit. e EKG und Art. 35 Abs. 2 lit. b CISG ergibt sich daraus, dass der Verkäufer nur noch dann für den bestimmten Gebrauchszweck haftet, wenn sich der Käufer auf dessen Sachkunde verlassen hat und auch verlassen durfte: Der Käufer trägt das Risiko der Brauchbarkeit der Sache für den bestimmten Zweck, den er dem Verkäufer mitgeteilt hat, es sei denn, dass er auf die Sachkunde des Verkäufers vertrauen durfte.

Dieses Vertrauen ist in der Regel gerechtfertigt, wenn der Verkäufer über spezielle Kenntnisse der Sacheigenschaften verfügt[137], die für den besonderen Zweck erforderlich sind, etwa weil er die Ware selbst hergestellt hat. Das gleiche gilt aber u. U. auch beim Verkauf von Gütern, an die hohe technische Anforderungen gestellt werden, wenn der Käufer das erforderliche Fachwissen hat. Denn dabei kann es ein berechtigtes Vertrauen auf das Urteil des Verkäufers geben[138]. Der Käufer ist also ebenfalls schutzwürdig, wenn der Verkäufer gleich sachkundig ist.

Die Sachkunde des Verkäufers ist nämlich irrelevant. Maßgeblich für den Richter sind die Fachkenntnisse des Käufers. Diese indizieren als Anscheinsbeweis, dass der Käufer nicht berechtigt war, auf die Kenntnisse des Verkäufers zu vertrauen[139].

Folglich sind die Voraussetzungen, die nach Art. 35 Abs. 2 lit. b CISG auf der Seite des Käufers vorliegen müssen zweierlei: Das Vertrauen des Käufers auf das Fachwissen seines Vertragspartners und die Berechtigung hierzu.

Falls es sich um beiderseitige Sachkunde zwischen den Vertragsparteien handelt, ist zudem fraglich, ob der sachkundige Verkäufer eine Warnungspflicht hat, wenn er, obwohl die Eigenschaften der Ware i. S. d. Art. 35 Abs. 1 CISG vereinbart wurden, erkennen muss, dass die gelieferte Sache trotz der Vertragsmäßigkeit für den bestimmten vereinbarten Zweck des Käufers untauglich ist. Eine solche Warnungspflicht schreibt das Wiener Kaufrecht nicht direkt vor. Allerdings lässt sich vom Grundprinzip von Treu und Glauben, das in Art. 7 Abs. 1 CISG verankert ist, diese Pflicht

---

[136] Vgl. *Staudinger/Magnus,* Art. 35, Rn. 29; *Freiburg,* Das Recht auf Vertragsaufhebung, S. 93 f.

[137] Vgl. *Schlechtriem/Schwenzer,* Art. 35, Rn. 23; *Heilmann,* Mängelgewährleistung, S. 181; *Staudinger/Magnus,* Art. 35, Rn. 32; *Herber/Czerwenka,* Art. 35, Rn. 5.

[138] Vgl. *Staudinger/Magnus,* Art. 35, Rn. 32; *Schlechtriem/Schwenzer,* Art. 35, Rn. 23; *Enderlein/Maskow/Strohbach,* Internationales Kaufrecht, Art. 35, Rn. 12. A. A. *Freiburg,* Das Recht auf Vertragsaufhebung, S. 92.

[139] Vgl. *Heilmann,* Mängelgewährleistung, S. 181; *MünchKomm/Gruber,* Art. 35, Rn. 47.

ableiten[140]. Bei einer solchen Warnungspflichtverletzung greift sogar nach überzeugender Meinung ein Schadensersatzanspruch des Käufers neben der Rechtsfolgen der Art. 45 ff. CISG aufgrund der Vertragswidrigkeit der Ware ein[141].

c. Kauf nach Probe

Gem. Art. 35 Abs. 2 lit. c CISG haftet der Verkäufer für die Vertragswidrigkeit der Leistung, wenn die gelieferte Kaufsache den Eigenschaften der Ware nicht entspricht, die er dem Käufer als Muster oder als Probe vorgelegt hat.

Im Fall der Vorlage einer Probe oder eines Musters wird oft Art. 35 Abs. 1 CISG einschlägig sein, da die Eigenschaften der Probe als stillschweigend vereinbart angesehen werden können, während das Muster alle oder einzelne Eigenschaften der Ware präsentieren mag, die Vertragsinhalt werden können[142]. Art. 35 Abs. 2 lit. c CISG ist hingegen nicht lex specialis zu Art. 35 Abs. 1 CISG. Wenn vertragliche Vereinbarungen vorliegen, ist wie gesagt Abs. 1 anzuwenden, während Abs. 2 als ergänzende Regelung subsidiär ist[143].

Mangels einer Parteivereinbarung wird also beim Vorlegen einer Ware als Probe oder Muster vermutet, dass deren Eigenschaften Maßstab für den Vertragsinhalt geworden sind. Das gilt aber nicht, wenn der Verkäufer dem Käufer deutlich die Unverbindlichkeit des Musters oder der Probe mitgeteilt hat[144]. Dabei kann Art. 35 Abs. 2 lit. c CISG nicht herangezogen werden, um die erforderlichen Eigenschaften der Ware näher zu bestimmen. Der Beweis, dass eine Probe oder ein Muster dem Vertrag zugrunde gelegt wurde, belastet jedoch den Käufer[145].

Art. 35 Abs. 2 lit. c CISG regelt nicht die Fälle, in denen die Probe oder das Muster vom Käufer vorgelegt wurden (sog. Bestellproben) oder wenn die Eigenschaften des Musters für den Käufer schon erkennbar sind. Weil bei

---

[140] Vgl. *Karollus*, UN-Kaufrecht, S. 117, 118; *Enderlein/Maskow/Strohbach,* Internationales Kaufrecht, Art. 35, Rn. 13; *Staudinger/Magnus,* Art. 35, Rn. 35.
[141] Vgl. *MünchKomm/Gruber*, Art. 35, Rn. 15.
[142] Vgl. *Schlechtriem/Schwenzer*, Art. 35, Rn. 24; *Bianca/Bonell/Bianca,* Art. 35, Anm. 2.6.2.11.; *Audit,* La vente internationale de marchandises, Anm. 98.
[143] Vgl. dazu oben, § 2.I.1.
[144] Vgl. *Staudinger/Magnus,* Art. 35, Rn. 36; *Schlechtriem,* Internationales UN-Kaufrecht, (2003), Rn. 140.
[145] Vgl. *Schlechtriem/Schwenzer*, Art. 35, Rn. 51; *Hutter*, S. 49.

solchen Konstellationen das Muster oder die Probe kein Maßstab für den Vertragsinhalt sind, ist zu erwägen, ob die Eigenschaften der Probe oder des Musters hier i. S. d. Art. 35 Abs. 1 CISG vereinbart waren oder ob der Verkäufer nach Art. 35 Abs. 2 lit. a CISG wegen des Fehlens von Eigenschaften haften soll, die Waren der gleichen Art gewöhnlich haben[146].
Die Sollbeschaffenheit der Kaufsache ist schwierig zu bestimmen, wenn sich die in Art. 35 Abs. 2 geregelten Fallgruppen überschneiden. Dabei spielen die Umstände des Einzelfalls die maßgebliche Rolle für den Vorrang von der einen oder der anderen Vorschrift des Art. 35 Abs. 2 CISG[147].
Im Fall beispielsweise, in welchem dem Verkäufer ein besonderer Verwendungszweck mitgeteilt wurde, dem entsprechend dann ein Muster der Kaufsache vorgelegt wurde, kann dieses Muster, das normalerweise eine Untersuchung der Ware ermöglichen kann, i. S. d. Art. 35 Abs. 2 lit. c CISG für die Bestimmung des Vertragsinhalts entscheidend sein, wenn inzwischen die Eigenschaften der Ware dem Käufer nicht genügen[148]. Dabei kommt es nämlich auf die Besonderheiten des Falls an, ob bessere als die dem Muster entsprechenden Eigenschaften gemäß dem bekannt gegebenen Zweck Vertragsinhalt sind oder ob der Käufer einen Anlass hatte, auf die Sachkunde des Verkäufers zu vertrauen und schließlich ob nur die Regel des Art. 35 Abs. 2 lit. b CISG Anwendung findet[149].

d. Übliche oder angemessene Verpackung der Ware

Nach Art. 35 Abs. 2 lit. d CISG haftet der Verkäufer für die Vertragswidrigkeit der Kaufsache, wenn er eine Ware liefert, die nicht gemäß der für Waren der gleichen Art üblichen Weise oder – falls es eine solche nicht gibt – in einer für ihre Erhaltung und ihren Schutz angemessenen Weise verpackt ist.
Diese Bestimmung betrifft nicht die Beschaffenheit der Ware, sondern die beim internationalen Kauf wesentliche Frage der Verpackung.
Wenn diese also vereinbart ist, d. h. wenn sie Teil des Vertragsinhalts ist, dann ist die ordnungsgemäße Verpackung der Ware selbstverständlich Voraussetzung für ihre Vertragsmäßigkeit gem. Art. 35 Abs. 1 CISG.

---

[146] Vgl. *Staudinger/Magnus,* Art. 35, Rn. 45; *Schlechtriem,* Internationales UN-Kaufrecht, (2003), Rn. 140; *Karollus,* UN-Kaufrecht, S. 118.
[147] Vgl. *Schlechtriem/Schwenzer*, Art. 35, Rn. 25.
[148] Vgl. *Bianca/Bonell/Bianca,* Art. 35, Anm. 2.6.1.
[149] Vgl. *Karollus,* UN-Kaufrecht, S. 119.

Sonst richtet sich die Verpackung nach dem Maßstab des „Üblichen“. Die übliche Verpackung richtet sich oft nach den in der Branche geltenden Bräuchen[150]. Dabei muss der Zweck der Verpackung, nämlich einen angemessenen Schutz der Ware auf dem Transport zu gewährleisten, berücksichtigt werden[151]. Ist die „übliche Verpackung“ von Ort zu Ort verschieden, so ist zunächst auf die im internationalen Handel übliche Art und Weise und danach auf die gewöhnliche Weise am Ort der Niederlassung des Verkäufers, an dem man vergleichbare Waren verpackt, zu achten[152]. Aber auch wenn sich die übliche Verpackung nicht anhand von Gebräuchen bestimmen lässt, muss der Verkäufer die Güter in angemessener Weise in einer für die Erhaltung und den Schutz der Ware entsprechenden Weise verpacken. Dabei sind unter anderem die Warenart, die Dauer und die Art des Transports sowie die klimatischen Verhältnisse miteinzubeziehen[153].

Die ordnungsgemäße Verpackung spielt besonders bei den sog. „Sukzessivlieferungen“ eine Rolle. Dabei ist die Verpackung Bestandteil der Waren und deshalb haftet der Verkäufer, wenn sie nicht ordnungsgemäß ist[154]. Bei einmaligen Lieferungen, wo die Verpackung ausschließlich den Schutz der Ware während des Transports sicherstellen soll, ist der Käufer jedoch berechtigt, die entsprechenden Rechtsbehelfe auszuüben, wenn die Ware nur wegen der nicht ordnungsgemäßen Verpackung beschädigt worden ist. Wird nämlich während des Transports der Ware nur die Verpackung beschädigt, ohne dass die Ware selbst Schaden erleidet, haftet der Verkäufer nicht[155].

Es ist aber üblich, Ware ohne Verpackung zu liefern; in solchen Fällen stellt die fehlende Verpackung keine Vertragsverletzung dar[156].

---

[150] Vgl. *Heilmann,* Mängelgewährleistung, S. 189; *Audit,* La vente internationale de marchandises, Anm. 100; *Schlechtriem/Schwenzer*, Art. 35, Rn. 29; *Hutter*, S. 51.

[151] Vgl. *Aue*, S. 78; *Heilmann,* Mängelgewährleistung, S. 189; *Petrikic,* Das Nacherfüllungsrecht, S. 45; *Schlechtriem/Schwenzer*, Art. 35, Rn. 29; *Staudinger/Magnus,* Art. 35, Rn. 42.

[152] Vgl. *Bianca/Bonell/Bianca*, Art. 35, Anm. 2.7.1.

[153] Vgl. *Schlechtriem/Schwenzer,* Art. 35, Rn. 31.

[154] Vgl. *Audit,* La vente internationale de marchandises, Anm. 100; *Schlechtriem/Schwenzer*, Art. 35, Rn. 31; *Herber/Czerwenka,* Art. 35, Rn. 7.

[155] Vgl. *Staudinger/Magnus,* Art. 35, Rn. 44; *Neumayer/Ming,* Art. 35, Rn. 11; *Piltz,* Internationales Kaufrecht, § 5, Rn. 32.

[156] Vgl. *Karollus*, UN-Kaufrecht, S. 118; *Schlechtriem/Schwenzer,* Art. 35, Rn. 31; *Ziegler,* S. 74.

3. Ausschluss der Haftung des Verkäufers gem. Art. 35 Abs. 3 CISG

Gem. Art. 35 Abs. 3 CISG ist eine Haftung des Verkäufers für Mängel der Kaufsache nach den Vorschriften des Art. 35 Abs. 2 lit. a bis lit. d CISG ausgeschlossen, wenn der Käufer beim Vertragsabschluss den mangelhaften Zustand der Ware bzw. ihre Vertragswidrigkeit schon kannte oder darüber nicht in Unkenntnis sein konnte.
Vorläufer dieser Bestimmung ist Art. 36 EKG[157].
Entscheidend für den Haftungsausschluss des Verkäufers sind die tatsächlichen Gegebenheiten, die der Verkäufer wiederum darlegen und beweisen muss; es genügt nicht, dass ihm der Eindruck entstanden ist, dass der Käufer die Vertragswidrigkeit kannte bzw. kennen musste, weil es sich dabei um einen Ausnahmetatbestand handelt, der positiv bewiesen werden muss[158]. Daher spielt für den Haftungsausschluss des Verkäufers die Aufforderung an den Käufer zur Untersuchung der Kaufsache eine Rolle, die aber unbedingt mit dem Hinweis auf mögliche Mängel verbunden werden muss[159]. Wenn der Verkäufer hingegen dem Käufer die Untersuchung einfach anbietet, kann er sich folglich nicht schon dadurch der Verantwortung für evtl. Vertragswidrigkeiten der Ware entziehen[160].
Grundsätzlich ist auf die Person des Käufers abzustellen, um zu entscheiden, ob er die Vertragswidrigkeit kannte oder darüber nicht in Unkenntnis sein konnte. Da es aber beim Anwendungsbereich des betreffenden Artikels noch nicht um die Erfüllung von Vertragspflichten geht[161], sondern seine Beurteilungsgrundlage allein der Zeitraum bis zum Vertragsabschluss[162] ist, kann man den Personenkreis, dessen Kenntnis oder „Nicht-in-Unkenntnis-Sein-Können" dem Käufer zuzurechnen ist, weitaus einfacher als im Rahmen des Art. 40 CISG bestimmen, wonach es um die Haftung des Verkäufers für die Vertragswidrigkeit der Kaufsache trotz der Kenntnis des Käu-

---

[157] Artikel 36 EKG: Der Käufer haftet nicht für die Folgen der in Artikel 33 Absatz 1 Buchstaben d), e) und f) bezeichneten Vertragswidrigkeiten, wenn der Käufer bei Vertragsabschluss die Vertragswidrigkeit gekannt hat oder über sie nicht in Unkenntnis hat sein können.
[158] Vgl. *Schlechtriem/Schwenzer,* Art. 35, Rn. 52; *Audit,* La vente internationale de marchandises, Anm. 101; *Aue,* S. 81.
[159] Vgl. *Ryffel,* Schadenersatzhaftung des Verkäufers, S. 20.
[160] Vgl. *Schlechtriem/Schwenzer*, Art. 35, Rn. 35.
[161] Vgl. dazu *Karollus,* UN-Kaufrecht, S. 119, nach dem die Formulierung des Art. 35 Abs. 3 CISG über den Haftungsausschluss des Verkäufers unglücklich erscheint, weil beim Eingreifen der hier behandelnden Vorschrift von vornherein keine „Vertragswidrigkeit" vorliegt.
[162] Vgl. *Heilmann,* Mängelgewährleistung, S. 209.

fers geht, wenn der Verkäufer nach dem Vertragsabschluss die Vertragswidrigkeit kannte oder darüber nicht in Unkenntnis sein konnte[163].
Einigkeit besteht auch darüber[164], dass den Käufer keine generelle Pflicht zur Untersuchung der Ware schon vor dem Vertragsabschluss trifft.
Fraglich ist aber die Definition des unbestimmten Begriffs des „Nicht-in-Unkenntnis-sein-Können“, denn nach dem Wortlaut des Art. 35 Abs. 3 CISG ist die Haftung des Verkäufers nicht nur wegen der Kenntnis des Käufers von der Vertragswidrigkeit der Ware auszuschließen, sondern auch wenn dieser nicht in Unkenntnis darüber sein konnte.
Darüber existieren also unterschiedliche Meinungen. Einige[165] lassen einfache Fahrlässigkeit im Sinne der Verletzung der handelsüblichen Sorgfalt genügen, während andere[166] auf ein grob fahrlässiges Verhalten des Käufers abstellen, das oft als ein „bewusst“ grob fahrlässiges Verhalten verstanden wird[167].
Solche Begrifflichkeiten, die in Wirklichkeit aus einem nationalen Rechtsverständnis entspringen und deswegen eine vertragsautonome Auslegung des Übereinkommens gefährden, die schließlich das Ziel der Rechtsvereinheitlichung fördert, überzeugen jedoch nicht. Außerdem differieren die dargestellten Ansichten hinsichtlich der objektiven Kriterien nur unwesentlich. Man bemerkt hingegen, dass dabei außer den objektiven Kriterien auch subjektive, in der Person des Käufers liegende Umstände berücksichtigt werden müssen. Erforderlich für die Beantwortung der Frage, wann die Grenze des Art. 35 Abs. 3 CISG bezüglich der Kenntnis des Käufers überschritten wird, so dass die Haftung des Verkäufers ausgeschlossen sein kann, ist da-

---

[163] Vgl. unten, § 4.I.4.

[164] Vgl. *Rudolf,* Kaufrecht der Export- und Importverträge, Art. 35, Rn. 19; *Enderlein/Maskow/Strohbach,* Internationales Kaufrecht, Art. 35, Rn. 20; *Bianca/Bonell/Bianca*, Art. 35, Anm. 2.8.2.; *Heilmann,* Mängelgewährleistung, S. 209; *Ryffel,* Schadenersatzhaftung des Verkäufers, S. 20; *Staudinger/Magnus,* Art. 35, Rn. 48; *Piltz,* Internationales Kaufrecht, § 5, Rn. 44; *Aue*, S. 83; *Schlechtriem/Schwenzer*, Art. 35, Rn. 35; *Schlechtriem,* Internationales UN-Kaufrecht, (2003), Rn. 143. A. A. aber *Audit,* La vente internationale de marchandises, Anm. 101; *Heuzé,* Art. 35, Anm. 291, die die Meinung vertreten, dass die Untersuchungsobliegenheit vor dem Vertragsabschluss jedenfalls bei Stückschulden, ausnahmsweise bei Gattungssachen den Käufer belastet.

[165] Vgl. *Audit,* La vente internationale de marchandises, Anm. 101, im Sinne einer Beweiserleichterung.

[166] Vgl. *Heilmann,* Mängelgewährleistung, S. 208; *Staudinger/Magnus,* Art. 35, Rn. 48; *Ziegler,* S. 103; *Karollus,* UN-Kaufrecht, S. 119; *Herber* in *Doralt,* Das UNCITRAL-Kaufrecht, S. 142; *Welser,* in *Doralt,* Das UNCITRAL-Kaufrecht, S. 105, 109; *Enderlein/Maskow/Strohbach,* Internationales Kaufrecht, Art. 35, Rn. 20, nach dem der gleiche Maßstab auch für die Fälle des Art. 40 CISG gilt, da die Formulierung dieser Vorschrift zu dieser des Art. 35 Abs. 3 CISG identisch ist.

[167] Vgl. *Schlechtriem/Schwenzer,* Art. 35, Rn. 34; nach ihm ist das Nicht-in-Unkenntnis-sein-Können „mehr als grobe Fahrlässigkeit“. Dann sei die Haftung dabei nur für „ins Auge springende Vertragswidrigkeiten“ ausgeschlossen.

her eine Betrachtung, die auf den konkreten Fall Rücksicht nimmt, sich aber zugleich an objektiven Kriterien orientiert.
Dann erreicht man ein sachgerechtes Ergebnis dabei, wenn man anhand des Einzelfalls feststellt, ob sich der den Käufer treffende Vorwurf in Zusammenhang mit den jeweiligen Umständen darstellt.
Der Ausschlusstatbestand des Art. 35 Abs. 3 CISG bezieht sich ausdrücklich auf Vertragswidrigkeiten nach Art. 35 Abs. 2 lit. a bis d CISG. Der Anwendungsbereich dieser Vorschrift könnte sich dennoch analog auf eine Vertragswidrigkeit nach Art. 35 Abs. 1 CISG erstrecken, der auf die „vereinbarte" Sollbeschaffenheit der Kaufsache Bezug nimmt.
Dagegen spricht aber die Formulierung des Gesetztextes. Demzufolge ist die analoge Anwendung der betreffenden Ausnahme von der Einstandspflicht des Verkäufers auf Fälle der vereinbarten Leistungsbeschreibung des Art. 35 Abs. 1 CISG abzulehnen, denn der Wortlaut des Art. 35 Abs. 3 CISG macht schon die Entscheidung des Gesetzgebers deutlich, nur dadurch einen angemessenen Interessenausgleich zwischen Käufer und Verkäufer herbeizuführen[168]. Trotzdem überzeugt dieses Argument, das sich auf dem Wortlaut des Art. 35 Abs. 3 CISG beruht, nicht.
Eine sachgerechte Lösung dieses Problems kann jedoch gefunden werden, wenn man die vertragliche Abrede über die Beschaffenheit der Kaufsache mit Blick auf die Kenntnis des Käufers auslegt[169]. Wenn also der Käufer bei der Vereinbarung der Beschaffenheit der Kaufsache i. S. d. Art. 35 Abs. 1 CISG zwar ihre Vertragswidrigkeit kannte oder darüber nicht in Unkenntnis sein konnte, er aber mit einem Mangelbeseitigungsversuch seitens des Verkäufers berechtigterweise rechnen konnte, würde es dem Grundsatz von Treu und Glauben nach Art. 7 Abs. 1 CISG widersprechen, wenn der Verkäufer den Ausschluss seiner Haftung auf die Vorschrift des Art. 35 Abs. 3 CISG stützen würde und seine Verpflichtung zur vorzeitigen Mangelbeseitigung schließlich nicht erfüllen würde[170]. Anders ist aber zu entscheiden, wenn der Käufer, obwohl er den mangelhaften Zustand der Kaufsache kannte, den Kaufvertrag schließlich zu einem niedrigeren Kaufpreis abgeschlossen hat. Dabei spricht die positive Kenntnis des Käufers offensicht-

---

[168] Vgl. *Heilmann,* Mängelgewährleistung, S. 206; *Petrikic,* Das Nacherfüllungsrecht, S. 46; *Kircher,* Die Voraussetzungen der Sachmängelhaftung, S. 55 f.; *Schlechtriem/Schwenzer*, Art. 35, Rn. 38; *MünchKomm/Gruber*, Art. 35, Rn. 35.
[169] Für diese Meinung vgl. auch *Karollus,* UN-Kaufrecht, S. 119; nach ihm soll die analoge Anwendung des Art. 35 Abs. 3 CISG bei Fällen des Art. 35 Abs. 1 CISG der Vertragsauslegung im Einzelfall überlassen und nicht durch eine typisierende Auslegungsregel präjudiziert werden.
[170] Vgl. *Karollus,* UN-Kaufrecht, S. 119.

lich dafür, die Haftung des Verkäufers auszuschließen[171]. Dagegen ist in einem solchen Fall die Haftung des Verkäufers für die Vertragswidrigkeit der Kaufsache nicht auszuschließen, wenn der Käufer den mangelhaften Zustand der Ware zwar hätte erkennen müssen, ihn aber tatsächlich nicht erkannt hat[172]. Demgemäß ist also die Anwendung des Art. 35 Abs. 3 CISG analog zu den Fällen des Art. 35 Abs. 1 CISG anzunehmen, wenn es dem Grundsatz von Treu und Glauben entspricht.

Der Haftungsausschluss des Verkäufers nach Art. 35 Abs. 3 CISG ist aber auf alle Fälle abzulehnen, wenn dieser den vertragswidrigen Zustand der Kaufsache arglistig verschwiegen hat. Im UN-Kaufrecht (vgl. Art. 40 CISG) wird deutlich, dass sich der Verkäufer nicht auf ein Verhalten des Käufers berufen kann, wenn ihn selbst ein größeres Verschulden, seine Bösgläubigkeit, trifft[173]. Entsprechend dazu, erscheint der bloß (egal ob grob) fahrlässig unwissende Käufer schutzwürdiger als der arglistige Verkäufer. War der Mangel hingegen auch dem Käufer bekannt, so ist dieser ebensowenig schutzwürdig und daher bleibt es wohl bei der Rechtsfolge des Art. 35 Abs. 3 CISG[174].

---

[171] Vgl. *Karollus,* UN-Kaufrecht, S. 119; *Staudinger/Magnus,* Art. 35, Rn. 50, 51; *Freiburg,* Das Recht auf Vertragsaufhebung, S. 97 f.

[172] Vgl. *Karollus,* UN-Kaufrecht, S. 119; *Staudinger/Magnus,* Art. 35, Rn. 50.

[173] Vgl. *Schlechtriem/Schwenzer,* Art. 35, Rn. 37; *Ziegler,* S. 103; *Kuhlen,* Produkthaftung im internationalen Kaufrecht, S. 84; *Schnüll,* Die Haftung des Verkäufers für Fehler und zugesicherte Eigenschaften, S. 164; *Karollus,* UN-Kaufrecht, S. 119; *Staudinger/Magnus,* Art. 35, Rn. 52; *Freiburg,* Das Recht auf Vertragsaufhebung, S. 99 f.; *Heilmann,* Mängelgewährleistung, S. 211; *Welser,* in *Doralt,* Das UNCITRAL-Kaufrecht, S. 105, 110.

[174] Vgl. *Karollus,* UN-Kaufrecht, S. 119; *Staudinger/Magnus,* Art. 35, Rn. 50, 51; *Freiburg,* Das Recht auf Vertragsaufhebung, S. 97 f.

II. Die Haftung des Verkäufers für Sachmängel und Falschlieferung im deutschen und griechischen nationalen Recht im Vergleich mit dem UN-Kaufrecht

1. Einzelne Tatbestandsmerkmale des § 434 BGB und der Art. 535, 536 gr. ZGB

a. Der Begriff des Sachmangels: Die Entscheidung für den subjektiven Begriff

Sowohl § 434 Abs. 1 S. 1 des deutschen BGB als auch Art. 535 S. 1 des gr. ZGB betonen stärker als die entsprechenden Vorschriften der vorherigen nationalen Kaufrechte in beiden Ländern den Vorrang der Beschaffenheitsvereinbarung vor der Maßgeblichkeit der gewöhnlichen Verwendung der Kaufsache.

Danach wird die Frage, wann die Kaufsache mangelhaft bzw. frei von Mängeln ist, in erster Linie von den Parteien selbst durch vertragliche Abmachungen bestimmt. Dies wird sowohl in § 434 Abs. 1 S. 1 BGB als auch in Art. 535 S. 1 gr. ZGB mit der Grundsatzdefinition der Vertragsmäßigkeit der Kaufsache festgesetzt, wonach die Sache frei von Sachmängeln ist, wenn sie beim Gefahrübergang die vereinbarte Beschaffenheit hat.

Daher werden Erklärungen des Verkäufers über die Eigenschaften der verkauften Sache durch einfache Beschreibung oder durch Vorlage eines Musters oder einer Probe, die nicht nur zu Werbezwecken, sondern zur Darstellung und Festlegung der Eigenschaften der Kaufsache vorgelegt worden sind, ohne weiteres zum Inhalt des Vertrags bzw. zum Inhalt einer Beschaffenheitsvereinbarung[175], wenn auch der Käufer vor diesem Hintergrund seine Kaufentscheidung trifft. Wenn dagegen der Verkäufer sich bezüglich der Eigenschaften der Ware an die Probe oder das Musters nicht binden will, muss er dies ausdrücklich sagen und trägt dafür die Beweislast[176].

Die erfüllungsgerechte Beschaffenheit der Kaufsache ergibt sich also primär aus dem Kaufvertrag. Erhält dieser keine Bestimmung, so sind gegebenenfalls konkludent gegebene Beschaffenheitsvereinbarungen durch Erforschung des Parteiwillens zu ergründen. Nur wenn und soweit Beschaffen-

---

[175] Vgl. *MünchKomm/Westermann*, § 434, Rn. 13.

[176] Vgl. *MünchKomm/Westermann*, § 434, Rn. 38, Fn. 77.

heitsvereinbarungen nicht feststellbar sind, gelten die im Folgenden behandelten, objektiven Kriterien.
Der Regelung des deutschen und griechischen nationalen Rechts liegt folglich somit, wie im UN-Kaufrecht, der subjektive Fehlerbegriff zugrunde.
Kein Unterschied zum UN-Kaufrecht liegt ebenfalls hinsichtlich der Ausgestaltung der betreffenden Vorschriften in beiden nationalen Rechten vor: Sie bedienen sich zur Bestimmung der Vertragsmäßigkeit der Kaufsache eines Fehlerkatalogs mit objektiven Kriterien, die subsidiär für den Fall eingreifen, in welchem die Parteien im Vertrag keine Leistungsbeschreibung getroffen haben, die deutlich zu seinem Inhalt geworden ist (vgl. § 434 Abs. 1 Nr. 1 und 2 BGB, Art. 535 Nr. 1-4 und Art. 35 Abs. 2 CISG).
Dies hat weitere Auswirkungen in drei Richtungen hinsichtlich der Regelung der Haftung für Sachmängel:
Durch das Abstellen auf die Parteivereinbarungen für die Bestimmung der Soll-Beschaffenheit der Kaufsache ist die Notwendigkeit einer vertraglichen Zusicherung entfallen, die zu einer Zweiteilung des Mangelbegriffs in Fehler und Fehlen einer zugesicherten Eigenschaft im alten deutschen und griechischen Recht geführt hat. Denn wenn schon jede Beschaffenheitsvereinbarung zur Soll-Beschaffenheit zählt und die vollen Rechtsfolgen der Gewährleistung auslöst, dann besteht kein Bedarf mehr für die Sonderform der Zusicherung. Entsprechend dazu sieht also das deutsche Recht durch den Wegfall der früheren Vorschrift des § 459 BGB a. F. bzw. das griechische Recht durch die Reform der Art. 534, 535 a. F. gr. ZGB keinen Abgrenzungskonflikt mehr zwischen der Beschaffenheitsvereinbarung und der Zusicherung[177].
Etwas anderes aber gilt, wenn es sich um eine Garantie handelt, mit welcher der Verkäufer die Verpflichtung übernimmt, für das Vorhandensein einer besonderen Eigenschaft der Kaufsache unabhängig von seinem Verschulden einzustehen (vgl. § 443 BGB bzw. Art. 543 Abs. 1 gr. ZGB)[178]. Nur dann geht es um die Zusicherung einer Sacheigenschaft, für das Vorhandensein derer beim Gefahrübergang der Verkäufer immer haftet[179].
Eine zweite Auswirkung der Festlegung auf den subjektiven Fehlerbegriff ist die Gleichstellung der Falsch- und Zuweniglieferung mit dem Sachmangel, die in § 434 Abs. 3 BGB ausdrücklich vorgesehen wird[180]. Das ist nach

---

[177] Vgl. BT-Drucks. 14/6040 S. 212. Bezüglich des griechischen Rechts vgl. *Georgiades/Stathopoulos/Doris,* Kommentar zum gr. ZGB, Art. 534-535 a. F., Rn. 21 und 22.
[178] Vgl. *Palandt/Putzo,* § 443, Rn. 11; *Georgiades/Stathopoulos/Doris,* Kommentar zum gr. ZGB, Art. 534-535 a. F., Rn. 22; vgl. auch die Entscheidung v. Efeteio Athen (ΕφΑθ) 6493/1999, EllDik 41/2000 (ΕλλΔικ 2000), S. 188.
[179] Dazu vgl. unten, § 11.III.1.
[180] Vgl. dazu unten, § 2.II.1.e.

der Normierung des Vorrangs der Beschaffenheitsvereinbarung zwischen den Parteien ganz normal; egal ob die gelieferte Sache mangelhaft oder ganz anders als die vereinbarte ist, handelt es sich um die Lieferung einer vertragswidrigen Ware, also um eine Vertragsverletzung, die die gleichen Rechtsfolgen wie die Nichterfüllung, nämlich die nach §§ 437 ff. BGB, mit sich bringt.

Die Festlegung des subjektiven Fehlerbegriffs in beiden nationalen Rechten hat zuletzt auch eine Auswirkung bezüglich des Ausschlusses der Haftung des Verkäufers wegen unerheblicher Mängel der Kaufsache. Ausgehend davon, dass der Kaufvertrag bzw. die Parteien diejenigen sind, die die Soll-Beschaffenheit oder die Mangelhaftigkeit der Kaufsache bestimmen, hat die Erheblichkeit des Mangels wie im UN-Kaufrecht keine Bedeutung[181]. Es besteht nämlich keine Vorschrift im geltenden deutschen und griechischen Recht, nach der das Abweichen von der Soll-Beschaffenheit nicht unerheblich sein darf. Eine solche Regel würde den Erfüllungsanspruch des Käufers von vornherein entwerten und stände schließlich im Widerspruch zum Rechtssystem dieser Kaufrechte.

Es sind lediglich Einschränkungen auf der Rechtsfolgenseite vorzunehmen. So kann der Rücktritt nach § 323 Abs. 5 S. 2 i. V. m. § 440 BGB bzw. Art. 540 Abs. 1 Nr. 3 gr. ZGB bei Minimalschäden (unerheblichen Mängeln) ausgeschlossen sein. Die anderen dem Käufer zur Verfügung stehenden Rechtsbehelfe werden aber von der Unerheblichkeit des Sachmangels nicht berührt. Ähnlich begründet das UN-Kaufrecht die fehlende Regelung der unerheblichen Vertragswidrigkeit der Kaufsache. Bei einem internationalen Kauf ist die Vertragsaufhebung nach Art. 49 Abs. 1 lit. a CISG nur beim Vorliegen einer wesentlichen Vertragsverletzung vorgesehen. Auch die Ersatzlieferung nach 46 Abs. 2 CISG verlangt zur Vermeidung der hohen Rücktransportkosten eine wesentliche Vertragsverletzung, während die Rechtsbehelfe der Nachbesserung, des Schadensersatzes und der Minderung dem Käufer unabhängig von den Wesentlichkeitsgrenzen zur Verfügung stehen.

Der Käufer kann also aufgrund des Wegfalls der Bagatellgrenze bei der Lieferung einer mangelhaften Sache die ihrem vertragswidrigen Zustand entsprechenden Rechtsbehelfe ohne Begrenzung ausüben.

---

[181] Vgl. § 459 Abs. 1 S. 2 BGB a. F.; *Georgiades/Stathopoulos/Doris,* Kommentar zum gr. ZGB, Art. 534-535 a. F., Rn. 18.

b. Selbständig zustande kommende Beschaffenheitsbestimmung

Wie schon oben erwähnt, enthalten das deutsche und griechische Recht in Übereinstimmung mit Art. 35 Abs. 2 CISG einen Fehlerkatalog mit objektiven Kriterien zur Ergänzung der Bestimmung der Mangelhaftigkeit der Kaufsache, falls keine ausdrückliche oder stillschweigende Beschaffenheitsvereinbarung zwischen den Kaufparteien besteht.

i. Eignung der Kaufsache für die vertraglich vorausgesetzte Verwendung

Die Soll-Beschaffenheit der Kaufsache wird nicht nur durch ausdrückliche oder konkludente Vereinbarungen bestimmt. Oft legen die Parteien diese nicht oder nicht vollständig fest bzw. setzen sie als selbstverständlich voraus. Ihre Vorstellungen richten sich aber nicht auf einzelne, bestimmte Merkmale der Beschaffenheit der Ware, sondern darauf, dass die Sache für einen bestimmten Verwendungszweck geeignet ist. Das entspricht dem gesetzgeberischen Ausdruck „nach dem Vertrag vorausgesetzte Verwendung" der Nr. 1 des § 434 Abs. 1 des deutschen BGB und der Nr. 2 des Art. 535 des gr. ZGB.
Der Anwendungsbereich dieser Vorschriften wird insgesamt eng sein. Dies kann man leicht verstehen, weil bei einer bestimmten vertraglich vorausgesetzten Verwendung – nach dem Wortlaut des § 434 Abs. 1 Nr. 1 BGB bzw. des Art. 535 Nr. 2 gr. ZGB – mindestens konkludent festgelegte Beschaffenheitsvereinbarungen zwischen den Parteien vorliegen werden[182]. Daher finden die Regel des § 434 Abs. 1 S. 1 BGB bzw. des Art. 535 S. 1 gr. ZGB öfter Anwendung; die Tatbestände dieser Vorschriften enthalten die Grundsatzdefinition der Vertragsmäßigkeit der Kaufsache, die alle Konstellationen von ausdrücklichen oder konkludenten Beschaffenheitsabreden zwischen den Kaufparteien erfasst.
Der nach dem Vertrag vorausgesetzte Verwendungszweck definiert sich danach, was die Parteien im Laufe der Vertragsverhandlungen für ihre Kaufentscheidung maßgeblich bezeichnet haben. Hierbei handelt es sich nämlich um die Motivation des Käufers bei der Anschaffung des Kaufge-

---

[182] Vgl. *MünchKomm/Westermann*, § 434, Rn. 14.

genstandes und um keine konkludente oder ausdrückliche Beschaffenheitsvereinbarung. Diese Motivation ist für den Käufer die Grundlage des Geschäfts, das er abschließen will.
Der vertragliche Verwendungszweck muss an eine bestimmte Beschaffenheit der Kaufsache anknüpfen und kann nicht als eine generelle oder normale Eignung der Kaufsache für die vereinbarte Verwendung angesehen werden. Äußere Umstände (Geschäftsgrundlage außerhalb des Schuldverhältnisses) sind deshalb nicht von Bedeutung[183]. Maßgeblich ist nur, dass die Kaufsache so beschaffen ist, dass mit ihr der Gebrauchszweck des Vertrags erreicht wird. Die Kaufsache muss also von einer Beschaffenheit sein, die den Erwartungen, den Voraussetzungen des Vertrags, den Begleitumständen und den mitgeteilten Motiven im Vorfeld eines erfolgreichen Abschlusses gerecht wird[184]. Rein einseitige, nicht erkennbare Motivationen des Käufers reichen daher nicht aus, um die Haftung für einen Verstoß gegen den nach dem Vertrag vorausgesetzten Gebrauchszweck der Kaufsache damit zu verneinen.
Der Käufer ist auch derjenige, der, wie im Rahmen des UN-Kaufrechts nach Art. 35 Abs. 2 lit. b CISG, das Risiko der Brauchbarkeit der Sache für den bestimmten Vertragszweck trägt, den er dem Verkäufer bei den Vertragsverhandlungen bekannt geben muss, weil er sich auf das Urteil des Verkäufers über den Verwendungszweck nicht verlassen darf, wenn er eine ausreichende Sachkunde besitzt[185].
Unter den Anwendungsbereich der betreffenden Vorschriften fallen dementsprechend vor allem die so genannten Alltagsgeschäfte[186], bei denen keine ausführlichen Vertragsvereinbarungen stattfinden, sondern bestimmte Beschaffenheitsmerkmale als selbstverständlich angesehen werden.

ii. Eignung der Kaufsache für die gewöhnliche Verwendung und Aufweisen der üblichen, zu erwartenden Beschaffenheit

Wenn weder die Beschaffenheit vereinbart ist, noch die Parteien eine bestimmte Verwendung vorausgesetzt haben, dann ist die Kaufsache, die sich für die gewöhnliche Verwendung nicht eignet und die übliche, vom Käufer

---

[183] Vgl. *Palandt/Putzo,* § 434, Rn. 21.
[184] Vgl. *MünchKomm/Westermann*, a. a. O.
[185] Vgl. *MünchKomm/Westermann*, a. a. O.
[186] Vgl. *Palandt/Putzo,* § 434, Rn. 6.

zu erwartende Beschaffenheit nicht aufweist, mangelhaft (vgl. § 434 Abs. 1 S. 2 Nr. 2 BGB bzw. Art. 535 Nr. 3 gr. ZGB).

Die Begriffe „gewöhnliche Verwendung" und „übliche Beschaffenheit" indizieren, dass objektive, nicht mit dem spezifischen Kaufvertrag in Verbindung stehende Umstände die Kaufsache beschreiben.

Deshalb versteht man unter dem Begriff der „gewöhnlichen Verwendung" die Benutzung und Nutzbarkeit gleichartiger Sachen bei durchschnittlichen und vergleichbaren Lebenssachverhalten und in Zusammenhang damit die übliche Beschaffenheit vergleichbarer Sachen[187].

Eine solche Beschaffenheit der Kaufsache ist gemäß der Verkehrsanschauung unter Berücksichtigung der Umstände des Einzelfalls und der objektiven Gesichtspunkte zu bestimmen. Relevant sind also hierbei der Allgemeinzustand der Sache, ihr Alter, die Art und Weise des bisherigen Gebrauchs etc.[188]

Man kann nämlich objektive Kriterien zur Begriffsbestimmung benutzen, wenn Sachen gleicher Art als Vergleichsobjekte existieren, anhand derer sich eine Normalbeschaffenheit bzw. eine Normalverwendung erkennen lässt. Mit der Hilfe dieser Kriterien ist eine Klassifizierung der Sachen möglich, so dass die übliche Beschaffenheit der konkreten Kaufsache hinsichtlich der Merkmale der jeweiligen Gruppe vergleichbarer Sachen bestimmt werden kann[189]. Ein Fehler liegt demnach vor, wenn die Sache negativ von der normalen Art- oder Gattungsbeschaffenheit abweicht.

Nach dem Wortlaut der betreffenden Vorschriften in beiden nationalen Rechten muss die übliche Beschaffenheit vergleichbarer Sachen vom Käufer erwartet werden. Das bedeutet, dass für ihre Bestimmung die Verkehrsanschauung und damit der Erwartungshorizont eines Durchschnittskäufers maßgeblich ist[190].

Ein einziger „starrer" Durchschnittskäuferbegriff kann jedoch wegen der Vielfalt des Kaufrechts nicht bestimmt werden. Es gibt in beiden nationalen Rechtsordnungen verschiedene Käufertypen (entsprechend dem Handelskauf oder dem Verbrauchsgüterkauf) mit unterschiedlichen Schutzniveaus. Der Durchschnittskäufer ist daher ein repräsentativer Vertreter des vom jeweiligen Geschäftstyp üblicherweise betroffenen Verkehrskreises. Werden also etwa spezielle Artikel vornehmlich an „Insider-Verbraucher" verkauft, so richtet sich die übliche Beschaffenheit der Kaufsache hauptsächlich nach deren Erwartungen (beispielsweise, richtet sich die übliche Be-

---

[187] Vgl. *MünchKomm/Westermann*, § 434, Rn. 18.
[188] Vgl. *MünchKomm/Westermann*, § 434, Rn. 19.
[189] Vgl. *MünchKomm/Westermann*, a. a. O.
[190] Vgl. *Palandt/Putzo,* § 434, Rn. 30.

schaffenheit von Skateboards, die an jugendliche „Kenner“ verkauft werden, nach deren Gepflogenheiten)[191].
Die zu erwartende Beschaffenheit der Kaufsache kann auch noch durch öffentliche Äußerungen des Verkäufers, des Herstellers oder ihrer Gehilfen bestimmt werden. Es handelt sich dabei um Informationen seitens des Verkäufers, die die Erwartungen des Käufers beeinflussen können[192].
Solchen Werbeaussagen kommt eine erhebliche Bedeutung hinsichtlich der Kaufentscheidung zu; der nationale Gesetzgeber hat daher diese gesondert geregelt (vgl. § 434 Abs. 1 S. 3 BGB bzw. Art. 535 Nr. 4 gr. ZGB), wie im Folgenden gezeigt wird.

iii. Öffentliche Äußerungen

Zur Erhöhung des Verbraucherschutzniveaus[193] statuieren das deutsche und das griechische Kaufrecht nach ihren kürzlich erfolgten Reformen in den Vorschriften des § 434 Abs. 1 S. 3 BGB und Art. 535 Nr. 4 gr. ZGB eine Haftung des Verkäufers für öffentliche Äußerungen, insbesondere für Werbeaussagen seinerseits, des Herstellers und von Hilfspersonen.
Wie bereits oben erwähnt, liegt ein Sachmangel vor, wenn die Kaufsache die Beschaffenheit nicht aufweist, die der Käufer aufgrund von Informationen seitens des Verkäufers bezüglich einer konkret angepriesenen Eigenschaft erwarten kann. Der Grund der besonderen Regelung der Haftung für öffentliche Äußerungen des Verkäufers liegt daran, dass der Käufer auf ihre inhaltliche Richtigkeit vertrauen können soll und daher als besonders schutzwürdig anzusehen ist[194].
Normzweck der betreffenden Vorschriften ist also nicht nur die Regelung eines Falls der Mangelhaftigkeit der Kaufsache, sondern auch die Regelung eines ganz anderen Bereichs, der nach dem früheren Kaufrecht in beiden Ländern nur recht vage mit der Folge umrissen war, dass entsprechend der Stärke der Aussagen und ihrer Auswirkung auf die Kaufentscheidung des Verbrauchers entweder von der Haftung des Verkäufers nach c. i. c. oder von der Haftung für das Fehlen einer zugesicherten Eigenschaft ausgegan-

---

[191] Vgl. *MünchKomm/Westermann*, § 434, Rn. 18; hinsichtlich des griechischen Rechts, *Georgiades/Stathopoulos/Doris,* Kommentar zum gr. ZGB, Art. 534-535 a. F., Rn. 9-13; *Kornilakis,* S.231.
[192] Vgl. *MünchKomm/Westermann*, § 434, Rn. 23.
[193] Vgl. BT-Drucks. 14/6040 S. 214; *Palandt/Putzo,* § 434 Rn. 32; Vgl. *Kornilakis*, S. 232, 233.
[194] Vgl. *MünchKomm/Westermann*, § 434, Rn. 23.

gen werden konnte[195]. Diese „Grauzone“ wird aber nun klar dem Mangelbegriff und seinen Rechtsfolgen unterstellt.

Dabei haftet der Verkäufer nicht nur für eigene, sondern auch für fremde Äußerungen, was aber angesichts der Vorteile hinsichtlich der Förderung seines Absatzes, die er aus der Werbung zieht, nicht unbillig erscheint[196].

Diese öffentlichen Äußerungen müssen sich nur auf konkrete Eigenschaften der Sache beziehen, während reißerische Anpreisungen allgemeiner Art ohne Bezugnahme auf nachprüfbare Aussagen über die Sachbeschaffenheit bedeutungslos bleiben[197]. Auch direkte Äußerungen des Verkäufers gegenüber dem Käufer im Rahmen eines Verkaufsgesprächs werden nicht als Aussagen mit öffentlicher Wirkung angesehen. In solchen Fällen wird oft eine Beschaffenheitsvereinbarung gegeben sein, die der Regelung des „subjektiven Fehlerbegriffs“ unterstellt ist[198].

Maßgeblich für die Anwendung der hier behandelten Vorschriften ist die Werbewirkung der kaufrelevanten Informationen des Verkäufers, des Herstellers[199] oder seiner Gehilfen, die bei der Ausübung eines Handelsgewerbes bezüglich der Sache (und zu ihrer Förderung) einer unbestimmten Vielzahl potentieller Käufer gegenüber bekannt gegeben werden müssen. Die Werbung muss nämlich im Rahmen des Geschäftsverlaufs geäußert werden und auf die Erfüllung dieses Geschäfts gerichtet sein[200].

In welcher Weise die Äußerung erfolgt, ist ohne Belang. Sie kann also schriftlich, mündlich, bildlich oder mittelbar erfolgt werden. Erforderlich ist nur, dass die Werbeaussage geeignet ist, die Kaufentscheidung des potentiellen Kunden zu beeinflussen[201]. Daher zählen zur Werbung insbesondere die Verbreitung von Kaufangeboten über Zeitungsannoncen, Werbeprospekte, Kataloge oder über das Internet, die zur Förderung des verkäuferseitigen Absatzes beitragen[202].

---

[195] Vgl. *Staudinger/Honsell,* § 459 a. F., Rn. 61, 70; bezüglich des griechischen Rechts vgl. *Georgiades/Stathopoulos/Doris,* Kommentar zum gr. ZGB, Art. 534-535 a. F., Rn. 21.

[196] Vgl. BT-Drucks. 14/6040 S. 214.

[197] Vgl. *MünchKomm/Westermann,* § 434, Rn. 24; hinsichtlich des griechischen Rechts, *Kornilakis,* S. 233.

[198] Vgl. *MünchKomm/Westermann,* a. a. O.

[199] Neben dem Hersteller von Verbrauchsgütern wird auch deren Importeur für das Gebiet der Gemeinschaft sowie jede andere Person erfasst, die sich dadurch, dass sie ihren Namen, ihre Marke oder ein anderes Kennzeichen an dem Verbrauchsgut anbringt, als Hersteller bezeichnet (vgl. dazu den § 4 Abs. 1 und 2 ProdHaftG).

[200] Vgl. *MünchKomm/Westermann,* a. a. O.

[201] Vgl. *Kornilakis,* S. 232.

[202] Vgl. *Palandt/Putzo,* § 434, Rn. 35; *Kornilakis,* S. 232.

Sowohl das deutsche als auch das griechische Recht regeln auch die Haftungsvoraussetzungen des Verkäufers für falsche Werbeaussagen (vgl. § 434 Abs. 1 S. 3 BGB bzw. Art. 535 Nr. 4 gr. ZGB).

Demgemäß kann der Verkäufer sich von der Haftung für Werbeaussagen durch den Nachweis befreien, dass er diese weder kannte noch kennen musste, seine Unkenntnis also nicht auf grober Fahrlässigkeit beruhte[203]. Dies gilt auch im Fall von falschen Werbeaussagen Dritter, aus denen der Verkäufer profitiert, wenn ihm ein Fahrlässigkeitsvorwurf hinsichtlich seiner Kenntnis davon gemacht werden kann[204].

Der Verkäufer muss die entlastenden Umstände nachweisen. Das ergibt sich aus dem Wortlaut der Vorschriften in beiden nationalen Rechten „*es sei denn...*". In Wirklichkeit kann er aber seine Entlastung schwer beweisen, denn die Werbung erreicht oft einen großen Kundenkreis. Daher kann in der Regel davon ausgegangen werden, dass der Verkäufer von den fraglichen öffentlichen Äußerungen über die Beschaffenheit der Kaufsache Kenntnis hätte haben müssen[205].

Das deutsche Recht regelt weiterhin den Fall, dass die Werbung zum Zeitpunkt des Vertragsabschlusses berichtigt wurde. Dann greift die Haftung des Verkäufers nicht. Das ist leicht verständlich, denn eine ursprünglich unzutreffende Werbeaussage kann im Zeitpunkt des Kaufs keinen Einfluss mehr auf die Kaufentscheidung haben, wenn sie inzwischen berichtigt wurde.

Dies kann der Fall sein, wenn die Berichtigung entweder ausdrücklich gegenüber dem Käufer oder jedenfalls so erfolgt ist, dass nach den berechtigten Erwartungen des berichtigenden Verkäufers oder Dritten ein durchschnittlicher Käufer von ihr Kenntnis hätte erlangen müssen[206].

§ 434 Abs. 1 S. 3 BGB verlangt auch, dass die Berichtigung der Werbeaussage in gleichwertiger Weise zu erfolgen hat. Weil aus dem Gesetz nicht eindeutig hervorgeht, ob die Äußerung in gleichwertiger Weise berichtigt wurde, wenn der Verkäufer oder der Hersteller sie in derselben Art im selben Medium klarstellt, dürfte angesichts des Zwecks dieser Bestimmung, den Verbraucherschutz zu forcieren, festzustellen sein, dass dabei maßgeblich ist, inwieweit der durchschnittliche Käufer des angesprochenen Kreises die Möglichkeit zur Kenntnisnahme vor Vertragsabschluss hat[207]. D. h., die Gegendarstellung muss nicht in absolut identischer Form erfolgen[208]. Abzu-

[203] Vgl. *Palandt/Putzo,* § 434, Rn. 29; *MünchKomm/Westermann*, § 434, Rn. 27.
[204] Vgl. *Palandt/Putzo,* § 434, Rn. 38; *Kornilakis,* S. 233.
[205] Vgl. *MünchKomm/Westermann*, § 434, Rn. 27.
[206] Vgl. *MünchKomm/Westermann*, § 434, Rn. 25.
[207] Vgl. auch *Palandt/Putzo,* § 434, Rn. 39.
[208] Vgl. *MünchKomm/Westermann*, a. a. O.

stellen ist nur auf die Gleichheit der Werbewirkung auf die Kaufentscheidung des Verbrauchers. Der Verkäufer wird also von der Haftung für falsche Werbeaussagen nur frei, wenn die Wirkung seiner ersten falschen Äußerung durch die Berichtigung zumindest annähernd aufgehoben wurde.
Nach der betreffenden Vorschrift des deutschen Rechts haftet der Verkäufer auch dann nicht, wenn er nachweist, dass die unzutreffende Werbeaussage die Kaufentscheidung nicht beeinflussen konnte, also diese für die Willensbildung des Käufers – beispielsweise aufgrund seiner Sachkunde – nicht maßgeblich sein konnte. Die fehlende Kausalität ist hier jedoch wohl schwer zu beweisen[209].

c. Montagefehler

Das deutsche und das griechische nationale Kaufrecht stellen ausdrücklich den Montagefehler einem Sachmangel gleich (vgl. § 434 Abs. 2 BGB und Art. 536 gr. ZGB). Obwohl diese Norm bislang keine direkte gesetzliche Entsprechung hatte, wurde sie aufgrund der Verbrauchsgüterkaufrichtlinie in beiden Ländern eingeführt. Sie entfaltet daher eine verbraucherschützende Wirkung.
Es handelt sich hier um Fälle, in denen eine Sache unter dem gleichzeitigen Abschluss einer Montageabrede verkauft wird. Voraussetzung ist aber, dass es sich dabei im Kern um eine Kaufabrede handelt, zu der die Montageleistung als Nebenverpflichtung hinzutritt[210]. Die Montage darf daher nicht den Schwerpunkt des Vertrags bilden. Wenn dagegen der Schwerpunkt der vertraglichen Leistung sich in die Richtung der Montageleistung verschiebt, dann ist nicht die kaufrechtliche Gewährleistung, sondern das Werkvertragsrecht einschlägig[211].
Die Vorschriften beider nationaler Rechten über den Montagefehler stellen zum einen klar, dass das kaufrechtliche Gewährleistungsrecht wegen der fehlerhaften Arbeit des Verkäufers oder seiner Erfüllungsgehilfen bei der vertraglich geschuldeten Montage Anwendung findet. Dies gilt nicht nur,

---

[209] Vgl. *Palandt/Putzo,* § 434, Rn. 39.
[210] Vgl. BT-Drucks. 14/6040 S. 215; *Palandt/Putzo,* § 434, Rn. 40, 41. Bezüglich des griechischen Rechts vgl. *Kornilakis*, S. 234.
[211] Vgl. *MünchKomm/Westermann*, § 434, Rn. 30; es spielt aber in Wirklichkeit keine Rolle, ob werkvertragliche Elemente eines gemischten Vertrags bemüht werden müssen oder ob nur eine Nebenverpflichtung vorliegt, weil dies angesichts der gleichen Schadensersatzregelung in beiden nationalen Rechten die Praxis wohl auf sich beruhen lassen kann, vgl. dazu *Westermann*, JZ 2001, S. 533. Bezüglich des griechischen Rechts, *Kornilakis,* S. 234.

wenn die fehlerhafte Montage auf die Kaufsache durchgeschlagen hat und diese dadurch mangelhaft geworden ist, sondern auch, wenn die Montage selbst unsachgemäß ist, ohne dass die Qualität, aber die Verwendbarkeit der Sache davon betroffen ist[212].
Daneben ist die kaufrechtliche Gewährleistung auch einschlägig, wenn der Verkäufer die Montagepflicht nicht übernommen hat, sondern stattdessen eine mangelhafte Montageanleitung mitgeliefert hat[213], anhand derer der Käufer oder ein Dritter die zu montierende Sache nicht fehlerfrei installieren können[214].
Die mangelhafte Montageanleitung stellt nämlich schon nach dem Wortlaut der betreffenden Vorschriften an sich einen Mangel der Kaufsache dar. Daher kann der Käufer die Gewährleistungsrechte schon vor der Montage wahrnehmen. Andererseits trägt der Verkäufer die Beweislast dafür, dass die von ihm mitgelieferte Montageanleitung fehlerfrei ist und daher an den eingetretenen Schäden der Käufer oder der Dritte schuldig sind[215]. Die Gewährleistungsrechte erstrecken sich jedoch nur auf die allein durch die fehlerhafte Montageanleitung verursachten Folgen[216]. Wenn also die Kaufsache trotz der mangelhaften Montageanleitung fehlerfrei montiert wird, so scheidet die Gewährleistung aus[217].

d. aliud-Lieferung und Minderlieferung

Die Fälle der aliud-Lieferung, bei der eine andere als die vereinbarte Sache geliefert wird (Falschlieferung), und die Fälle der Minderlieferung, wo zwar die Beschaffenheit der Kaufsache korrekt, jedoch die gelieferte Menge zu gering ist (Quantitätsmangel), werden nach § 434 Abs. 3 BGB lediglich einem Mangel gleichgestellt, ohne dass sie zu den Fällen des Sachmangels erklärt werden, wie im UN-Kaufrecht nach Art. 35 Abs. 1 CISG.
Hintergrund dafür ist die unterschiedliche Behandlung solcher Fälle im früheren deutschen Recht, das sie durch eine „natürliche Betrachtungsweise"

---

[212] Vgl. *MünchKomm/Westermann*, § 434, Rn. 31.
[213] Vgl. *Palandt/Putzo*, § 434, Rn. 49.
[214] Damit soll der üblichen Vertragspraxis bei Kaufverträgen Rechnung getragen werden, die den Zusammenbau der Kaufsache durch den Endverbraucher vorsehen (sog. „IKEA-Klausel"), vgl. *MünchKomm/Westermann*, § 434, Rn. 33.
[215] Vgl. *MünchKomm/Westermann*, § 434, Rn. 37.
[216] Vgl. *MünchKomm/Westermann*, § 434, Rn. 34.
[217] Das griechische Recht enthält keine entsprechende Regel darüber, aber es kommt zu demselben Ergebnis nach dem Grundsatz des guten Glaubens; vgl. dazu *Kornilakis*, S. 236.

als Fälle der Nichtlieferung angesehen hatte[218]. Damit waren als Rechtsfolgen nicht die des Gewährleistungsrechts, sondern völlig unterschiedliche Rechtsfolgen, insbesondere hinsichtlich der Verjährung einschlägig. Weil dies zu Abgrenzungsschwierigkeiten geführt hat und auch dogmatisch im Widerspruch zum subjektiven Fehlerbegriff stand, hat das deutsche Recht nach der Schuldrechtsreform durch die Gleichstellung von Falsch- und Schlechtlieferung hinsichtlich der Rechtsfolgen den Mittelweg zwischen „objektiver“ und „subjektiver Betrachtungsweise“ gewählt.
Im Ergebnis wird aber damit der subjektive Mangelbegriff bestätigt[219]: Unter die Mängelgewährleistung fallen Sachen, bei denen die Soll- und die Ist-Beschaffenheit auseinanderfallen. Ob das auf einer Anders- oder Schlechtleistung beruht, ist aufgrund der Gleichstellung auf der Rechtsfolgenseite nur von akademischem Interesse. Denn die Interensselage von Käufer und Verkäufer bei der Falsch- und Zuweniglieferung ist grundsätzlich nicht anders als beim Sachmangel im engeren Sinne.
Ähnlich ist die Situation beim griechischen Kaufrecht, das aber, obwohl es wie das deutsche Recht vom subjektiven Fehlerbegriff ausgeht, nicht die Gleichstellung zwischen der Falsch- oder Minderlieferung und der Schlechtlieferung normiert.
Dies hat zur Folge, dass oft die Abgrenzung der Fälle der Lieferung einer anderen Sache als der vereinbarten (aliud-Lieferung) von den Fällen der Lieferung einer mangelhaften Sache problematisch wird: Die Falschlieferung wird grundsätzlich als Nichterfüllung behandelt, während das Gewährleistungsrecht nur bei solchen Gattungskäufen anwendbar ist, bei welchen die Gattung, zu der den aliud gehört, viele Ähnlichkeiten hinsichtlich der Form, der Farbe etc. mit der vereinbarten Gattung hat (wie Zucker statt Salz); vorausgesetzt ist, dass der Käufer inzwischen die falsche Lieferung angenommen hat[220].
Entsprechend der Rechtslage in den Fällen der Falschlieferung wird auch die Minderlieferung im Rahmen des griechischen Rechts ausnahmsweise als Lieferung einer Ware mit Sachmängeln behandelt. Die Mindermenge wird nämlich nur dann einem Mangel gleichgestellt (Quantitätsmangel), wenn die Benutzung und Nutzbarkeit der Kaufsache von der vereinbarten Quantität abhängig sind und somit wegen des Quantitätsmangels unmöglich werden[221].

---

[218] Vgl. *MünchKomm/Westermann*, § 434, Rn. 38.
[219] Vgl. *Palandt/Putzo*, § 434, Rn. 52; *MünchKomm/Westermann*, § 434, Rn. 39 s. auch BGH NJW 97, S. 1914.
[220] Vgl. *Kornilakis*, S. 237; *Georgiades/Stathopoulos/Doris*, Kommentar zum gr. ZGB, Art. 534-535 a. F., Rn. 16.
[221] Vgl. MPr Athen (ΜΠρ Αθ) 2553/1970, EEN 38, 342.

Der Fall der Zuviellieferung ist im Rahmen beider nationalen Rechten auch wie ein Mangel zu behandeln, obwohl deren Regelung durch die Richtlinie zweifelhaft ist[222]. Denn die Zuviellieferung kann grundsätzlich nach dem subjektiven Mangelbegriff den Tatbestand des Mangels (Abweichen der Ist- von der Soll-Beschaffenheit der Kaufsache) erfüllen. Dies entspricht der Regelung des UN-Kaufrechts, das ausdrücklich in Art. 52 Abs. 2 CISG die Zuviellieferung als eine Abweichung von der Vertragsmäßigkeit der Kaufsache behandelt.

In der Regel wird aber die Zuviellieferung einer sonst vertragsgemäßen Kaufsache die Interessen des Käufers nicht negativ berühren. Wenn der Käufer sie lediglich behält und den Verkäufer auf die Zuviellieferung nicht aufmerksam macht, kann letzterer keinesfalls den Kaufpreis für die zuviel gelieferte Ware verlangen, weil im Behalten die schlüssige Annahme eines Kaufangebots liegt[223]. Es sind allerdings Fälle denkbar, wo ein „Zuviel" lästig für den Käufer ist (beispielsweise aufgrund der wegen der zuviel gelieferten Ware erhöhten Lagerkosten). In solchen Fällen muss man die Zuviellieferung wohl als eine mangelhafte Lieferung ansehen und der Käufer muss zumindest einen Anspruch auf Rücknahme des Überschusses haben[224].

2. Ausschluss der Haftung des Verkäufers wegen der Kenntnis des Käufers vom Mangel

Kennt der Käufer einen Mangel des Kaufgegenstandes beim Abschluss des Vertrags, so erscheint er diesbezüglich nicht mehr schutzwürdig[225]; er ist nach § 442 Abs. 1 BGB und Art. 537 Abs. 1 gr. ZGB nicht mehr berechtigt, die Rechtsbehelfe auszuüben, die er sonst wegen der Lieferung einer vertragswidrigen Ware gegen seinen Vertragspartner gehabt hätte.

Hier gilt also der Grundsatz, dass wer sich bewusst auf einen Mangel der Kaufsache „einlässt", sich bei späterer Geltendmachung der Gewährleistung in Widerspruch zu seinem früheren Verhalten setzt und somit keinen gesetzlichen Schutz braucht (venire contra factum proprium)[226].

---

[222] Vgl. *Palandt/Putzo,* § 434, Rn. 53.

[223] Vgl. *Palandt/Putzo,* § 434, Rn. 53.

[224] Vgl. *MünchKomm/Westermann*, § 434, Rn. 43.

[225] Vgl. BGH NJW 89, S. 2050; hinsichtlich der griechischen Rechtsprechung vgl. die Entscheidung v. AP (AΠ) 1715/1981.

[226] Vgl. *Georgiades/Stathopoulos/Doris,* Kommentar zum gr. ZGB, Art. 536-537 a. F., Rn. 2.

Die Kenntnis des Käufers setzt seine positive Kenntnis der Tatsachen voraus, die den Mangel in ihrer Gesamtheit begründen[227]. Das Wissen muss sich auch auf den Umfang des Mangels erstrecken[228]. Ein Verdacht der Vertragswidrigkeit der Ware, auch eindringlicher, genügt für den Ausschluss der Haftung des Verkäufers aber nicht[229].

In § 442 Abs. 1 S. 2 des deutschen BGB gilt auch unter der Voraussetzung, dass sich der Schuldner nicht auf ein Verhalten des Gläubigers berufen kann, wenn ihn selbst ein größeres Verschulden trifft, die Regel, dass nur im Fall einer Garantie oder des arglistigen Verschweigens des Mangels[230] seitens des Verkäufers die Gewährleistungsrechte des grob fahrlässigen Käufers nicht ausgeschlossen sind.

Die grobe Fahrlässigkeit des Käufers, die, in Bezug auf das Vorliegen eines Mangels, im gewöhnlichen Sinne als eine besonders schwere Missachtung der im Verkehr erforderlichen Sorgfalt definiert wird[231], nimmt ihm nämlich die Gewährleistungsansprüche, wenn nicht ein Ausnahmetatbestand vergleichsweise stärkerer Verantwortlichkeit des Verkäufers vorliegt. Der böswillige oder der garantierende Verkäufer, der unabhängig von seinem Verschulden haftet, bedarf keiner Privilegierung. Er kann sich nicht auf die Kenntnis des Käufers über die Mangelhaftigkeit der Ware berufen.

Fraglich ist des Weiteren, inwieweit aus dem Ausschluss der Gewährleistungsansprüche bei grober Fahrlässigkeit des Käufers eine Untersuchungspflicht des Käufers entwickelt wird. Angesichts des Grundsatzes, dass eine allgemeine Untersuchungspflicht des Käufers nicht besteht, ist wohl anzunehmen, dass diese Frage nur unter Berücksichtigung der Umstände des Einzelfalls zu beantworten ist. Denn bei bestimmten Kaufobjekten und auch Käufertypen werden die Ansprüche an die eigene Informations- und Untersuchungstätigkeit des Käufers etwas höher gestellt, wenn der Käufer den ausreichenden Sachverstand besitzt, so dass er sich nicht unbesehen auf die Angaben des Verkäufers verlassen kann[232].

---

[227] Vgl. *MünchKomm/Westermann*, § 442, Rn. 4; hinsichtlich des griechischen Rechts vgl. die Entscheidung v. Efeteio Thessaloniki (ΕφΘεσ) 281/1993.

[228] Der Käufer hat keine positive Kenntnis vom Mangel der Kaufsache, wenn er keine oder falsche Kenntnis über den Umfang des Mangels hat, z. B. Irrtum über die Dauer eines Pachtvertrags, BGH NJW 1991, S. 2700.

[229] Vgl. *MünchKomm/Westermann*, § 442, Rn. 5; dazu auch die Entscheidung v. Efeteio Thessaloniki (ΕφΘεσ) 281/1993.

[230] Das bedeutet, dass es hier eine Aufklärungspflicht des Verkäufers gibt, die er nach der Verkehrsanschauung und dem Prinzip des guten Glaubens zu erfüllen hat, vgl. *Palandt/Putzo*, § 442, Rn. 18.

[231] Vgl. *MünchKomm/Westermann*, § 442, Rn. 8.

[232] Vgl. RG Recht 1912 Nr. 389; RGZ 131, S. 343, 354; BGH, NJW 1980, S. 777 f.

Dementsprechend soll der Käufer nicht schutzlos bleiben, wenn der Verkäufer ihm keine ausreichende Besichtigungsmöglichkeit hinsichtlich der Sache gewährt hat.
Denn nach dem Grundsatz von Treu und Glauben kann der Verkäufer dem Käufer eine diesem billigerweise zustehende Untersuchung nicht verweigern oder praktisch erschweren, so dass er diese Situation ausnutzen kann, wenn der Käufer den Verdacht hat, dass die zu liefernde Ware mangelhaft ist[233].
Wie bereits oben gezeigt wurde, bestimmt Art. 35 Abs. 3 CISG, dass der Verkäufer für eine Vertragswidrigkeit der Kaufsache nicht haftet, wenn der Käufer diese bei Vertragsabschluss kannte oder über die er nicht in Unkenntnis sein konnte. Diese zweite Variante des UN-Kaufrechts erfordert aber im Vergleich zum deutschen BGB, das die grob fahrlässige Unkenntnis des Käufers voraussetzt, keinen bestimmten Verschuldensgrad für die Unkenntnis des Käufers[234].
Dieser Unterschied hinsichtlich des Verschuldensgrades ist nur ein Formulierungsunterschied des UN-Kaufrechts zum deutschen Recht, der im Ergebnis keine weitere Folge hat, denn beide Rechte basieren auf derselben Grundentscheidung, die Gewährleistungsansprüche des Käufers bei Kenntnis des Mangels der Kaufsache auszuschließen. Das gleiche gilt auch im Vergleich mit dem griechischen nationalen Recht.

III. Zusammenfassung

Das UN-Kaufrecht geht in Art. 35 Abs. 1 CISG eindeutig von einem subjektiven Fehlerbegriff aus, da die Parteivereinbarungen und nicht atypische Merkmale der verkauften Sache im Vordergrund stehen.
Die Fehlerfreiheit bzw. die Vertragsmäßigkeit der Kaufsache wird also aus der subjektiven Sicht der beiden Vertragsparteien festgestellt und nicht aus einer eventuell bestehenden Verkehrsauffassung. Die objektiven Kriterien, die in Art. 35 Abs. 2 CISG bestimmt werden, sind nur zur Ergänzung der vertraglich vereinbarten Leistungsmerkmale maßgeblich. Es wird nämlich vermutet, dass die Parteien diese Kriterien zum Inhalt ihrer Vereinbarung machen wollten, wenn sie keine ausdrückliche oder stillschweigende Vereinbarung über die Soll-Beschaffenheit der Ware getroffen haben.

---

[233] Vgl. *Palandt/Putzo,* § 442, Rn. 14.
[234] Vgl. oben, § 2.I.3.

Der Grad der Abweichung ist für die Haftung des Verkäufers irrelevant. Deshalb hat der Käufer, wenn die Kaufsache bei dem Gefahrübergang vertragswidrig ist, unabhängig davon, ob die Vertragswidrigkeit bzw. die Vertragsverletzung wesentlich, unwesentlich oder geringfügig ist, das Recht, die entsprechenden Rechtsbehelfe auszuüben.

Die Mehrheit in der Literatur zum UN-Kaufrecht ist der Auffassung, dass eine aliud-Lieferung wie eine mangelhafte Lieferung zu behandeln sei, mit der Folge, dass sie unter den gleichen Voraussetzungen wie eine qualitative Abweichung der Kaufsache eine wesentliche Vertragsverletzung sein kann. Das bedeutet, dass der Käufer, dem eine andere Sache als die vereinbarte geliefert wird, nur nach der rechtzeitigen Rüge dieser Vertragswidrigkeit und der konkreten Anzeige der Rüge gem. Art. 38 und 39 CISG berechtigt ist, die entsprechenden Rechtsbehelfe auszuüben.

Als vertragswidrige Lieferungen sind auch die Fälle der Lieferung einer besonders krassen Abweichung von der vereinbarten Beschaffenheit der Kaufsache zu behandeln. Das hat grundsätzlich Bedeutung im Zusammenhang mit dem Recht des Käufers auf Vertragsaufhebung nach Art. 49 Abs. 1 lit. a CISG. Denn die Lieferung eines krassen aliud – zumindest dann, wenn der Verkäufer nicht umgehend eine Ersatzlieferung anbietet bzw. vornimmt – wird praktisch immer eine wesentliche Vertragsverletzung darstellen, die die Hauptvoraussetzung für den Rechtsbehelf der Vertragsaufhebung bei der Lieferung einer vertragswidrigen Ware ist.

Es ist aber dabei vorzugswürdig, den Schutz des Käufers nicht mit den Vorschriften über seine Untersuchungs- und Rügeobliegenheit nach Art. 38, 39, 40 und 44 CISG – wie in den Fällen der einfachen aliud-Lieferung – sicherzustellen, sondern mit der Vorschrift über die Pflicht des Verkäufers zur Individualisierung der Ware gem. Art. 32 Abs. 1 CISG. Der Käufer ist nämlich von der Untersuchungs- und Rügeobliegenheit zu entlasten und dem Verkäufer ist das Recht zu nehmen, sich auf die Verletzung der Anzeigeobliegenheit des Käufers zu berufen, wenn er selbst oder seine Hilfspersonen die Pflicht des Art. 32 Abs. 1 CISG verletzt haben.

Art. 35 Abs. 2 CISG enthält in lit. a-d Hilfsregeln bzw. Standards, die eingreifen, soweit die Parteien die Eigenschaften, welche die Ware haben soll, weder ausdrücklich noch stillschweigend bezeichnet haben. Diese Standards haben eine ergänzende Funktion zu der vertraglichen Leistungsbeschreibung: Man sieht darin einen gesetzlichen Ausdruck des vermuteten Parteiwillens, der gemäß der konkreten Umstände des Einzelfalls bzw. gemäß subjektiver Faktoren auslegungsfähig ist.

Nach Art. 35 Abs. 2 lit. a CISG ist also entsprechend dem vermuteten Parteiwillen vorgesehen, dass die Kaufsache sich für den gewöhnlichen Gebrauch in einem bestimmten Land eignen muss.

Ein solcher Standard ist aber im internationalen Warenverkehr als ein objektiver Maßstab nur bedingt tauglich, da die Eignung der Kaufsache zum gewöhnlichen Gebrauch von Land zu Land und von Kontinent zu Kontinent verschieden beurteilt wird, insbesondere wenn mannigfaltige und häufig wechselnde öffentlich-rechtliche Vorgaben die Eignungsstandards konkretisieren.

Deshalb kann der Käufer vom Verkäufer nicht erwarten, dass letztere diese ausländischen Regeln beherrscht. Dagegen hat der Käufer die Obliegenheit dem Verkäufer alle Auskünfte über die bestehenden Vorschriften zu geben.

Nur bei der Übereinstimmung dieser Vorgaben im Verkäufer- und Käuferland kann man von einem rein objektiven Maßstab für die Eignung der Kaufsache zum „gewöhnlichen Gebrauch“ sprechen. Dabei ist sogar der Verkäufer nach dem Grundsatz von Treu und Glauben verpflichtet, diese Standards zu kennen.

Das zweite Merkmal in lit. b des Art. 35 Abs. 2 CISG hat auch ergänzende Funktion mangels besonderer Vereinbarung zur Sollbeschaffenheit der Kaufsache. Nach diesem Standard soll sich die Kaufsache für einen bestimmten Gebrauchszweck eignen, der dem Verkäufer beim Vertragsabschluss ausdrücklich oder auf andere Weise zur Kenntnis gebracht werden muss, sofern sich nicht aus den Umständen ergibt, dass der Käufer auf die Sachkenntnis und das Urteilsvermögen des Verkäufers nicht vertraute oder vernünftigerweise nicht vertrauen konnte.

Nach Art. 35 Abs. 2 lit. c CISG ist die Vorlage von Proben oder Mustern ebenfalls als Ausdruck einer vermuteten Beschaffenheitsvereinbarung zwischen den Parteien anzusehen. Voraussetzung ist aber hier, dass es sich um eine verbindliche Vorlage des Verkäufers zur Ansicht handelt und nicht um eine vom Käufer vorgelegte Bestellprobe.

Lit. d des Art. 35 Abs. 2 CISG sieht als letzten Standard der Vertragsmäßigkeit der Kaufsache ihre Verpackung, die in der für Waren der gleichen Art üblichen Weise oder – falls es eine solche nicht gibt – in einer für ihre Erhaltung und Schutz angemessenen Weise gemacht sein muss. Dieser objektive Standard ist auch als Ausdruck des vermuteten Parteiwillens bezüglich der üblichen Verpackung der Ware anzusehen. Fehlt es daran, dann ist eine angemessene Verpackung geschuldet. Wenn aber die Verpackung während des Transports nur beschädigt wird, ohne dass die Ware selbst Schaden erleidet, haftet der Verkäufer nicht.

Zum Schluss sieht die Regel des Art. 35 Abs. 3 CISG einen Haftungsausschluss des Verkäufers für die Vertragswidrigkeit der Kaufsache wegen der Verletzung der Standards in lit. a-d vor, wenn der Käufer beim Vertragsabschluss den mangelhaften Zustand der Ware schon kannte oder darüber nicht in Unkenntnis sein konnte.

Grundsätzlich ist hier auf die Person des Käufers abzustellen, um zu entscheiden, ob er im Zeitpunkt des Vertragsabschlusses die Vertragswidrigkeit kannte oder nicht übersehen haben konnte.

Durch einen Vergleich des internationalen UN-Kaufrechts mit den nationalen Kaufrechten von Deutschland und Griechenland hinsichtlich der Definition des Sachmangels lässt sich erkennen, dass beide nationalen Rechte übereinstimmend mit dem Wiener Kaufrecht auch vom subjektiven Fehlerbegriff ausgehen.

Entsprechend dazu wird sowohl bei § 434 Abs. 1 S. 1 des deutschen BGB als auch bei Art. 535 S. 1 gr. ZGB der Vorrang der Beschaffenheitsvereinbarung vor der Maßgeblichkeit der gewöhnlichen Verwendung der Kaufsache betont: Sowohl § 434 Abs. 1 S. 1 BGB als auch Art. 535 S. 1 gr. ZGB enthalten die Grundsatzdefinition der Vertragsmäßigkeit der Kaufsache, nach der die Beschaffenheit der Kaufsache mangelfrei ist, wenn sie mit der im Vertrag beschriebenen übereinstimmt.

Dies hat weitere Auswirkungen in dreierlei Richtungen auf die Gestaltung der Regelung der Haftung des Verkäufers für Sachmängel in den hier untersuchten Rechten, die auch im Einklang mit der entsprechenden Regelung des Art. 35 CISG stehen: Durch das Abstellen auf die Parteivereinbarungen für die Bestimmung der Soll-Beschaffenheit der Kaufsache ist erstens die Notwendigkeit einer vertraglichen Zusicherung entfallen, zweitens wird ausdrücklich in § 434 Abs. 3 BGB des deutschen Rechts die Falsch- und Zuweniglieferung dem Sachmangel gleichgestellt, und drittens hat die Erheblichkeit des Mangels keine Bedeutung für die Rechte des Käufers.

In Übereinstimmung mit Art. 35 Abs. 2 CISG enthalten das deutsche und griechische Recht zur Ergänzung der Bestimmung der Mangelhaftigkeit der Kaufsache auch einen Fehlerkatalog mit objektiven Kriterien, der eingreift, wenn zwischen den Kaufparteien keine ausdrückliche oder stillschweigende Beschaffenheitsvereinbarung besteht.

§ 434 Abs. 1 S. 2 Nr. 1 und 2 des deutschen BGB und Art. 535 Nr. 2 und 3 des gr. ZGB sehen als Hilfsregeln für die Auslegung des vermuteten Parteiwillens den objektiven Standard „der Eignung der Kaufsache für die gewöhnliche Verwendung“, der im Rahmen dieser nationalen Rechte stärker als im Rahmen des entsprechenden Art. 35 Abs. 2 lit. a CISG individualisiert wird, und den Standard über „die Eignung der Kaufsache für die nach dem Vertrag vorausgesetzte Verwendung“ vor, der mit dem Maßstab in Art. 35 Abs. 2 lit. b CISG vergleichbar ist.

Zur Erhöhung des Verbraucherschutzniveaus statuieren schließlich das deutsche und griechische Kaufrecht nach ihrer kürzlich erfolgten Reform in den Vorschriften des § 434 Abs. 1 S. 3 BGB und Art. 535 Nr. 4 gr. ZGB eine Haftung des Verkäufers, des Herstellers und ihrer Hilfspersonen für deren öffentlichen Äußerungen, insbesondere für Werbeaussagen, sowie in den Vorschriften des § 434 Abs. 2 BGB und des Art. 536 gr. ZGB die Haftung des Verkäufers für Montagefehler.

Beide nationalen Kaufrechte gehen ebenfalls in Übereinstimmung mit dem UN-Kaufrecht (vgl. Art. 35 Abs. 3 CISG) nach § 442 Abs. 1 BGB und Art. 537 Abs. 1 gr. ZGB vom Grundsatz aus, dass wer sich bewusst auf einen Mangel der Kaufsache „einlässt", sich bei späterer Geltendmachung der Gewährleistung in Widerspruch zu seinem früheren Verhalten setzt und deshalb nicht schutzwürdig ist (venire contra factum proprium). Das deutsche Recht setzt insbesondere als Ausschlussgrund außer der Kenntnis des Käufers lediglich seine grob fahrlässige Unkenntnis voraus, wenn nicht ein Ausnahmetatbestand vergleichsweise stärkerer Verantwortlichkeit des Verkäufers vorliegt.

Der einzige Unterschied zum UN-Kaufrecht liegt daher hier nur im Verschuldensgrad für die Unkenntnis des Käufers, denn Art. 35 Abs. 3 CISG verlangt keinen bestimmten.

Das ist aber nur ein Formulierungsunterschied des UN-Kaufrechts zu den nationalen Rechten, der keine weitere Folge hat, weil alle drei Rechte auf derselben Entscheidung beruhen, die Haftung des Verkäufers bei der Kenntnis des Käufers von der Vertragswidrigkeit der Kaufsache auszuschließen.

§ 3. Der maßgebliche Zeitpunkt für die Haftung des Verkäufers und die Verteilung der Gefahr zwischen den Vertragsparteien nach dem UN-Übereinkommen und nach deutschem und griechischem nationalem Recht

I. Der Zeitpunkt des Gefahrübergangs und die Gefahrtragung von den Parteien im UN-Kaufrecht

1. Allgemeine Betrachtung

Mit dem Begriff des „Gefahrübergangs" wird der Zeitpunkt der Vertragserfüllung bezeichnet, ab dem der Käufer verpflichtet ist, den Kaufpreis für die Ware zu bezahlen, obwohl er die Kaufsache wegen ihres zufälligen Untergangs gar nicht oder nur beschädigt bekommt.
Der Gefahrübergang bezieht sich also auf die Preisgefahr, nämlich auf das Risiko des Käufers als Gläubigers, die Gegenleistung erbringen zu müssen, obwohl er den Leistungsgegenstand nicht erhält.
Im Kaufrecht der Vereinten Nationen wird der Zeitpunkt des Gefahrübergangs losgelöst von den Hauptpflichten des Verkäufers, dem Eigentumsübergang und der Lieferung der Ware geregelt, wie es auch in Art. 97 Abs. 1 EKG geregelt war[235].
Nach Art. 36 CISG knüpft der Gefahrübergang aber grundsätzlich an die Übertragung der tatsächlichen Sachherrschaft an, die mit der Übergabe der Kaufsache entweder an den Käufer selbst oder an den vom Verkäufer unabhängigen Beförderer erreicht wird (vgl. Art. 67 Abs. 1 S. 1, 2 und Art. 69 Abs. 1 CISG)[236]. Das ist angesichts der unterschiedlichen Ausgestaltung der einzelnen Rechtsordnungen hinsichtlich der Voraussetzungen für die Verschaffung der Kaufsache an den Käufer absolut begründet. Denn eine andere Regelung hätte mit Sicherheit zu einem Verzicht auf eine einheitliche Problemlösung geführt.
Die Gefahrtragungsregeln des UN-Kaufrechts setzen weiter voraus, dass

---

[235] Artikel 97: (1) Die Gefahr geht auf den Käufer über, sobald die Lieferung der Sache nach den Bedingungen des Vertrages und dieses Gesetzes bewirkt ist.
[236] Vgl. *Schlechtriem/Hager*, Art. 67, Rn. 5 und Art. 9, Rn. 3.

der Untergang oder die Beschädigung[237] der Kaufsache auf Zufall beruhen, damit der Käufer mit der Preisgefahr belastet wird. Zufällig sind der Untergang oder die Beschädigung der Ware, wenn sie nicht auf eine Handlung oder ein Unterlassen des Verkäufers zurückzuführen sind (vgl. Art. 66 CISG)[238].

Was unter einer Handlung oder unter einem Unterlassen des Verkäufers zu verstehen ist, ist höchst umstritten. Auf alle Fälle kann sich der Verkäufer aber von der Haftung für die Beschädigung oder den Untergang der Sache durch das Berufen auf ein zufälliges Ereignis nicht befreien, wenn er bereits vor dem Zeitpunkt des Gefahrübergangs bzw. vor dem Moment der tatsächlichen Übergabe der Sache an den Käufer oder den Beförderer eine wesentliche Vertragsverletzung begangen hat[239] oder mit seinem Verhalten gegen objektiv gebotene Sorgfalts- oder Aufklärungspflichten verstoßen hat[240], auf die der Untergang oder die Beschädigung der Sache zurückzuführen ist.

Das Verhalten des Verkäufers, das den Untergang oder die Beschädigung der Ware zur Folge hat, muss also rechtswidrig gewesen sein[241]. Ist das rechtswidrige Verhalten zugleich vertragswidrig, bestimmen sich die Rechte des Käufers nach Art. 45 ff. CISG[242].

Dies bedeutet aber nicht, dass das UN-Kaufrecht durch die Regeln über die Rechtsbehelfe des Käufers indirekt versucht, den Gefahrübergang mit der Vertragsmäßigkeit der Lieferung der Kaufsache zu koppeln.

Nur im Fall einer wesentlichen Vertragsverletzung kann der Käufer nach der Lieferung der Ware die Gefahr auf den Verkäufer abwälzen, indem er wegen des mangelhaften Zustands der Kaufsache entweder die Vertragsaufhebung erklärt oder sein Recht auf Ersatzlieferung geltend macht (vgl. Art. 49 Abs. 1 lit. a, 46 Abs. 2, 82 Abs. 2 lit. a CISG).

Das schreibt Art. 70 CISG ausdrücklich vor, wonach die Gefahrtragungsregeln (vgl. Art. 67, 68 und 69 CISG) die dem Käufer wegen einer solchen Verletzung zustehenden Rechtsbehelfe nicht berühren dürfen, wenn der Verkäufer eine wesentliche Vertragsverletzung begangen hat.

---

[237] Gleichzustellen mit den Leitfällen des Untergangs und der Beschädigung der Sache ist ihr Verlust, der auf Diebstahl oder Fehlgriffen des Transporteurs zurückzuführen sein kann.

[238] Vgl. *Schlechtriem/Hager*, Art. 66, Rn. 5.

[239] Vgl. *Herber/Czerwenka*, Art. 66, Rn. 5; *Staudinger/Magnus*, Art. 66, Rn. 11.

[240] Vgl. *v. Caemmerer/Schlechtriem/Hager*, Aufl. 2, Art. 66, Rn. 6-7; *Staudinger/Magnus*, Art. 66, Rn. 15; *Schlechtriem,* Internationales UN-Kaufrecht, (1996), Rn. 223; *Heilmann,* Mängelgewährleistung, S. 276.

[241] Das „Verhalten" impliziert aber kein Verschulden. Man darf also darunter jede bewusste oder zurechenbare Handlung des Verkäufers verstehen, die jedoch nicht vorwerfbar zu sein braucht.

[242] Vgl. *Schlechtriem/Hager*, Art. 66, Rn. 5.

Mit dieser Vorschrift wollte der internationale Gesetzgeber lediglich verhindern, dass der Käufer, der wegen einer wesentlich vertragswidrigen Lieferung den Vertrag aufheben oder die Lieferung einer vertragsgemäßen Ersatzware verlangen kann, durch ein von ihm nicht zu vertretendes Schadensereignis nach dem (vorübergehenden) Gefahrübergang mit der Übergabe der Sache schlechter gestellt wird[243]. Denn der Verkäufer soll in derartigen Fällen krasser Fehllieferung nicht schutzwürdig sein.
Anders liegt es aber, wenn beim zufälligen Untergang oder der zufälligen Beschädigung der Kaufsache dem Käufer bereits ein Rechtsbehelf aufgrund der unwesentlich mangelhaften Lieferung zusteht. In solchen Fällen hat der Käufer die Gefahr der zufälligen Veränderung der Sache trotz ihres mangelhaften Zustands zu tragen[244]. Denn ihm steht dabei das Recht, die Ware zurückzuweisen und folglich die Gefahr und die Nachteile aus der mangelhaften Lieferung seinem Vertragspartner aufzubürden, nicht zu[245].
Das ist mit dem Beherrschbarkeitsprinzip zu begründen: Es ist gerechtfertigt, dass der Käufer die Gefahr der zufälligen Veränderung der nicht wesentlich mangelhaften Kaufsache zu tragen hat, weil diese sich in seinem Herrschaftsbereich befindet. In solchen Fällen ist die Kaufsache in der Regel durch den Käufer versichert.
Dagegen erscheint es in Fällen, in denen dem Käufer ein Recht auf Ersatzlieferung oder auf sofortige oder mit dem Vorschalten einer Nacherfüllung „eingeschränkte" Vertragsaufhebung zusteht und er folglich die wesentlich mangelhafte Sache nicht endgültig angenommen hat, billig, die Gefahr ihres zufälligen Untergangs oder Verschlechterung auf den Verkäufer abzuwälzen[246]. Denn dabei befindet sich die Kaufsache aufgrund ihrer Zurückweisung wegen der Ausübung der Ersatzlieferung oder der Vertragsaufhebung im Herrschaftsbereich des Verkäufers, der und nicht mehr der Käufer imstande ist, diese zu versichern.

---

[243] Vgl. *Schlechtriem/Hager*, Art. 70, Rn. 2a.

[244] Vgl. *Schlechtriem/Hager*, Art. 70, Rn. 5; *Herber/Czerwenka*, Art. 70, Rn. 4.

[245] Bei einer unwesentlichen Vertragsverletzung stehen dem Käufer grundsätzlich die Rechtsbehelfe der Nachbesserung der mangelhaften Ware, der Minderung des Kaufpreises und des Schadensersatzes zu. Weil ein Nachbesserungsanspruch nach Untergang der Sache oder weiterer Beschädigung aus praktischen Gründen ausgeschlossen sein darf, geht es dabei um die Gefahrtragung des Käufers nur im Falle der Nachbesserung einer nicht wesentlich beschädigten Ware, im Falle der Minderung und des Schadensersatzes. Im Fall der Minderung ist der Käufer berechtigt, den Kaufpreis wenigstens insoweit zu reduzieren, als die Ware bereits vor Gefahrübergang nicht vertragsgemäß war. Das gleiche gilt im Fall des Schadensersatzes, weil der Käufer auch dabei Schadensersatzansprüche geltend machen kann, sofern die Schäden vor dem Gefahrübergang entstanden sind, dazu vgl. *Schlechtriem/Hager*, Art. 70, Rn. 5.

[246] Vgl. *Schlechtriem/Hager*, Art. 70, Rn. 7.

Folglich würde ein ausnahmsloses Auferlegen der Gefahr des Untergangs oder der Beschädigung der mangelhaften Sache infolge äußerer zufälliger Ereignisse auf den Verkäufer zu einem Auseinanderfallen von Gefahrtragung und Beherrschbarkeit der Gefahr sowie zu einem Auseinanderfallen von Gefahrtragung und Versicherung führen[247].

Die Gefahrabwälzung auf den Verkäufer ist auch in Fällen möglich, in denen die wesentliche Veränderung der Kaufsache auf Ereignisse zurückzuführen ist, die auf seinem rechtmäßigen Verhalten beruhen. Obwohl dabei der Verkäufer die Vertragswidrigkeit der Ware nicht zu vertreten hat, ist nach der Theorie der Herrschaftsbereiche anzunehmen, dass er in solchen Fällen jedes schädigende Ereignis hätte verhindern können[248]. Deshalb erscheint dabei nicht unbillig, dass dieser und nicht der Käufer die Gefahr zu tragen hat.

Das gleiche gilt für die Risiken der Beschlagnahmung der Kaufsache oder des Erlasses von Export- und Importverboten, die als hoheitliche Eingriffe von den Gefahrtragungsnormen des UN-Kaufrechts nicht erfasst werden. Diese Handlungen sind vielmehr auf die faktische Sachbeeinträchtigung zugeschnitten, für die das Schadensrisiko derjenige zu tragen hat, der typischerweise versichert ist oder sich versichern kann. Daher gilt generell der Grundsatz, dass das Risiko einer eventuellen Beschlagnahmung der Kaufsache den Eigentümer trifft[249], während die Verpflichtung zur Beschaffung der erforderlichen Lizenzen beim Erlass von Export- und Importverboten diejenige Partei hat, die dazu eher in der Lage ist[250], falls es durch keine besondere Parteivereinbarung anders geregelt ist.

Der Käufer verliert aber die Möglichkeit der Gefahrabwälzung in allen Fällen, wenn er die Mängel der Sache nicht rechtzeitig i. S. d. Art. 38, 39 CISG rügt, d. h. spätestens mit Ablauf von zwei Jahren nach der Aushändigung der Sache[251].

---

[247] Vgl. *v. Caemmerer/Schlechtriem/Hager*, Art. 66, Rn. 2.

[248] So *Heilmann*, Mängelgewährleistung, S. 276; *Schlechtriem*, Einheitliches UN-Kaufrecht (1981), S. 79; *Karollus*, UN-Kaufrecht, S. 187.

[249] Vgl. *Hager*, Die Gefahrtragung beim Kauf, S. 244. Es ist hingegen eine Ausnahme zu machen, wenn es sich um die Beschlagnahmung der Kaufsache durch einen feindlichen Staat im Kriegsfall handelt. In einem solchen Fall ist sie als ein unvermeidbarer physische Untergang der Sache anzusehen.

[250] Vgl. *Hager*, Die Gefahrtragung beim Kauf, S. 247; daraus ergibt sich, dass im Zweifel der Verkäufer Ausfuhrlizenzen und der Käufer Einfuhrlizenzen zu beschaffen hat; vgl. dazu *Heilmann,* Mängelgewährleistung, S. 222.

[251] Vgl. *Piltz,* Internationales Kaufrecht, § 5, Rn. 71. Ausnahmsweise trägt der Käufer trotz der Unterlassung der Rüge i. S. d. Art. 39 CISG und des Verlustes seines Zurückweisungsrechts im Fall der verdeckten Mehrlieferung nicht die Gefahr für den zufälligen Untergang der Mehrmenge (Vgl. dazu *Piltz,* Internationales Kaufrecht, § 5, Rn. 74, 76). Es wäre unbillig, vom Verkäufer jedes Wertrisiko zu nehmen und ihm einen Schadensersatzanspruch zulasten des Käufers zuzu-

2. Der Gefahrübergang gem. Art. 36 Abs. 1 CISG

Gem. Art. 36 Abs. 1 CISG haftet der Verkäufer für eine Vertragswidrigkeit der Kaufsache, die im Zeitpunkt des Gefahrübergangs auf den Käufer besteht, auch wenn die Vertragswidrigkeit erst nach diesem Zeitpunkt zutage tritt.

Nach dieser Bestimmung, die ihre direkte Entsprechung in Art. 35 Abs. 1 EKG[252] findet, hat also der Verkäufer ab dem Moment des Gefahrübergangs für die vertragswidrige Qualität, fehlerhafte Verpackung, falsche Menge oder Art der Kaufsache einzustehen[253]. Wenn jedoch zum Zeitpunkt des Gefahrübergangs die Kaufsache vertragsgemäß war und ihre Verschlechterung bzw. ihr vertragswidriger Zustand auf äußere Einwirkungen nach diesem Zeitpunkt zurückzuführen ist, stehen dem Käufer grundsätzlich keine Rechte aus der Vertragswidrigkeit der Ware zu.

Der Verkäufer haftet nämlich für Mängel, die erst nach dem Kaufabschluss, aber bis zum Gefahrübergang entstanden sind, sowie auch für versteckte Fehler, die im Zeitpunkt des Gefahrübergangs schon vorhanden waren, aber erst später in Erscheinung treten[254]. Die Haftung des Verkäufers beschränkt sich dann praktisch auf Fehler, die bei Anwendung der verkehrsüblichen Sorgfalt nicht entdeckt werden konnten bzw. auf innerhalb der angemessenen Untersuchungsfrist i. S. d. Art. 38 CISG entdeckte Mängel, die der Käufer aber aufgrund von Hindernissen, die außerhalb seines Einflussbereichs liegen, nicht gerügt hat[255].

Das bedeutet für die Beweislastverteilung zwischen den Parteien, dass der Verkäufer immer derjenige ist, der die Beweislast der Mangelfreiheit der Ware zum Zeitpunkt des Gefahrübergangs zu tragen hat[256]. So hat der Ver-

---

sprechen, wenn er mehr liefert als bestellt, ohne den Empfänger der Sendung über den Lieferumfang aufzuklären, mit der Folge dass der Käufer im Vertrauen auf den ordnungsgemäßen Lieferumfang die Feststellung der tatsächlichen Liefermenge unterlässt. Freilich gilt diese Ausnahme von der Regelung der Gefahrtragung nicht, wenn der Käufer bereits weiß, dass er mehr erhalten hat als er bestellt hat (Vgl. dazu *Rudolf,* Kaufrecht der Export- und Importverträge, Art. 35, Rn. 18 und Art. 39, Rn. 19).

[252] Vgl. Art. 35 Abs. 1 S. 1 EKG: „Die Vertragsmäßigkeit beurteilt sich nach dem Zustand der Sache im Zeitpunkt des Übergangs der Gefahr“; vgl. dazu auch *Bianca/Bonell/Bianca*, Art. 36, Anm. 1.1; *Hutter,* S. 55; *Honnold*, Uniform Law, Rn. 267, Fn. 1.

[253] Vgl. *Herber/Czerwenka*, Art. 36, Rn. 2.

[254] Vgl. *Hutter*, S. 58; *Honnold*, Uniform Law, Rn. 268; *v. Caemmerer/Schlechtriem/Schwenzer,* Art. 36, Rn. 3; *Herber/Czerwenka*, Art. 36, Rn. 2; *Heilmann,* Mängelgewährleistung, S. 221.

[255] Vgl. *Herber/Czerwenka*, Art. 36, Rn. 2.

[256] Vgl. *Bianca/Bonell/Bianca*, Art. 36, Anm. 3. 1.; *Welser*, in *Doralt*, Das UNCITRAL-Kaufrecht, S. 110, nach dem der Käufer nach der Annahme der Kaufsache die Beweislast trägt.

käufer beispielsweise für den mangelhaften Zustand der Sache einzustehen, wenn er nicht beweist, dass die Vertragswidrigkeit der Ware i. S. d. Art. 35 Abs. 2 lit. d CISG wegen ihrer mangelhaften Verpackung im Zeitpunkt des Gefahrübergangs nicht vorgelegen war[257].

Gemäß der betreffenden Vorschrift hat der Kausalablauf nämlich erst nach dem Kaufabschluss begonnen und mit gewisser Wahrscheinlichkeit schneller als bei der normalen Abnutzung der Ware durch den Käufer zu einer Beeinträchtigung geführt[258]. Diesen Kausalablauf soll der Käufer seinerseits beweisen, um sich danach auf seine Rechte gem. Art. 45 ff. CISG zu berufen[259].

Der Zeitpunkt des Gefahrübergangs, der für die Frage der Vertragsmäßigkeit der Kaufsache nach Art. 35 CISG maßgeblich ist, richtet sich nach den Absprachen der Parteien[260], den Handelsbräuchen und Gepflogenheiten bzw. hilfsweiße nach den Art. 67-69 CISG.

3. Der Gefahrübergang gem. Art. 36 Abs. 2 CISG

Gem. Art. 36 Abs. 2 CISG haftet der Verkäufer auch für eine Vertragswidrigkeit der Kaufsache, die nach dem Zeitpunkt des Gefahrübergangs eintritt und auf die Verletzung einer seiner Pflichten zurückzuführen ist, einschließlich der Verletzung einer Garantie dafür, dass die Ware für eine bestimmte Zeit für den üblichen Zweck oder für einen bestimmten Zweck geeignet bleibt oder besondere Eigenschaften oder Merkmale behalten wird.

---

[257] Vgl. *Schlechtriem/Schwenzer,* Art. 36, Rn. 4; *Audit,* La vente internationale de marchandises, Anm. 103; *Karollus,* UN-Kaufrecht, S. 120; *Neumayer/Ming,* Art. 36, Rn. 5; *Hutter*, S. 59; *Herber/Czerwenka*, Art. 36, Rn. 3; *Reinhart,* UN-Kaufrecht, Art. 36, Rn. 3; *Aue,* S. 117; *Enderlein/Maskow/Strohbach,* Internationales Kaufrecht, Art. 36, Rn. 5; *Staudinger/Magnus,* Art. 36, Rn. 11.

[258] Vgl. *Piltz,* Internationales Kaufrecht, § 4, Rn. 20. Er bezieht sich beispielsweise auf die Lieferung von Stoffen, die beim ersten Waschen über das übliche hinaus einlaufen oder deren Farben sich nicht als licht- oder waschecht herausstellen, und auf Lebensmittel, die infolge unzureichenden Gefrierens einem verfrühten Zersetzungsprozess unterliegen.

[259] Vgl. *Staudinger/Magnus,* Art. 36, Rn. 9; *Neumayer/Ming,* Art. 36, Rn. 2; *Audit,* La vente internationale de marchandises, Anm. 102; *Aue,* S. 99; *Heuzé,* Art. 36, Anm. 294.

[260] Dies gilt vor allem bei der Verwendung der INCOTERMS, die eine detaillierte Regelung über die Gefahrtragung enthalten. Weil es sich um vertragliche Vereinbarungen handelt, haben sie immer Vorrang vor den entsprechenden Vorschriften des UN-Kaufrechts (vgl. Art. 6, 9 CISG). Aufgrund dieses Vorrangs verlieren die Gefahrtragungsregeln des Einheitlichen Kaufrechts an Bedeutung; vgl. dazu *v. Caemmerer/Schlechtriem/Hager*, Art. 67, Rn. 2; *Herber/Czerwenka*, Art. 66, Rn. 2; *Reinhart,* UN-Kaufrecht, Art. 67, Rn. 3; *Ziegler*, S. 92.

In dieser Vorschrift geht es also um Mängel, die erst nach dem Gefahrübergang auf den Käufer offenkundig werden, ihre Eintrittsursache aber in der Verletzung einer Pflicht des Verkäufers aus dem Kaufvertrag oder aus einer Garantie liegt, welche er mit seinem Vertragspartner vereinbart oder einseitig zugesichert hat.

Vorläufer der Bestimmung des Art. 36 Abs. 2 CISG ist Art. 35 Abs. 2 EKG[261], obwohl dort keine entsprechende Bestimmung bezüglich der Haftung des Verkäufers für eine Pflichtverletzung aufgrund der Übernahme einer Haltbarkeitsgarantie für die Ware aufgenommen ist[262]. In der hier behandelten Vorschrift des UN-Kaufrechts ist auch die Bestimmung des Art. 35 Abs. 2 EKG bezüglich des Einstehenmüssens des Verkäufers für Hilfspersonen aufgegeben worden, weil sie wegen der Regelung des Art. 79 Abs. 2 CISG über die Entlastungsmöglichkeiten des Verkäufers nun überflüssig geworden ist[263]. Entscheidend für die Haftung des Verkäufers ist seine Pflichtverletzung entweder aus dem Vertrag oder aus einer Garantie.

Eine Pflichtverletzung des Verkäufers aus dem Vertrag kann vor[264] oder nach[265] dem Zeitpunkt des Gefahrübergangs dessen Einstandspflicht begründen[266]. Sie kann sowohl in einem positiven Tun als auch in einem Unterlassen bestehen, ohne dass ein Verschulden vorliegen muss. Soweit sich jedoch der Verkäufer auf einen Entlastungsgrund i. S. d. Art. 79 CISG be-

---

[261] Vgl. Art. 35 Abs. 2 EKG: „Der Verkäufer haftet für die Folgen einer Vertragswidrigkeit der Sache, die nach dem in Absatz 1 festgesetzten Zeitpunkt eintritt, wenn die Vertragswidrigkeit durch eine Handlung des Verkäufers oder einer Person verursacht worden ist, für deren Verhalten er einzustehen hat".

[262] Vgl. *Bianca/Bonell/Bianca,* Art. 36, Anm. 1. 1.

[263] Vgl. *Herber/Czerwenka*, Art. 36, Rn. 3.

[264] Vor dem Zeitpunkt des Gefahrübergangs kann die Verletzung der Verkäuferpflicht beispielsweise in der schlechten Organisierung des Transports der Kaufsache (Auswahl einer unzuverlässigen Transportperson oder Wahl eines falschen Versendungswegs), oder in der Verletzung seiner Aufklärungs- und Informationspflicht für die Verwendung der Sache (fehlerhafte Gebrauchsinstruktionen) liegen.
Die Vorschrift des Art. 36 Abs. 2 CISG umfasst auch diejenigen Fälle der fehlerhaften Verpackung mit anschließender Beschädigung der Ware, die nicht bereits von der Vorschrift des ersten Absatzes des Art. 36 erfasst werden, vgl. *v. Caemmerer/Schlechtriem/Schwenzer*, Art. 36, Rn. 5 Fn. 15.

[265] Zu denken ist dabei an Fälle, in denen der Verkäufer bei der Rücknahme oder bei der Durchführung seiner Montageverpflichtung und nach dem Gefahrübergang auf den Käufer die Kaufsache oder bestimmte Teile von ihr beschädigt, *v. Caemmerer/Schlechtriem/Schwenzer*, Art. 36, Rn. 5; vgl. auch dazu *Piltz*, Internationales Kaufrecht, § 4, Rn. 22; *Karollus*, UN-Kaufrecht, S. 120; *Aue*, S. 117.

[266] Vgl. *Herber/Czerwenka*, Art. 36, Rn. 3; *Staudinger/Magnus*, Art. 36, Rn. 11; *Enderlein/Maskow/Strohbach*, Internationales Kaufrecht, Art. 36, Rn. 5; *Honsell/Magnus*, Art. 36, Rn. 9; *Piltz*, Internationales Kaufrecht, § 5, Rn. 22; *MünchKomm/Huber*, Art. 36, Rn. 10.

ruft, bleibt die Pflichtverletzung im Rahmen des Art. 36 Abs. 2 CISG unberücksichtigt[267].

Das Gleiche gilt auch bezüglich der Haftung des Verkäufers, wenn er die von ihm übernommene Haltbarkeitsgarantie d. h., dass die Ware einen bestimmten Zeitlauf für den üblichen oder für einen bestimmten Zweck geeignet bleibt, verletzt hat.

Hinsichtlich der Beweislastverteilung ist dies als eine Beweiserleichterung zugunsten des Käufers anzusehen, denn, wenn er das Auftreten eines Mangels innerhalb der Garantiefrist beweist, ist zu vermuten, dass dieser Mangel im Keim bereits zum Zeitpunkt des Gefahrübergangs angelegt war[268].

Dann kann der Verkäufer sich von der Haftung entlasten, wenn er darlegt und nachweist, dass der mangelhafte Zustand der Kaufsache auf eine nicht in seine Risikosphäre fallende Ursache, beispielsweise auf einen unsachgemäßen Gebrauch oder auf einen Bedienungsfehler seitens des Käufers oder auf höhere Gewalt zurückzuführen ist[269].

Die Garantiezusage kann ausdrücklich oder auch stillschweigend erfolgen[270].

Es handelt sich um eine ausdrückliche Garantieerklärung, wenn der Verkäufer eine Herstellergarantie übernimmt, in der er typischerweise die Funktionsfähigkeit der Kaufsache für bestimmte Zeit verspricht[271].

Stillschweigende Garantieerklärungen können sich aber aus der Natur der Sache – wie z. B. bei Lebens- und Arzneimitteln – oder aus Handelsbräuchen ergeben, wo die Haltbarkeitsdauer vernünftigerweise entsprechend den Umständen des Einzelfalls bemessen werden muss[272].

Dabei findet auch Anwendung die allgemeine Bestimmung des Art. 8 Abs. 2 und 3 CISG, nach der Erklärungen und das sonstige Verhalten einer Partei so auszulegen sind, wie eine vernünftige Person der gleichen Art wie der Erklärungsempfänger sie unter den gleichen Umständen aufgefasst hätte. Die Umstände des Einzelfalls werden immer durch die Verhandlungen oder durch die zwischen den Parteien entstandenen Gepflogenheiten und Ge-

---

[267] Vgl. *v. Caemmerer/Schlechtriem/Schwenzer*, Art. 36, Rn. 6.

[268] Vgl. OLG Innsbruck, Urt. v. 1.7.1994 – 4 R 161/94, CISG-Online Case 107; *v. Caemmerer/Schlechtriem/Schwenzer*, Art. 36, Rn. 13; *Karollus*, UN-Kaufrecht, S. 121; *Aue*, S. 144; *MünchKomm/Huber*, Art. 36, Rn. 16.

[269] Vgl. dazu *Karollus*, UN-Kaufrecht, S. 121; *Aue*, S. 136; *v. Caemmerer/Schlechtriem/Schwenzer*, Art. 36, Rn. 5 Fn. 2 und 13.

[270] Vgl. Off. Rec. 314 f., Nr. 25, 31, wo registriert ist, dass auf Antrag Pakistans auf der Diplomatischen Konferenz das Wort "express" vor "guarantee" gestrichen wurde, um sicherzustellen, dass die Vorschrift auch im Fall einer stillschweigenden Garantie Anwendung findet; dazu vgl. auch *Bianca/Bonell/Bianca,* Art. 36, Anm. 3 und 12; *Hutter,* S. 61.

[271] Vgl. *MünchKomm/Huber*, Art. 36, Rn. 19.

[272] Vgl. *Schlechtriem/Schwenzer*, Art. 36, Rn. 8; *MünchKomm/Huber*, Art. 36, Rn. 20.

bräuche ausgestaltet. Demgemäß müssen verderbliche Waren, die zum Weiterverkauf bestimmt sind, für eine angemessene Zeit über den Zeitraum hinaus haltbar sein, in dem nach den branchenüblichen Umständen mit einem Erwerb durch den Letztabnehmer zu rechnen ist[273].
Mit der Annahme eines entsprechenden Angebots durch den Verkäufer kann auch seine Haftung aus der Vertragswidrigkeit der Kaufsache im Zeitpunkt des Gefahrübergangs ausgeschlossen bzw. begrenzt werden[274]. Eine solche Haftungsbegrenzung ist jedoch unwirksam, wenn der Verkäufer sich darauf beruft, dass er sie stillschweigend mit dem Käufer vereinbart hat[275].

4. Die Gefahrtragungsregelung beim internationalen Kauf beweglicher Sachen

a. Die Gefahrtragung beim Platzkauf

Das UN-Kaufrecht knüpft den Zeitpunkt des Gefahrübergangs beim Platzkauf an die „Übernahme" der Sache nach Art. 69 Abs. 1, 1. Alt. CISG. Übernahme der Sache bedeutet hier die körperliche Annahme, setzt also einen Wechsel der tatsächlichen Sachherrschaft voraus, die auch durch eigene Leute oder Beauftragte des Käufers geschehen kann[276].
Der Gefahrübergang tritt hingegen auch im Falle der nicht rechtzeitigen Abnahme durch den Käufer ein, wenn der Verkäufer ihm die Ware an seiner Niederlassung zur Verfügung stellt (vgl. Art. 69 Abs. 1, 2. Alt. CISG). Bei Gattungskäufen – der Mehrheit der Fälle – gilt die Ware erst dann als dem Käufer zur Verfügung gestellt, wenn sie i. S. d. Art. 69 Abs. 3 CISG konkretisiert worden ist und der Verkäufer hiervon den Käufer unterrichtet hat[277]. Dabei tritt der Gefahrübergang erst mit der Konkretisierung der Kaufsache und der Kenntnisnahme des Käufers davon ein. Die Gegenleistungsgefahr verbleibt bis zu diesem Zeitpunkt beim Verkäufer.

---

[273] Vgl. *Schlechtriem/Schwenzer*, Art. 36, Rn. 9; *Staudinger/Magnus*, Art. 36, Rn. 17; *Aue*, S. 140; *Bianca/Bonell/Bianca*, Art. 36, Anm. 3.2.
[274] Vgl. *Enderlein/Maskow/Strohbach*, Internationales Kaufrecht, Art. 36, Rn. 9; *Aue*, S. 136 f.; *Schlechtriem/Schwenzer*, Art. 36, Rn. 11.
[275] Vgl. *Rudolf*, Kaufrecht der Export- und Importverträge, Art. 35 Rn. 13; *Schlechtriem/Schwenzer*, Art. 36, Rn. 11.
[276] Vgl. *Herber/Czerwenka*, Art. 69, Rn. 2; *Schlechtriem/Hager*, Art. 69, Rn. 3; *MünchKomm/Huber*, Art. 69, Rn. 4; *Staudinger/Magnus*, Art. 69, Rn. 9.
[277] Vgl. *MünchKomm/Huber*, Art. 69, Rn. 5 und 14; *Staudinger/Magnus*, Art. 69, Rn. 13; *Schlechtriem/Hager*, Art. 69, Rn. 4; *Enderlein/Maskow/Strohbach*, Internationales Kaufrecht, Art. 67, Rn. 4.1.

Die Konkretisierung geschieht in der Regel durch das Aussondern der Ware aus dem Lager oder zumindest durch ihre Kennzeichnung nach Art. 67 Abs. 3 CISG[278]. Praktische Relevanz beim Platzkauf erlangt aber diese vor allem in dem Fall, in dem der Käufer die beim Verkäufer abzuholende, aber nicht konkretisierte Ware nicht rechtzeitig abnimmt. Denn hier geht die Gefahr, obwohl sich die Kaufsache mit anderen Waren in den Räumlichkeiten des Verkäufers befindet, auf den Käufer nur dann über, wenn objektiv erkennbar ist, welche Ware für den Käufer bestimmt ist[279].

Für den Eintritt des Gefahrübergangs beim Platzkauf ist also die Übernahme der Sache durch den Käufer immer erforderlich. Das Zurverfügungsstellen bzw. die Konkretisierung der Sache sind für den Gefahrübergang nur dann entscheidend, wenn die rechtzeitige Abnahme der Sache durch den Käufer nicht möglich ist.

Die Nichtabnahme der Sache durch den Käufer hindert jedoch den Eintritt des Gefahrübergangs nicht, wenn sie nach Art. 69 Abs. 1, 3. Alt. CISG eine Vertragsverletzung darstellt.

Das passiert, wenn die vereinbarte Empfangszeit oder – mangels Vereinbarung – eine angemessene Frist nach der Kenntnisnahme des Käufers vom Zurverfügungsstellen der Ware durch den Verkäufer abgelaufen ist[280]. Dabei ist offensichtlich, dass der Käufer entgegen dem Vertrag zur Annahme der Ware nicht bereit ist. Bei einer Zug-um-Zug-Verpflichtung liegt aber eine Vertragsverletzung dann vor, wenn der Käufer zwar zur Annahme der Ware bereit ist, nicht dagegen zu der ihm im gleichen Zeitpunkt obliegenden Kaufpreiszahlung[281].

Auf alle Fälle kann der Käufer sich jedoch nicht auf einen Entlastungsgrund i. S. d. Art. 79 CISG von dem Gefahrübergang berufen, wie sich aus der Vorschrift des Art. 79 Abs. 5 CISG mittelbar entnehmen lässt[282]. Hier handelt es sich um die Pflicht des Käufers zur Annahme der Ware bzw. zur Kaufpreiszahlung, die als Mitwirkungshandlungen seitens des Käufers zum Gefahrübergang beitragen, und nicht um die Pflicht des Verkäufers zum Schadensersatz wie Art. 79 CISG vorsieht. Folglich ist die Anwendung des Art. 79 Abs. 5 CISG analog zu den Regeln über den Gefahrübergang auf den Käufer bzw. zu den Pflichten des Käufers abzulehnen.

Dementsprechend geht die Gefahr auf den Käufer immer dann über, wenn der Verkäufer den Normalbestand des Gefahrübergangs wegen einer Ver-

---

[278] Vgl. *Herber/Czerwenka,* Art. 69, Rn. 8.
[279] Vgl. *MünchKomm/Huber*, Art. 69, Rn. 15.
[280] Vgl. *v. Caemmerer/Schlechtriem/Hager,* Art. 69, Rn. 4, 5; *Schlechtriem/Hager,* Art. 69, Rn. 4; *MünchKomm/Huber*, Art. 69, Rn. 6; teilw. abweichend *Staudinger/Magnus,* Art. 69, Rn. 15.
[281] Vgl. *MünchKomm/Huber*, Art. 69, Rn. 6; *Schlechtriem/Hager,* Art. 69, Rn. 4.
[282] Vgl. *Schlechtriem/Hager,* Art. 69, Rn. 4; *Staudinger/Magnus,* Art. 69, Rn. 15.

tragsverletzung des Käufers nicht herbeiführen kann[283]. Das gilt besonders für die Fälle des Unterlassens vom Käufer abnahmebezogener Mitwirkungshandlungen, die für den Gefahrübergang nach Art. 69 Abs. 1, 1. Alt. CISG erforderlich sind[284].

Abweichend von Art. 69 Abs. 1 CISG knüpft das UN-Kaufrecht in Art. 69 Abs. 2 CISG den Gefahrübergang nicht an den gegenseitigen Akt der Übernahme der Kaufsache, sondern an den einseitigen Akt ihres Zurverfügungsstellens[285], wenn der Lieferort ein anderer Ort als der Sitz des Verkäufers ist. Es geht hier also um einen Fernkauf[286].

Nach dieser Vorschrift geht die Gegenleistungsgefahr dabei über, sobald die Leistung fällig ist und der Käufer Kenntnis davon hat, dass die Ware ihm an diesem Übernahmeort zur Verfügung steht. Ob der Käufer diese Kenntnis durch den Verkäufer oder einen Dritten erlangt hat, ist gleichgültig[287]. Auch bedarf die Mitteilung des Verkäufers darüber keiner besonderen Form[288] und sie reist entgegen der Regel des Art. 27 CISG auf Gefahr des Käufers[289]. Das ergibt sich aus dem Wortlaut des Art. 69 Abs. 2 CISG, der die Kenntnis des Käufers von der Bereitstellung verlangt.

Der Rechtfertigungsgrund für die in Art. 69 Abs. 2 CISG angeordnete Vorverlegung des Gefahrübergangs auf den Käufer liegt darin, dass die Ware den Herrschaftsbereich des Verkäufers verlassen hat, und er deswegen keine Kontrollmöglichkeit mehr hat und in der Regel nicht mehr für ihre Versicherung sorgen kann[290].

Folglich spielt der Unterschied zwischen einseitiger Zurverfügungsstellung und gegenseitiger Übergabe der Kaufsache keine große Rolle für den Gefahrübergang auf den Käufer, wenn er im ersten Fall die ihm Bereitstellung der Ware kennt. Sowohl bei der gegenseitigen Übergabe der Kaufsache als auch bei der einseitigen Zurverfügungsstellung geht die Gefahr auf den Käufer nicht über, wenn dieser in Annahmeverzug gerät.

In der Vorschrift des Art. 69 Abs. 2 CISG wird im Einzelnen – abgesehen vom Fernkauf – der Verkauf eingelagerter Waren geregelt.

---

[283] Vgl. *Schlechtriem/Hager,* Art. 69, Rn. 9.

[284] Vgl. *MünchKomm/Huber*, Art. 69, Rn. 7.

[285] Vgl. *v. Caemmerer/Schlechtriem/Hager,* Art. 69, Rn. 6, 7.

[286] Vgl. *MünchKomm/Huber*, Art. 69, Rn. 8; *Herber/Czerwenka*, Art. 69, Rn. 6; *Schlechtriem/Hager*, Art. 69, Rn. 6; *Staudinger/Magnus,* Art. 69, Rn. 18; *Honsell/Schönle*, Art. 69, Rn. 17; *Bianca/Bonell/Bianca,* Art. 69, Anm. 2.4; *Karollus,* UN-Kaufrecht, S. 202.

[287] Vgl. *Staudinger/Magnus,* Art. 69, Rn. 23.

[288] Vgl. *Staudinger/Magnus,* Art. 69, Rn. 23.

[289] Vgl. *Staudinger/Magnus,* Art. 69, Rn. 23; *Enderlein/Maskow/Strohbach,* Internationales Kaufrecht, Art. 69, Rn. 8.

[290] Vgl. *v. Caemmerer/Schlechtriem/Hager,* Art. 69, Rn. 7; *Staudinger/Magnus,* Art. 69, Rn. 20.

Dabei geht die Gefahr über, wenn die Kaufsache zur vorgesehenen Zeit zur Verfügung steht und der Käufer hiervon Kenntnis hat. Die Ware steht dem Käufer zur Verfügung, wenn er vom Lagerhalter ihre Auslieferung verlangen kann. Das passiert, wenn der Lagerhalter das Besitzrecht des Käufers anerkannt hat oder der Verkäufer dem Käufer ein Papier aushändigt, das ein Auslieferungsversprechen des Lagerhalters enthält[291].

Für den Gefahrübergang auf den Käufer ist aber hier, wie in den Fällen des Art. 69 Abs. 1, 2 Alt. CISG, auch die Individualisierung der Ware erforderlich (vgl. Art. 69 Abs. 3 CISG). Auch beim Verkauf eingelagerter Waren, wo der Gefahrübergang vom bloßen Zurverfügungstellen abhängt, muss der Verkäufer die ihm zumutbaren Individualisierungs- und Vorbereitungshandlungen für die Konkretisierung der Ware vornehmen[292].

b. Die Gefahrtragung beim Versendungskauf

Nach der Grundregel des Art. 67 Abs. 1 S. 1 CISG geht die Gefahr mit der Übergabe der Sache an den ersten Beförderer auf den Käufer über, wenn die Ware nach dem Kaufvertrag befördert werden soll, ohne dass der Verkäufer verpflichtet ist, sie an einem bestimmten Ort zu übergeben.

Also setzt die betreffende Vorschrift, die inhaltlich eine Kombination der Art. 19 Abs. 2 und 97 Abs. 1 EKG darstellt[293], voraus, dass der Erfüllungsort (Ort der abschließenden Leistungshandlung des Verkäufers) und der Erfolgsort (Ort der Übergabe der Ware) auseinanderfallen. Der Beförderer als ein unabhängiger Dritter gegenüber den Vertragsparteien ist derjenige, der diese räumliche Distanz zwischen dem Käufer und dem Verkäufer überbrückt[294]. Mit der Übergabe der Kaufsache an ihn geht die Gefahr der zufälligen Beschädigung bzw. des zufälligen Untergangs der Kaufsache auf

---

[291] Vgl. *MünchKomm/Huber*, Art. 69, Rn. 12; *Herber/Czerwenka*, Art. 69, Rn. 7; *Schlechtriem/Hager*, Art. 69, Rn. 8; *Staudinger/Magnus*, Art. 69, Rn. 22; *Karollus*, UN-Kaufrecht, S. 203; *Schlechtriem/Huber*, Art. 31, Rn. 58.

[292] Vgl. *MünchKomm/Huber*, Art. 69, Rn. 15.

[293] Vgl. Art. 19 Abs. 2 EKG: „Ist nach dem Vertrag eine Beförderung der Sache erforderlich, so wird die Lieferung, wenn kein anderer Ort für sie vereinbart worden ist, dadurch bewirkt, dass die Sache dem Beförderer zur Übermittlung an den Käufer ausgehändigt wird“.
Art. 97 Abs. 2 EKG: „Im Fall der Aushändigung einer vertragswidrigen Sache geht die Gefahr, sobald die Sache, abgesehen von ihrer Vertragswidrigkeit nach den Bedingungen des Vertrages und dieses Gesetzes ausgehändigt ist, auf den Käufer über, wenn dieser weder die Aufhebung des Vertrages erklärt noch eine Ersatzlieferung verlangt hat“.

[294] Vgl. *Heilmann*, Mängelgewährleistung, S. 225; BGHZ 74, S. 136 (142).

den Käufer über, obwohl die Sache noch gar nicht in seinen Gefahrenbereich gelangt ist.
Trotzdem ist die Gefahrtragung des Käufers hier gerechtfertigt, weil dieser nach der Ankunft der Ware im Erfüllungsort in einer günstigeren Lage als der Verkäufer ist, evtl. Transportschäden festzustellen[295].
Die Gefahrtragung beim Versendungskauf wird also im Rahmen des UN-Kaufrechts mit der Theorie der Herrschaftsbereiche der Vertragsparteien begründet.
Sie wird aber auch mit dem Inhalt der Verpflichtungen begründet, die der Verkäufer beim Vertragsabschluss übernommen hat.
Demgemäß bewirkt der Verkäufer mit der Aushändigung der Kaufsache an den Beförderer zur Verfrachtung an den Käufer seine Leistung aus dem Vertrag. Denn obwohl er dadurch seiner Verpflichtung, dem Käufer Besitz und Eigentum zu verschaffen, noch nicht genügt, hat er alle Vorkehrungen zu treffen, die notwendig sind, um den Transport und die Ablieferung der Sache bei seinem Vertragspartner durch den Beförderer herbeizuführen[296].
Der Verkäufer hat also nach dem Kaufvertrag oder den Handelsbräuchen im Rahmen seiner Pflicht zur Herbeiführung der Versendung der Ware an den Käufer alle Verträge zu schließen, die zur Beförderung an den festgelegten Ort mit den nach den Umständen angemessenen Beförderungsmitteln und zu den für solche Beförderungen üblichen Bedingungen erforderlich sind (vgl. Art. 32 Abs. 2 CISG)[297]. Dies erweitert zwar den Ermessensspielraum des Verkäufers, bürdet ihm aber auch das Risiko auf, dass er eine falsche Wahl trifft[298]. Die Rechtsfolgen einer solchen Pflichtverletzung richten sich nach den generellen Regeln der Art. 45 ff. CISG.
Selbstverständlich verbleibt die Gefahr des zufälligen Untergangs oder der zufälligen Beschädigung der Ware während dieses Zeitraums noch beim Verkäufer.
Ab dem Moment der Übergabe der Sache an den Beförderer trägt aber der Käufer die Gefahr für die üblichen und unvermeidlichen Einbußen, die reisende Güter sehr oft treffen (z. B. Qualitätseinbuße infolge Temperaturschwankungen)[299].
Das Kaufrechtsübereinkommen der Vereinten Nationen stellt in Art. 67 Abs. 1 S. 1 CISG ausdrücklich auf die Übergabe der Kaufsache an den ers-

---

[295] Vgl. *MünchKomm/Huber*, Art. 67, Rn. 2; *Staudinger/Magnus*, Art. 67, Rn. 7; *Schlechtriem/Hager*, Art. 67, Rn. 1.
[296] Vgl. *Heilmann*, Mängelgewährleistung, S. 245.
[297] Vgl. *Herber/Czerwenka*, Art. 32, Rn. 7; *Heilmann*, Mängelgewährleistung, S. 230, 231.
[298] Über die Bestimmung des Sorgfaltsmaßstabs des Verkäufers hierbei sowohl im Rahmen des UN-Kaufrechts als auch des deutschen Kaufrechts, vgl. *Heilmann*, Mängelgewährleistung, S. 231.
[299] Vgl. *Heilmann*, Mängelgewährleistung, S. 243.

ten Beförderer ab[300]. Ab diesem Moment hat der Käufer das Risiko des gesamten Transports zu tragen, ohne dass er durch Untersuchungen den genauen Zeitpunkt des Schadenseintritts zu ermitteln braucht. Eine solche Gesamtbelastung des Käufers passt insbesondere auf den modernen Containerverkehr, wo sich der Zeitpunkt des Schadenseintritts häufig nicht feststellen lässt[301], während die Gefahr bei der Phase der lokalen Anlieferung der Ware zur Versendungsstation (z. B. Anlieferung zum Bahnhof), wo der Verkäufer die Ware dem Beförderer noch nicht übergeben hat, ganz allgemein beim Verkäufer liegt[302].

Nach der h. M. muss der Beförderer immer eine vom Verkäufer unabhängige Person sein[303]. Es erscheint vernünftig, dass der Verkäufer die Gefahr trägt, solange er von ihm kontrollierte Personen und Transportmittel einsetzt. Deshalb kann ein Frachtführer oder ein Verfrachter als ein unabhängiger Beförderer den Transport führen, nicht aber der Spediteur des Verkäufers, der für seine Rechnung handelt. Allerdings soll etwas anderes gelten, wenn der Spediteur nach den §§ 458, 459 HGB rechtlich als Frachtführer tätig wird[304].

Gegen diese Lösung werden zu Recht Bedenken geäußert. Die Ermittlung des Zeitpunkts des Gefahrübergangs hat nichts mit der Feststellung der rechtlichen Stellung des Spediteurs des Verkäufers zu tun. Es wird Rechtsunsicherheit geschaffen, wenn man den Gefahrübergang mit Interna des Spediteurs belastet[305].

Für diesen Grund ist anzunehmen, dass ein selbständiger Spediteur für den Gefahrübergang auf den Käufer genügen kann. Denn dabei wird er nicht als Vermittler tätig, so dass die Gefahr erst mit der Übergabe der Ware an den von ihm beauftragten Frachtführer auf den Käufer übergeht. Die Übergabe an ihn selbst bewirkt den Gefahrübergang auf den Käufer, da damit die Ware die Obhut des Verkäufers verlässt[306].

---

[300] Vgl. *Schlechtriem/Hager*, Art. 67, Rn. 4; *MünchKomm/Huber*, Art. 67, Rn. 10.

[301] Vgl. *v. Caemmerer/Schlechtriem/Hager*, Art. 67, Rn. 4.

[302] Vgl. *Heilmann,* Mängelgewährleistung, S. 228.

[303] Vgl. *Herber/Czerwenka*, Art. 67, Rn. 4; *Schlechtriem/Hager*, Art. 67, Rn. 4; *Staudinger/Magnus,* Art. 67, Rn. 11; *MünchKomm/Huber*, Art. 67, Rn. 10.

[304] Vgl. *Heilmann,* Mängelgewährleistung, S. 230; *Herber/Czerwenka*, Art. 67, Rn. 4; *Staudinger/Magnus,* Art. 67, Rn. 11; *Honsell/Schönle*, Art. 67, Rn. 17; *Enderlein/Maskow/Strohbach,* Internationales Kaufrecht, Art. 67, Rn. 3.1, 3.3.

[305] Vgl. *v. Caemmerer/Schlechtriem/Hager*, Art. 67, Rn. 5; *Enderlein/Maskow/Strohbach,* Internationales Kaufrecht, Art. 67, Rn. 2; *Schlechtriem/Hager*, Art. 67, Rn. 5; *Schlechtriem/Huber*, Art. 31, Rn. 26 ff.; *MünchKomm/Huber*, Art. 67, Rn. 10.

[306] Vgl. *MünchKomm/Huber*, Art. 67, Rn. 10.

Voraussetzung für den Gefahrübergang auf den Käufer bei der Schickschuld ist also die Selbständigkeit des Beförderes gegenüber dem Verkäufer.
Dementsprechend ist anzunehmen, dass die Übergabe der Ware an den ersten selbständigen Beförderer für den Gefahrübergang auf den Käufer auch in den Fällen als ausreichend anzusehen ist, in denen der Verkäufer die Ware dem Beförderer an einem bestimmten Ort nach Art. 67 Abs. 1 S. 2 CISG zu übergeben hat[307]. Denn auch dabei erschöpft sich die Leistungshandlung des Verkäufers mit der Herbeiführung der Versendung, deren wesentlicher untrennbarer Teil die Übergabe der Kaufsache an den ersten selbständigen Beförderer am bestimmten Ort ist; ab diesem Zeitpunkt ist der Transport der Ware zum Käufer als getrennt von den Vertragspflichten des Verkäufers anzusehen und deshalb ist gerecht, dass der Käufer die Gefahr ab diesem Moment zu tragen hat.
Wenn also ein Verkäufer mit Sitz im Landesinneren eine Lieferung ab Seehafen X vereinbart[308] - nämlich liegt demnach ein Versendungskauf mit vorgelagerter Bringschuld vor[309] -, vollzieht sich der Gefahrübergang nicht mit der Übergabe der Ware an den ersten Beförderer i. S. d. Art. 67 Abs. 1 S. 1 CISG, sondern erst mit der Abladung der Ware an den ersten selbständigen Beförderer im Seehafen[310]. Der Landtransport erfolgt demgemäß auf Gefahr des Verkäufers, der Seetransport auf Gefahr des Käufers. Der Zeitpunkt des Gefahrübergangs ist hier damit nach hinten verlegt.
Oft trifft man eine solche Vereinbarung in den Klauseln der INCOTERMS[311]. Es geht beispielsweise um die Klausel CIF und FOB, mit denen der Verkäufer für die zufällige Beschädigung oder den zufälligen Untergang der Kaufsache während des Transports bis zum Überschreiten der Reling des Schiffes einzustehen hat[312].
Gemäß dem bereits Gesagten ist Art. 67 Abs. 1 S. 2 CISG unabhängig davon anwendbar, ob der Verkäufer den ersten Teiltransport durch eigene Leute oder durch einen unabhängigen Beförderer durchführen lässt[313]. Ent-

---

[307] Vgl. *MünchKomm/Huber*, Art. 67, Rn. 11; *Schlechtriem/Hager*, Art. 67, Rn. 5.
[308] Vgl. *v. Caemmerer/Schlechtriem/Hager*, Art. 67, Rn. 6.
[309] Vgl. *Reinhardt*, Die Gefahrtragung beim Kauf, S. 36.
[310] Vgl. *v. Caemmerer/Schlechtriem/Hager*, Art. 67, Rn. 6.
[311] Vgl. *v. Caemmerer/Schlechtriem/Hager*, Art. 67, Rn. 7; *Herber/Czerwenka*, Art. 67, Rn. 7; *Heilmann,* Mängelgewährleistung, S. 276.
[312] Vgl. *v. Caemmerer/Schlechtriem/Hager*, Art. 67, Rn. 6; *Herber/Czerwenka*, Art. 67, Rn. 7. Bei dieser Klausel hat der Verkäufer innerhalb seiner Hauptpflicht zur Organisation des Transports der Kaufsache an den ersten Beförderer zusätzlich die Nebenpflicht, eine Seetransportversicherung gegen die Gefahr von Schäden während des Transports abzuschließen.
[313] Vgl. *Schlechtriem/Hager*, Art. 67, Rn. 7; *Staudinger/Magnus,* Art. 67, Rn. 19; *Honsell/Schönle*, Art. 67, Rn. 9; *MünchKomm/Huber*, Art. 67, Rn. 14.

scheidend für den Gefahrübergang ist hier nur die Übergabe der Ware an den ersten selbständigen Beförderer an einem bestimmten Ort für die Versendung an den Käufer. Es ist daher die Meinung *Honnolds*[314] nicht anzunehmen, nach der die Gefahr während des ersten Teiltransports der Ware bei Einschaltung eigener Leute des Verkäufers auf den Käufer nicht übergeht.

Unter dieser Ansicht wäre die Vorschrift des Art. 67 Abs. 1 S. 2 CISG überflüssig, nachdem die Übergabe der Ware an eigene Leute des Verkäufers bereits mit der Regel des Art. 67 Abs. 1 S. 1 CISG den Gefahrübergang auf den Käufer nicht herbeizuführen vermag[315].

Aus Art. 67 Abs. 1 S. 3 CISG ergibt sich auch, dass der Gefahrübergang sowohl von der Übergabe oder der Zurückbehaltung von Traditionspapieren unabhängig ist, als auch davon, ob die Übergabe der Ware an den Frachtführer dem Käufer angezeigt wird oder nicht[316]. Damit wird noch einmal verdeutlich, dass der Übergang der Gefahr auf den Käufer unabhängig vom Eigentumsübergang – der mit solchen Dokumenten begründet wird – zu betrachten ist[317].

Das gilt aber nach Art. 67 Abs. 2 CISG nicht, wenn die dem Beförderer ausgehändigte Ware durch die daran angebrachten Kennzeichen oder die Beförderungsdokumente nicht deutlich zur Erfüllung des Vertrags bestimmt ist. Dabei geht die Gefahr auf den Käufer nicht über. Denn die Gefahr des zufälligen Untergangs oder der zufälligen Beschädigung einer Ware kann auf den Käufer nur dann übergehen, wenn die Ware eindeutig dem Kaufvertrag zugeordnet ist. Dies kann durch Kennzeichen, durch Beförderungsdokumente, durch eine Anzeige an den Käufer oder auf eine andere Weise geschehen. Gefördert wird also eine hinreichend „publizierte Konkretisierung“ [318] der Kaufsache im Gegensatz zum Haager Kaufgesetz, wo gem. Art. 19 Abs. 3 EKG[319] eine stille Konkretisierung der Kaufsache, die nicht nach außen erkennbar gemacht werden musste[320], zulässig war.

Die erforderliche Individualisierung der Kaufsache erfolgt also, wenn der Verkäufer beispielsweise beim Überseekauf die Ware verschifft ohne den

---

[314] Vgl. *Honnold,* Uniform Law, Rn. 369.

[315] Vgl. *v. Caemmerer/Schlechtriem/Hager*, Art. 67, Rn. 7.

[316] Vgl. *Loewe,* Internationales Kaufrecht, Art. 67, S. 85.

[317] Vgl. *MünchKomm/Huber*, Art. 67, Rn. 16.

[318] Zit. in *Heilmann,* Mängelgewährleistung, S. 234.

[319] Artikel 19: (3) Ist die dem Beförderer ausgehändigte Sache nicht dadurch, daß sie mit einer Anschrift versehen ist, oder auf andere Weise deutlich zur Erfüllung des Vertrages bestimmt, so ist der Verkäufer außer zur Aushändigung der Sache zur Absendung einer Anzeige über die Versendung und erforderlichenfalls eines die Sache genau bezeichnenden Schriftstücks an den Käufer verpflichtet.

[320] Vgl. *Heilmann,* Mängelgewährleistung, S. 235, 236.

Käufer als Empfänger zu bezeichnen, oder wenn er eine ungeteilte Warenpartie zur Erfüllung mehrerer Verträge verschifft, erst durch Zusendung einer Verladeanzeige, die den Käufer als Empfänger ausweist[321]. Diese wird mit ihrer Absendung nach Art. 27 CISG wirksam[322]; der Käufer wird aber nicht rückwirkend mit der Gefahr auf den Zeitpunkt der Übergabe an den Beförderer belastet[323]. Das ergibt sich aus dem Wortlaut des Art. 67 Abs. 2 CISG, in dem ausdrücklich steht, dass die Gefahr erst dann auf den Käufer übergeht, wenn die Ware eindeutig dem Vertrag zugeordnet ist. Ausgehend von der Trennung des Gefahrübergangs von der Lieferung der Ware und der folglich eigenständigen Regelung hat also das UN-Kaufrecht gegen die rückwirkende Gefahrtragung entschieden[324].

c. Die Gefahrtragung beim Kauf von reisenden Waren

Art. 68 CISG enthält eine Risikozuweisungsregelung für den Fall, dass reisende Waren zum Zeitpunkt des Kaufvertragsabschlusses bereits untergegangen sind.
Nach der Vorschrift des ersten Satzes des betreffenden Artikels geht die Gefahr mit dem Vertragsabschluss auf den Käufer über. Das führt zu einer Aufteilung der Gefahrtragung. Vor dem Vertragsabschluss trägt der Verkäufer die Gefahr, nach dem Vertragsabschluss der Käufer. Während also generell die Beweislastregeln über die Gefahrtragung entscheiden, wenn nicht geklärt werden kann, zu welchem Zeitpunkt ein Verlust bzw. Schaden eingetreten ist, beim Kauf von reisenden Waren wurde die Anknüpfung des Gefahrübergangs an den Moment des Vertragsabschlusses zugunsten der Entwicklungsländer aufgenommen[325].
Da es aber unter Umständen zu Schwierigkeiten bei der Feststellung des Entstehungszeitpunkts eines etwaigen Schadens kommen kann, wurde als Kompromisslösung[326] – diesmal zugunsten der Industrieländer – vereinbart, dass die Gefahr rückwirkend auf den Käufer übergeht, und zwar im Mo-

---

[321] Vgl. *v. Caemmerer/Schlechtriem/Hager*, Art. 67, Rn. 9.
[322] Vgl. *Schlechtriem/Hager*, Art. 67, Rn. 10; *Staudinger/Magnus*, Art. 67, Rn. 27; *MünchKomm/Huber*, Art. 67, Rn. 17.
[323] Vgl. *v. Caemmerer/Schlechtriem/Hager*, Art. 67, Rn. 10.
[324] Vgl. *v. Caemmerer/Schlechtriem/Hager*, Art. 67, Rn. 10. Anders aber nach den Art. 19 Abs. 3, 100 EKG, wo die rückwirkende Gefahrtragung des Käufers von der Gutgläubigkeit des Verkäufers abhängig ist.
[325] Vgl. Off. Rec. 403, 404, Nr. 2, 10; 213, Nr. 70.
[326] Vgl. Off. Rec. 217, Nr. 29; 221, Nr. 27; *Herber/Czerwenka*, Art. 68, Rn. 2.

ment der Übergabe der Ware an den Beförderer, der die Dokumente über den Beförderungsvertrag ausgestellt hat, wenn die Umstände dies nahelegen. Die Wendung „falls die Umstände diesen Schluss nahelegen" ist zwar vage, es besteht jedoch Einigkeit, dass das Bestehen einer Transportversicherung als ein solcher Umstand angesehen wird[327].

Wenn der Verkäufer also schwimmende Waren nicht versichert hat und der Käufer deshalb eine solche Versicherung abschließt, kommt der Gefahrübergang rückwirkend auf den Zeitpunkt der Verladung gem. Art. 68 S. 2 CISG zustande. Voraussetzung dafür ist, dass der Käufer auch für den zurückliegenden Beförderungszeitraum Versicherungsschutz genießt. Gilt aber der vom Käufer in Anspruch genommene Versicherungsschutz erst ab dem Kaufvertragsabschluss, ist nicht die Vorschrift des Art. 68 S. 2 CISG, sondern Art. 68 S. 1 CISG anwendbar, so dass sich der Gefahrübergang auf den Käufer erst mit dem Vertragsabschluss vollzieht[328].

Im dritten Satz enthält Art. 68 CISG eine Ausnahme zu diesen Regelungen. Der Gefahrübergang ist ausgeschlossen, wenn der Verkäufer beim Vertragsabschluss von dem Untergang oder der Beschädigung der Ware wusste oder hätte wissen müssen.

Bezüglich des Umfangs der Haftung des bösgläubigen Verkäufers ergibt sich aus der Entstehungsgeschichte des Art. 68 S. 3 CISG aber, dass dieser im Gegensatz zum Haager Kaufgesetz, das das ganze Risiko mit Art. 99 Abs. 2 CISG dem bösgläubigen Verkäufer auflud[329], nur mit dem Schaden belastet werden soll, der beim Vertragsabschluss bereits eingetreten war und den er kannte oder kennen musste[330].

II. Der Zeitpunkt des Gefahrübergangs und die Gefahrtragung im deutschen und griechischen nationalen Kaufrecht

Art. 36 CISG i. V. m. den Vorschriften der Art. 66 ff. CISG, wonach für die Frage der Vertragsmäßigkeit der Kaufsache der Zeitpunkt des Gefahrübergangs maßgeblich ist, entsprechen sowohl der Lösung des deutschen (vgl.

---

[327] Vgl. *Enderlein/Maskow/Strohbach,* Internationales Kaufrecht, Art. 68, Rn. 3; *Bianca/Bonell/Bianca,* Art. 68, Anm. 2.2; *v. Caemmerer/Schlechtriem/Hager*, Art. 68, Rn. 4; *Staudinger/Magnus,* Art. 68, Rn. 11.

[328] Vgl. *Schlechtriem/Hager*, Art. 68, Rn. 4; *MünchKomm/Hager*, Art. 68, Rn. 8.

[329] Artikel 99: (2) Hat der Verkäufer bei Vertragsabschluß gewußt oder hätte er wissen müssen, daß die Sache untergegangen oder verschlechtert worden war, so trifft ihn die Gefahr bis zum Zeitpunkt des Vertragsabschlusses.

[330] Vgl. *v. Caemmerer/Schlechtriem/Hager,* Art. 68, Rn. 5.

§§ 446, 447 BGB) als auch des griechischen Kaufrechts (vgl. Art. 522, 524 gr. ZGB).
In den entsprechenden Regeln beider nationaler Rechte wird festgelegt, dass die Preisgefahr wegen des zufälligen Untergangs oder der zufälligen Beschädigung der Kaufsache mit der Übergabe der verkauften Sache auf den Käufer übergeht.
Unter dem Gesichtspunkt des Erfüllungsorts werden verschiedenen Kauftypen unterschieden, die teilweise gesetzlich geregelt sind. Es handelt sich also um den Platzkauf, bei dem der Käufer sich die Kaufsache beim Verkäufer abholen muss (Holschuld), um den Fernkauf, bei dem der Verkäufer dem Käufer die Ware an den Erfüllungsort zu bringen hat (Bringschuld) und um den Distanz- oder Versendungskauf, bei dem der Verkäufer dem Käufer die Ware an den Erfüllungsort zu schicken hat (Schickschuld).
Im Folgenden wird hinsichtlich des Erfüllungsorts als Unterscheidungskriterium der Vertragstypen auf die beiden Hauptarten des Kaufs, den Platzkauf und den Versendungskauf, eingegangen, die beide ausdrücklich in beiden nationalen Rechten geregelt sind.

1. Der Platzkauf in den beiden nationalen Kaufrechten – die „ratio legis“ des § 446 BGB und des Art. 522 gr. ZGB

Hauptsächlich beim Platzkauf wird der Gefahrübergang nach § 446 BGB bzw. Art. 522 gr. ZGB wie im Rahmen des UN-Kaufrechts an den Zeitpunkt der Übergabe der Ware an den Käufer geknüpft. Auch hier erfordert die Übergabe im Sinn dieser Vorschriften grundsätzlich die Verschaffung des unmittelbaren Besitzes an der Kaufsache[331].
Der Käufer muss nämlich damit imstande sein, die tatsächliche Gewalt über die Sache zu erlangen[332]. Eine Übergabe der Ware kann daher auch dann erfolgen, wenn die Sache einen Rechtsmangel aufweist[333]. Denn die Einigung zwischen den Parteien über die Besitzübertragung kann dabei genügen, wenn der Käufer in der Lage ist, die Gewalt über die Sache auszuüben[334].
Bei Gattungskäufen ist der Übergang der Gefahr auf den Käufer an die Konkretisierung der Ware geknüpft, da nur dadurch der Käufer den unmit-

---

[331] Vgl. *MünchKomm/Westermann*, § 446, Rn. 7; BGH, NJW 1983, S. 627 f..
[332] Vgl. OLG Hamburg Recht 1920 Nr. 53.
[333] Vgl. BGHZ 67, S. 207, 209.
[334] Vgl. *Heilmann*, Mängelgewährleistung, S. 247.

telbaren Besitz an der Gattungssache haben kann, während die Lieferung einer mangelhaften Sache nicht zur Konkretisierung und damit zum Übergang der Gefahr an den Käufer führt (vgl. § 243 Abs. 1, Abs. 2 BGB bzw. Art. 290 Abs. 1 gr. ZGB)[335].

In ähnlicher Weise hat der Käufer beim Annahmeverzug nicht nur die Gegenleistungs-, sondern auch die Leistungsgefahr zu tragen (vgl. § 446 S. 3 BGB i. V. m. § 326 Abs. 2 S. 1 BGB bzw. Art. 522 Abs. 1 gr. ZGB i. V. m. Art. 381 Abs. 2 gr. ZGB)[336], da er dabei durch Vertragsverletzung den Besitz an der Kaufsache nicht bekommen hat.

Die Verfasser des deutschen und des griechischen Bürgerlichen Gesetzbuches sind also beim Platzkauf hinsichtlich der Regelung der Gefahrtragung dem Traditionsprinzip gefolgt, wonach bei der Übereignung beweglicher Sachen neben der Einigung hinsichtlich der Eigentumsverschaffung im Interesse der Klarheit des Rechtsverkehrs noch die tatsächliche Übergabe der Sache treten muss.

Durch die Aushändigung der Sache an den Käufer verschafft der Verkäufer diesem die Sachherrschaft und die Nutzungsmöglichkeit der Ware und damit befriedigt das typische Vertragsinteresse seines Vertragspartners; ihm gegenüber erfüllt er nämlich seine Vertragspflichten. An diese „interpartes"-Erfüllung, die von dem nur im Verhältnis zu Dritten bedeutenden Eigentumsübergang unabhängig ist, knüpft sich der Übergang der Gefahr des zufälligen Untergangs oder der zufälligen Beschädigung der Ware[337]. Die Übergabe der Ware durch den Verkäufer führt sogar auch dann zum Gefahrübergang, wenn der Verkäufer zu diesem Zeitpunkt nicht Eigentümer ist[338]. Ebenso ändert der Eigentumsvorbehalt nichts daran, dass die Gefahr mit der Übergabe übergeht[339].

Das zeigt, dass der Gedanke des Traditionsprinzips, nach dem die Gefahrtragung mit der Sachherrschaft verbunden ist, durch das Synallagma im Kaufrecht legitimiert wird[340]. Denn die Gefahr geht hier auf den Käufer

---

[335] Vgl. *MünchKomm/Westermann*, § 446, Rn. 9; auch dazu hinsichtlich des griechischen Rechts, *Georgiades/Stathopoulos/Tabakis*, Kommentar zum gr. ZGB, Art. 290, Rn. 3.

[336] Vgl. *MünchKomm/Westermann*, § 446, Rn. 8; auch dazu hinsichtlich des griechischen Rechts, *Georgiades/Stathopoulos/Stathopoulos*, Kommentar zum gr. ZGB, Art. 381, Rn. 9. Zu dem Verhältnis des Art. 381 Abs. 2 gr. ZGB über die Haftung des Schuldners für zufällige Schäden zu Art. 355 gr. ZGB über die Haftung des Gläubigers für Schäden, die auf seine einfache Fahrlässigkeit zurückzuführen sind vgl. *Georgiades/Stathopoulos/Stathopoulos*, Kommentar zum gr. ZGB, Art. 381, Rn. 10.

[337] Vgl. *Hager*, Die Gefahrtragung beim Kauf, S. 68 f.

[338] Vgl. RGZ 93, S. 330, 331.

[339] Vgl. RGZ 85, S. 320, 322.

[340] Vgl. *Hager*, Die Gefahrtragung beim Kauf, S. 69; anders aber *Reinhardt*, Die Gefahrtragung beim Kauf, S. 64.

aufgrund der synallagmatischen Verknüpfung von Leistung und Gegenleistung über, die beim Kauf charakteristisch ist und der entsprechend das Schicksal der Gegenleistung bzw. der Kaufpreiszahlung bestimmt wird.
Das zeigt weiter dass die Verbindung der Gefahrtragung mit der Sachherrschaft auch durch einen pragmatischen Aspekt begründet wird[341]. Denn der Käufer, der die Ware als Leistung angenommen hat und die tatsächliche Sachherrschaft an dieser innehat, kann die Sache am besten vor Schäden bewahren, sie am ehesten versichern und damit die Kosten wegen ihres zufälligen Untergangs oder Verschlechterung tragen.
Ebenfalls wird die Belastung des Käufers mit der Zufallsgefahr nach § 446 BGB bzw. Art. 522 gr. ZGB durch eine ökonomische Betrachtungsweise des Sachherrschaftsgedankens erklärt[342]: Es ist gerecht, den Käufer als Besitzer der Ware, der die Lasten davon trägt und berechtigt ist, die Nutzungen zu ziehen (vgl. § 446 S. 2 BGB bzw. Art. 525 gr. ZGB), mit dem wirtschaftlichen Verlust wegen des zufälligen Untergangs bzw. der zufälligen Beschädigung der Kaufsache zu belasten[343]. Denn nach unserer Rechtsordnung geht es beim Kauf nicht um die Gefahr des Verlustes eines dinglichen Rechts an der Kaufsache, sondern um ihre Wertgefahr, die bei der typischen Fallgestaltung derjenige trägt, der als Besitzer aufgrund der Inkorporation der Ware in sein Vermögen einen wirtschaftlichen Nachteil erleidet, wenn sie zufällig untergeht oder verschlechtert wird. Dementsprechend ist der Käufer derjenige, der das „periculum obligationis" zu tragen hat[344].

2. Der Versendungskauf in den beiden nationalen Kaufrechten – die „ratio legis" des § 447 BGB und des Art. 524 gr. ZGB

Beim Versendungskauf geht die Gefahr auf den Käufer nach § 447 BGB bzw. Art. 524 gr. ZGB über, sobald der Verkäufer die Ware dem Beförderer zur Übersendung an den Käufer ausgehändigt hat. Durch die Formulierung der betreffenden Vorschriften „auf Verlangen des Käufers" wird zum Ausdruck gebracht, dass die Versendung nicht ohne den Willen des Käufers

---

[341] Dazu auch *Larenz*, SchR II/1, § 42 II a; *Filios*, Die Gefahrtragung beim Kauf, S. 15 ff; *Hager*, Die Gefahrtragung beim Kauf, S. 68 ff.
[342] Vgl. *Leonhard,* Beweislast, S. 16, der von einem „wirtschaftlichen Übergang" auf den Käufer durch die Übergabe der Ware spricht.
[343] Vgl. *Larenz*, SchR II/1, § 42 II a.
[344] Unter dem „periculum obligationis" ist die Gefahr zu verstehen, die dem in dem Rechtsgut verkörperten wirtschaftlichen Wert droht. Im Rahmen des UN-Kaufrechts vgl. *Staudinger/Magnus,* Vorbem. zu Art. 66 ff. CISG.

erfolgt sein darf. Die Versendung muss dagegen dem ausdrücklich oder stillschweigend erklärten Willen des Käufers entsprechen.

Da der Käufer derjenige ist, der die Versendung der Kaufsache nach einem anderen Ort als dem Erfüllungsort verlangt hat und der Verkäufer somit dabei im Interesse seines Vertragspartners tätig wird, erscheint es billig, dem Verkäufer nicht mehr die Verantwortung für das weitere Schicksal des an einen professionellen Versender übergebenen Kaufgegenstandes aufzubürden[345].

Dieser Ansicht ist auch *Filios*, der in dieselbe Richtung ausführt, dass der Verkäufer bereits mit der Auslieferung an den Käufer das seinerseits Erforderliche getan hat und deswegen die Durchführung der Versendung als eine Mehrbelastung außerhalb der verkäuferrechtlichen Vertragsverpflichtungen anzusehen ist, für die er keine Verantwortung haben bzw. keine Gefahr tragen soll[346].

Dem ist zu folgen, da der Verkäufer beim Versendungskauf wirklich nicht mehr tut, als es seiner vertraglichen Verpflichtung entspricht. Er erfüllt seine Leistungspflicht nicht erst im Moment der Übergabe der Ware an seinen Vertragspartner an seinem Wohnsitz, wie beim Platzkauf, sondern schon im Moment der Übergabe der Ware an den Beförderer, der sie entsprechend ihrer Vereinbarung an den Käufer versenden soll.

Auch in einer Bringschuld liegt keine Mehrbelastung für den Verkäufer: Er erfüllt vereinbarungsgemäß seine Verpflichtung, die Kaufsache dem Käufer auf seine Verantwortung zu bringen. Seine Leistungspflicht enthält aber nicht nur die Verpflichtung zur Übergabe der Ware an den Käufer, sondern auch die Verpflichtung ihm diese an seinem Wohnsitz zu bringen. Er tut also nicht mehr als es seiner Verpflichtung nach dem Vertrag entspricht. Deshalb entspricht die Gefahrtragungsregelung beim Fernkauf (Bringschuld) der beim Platzkauf. Die Gefahr ist nämlich an den gegenseitigen Akt der Übernahme der Ware durch den Käufer, durch einen Angehörigen oder durch einen seiner Angestellten gekoppelt.

In anderen Worten, beim Versendungskauf verschickt der Verkäufer die Ware zur Erfüllung seiner Vertragsverpflichtung. Seine Leistungspflicht enthält die Verpflichtung zur Übergabe der Ware an die Person, die auf Wunsch des Käufers die Versendung durchzuführen hat. Das macht der Verkäufer für die Befriedigung des vertraglichen Interesses des Käufers. Es würde für ihn eine extra-Belastung begründen, wenn er ohne vertragliche Verpflichtung bei der Versendung die Gefahr bis zum Zeitpunkt der Übergabe der Kaufsache an den Käufer zu tragen hätte.

---

[345] So schon die ältere Rspr. RGZ 99, S. 58; 88, S. 38, 103, S. 130.

[346] Vgl. *Filios*, Die Gefahrtragung beim Kauf, S. 38.

Dementsprechend soll dabei die Gefahrverteilungsregelung, nach der der Käufer ab dem Moment der Übergabe der Kaufsache an den Beförderer die Gefahr trägt, ihre Begründung nicht im Traditionsprinzip bzw. in der Theorie der Herrschaftsbereiche der Parteien wie beim Platzkauf i. S. d. § 446 BGB bzw. Art. 522 gr. ZGB finden. Vielmehr stellt der Versendungskauf sich als eine Ausnahme von diesem Prinzip dar.

Beim Platzkauf stimmt der Leistungshandlungsort, der für die Frage maßgebend ist, was der Verkäufer schuldet und wie er seine Haupt- und Nebenpflichten erfüllen muss, mit dem Leistungserfolgsort, der für den Zeitpunkt der Befriedigung des vertragstypischen Leistungsinteresses des Käufers maßgebend ist, überein; daher wird dort der Gefahrübergang auf den Käufer mit der Aushändigung der Kaufsache an ihn bzw. mit seiner Sachherrschaft gerechtfertigt.

Die Gefahrverteilung beim Versendungskauf beruht aber auf der vertraglichen Risikoverteilung zwischen den Vertragsparteien[347]. Der Verkäufer, der die Kaufsache auf Wunsch des Käufers versendet, soll keinen Nachteil hinsichtlich der Gefahrtragung erleiden. Dass die Sachversendung dazwischen tritt, deren Herbeiführung der Verkäufer aus Gefälligkeit übernommen hat, ändert wenig an seinem Risikobereich[348]. Denn wie er bei einer Holschuld die Preisgefahr ab dem Zeitpunkt der Übergabe der Ware an den Käufer zu tragen hat, hat er aufgrund der vom Käufer verlangten Versendung alle Erfüllungshandlungen am Ort seiner geschäftlichen Niederlassung zu treffen. Mit der Versendung der Ware ist nur eine Verzögerung ihrer Übergabe an den Käufer verbunden, und deshalb hat deren Kosten der letztere entsprechend seinem Verlangen bzw. entsprechend der Parteivereinigung zu tragen. Daher könnte der Verkäufer durch die Anzeige seiner Lieferbereitschaft den Käufer in Annahmeverzug i. S. d. § 293 BGB bzw. Art. 349 Abs. 1 und 2 gr. ZGB setzen[349]. Ab diesem Zeitpunkt wäre er dann nicht nur von der Gefahr eines zufälligen eintretenden Schadens befreit, sondern bräuchte auch selbst für einen von ihm leicht fahrlässig herbeigeführten Schaden gem. § 300 Abs. 1 i. V. m. § 446 BGB bzw. Art. 355 gr. ZGB nicht einzustehen. Daraus ergibt sich schließlich, dass die Übergabe der Sache an die Transportperson der unmittelbaren Übergabe der Sache an den Käufer gleichzustellen ist.

---

[347] Vgl. *Reinhardt,* Die Gefahrtragung beim Kauf, S. 141 ff.; *MünchKomm/Westermann*, § 447, Rn. 8; auch dazu hinsichtlich des griechischen Rechts, *Georgiades/Stathopoulos/Verveniotis,* Kommentar zum gr. ZGB, Art. 524, Rn. 3, 13.

[348] Vgl. *Georgiades/Stathopoulos/Stathopoulos,* Kommentar zum gr. ZGB, Art. 334, Rn. 22.

[349] Vgl. *MünchKomm/Westermann*, § 447, Rn. 9.

Die „ratio legis" der Gefahrtragung gemäß der Vorschrift des § 447 BGB bzw. des Art. 524 gr. ZGB liegt folglich in der Natur des Versendungskaufs selbst, bei dem eine entsprechende vertragliche Risikoverteilung zwischen den Kaufvertragsparteien geregelt wird.

Damit lässt sich die Anwendung des § 447 BGB bzw. des Art. 524 gr. ZGB in Unterschied zu der entsprechenden Vorschrift des Art. 67 Abs. 1 S. 1 CISG auch für den Fall begründen, in dem der Verkäufer den Transport selbst oder durch eigene Leute durchführt[350]. In einem solchen Fall hat er keine erhöhte Gefahr bezüglich der Sache zu tragen. Eine Erhöhung der Gefahr ist mit der vertraglichen Risikoverteilung der Parteien nicht zu vereinbaren, weil der Verkäufer im Rahmen seiner Vereinbarung über die Übergabe der Ware an die Transportperson nur die Verpflichtung zur Absendung übernommen hat. Überdies kann man zu der Annahme kommen, dass bei der Durchführung des Transports mit dem eigenen Personal dieses oft besser mit der Ware vertraut ist als das fremde Personal, was das Risiko bezüglich des Untergangs oder der Verschlechterung der Ware verringern würde. Der Verkäufer hat nur bei der Auswahl der Transportperson die verkehrsübliche Sorgfalt zu beachten; bei Verletzung dieser Verpflichtung haftet er aber für die eigene Pflichtverletzung und nicht für zufällige Schäden während des Transports der Ware.

Dementsprechend ist die herrschende Meinung[351] bezüglich der Anwendbarkeit des § 278 BGB bzw. des Art. 334 gr. ZGB in den Fällen abzulehnen, wobei der Käufer selbständige Transportpersonen bei der Versendung der Ware an den Käufer benutzt. Mit der Übergabe der Ware an die Transportperson hat der Verkäufer seine Leistungspflichten erfüllt. Seine Haftung endigt mit der Veranlassung des Transports. Der Spediteur wird daher nicht zur Erfüllung einer eigenen Verbindlichkeit des Verkäufers als Erfüllungsgehilfe tätig. Sein Verschulden kann bei der Durchführung der Versendung

---

[350] Vgl. RGZ 96, S. 258, 259; OLG Nürnberg, BB 1968, S. 364, 355; auch zu derselben Ansicht *Reinhardt,* Die Gefahrtragung beim Kauf, S.154; *Dreher,* Gefahrtragungsprobleme beim Versendungskauf, S. 28 ff. 66 ff.; *Larenz,* SchR II/1, § 42 II c; *MünchKomm/Westermann,* § 447, Rn. 16, Fn. 63; bezüglich des griechischen Rechts, vgl. *Georgiades/Stathopoulos/Verveniotis,* Kommentar zum gr. ZGB, Art. 524, Rn. 26, 27; *Georgiades/Stathopoulos/Stathopoulos,* Art. 334, Rn. 22. Anders aber *Schulz,* Preisgefahr und Gehilfenhaftung, beim Versendungskauf, JZ 1975, S. 240, 241; *Hager,* Die Gefahrtragung beim Kauf, S. 81 ff., der den Gefahrübergang auf den Käufer beim Versendungskauf ablehnt, wenn der Verkäufer den Transport der Ware selbst oder durch seine Angestellten durchführt.

[351] Vgl. *MünchKomm/Westermann,* § 447, Rn. 16, Fn. 64; *Larenz,* SchR II/1, § 42 II c; OLG Karlsruhe, BB 1975, S. 537; BGHZ 50, S. 32, 35 = NJW 1968, S. 1169; bezüglich des griechischen Rechts, vgl. *Georgiades/Stathopoulos/Verveniotis,* Kommentar zum gr. ZGB, Art. 524, Rn. 27. Die gegensätzliche Meinung vertritt aber *Schulz,* Preisgefahr und Gehilfenhaftung, beim Versendungskauf, JZ 1975, S. 241 ff.

über die betreffende Vorschrift folglich nicht dem Verkäufer zugerechnet werden.

Die Anwendbarkeit des § 278 BGB bzw. des Art. 334 gr. ZGB ist auch beim Selbsttransport durch den Verkäufer zu verneinen[352]. Denn die Gründe, die für die Unanwendbarkeit des § 278 BGB beim Transport durch selbständige Transporteure sprechen, treffen auch bei einem Transport zu, den der Verkäufer durch eigene Leute durchführt. Die Ansicht, dass der Verkäufer beim Transport durch eigene Leute die Obhutpflicht hat[353], die Kaufsache auf dem Transport bis zu ihrer Ankunft beim Käufer nicht zu beschädigen, wäre mit der Regel in § 278 BGB bzw. Art. 334 gr. ZGB nicht zu vereinbaren, in dem es auf die Unabhängigkeit des Erfüllungsgehilfen nicht ankommt, sondern auf die Erfüllungspflichten des Schuldners[354]. Zu den Erfüllungspflichten des Verkäufers als Schuldner gehört aber nur als Haupt- oder Nebenpflicht die ordnungsgemäße Herbeiführung der Versendung der Ware[355] und nicht ihre Durchführung. Er muss z. B. die Ware ordnungsgemäß verpacken, die richtige Transportart wählen, die Transportperson ordnungsgemäß auswählen, den Beförderungsvertrag zu den üblichen Bedingungen abschließen und alle notwendigen Informationen hinsichtlich der Transportversicherung geben. Verwirklicht sich später ein Risiko, das zum Untergang oder zur Beschädigung der Kaufsache führt, und welches der Verkäufer hätte vermeiden können, wenn er die verkehrsübliche Sorgfalt bei der Organisierung der Versendung befolgt hätte, dann haftet er zweifellos wegen Verletzung des Beförderungsvertrags auf Schadensersatz gegenüber dem Käufer gem. § 280 BGB bzw. Art. 330 gr. ZGB[356]. Mit der Gefahr für zufällige Beschädigung bzw. zufälligen Untergang der Kaufsache wird aber nur der Käufer belastet.

---

[352] Vgl. *Reinhardt,* Die Gefahrtragung beim Kauf, S.159; *Westermann,* Gefahr und Gefahrübergang im Schuldrecht, JA 1978, S. 554; *MünchKomm/Westermann*, § 447, Rn. 16.

[353] Vgl. *Hager*, Die Gefahrtragung beim Kauf, S. 82.

[354] Vgl. OLG Nürnberg, DB 1968, S. 478; *Larenz,* SchR II/1, § 42 II c; *Palandt/Putzo,* § 447, Rn 8; *Palandt/Heinrichs,* § 278, Rn. 13. Der Verkäufer haftet für das Verschulden der Personen, die er zur Erfüllung seiner Verbindlichkeiten benutzt, wie für eigenes Verschulden, wenn er die Verpflichtung übernommen hat, die Versendung der Kaufsache durch eigene Leute oder selbst durchzuführen. In einem solchen Fall leistet er aber nicht als Verkäufer, sondern als Transporteur. Um den Gefahrübergang auf den Käufer geht es dabei selbstverständlich nicht. Vgl. dazu *Georgiades/Stathopoulos/Verveniotis,* Kommentar zum gr. ZGB, Art. 524, Rn. 29.

[355] Vgl. *MünchKomm/Westermann*, § 447, Rn. 8.

[356] Beim schuldhaften Verstoß gegen diese Pflicht des Verkäufers tritt einfach der Gefahrübergang nicht ein, weil es schon an der Voraussetzung des „zufälligen Untergangs“ oder der „zufälligen Verschlechterung“ der Kaufsache fehlt, vgl. dazu *Larenz,* SchR II/1, § 42 II c; *Georgiades/Stathopoulos/Verveniotis,* Kommentar zum gr. ZGB, Art. 524, Rn. 18.

III. Zusammenfassung

Maßgeblicher Zeitpunkt für die Beurteilung der Mangelhaftigkeit der Kaufsache in den hier behandelten Rechtsordnungen ist der Moment des Gefahrübergangs auf den Käufer. Der Gefahrübergang bezieht sich auf die Preisgefahr, d. h. auf das Risiko des Gläubigers, die Gegenleistung aufbringen bzw. den Kaufpreis bezahlen zu müssen, obwohl er den Leistungsgegenstand nicht bekommt.

Die Gefahrtragungsregeln im UN-Kaufrecht stellen auf die Sachherrschaft ab. Sie knüpfen an den Übergang der Sache aus dem Herrschaftsbereich des Verkäufers in den des Käufers an.

Dementsprechend wird der Gefahrübergang auf den Käufer von den Hauptpflichten des Verkäufers, dem Eigentumsübergang und der Lieferung der Kaufsache, unabhängig geregelt: Ab dem Zeitpunkt der Übergabe der Kaufsache an den Käufer selbst oder an den vom Verkäufer unabhängigen Beförderer geht die Gefahr ihres zufälligen Untergangs oder ihrer zufälligen Beschädigung auf den Käufer über.

Das sieht Art. 36 Abs. 1 CISG vor, nach dem der Verkäufer ab dem Zeitpunkt der Sachübergabe für Mängel haftet, die erst nach dem Kaufabschluss, aber bis zur Übergabe entstanden sind, sowie auch für versteckte Fehler, die im Zeitpunkt der Sachübergabe bzw. des Gefahrübergangs schon vorhanden waren, aber erst später in Erscheinung treten.

Der Verkäufer haftet auch gem. Art. 36 Abs. 2 CISG für Mängel, die erst nach der Sachübergabe auf den Käufer offenkundig werden, ihre Eintrittsursache aber in der Verletzung einer Pflicht des Verkäufers aus dem Kaufvertrag oder aus einer Garantie liegt, welche er mit seinem Vertragspartner vereinbart oder einseitig zugesichert hat.

Beim Platzkauf geht also die Gefahr nach der Vorschrift des Art. 69 Abs. 1, 1 Alt. CISG mit dem gegenseitigen Akt der Übergabe der Ware an den Käufer über. In diesen Fällen setzt nämlich der Gefahrübergang auf den Käufer die Übernahme der Sache durch ihn bzw. eigene Leute oder einen Beauftragten des Käufers voraus.

Übernahme der Sache bedeutet die körperliche Annahme, setzt also einen Wechsel der tatsächlichen Sachherrschaft voraus.

Im Fall der nicht rechtzeitigen Abnahme durch den Käufer tritt der Gefahrübergang hingegen nach der Vorschrift des Art. 69 Abs. 1, 2. Alt. CISG ein, wenn der Verkäufer ihm die Ware an seiner Niederlassung zur Verfügung stellt.

Abweichend von Art. 69 Abs. 1, 1 Alt. CISG knüpft das UN-Kaufrecht in den Fällen des sog. Fernkaufs nach Art. 69 Abs. 2 CISG den Gefahrübergang nicht an den gegenseitigen Akt der Übernahme der Kaufsache, sondern an den einseitigen Akt ihres Zurverfügungsstellens, wenn der Lieferort ein anderer Ort als der Sitz des Verkäufers ist, und sobald die Lieferung fällig ist und der Käufer Kenntnis davon hat, dass ihm die Ware an diesem Ort zur Verfügung zugeordnet ist.
Zusätzlich ist für den Gefahrübergang auf den Käufer beim Verkauf eingelagerter Waren nach Art. 69 Abs. 2 CISG, wie in den Fällen des Art. 69 Abs. 1, 2 Alt. CISG, auch die Individualisierung der Ware erforderlich. Nach der Vorschrift des Art. 69 Abs. 3 CISG gilt also die Ware erst dann als dem Käufer zur Verfügung gestellt, wenn sie i. S. d. Art. 69 Abs. 3 CISG konkretisiert worden ist und der Verkäufer hiervon den Käufer unterrichtet hat.
Beim Versendungskauf geht die Gefahr nach der Vorschrift des Art. 67 Abs. 1 S. 1 CISG mit der Übergabe der Sache an den ersten Beförderer auf den Käufer über, wenn die Ware nach dem Kaufvertrag befördert werden soll, und der Verkäufer nicht verpflichtet ist, sie an einem bestimmten Ort zu übergeben.
Der Verkäufer hat hier die Gefahr zu tragen, solange er von ihm kontrollierte Personen und Transportmittel einsetzt. In Zustimmung mit der h. M. muss der Beförderer daher immer eine vom Verkäufer unabhängige oder selbständige Person sein.
Der Verkäufer kann aber im Fall, in welchem er nach Art. 67 Abs. 1 S. 2 CISG verpflichtet ist, die Ware dem Beförderer an einem bestimmten Ort zu übergeben, den ersten Teiltransport durch eigene Leute durchführen lassen. Denn entscheidend für den Gefahrübergang ist hier nur die Übergabe der Ware dem Beförderer an einem bestimmten Ort für die Versendung an den Käufer.
Die Gefahr geht jedoch nach Art. 67 Abs. 2 CISG erst auf den Käufer über, wenn die Ware eindeutig dem Vertrag zugeordnet ist. Eine Rückwirkung der Gefahrtragung des Käufers auf den Zeitpunkt der Warenverladung im Fall der nachträglichen Individualisierung der Kaufsache ist abzulehnen. Die Gefahr geht dabei auf den Käufer mit der Absendung der Versandanzeige an den Käufer über.
Zum Schluss wird der Kauf von reisenden Waren durch Art. 68 CISG geregelt. Der Käufer hat hier rückwirkend und zwar im Moment der Übergabe der Ware an den Beförderer, der die Dokumente über den Beförderungsvertrag ausgestellt hat, die Gefahr zu tragen, wenn er eine Versicherung für die reisende Ware abschließt. Sonst geht die Gefahr auf den Käufer im Zeitpunkt des Vertragsabschlusses über. Der rückwirkende Gefahrübergang

ist aber generell ausgeschlossen, wenn der Verkäufer beim Vertragsabschluss vom Untergang oder der Beschädigung der Kaufsache wusste oder hätte wissen müssen.
Im deutschen und griechischen Recht wird der Gefahrbegriff auch völlig vom Eigentum bzw. von der Eigentumsübertragung gelöst und aus den schuldrechtlichen Beziehungen zwischen Verkäufer und Käufer entwickelt. Beim Platzkauf nach § 446 BGB bzw. Art. 522 gr. ZGB als Hauptfall wird dem Traditionsprinzip gefolgt, das sich durch dogmatische, pragmatische und ökonomische Aspekte begründen lässt und streitvermeidend wirkt. Beim Distanzkauf bzw. Verwendungskauf nach § 447 BGB bzw. Art. 524 gr. ZGB als Ausnahmefall im Rahmen des nationalen Rechts findet die Gefahrtragungsregelung aber ihre Begründung in der Natur dieses Kaufes bzw. in der Risikoverteilung zwischen den Parteien entsprechend ihrer vertraglichen Vereinbarung.
Es besteht daher ein Unterschied hinsichtlich der Gefahrtragung beim Distanzkauf zwischen der internationalen Rechtsordnung, die mit der Theorie der Herrschaftsbereiche der Parteien begründet wird, und den beiden nationalen Rechtsordnungen:
In den beiden nationalen Rechten wird der Verkäufer sogar noch beim Selbsttransport vom Risiko zufälliger Transportunfälle entlastet, während im UN-Kaufrecht der „Beförderer", der den Transport durchzuführen hat, nur mit einem Dritten bzw. einem unabhängigen oder selbständigen Beförderer gleichzusetzen ist, damit der Verkäufer ab dem Zeitpunkt der Übergabe der Ware an den letzteren von der Gefahrtragung befreit wird.

§ 4. Zusätzliche Haftungsvoraussetzungen bei Vertragswidrigkeit der Ware

I. Die Art. 38, 39 40 und 44 CISG und ihr Kompromisscharakter

1. Allgemeine Betrachtung

Außer der generellen Verpflichtung des Verkäufers, Ware nach Maßgabe des Vertrags zu liefern (vgl. Art. 30, 35 CISG), belastet das Übereinkommen den Käufer gegenüber seinem Vertragspartner mit einer Untersuchungs- bzw. einer an diese anknüpfenden Rügeobliegenheit (vgl. Art. 38, 39 CISG).
Folge der Unterlassung dieser Pflicht ist ein umfassender Rechtsverlust, der jedoch durch zwei Bestimmungen durchbrochen wird:
Erstens kann sich der Verkäufer nicht auf das Unterlassen der Mängelrüge stützen, wenn die Vertragswidrigkeit auf Tatsachen beruht, die er – obwohl er sie kannte oder über sie nicht in Unkenntnis sein konnte – dem Käufer nicht offengelegt hat (vgl. Art. 40 CISG).
Hier erscheint der Käufer schutzwürdiger als der arglistig handelnde Verkäufer. Der Gesetzgeber schreibt also in Art. 40 CISG i. V. m. Art. 7 Abs. 1 CISG ausdrücklich vor, dass der Verkäufer sich nicht auf ein Verhalten des Käufers berufen kann, wenn ihn selber ein größerer Vorwurf trifft[357].
Zweitens sieht Art. 44 CISG eine besondere Exkulpationsmöglichkeit für den Fall vor, dass der Käufer für das Unterlassen der Mängelrüge eine vernünftige Entschuldigung hat. In diesen Fällen ist er trotz der Verletzung seiner Verpflichtung zur Mängelrüge aufgrund der Pflichtverletzung seitens des Verkäufers, der keine vertragsgemäße Ware geliefert hat, noch berechtigt, den vereinbarten Kaufpreis nach Art. 50 CISG herabzusetzen oder (abgesehen vom entgangenen Gewinn) Schadensersatz zu verlangen.
Durch die Entstehungsgeschichte dieser Vorschriften lässt sich leicht feststellen, dass die Artikel 38, 39, 40 und 44 CISG das Ergebnis eines Kompromisses zwischen den Industrie- und Entwicklungsstaaten, die an der Vorbereitung und an den Tagungen der Konferenz teilgenommen haben, darstellen[358].

---

[357] Vgl. die Entscheidung des OLG Köln, 22. Zivilsenat, 21.05.1996 – 22 U4/96, CISG-Online Case 254.
[358] Vgl. *v. Caemmerer/Schlechtriem/Huber*, Art. 44, Rn. 4 ff. (Vorgeschichte).

Auf der einen Seite verlangten die Industriestaaten für den internationalen Handel ein schnelles und zweckmäßiges Agieren und eine baldige Klarstellung der Rechtssituation[359]. Auf der anderen Seite wünschten sich die Entwicklungsländer längere Fristen, da ihnen für eine sofortige Prüfung der Mangelfreiheit der Ware die Sachverständigen fehlen[360].
Dieser Kompromiss erklärt die Verwendung vieler unbestimmter Gesetzebegriffe bei der Formulierung der betreffenden Artikel, deren Bestimmung von den Umständen des Einzelfalls abhängt. Das hat verständlicherweise zu einer Reihe von Unsicherheiten geführt, obwohl diese Vorschriften nach allgemeiner Ansicht insgesamt als käuferfreundlicher als die Rügevorschriften des Haager Kaufgesetzes gelten[361].

2. Untersuchungsobliegenheit des Käufers als Vorbereitung seiner Rügeobliegenheit – eine Regelung im Interesse des Verkehrsschutzes und der Rechtsklarheit

Nach der Grundregel des Art. 38 Abs. 1 CISG hat der Käufer ab dem Moment der Aushändigung der Ware und innerhalb einer so kurzen Frist, wie es die Umstände erlauben, sie zu untersuchen oder untersuchen zu lassen.
Beim Versendungskauf oder beim Kauf reisender Ware[362], wo der Vertrag eine Beförderung der Ware erfordert, kann eine solche Untersuchung deshalb bis nach dem Eintreffen der Ware am Bestimmungsort aufgeschoben werden, so dass der Käufer selbst oder sein Vertreter, imstande sein können, die gelieferte Ware zu untersuchen (vgl. Art. 38 Abs. 2 CISG).
Auch in den speziellen Fällen der Umleitung oder der Weiterversendung der Ware, in denen oft der Käufer in der Zwischenzeit keine ausreichende Gelegenheit hatte, die Ware zu untersuchen, kann sich der Beginn der Untersuchungsfrist auch bis nach dem Eintreffen der Ware am neuen Bestimmungsort verschieben (vgl. die Sonderregel des Art. 38 Abs. 3 CISG).
Mit erfolgter Lieferung ist der Käufer also aufgerufen, nunmehr vor Wahrnehmung seiner Rechte aktiv zu werden; andernfalls kann der Verkäufer nicht für die vertragswidrige Lieferung zur Verantwortung gezogen werden.

---

[359] Vgl. Off. Rec. 321 ff., Nr. 43, 44, 45, 52, 53, 55, 58, 60, 61, 62, 66, 68.
[360] Vgl. Off. Rec. 321 f. Nr. 42, 46, 47, 48, 50, 51, 59; dazu auch *Reishofer,* in *Doralt,* Das UNCITRAL-Kaufrecht, S. 134.
[361] Vgl. *Schlechtriem/Schwenzer*, Art. 38, Rn. 2.
[362] Vgl. *Schlechtriem/Schwenzer*, Art. 38, Rn. 21; *MünchKomm/Gruber*, Art. 38, Rn. 41.

Es handelt sich dabei aber um keine Pflicht, sondern um eine „Obliegenheit“ des Käufers, die ihr Vorbild in der Vorschrift des § 377 des deutschen HGB beim Handelskauf findet[363]. Der Käufer hat nämlich die Untersuchungs- und danach die Anzeigepflicht gegen sich selbst und nicht gegenüber seinem Vertragspartner, der keine Möglichkeit hat, die Erfüllung dieser Verpflichtung durchzusetzen[364].

Mit der Erfüllung der Untersuchungs- und Rügepflicht durch den Käufer werden vor allem zweierlei Zwecke erreicht; erstens bekommt der Verkäufer möglichst schnell Gewissheit[365], welche Verpflichtungen er entsprechend dem Rechtsbehelf, den sein Vertragspartner wegen der Vertragswidrigkeit ausübt, zu erfüllen hat, und zweitens erhält er möglichst schnell Klarheit über die ordnungsgemäße Abwicklung des Vertragsverhältnisses, um etwa drohende Schäden noch rechtzeitig abwenden und Beweise sichern zu können[366]. Dann wird der Käufer daran gehindert, unter dem Vorwand eines Mangels der Ware auf Kosten des Verkäufers zu spekulieren[367].

Bei der Untersuchungs- und Rügeobliegenheit des Käufers nach Art. 38, 39 CISG handelt es sich also um eine Regelung im Interesse des Verkehrsschutzes und der Rechtsklarheit.

Wie bereits gesagt, ist die Sanktion bei Verletzung der Untersuchungsobliegenheit der Verlust der Rechte des Käufers wegen der Vertragswidrigkeit der Ware[368]. Zeigt der Käufer eine vorhandene Vertragswidrigkeit ohne vorherige angemessene Untersuchung ordnungsgemäß an, führt allerdings dies nicht zum Verlust der Rechtsbehelfe. Die unzureichende Untersuchung bleibt dann ohne Folgen[369].

Dies zeigt, dass das Statuieren der Untersuchung als Rechtswahrungsobliegenheit des Käufers, der ihr binnen kurzer Frist nachkommen muss, nur der Vorbereitung seiner Anzeigepflicht gem. Art. 39 CISG dient; die Untersu-

---

[363] Vgl. *MünchKomm/Gruber*, Art. 38, Rn. 5.

[364] Vgl. *Hutter*, S. 70; bezüglich des deutschen Rechts vgl. *Canaris,* Handelsrecht, S. 423-424.

[365] Vgl. LG München, IPRax 1990, S. 316; BGH NJW-RR 1997, S. 690, 691 = LM Nr. 3a = CISG-Online Case 260; OLG Oldenburg, IHR 2001, S. 112, 113 = RIW 2001, S. 381 = DB 2001, S. 1088 = CISG-Online Case 618, OLG Köln, VersR 1998, S. 1513, 1515; *Heuzé,* Art. 38, Anm. 305; *Bianca/Bonell/Bianca*, Art.39, Anm. 2.3.

[366] Vgl. OLG Köln, 18. Zivilsenat, 21.08.1997 – 18 U 121/96, CISG-Online Case 290; *Schlechtriem/Schwenzer*, Art. 38, Rn. 3; *Honsell/Magnus*, Art. 38 Rn. 13, 4.

[367] Vgl. *Canaris,* Handelsrecht, S. 423 f.; BGHZ 66, 208, 213; BGH NJW 1975, 2011; zum EKG, BGH, NJW 1982, 2730, 2731; OLG Bamberg, RIW 1979, 566, 5677; OLG Köln, MDR 1980, 1023; zum UN-Kaufrecht, OLG Koblenz, RIW 1991, S. 592.

[368] Vgl. auch dazu OLG Düsseldorf, IPRax 1993, S. 412 = NJW-RR 1993, S. 999 = RIW 1993, S. 325 = CISG-Online Case 76.

[369] Vgl. *Herber/Czerwenka,* Art. 38, Rn. 2; *Staudinger/Magnus,* Art. 38, Rn. 12.

chung der Ware ist keine rechtliche Voraussetzung für die Rüge[370]. Die Rügefrist beginnt auch dann zu laufen, wenn der Käufer Kenntnis von der Mangelhaftigkeit der Ware erlangt hat, obwohl er diese noch nicht untersucht hat[371].
Wenn der Verkäufer den Käufer an der Erfüllung der Untersuchungspflicht hindert oder diese nicht zulässt, beginnt die Untersuchungsfrist aber nicht zu laufen, da der Verkäufer damit eine Nebenpflichtverletzung gegen das Übereinkommen begeht; der Käufer kann dann die Zahlung des Kaufpreises nach Art. 58 Abs. 3 CISG verweigern[372].
Der Verkäufer hat sogar im Rahmen eines ordnungsgemäßen Vertragsverhältnisses mit dem Käufer die Gelegenheit zur Untersuchung der Ware seinem Vertragspartner zu bieten[373]; die Kosten der Untersuchung hat aber der Käufer zu tragen[374].

a. Art und Weise der Untersuchung

Anders als in Art. 38 EKG[375] wird in Art. 38 CISG über die Art und Weise der Untersuchungsverpflichtung des Käufers nichts gesagt.
Im Gegensatz zu Art. 38 Abs. 4 EKG, der auf die lokalen Bräuche des Untersuchungsorts abstellt, und diesem Abstellen kommt per se normative Wirkung zu[376], werden in Art. 38 CISG das Recht oder die Bräuche des Untersuchungsorts im Zweifel nicht mehr für maßgeblich erklärt. Denn wenn eine entsprechende Vereinbarung bezüglich der Art und Weise der

---

370 Vgl. *MünchKomm/Gruber*, Art. 38, Rn. 3, wo es um eine dienende Funktion der Untersuchungsobliegenheit zur Rüge.

371 Vgl. dazu unten, § 4 I 3 b i

372 Vgl. *Schlechtriem/Schwenzer*, Art. 38, Rn. 3.

373 Vgl. *Herber/Czerwenka*, Art. 58, Rn. 8.

374 Vgl. *Enderlein/Maskow/Strohbach*, Internationales Kaufrecht, Art. 58, Anm. 9; *Schlechtriem/Schwenzer*, Art. 38, Rn. 27.

375 Artikel 38 EKG: „(1) Der Käufer hat die Sache innerhalb kurzer Frist zu untersuchen oder untersuchen zu lassen. (2) Im Fall einer Beförderung der Sache hat sie der Käufer am Bestimmungsort zu untersuchen. (3) Wird die Sache durch den Käufer ohne Umladung weiterversendet und hat der Verkäufer bei Vertragsabschluß die Möglichkeit einer Weiterversendung gekannt oder hätte er sie kennen müssen, so kann die Untersuchung der Sache bis zu ihrem Eintreffen an ihrem neuen Bestimmungsort aufgeschoben werden. (4) Die Form der Untersuchung bestimmt sich nach der Vereinbarung der Parteien oder in Ermangelung einer Vereinbarung nach dem Recht oder den Gebräuchen des Ortes, an dem die Untersuchung vorzukommen ist.“

376 Vgl. *Huber*, RabelsZ 43 (1979) S. 482; LG Duisburg, RIW 1977, S. 424; LG Stade 30.06.1983 in *Schlechtriem/Magnus*, Internationale Rechtsprechung zu EKG und EAG, Art. 38 EKG Nr. 8a; *v. Caemmerer/Schlechtriem/Stumpf*, Art. 38, Rn. 1.

Untersuchung zwischen den Parteien fehlt, ist die Untersuchung nach Art. 8 CISG und besonders nach Art. 9 CISG zwar in der Regel, aber nicht unbedingt, nach den lokalen Bräuchen des Untersuchungsorts, vorzunehmen[377]. Damit wird also die Abneigung der Verfasser des Übereinkommens gegen das Abstellen auf Bräuche klar[378].

Nach dem Wortlaut der Vorschrift des Art. 38 Abs. 1 CISG hat der Käufer die Sache nach ihrer Ablieferung zu untersuchen, oder sie von einem anderen untersuchen zu lassen. Wer letztendlich die Untersuchung für den Käufer macht, ist irrelevant[379]; es kann der Angestellte oder der Vertreter des Käufers, sein Abkäufer oder eine unabhängige Kontrollorganisation sein[380].

Für die Ermittlung weiterer Kriterien für die Durchführung der Untersuchung ist nur entscheidend, ob der Käufer bei der Untersuchung der Ware den Mangel mit einem seiner Person entsprechenden Sorgfaltsmaßstab feststellt[381], so dass er danach imstande ist, dem Verkäufer die entdeckte Vertragswidrigkeit deutlich zu beschreiben[382].

Denn der Käufer hat die Untersuchung der gelieferten Kaufsache nicht nur nach allgemeinen Lebenserfahrungen, sondern auch nach branchenspezifischen sowie nach seinen eigenen Sonderkenntnissen durchzuführen. Bei entsprechender Sachkunde hat der Käufer sogar eine fachmännische, gründliche Untersuchung vorzunehmen[383].

Dies gilt um so mehr, wenn er bereits durch Mängel bei vorangegangenen Lieferungen vorgewarnt ist[384]. Denn in den Fällen, in denen die Gefahr erhöhter Mangel- oder Mangelfolgeschäden gegeben ist, soll die Untersuchung gründlicher als im Normalfall durchgeführt werden.

---

[377] Vgl. *Schlechtriem/Schwenzer*, Art. 38, Rn. 12; *Enderlein/Maskow/Strohbach*, Internationales Kaufrecht, Art. 38, Anm. 1; *Staudinger/Magnus*, Art. 38, Rn. 19.

[378] Vgl. *Huber*, RabelsZ 43 (1979) S. 482; *v. Caemmerer/Schlechtriem/Stumpf*, Art. 38, Rn. 1; *Schlechtriem/Schwenzer*, Art. 38, Rn. 12; *Staudinger/Magnus*, Art. 38, Rn. 19; *Herber/Czerwenka*, Art. 38, Rn. 3.

[379] Vgl. *Bianca/Bonell/Bianca*, Art. 38, Anm. 2. 2.

[380] Vgl. *Bianca/Bonell/Bianca*, Art. 38, Anm. 2. 2.

[381] Vgl. Off. Rec. 347, Nr. 34 (Adal/Türkei); *v. Caemmerer/Schlechtriem/Stumpf*, Art. 35, Rn. 32; *Welser* in *Doralt*, Das UNCITRAL-Kaufrecht, S. 112; *Bianca/Bonell/Sono*, Art. 39, Anm. 2.

[382] Vgl. *Schlechtriem/Schwenzer*, Art. 38, Rn. 13; *Staudinger/Magnus*, Art. 38, Rn. 28; *Herber/Czerwenka*, Art. 38, Rn. 5; *Heuzé*, Art. 38, Anm. 301; *Heilmann*, Mängelgewährleistung, S. 291; *Neumayer/Ming*, Art. 38, Rn. 2.

[383] Vgl. OLG München, Urt. v. 11.03.1998, 7 U 4427/97, CISG-Online Case 310 m. Anm. *Schlechtriem*, EwiR 1998, S. 549 f.

[384] Vgl. LG Stuttgart, RIW 1989, S. 984; m. Anm. *Asam* RIW 1989, S. 942; m. Anm. *Reinhart*, IPRax 1990, S. 289 ff.

Bei der fachmännischen Sorgfalt, mit der der Käufer die Ware untersuchen soll, ist aber zu beachten, dass die Anforderungen an den Käufer nicht überspannt werden dürfen[385].
Ganz entscheidend hängt die Art der Untersuchung auch von der gelieferten Ware ab. Die Art, die Menge und die Verpackung der Kaufsache und generell die besonderen Umstände des Einzelfalls sind wichtige Faktoren, die den Umfang und der Intensität der Untersuchung gestalten, wenn eine diesbezügliche Vereinbarung der Parteien fehlt.
Wenn also der Käufer in die Substanz der gelieferten Ware eingreifen muss, ist seine Untersuchungspflicht schon erfüllt, wenn er sie durch Besehen, Messen, Riechen u.s.w. kontrolliert[386].
Bei der Lieferung größerer Mengen muss der Käufer aber nicht die gesamte Ware untersuchen, sondern kann sich auf repräsentative Stichproben beschränken[387].
Ähnliches gilt, wenn es sich um originalverpackte Waren handelt, die durch Öffnen ihrer Verpackung unverkäuflich werden[388]. Bei oberflächlicher Untersuchung solcher Waren, ist aber ihre gründliche Untersuchung durch Stichproben unerlässlich, wenn inzwischen ihr mangelhafter Zustand offensichtlich ist[389].
Waren, die zur Weiterverarbeitung bestimmt sind, sind probeweise zu verarbeiten[390], während bei komplizierten technischen Gütern, wie Maschinen, Apparaten oder Fahrzeugen, bei denen sich der Käufer nicht mit einem einfachen Beschauen begnügen darf, ist vor allem ihre Funktionstüchtigkeit zu prüfen[391].

---

[385] Vgl. *Herber/Czerwenka,* Art. 38, Rn. 5; vgl. auch die Entscheidung vom LG Stuttgart v. 31.08.1989 - 3 KfH 097/89, CISG-Online Case 11, UNILEX, E. 1989-5 (16); LG Paderborn, Urt. v. 25.06.1996, 7 O 147/94, CISG-Online Case 262, wo der Käufer seine Untersuchungsobliegenheit nicht verletzt, als er es unterlässt, eine chemische Analyse des Titandioxydgehalts vom gekauften PVC vorzunehmen, die aber nach seinen Fachkenntnissen nicht gerechtfertigt war; LG Trier, NJW-RR 1996, S. 564.

[386] Vgl. die Entscheidung von Pretura di Locarno-Campagna v. 27.April 1992 - 6252, CISG-Online Case 68, UNILEX, E. 1992-10-04 (S. 134 f.)

[387] Vgl. *Heilmann,* Mängelgewährleistung, S. 292 ff.; *Bianca/Bonell/Bianca,* Art. 38, Anm. 2.3.; OLG Saarbrücken, Urt. v. 13.01.1993, 1 U 69/92, CISG-Online Case 83.

[388] Vgl. OLG Köln, OLGR Köln 2001, S. 55 = CISG-Online Case 657; OG Luzern UNILEX, E. 1997-2 = CISG-Online Case 228.

[389] Zum EKG vgl. OLG Hamburg, RIW 1982, S. 435.

[390] Vgl. OLG Karlsruhe, Urt. v. 25.06.1997, 1 U 280/96, CISG-Online Case 263 m. Anm. *Schlechtriem,* EwiR 1997, S. 785 f.

[391] Vgl. die Entscheidung vom Handelsgericht Zürich vom 26.04.1995 - HG 9200670, CISG-Online Case 248, UNILEX, E. 1995-15.1 (470); dazu auch *Enderlein/Maskow/Strohbach,* Internationales Kaufrecht, Art. 38, Anm. 1.

Besonderheiten gelten auch bei verderblichen Waren. Dabei ist eine rasche einfache Untersuchung bzw. eine darauffolgende Rüge seitens des Käufers erforderlich[392].

b. Untersuchungs- und Rügeobliegenheit des Käufers bei der aliud-Lieferung

Ausgehend vom Wortlaut des Art. 35 CISG, nach dem die aliud-, die Zuwenig- und die Zuviel-Lieferung als vertragswidrige Lieferungen anzusehen sind, bestehen die deutschen Autoren auch noch bei krasser Art- oder Mengenabweichung überwiegend auf einer Untersuchungs- und Meldepflicht des Käufers[393].

In den Fällen der „absoluten" bzw. krassen aliud-Lieferung werten *Karollus* und *Binder*[394] es sogar als Fortschritt, dass die praktisch kaum durchführbaren und eine Domäne des Richterrechts darstellenden Unterscheidungen des § 378 HGB a. F. zwischen dem „einfachen" und dem „absoluten" bzw. „nichtgenehmigungsfähigen" aliud hinsichtlich der Untersuchungs- und Rügeobliegenheit des Käufers entfallen.

Ein Teil der Literatur vertritt hingegen die entgegengesetzte Meinung: *Bianca*[395] verneint eine Rügepflicht des Käufers bei der absoluten aliud-Lieferung mit dem Hinweis auf den Sekretariatsbericht zu Art. 31 CISG, wo es auf die Frage, „welche Ware geliefert werden muss", steht, dass die Lieferung einer anderen Ware, die zu einer ganz anderen Gattung gehört, nicht als Erfüllung der Hauptpflicht des Verkäufers zur Lieferung der Kaufsache anzusehen ist[396].

---

[392] Vgl. *Schlechtriem/Schwenzer*, Art. 38, Rn. 14.

[393] Vgl. *Lüderitz in Schlechtriem*, Einheitliche Kaufrecht u. nat. OR., S. 179, (185); *Huber*, RabelsZ 43 (1979) S. 483; *Schlechtriem*, Einheitliches UN-Kaufrecht (1981), S. 56, 57, 59; *Recknagel*, Die Trennung von Zivil- und Handelsrecht, S. 102; *Huber*, Die Haftung des Verkäufers, S. 11; *Herber/Czerwenka*, Art. 38, Rn. 6; *Piltz*, Internationales Kaufrecht, § 5, Rn. 47; *Reinhart,* UN-Kaufrecht, Art. 38, 39, Rn. 2; *Schlechtriem/Schwenzer*, Art. 38, Rn. 17; *Gerny,* Untersuchungs- und Rügepflichten beim Kauf, S. 183; *Staudinger/Magnus,* Art. 38, Rn. 11; *Honsell/Magnus*, Art. 38, Rn. 7; *Neumayer/Ming,* Art. 38, Rn. 1; dazu auch OLG Rostock, IHR 2003, S. 19 = CISG-Online Case 672.

[394] Vgl. *Karollus,* UN-Kaufrecht, S. 105, 106 und 125; dazu auch *Binder* in *Doralt,* Das UNCITRAL-Kaufrecht, S.146.

[395] Vgl. *Bianca/Bonell/Bianca,* Art.35, Anm. 2.4.

[396] Vgl. Sekretariatskommentar, Art. 29, Anm. 3, Off. Rec., S. 29: „... if the contract calls for delivery of corn, the seller has not delivered if he provides potatoes".

Auch aufgrund des für den Käufer untragbaren Ergebnisses des Rechtsverlusts wegen der Unterlassung der Untersuchungs- und Rügeobliegenheit versteht *Bydlinsky*[397] die absolute aliud-Lieferung als Nichtlieferung im Rahmen des Übereinkommens. Nach ihm wäre es absurd, wenn jede beliebige Lieferung eine solche Obliegenheit auslöst.

Dem zustimmend verweist *Koppensteiner*[398] auf die Art. 40 und 79 Abs. 2 CISG und kommt aus der sehr weitgehenden Zurechnung der Kenntnis von Hilfspersonen gegenüber dem Geschäftsherrn zu der Schlussfolgerung, dass die Haftung des Verkäufers durch die Hilfspersonen den Ausschluss der Rügeobliegenheit ungerechtfertigt stark erweitern würde, wenn die Lieferung eines krassen aliud als eine vertragswidrige Lieferung angesehen und die Vorschrift des Art. 40 CISG anwendbar wäre. Denn dabei wäre die Gehilfenkenntnis oder das Gehilfenkennenmüssen dem Geschäftsherrn gem. Art. 79 Abs. 2 CISG zuzurechnen und dadurch die Verpflichtung des Käufers zu Rügeobliegenheit auszuschließen. Der Käufer sollte aber in den wenigen Fällen der krassen aliud-Lieferungen unabhängig von der Bösgläubigkeit des Verkäufers oder seiner Hilfspersonen keine Untersuchungs- bzw. Rügeobliegenheit haben, wegen deren Unterlassung er dem Risiko ausgesetzt wäre, seine Rechte zu verlieren.

Diese Argumente sind teilweise überzeugend.

Einerseits ist es zuzustimmen, dass die Stelle des Käufers im Fall der absoluten Falschlieferung, die meistens auf ein Versehen des Verkäufers zurückzuführen ist, wegen der großen Distanzen besonders schwierig ist, wenn er unter dem Druck einer kurzen Frist seine Untersuchungs- und Rügepflichten erfüllen muss, während er nur die Exkulpationsmöglichkeiten nach Art. 40 und 44 CISG hat. Hier scheinen sich dann die Befürchtungen von *Bydlinski* für eine untragbare Belastung des Käufers, zu verwirklichen. Die Interessenabwägung zwischen Käufer und Verkäufer, der die Rügevorschriften des UN-Kaufrechts eigentlich dienen sollten, wird nicht erreicht. Denn es geht offenbar nicht mehr um eine sachgerechte Risikoverteilung zwischen den Vertragsparteien, wenn der Käufer in Versäumnis seiner Untersuchungs- und Rügepflicht die Beweislast für die Arglist des Verkäufers oder seiner Hilfsperson bzw. für das Vorhandensein einer tauglichen Entschuldigung trägt, um seine Rechtsbehelfe behalten zu können, während der Verkäufer bei der Lieferung einer absolut falschen Ware ebenfalls (u. U. sogar grob) fahrlässig gehandelt hat.

Andererseits ist aber die Ansicht nicht anzunehmen, dass die Lieferung eines krassen aliud nicht als Lieferung einer vertragswidrigen Ware anzuse-

---

[397] Vgl. *Bydlinski* in *Doralt,* Das UNCITRAL-Kaufrecht, S. 147.

[398] Vgl. *Koppensteiner* in *Doralt,* Das UNCITRAL-Kaufrecht, S. 137, 138.

hen ist. Gegen diese Lösung spricht die bloße Wortlautinterpretation des Art. 35 CISG sowie der Art. 38 und 39 CISG, aus den sich keine ausdrückliche Differenzierung zwischen vertragswidriger Lieferung und absoluter aliud-Lieferung ergibt[399].

Daher ist das Verneinen einer Untersuchungs- und Rügeobliegenheit des Käufers bei der krassen aliud-Lieferung, so dass dabei das Risiko zwischen den Parteien schließlich sachgerecht verteilt werden kann, mit einer anderen Vorschrift des UN-Kaufrechts zu begründen[400].

Dies ist die Vorschrift des Art. 32 Abs. 1 CISG, wonach der Verkäufer die Versendung dem Käufer anzuzeigen und die Ware im Einzelnen zu bezeichnen hat, falls die Ware durch die Beförderungsdokumente oder auf andere Weise dem Vertrag nicht deutlich zugeordnet ist.

Damit besteht beim Vesendungskauf eine besondere Pflicht des Verkäufers zur Individualisierung der Ware vor der Lieferung, wegen deren Verletzung er sich nach dem Grundsatz des guten Glaubens nicht auf die Verletzung der Untersuchungs- und Rügeobliegenheit durch den Käufer berufen kann, wenn er eine ganz andere Ware als die vereinbarte geliefert hat. Denn dabei ist nicht gerecht, dass der Käufer wegen der Unterlassung seiner Untersuchungs- und Rügeobliegenheit dem Risiko des Verlusts seiner Rechtsbehelfe aus der Vertragswidrigkeit der gelieferten Ware ausgesetzt ist, während der Verkäufer schon seine Pflicht zur Individualisierung der Ware verletzt hat[401].

Wegen der Verletzung dieser Pflicht seitens des Verkäufers bei der Lieferung einer ganz anderen Ware ist zwar denkbar, dass der Käufer, der inzwischen seine Untersuchungs- und Rügeobliegenheit unterlassen hat, mindestens eine vernünftige Entschuldigung i. S. d. Art. 44 CISG haben müsste[402], und dass daher der Schutz des Käufers dabei mit Art. 44 CISG sichergestellt werden kann[403].

Es ist aber schwer anzunehmen, dass der Käufer nur die Rechte auf Preisminderung oder Schadensersatz außer für entgangenen Gewinn behalten kann, während der Verkäufer aufgrund der Verletzung seiner Individualisierungspflicht für die Lieferung des krassen aliud verantwortlich ist.

Deshalb darf der Käufer beim Vesendungskauf, dem Hauptfall im Rahmen des internationalen Kaufs, mit keinem Rechtsverlust aufgrund der Unterlas-

---

[399] Vgl. dazu oben, § 2.I.1.b.
[400] Vgl. *Resch*, ÖJZ 1992, S. 470 ff.
[401] Vgl. *Resch*, ÖJZ 1992, S. 470, 472.
[402] Vgl. *MünchKomm/Gruber*, Art. 35, Rn. 5.
[403] Vgl. *MünchKomm/Gruber*, a. a. O.

sung seiner Untersuchungs- und Rügeobliegenheit im Fall der krassen aliud-Lieferung belastet werden.

Ursache für die vertragswidrige Lieferung – die Lieferung eines krassen aliud – ist die Verletzung der Individualisierungspflicht des Verkäufers, von der er kein Recht gegen den Käufer ableiten darf (vgl. Art. 80 CISG).

Die Individualisierungspflicht des Verkäufers nach Art. 32 Abs. 1 CISG wird man aber nicht nur beim Versendungskauf annehmen dürfen. Nach dem Grundsatz des guten Glaubens im Bereich des internationalen Handels hat der Verkäufer die Ware generell vor der Lieferung im Einzelnen zu bezeichnen, so dass er eine erfolglose Lieferung bzw. die Lieferung eines „krassen" aliud vermeiden kann. Denn der Verkäufer erfüllt durch eine zumindest oberflächliche Untersuchung seinerseits, die leicht und schnell durchführbar ist und die im Rahmen des internationalen Handels erwartet wird, seine Pflicht zur Individualisierung der Ware[404] und damit seine Hauptpflicht zur Lieferung einer Ware, die zur bestellten Gattung gehört[405]. Folglich ist im Fall der Lieferung eines krassen aliud die Rede nicht von der Erfüllung der Untersuchungs- und Rügeverpflichtung des Käufers, sondern davon, ob der Verkäufer seine Pflicht, gem. Art. 32 Abs. 1 CISG die Ware im Einzelnen zu bezeichnen, erfüllt hat. Wenn letzterer diese Pflicht erfüllt hat, kann er keinen krassen aliud liefern. Die Frage, ob der Käufer eine Obliegenheit zur Untersuchung und Mängelrüge auch bei der krassen aliud-Lieferung hat, spielt daher keine Rolle für das weitere Bestehen der Mängelrechte des Käufers.

Eine Meinungsstreitigkeit darüber erübrigt sich dann.

c. Dauer der Untersuchungsfrist

Von großer praktischer Bedeutung ist auch die Frage nach der Dauer der Frist für eine sorgfältige bzw. nach den Umständen des Einzelfalls ausreichende Untersuchung.

Die Untersuchungsfrist muss als Ergebnis einer Abwägung der Käufer- und Verkäuferinteressen im konkreten Fall verstanden werden[406]. Verglichen mit dem entsprechenden Artikel des Haager Kaufgesetzes sowie mit § 377

---

[404] Vgl. *Herber/Czerwenka*, Art. 32, Rn. 3 ff.

[405] Vgl. die Interpretation der Lieferungspflicht des Verkäufers in Sekretariatskommentar, Art. 29, Anm. 3-9, Off. Rec., S. 29.

[406] Vgl. *Schlechtriem/Schwenzer*, Art. 38, Rn. 20; *Staudinger/Magnus*, Art. 38, Rn. 37; *MünchKomm/Gruber*, Art. 38, Rn. 57; *Neumayer/Ming*, Art. 38, Rn. 5; *Piltz*, Internationales Kaufrecht, § 5, Rn. 53; *Welser*, in *Doralt*, Das UNCITRAL-Kaufrecht, S. 105, 112.

des deutschen HGB, wonach der Käufer ohne Berücksichtigung der objektiven Faktoren, die den konkreten Fall jedes Mal gestalten, die gelieferte Kaufsache in einer möglichst kurzen Frist untersuchen muss, wird hier eine längere Frist eingeräumt[407]. Das kann man aus dem Sekretariatsbericht schließen, wo steht, dass Besonderheiten auf der Käuferseite, wie das Fehlen der nötigen Untersuchungsgeräte, als Umstände des Einzelfalls, die bei der Bemessung der Untersuchungsfrist zu beachten sind[408].

Ist dem Käufer beispielsweise der genaue Lieferzeitpunkt bekannt, wird ihm zumutbar sein, dafür zu sorgen, dass die nötigen Untersuchungsgeräte oder auch entsprechende Fachleute am Untersuchungsort rechtzeitig zur Verfügung stehen. Dabei verlängert sich die Untersuchungsfrist aufgrund der Kenntnis des Lieferzeitpunkts nicht um die Zeit, die nach Eintreffen der Ware für die Besorgung derartiger Geräte erforderlich ist[409].

Daher werden Umstände, die durch rein subjektive Faktoren gestaltet werden und mit denen der Käufer nicht zu rechnen braucht, wie z. B. eine Krankheit,[410] oder generell Umstände, die dem Käufer nicht erkennbar sind, keine Verlängerung der Frist bewirken können[411].

Ein Hinausschieben der Untersuchung ist nur bei allgemeinen und objektiven Hindernissen gerechtfertigt, wie z. B. bei einem größeren Streik[412].

Die Art der Ware und der Ort, an dem sie sich zur Zeit des Gefahrübergangs befindet, sind auch die in erster Linie zu berücksichtigenden Faktoren, die auf die Bemessung der Untersuchungsfrist Einfluss haben[413].

Dementsprechend reicht die Dauer der Untersuchungsfrist bei verderblichen Waren von einigen Stunden bis zu wenigen Tagen[414]. Anders ist die Situation aber bei haltbaren Gütern oder Waren mit komplizierter Technologie, für deren Untersuchung selbstverständlich mehr Zeit benötigt wird[415].

Folglich lässt sich dem UN-Kaufrecht keine allgemeine Untersuchungsfrist entnehmen. Der Käufer hat unter dem Prinzip der Vernünftigkeit und der Zumutbarkeit immer angemessen schnell zu handeln[416]. Viele Autoren schlagen daher einen objektiv kurzen Zeitraum vor, innerhalb dessen der

---

407 Vgl. *MünchKomm/Gruber*, Art. 38, Rn. 58.

408 Vgl. Sekretariatskommentar, Art. 37, Anm. 1, Off. Rec., S. 34.

409 Vgl. OLG Koblenz, OLGR Koblenz 1999, S. 49 = CISG-Online Case 505.

410 Vgl. *Schlechtriem/Schwenzer*, Art. 38, Rn. 18; *Herber/Czerwenka*, Art. 38, Rn. 7; *Bianca/Bonell/Bianca*, Art. 38, Anm. 2.5; vgl. auch zum EKG OLG Koblenz, RIW 1989, S. 310, 312.

411 Vgl. *MünchKomm/Gruber*, Art. 38, Rn. 64.

412 Vgl. zum EKG *Mertens/Rehbinder*, Art. 38, 39, EKG Rn. 5; *Herber/Czerwenka,* Art. 38, Rn. 7.

413 Vgl. *MünchKomm/Gruber*, Art. 38, Rn. 63.

414 Vgl. OLG Düsseldorf, IPRax 1990, S. 178, mit kritischer Anm. *Lüderitz,* IPRax 1990, S. 162 (Untersuchungsfrist für Lautsprecherboxen: 3-4 Tage inkl. Wochenende zu lang).

415 Vgl. *Herber/Czerwenka,* Art. 38, Rn. 7; *Bianca/Bonell/Bianca*, Art. 38, Anm. 2.5.

416 Vgl. *Schlechtriem*, EwiR 1998, S. 550.

Käufer seine Untersuchungsobliegenheit zu erfüllen hat. *Piltz*[417] will von 3-4 Arbeitstagen ausgehen, während *Herber/Czerwenka*[418] eine Frist, die eine Woche übersteigt, für zu lange hält.
Die Frist zur Untersuchung der Ware beginnt wie gesagt grundsätzlich mit der Lieferung bzw. der Aushändigung der Ware an den Käufer zu laufen. Dies gilt auch dann, wenn ein Lieferzeitraum vereinbart ist und der Verkäufer nach dessen Anfang aber vor dessen Ende leistet[419].
Bei vorzeitiger Lieferung – also einer Lieferung vor einem bestimmten Lieferzeitpunkt bzw. vor Beginn einer Lieferfrist – beginnt die Untersuchungsfrist nach h. M grundsätzlich erst mit dem vereinbarten Lieferzeitpunkt bzw. dem Beginn der vereinbarten Lieferfrist zu laufen[420].
Diesem ist zuzustimmen, da hier vom Käufer nicht erwartet werden kann, die Ware, die er vorzeitig angenommen hat, unter der strengen zeitlichen Voraussetzung des Art. 38 mit der Androhung des Rechtsverlustes zu untersuchen[421]. Die vorzeitige Lieferung stellt eine Vertragsverletzung dar (vgl. Art 45 Abs. 1 lit. a i. V. m. Art. 52 Abs. 1 CISG). Nach dem Grundsatz von Treu und Glauben (vgl. Art. 7 Abs. 1 CISG) ist also anzunehmen, dass der Verkäufer den Käufer nicht mit Nachteilen aufgrund des Beginns der Untersuchungsfrist belasten soll (vgl. Art. 80 CISG)[422]. Deshalb soll die Frist auch dabei mit der Lieferung der Kaufsache beginnen zu laufen.

d. Ort der Untersuchung

Der Ort der Untersuchung hängt, wie sich aus den unterschiedlichen Absätzen des Art. 38 CISG ergibt, von der Art des Kaufs ab. Entscheidend für den Ort der Untersuchung ist, ob es sich um einen Kauf ohne Beförderung gem. Art. 38 Abs. 1 CISG, um einen Versendungskauf oder einen Kauf reisender Waren nach Art. 38 Abs. 2 CISG oder schließlich um einen Weiterbeförderungskauf nach Art. 38 Abs. 3 CISG handelt.

---

[417] Vgl. *Piltz*, Internationales Kaufrecht, § 5, Rn. 52.
[418] Vgl. *Herber/Czerwenka*, Art. 38, Rn. 7.
[419] Vgl. *Herber/Czerwenka*, Art. 38, Rn. 8.
[420] Vgl. *Schlechtriem/Schwenzer*, Art. 38, Rn. 20; *Staudinger/Magnus*, Art. 38, Rn. 37; *Piltz*, Internationales Kaufrecht, § 5, Rn. 53; *Neumayer/Ming*, Art. 38, Rn. 5; *Welser*, in *Doralt*, Das UNCITRAL-Kaufrecht, S. 105, 112; *Freiburg*, Das Recht auf Vertragsaufhebung, S. 198 f.
[421] Vgl. *Staudinger/Magnus*, Art. 38, Rn. 37.
[422] Vgl. dazu auch *MünchKomm/Gruber*, Art. 38, Rn. 55.

In den Fällen des Art. 38 Abs. 1 CISG bzw. beim Kauf ohne Beförderung ist also Untersuchungsort der Lieferort[423]. Diese Gleichschaltung von Untersuchungs- und Lieferort bedeutet aber nicht, dass der Käufer gezwungen ist, die Ware unmittelbar am Lieferort zu untersuchen; er kann die Untersuchung der Kaufsache vielmehr an jeder ihm genehmen Stelle durchführen[424]. Entscheidend ist nur, dass der Käufer die Möglichkeit hat, die Ware zu untersuchen. Die Bestimmung des Untersuchungsorts hat nämlich keine eigenständige Bedeutung; sie ist lediglich für den Fristbeginn der Untersuchung maßgeblich[425].

Dies gilt auch beim Versendungskauf und dem Kauf reisender Waren:

In den Fällen des Art. 38 Abs. 2 CISG bzw. beim Versendungskauf kann der Käufer abwarten[426], bis die Ware am Bestimmungsort eingetroffen ist, da es ihm häufig weder möglich noch zumutbar sein kann, die Ware schon bei ihrer Übergabe an den Beförderer zu überprüfen; dort handelt der Beförderer nach dem Transportvertrag regelmäßig nicht als Vertreter des Käufers, auch wenn er die Pflicht einer oberflächlichen Untersuchung hinsichtlich der äußerlichen Beschaffenheit der Ware hat[427].

Das UN-Kaufrecht stellt dabei für den Zeitpunkt des Beginns der Untersuchung der Ware nicht auf den Zeitpunkt ihrer Lieferung, die schon mit ihrer Übergabe an den Beförderer i. S. d. Art. 31 lit. a CISG erfolgt ist, sondern auf den Zeitpunkt ihrer Ankunft am Bestimmungsort und somit ihrer Aushändigung an den Käufer ab. Untersuchungsort ist nicht der Lieferort, sondern der Bestimmungsort. Damit hat der Käufer – kurz gesagt – die Möglichkeit einer genaueren Untersuchung, die nicht nur auf der Feststellung des Beförderers beruht, dass sich die Ware in „apparent good order and condition“ befindet[428].

Unter dem Bestimmungsort beim Versendungskauf oder dem Kauf reisender Waren, vorbehaltlich anderweitiger Vereinbarungen, ist derjenige Ort zu verstehen, an den die Ware gemäß dem Frachtvertrag gelangen soll[429]. Er kann auch am Niederlassungsort eines direkt belieferten Abnehmers des Käufers liegen[430].

---

[423] Vgl. *Schlechtriem/Schwenzer,* Art. 38, Rn. 19; *Staudinger/Magnus,* Art. 38, Rn. 36; *MünchKomm/Gruber*, Art. 38, Rn. 35.

[424] Vgl. *Staudinger/Magnus,* Art. 38, Rn. 34.

[425] Vgl. *MünchKomm/Gruber*, Art. 38, Rn. 36.

[426] Vgl. *Schlechtriem/Schwenzer,* Art. 38, Rn. 21; *MünchKomm/Gruber*, Art. 38, Rn. 41.

[427] Vgl. *MünchKomm/Gruber*, Art. 38, Rn. 43; *Schlechtriem/Schwenzer,* Art. 38, Rn. 21.

[428] Vgl. *Herber/Czerwenka,* Art. 38, Rn. 9.

[429] Vgl. *Schlechtriem/Schwenzer,* Art. 38, Rn. 21; *Staudinger/Magnus,* Art. 38, Rn. 52; *MünchKomm/Gruber*, Art. 38, Rn. 42; *Herber/Czerwenka,* Art. 38, Rn. 7; *Bianca/Bonell/Bianca,* Art. 38, Anm. 2.6.

[430] Vgl. *Schlechtriem/Schwenzer,* Art. 38, Rn. 21.

Im gleichen Sinn ist gem. Art. 38 Abs. 3 CISG beim Kauf mit einer Umleitung oder Weiterversendung der Kaufsache der neue Bestimmungsort als Untersuchungsort zu verstehen[431]. Dort ist dem Käufer die Untersuchung der Ware möglich[432].

Eine Umleitung liegt vor, wenn die Ware vor Erreichen des ursprünglichen Bestimmungsorts an einen anderen Bestimmungsort umgeleitet wird[433], während eine Weiterversendung vorliegt, wenn die Ware nach Eintreffen am Bestimmungsort weiterversendet wird[434].

Unerheblich ist dabei, wer die Umleitung oder die Weiterversendung der Ware veranlasst[435]. Entscheidend ist nur, ob der Käufer ausreichende Gelegenheit zur Untersuchung der Kaufsache hatte[436]. Zu diesem Zeitpunkt beginnt die Untersuchungsfrist zu laufen.

Keine ausreichende Gelegenheit zur Untersuchung der Kaufsache hat der Käufer aber, wenn die Untersuchung ihm im konkreten Fall unzumutbar ist[437]. In einem solchen Fall muss er sie sogar nicht durchführen, selbst wenn hierfür die Ware genügend lang zur Verfügung steht[438].

Die Untersuchung der Ware ist ihm oft nicht zumutbar, wenn sich die Ware besonders beim Weiterverkauf mit Weiterversendung nur kurz beim Käufer als Zwischenhändler befindet[439] oder wenn ihre Verpackung, weil sie weiterzutransportiert wird, nicht geöffnet werden darf[440]. Gleiches gilt, wenn zur Untersuchung eine Marke entfernt werden müsste, die die Echtheit der

---

[431] Vgl. *MünchKomm/Gruber*, Art. 38, Rn. 44.

[432] Eine ordnungsgemäße Untersuchung darf allerdings nicht auf später verschoben werden, wenn sich die Weiterversendung derart verzögert, dass diese bereits früher vorgenommen werden kann, vgl. dazu OLG Saarbrücken v. 13.01.1993 – 1 U 69/92, CISG-Online Case 83, UNILEX E. 1993-2.1 (210.4).

[433] Vgl. *Schlechtriem/Schwenzer*, Art. 38, Rn. 23; *Staudinger/Magnus*, Art. 38, Rn. 57; *MünchKomm/Gruber*, Art. 38, Rn. 45; *Herber/Czerwenka*, Art. 39, Rn. 11; *Bianca/Bonell/Bianca*, Art. 38, Anm. 2.7.; *Honsell/Magnus*, Art. 38, Rn. 30.

[434] Vgl. *Schlechtriem/Schwenzer*, Art. 38, Rn. 23; *Staudinger/Magnus*, Art. 38, Rn. 58; *MünchKomm/Gruber*, Art. 38, Rn. 46; *Herber/Czerwenka*, Art. 39, Rn. 12; *Bianca/Bonell/Bianca*, Art. 38, Anm. 2.7.; *Honsell/Magnus*, Art. 38, Rn. 30.

[435] Hinsichtlich der Umleitung vgl. *Schlechtriem/Schwenzer*, Art. 38, Rn. 23; *Heuzé*, Art. 38, Anm. 306; *MünchKomm/Gruber*, Art. 38, Rn. 45. Hinsichtlich der Weiterversendung vgl. Sekretariatskommentar, Art. 36, Anm. 6, wo steht, dass Weiterversendung auch dann erfolgt, wenn der Käufer die Sache selbst an einem anderen Ort benötigt.

[436] Vgl. *MünchKomm/Gruber*, Art. 38, Rn. 50.

[437] Vgl. *MünchKomm/Gruber*, Art. 38, Rn. 51.

[438] Vgl. *MünchKomm/Gruber*, Art. 38, Rn. 51.

[439] Vgl. dazu *Schlechtriem/Schwenzer*, Art. 38, Rn. 23; *Herber/Czerwenka*, Art. 38, Rn. 12; OLG Saarbrücken v. 13.01.1993 – 1 U 69/92, CISG-Online Case 83.

[440] Vgl. *Schlechtriem/Schwenzer*, Art. 38, Rn. 25; *Staudinger/Magnus*, Art. 38, Rn. 60; *MünchKomm/Gruber*, Art. 38, Rn. 52; *Honsell/Magnus*, Art. 38, Rn. 31; *Neumayer/Ming*, Art. 38, Rn. 7; Sekretariatskommentar, Art. 36, Anm. 6.

Ware bestätigt[441]. In diesen Fällen hat der Käufer daher eine Obliegenheit nur zu einer oberflächigen Untersuchung.

Nach dem Wortlaut des Art. 38 Abs. 3 CISG ist die letzte Voraussetzung dafür, dass die Ware erst am neuen Bestimmungsort untersucht werden darf, dass der Verkäufer die Möglichkeit der Umleitung oder Weiterversendung kannte oder kennen musste[442].

Unproblematisch zu bejahen ist, dass diese Voraussetzung erfüllt ist, wenn der Käufer den Verkäufer vor Vertragsabschluss ausdrücklich auf die Umleitung oder die Weiterversendung der Ware hingewiesen hat[443]. Das ist sogar dazu zu empfehlen[444], damit der Beginn der Untersuchungsfrist bis nach dem Eintreffen der Ware am neuen Bestimmungsort aufgeschoben werden kann. Von der Kenntnis bzw. dem Kennenmüssen des Verkäufers kann man aber auch dann ausgehen, wenn der Käufer mit dem Verkäufer vereinbart hat, dass die Ware zum Weitertransport zu verpacken ist[445], oder wenn der Verkäufer weiß, dass der Käufer Zwischenhändler ist[446].

Die Kenntnis oder das Kennenmüssen der Umleitung oder der Weiterversendung der Kaufsache muss spätestens bis zum Zeitpunkt des Vertragsabschlusses vorliegen[447]. Ein nachträglicher Widerspruch des Verkäufers dagegen oder eine nach dem Vertragsabschluss erlangte Kenntnis sind unbeachtlich[448], obwohl nachträgliche Vereinbarungen der Parteien über den Beginn der Untersuchungsfrist immer möglich sind.

3. Rügeobliegenheit gem. Art. 39 CISG

Gem. Art. 39 Abs. 1 CISG verliert der Käufer das Recht, sich auf eine Vertragswidrigkeit der Ware zu berufen, wenn er diese nicht binnen einer an-

---

441 Vgl. *Schlechtriem/Schwenzer*, Art. 38, Rn. 25; *Herber/Czerwenka*, Art. 38, Rn. 13; *MünchKomm/Gruber*, Art. 38, Rn. 52; *Bianca/Bonell/Bianca*, Art. 38, Anm. 2.8.

442 Vgl. *Schlechtriem/Schwenzer*, Art. 38, Rn. 23; *Herber/Czerwenka*, Art. 38, Rn. 10; *Bianca/Bonell/Bianca*, Art. 38, Anm. 2.9.

443 Vgl. *Staudinger/Magnus*, Art. 38, Rn. 62.

444 Vgl. *Schlechtriem/Schwenzer*, Art. 38, Rn. 24; *Staudinger/Magnus*, Art. 38, Rn. 62.

445 Vgl. *Staudinger/Magnus*, Art. 38, Rn. 62; *MünchKomm/Gruber*, Art. 38, Rn. 48; *Honsell/Magnus*, Art. 38, Rn. 32.

446 Vgl. *Schlechtriem/Schwenzer*, Art. 38, Rn. 24; *Staudinger/Magnus*, Art. 38, Rn. 62; *MünchKomm/Gruber*, Art. 38, Rn. 48; *Honsell/Magnus*, Art. 38, Rn. 32; *Audit*, La vente internationale de marchandises, Anm. 106.

447 Vgl. *MünchKomm/Gruber*, Art. 38, Rn. 49.

448 Vgl. *Heuzé*, Art. 38, Anm. 306; *MünchKomm/Gruber*, Art. 38, Rn. 49.

gemessenen Frist nach ihrer Erkennbarkeit dem Verkäufer genau bezeichnet hat.
Diese Vorschrift hat seinen Vorläufer in Art. 39 Abs. 1 EKG[449]. Der Grundgedanke der Rügepflicht des Käufers wurde daher im UN-Kaufrecht aufrechterhalten, um die Wahrung des guten Glaubens im internationalen Handel zu fördern[450].
In Einzelheiten gibt es aber wichtige Unterschiede zum EKG, die einen Streitpunkt in den Beratungen von UNCITRAL dargestellt hatten[451].
Die „kurze Frist" des Art. 39 Abs. 1 EKG, innerhalb derer der Käufer seine Rügeobliegenheit zu erfüllen hat, wurde also durch eine „angemessene Frist" ersetzt[452]. Der käuferfreundliche Charakter dieses Begriffs ist offensichtlich[453]. Der Käufer hat seiner Pflicht innerhalb einer Frist zu folgen, die ausdrücklich von den Umständen des Einzelfalls unter dem Prinzip der Vernünftigkeit und der Zumutbarkeit abhängt[454]. Das war das Ergebnis des Kompromisses zwischen den Industrie- und Entwicklungsländer, auf den ich auch oben bereits kurz Bezug genommen habe.
Die Regelung des Art. 39 Abs. 1 S. 2 EKG, wo es um die sog. versteckten Mängel geht, ist im CISG als überflüssig entfallen[455].
Verzichtet wurde auch auf die Obliegenheit des Käufers zur Aufforderung des Verkäufers, die Ware zu untersuchen oder untersuchen zulassen, da dies den Gepflogenheiten im internationalen Handel als fremd galt.[456]

---

[449] Artikel 39 EKG: „(1) Der Käufer verliert das Recht, sich auf eine Vertragswidrigkeit der Sache zu berufen, wenn er die Vertragswidrigkeit dem Verkäufer nicht innerhalb kurzer Frist nach dem Zeitpunkt anzeigt, in dem er sie feststellt hat oder hätte feststellen müssen. Stellt sich jedoch eine Vertragswidrigkeit, die durch die in Artikel 38 vorgesehene Untersuchung nicht entdeckt werden konnte, später heraus, so kann sich der Käufer auf die Vertragswidrigkeit noch berufen, vorausgesetzt daß er sie dem Verkäufer innerhalb kurzer Frist nach ihrer Entdeckung anzeigt. Der Käufer verliert stets das Recht, sich auf eine Vertragswidrigkeit zu berufen, wenn er sie nicht innerhalb von zwei Jahren nach der Aushändigung der Sache angezeigt hat, es sei denn, daß für diese Vertragswidrigkeit vereinbarungsgemäß für einen längeren Zeitraum Gewähr zu leisten ist. (2) Bei der Anzeige der Vertragswidrigkeit hat der Käufer ihre Art genau zu bezeichnen und den Verkäufer aufzufordern, die Sache zu untersuchen oder durch einen Beauftragten untersuchen zu lassen. (3) Wird eine Mitteilung nach Absatz 1 durch Brief oder auf einem anderen geeigneten Übermittlungsweg übersendet, so nimmt der Umstand, daß sie verspätet oder gar nicht am Bestimmungsort angekommen ist, dem Käufer nicht das Recht, sich auf die Mitteilung zu berufen".

[450] Zum Zweck der Anzeige sowohl im EKG als auch im UN-Kaufrecht vgl. *Heilmann*, Mängelgewährleistung, S. 306.

[451] Vgl. Off. Rec. 320 ff., Nr. 32 ff.; 345 ff., Nr. 1 ff.

[452] Vgl. UNCITRAL-YB (1972), S. 81, Nr. 21; S. 87, Nr. 74 ff.; UNCITRAL-YB (1973), S. 48, Nr. 85.

[453] Vgl. *Staudinger/Magnus*, Art. 39, Rn. 5; *Schlechtriem/Schwenzer*, Art. 39, Rn. 1; *Piltz*, Internationales Kaufrecht, § 5, Rn. 59.

[454] Vgl. dazu unten, § 4.I.3.b.i.

[455] Vgl. UNCITRAL-YB (1976), S. 110 f.

[456] Vgl. UNCITRAL-YB (1972), S. 87, Nr. 79.

Schließlich wurde auch der dritte Absatz des Art. 39 EKG gestrichen, da die enthaltene Bestimmung schon von Art. 27 CISG erfasst wird[457]. Der Adressat trägt also das Verzögerungs-, Verlust- und Übermittlungsrisiko, sofern der Erklärende nur für die Übersendung auf einem geeigneten Transportmittel zu sorgen hat[458]. Wenn der Käufer nämlich rechtzeitig eine inhaltlich hinreichende Erklärung mit den geeigneten Mitteln an den richtigen Empfänger abgesandt hat, kann er sich weiterhin auf die Vertragswidrigkeit der Ware berufen, auch wenn der Verkäufer keine bzw. nur verspätete oder fehlerhafte Kenntnis von der Rüge erhalten hat[459].

Der Grund für diese Risikoverteilung liegt darin, dass der Adressat der Erklärung – hier der Verkäufer – den Anlass zur Mängelanzeige in Form der Lieferung einer vertragswidrigen Ware selbst gegeben hat. Es ist folglich sachgerecht, dass dieser das Übermittlungsrisiko für die Erklärung zu tragen hat, mit der der Sachmangel angezeigt wird[460].

a. Anzeige der Mängel

Bei der Erklärung der Mangelrüge hat der Käufer gem. Art. 39 Abs. 1 CISG die Art der Vertragswidrigkeit genau zu bezeichnen[461].

Die Bestimmung dieser Bezeichnungspflicht, die dem Schutz des Verkäufers dient[462], ist stark einzelfallspezifisch und erfolgt mit Hilfe abstrakter Beurteilungskriterien unter dem Prinzip des guten Glaubens und der Regelmäßigkeit[463].

Die Vertragswidrigkeit gilt als ausreichend genau bezeichnet, wenn der fachkundige Verkäufer die Mangelhaftigkeit der von ihm gelieferten Ware erkennen kann. Mit anderen Worten muss die Rüge eine Nachprüfung[464] und das Einleiten der erforderlichen Schritte zur Mangelbeseitigung durch den Verkäufer ermöglichen[465]. Deshalb soll die Mängelanzeige statt durch eine schriftliche Erklärung auch durch Rücksendung der mangelhaften Wa-

---

[457] Vgl. *v. Caemmerer/Schlechtriem/Stumpf,* Art. 39, Rn. 1, Fn. 3 (Vorgeschichte).

[458] Dann ist eine mündliche oder telefonische Rüge grundsätzlich ausreichend. Vgl. dazu *v. Caemmerer/Schlechtriem/Schwenzer,* Art. 39, Rn. 11; *Staudinger/Magnus,* Art. 39, Rn. 51; *Herber/Czerwenka,* Art. 39, Rn. 12.

[459] Vgl. *Herber/Czerwenka,* Art. 39, Rn. 13.

[460] Vgl. *Herber/Czerwenka,* Art. 39, Rn. 11, Art. 27, Rn. 2.

[461] Vgl. *Schlechtriem/Schwenzer,* Art. 39, Rn. 6; *MünchKomm/Gruber*, Art. 39, Rn. 7.

[462] Vgl. *Herber/Czerwenka,* Art. 39, Rn. 6.

[463] Vgl. *Schlechtriem/Schwenzer,* Art. 39, Rn. 6.

[464] Vgl. *Herber/Czerwenka,* Art. 39, Rn. 6.

[465] Vgl. *Enderlein/Maskow/Strohbach*, Internationales Kaufrecht, Art. 39, Anm. 5.

re erfolgen können, da der Verkäufer hierdurch ebenfalls ausreichend über den Umfang des Mangels informiert werden kann[466].
Das bedeutet aber nicht, dass die Anforderungen an die Bezeichnung der Mängelrüge überspannt werden dürfen[467]. Der Käufer, der nach der Untersuchung der Ware gem. Art. 38 CISG einen Mangel entdeckt hat, soll die wesentlichen Untersuchungsergebnisse seinem Vertragspartner mitteilen. Eine ausreichende Erklärung der Vertragswidrigkeit der Ware muss daher Angaben über die betroffene Ware, die mangelhafte Lieferung sowie über die Begleitumstände enthalten, unter denen der Mangel aufgetreten ist[468]. Aus diesem Grund muss der Käufer im Fall der Rücksendung der mangelhaften Ware auch diese Informationen mitteilen.
Der Käufer erfüllt seine Rügepflicht offenbar nicht, wenn er die allgemeinen Redewendungen, dass die Ware minderer Qualität ist oder dass sie nicht seinen Vorstellungen und den Mustern entspricht, benutzt[469].
Nicht notwendig ist, dass der Käufer in der Mängelanzeige sogleich angibt, welche Rechtsbehelfe er ausüben will[470]. Da aber sowohl der Anspruch auf Ersatzlieferung oder Nachbesserung gem. Art. 46 Abs. 2, 3 CISG[471], als auch das Recht auf Vertragsaufhebung gem. Art. 49 Abs. 2 lit. b (i) CISG[472] grundsätzlich davon abhängt, dass der Käufer den Rechtsbehelf innerhalb einer angemessenen Frist nach der Rüge bzw. nach Kenntnis oder Erkennbarkeit der Vertragsverletzung geltend macht, empfiehlt es sich doch, diese Rechte bereits mit der Rüge auszuüben[473]. Dies gilt nicht, wenn der Käufer seine Rechte auf Minderung oder auf Schadensersatz ausüben will. Obwohl diese Rechtsbehelfe, abgesehen von der zweijährigen Ausschlussfrist des Art. 39 Abs. 2 CISG, keiner Frist unterliegen, muss der Käufer unter Berücksichtigung des Vorrangs des Nacherfüllungsrechts des Verkäufers nach der Rüge einen Nacherfüllungsversuch durch seinen Vertragspartner zunächst noch abwarten[474].

---

466 Vgl. AG Nordhorn, Urt. v. 14.06.1994 – 3 C 75/94, CISG-Online Case 259.
467 Vgl. *Herber/Czerwenka,* Art. 39, Rn. 6; *Reinhart,* UN-Kaufrecht, Art. 39, Rn. 6.
468 Vgl. *Herber/Czerwenka,* Art. 39, Rn. 7.
469 Vgl. *Herber/Czerwenka,* Art. 39, Rn. 7; *Reinhart,* UN-Kaufrecht, Art. 39, Rn. 6.
470 Vgl. *MünchKomm/Gruber,* Art. 39, Rn. 14.
471 Vgl. dazu unten, § 5.I.2.b.
472 Vgl. dazu unten, § 8.I.2.c.
473 Vgl. *Staudinger/Magnus,* Art. 39, Rn. 26; *v. Caemmerer/Schlechtriem/Schwenzer,* Art. 39, Rn. 13; *Piltz,* Internationales Kaufrecht, § 5, Rn. 69.
474 Vgl. dazu unten, § 10.I.1.c. und 3.a.

b. Anzeigefristen nach Art. 39 Abs. 1 und 2 CISG

i. Die subjektiv-relative Frist

Gem. Art. 39 Abs. 1 CISG muss der Käufer die Vertragswidrigkeit, die er nach der Untersuchung der Ware entdeckt hat oder hätte entdecken können, binnen einer angemessenen Frist dem Verkäufer anzeigen.
Der Zeitraum, bis zu dessen Ende der Verkäufer über den mangelhaften Zustand der Kaufsache informiert sein muss, ergibt sich nämlich aus der Addition des Untersuchungszeitraums und des Zeitraums bis zur Absendung der Rüge, wenn eine Untersuchung der Ware durchgeführt worden ist[475], oder aus einer angemessenen Frist nach Entdeckung des Mangels, wenn die Vertragswidrigkeit durch eine hinreichende Untersuchung erkannt werden könnte[476].
Daraus folgt, dass die Untersuchungsobliegenheit des Käufers keine rechtliche Voraussetzung für die Rüge ist. Die Mängelanzeige innerhalb einer angemessenen Frist nach der Entdeckung des Mangels ist auch dann erforderlich, wenn der Käufer die Kenntnis dieses Mangels aus anderen Quellen und nicht aus der Untersuchung selbst erhält.
Erlangt daher der Käufer die Kenntnis der Vertragswidrigkeit bereits vor Ablauf der Untersuchungsfrist, so beginnt die Rügefrist ohne Rückgriff auf die noch verbleibende Untersuchungsfrist zu laufen[477].
In den Fällen einer nicht hinreichenden oder gänzlich fehlenden Untersuchung wird also der Fristbeginn, um feststellen zu können, ob der Käufer rechtzeitig gerügt hat, hypothetisch festgesetzt. Dabei ist der Zeitpunkt, zu dem der Käufer die Vertragswidrigkeit bei einer sachgemäßen Untersuchung hätte entdecken müssen, für den Fristbeginn maßgeblich[478].
Dementsprechend kann die Rügefrist außerhalb der Untersuchungsfrist beginnen, wenn es sich um verborgene Vertragswidrigkeiten handelt, die zwar ohne weiteres entdeckt werden können, jedoch in den vom Käufer untersuchten Stichproben nicht vorhanden waren. Dabei ist der Zeitpunkt für den Fristbeginn maßgeblich, an dem der Käufer von der Vertragswidrigkeit Kenntnis erlangt[479].

---

[475] Vgl. *MünchKomm/Gruber*, Art. 39, Rn. 26.
[476] Vgl. *MünchKomm/Gruber*, Art. 39, Rn. 27; *Schlechtriem/Schwenzer*, Art. 39, Rn. 19.
[477] Vgl. *Staudinger/Magnus*, Art. 39, Rn. 30; *Schlechtriem/Schwenzer*, Art. 39, Rn. 19; *Piltz*, Internationales Kaufrecht, § 5, Rn. 61; *Heilmann*, Mängelgewährleistung, S. 313.
[478] Vgl. *Schlechtriem/Schwenzer*, Art. 39, Rn. 20.
[479] Vgl. *MünchKomm/Gruber*, Art. 39, Rn. 28; *Schlechtriem/Schwenzer*, Art. 39, Rn. 20.

Daraus ergibt sich aber nicht, dass der Käufer verpflichtet ist, die Ware dauernd zu beobachten[480]. Zwar muss der Käufer Verdachtsmomente beobachten, diese Verpflichtung des Käufers verschiebt aber das Risiko nicht zu seiner Last. Der Käufer muss sich nämlich darauf verlassen, dass nach Abschluss einer sachgemäßen Untersuchung die Vertragsgemäßheit der Ware feststeht; ohne weiteren Anlass besteht für ihn kein Grund, die Ware weiter auf eine etwaige Vertragswidrigkeit zu prüfen[481].

Im Gesetzestext des Art. 39 Abs. 1 CISG ist durch das Erfordernis der „angemessenen Frist" hervorgehoben, dass die Umstände des Einzelfalls zu berücksichtigen sind[482]; die Rügefrist kann von unterschiedlicher Länge sein.

D. h., zur Auslegung des Begriffs der Angemessenheit können Umstände aus der Sphäre des Käufers Berücksichtigung finden, soweit diese dem Verkäufer beim Vertragsabschluss bekannt oder erkennbar waren. In Betracht kommen die Sachkunde des Käufers oder die Größe seines Betriebs. Solche Umstände beeinflussen auch die Untersuchungsfrist und deshalb können auch die Rügefrist indirekt beeinflussen[483].

Also soll die Länge der Rügefrist in den Fällen, in denen der Käufer ein Privatmann ist, größer als in den Fällen, in denen der Käufer ein Kaufmann ist, sein, da letzterer aufgrund seiner Erfahrungen objektiverweise nicht so lange für die Rüge bedarf[484]. Ebenfalls wird dem Käufer eines kleinen Betriebs eine etwas längere Anzeigefrist als dem Käufer eines gut organisierten Großbetriebs zu gewähren sein[485].

Im Gegensatz dazu können rein subjektive, ausschließlich in der Risikosphäre des Käufers liegende Umstände, wie Krankheit, innerbetriebliche Organisationsmängel oder Unzuverlässigkeit eines eingeschalteten Dritten, die Rügefrist nicht beeinflussen[486]. Solche Umstände sind wie gesagt auch für den Beginn und die Dauer der Untersuchungsfrist irrelevant.

Der Käufer verderblicher Waren muss diese nicht nur rasch untersuchen, sondern dem Verkäufer auch rasch das Ergebnis der Untersuchung mittei-

---

[480] Vgl. *Schlechtriem/Schwenzer*, Art. 39, Rn. 20; *Staudinger/Magnus*, Art. 39, Rn. 32; *Reinhart*, UN-Kaufrecht, Art. 39, Rn. 4; *Heilmann*, Mängelgewährleistung, S. 324 f. A. A. *Piltz*, Internationales Kaufrecht, § 5, Rn. 64, der unter fälschlicher Berufung auf den Sekretariatskommentar, Art. 37, Nr. 3, die Ansicht vertritt, dass „die Obliegenheit zur weiteren Beobachtung der Ware" führt.

[481] Vgl. *MünchKomm/Gruber*, Art. 39, Rn. 30; *Schlechtriem/Schwenzer*, Art. 39, Rn. 20.

[482] Vgl. *MünchKomm/Gruber*, Art. 39, Rn. 35; *Bianca/Bonell/Sono*, Art. 39, Anm. 2.4.

[483] Vgl. *MünchKomm/Gruber*, Art. 39, Rn. 37.

[484] Vgl. *Staudinger/Magnus*, Art. 39, Rn. 47.

[485] Vgl. *Staudinger/Magnus*, Art. 39, Rn. 44.

[486] Vgl. *MünchKomm/Gruber*, Art. 38, Rn. 24.

len[487]. Generell ist nämlich auch die Art der Vertragswidrigkeit von Bedeutung für die Bemessung der Rügefrist. Je augenfälliger und einfacher der Mangel der Kaufsache festzustellen ist, desto schneller muss der Käufer mit dessen Mitteilung darauf reagieren[488].

Im Normalfall, wenn die Ware nicht verderblich ist und keine besonderen Umstände für eine Verkürzung oder Verlängerung der Frist vorliegen, wird, um im Hinblick auf die unterschiedlichen nationalen Rechtstraditionen allzu große Auslegungsunterschiede bzw. Widersprüche zu vermeiden, teilweise eine angemessene Frist von etwa einem Monat festgesetzt[489]; ansonsten lässt sich in der deutschen Literatur eine Tendenz zu einer Frist von ca. 8 Tagen feststellen[490].

Die Rügefrist kann auch direkt durch Umstände beeinflusst werden, die die Mitteilung des Untersuchungsergebnisses selbst betreffen[491]. Hier könnte man an eine Vielzahl von schwierigen technischen Sachverhalten denken.

Fraglich ist aber, ob der Käufer, der bereits vor Erfüllung eine Vertragswidrigkeit der Ware feststellt, diese in angemessener Frist ab ihrer Feststellung oder in einer angemessenen Frist nach der Ablieferung der Kaufsache rügen muss.

Damit man diese Frage beantworten kann, soll man von der Verbindung zwischen Art. 38 und Art. 39 Abs. 1 CISG sowie der Verbindung bzw. der Abhängigkeit des Beginns der Untersuchungsfrist von der Aushändigung der Ware durch den Käufer ausgehen. Nur die bei der Untersuchung nach Art. 38 CISG festgestellten und festzustellenden Mängel sind zu rügen. Die Untersuchung der Kaufsache knüpft indes an ihren Erhalt an, so dass die Untersuchung vor der Ablieferung der Ware nicht vorstellbar ist. Deshalb ist die Ansicht anzunehmen, dass Vertragswidrigkeiten, die der Käufer noch vor dem Erhalt der Ware erfährt und daher nicht als das Ergebnis einer nach

---

[487] Vgl. *MünchKomm/Gruber*, Art. 39, Rn. 35; *Schlechtriem/Schwenzer*, Art. 39, Rn. 16; *Staudinger/Magnus*, Art. 39, Rn. 43; *Honsell/Magnus*, Art. 39, Rn. 20; *Heuzé*, Art. 39, Anm. 309; OLG Düsseldorf, IPRax 1993, S. 412 = NJW-RR 1993, S. 999 = RIW 1993, S. 325 = CISG-Online Case 29.

[488] Vgl. *Staudinger/Magnus*, Art. 39, Rn. 45.

[489] So *Schlechtriem/Schwenzer*, Art. 39, Rn. 17; ebenso OLG Stuttgart, RIW 1995, S. 943, 944 = IPRax 1996, S. 139; LG Baden-Baden, RIW 1992, S. 62.

[490] Vgl. *Piltz*, Internationales Kaufrecht, § 4, Rn. 142, 145; § 5, Rn. 59 (3-4 Arbeitstage für die Untersuchung und 4-7 Tage für die Rüge); *Herber/Czerwenka*, Art. 39, Rn. 9; *Reinhart*, UN-Kaufrecht, Art. 39, Rn. 5 (wenige Tage); ähnlich OLG Köln, RIW 1994, S. 972, 973 = EWiR 1994, S. 867 mit Anm. *Schlechtriem*, der 8 Tage ab Untersuchung der Ware bis zur Absendung der Mängelanzeige vorschlägt; etwas großzügiger *Staudinger/Magnus*, Art. 39, Rn. 49 (ca. 14 Tage insgesamt für Untersuchung und Rüge).

[491] Vgl. *MünchKomm/Gruber*, Art. 39, Rn. 36.

Art. 38 CISG Untersuchung anzusehen sind, auch nicht innerhalb einer angemessenen Frist vor der Ablieferung der Ware zu rügen sind[492].
Ausgehend von diesem Argument kann man auch auf die Frage nach dem Beginn der Rügefrist im Fall der vorzeitigen Lieferung antworten.
Genauso wie die Untersuchungsfrist vor dem vereinbarten Lieferzeitpunkt bzw. vor dem Beginn des Liefertermins nicht beginnen kann, ist auch hier der Beginn der Rügefrist vor dem vereinbarten Moment der Lieferung nicht möglich[493].
Dafür spricht auch das gleiche Argument[494], mit dem der Beginn der Untersuchungsfrist im Fall der vorzeitigen Lieferung nicht vor der Erfüllung begründet wird:
Dort wird vertreten, dass die Sachmängelhaftung erst ab dem Gefahrübergang gem. Art. 36 CISG einschlägig ist, da bis zu diesem Zeitpunkt die alleinige Verpflichtung des Verkäufers darin besteht, den Vertrag zu erfüllen. Dementsprechend kann nicht vor Ablieferung der Ware bzw. vor dem Gefahrübergang eine Untersuchung bzw. Rüge durch den Käufer verlangt werden[495]. Eine andere Lösung würde der Systematik des UN-Kaufrechts zuwiderlaufen. Vor dem Einsetzen der Sachmängelhaftung kann der Käufer also seine Rechte, sich auf die Vertragswidrigkeit zu berufen, nicht verlieren, da er diese noch gar nicht hat.
Denn es würde ein erhebliches Risiko für den Käufer, der die Folgen eines Unterlassens der Untersuchung bzw. der Rüge trägt, darstellen, wenn er für die Zukunft alle Rechte aus der Vertragswidrigkeit der Kaufsache verlieren würde, obwohl die Gefahr an ihn noch gar nicht übergegangen ist[496].
Allerdings ist die Kenntnis des Käufers vom Mangel der Ware ein Umstand, der bei der Bemessung der Untersuchungs- und Rügefrist mit einzubeziehen ist.

---

[492] Vgl. *MünchKomm/Gruber*, Art. 39, Rn. 26.
[493] Vgl. *Schlechtriem/Schwenzer*, Art. 39, Rn. 21; *Staudinger/Magnus,* Art. 39, Rn. 33; *Reinhart,* UN-Kaufrecht, Art. 39, Rn. 3; *Piltz,* Internationales Kaufrecht, § 5, Rn. 61.
[494] Vgl. *Staudinger/Magnus,* Art. 39, Rn. 34.
[495] Vgl. *Schlechtriem/Schwenzer*, Art. 38, Rn. 20; *Staudinger/Magnus,* Art. 38, Rn. 37; *Herber/Czerwenka,* Art. 38, Rn. 8; *Neumayer/Ming,* Art. 38, Rn. 5; *Heilmann*, Mängelgewährleistung, S. 294.
[496] Vgl. *Staudinger/Magnus,* Art. 39, Rn. 34.

ii. Die objektiv-absolute Frist

Art. 39 Abs. 2 CISG bestimmt eine absolute Frist von zwei Jahren; wenn der Käufer binnen dieses Zeitraums die Vertragswidrigkeit der Ware nicht rügt, dann verliert er das Recht sich auf diese zu berufen.

Die Vorschrift des Art. 39 Abs. 2 CISG ist für zweierlei Aspekte relevant: einerseits wird ein äußerer Zeitablauf festgelegt, innerhalb dessen die Rüge des Mangels durch den Käufer erfolgen muss, andererseits ist dem Käufer nach Ablauf dieser Frist die Berufung auf die Vertragswidrigkeit der Kaufsache versperrt, ungeachtet des Zeitpunkts, in dem die Vertragswidrigkeit aufgetreten ist. Ratio legis dieser Regelung ist deshalb, dass sich der Verkäufer nach dem Ablauf der zweijährigen Frist keinerlei Mängelansprüchen mehr ausgesetzt sehen soll.

Diese Frist ist nicht als eine Verjährungsfrist einzuordnen[497]. Dies hätte zur Konsequenz, dass sie durch Hemmung oder Unterbrechung über zwei Jahre hinaus ausgedehnt werden könnte, was offensichtlich der Regelung des Art. 39 Abs. 2 CISG entgegensteht. Überdies ist im UN-Kaufrecht der Komplex der Verjährung nicht geregelt. Dazu ist im Jahre 1974 eine gesonderte Konvention geschaffen worden, die auf dem Wiener Übereinkommen durch ein Protokoll angepasst wurde[498]. Nur im Falle aber, dass die Vertragsparteien ihre Niederlassung in Vertragsparteien des Übereinkommens haben oder dass das IPR auf das Recht eines der Vertragsparteien verweist (Art. 3 Abs. 1 VerjährungsÜE), findet das UN-Übereinkommen über die Verjährung im internationalen Warenkauf Anwendung. In den übrigen Fällen gilt das durch das IPR berufene, unvereinheitliche nationale Verjährungsrecht[499].

Deshalb ist die Frist des Art. 39 Abs. 2 CISG als eine Ausschlussfrist zu qualifizieren, deren erfolgloser Ablauf die Folge hat, dass der Käufer seine Rechte endgültig verliert. Das bedeutet, dass der Käufer keine entsprechende Entschuldigung gem. Art. 44 CISG für diese Unterlassung vorweisen kann, durch die er sich mindestens auf die Rechte auf Minderung oder Schadensersatz außer für entgangenen Gewinn berufen darf[500].

---

[497] Vgl. *Schlechtriem/Schwenzer*, Art. 39, Rn. 23; *Staudinger/Magnus*, Art. 39, Rn. 63; *Enderlein/Maskow/Strohbach*, Internationales Kaufrecht, Art. 39, Rn. 6; *Reinhart*, UN-Kaufrecht, Art. 39, Rn. 8.

[498] UN Convention on the Limitation Period in the International Sale of Goods, abgedruckt in RabelsZ 39 (1975), S. 342 ff.; zu dem Protokoll vgl. Off. Rec., S. 191.

[499] Vgl. *MünchKomm/Gruber*, Art. 39, Rn. 40, Fn. 98.

[500] Vgl. *MünchKomm/Gruber*, Art. 39, Rn. 40 und 42; *Schlechtriem/Schwenzer*, Art. 39, Rn. 22; *Staudinger/Magnus*, Art. 39, Rn. 65; *Honsell/Magnus*, Art. 39, Rn. 31.

Die Frist des Art. 39 Abs. 2 CISG – wie die Untersuchungs- und die relative Rügefrist – beginnt in dem Moment, in dem die Ware an den Käufer oder an einen von ihm benannten Dritten tatsächlich übergeben wurde[501]. Deshalb ist nicht der Zeitpunkt entscheidend, zu dem der Verkäufer seine Vertragspflichten, etwa durch die Übergabe der Ware an den Beförderer beim Versendungskauf, erfüllt hat, sondern die effektive „Besitzzeit“ des Käufers. Diese strenge Wirkung des Art. 39 Abs. 2 CISG wird sogar nicht dadurch abgemildert, dass Transportverzögerungen bei der Bemessung der Zweijahresfrist berücksichtigt werden können[502].

Konsequenterweise wird auch nicht zwischen versteckten und erkennbaren Mängeln unterschieden[503]. Der Umstand der Erkennbarkeit der Vertragswidrigkeit ist hier ohne Belang. Vertragswidrigkeiten, die nach dem Ablauf von zwei Jahren auftreten bzw. entdeckt werden, führen nicht zu den Rechtsbehelfen des Käufers, wenn inzwischen besondere vertragliche Vereinbarungen über die Verlängerung der Zeit für die Haftung des Verkäufers nicht bestehen.

Denn gemäß der Formulierung des Art. 39 Abs. 2 CISG kann die zweijährige Ausschlussfrist durch Parteivereinbarungen modifiziert werden. Die Aufnahme des Begriffs „es sei denn“ zeigt, dass diese Vorschrift hinter vertraglichen Vereinbarungen zurücktritt[504]. Die Parteien können aber individualvertraglich andere Fristen als die des Art. 39 Abs. 2 CISG nur dann bestimmen, wenn sie den Grundsatz des guten Glaubens nicht verstoßen[505].

4. Bösgläubigkeit des Verkäufers i. S. d. Art. 40 CISG

Nach Art. 40 CISG kann sich der Verkäufer nicht auf die Art. 38 und 39 CISG berufen, wenn die Vertragswidrigkeit der gelieferten Sache auf Tatsachen beruht, die er kannte oder über die er nicht in Unkenntnis sein konnte und die er dem Käufer nicht offenbart hat.

Der Käufer verliert also in diesem Fall seine Rechtsbehelfe trotz der Versäumung der Rüge nach Art. 39 Abs. 1 CISG nicht, weil sich der Verkäufer

[501] Vgl. *Staudinger/Magnus,* Art. 39, Rn. 63.
[502] Vgl. *Bianca/Bonell/Sono*, Art. 39, Anm. 2.7.
[503] Vgl. *MünchKomm/Gruber*, Art. 39, Rn. 40.
[504] Vgl. *Staudinger/Magnus,* Art. 39, Rn. 67; *v. Caemmerer/Schlechtriem/Stumpf*, Art. 39, Rn. 20.
[505] Vgl. *MünchKomm/Gruber*, Art. 39, Rn. 41; *Schlechtriem/Schwenzer*, Art. 39, Rn. 26; *Audit,* La vente internationale de marchandises, Anm. 107.

aufgrund seiner Bösgläubigkeit nicht darauf berufen kann; auch die Zweijahresfrist des Art. 39 Abs. 2 CISG greift hier nicht ein[506].

Die Rügeobliegenheit des Käufers besteht, wie bereits oben dargestellt wurde[507], auch im Fall der Lieferung eines krassen aliud. Der bösgläubige Verkäufer kann sich folglich auch dabei nicht auf die Art. 38 und 39 CISG berufen[508].

Denn bei einer krass abweichenden Lieferung wird der Verkäufer in der Regel von der Vertragswidrigkeit wissen oder zumindest nicht in Unkenntnis darüber sein können, wenn er dabei am meisten seine Pflicht zur Bezeichnung der Kaufsache gem. Art. 32 Abs. 1 CISG verletzt haben wird[509]. Die Bösgläubigkeit des Verkäufers in den Fällen der krassen aliud-Lieferung ist daher gegeben, wenn die aliud-Lieferung nachweislich auf seinem Versehen beruht[510]. Nur in Ausnahmefällen wird der Verkäufer nicht als bösgläubig im Sinn der betreffenden Vorschrift der Konvention anzusehen sein, so z. B. bei reiner Weiterlieferung verpackter Ware[511] oder bei Direktlieferung durch den Erzeuger[512].

Nach h. M. in Deutschland stellt sich die Bösgläubigkeit des Verkäufers als seine Unkenntnis auf Grund grober Fahrlässigkeit dar[513]. Nach anderer Ansicht ist aber demgegenüber mehr zu fordern als grobe Fahrlässigkeit. Es müsse sich um „ins Auge springende Vertragswidrigkeiten“[514] handeln. Denn das Merkmal der Unkenntnis hat im Wortlaut des Art. 40 CISG die

---

506 Vgl. *Piltz,* Internationales Kaufrecht, § 5, Rn. 66, 76; *Schlechtriem/Schwenzer*, Art. 40, Rn. 2 ff.; *Staudinger/Magnus,* Art. 40, Rn. 4, 11 und Art. 39, Rn. 64; *MünchKomm/Gruber*, Art. 40, Rn. 11; *MünchKomm/Gruber*, Art. 39, Rn. 42; *Schlechtriem/Schwenzer*, Art. 39, Rn. 22; *Honsell/Magnus*, Art. 39, Rn. 64; *Herber/Czerwenka*, Art. 39, Rn. 6. Zu den Voraussetzungen und Rechtsfolgen des Art. 40 CISG vgl. auch LG Trier, NJW-RR 1996, S. 564; LG Landshut, Urt. v. 05.04.1995 – 54 O 644/94, CISG-Online Case 193; OLG Karlsruhe, Urt. v. 25.06.1997 – 1 U 280/96, CISG-Online Case 263; Schiedsgericht der Handelskammer Stockholm CISG-Online Case 379.

507 Vgl. oben, § 4.I.2.b.

508 Vgl. *MünchKomm/Gruber*, Art. 40, Rn. 5; *Schlechtriem/Schwenzer*, Art. 40, Rn. 5; *Staudinger/Magnus,* Art. 40, Rn. 6; *Honsell/Magnus*, Art. 40, Rn. 4.

509 Vgl. dazu oben, § 4.I.2.b.

510 Vgl. *Karollus,* UN-Kaufrecht, S. 105; *v. Caemmerer/Schlechtriem/Huber*, Art. 31, Rn. 36; *Schlechtriem/Schwenzer*, Art. 40, Rn. 5; *Piltz,* Internationales Kaufrecht, § 4, Rn. 34; *MünchKomm/Gruber*, Art. 40, Rn. 5.

511 Vgl. OLG Oldenburg, IHR 2001, S. 159, 160 = CISG-Online Case 683.

512 Vgl. *Karollus,* UN-Kaufrecht, S. 105, Fn. 9; *MünchKomm/Gruber*, Art. 40, Rn. 7.

513 Vgl. *Herber/Czerwenka,* Art. 40, Rn. 2; *Karollus,* UN-Kaufrecht, S. 128; *Staudinger/Magnus,* Art. 40, Rn. 5; *Honsell/Magnus*, Art. 40, Rn. 4; *Reinhart,* UN-Kaufrecht, Art. 40, Rn. 1. Für die einfache Fahrlässigkeit aber *Enderlein/Maskow/Strohbach,* Internationales Kaufrecht, Art. 40, Rn. 3; *Heuzé,* Art. 40, Anm. 316.

514 Zit. in *Schlechtriem/Schwenzer*, Art. 40, Rn. 4.

Bedeutung einer Beweiserleichterung für die anders schwer zu beweisende Kenntnis[515].

Obwohl es sich aus der Formulierung des Art. 40 CISG nicht entnehmen lässt, dass die Unkenntnis des Verkäufers einen solchen Sinn für die Darstellung seiner Bösgläubigkeit hat, ist aber anzunehmen, dass die Vorschrift des Art. 40 CISG wirklich nur bei auffälligen, klar zutage liegenden Vertragswidrigkeiten Anwendung finden kann[516]. Das Merkmal der „groben Fahrlässigkeit" im Sinn des deutschen Rechts ist dabei nicht erforderlich, wie es sich aus der Praxis ergeben darf[517].

Aus dem Wortlaut des Art. 40 CISG geht auch nicht hervor, zu welchem Zeitpunkt die Bösgläubigkeit des Verkäufers vorliegen muss. Nach überwiegender Ansicht[518] handelt es sich um den Zeitpunkt, zu dem die Sache dem Käufer zur Verfügung steht, zumeist also zum Zeitpunkt ihrer Übergabe an den Käufer. An diesen Zeitpunkt wird auch der Moment des Gefahrübergangs auf den Käufer gem. Art. 36 CISG geknüpft.

Somit wird also auf denselben Zeitpunkt abgestellt, zu dem die Mängel vorliegen müssen, damit man über die Bösgläubigkeit des Verkäufers entscheiden kann.

Dies ist aber falsch. Zum Zeitpunkt der Übergabe der Ware braucht man über die Bösgläubigkeit des Verkäufers nicht zu entscheiden, wenn die Gewährleistungsrechte gegen den Verkäufer dem Käufer trotz der Unterlassung seiner Rügeobliegenheit aufgrund der Bösgläubigkeit seines Vertragspartners nicht entzogen werden müssen. Denn das würde bedeuten, dass der Käufer trotz der Bösgläubigkeit des Verkäufers zur Mängelanzeige verpflichtet wäre.

Daher ist nach anderer überzeugender Ansicht[519] vielmehr auf den normalen Zeitpunkt des Ablaufs der Anzeigefrist für den Käufer abzustellen.

Dafür spricht der Zweck der Anzeigeobliegenheit des Käufers, der trotz der Rügeversäumung seine Rechte aufgrund der Vertragswidrigkeit der Ware nicht verliert, wenn der Verkäufer bösgläubig ist. Denn wenn Klarheit ohnehin über die Vertragswidrigkeiten der Ware aufgrund der Bösgläubigkeit des Verkäufers besteht, erübrigt sich die Anzeige durch den Käufer.

---

515 Vgl. *Schlechtriem/Schwenzer*, Art. 40, Rn. 4; *Audit,* La vente internationale de marchandises, Anm. 112.

516 Vgl. dazu auch *Neumayer/Ming,* Art. 40, Rn. 2.

517 Vgl. OLG Karlsruhe, RIW 11998, S. 235 = BB 1998, S. 393 m. Anm. *Schlechtriem*, EwiR 1997, S. 785 = CISG-Online Case 263.

518 Vgl. *Piltz,* Internationales Kaufrecht, § 5, Rn. 76; *Herber/Czerwenka*, Art. 40, Rn. 4; *Enderlein/Maskow/Strohbach,* Internationales Kaufrecht, Art. 40, Rn. 2.

519 Vgl. *MünchKomm/Gruber*, Art. 40, Rn. 8; *Schlechtriem/Schwenzer*, Art. 40, Rn. 8; *Neumayer/Ming,* Art. 44, Rn. 3.

Für die Beurteilung der Kenntnis bzw. der grob fahrlässigen Unkenntnis des Verkäufers ist also auf den Zeitpunkt abzustellen, in dem die Untersuchungs- und Anzeigefrist nach Art. 38, 39 CISG abgelaufen wäre.

5. Vernünftige Entschuldigung i. S. d. Art. 44 CISG

Trotz des grundsätzlichen Ausschlusses aller Rechtsbehelfe des Käufers aufgrund der Lieferung einer vertragswidrigen Ware, wenn er nach Art. 39 Abs. 1 CISG seine Obliegenheit zur Mängelanzeige verletzt hat, behält er schließlich gem. Art. 44 CISG die Rechte auf Minderung und auf Schadensersatz außer für evtl. entgangenen Gewinn, wenn er eine „vernünftige Entschuldigung" für diese Verletzung bzw. die Unterlassung, Verspätung oder unzureichende Substantiierung der erforderlichen Mängelanzeige hat[520]. Dagegen bleiben infolge der Rügeversäumung die Ansprüche des Käufers auf Ersatzlieferung oder Nachbesserung sowie sein Recht auf Vertragsaufhebung ausgeschlossen.
Das gilt aber nicht für das Recht des Verkäufers auf Mängelbeseitigung i. S. d. Art. 48 CISG.
Hier behält der Verkäufer sein Recht, den Mangel durch Ersatzlieferung oder Nachbesserung zu beheben. Dadurch kann er die Minderung und (soweit nicht schon vorher ein Mangelfolgeschaden beim Käufer eingetreten ist) auch den Schadensersatzanspruch des Käufers abwenden[521]. Denn das Nacherfüllungsrecht des Verkäufers hat den Vorrang gegenüber dem Minderungsrecht des Käufers nach dem Wortlaut des Art. 50 S. 2 Hs. 2 CISG und nach analoger Anwendung dieser Vorschrift auch gegenüber dem Recht des Käufers auf Schadensersatz[522].
Wie bereits gesagt verliert der Käufer mit dem erfolglosen Ablauf der zweijährigen Ausschlussfrist des Art. 39 Abs. 2 CISG sämtliche Rechtsbehelfe, die ihm aufgrund der Vertragswidrigkeit zustanden[523]; auf eine vernünftige Entschuldigung kann der Käufer sich also nicht berufen, aufgrund der er

---

[520] Vgl. *v. Caemmerer/Schlechtriem/Huber*, Art. 44, Rn. 2; *Honnlod,* Documentary History, S. 261; *Heilmann,* Mängelgewährleistung, S. 335; *Schlechtriem,* Internationales UN-Kaufrecht, (1996); *ders.* (2003), Rn. 158; *Hutter*, S. 93; *Schlechtriem/Huber*, Art. 44, Rn. 5a.
[521] Vgl. *Schlechtriem/Huber*, Art. 44, Rn. 15.
[522] Vgl. dazu unten, § 10.I.3.a.
[523] Vgl. *Schlechtriem,* Internationales UN-Kaufrecht (1996), Rn. 160; *v. Caemme* UN-Kaufrecht, S. 129; *Schlechtriem/Schwenzer*, Art. 39, Rn. 22; *Staudinger/Magnus,* Art. 44, Rn. 7; *Bianca/Bonell/Sono*, Art. 44, Anm. 1; *MünchKomm/Gruber*, Art. 39, Rn. 42; OGH, JBl 1999, S. 318, 321 = CISG-Online Case 380 = UNILEX, E.1998 – 17.06.

mindestens die Rechte auf Minderung oder auf Schadensersatz außer für entgangenen Gewinn behalten könnte, wenn er seine Obliegenheit zu Mangelanzeige innerhalb der absoluten Frist der zwei Jahren ab der Übergabe der Kaufscahe nicht erfüllt hat.

Streitig ist nun, ob es sich bei der Vorwerfbarkeit, von der der Käufer sich entschuldigen kann, um ein „Verschulden" im Sinn des nationalen Rechts – etwa um die Fahrlässigkeit i. S. d. § 276 BGB des deutschen Rechts – handelt, von dem der Käufer sich mithilfe eines Entschuldigungsgrunds „entlasten" kann, so dass er den Verlust der sämtlichen Rechtsbehelfe vermeiden kann, oder ob es sich dabei um eine Billigkeitsentscheidung unter der Berücksichtigung der Interessen beider Parteien und den sonstigen Umständen des Einzelfalls handelt.

Zuzustimmen ist der zweiten Ansicht, nach der die Entschuldigung als eine Billigkeitsentscheidung verstanden werden soll[524].

Dafür spricht nicht nur, dass die Sachmängelhaftung des Verkäufers sich eine verschuldensunabhängige Haftung im Rahmen des UN-Kaufrechts darstellt, die den Begriff des Verschuldens für das Rechtssystem der Konvention fremd macht, sondern auch das Argument[525], dass der Käufer eine „vernünftige Entschuldigung" nur dann haben kann, mit der die Unterlassung der Mangelrüge gerechtfertigt wird, wenn sein Verhalten trotz der Verletzung der Rügeobliegenheit nach den Umständen des Einzelfalls billigerweise ein gewisses Verständnis und eine gewisse Nachsicht verdient.

Ein solches Verständnis verdient aber nicht ein fahrlässiger Sorgfaltsverstoß des Käufers, der sich subjektiv auf seine Person bezieht[526]. Daher soll die „Entschuldigung" nach Art. 44 CISG nicht im Sinn von „fehlender Fahrlässigkeit" verstanden werden.

Für der „Entschuldigung" des Art. 44 CISG findet eine Bewertung der Umstände des Einzelfalls statt, bei der die schützenswerten Interessen beider Parteien berücksichtigt werden[527]; einerseits das Interesse des Käufers, nicht durch ein verhältnismäßig geringfügiges Versehen sämtliche Sachmängelansprüche zu verlieren und andererseits das Interesse des Verkäufers

---

[524] Vgl. *v. Caemmerer/Schlechtriem/Huber*, Art. 44, Rn. 12 f.; *Schlechtriem/Huber*, Art. 44, Rn. 5; *Staudinger/Magnus*, Art. 44, Rn. 10; *Reinhart*, UN-Kaufrecht, Art. 44, Rn. 4; dazu auch *Gerny*, Untersuchungs- und Rügepflichten beim Kauf, S. 213, der als Beispiel eines vernünftigen Entschuldigungsgrunds, der billigerweise das Verhalten des Käufers – die Unterlassung der Rügeobliegenheit – rechtfertigen kann, die Krankheit des Einzelhändlers erwähnt.

A. A. *Schlechtriem*, Internationales UN-Kaufrecht (1996), Rn. 158; *Herber/Czerwenka*, Art. 44, Rn. 2; *Enderlein/Maskow/Strohbach*, Internationales Kaufrecht, Art. 44, Rn. 12; *Neumayer/Ming*, Art. 44, Rn. 2.

[525] Vgl. *v. Caemmerer/Schlechtriem/Huber*, Art. 44, Rn. 12 f.; *Schlechtriem/Huber*, Art. 44, Rn. 5.

[526] Anders aber *Herber/Czerwenka*, Art. 44, Rn. 2.

[527] Vgl. dazu OLG München, Urt. v. 08.02.1995 – 7 U 3758/94, CISG-Oniline Case 142.

an alsbaldiger Beweissicherung und Veräußerung der Ware trotz ihres mangelhaften Zustands.

Deshalb ist die „Entschuldigung“ nach Art. 44 CISG als eine Entscheidung nach Billigkeit zu verstehen, mit der der Käufer, obwohl er durch die Rügeversäumung gegen die Anforderungen kaufmännischer Sorgfalt verstößt, ein Verständnis verdient. Dann darf er die Rechte auf Minderung oder auf Schadensersatz außer für entgangenen Gewinn behalten.

II. Zusammenfassung

Die Geltendmachung von Rechtsbehelfen aufgrund der Lieferung einer vertragswidrigen Ware setzt grundsätzlich voraus, dass der Käufer die Vertragswidrigkeit durch die Durchführung einer Untersuchung nach Art. 38 CISG entdeckt und des weiteren gem. Art. 39 Abs. 1 CISG ordnungsgemäß gerügt hat.

Die primäre Funktion dieser Untersuchungs- und Rügeobliegenheit des Käufers besteht in der Verschaffung von Dispositionssicherheit für den Verkäufer, der möglichst rasch erfahren soll, ob er mit Mängelansprüchen des Käufers rechnen muss. Damit sollen auch spätere Beweisschwierigkeiten vermieden werden, und der Käufer daran gehindert werden, unter dem Vorwand eines Mangels der Ware auf Kosten des Verkäufers zu spekulieren.

Die Untersuchung der Ware nach Art. 38 CISG geht der Mängelanzeige in der Regel voraus und bereitet sie vor; die Untersuchungspflicht des Käufers ist Grundlage für die Rügepflicht. Ob der Käufer die Untersuchung nicht ordnungsgemäß oder nicht rechtzeitig vorgenommen hat, ist aber unerheblich. Er kann seine Rechte wegen der Vertragswidrigkeit der Ware auch dann behalten, wenn er seiner Untersuchungsobliegenheit nicht nachkommt.

Der Käufer hat die Ware mangels besonderer Vereinbarung in einer den Umständen nach angemessenen, handelsüblichen Weise zu untersuchen.

Für die Bestimmung der Dauer der Untersuchungsfrist sind auch die Umstände des konkreten Falls, insbesondere die Art der Ware, die Fachkenntnisse des Käufers und die entsprechenden Möglichkeiten der Vertragsparteien zu einer hinreichenden Untersuchung, maßgeblich.

Die Untersuchungspflicht beginnt mit dem Zurverfügungsstellen bzw. mit der Aushändigung der Ware an den Käufer zu laufen.

Dementsprechend beginnt die Untersuchungsfrist beim Platz- oder Fernkauf mit der Aushändigung der Kaufsache an den Käufer nach Art. 38 Abs. 1

CISG, beim Versendungskauf und dem Kauf reisender Ware mit dem Eintreffen der Ware am Bestimmungsort nach Art. 38 Abs. 2 CISG und bei der Umleitung oder Weiterversendung mit dem Eintreffen am neuen Bestimmungsort nach Art. 38 Abs. 3 CISG zu laufen.

Bei der sog. vorzeitigen Lieferung beginnt die Untersuchungfrist erst ab dem vereinbarten Liefertermin bzw. dem Beginn des Lieferzeitraums zu laufen, so dass Nachteile aufgrund des Beginns der Untersuchungsfrist nicht zu Lasten des Käufers fallen.

Der Käufer hat nach Art. 39 Abs. 1 CISG die Vertragswidrigkeit der Kaufsache innerhalb einer angemessenen Frist nach dem Zeitpunkt anzuzeigen, zu dem der Käufer sie festgestellt hat, egal ob sie bei der nach Art. 38 CISG gebotenen Untersuchung entdeckt wurde oder nicht. Die Rügefrist kann daher ohne Rücksicht auf die noch verbleibende Untersuchungsfrist zu laufen beginnen. Das hat Bedeutung besonders bei den sog. verborgenen Mängeln, die bei einer ordnungsgemäßen Untersuchung nicht erkannt werden können. Denn dabei beginnt die Frist mit deren tatsächlicher Feststellung zu laufen.

Bei der Erklärung der Mangelrüge hat der Käufer gemäß dem Wortlaut des Art. 39 Abs. 1 CISG die Art der Vertragswidrigkeit genau zu bezeichnen.

Die Vertragswidrigkeit gilt als ausreichend genau bezeichnet, wenn der Verkäufer die Mangelhaftigkeit der von ihm gelieferten Ware erkennen kann. Dadurch kann er den Zustand der Kaufsache nachprüfen und die erforderlichen Maßnahmen zur Mangelbeseitigung treffen.

Neben der relativen Frist des Art. 39 Abs. 1 CISG kennt das UN-Kaufrecht in Art. 39 Abs. 2 CISG noch eine absolute Frist. Danach verliert der Käufer in jedem Fall das Recht, sich auf die Vertragswidrigkeit der Ware zu berufen, wenn er sie nicht spätestens innerhalb von zwei Jahren dem Verkäufer angezeigt hat. Die Ausschlussfrist des Art. 39 Abs. 2 CISG bleibt sogar von der Regel des Art. 44 CISG unberührt.

Diese Frist beginnt mit der tatsächlichen Übergabe der Ware, unabhängig davon, ob etwa bereits zu einem früheren Zeitpunkt die Gefahr auf den Käufer übergegangen ist, und kann duch individuelle Vereinbarungen den Parteien modifiziert werden.

Nach Art. 40 CISG kann sich der Verkäufer nicht mehr auf die Verletzung der Art. 38 und 39 CISG berufen, wenn er die Tatsachen, auf denen die Vertragswidrigkeit beruht, bereits kannte oder darüber nicht in Unkenntnis sein konnte.

Vorraussetzung der Anwendbarkeit des Art. 40 CISG zugunsten des Käufers ist zum einen, dass der Verkäufer die Mangelhaftigkeit der Ware tatsächlich gekannt hat, oder, dass er etwas mehr als grob fahrlässig über die Tatsachen, auf denen die Vertragswidrigkeit beruht, in Unkenntnis war.

Zum anderen setzt Art. 40 CISG voraus, dass der Verkäufer seine Kenntnis dem Käufer nicht offenbart hat.

Hier handelt es sich um wirklich auffällige, klar zutage liegende Vertragswidrigkeiten der Kaufsache. Für die Beurteilung der Kenntnis bzw. der grob fahrlässigen Unkenntnis des Verkäufers ist auf den Zeitpunkt abzustellen, in dem die Untersuchungs- und Anzeigefrist nach Art. 38, 39 CISG abgelaufen wäre.

Art. 44 CISG – das Ergebnis eines Kompromisses auf der Wiener Konferenz zwischen den Industriestaaten und den Entwicklungsländern – enthält eine Abschwächung der Folgen der Rügeunterlassung. Nach dieser Bestimmung kann der Käufer gleichwohl eine Preisminderung oder einen Schadensersatz außer für den entgangenen Gewinn verlangen, wenn er eine vernünftige Entschuldigung für die Unterlassung der nach Art. 39 CISG erforderlichen Mangelrüge hat.

Die Entschuldigungsentscheidung nach Art. 44 CISG ist nicht im Sinn der fehlenden Fahrlässigkeit zu verstehen. Sie ist eine Billigkeitsentscheidung, die nur durch die Bewertung der Umstände des Einzelfalls bzw. die Berücksichtigung der schützenswerten Interessen beider Parteien zu treffen ist.

Kapitel 3

Die Rechtsbehelfe des Käufers bei der Lieferung einer vertragswidrigen Ware im Wiener UN-Kaufrecht im Vergleich mit dem deutschen und griechischen nationalen Recht

Einführung in die Rechtbehelfe des Käufers bei einer Vertragsverletzung vom Verkäufer nach dem UN-Kaufrecht – die starke Tendenz des Wiener Übereinkommens zur Aufrechterhaltung des Vertrags

Das UN-Kaufrecht geht prinzipiell von einem einheitlichen Tatbestand der Vertragsverletzung aus. Nichtlieferung, Verzug, Qualitäts- und Quantitätsmängel, Rechtsmängel sowie aliud-Lieferungen lösen nach der Konvention grundsätzlich dieselben Rechtsfolgen aus.

Die Ansprüche des Käufers bei Nichterfüllung irgendeiner Pflicht des Verkäufers, die ihm aufgrund des Vertrags oder des Übereinkommens obliegt, werden in Art. 45 CISG katalogmäßig zusammengefasst:

Erfüllungsanspruch
Aufhebungsrecht
Minderungsanspruch
Schadensersatz

Nach Art. 46 Abs. 1 CISG kann der Käufer vom Verkäufer vor allem die Erfüllung seiner Pflichten verlangen.

Besonders bei der Lieferung einer nicht vertragsgemäßen Ware steht dem Käufer ein Ersatzlieferungs- bzw. ein Nachbesserungsanspruch nach den Vorschriften des Art. 46 Abs. 2 und 3 CISG zur Seite. Diese Rechte werden einerseits erweitert, der Käufer darf nämlich sowohl einen Anspruch auf Nachbesserung als auch auf Schadensersatz haben; andererseits wird ihre Ausübung an erschwerende Voraussetzungen geknüpft, denn der Käufer hat nach dem Wortlaut des Art. 46 Abs. 2 CISG einen Ersatzlieferungsanspruch nur bei Vorliegen einer wesentlichen Vertragsverletzung und nach Art. 46 Abs. 3 CISG einen Nachbesserungsanspruch nur unter der Berücksichtigung der Zumutbarkeit für den Verkäufer. Außerdem muss der Käufer sowohl die Ersatzlieferung als auch die Nachbesserung zusammen mit der Anzeige des Mangels gem. Art. 39 CISG oder innerhalb einer angemessenen Zeit danach verlangen.

Ist die Vertragsverletzung des Verkäufers nun wesentlich, so kann der Käufer die Vertragsaufhebung gem. Art. 49 Abs. 1 lit. a CISG erklären. Das

Recht des Käufers auf Vertragsaufhebung wird im CISG erst als ultima ratio ermöglicht. Im Fall der Nichtlieferung kann der Käufer den Vertrag daher nur nach Ablauf einer gesetzten Nachfrist oder einer Erfüllungsverweigerung des Verkäufers i. S. d. Art. 49 Abs. 2 lit. b CISG aufheben.

Nach Art. 50 CISG kann der Käufer bei der Nichtvertragsgemäßheit der Kaufsache den vereinbarten Preis herabsetzen und zwar in dem Verhältnis, in dem der Wert, den die tatsächlich gelieferte Ware im Zeitpunkt der Lieferung hatte, zu dem Wert, den eine vertragsgemäße Ware zu demselben Zeitpunkt gehabt hätte, steht.

Schließlich steht dem Käufer noch ein Schadensersatzanspruch zur Verfügung, der nach Art. 74 CISG unter der Beschränkung der Voraussehbarkeit des Schadens durch die vertragsbrüchige Partei den gesamten infolge der Vertragsverletzung entstandenen Verlust umfasst.

Den Verkäufer trifft nach dem Wiener Übereinkommen eine Garantiehaftung, und zwar hinsichtlich der Schadenshaftung. Dementsprechend ist seine Einstandspflicht nur dann begrenzt, wenn die Vertragsverletzung auf einem unüberwindlichen externen Hinderungsgrund (vgl. Art. 79 CISG) oder einem Verhalten des Käufers (vgl. Art. 80 CISG) beruht.

Weiterhin steht dem Verkäufer ein Recht auf zweite Andienung zu, dessen Ausübung gem. Art. 48 Abs. 1 CISG unter dem Vorbehalt der Vertragsaufhebung bzw. der Unmöglichkeit zur Behebung des Mangels der gelieferten Kaufsache in für den Käufer zumutbarer Weise steht.

Aus diesen Regeln kommt die Tendenz des UN-Übereinkommens zur Zurückdrängung der Vertragsaufhebung bzw. der Rückabwicklung des Vertrags zum Ausdruck.

Dies beruht auf der wirtschaftlichen Erwägung, dass die Rückabwicklung Kosten und Risiken verursacht, die vermieden werden können, wenn die Ware beim Käufer bleibt und dessen Einbussen auf andere Weise als durch Rückabwicklung, etwa durch Schadensersatz, Nachbesserung oder Minderung des Kaufpreises, ausgeglichen werden[528].

Im Folgenden untersuche ich hinsichtlich der Position beider Kaufparteien die Rechtsbehelfe des Käufers näher, um abschließend imstande zu sein, einen Gesamtvergleich des internationalen Kaufrechts der Vereinten Nationen mit den zwei nationalen Kaufrechten von Deutschland und Griechenland zu skizzieren.

---

[528] Vgl. *Schlechtriem/Huber*, Art. 46, Rn. 6; *Staudinger/Magnus*, Art. 46, Rn. 8.

§ 5. Die Nacherfüllungsansprüche des Käufers nach dem UN-Übereinkommen und nach deutschem und griechischem nationalem Recht

Die Stellung des Erfüllungsanspruches bzw. der Ansprüche des Käufers auf nachträgliche Erfüllung durch Ersatzlieferung oder Nachbesserung im UN-Kaufrecht

Nach überwiegender Meinung[529] ist der Erfüllungsanspruch gem. Art. 46 Abs. 1 CISG der primäre Rechtsbehelf des Käufers; es besteht ein Vorrang des Erfüllungsanspruches vor den übrigen Rechtsbehelfen. Dafür spricht die Stellung dieser Vorschrift an der Spitze der Rechtsbehelfe.
Allerdings kann man sagen, dass die Stellung des Art. 46 Abs. 1 CISG keinen Schluss auf einen solchen Vorrang zulässt, denn der Erfüllungsanspruch steht nach dem zweiten Halbsatz dieser Vorschrift unter dem Vorbehalt der Nichtausübung eines mit dem Erfüllungsanspruch nicht zu vereinbarenden Rechtsbehelfs[530].
Für das Gegenteil spricht aber die Gesamtsystematik der Konvention: Der Käufer wird regelmäßig auf ein Erfüllungsbegehren beschränkt, bevor er weitergehende Rechtsbehelfe geltend machen kann. Er kann nämlich einen anderen Rechtsbehelf nur dann ausüben, wenn ein Erfüllungsversuch durch den Verkäufer erfolglos geblieben ist und weiter die entsprechenden Voraussetzungen für die Ausübung dieses Rechtsbehelfs erfüllt sind. Der Vorbehalt der Nichtausübung eines mit dem Erfüllungsanspruch nicht zu vereinbarenden Rechtsbehelfs spielt daher keine Rolle für die Stellung dieses Rechtsbehelfs im UN-Kaufrecht; dagegen bedeutet es, dass der Erfüllungsrechtsbehelf von den besonderen Ausübungsvoraussetzungen der anderen Rechtsbehelfe nicht eingeschränkt werden darf.
Im Fall also, in welchem der Verkäufer eine mangelhafte Ware liefert, kann der Käufer bei Wesentlichkeit der Vertragsverletzung eine Ersatzlieferung nach Art. 46 Abs. 2 CISG verlangen oder kann er die Vertragsaufhebung kombiniert mit einem Schadensersatz nach Art. 49 Abs. 1 lit. a CISG erst dann ausüben, wenn die zur Erfüllung i. S. d. Art. 47 CISG gesetzte Nach-

---

[529] Vgl. *Staudinger/Magnus,* Art. 46, Rn. 4; *v. Caemmerer/Schlechtriem/Huber*, Art. 46, Rn. 1; *Schlechtriem/Schwenzer/Müller-Chen*, Art. 46, Rn. 1; *Schulz,* Der Ersatzlieferungs- und Nachbesserungsanspruch des Käufers, S. 230 f.
[530] Vgl. *Soergel/Lüderitz/Schüssler-Langeheine*, Art. 46, Rn. 1.

frist erfolglos abgelaufen ist bzw. wenn der Verkäufer den Mangel nicht durch Nacherfüllung i. S. d. Art. 48 CISG behoben hat. Erreicht andererseits eine Vertragsverletzung die Schwelle der Wesentlichkeit nicht und ist zugleich eine Reparatur für den Verkäufer zumutbar, steht dem Käufer ein Erfüllungsanspruch in „Natur“ bzw. ein Nachbesserungsanspruch nach Art. 46 Abs. 3 CISG zur Verfügung. Sonst kann er entweder die Minderung des Kaufpreises nach Art. 50 CISG oder den Ersatz seiner Schäden nach Art. 74 CISG verlangen.

Ferner kann man noch eine Einschränkung des Erfüllungsanspruches von Art. 28 CISG ableiten. Nach dieser Regel braucht ein Gericht eine Entscheidung auf Erfüllung in Natur nur zu treffen, wenn es dies auch nach seinem eigenen Recht bei gleichartigen Kaufverträgen täte, die nicht unter das CISG fallen. Ist nach dem IPR also ein Gericht zuständig, welches nach seinem eigenen Recht keinen Erfüllungsanspruch gewähren würde, muss sich der Käufer mit den übrigen Rechtsbehelfen des Übereinkommens begnügen.

Diese Einschränkung liegt jedoch „außerhalb“ der Konvention, da hier das Recht des Landes des Gerichts, das für den konkreten Fall zuständig ist, und nicht die Konvention selbst den Erfüllungsanspruch beschränkt[531]. Daher ist der Meinung zuzustimmen, nach der der Erfüllungsanspruch im Rahmen des UN-Kaufrechts der primäre Rechtsbehelf des Käufers ist, weil er den übrigen Rechtsbehelfen vorgeht.

Allerdings ist die praktische Bedeutung des Rechtsbehelfs des Erfüllungsanspruches für den Käufer gering. Aus wirtschaftlichen Gründen wird er im internationalen Handel fast immer einen Schadensersatzanspruch (evtl. verbunden mit einer Vertragsaufhebung) wählen und nicht auf den Ausgang eines langwierigen Erfüllungsprozesses warten[532].

Im Fall der Lieferung einer mangelhaften Ware haben jedoch die beiden Arten der nachträglichen Erfüllung, Ersatzlieferung und Nachbesserung, praktische Bedeutung, da sie dem Zweck des Übereinkommens zu Aufrechterhaltung des Vertrags dienen.

Dabei kommt das Prinzip des Vorrangs des Erfüllungsanspruches zum Ausdruck.

---

[531] Vgl. *Bianca/Bonell/Will,* Art. 46, Anm. 1.1.1.

[532] Vgl. *Bianca/Bonell/Lando*, Art. 28, Anm. 1.3.1.; *v. Caemmerer/Schlechtriem/Huber,* Art. 46, Rn. 9, 10; *Honnold,* Uniform Law, Rn. 303.

I. Der Anspruch des Käufers auf Ersatzlieferung nach Art. 46 Abs. 2 CISG

1. Allgemeine Betrachtung

Liefert[533] der Verkäufer eine nicht vertragsgemäße Ware, kann der Käufer unter den Voraussetzungen des Art. 46 Abs. 2 CISG die Lieferung einer anderen neuen und vertragsgemäßen Ware verlangen.

Grundsätzlich fallen sämtliche Fälle des Art. 35 CISG in den Anwendungsbereich dieser Vorschrift: die Fälle der Sachmängel i. e. S. (vgl. Art. 35 Abs. 2 lit. a CISG), die Fälle der Eignung für einen bestimmten Zweck (vgl. Art. 35 Abs. 2 lit. b CISG) und die Fälle der Abweichung von Eigenschaften einer vom Verkäufer vorgelegten Probe bzw. eines Musters (vgl. Art. 35 Abs. 2 lit. c CISG)[534].

Auch auf aliud-Lieferungen ist Art. 46 Abs. 2 CISG anwendbar (vgl. Art. 35 Abs. 1 CISG), und zwar auch dann, wenn eine krasse Abweichung vorliegt[535].

Die Lieferung von Mindermengen fällt meistens nicht unter den Ersatzlieferungsanspruch des Käufers, obwohl diese als Lieferung einer nicht ausreichenden Menge ebenfalls eine Vertragswidrigkeit i. S. d. Art. 35 Abs. 1 CISG ist[536].

Gem. Art. 51 Abs. 1 CISG, der eine Sondervorschrift darstellt[537], wonach Art. 46 bis 50 CISG für den Teil gelten, der fehlt, liegt also eine einfache Nichtlieferung bezüglich des nicht gelieferten Teils vor, die nur im Rahmen des allgemeinen Erfüllungsanspruches nach Art. 46 Abs. 1 CISG vom Käufer verlangt werden kann[538]. In einem solchen Fall kann der Käufer sogar

---

[533] Die hier behandelte Regel hat nur Sinn, wenn es um eine Lieferung der Kaufsache i. S. d. Art. 31 CISG geht, vgl. *v. Caemmerer/Schlechtriem/Huber,* Art. 46, Rn. 28a.

[534] Vgl. *Schlechtriem/Huber,* Art. 46, Rn. 24; *Staudinger/Magnus,* Art. 46, Rn. 31, 35; *MünchKomm/Huber,* Art. 46, Rn. 27.

[535] Vgl. *Bianca/Bonell/Will,* Art. 46, Anm. 2.1.1.1.; *v. Caemmerer/Schlechtriem/Huber,* Art. 46, Rn. 24; *Staudinger/Magnus,* Art. 46, Rn. 14, 39; *Heilmann,* Mängelgewährleistung, S. 416; BGHZ 132, S. 290, 296 (für krasse aliud-Lieferung).

[536] Vgl. *Piltz,* Internationales Kaufrecht, § 5, Art. 46, Rn. 145; § 5, Art. 46, Rn. 154; *v. Caemmerer/Schlechtriem/Huber,* Art. 46, Rn. 25; *Staudinger/Magnus,* Art. 46, Rn. 10; *Karollus,* UN-Kaufrecht, S. 136; *Reinhart,* UN-Kaufrecht, Art. 46, Rn. 3; *Herber/Czerwenka,* Art. 46, Rn. 2.

[537] Vgl. *v. Caemmerer/Schlechtriem/Huber,* Art. 46, Rn. 25.

[538] Vgl. *Piltz,* Internationales Kaufrecht, § 5, Art. 46, Rn. 145; *Staudinger/Magnus,* Art. 46, Rn. 10; *v. Caemmerer/Schlechtriem/Huber,* Art. 46, Rn. 25, der zutreffend darauf hinweist, dass zudem die ratio legis des Art. 46 Abs. 2 CISG bezüglich des Rücktransports nicht eingreift.

eine angemessene Nachfrist i. S. d. Art. 47 Abs. 1 CISG zur Erfüllung der fehlenden Teilmenge setzen, während die Vorschrift des Art. 46 Abs. 2 CISG bezüglich des Verlangens einer Ersatzlieferung als gegenstandslos nicht anwendbar ist.

Die Lieferung muss allerdings teilbar sein[539]. Wenn die Ware aus mehreren selbständigen Teilen besteht, ist die Vorschrift des Art. 51 CISG anwendbar und daher kann der Käufer sich auf die Regel des Art. 46 Abs. 2 CISG berufen, wenn ein von den mehreren gelieferten Teilen wesentlich mangelhaft ist[540]. Die Anwendung der Vorschrift des Art. 51 CISG und dadurch des Art. 46 Abs. 1 CISG sind bei einem einheitlichen Kaufgegenstand, der sich lediglich aus verschiedenen Komponenten zusammensetzt, sinnlos, wenn eine der Komponenten fehlt[541]. Die Minderlieferung kann dabei als eine wesentliche Vertragsverletzung angesehen werden bzw. als eine wesentlich vertragswidrige Lieferung behandelt werden, aufgrund der der Käufer berechtigt ist, den Anspruch auf Ersatzlieferung nach Art. 46 Abs. 2 CISG zu erheben[542].

Umstritten ist des Weiteren, ob der Ersatzlieferungsanspruch des Käufers nur auf den Gattungskauf beschränkt sein soll oder er ihm auch für den Stückkauf zur Verfügung stehen kann.

Im UN-Kaufrecht steht eine solche Beschränkung im Wortlaut des Art. 46 Abs. 2 CISG nicht, wie in der entsprechenden Vorschrift des EKG, wo dieser Anspruch nach Art. 42 Abs. 1 lit. b und c EKG beim Stückkauf ausgeschlossen war[543].

Dass das Recht des Käufers auf Ersatzlieferung auch im Rahmen der Wiener Konvention grundsätzlich bei Gattungsschulden besteht, ergibt sich aber daraus, dass sich beim Stückkauf das Schuldverhältnis auf eine bestimmte Ware beschränkt und deswegen der Ersatzanspruch mangels des tauglichen Erfüllungsgegenstandes nicht bestehen kann[544]. „Härtefälle"[545] können da-

---

[539] Vgl. *Staudinger/Magnus*, Art. 46, Rn. 10 („z. B. 100 Ballen, Fässer u. ä.).

[540] Vgl. *Staudinger/Magnus,* Art. 46, Rn. 10.

[541] Vgl. *Piltz,* Internationales Kaufrecht, § 5, Art. 46, Rn. 146.

[542] Vgl. *v. Caemmerer/Schlechtriem/Huber*, Art. 51, Rn. 2; *Reinhart,* UN-Kaufrecht, Art. 51, Rn. 2.

[543] Artikel 42 EKG: „(1) Der Käufer kann vom Verkäufer die Erfüllung des Vertrages verlangen, a)....., b) wenn sich der Kauf auf eine bestimmte Sache bezogen hat: durch Lieferung der vereinbarten Sache oder des fehlenden Teiles; c) wenn sich der Kauf auf Gattungssachen bezogen hat: durch Lieferung anderer vertragsmäßiger Sachen oder des fehlenden Teiles oder der fehlenden Menge, es sei denn, daß ein Deckungskauf den Gebräuchen entspricht und in angemessener Weise möglich ist".

[544] Vgl. *Huber,* JBl. 1989, 279; *v. Caemmerer/Schlechtriem/Huber*, Art. 46, Rn. 23, 22; *Reinhart,* UN-Kaufrecht, Art. 46, Rn. 5; *Soergel/Lüderitz,* Art. 46, Rn. 4; *Welser* in *Doralt,* Das UNCITRAL-Übereinkommen, S. 118; *Karollus,* UN-Kaufrecht, S. 137; *Rudolf,* Kaufrecht der Export- und Importverträge, Art. 46, Rn. 12; anders aber *Ziegler,* S. 142 und *Hoffmann* in

her nur durch eine Auslegung des Vertrags gelöst werden, indem anhand der Umstände des Vertragsabschlusses geprüft wird, ob durch das Aussuchen der Ware tatsächlich eine Stückschuld begründet wurde, bei der Art. 46 Abs. 2 CISG nicht anwendbar ist, oder nur Gattungsmerkmale anlässlich eines Beispiels vereinbart wurden, die einen Gattungskauf darstellen, bei dem der Käufer den Ersatzlieferungsanspruch des Art. 46 Abs. 2 CISG hat[546].

Erhält der Käufer hingegen ein Identitätsaliud, so kann er auch beim Stückkauf die Ersatzlieferung nach Art. 46 Abs. 2 verlangen[547].

Abgesehen von den verschiedenen Arten der Vertragswidrigkeit der Kaufsache erfährt der Anspruch des Käufers auf Ersatzlieferung durch die Tatbestandsvoraussetzungen der Vorschrift des Art. 46 Abs. 2 CISG erhebliche Einschränkungen: Der Käufer ist nur dann berechtigt, die neue Lieferung einer vertragsgemäßen Ware zu verlangen, wenn die ursprüngliche Lieferung durch den Verkäufer aufgrund der Vertragswidrigkeit der Ware eine „wesentliche Vertragsverletzung" darstellt, und wenn die Ersatzlieferung entweder zusammen mit der Rügeanzeige des Art. 39 CISG oder innerhalb einer angemessenen Frist danach geltend gemacht wird[548]. Er muss auch hinsichtlich seiner Rückgabepflicht in der Lage sein, die Ware im Wesentlichen in dem Zustand dem Verkäufer zurückzugeben, in dem er sie erhalten hat (vgl. Art. 82 Abs. 1 CISG). Sonst ist sein Anspruch auf Ersatzlieferung ausgeschlossen[549].

Man kann leicht verstehen, warum der Gesetzgeber des UN-Kaufrechts solche Einschränkungen hinsichtlich der Ausübungsvoraussetzungen des Ersatzlieferungsrechtsbehelfs vorgesehen hat. Im Bereich des internationalen Handels sind die Kosten der Rückgabe der mangelhaften Kaufsache und die Aufwendungen für die Neulieferung einer anderen fehlerfreien Ware für den Verkäufer oft besonders hoch.

Wenn der Mangel daher nicht so schwerwiegend bzw. reparaturfähig ist, hat der Käufer einen Anspruch auf Nachbesserung, die meistens günstiger für den Verkäufer ist. Nur bei einer wesentlichen Vertragsverletzung scheinen das Bestehen auf einer Ersatzlieferung und deren für den Verkäufer

---

Schlechtriem, Einheitliches Kaufrecht und nat. OR., S. 293, 295. Nach ihnen ist die Ersatzlieferung nur bei unvertretbaren Sachen ausgeschlossen, wie Spezialanfertigungen oder Unikaten, wobei diese Fälle aber im Anwendungsbereich des UN-Kaufrechts selten sind.

545 Zit. in *Schulz,* Der Ersatzlieferungs- und Nachbesserungsanspruch des Käufers, S. 238.

546 Vgl. *Schulz,* Der Ersatzlieferungs- und Nachbesserungsanspruch des Käufers, S. 238.

547 Vgl. *Kircher*, Die Voraussetzungen der Sachmängelhaftung, S. 59; *Staudinger/Magnus,* Art. 46, Rn. 34; *Schlechtriem/Huber*, Art. 46, Rn. 23; *Karollus,* UN-Kaufrecht, S. 137.

548 Dieses Erfordernis gilt auch für den Anspruch des Käufers auf Nachbesserung (Art. 46 Abs. 3 CISG), wie weiter gezeigt wird.

549 Vgl. dazu unten, § 9.II.1.und 2.

lästigen Folgen gerechtfertigt. Hier handelt es sich also um eine recht verkäuferfreundliche Regel, denn deren Absicht ist, dem Käufer keinen Raum zum Ausnutzen seines Vertragspartners zu lassen[550].
Im Folgenden werden die Ausübungsvoraussetzungen des Ersatzlieferungsrechtsbehelfs näher beleuchtet.

2. Die Voraussetzungen des Ersatzlieferungsanspruches

a. Wesentliche Vertragsverletzung i. S. d. Art. 46 Abs. 2 CISG – Das Verhältnis des Ersatzlieferungsrechtsbehelfs zum Vertragsaufhebungsrechtsbehelfs

Nach der Entstehungsgeschichte der betreffenden Vorschrift war auf den Diskussionen bei der Wiener Konferenz die Meinung vorherrschend, dass wegen der entstehenden Transportkosten die Voraussetzungen der Ersatzlieferung denen der Vertragsaufhebung angeglichen werden sollten[551]. Deshalb wurde der Vorschlag der deutschen Delegation, den Ersatzlieferungsanspruch unabhängig von der Schwere bzw. der Wesentlichkeit der Vertragsverletzung zu gewähren[552], mit Stimmengleichheit abgelehnt[553] und im Gegensatz zum Haager Kaufgesetz – nach dem der Ersatzlieferungsanspruch gem. Art. 42 Abs. 1 lit. c EKG bei jeglicher Vertragsverletzung gegeben war, sofern ein Deckungskauf nicht in Betracht kam[554] – wurde die Wesentlichkeit der Vertragsverletzung als Hauptvoraussetzung sowohl für den Rechtsbehelf der Ersatzlieferung als auch für den der Vertragsaufhebung festgesetzt[555].
Demgemäß ist der Käufer berechtigt, entweder die Ersatzlieferung der mangelhaften Sache oder die Aufhebung des Vertrags zu verlangen, wenn

---

[550] Das Wesentlichkeitserfordernis wurde aber gegen heftigen Widerstand auf der Wiener Konferenz und auf Antrag der Vertreter der Entwicklungsländer durchgesetzt, die darauf bestanden, dass die Ersatzlieferung wegen der Kosten für den dreimaligen Transport auf den internationalen Transportwegen unökonomisch ist ; vgl. Off. Rec. 335, Nr. 21 (Date-Bath/Ghana), 22 (Sami/Irak).

[551] Vgl. Off. Rec. 337, Nr. 51 (Bonell/Italien), 52 (Hjerner/ Schweden); auch *Bianca/Bonell/Will*, Art. 46, Anm. 2.2.1.2; *Schlechtriem,* Internationales UN-Kaufrecht„ (2003), Rn. 103.

[552] Vgl. Off. Rec. 112 („(...) the buyer may require the seller to remedy a lack of conformity in the goods by repairing them or to deliver substitute goods unless it is reasonably not practicable for the seller (...).").

[553] Vgl. Off. Rec. 113 (mit 17 zu 17 Stimmen); vgl. auch zu den Gründen Off. Rec. 337.

[554] Vgl. dazu oben, § 5.I.1.

[555] Vgl. Off. Rec. 337, Nr. 49 (Stalev/Bulgaria); 53 (Ghestin/France); Sekretariatskommentar, Art. 42, Anm. 12, Off. Rec. 38.

die Vertragsverletzung für ihn nach Art. 25 CISG einen solchen Nachteil darstellt, dass die Erwartungen, die er in den Vertrag gesteckt hat, im Wesentlichen enttäuscht worden sind[556].

In einer solchen Situation hat der Käufer aber gemäß dem Prinzip des Vorrangs des Erfüllungsanspruches[557], das man aus dem Rechtssystem des Übereinkommens ableiten kann, nicht zwischen den Rechtsbehelfen der Ersatzlieferung und der Vertragsaufhebung frei zu wählen, sondern er hat zunächst den Ersatzlieferungsrechtsbehelf auszuüben und erst dann den der Vertragsaufhebung, wenn die Vertragsverletzung des Verkäufers durch die Lieferung einer Ersatzware nicht behoben wurde. Denn, obwohl diese Rechtsbehelfe unter der gleichen Voraussetzung der Wesentlichkeit der Vertragsverletzung zulässig sind, unterscheiden sie sich in ihren Rechtsfolgen: Durch die Ausübung der Aufhebung löscht sich der Vertrag aus, während dieser durch die Ausübung der Ersatzlieferung gemäß dem Zweck des UN-Kaufrechts aufrechterhalten wird.

Der Käufer ist also nur dann berechtigt, den Rechtsbehelf der Vertragsaufhebung auszuüben, wenn der Mangel der gelieferten Ware durch die Lieferung einer Ersatzware nicht beseitigt wurde[558]; dann sind seine vertraglichen Erwartungen endgültig enttäuscht.

Daraus ergibt sich aber nicht, dass der Begriff der wesentlichen Vertragsverletzung in den Tatbeständen der Art. 46 Abs. 2 und Art. 49 Abs. 1 lit. a CISG entsprechend den unterschiedlichen Rechtsfolgen bzw. der unterschiedlichen Funktion, die dieser Begriff bei beiden Vorschriften erfüllt, auch unterschiedlich zu interpretieren ist[559]. Der Begriff der wesentlichen Vertragsverletzung wird entsprechend dem konkreten Vertrag jedesmal einheitlich nach den Tatbestandsvoraussetzungen des Art. 25 CISG definiert, unabhängig von den Rechtsfolgen jeder Vorschrift im Rahmen des UN-Kaufrechts[560].

Sonst würde das Nacherfüllungsrecht bzw. Nachbesserungsrecht des Verkäufers in der Vorschrift des Art. 48 Abs. 1 CISG nicht nur unter dem Vorbehalt der Vertragsaufhebung aufgrund der Wesentlichkeit der Vertragsverletzung gem. Art. 49 Abs. 1 lit. a CISG stehen, sondern auch unter dem der Ersatzlieferung aufgrund der Wesentlichkeit der Vertragsverletzung, die nach Art. 46 Abs. 2 CISG unterschiedlich zu bestimmen wäre. Denn dann könnte der Käufer die Ersatzlieferung indirekt erzwingen, wenn er bei ei-

---

[556] Vgl. *Hoyer/Posch/Aicher,* Das Einheitliche Wiener Kaufrecht, Art. 25, Rn. 130.
[557] Vgl. oben in der Einführung dieses Paragraphen.
[558] Vgl. *Schlechtriem/Schwenzer/Müller-Chen*, Art. 49, Rn. 7.
[559] So aber *Karollus*, ZIP 1993, S. 490, 495 ff.
[560] Vgl. dazu auch unten, § 7.II.5.

nem Mangel der gelieferten Ware ohne Berücksichtigung einer Reparatur stets die Ersatzlieferung verlangen würde[561].

Der Käufer ist aber nach dem UN-Kaufrecht nicht an sein Ersatzlieferungsbegehren gebunden, so dass er dem Verkäufer jederzeit drohen kann, die Vertragsaufhebung zu erklären, wenn dieser keine neue Sache liefert[562]. Nach dem Grundsatz von Treu und Glauben gem. Art. 7 Abs. 1 CISG geht das Nachbesserungsrecht des Verkäufers dagegen, welches grundsätzlich bei nicht wesentlichen Vertragsverletzungen bestehen wird[563], dem Anspruch des Käufers auf Ersatzlieferung vor, wenn der Käufer kein berechtigtes Interesse an einer Ersatzlieferung hat[564]. Sonst könnte der Käufer inzwischen die Ersatzlieferung beanspruchen (was für den Verkäufer hohe Transportkosten generieren würde), obwohl durch eine Reparatur der Mangel in zumutbarer Weise beseitigt werden kann.

Damit würde das ganze Rechtssystem der Konvention durchbrochen, weil der Verkäufer auf Mängelrüge des Käufers zunächst das Recht auf Nacherfüllung gem. Art. 48 CISG – sei es durch Nachbesserung, sei es durch Ersatzlieferung –auszuüben hat, um die Vertragswidrigkeit der gelieferten Ware zu beheben; erst dann hat der Käufer den entsprechenden Rechtsbehelf auszuüben, falls nicht nur der Nachbesserungs- sondern auch der Ersatzlieferungsversuch erfolglos geblieben sind[565]. Auf der Möglichkeit zur Erfüllung des Vertrags bzw. der Behebbarkeit des Mangels der vertragswidrigen Kaufsache liegt daher nicht das entscheidende Kriterium für die Beurteilung der Wesentlichkeit der Vertragsverletzung, sondern sie ist das Kriterium für die Wahl des entsprechenden Rechtsbehelfs. Entscheidend für die Beurteilung der Wesentlichkeit einer Pflichtverletzung sind nur die Erfordernisse des Art. 25 CISG[566].

Dementsprechend ist im Fall des Art. 46 Abs. 2 CISG die Klage auf Ersatzlieferung erst dann begründet, wenn der Käufer nur dadurch den Vertrag aufrechterhalten kann. Die Wesentlichkeit der Vertragsverletzung kann dann nicht als Voraussetzung für die Berechtigung des Ersatzlieferungsanspruches des Käufers verstanden werden, wie der Wortlaut des Art. 46 Abs. 2 CISG scheinen lässt. Die Wesentlichkeit der Vertragsverletzung ist Vor-

---

561 Vgl. *Ziegler,* S. 80 ff.

562 Vgl. *v. Caemmerer/Schlechtriem/Huber,* Art. 45, Rn. 24 ff.; *Schlechtriem/Huber*, Art. 45, Rn. 21.

563 Vgl. *Schlechtriem/Schwenzer/Müller-Chen*, Art. 48, Rn. 20; *Audit,* La vente internationale de marchandises, Anm. 133; *Bianca/Bonell*/Bearbeiter, Art. 48, Anm. 3.1.2.; *Karollus,* UN-Kaufrecht, S. 138; *Neumayer/Ming,* Art. 48, Rn. 4.

564 Vgl. *Schlechtriem/Schwenzer/Müller-Chen*, Art. 48, Rn. 20, Fn. 54.

565 Vgl. auch *Schulz,* Der Ersatzlieferungs- und Nachbesserungsanspruch des Käufers, S. 248 f.; *Schlechtriem/Schwenzer/Müller-Chen*, Art. 46, Rn. 29.

566 Vgl. dazu unten, § 7.II.4.ii.

aussetzung nur für die Berechtigung zur Vertragsaufhebung, die der Käufer als „ultima ratio" ausübt, wenn der Mangel durch Nachbesserung oder durch Ersatzlieferung nicht beseitigt wurde[567].

Daher ist anzunehmen, dass die Wesentlichkeit im Tatbestand des Art. 46 Abs. 2 CISG nur dann erfüllt wird, wenn der Mangel der gelieferten Ware durch Ersatzlieferung nicht beseitigt würde[568]. Denn nur unter dieser Hypothese, kann der Käufer die Ersatzlieferung als den entsprechenden Rechtsbehelf für die Aufrechterhaltung des Vertrags sofort verlangen. Beim tatsächlichen Misserfolg der Ersatzlieferung kann er dagegen den Rechtsbehelf der Vertragsaufhebung ausüben.

Der Begriff der Wesentlichkeit der Vertragsverletzung wird also nach dem Wortlaut des Art. 46 Abs. 2 CISG nicht näher konkretisiert. Denn mit dieser Vorschrift wird der Begriff der wesentlichen Vertragsverletzung nicht interpretiert, sondern wird die Frage nach der Bestimmung des Verhältnisses des Rechtsbehelfs der Ersatzlieferung zu dem der Vertragsaufhebung beantwortet[569].

Damit kann man das „Paradox" [570] auslösen, dass der Ersatzlieferungsanspruch des Käufers eine wesentliche Vertragsverletzung voraussetzt, die Wesentlichkeit aber erst dann gegeben ist, wenn der Mangel vom Verkäufer nicht gem. Art. 48 CISG durch Ersatzlieferung behoben wird.

Als Anschauungsbeispiele aus der Fülle der zu dieser Thematik bisher ergangenen Rechtsprechung sollen die folgenden Entscheidungen dienen:

Eine „wesentliche Vertragsverletzung" des Verkäufers, welche die Aufhebung des Vertrags erlaubt, weil die Durchsetzung einer Ersatzlieferung nicht möglich ist, wurde für den Fall bejaht, dass die gelieferten Sweatshirts beim Waschen um 6-8 cm einliefen, so dass der Käufer die inzwischen weiterverkaufte Ware alsbald von seinem Kunden gegen Erstattung des Kaufpreises zurücknehmen musste[571]. Ebenso wurde hinsichtlich der Lieferung von Paprikapulver entschieden, das nicht den lebensmittelrechtlichen Vorschriften des Bestimmungslandes entsprach, obwohl dies im Vertrag ausdrücklich vorgesehen war; da eine ordnungsgemäße Nachlieferung dabei weit nach Ablauf der vertraglichen Lieferzeit nicht erfolgt war, konnte der Käufer den Vertrag aufheben[572]. Zur Vertragsaufhebung gem. Art. 49 Abs.

---

[567] Vgl. *Schlechtriem/Schwenzer/Müller-Chen*, Art. 49, Rn. 7.

[568] Auch dazu *MünchKomm/Huber*, Art. 49, Rn. 32.

[569] Vgl. dazu auch unten, § 7.II.5.

[570] Zit. in *Schlechtriem/Schwenzer/Müller-Chen*, Art. 46, Rn. 29.

[571] Vgl. Tribunal de Commerce de Besançon Urt. v. 19.1.1998, UNILEX; ebenso in einem ganz ähnlichen Fall LG Landshut Urt. v. 5.4.1995 – 54 O 664/94, CISG-Online Case 193; Piltz, Neue Entwicklungen im UN-Kaufrecht, NJW 1996, S. 2768, 2772.

[572] Vgl. LG Ellwagen Urt. v. 25.6.1997 – 1 KfH O 32/95, CISG-Online Case 279.

1 lit. a CISG war der Käufer auch angesichts der Lieferung vom gezuckerten Wein berechtigt, der den Bestimmungen des Weinrechts – sowohl im Land des Käufers als auch im Land des Verkäufers – widersprach und allenfalls noch zu Essig verarbeitet werden konnte[573]. Ebenso wurde für den Fall geurteilt, dass der gelieferte Stahl Splitter aufwies und teilweise gespalten war, weil diese Mängel sich auch durch mehrmaliges Nachschleifen nicht beseitigen ließen und die Ware somit unverkäuflichen Ausschuss darstellte[574].

Die Wahl des Rechtsbehelfs der Vertragsaufhebung durch den Käufer ist also in diesen Fällen zulässig, denn dabei gibt es keine Möglichkeit zur Beseitigung des Mangels durch die Lieferung einer fehlerfreien Ersatzware.

b. Anmeldung des Ersatzlieferungsanspruches

Der Anspruch auf Ersatz muss anders als der allgemeine Erfüllungsanspruch nach Art. 46 Abs. 1 CISG entweder zusammen mit der Mängelanzeige nach Art. 39 CISG oder innerhalb einer angemessenen Frist danach geltend gemacht werden.

Der Grund, warum die Verfasser des UN-Kaufrechts diesem Anspruch zeitliche Grenzen gesetzt haben, ist schon erwähnt.

Mit dieser Regelung sollen die Ungewissheit der Wahl des Ersatzlieferungsrechtsbehelfs durch den Käufer und ein spekulatives Abwarten zu Lasten des Verkäufers verhindert werden[575]. Dementsprechend trifft die Beweislast für die zeitgerechte Absendung des Anspruches den Käufer[576], während der Verkäufer das Risiko der Übermittlung des Verlangens auf Ersatzlieferung – ebenso wie bei der Anzeige nach Art. 39, mit der dieser Anspruch verbunden werden kann –zu tragen hat (vgl. Art. 27 CISG)[577].

Die Angemessenheit der Frist, die für die Anmeldung des Ersatzlieferungsanspruches nach Art. 46 Abs. 2 CISG erforderlich ist, ist aus der Sicht des Käufers, der dabei die vertragstreue Partei ist, nach der Grundregel des Art. 8 Abs. 3 CISG zu beurteilen[578]. Innerhalb dieses Zeitraums muss der Käufer

---

573 Vgl. CC Urt. v. 23.1.1996, IPRax 1997, S. 126.

574 Vgl. BGH, RIW 1997, S. 1037, 1038.

575 Vgl. *v. Caemmerer/Schlechtriem/Huber*, Art. 46, Rn. 7; *Piltz*, Internationales Kaufrecht, § 5, Art. 46, Rn. 182.

576 Vgl. *Herber/Czerwenka*, Art. 46, Rn. 8; *Piltz*, Internationales Kaufrecht, § 5, Art. 46, Rn. 70.

577 Vgl. *Staudinger/Magnus*, Art. 46, Rn. 47; *MünchKomm/Huber*, Art. 46, Rn. 34.

578 Vgl. *Loewe*, Internationales Kaufrecht, Art. 46, S. 68; *Reinhart*, UN-Kaufrecht, Art. 46, Rn. 7; *Staudinger/Magnus*, Art. 46, Rn. 43.

die Möglichkeit haben, zu überlegen, ob er eine Ersatzlieferung oder Nachbesserung verlangen wird, ob er mindern oder schlussendlich den Vertrag aufheben wird. Bei diesem letzten Rechtsbehelf sind jedoch auch die Interessen des Verkäufers zu berücksichtigen[579].

Bezüglich des Beginns der Frist zur Geltendmachung des Ersatzlieferungsanspruches wird die Meinung vertreten, dass für den Ersatzlieferungsanspruch des Käufers vier Fristen hintereinandergeschaltet sind[580]. Demgemäß läuft zuerst die kurze Untersuchungsfrist und dann die angemessene Frist für die Anzeige des Mangels an. Die dritte Frist ist die Zeit, innerhalb der ein Nachbesserungsversuch im Rahmen des Rechts des Verkäufers auf Nacherfüllung i. S. d. Art. 48 Abs. 1 CISG in für den Käufer zumutbarer Weise durchgeführt werden kann, während die vierte Frist die Zeit ist, innerhalb der der Käufer den Anspruch auf eine Ersatzware nach Art. 46 Abs. 2 CISG beim Fehlschlagen des Nachbesserungversuchs geltend machen kann.

Zwar entspricht diese Ansicht der Rangordnung der Rechtsbehelfe des Käufers im Rechtssystem des UN-Kaufrechts, wonach der Ersatzlieferungsrechtsbehelf geltend gemacht werden kann, wenn der Verkäufer im Rahmen seines Rechts auf Nachbesserung den Mangel nicht in zumutbarer Weise beseitigt hat.

Jedoch wäre die Frist für die Ersatzlieferungsanzeige nicht angemessen, wenn der entsprechende Versuch generell erst nach einem erfolgslosen Zeitablauf für die Reparatur der mangelhaften Ware nach Art. 48 Abs. 1 CISG geltend gemacht werden müsste. Denn hier spricht nichts dafür, dass sich die Ersatzlieferungsanzeige hinsichtlich der Angemessenheit der Frist auf das Erfordernis eines Nachbesserungversuchs durch den Verkäufer nach Art. 48 Abs. 1 CISG bezieht.

Die Lösung der vier hintereinandergeschalteten zur Geltendmachung des Ersatzlieferungsanspruches erforderlichen Fristen widerspricht dem eindeutigen Wortlaut der hier behandelten Vorschrift, der unmissverständlich fordert, dass die Ersatzlieferungsanzeige mit der Mängelanzeige des Art. 39 CISG oder innerhalb einer angemessenen Frist nach der Mängelanzeige zu erfolgen hat.

Deshalb ist der Meinung zu folgen, nach der für den Käufer, der eine Ersatzlieferung begehrt, nur drei Fristen gelten sollen[581]: Die Untersuchungs-, die Anzeigefrist und eine angemessene Frist, die nach dem Wortlaut des Art. 46 Abs. 2 CISG mit der Anzeige des Mangels der gelieferten Ware

---

579 Vgl. *Herber/Czerwenka,* Art. 46, Rn. 8.
580 Vgl. *Ziegler,* S. 144.
581 Vgl. *Schulz,* Der Ersatzlieferungs- und Nachbesserungsanspruch des Käufers, S. 259.

beginnt und bei der die Zeit eines erfolglosen Nacherfüllungsversuchs durch den Verkäufer zu berücksichtigen ist.

Diese Meinung steht im Einklang mit der hier vertretenen Ansicht, dass sich die Wesentlichkeit der Vertragsverletzung im Tatbestand des Art. 46 Abs. 2 CISG erst dann darstellt, wenn die Ersatzlieferung nicht erfolgen würde. Denn der Käufer, um die Wahrscheinlichkeit einer solchen Hypothese prüfen zu können, so dass er berechtigterweise die Ersatzlieferung als letzte Chance zur Aufrechterhaltung des Vertrags verlangen kann, braucht eine angemessene Frist nach der Untersuchung und der Mängelanzeige des Art. 38, 39 CISG, wonach er feststellen kann, dass die konkrete Vertragsverletzung nur durch Ersatzlieferung behebbar ist. Dieses kann er freilich oft feststellen, wenn ein Nachbesserungsversuch durch den Verkäufer fehlgeschlagen ist.

Deshalb ist bei der Bestimmung einer angemessenen Frist nach dem Wortlaut des Art. 46 Abs. 2 CISG die Zeit zu berücksichtigen, innerhalb der eine Nacherfüllung für den Käufer unzumutbar wird bzw. innerhalb der ein Nachlieferungsversuch erfolglos aufgewiesen wird[582]. Die angemessene Frist sollte sogar um diese Zeit verlängert werden[583]. Denn wenn man diese Zeit unberücksichtigt lassen würde, so hätte dies zur Folge, dass die Frist für das Ersatzlieferungsverlangen des Art. 46 Abs. 2 CISG abgelaufen sein könnte, bevor die Wesentlichkeitsgrenze erreicht wäre. Dies würde aber im Ergebnis dazu führen, dass dem Käufer die Ersatzlieferung versperrt sein könnte[584].

Um Unsicherheiten hinsichtlich der Angemessenheit der Frist vorzubeugen, wird dem Käufer daher empfohlen, nach der Mängelanzeige eine vernünftige angemessene Frist i. S. d. Art. 47 Abs. 1 CISG zur Nacherfüllung zu setzen[585]. Nur durch den erfolglosen Ablauf dieser Frist, die allerdings keine Voraussetzung für die Geltendmachung der Ersatzlieferung ist, kann der Käufer zum einen sicher sein, dass die Vertragsverletzung wesentlich ist[586], und zum anderen, dass die Unzumutbarkeitsgrenze des Nacherfüllungsversuchs erreicht wurde bzw. die Frist des Art. 46 Abs. 2 CISG in jeden Fall eingehalten wurde.

---

[582] Vgl. *v. Caemmerer/Schlechtriem/Huber*, Art. 46, Rn.52.

[583] Vgl. *Schulz,* Der Ersatzlieferungs- und Nachbesserungsanspruch des Käufers, S. 259.

[584] Vgl. auch dazu das Beispiel in *Schulz,* Der Ersatzlieferungs- und Nachbesserungsanspruch des Käufers, S. 259 Fn. 1598.

[585] Vgl. *Schlechtriem/Huber*, Art. 46, Rn. 13.

[586] Bezüglich die Funktion der Nachfristsetzung in der Auslegung des Begriffes der wesentlichen Vertragsverletzung vgl. unten, § 6.I.1.

c. Rückgabefähigkeit der vertragswidrigen Ware

Das Begehren auf Ersatzlieferung läuft auf eine Rückgabepflicht wie bei der Vertragsaufhebung hinaus: Der Käufer erhält eine neue Lieferung und hat dafür die zunächst erhaltene Ware herauszugeben.
Das UN-Kaufrecht regelt jedoch diese Pflicht beim Anspruch des Käufers auf Ersatzlieferung nicht ausdrücklich.
Dies führt aber zu keiner Regelungslücke. Aufgrund der Vergleichbarkeit mit den Rückabwicklungsproblemen bei der Vertragsaufhebung kann man für ähnliche Probleme bei der Ersatzlieferung eine parallele Lösung finden. Daher finden die Vorschriften der Art. 81 ff. CISG, die die Auswirkungen der Vertragsaufhebung auf das Kaufverhältnis regeln, auch für die Ersatzlieferung Anwendung[587]:
Gem. Art. 81 Abs. 2 Satz 1 CISG ist also anzunehmen, dass der Käufer bei dem Ersatzlieferungsanspruch wie bei dem Vertragsaufhebungsanspruch die gelieferte mangelhafte Ware auf Verlangen des Verkäufers zurückzugeben hat. Weil aber eine Rückgabe der Leistungen Zug-um-Zug nach analoger Anwendung des Art. 81 Abs. 2 S. 2 CISG in den Fällen der Ersatzlieferung wenig Sinn hat, wo aus organisatorisch-technischen oder aus zeitlichen Gründen die gleichzeitige Rückgabe und die Lieferung einer Ersatzware nicht durchführbar ist, ist die entsprechende Pflicht dabei im Gegensatz zur Vertragsaufhebung nicht anzunehmen[588]. Bei der Ersatzlieferung ist der Käufer daher zu der Rückgabe der mangelhaften Ware an die Stelle einer fehlerfreien Ersatzware verpflichtet, braucht sie aber nicht Zug-um-Zug durchzuführen.

---

[587] Vgl. *v. Caemmerer/Schlechtriem/Huber,* Art. 46, Rn. 52; *v. Caemmerer/Schlechtriem/Leser,* Art. 81-84, Rn. 4; *Schlechtriem,* Einheitliches UN-Kaufrecht (1981), S. 102, Fn. 4; bezüglich der Pflicht des Käufers zu Rückgabe des Geleisteten vgl. unten, § 9.

[588] Der entsprechende Antrag Norwegens (Off. Rec. 136) bei der Diskussion auf der Wiener Konferenz auf eine Zug-um-Zug-Lieferung auch bei der Ersatzlieferung ist mit der Begründung abgelehnt worden, im internationalen Handel sei es unüblich, dem Käufer die Zurückhaltung der mangelhaften Ware bis zur Leistung der Ersatzware zu gestatten; vgl. Off. Rec. 387, Nr. 56 (Bonell/Italien), 52 (Ziegel/Kanada), 58 (Vinding Kruse/Dänemark), 59 (Fokkema/Niederlande). Dieser Ansicht ist auch *Schlechtriem,* Einheitliches UN-Kaufrecht (1981), S. 102; auch *Leser* in *Schlechtriem,* Einheitliches Kaufrecht und nat. OR., S. 242 Fn. 81. Vgl. auch dazu *v. Caemmerer/Schlechtriem/Huber,* Art. 46, Rn. 52; *Rudolph,* Kaufrecht, der Export- und Importverträge, Art. 46, Rn.13. Anders aber *Karollus,* UN-Kaufrecht, S. 138 und *Herber/Czerwenka,* Art. 46, Rn. 7, nach denen die Ablehnung des norwegischen Vorschlages, die Regelung des Art. 81 ff. auf die Ersatzlieferung auszuweiten, nicht auf grundsätzlichen, sondern nur auf redaktionellen Bedenken zurückzuführen sind.

Gem. Art. 82 Abs. 1 CISG ist auch vorgesehen, im Einklang mit der Vertragsaufhebung die Ersatzlieferung auszuschließen, wenn der Käufer nicht imstande ist, die Ware im Wesentlichen in dem Zustand zurückzugeben, in dem er sie erhalten hat[589] Dabei hat er sogar kein Recht auf Nachbesserung, um sein Recht auf Ersatzlieferung nicht zu verlieren, weil die Nachbesserung aufgrund der Wesentlichkeit der Vertragswidrigkeit der Kaufsache für den Verkäufer meistenteils unzumutbar sein wird[590].

Der Käufer verliert seinen Anspruch auf Ersatzlieferung trotz der wesentlichen Veränderung der Kaufsache aber nicht, wenn die Veränderung der Sache nicht in seinen Verantwortungsbereich fällt oder sie auf ihrem mangelhaften Zustand zurückzuführen ist[591]; denn hier gelten auch wie bei der Vertragsaufhebung die Ausnahmefällen des Art. 82 Abs. 2 CISG.

Hinsichtlich der Herausgabepflicht des Käufers des Gegenwerts der aus der Ware gezogenen Vorteile findet jedoch die Regel des Art. 84 Abs. 2 CISG, im Gegensatz zu der Vertragsaufhebung, bei der Ersatzlieferung keine analoge Anwendung. Dem Verkäufer verbleibt kein Anspruch darauf.

Der Grund dieser unterschiedlichen Behandlung des Verkäufers bei der Rückabwicklung des Vertrags nach der Ausübung des Ersatzlieferungsrechtsbehelfs liegt im unterschiedlichen Ergebnis, zu dem dieser Rechtsbehelf im Vergleich mit dem der Vertragsaufhebung führt[592]. Während es sich bei der Vertragsaufhebung um die Regelung der Rechtsverhältnisse der Parteien nach der Vertragsauflösung handelt, handelt es sich bei der Ersatzlieferung um die Erfüllung des Vertrags, nachdem der Verkäufer eine neue, fehlerfreie Ware liefert, für die der Käufer oft den vereinbarten Kaufpreis bereits bezahlt hat. Deshalb kann der Käufer bei der Ersatzlieferung den Gegenwert der herausgezogenen Vorteile behalten; für das Behalten dieser Nutzungen hat er einen Rechtsgrund. Bei der Vertragsaufhebung hat er dagegen keinen Behaltensgrund dafür. Daher hat er eine Herausgabepflicht nach Art. 84 Abs. 2 lit. a und b CISG[593].

---

[589] Dagegen war im Haager Kaufgesetz die Ersatzlieferung in einem solchen Fall nicht ausdrücklich ausgeschlossen, obwohl die Meinung über einen Ausschluss in solchen Fällen generell angenommen war, vgl. *Dölle/Weitnauer,* Art. 79, Rn. 5; *Dölle/Stumpf,* Art. 42, Rn. 17; *Beß,* S. 96. Bei den Diskussionen für die Verfassung des UN-Kaufrechts auf der Wiener Konferenz wurde daher der Vorschlag Norwegens, in das Übereinkommen aufzunehmen, dass die Unfähigkeit des Käufers, die Ware unverändert zurückzugeben, sein Recht auf Ersatzlieferung ausschließt, nicht abgelehnt, vgl. dazu *v. Caemmerer/Schlechtriem/Leser*, Art. 82, Rn. 1.

[590] Vgl. dazu oben, § 5.I.2.a., Fn. 561.

[591] Für die Auslegung dieser Vorschriften vgl. unten, § 9.II.2.a.b.c.i., ii. und iii.

[592] Vgl. *Krebs*, Die Rückabwicklung, S. 69.

[593] Vgl. *Enderlein/Maskow/Strohbach,* Internationales Kaufrecht, Art. 84, Rn. 5.2; *Honsell/Weder*, Art. 84, Rn. 12.

II. Der Anspruch des Käufers auf Nachbesserung nach Art. 46 Abs. 3 CISG

1. Allgemeine Betrachtung

Nach Art. 46 Abs. 3 CISG hat der Käufer den Anspruch auf Nachbesserung der mangelhaften Ware wie den Anspruch auf Ersatzlieferung entweder zusammen mit der Anzeige des Mangels nach Art. 39 CISG oder innerhalb einer angemessenen Frist danach geltend zu machen.
Aus dem bisher gesagten ergibt sich, dass der Anspruch auf Nachbesserung, wie der Anspruch auf Ersatzlieferung, „eine besondere Ausprägung des allgemeinen Erfüllungsanspruchs“ nach Art. 46 Abs. 1 CISG ist[594].
Anders als im Fall der Ersatzlieferung hängt der Anspruch auf Nachbesserung aber nicht vom Vorliegen einer wesentlichen Vertragsverletzung ab. Die Aufforderung an den Verkäufer, die Vertragswidrigkeit der Ware durch Nachbesserung zu beseitigen, wird durch die Voraussetzung der Zumutbarkeit für den Verkäufer unter der Berücksichtigung aller Umstände des Einzelfalls eingeschränkt.
Der Begriff der „Zumutbarkeit“ dient also hier demselben Zweck, den die Voraussetzung der wesentlichen Vertragsverletzung beim Anspruch auf die Ersatzlieferung einer fehlerfreien Sache nach Art. 46 Abs. 2 CISG verfolgt; zu vermeiden, dass der Verkäufer, falls die Reparatur an einem anderen Ort als seiner Niederlassung stattzufinden hat, mit erheblichen Transportkosten belastet wird[595].
Das Haager Kaufgesetz hat in Art. 42 Abs. 1 lit. a dem Käufer den Nachbesserungsanspruch nur zuerkannt, wenn der Verkäufer selbst der Hersteller der Ware war[596]. Im Gegensatz dazu hat der Verkäufer nach dem UN-Kaufrecht, die Reparatur selbst vorzunehmen oder einen Dritten mit ihr zu beauftragen[597].

---

594 Zit. in *Schlechtriem/Schwenzer/Müller-Chen*, Art. 46, Rn. 39.

595 Vgl. *v Caemmerer/Schlechtriem/Huber*, Art. 46, Rn. 84; *Herber/Czerwenka*, Art. 46, Rn. 10; *Bianca/Bonell/Will*, Art. 48, Anm. 2.2.2.2.

596 Artikel 42 Abs. 1 lit. a EKG: „Der Käufer kann von dem Verkäufer die Erfüllung des Vertrages verlangen, a) wenn sich der Kauf auf eine vom Verkäufer zu erzeugende oder herzustellende Sache bezogen hat: durch Behebung der Vertragswidrigkeit, vorausgesetzt daß der Verkäufer hierzu in der Lage ist“.

597 Vgl. *Herber/Czerwenka*, Art. 46, Rn. 10; *Piltz*, Internationales Kaufrecht § 5, Art. 46, Rn. 150.

Die Nachbesserung (Verbesserung i. e. S. an der Sache selbst nach *Karollus*[598]) ist nicht nur unter dem engen Sinn der Reparatur des mangelhaften Teils der gelieferten Ware zu verstehen. Sie umfasst auch die Auswechselung von Teilen und die Lieferung von Ersatzteilen, die im Rahmen der Reparatur der Ware benötigt werden[599].

Problematisch könnte aber die Grenzziehung sein, wenn bei der Nachbesserung zugleich wesentliche Teile auszuwechseln sind (z. B. Motortausch bei einem Kfz.), weil dann ein partieller Austausch stattfindet, der den Verkäufer aufgrund der zusätzlichen Arbeitsleistung vielleicht sogar stärker belastet als ein Austausch der gesamten Ware[600].

In solchen Fällen ist daher die Nachbesserung für den Verkäufer meist unzumutbar und folglich der entsprechende Anspruch des Käufers ausgeschlossen. Dieser hat, weil hier die Vertragsverletzung zweifellos wesentlich ist, nur den Rechtsbehelf der Ersatzlieferung oder als „ultima ratio" den der Vertragsaufhebung[601].

Ein Nachbesserungsanspruch wird auch bei aliud-Lieferungen aus praktischen Gründen regelmäßig nicht in Betracht kommen, da die Reparatur eines aliud um einen vertragsgemäßen Gegenstand herzustellen, meist unmöglich ist[602]. Nur seltene Ausnahmen könnten denkbar sein[603].

Bei aliud-Lieferungen ist also regelmäßig die Nachbesserung i. S. d. Art. 46 Abs. 3 CISG unzumutbar und daher wird der Käufer Erfüllung durch Ersatzlieferung nach Art. 46 Abs. 2 CISG verlangen müssen[604].

Erfüllung durch Ersatzlieferung kann der Käufer auch bei einer Gattungsschuld verlangen, obwohl dabei die Beseitigung des Mangels auch durch Nachbesserung möglich ist; denn es ist für die Erhebung eines Nachbesserungsanspruches gleichgültig, ob es sich um einen Gattungs- oder Spezies-

---

[598] Vgl. *Karollus*, UN-Kaufrecht, S. 135.

[599] Vgl. *Herber/Czerwenka*, Art. 46, Rn. 9; *Piltz*, Internationales Kaufrecht, § 5, Art. 46, Rn. 150; *v Caemmerer/Schlechtriem/Huber*, Art. 46, Rn. 62; *Karollus*, UN-Kaufrecht, S. 136; *Reinhart*, UN-Kaufrecht, Art. 46, Rn. 8; *Enderlein/Maskow/Strohbach*, Internationales Kaufrecht, Art. 46, Rn. 7; *Kircher*, Die Voraussetzungen der Sachmängelhaftung, S. 59; vgl. auch die entsprechende Diskussion auf der Wiener Konferenz, Off. Rec. 335 f.

[600] Vgl. *Schlechtriem/Huber*, Art. 46, Rn. 62.

[601] Vgl. *Enderlein/Maskow/Strohbach*, Internationales Kaufrecht, Art. 46, Rn. 7; *Staudinger/Magnus*, Art. 46, Rn. 54; *Reinhart*, UN-Kaufrecht, Art. 46, Rn. 8; *Schlechtriem*, IPRax 1996, S. 256, 257; *Herber/Czerwenka*, Art. 46, Rn. 9; *Piltz*, Internationales Kaufrecht, § 5, Art. 46, Rn. 150; vgl. auch OLG Hamm, IPRax 1996, S. 269, 270 (Austausch der Scheiben bei Lieferungen von Fenstern. Das Gericht hat hier allerdings offengelassen, ob es sich um eine Nachbesserung oder Ersatzlieferung handelte.).

[602] Vgl. *Herber/Czerwenka*, Art. 46, Rn. 10.

[603] Vgl. *Schulz*, Der Ersatzlieferungs- und Nachbesserungsanspruch des Käufers, S. 297.

[604] Vgl. *Schlechtriem/Schwenzer/Müller-Chen*, Art. 46, Rn. 18.

kauf handelt[605]. Also kann der Käufer bei einer Gattungsschuld nicht auf Nachbesserung bestehen, wenn der Verkäufer den Mangel durch Ersatzlieferung beseitigen will[606]. Zwar steht das Wahlrecht hinsichtlich der Erfüllungsmethode beim Erheben des Nachbesserungsanspruchs dem Käufer zu[607], eine Nachbesserung bei Gattungskäufen ist aber oft für den Verkäufer unzumutbar. Daher hat er die Ersatzlieferung statt der Nachbesserung vorzunehmen. Dafür spricht auch Art. 48 CISG, nach dem das Wahlrecht hinsichtlich der Art der Nacherfüllung dem Verkäufer zusteht[608]. Der Käufer kann jedoch sein Nachbesserungsbegehren gegen die Ersatzlieferung durchsetzen, wenn er ein berechtigtes Interesse daran hat[609].
Schließlich kann eine Nachbesserung der mangelhaften Kaufsache nur dann verlangt werden, wenn es sich um eine nachbesserungsfähige Ware handelt[610]. Bei Rohstoffen und landwirtschaftlichen Erzeugnissen oder bei billigen Massenartikeln wird also im Falle einer mangelhaften Lieferung grundsätzlich nicht durch Nachbesserung nacherfüllt[611]. Der Mangel kann dabei unabhängig von seiner Schwere nur durch Ersatzlieferung behoben werden[612]. Denn aufgrund der Reparaturfähigkeit des Mangels geht es meistens um die Frage der Unzumutbarkeit der Nachbesserung für den Verkäufer nach dem Wortlaut des Art. 46 Abs. 3 CISG[613].

2. Die Voraussetzung des Nachbesserungsanspruches: Zumutbarkeit für den Verkäufer

Nach Art. 46 Abs. 3 CISG ist der Käufer berechtigt, die Nachbesserung der mangelhaften gelieferten Ware zu verlangen, wenn sie nach allen Umständen zumutbar ist. Obwohl der Wortlaut des Übereinkommens im Hinblick

---

605 Vgl. *Staudinger/Magnus,* Art. 46, Rn. 58; *Schlechtriem/Schwenzer/Müller-Chen*, Art. 46, Rn. 39.

606 Vgl. *Heilmann,* Mängelgewährleistung, S. 429; *Bianca/Bonell/Will,* Art. 48, Anm. 3.1.2; *Rudolf,* Kaufrecht der Export- und Importverträge, Art. 46, Rn. 19.

607 Vgl. *Staudinger/Magnus,* Art. 46, Rn. 53.

608 Vgl. *Schlechtriem/Schwenzer/Müller-Chen*, Art. 46, Rn. 35 und Art. 48, Rn. 18; *Karollus,* UN-Kaufrecht, S. 138.

609 Vgl. *Schlechtriem/Huber,* Art. 46, Rn. 66.

610 Vgl. *v Caemmerer/Schlechtriem/Huber*, Art. 46, Rn. 87.

611 Vgl. *Herber/Czerwenka*, Art. 46, Rn. 10; *Rudolf,* Kaufrecht der Export- und Importverträge, Art. 46, Rn. 19.

612 Das ist ein Argument gegen diese Autoren, die die Meinung vertreten, dass die Wesentlichkeit der Vertragsverletzung von der Schwere des Mangels abhängig ist. Vgl. dazu unten, § 7.II.4.i..

613 Vgl. *Herber/Czerwenka*, Art. 46, Rn. 10; *Rudolf,* Kaufrecht der Export- und Importverträge, Art. 46 Rn. 19.

darauf, für wen die Nachbesserung zumutbar sein muss, nicht ganz eindeutig ist, kann man vermuten, dass die Zumutbarkeit für den Verkäufer gemeint ist[614], da im Fall, in welchem die Nachbesserung für den Käufer unzumutbar wäre, hätte er ganz einfach diesen Anspruch nicht erhoben.
Überdies hat der Verkäufer bei Unzumutbarkeit der Nachbesserung für den Käufer kein Recht auf Reparatur der Sache i. S. d. Art. 48 Abs. 1 S. 1 CISG[615]. In solchen Fällen wird die Behebung des Mangels nur durch eine Ersatzlieferung möglich sein.
Art. 46 Abs. 3 CISG sagt auch nichts Besonderes für die Bestimmung des abstrakten Begriffs der Zumutbarkeit der Nachbesserung. Nach dem Gesetzestext ist der Verkäufer nur dann zur Nachbesserung verpflichtet, wenn dies unter Berücksichtigung aller Umstände für ihn zumutbar ist.
Diese Formulierung ist aber deutlich genug, denn dies bedeutet, dass zwischen den Interessen des Käufers an der Behebung des Mangels durch Nachbesserung und den Interessen des Verkäufers an möglichst wenigen Aufwendungen und Anstrengungen abzuwägen ist[616]. Stehen also der erforderliche Aufwand oder die Anstrengungen des Verkäufers in einem objektiven Missverhältnis zu den Vorteilen für den Käufer, ist die Nachbesserung unzumutbar[617].
Bei der Beurteilung der Zumutbarkeit sind nicht nur tatsächliche Gegebenheiten im Einzelfall zu berücksichtigen, beispielsweise technische Schwierigkeiten oder unverhältnismäßige Kosten der Reparatur und des eventuellen Transports an den Ort der Reparatur[618], sondern auch der konkrete Vertrag und die Umstände seines Abschlusses[619], worin die Interessen beider Parteien ausgedrückt werden.
Das Verhältnis der Nachbesserung zum Kaufpreis, der nach der Interessenbewertung im Vertrag gestaltet wird, spielt allerdings keine Rolle[620].

---

[614] Vgl. *Schlechtriem/Huber*, Art. 46, Rn. 58; *Herber/Czerwenka*, Art. 46, Rn. 10; *Piltz*, Internationales Kaufrecht § 5, Art. 46, Rn. 151; *Staudinger/Magnus*, Art. 46, Rn. 60.
[615] Vgl. *Schlechtriem/Huber*, Art. 46, Rn. 59; dazu auch unten, § 7.II.2.
[616] Vgl. Off. Rec. 336, Nr. 35, 37.
[617] Vgl. *Staudinger/Magnus*, Art. 46, Rn. 61.
[618] Vgl. Off. Rec. 335; *v. Hoffmann*, in *Schlechtriem*, Einheitliches Kaufrecht u. nat. OR., S. 297 ff.; *Bianca/Bonell/Will*, Art. 46, Anm. 2.2.2.2.; *Reinhart*, UN-Kaufrecht, Art. 46, Rn. 9; *v. Caemmerer/Schlechtriem/Huber*, Art. 46, Rn. 58; ebenso *Schlechtriem*, Internationales UN-Kaufrecht (1996), Rn. 187; *Piltz*, Internationales Kaufrecht, § 5, Art. 46, Rn. 152; *Herber/Czerwenka*, Art. 46, Rn. 10.
[619] Vgl. *Piltz*, Internationales Kaufrecht, § 5, Art. 46 Abs. 3, Rn. 152; *Schlechtriem/Huber*, Art. 46, Rn. 58.
[620] Vgl. *Schlechtriem/Schwenzer/Müller-Chen*, Art. 46, Rn. 40; *Schulz*, Der Ersatzlieferungs- und Nachbesserungsanspruch des Käufers, S. 300; *Honsell/Schnyder/Straub*, Art. 46, Rn. 97. Dagegen aber *Piltz*, Internationales Kaufrecht § 5, Art. 46, Rn. 152.

Abgestellt wird allein auf das Verhältnis zwischen Nachbesserung und Ersatzlieferung[621], denn beide Rechtsbehelfe als „Ausprägungen des Erfüllungsrechtsbehelfs“[622] haben den Vorrang gegenüber den anderen Rechtsbehelfen des Käufers.

Demgemäß darf die Nachbesserung der mangelhaften Ware grundsätzlich nicht kostenaufwendiger sein als eine Ersatzlieferung einer fehlerfreien Ware oder auf sonstige Weise im Missverhältnis zum Vorteil des Käufers stehen[623].

Scheitert jedoch das Verlangen des Käufers auf Nachbesserung an der Unzumutbarkeit für den Verkäufer, bedeutet das, dass letzterer auch im Rahmen seines Rechts auf zweite Andienung keine Nachbesserung mehr anbieten kann[624]. Seine Vertragsverletzung ist aber noch nicht als wesentlich anzusehen. Denn hat der Verkäufer im Wege seines Nacherfüllungsangebots die Ersatzlieferung einer fehlerfreien Ware noch vorzuschlagen, und nur dann, wenn dies gem. Art. 48 Abs. 1 CISG fehlschlägt, hat der Käufer durch den Klageweg sein Recht auf Vertragsaufhebung geltend zu machen. Dann handelt es sich zweifellos um eine wesentliche Vertragsverletzung, die dem Käufer diesen Rechtsbehelf eröffnet[625].

Es gibt also Fälle, in denen der Verkäufer zu dem Schluss kommt, dass eine Ersatzlieferung für ihn günstiger ist als eine Nachbesserung. Dann kann er von seinem Nacherfüllungsrecht nach Art. 48 CISG, das grundsätzlich Vorrang vor Art. 46 Abs. 2 und 3 CISG hat[626], Gebrauch machen und dem Käufer anstelle der Nachbesserung eine neue mangelfreie Ware liefern, sofern dies nicht durch die einschränkenden Bedingungen des Art. 48 Abs. 1 CISG oder durch einen Widerspruch des Käufers nach Art. 48 Abs. 2 und 3 CISG ausgeschlossen ist[627]. Das ergibt sich aus Art. 48 CISG, soweit der Käufer kein schutzwürdiges Interesse daran hat, dass der Mangel gerade durch Nachbesserung beseitigt wird[628].

Unter bestimmten Voraussetzungen kann aber eine Nachbesserung leichter und kostengünstiger vom Käufer und nicht vom Verkäufer vorgenommen werden, wenn es sich um geringfügige Abweichungen handelt, oder wenn der Käufer über einen eigenen Betrieb und Fachkräfte verfügt, während der

---

[621] Vgl. *Schlechtriem/Schwenzer/Müller-Chen*, Art. 46, Rn. 40

[622] Zit. *Schlechtriem/Schwenzer/Müller-Chen*, Art. 46, Rn. 39.

[623] Vgl. *Staudinger/Magnus*, Art. 46, Rn. 61; *Schlechtriem/Huber,* Art. 46, Rn. 58; *Bianca/Bonell/Will,* Art. 46, Anm. 2.2.2.2; *Kircher,* Die Voraussetzungen der Sachmängelhaftung, S. 59; *Piltz,* Internationales Kaufrecht, § 5, Art.46, Rn. 152.

[624] Vgl. *Schlechtriem/Huber,* Art. 46, Rn. 59.

[625] Vgl. oben, § 5.I.2.a.

[626] Vgl. dazu oben, § 5.I.2.a. und besonders unten, § 7.II.5. und 6.

[627] Vgl. dazu unten, § 7.II.7.a., b. und c.

[628] Vgl. *Schlechtriem/Huber,* Art. 46, Rn. 58; *Herber/Czerwenka,* Art. 46, Rn. 10.

Verkäufer den Mangel nur unter außergewöhnlichen Anstrengungen beheben könnte[629]. Das gilt freilich nicht in den Fällen, in denen der Käufer ein besonderes Interesse an der Durchführung der Nachbesserung durch den Verkäufer selbst als Fachmann hat; dabei führen ausnahmsweise erhebliche Aufwendungen und Anstrengungen des Verkäufers nicht zur Unzumutbarkeit des Nachbesserungsanspruches des Käufers[630].

3. Die Bindungswirkung des Nachbesserungsanspruches – Wechsel der Rechtsbehelfe

Wenn der Käufer, der zunächst die Nachbesserung geltend gemacht hat, nun zu einem anderen Rechtsbehelf wechseln möchte, stellt sich die Frage nach der Bindungswirkung seines Nachbesserungsanspruches.
Dieser Fall beurteilt sich nach Art. 46 Abs. 1 CISG. Denn der Rechtsbehelf der Nachbesserung als eine besondere Herausbildung des Erfüllungsanspruches des Käufers hat die Eigenheit wie der Erfüllungsanspruch gem. Art. 46 Abs. 1 CISG, dass der Käufer noch keinen mit diesem unvereinbaren Rechtsbehelf ausüben kann, solange er diesen schon geltend gemacht hat[631]. Das bedeutet aber nicht, dass der Käufer an sein Nachbesserungsbegehren gebunden ist[632]. Der Nachbesserungsanspruch entfaltet keine besondere Bindungswirkung gegenüber den anderen Rechtsbehelfen des Käufers gem. Art. 45 CISG. Eine zeitlich begrenzte Bindung tritt nur ein, wenn er dem Verkäufer für die Nachbesserung eine Nachfrist gesetzt hat oder wenn die Geltendmachung eines anderen Rechtsbehelfs dem Grundsatz von Treu und Glauben widerspricht.
Der Käufer kann also die Vertragsaufhebung, die Ersatzlieferung, die Herabsetzung des Kaufpreises oder den Schadensersatz wegen Nichterfüllung nicht mehr wählen, wenn er zuvor eine Nachfrist i. S. d. Art. 47 Abs. 1 CISG für die Nachbesserung der mangelhaften gelieferten Ware gesetzt hat[633] und inzwischen der Verkäufer die Nachbesserung nicht verweigert hat[634] oder wenn der Verkäufer bereits Vertrauensdispositionen an seine Nachbesserungspflicht getroffen hat[635].

---

[629] Vgl. *Petrikic,* Das Nacherfüllungsrecht, S. 65.
[630] Vgl. *Schlechtriem/Huber,* Art. 46, Rn. 58.
[631] Vgl. *Schlechtriem/Schwenzer/Müller-Chen*, Art. 46, Rn. 39 i. V. m. Art. 46, Rn. 6.
[632] Vgl. *Schlechtriem/Schwenzer/Müller-Chen*, Art. 46, Rn. 39.
[633] Vgl. *Schlechtriem/Schwenzer/Müller-Chen*, Art. 47, Rn. 3.
[634] Vgl. *Reinhart,* UN-Kaufrecht, Art. 47, Rn. 4.
[635] Vgl. *Schlechtriem/Huber,* Art. 47, Rn. 4.

Dasselbe gilt, wenn der Verkäufer die Nachbesserung innerhalb seines Rechts auf zweite Andienung nach Art. 48 Abs. 1 CISG vornimmt. Auch hier kann der Käufer keinen anderen Rechtsbehelf ausüben, solange die Nachbesserung nicht unzumutbare Unannehmlichkeiten oder Verzögerungen mit sich bringt[636]. Das Recht des Verkäufers auf Nachbesserung geht nämlich nicht dem Ersatzlieferungsanspruch und dem Vertragsaufhebungsrecht des Käufers vor, wenn der Mangel objektiv erheblich ist, hat aber den Vorrang gegenüber dem Recht auf Minderung und Schadensersatz, wenn der Mangel von untergeordnetem Gewicht ist[637].

Über die Bindungswirkung des Nachbesserungsanspruchs des Käufers ist aber nicht anders zu entscheiden, wenn er zunächst einen anderen Rechtsbehelf als die Nachbesserung begehrt hat, nun aber den Nachbesserungsanspruch geltend machen will.

Auch dabei ist der Vorbehalt zugunsten des Art. 46 Abs. 1 CISG zu beachten, wonach der Käufer noch keine mit dem Nachbesserungsanspruch unvereinbaren Rechtsbehelfe ausgeübt haben darf[638]. Denn der Käufer kann keine Nachbesserung mehr verlangen, wenn er zuvor die Vertragsaufhebung, die Herabsetzung des Kaufpreises oder den Schadensersatz wegen Nichterfüllung geltend gemacht hat[639].

Die Bindungswirkung des Nachbesserungsrechtsbehelfs tritt grundsätzlich mit dem Zugang der Erklärung des Käufers darüber, und spätestens mit der Kenntnisnahme bzw. Kenntnismöglichkeit des Verkäufers davon ein[640]. Ab diesem Zeitpunkt kann der Käufer nicht mehr dem Nachbesserungsverlangen widersprechen.

Dies gilt allerdings nur dann, wenn der Käufer diese Rechtsbehelfe zu Recht geltend gemacht hat.

Wählt der Käufer daher die Vertragsaufhebung, obwohl keine wesentliche Vertragsverletzung vorliegt, so tritt durch seine Erklärung darüber keine Wirksamkeit ein und der Verkäufer bleibt weiterhin zur Erfüllung verpflichtet[641].

Auch wenn der Käufer die Rechtsbehelfe der Minderung oder des Schadensersatzes ausgeübt hat, ohne zuvor nach Art. 50 S. 2 CISG die Chance

---

[636] Vgl. *Schlechtriem/Schwenzer/Müller-Chen*, Art. 46, Rn. 35 und Art. 48, Rn. 10 und 11.

[637] Vgl. *Schlechtriem/Schwenzer/Müller-Chen*, Art. 46, Rn. 43.

[638] Vgl. *Soergel/Lüderitz/Schüßler-Langeheine*, Art. 46, Rn. 14.

[639] Vgl. *Staudinger/Magnus*, Art. 46, Rn. 19; *Bianca/Bonell/Will*, Art. 46, Anm. 2.1.2.; *Herber/Czerwenka*, Art. 46, Rn. 5; *Enderlein/Maskow/Strohbach*, Internationales Kaufrecht, Art. 46, Rn. 2; *Karollus*, UN-Kaufrecht, S. 135; *Loewe*, Internationales Kaufrecht, Art. 46, S. 67.

[640] Vgl. dazu *Staudinger/Magnus*, Art. 46, Rn. 30 zur Bindung an den allgemeinen Erfüllungsanspruch.

[641] Vgl. *Schlechtriem/Huber*, Art. 45, Rn. 29.

dem Verkäufer zur Beseitigung des Mangels im Rahmen seines Rechts auf nachträgliche Erfüllung gem. Art. 37 und 48 CISG zu geben, sind die Minderungserklärung oder das Schadensersatzesverlangen unwirksam[642]. Ausnahmsweise kann eine Bindung dabei nur dann eintreten, wenn eine abweichende Vereinbarung zwischen den Parteien vorliegt[643].

4. Ort, Zeit, Risiken und Kosten der Nachbesserung

Obwohl Art. 46 Abs. 3 CISG nichts über den Ort der Reparatur bzw. der Nachbesserung aussagt, ist davon auszugehen, dass der Verkäufer die Kaufsache dort reparieren muss, wo sie sich gemäß dem Vertrag befindet (Bestimmungsort)[644].

Zutreffend ist jedoch die Ansicht, dass hier nicht der Ort der Reparatur, sondern der Leistungsort, der sich aus dem Vertrag oder aus Art. 31 CISG ergibt, entscheidend sein muss, da es sich beim Nachbesserungsanspruch in Wirklichkeit um einen Erfüllungsanspruch handelt, unter den vor allem den Anspruch auf Erfüllung der Lieferpflicht innerhalb der vorgeschriebenen Zeit am Ort nach dem Vertrag oder nach Art. 31 CISG fällt[645].

Das hat freilich keine besondere Bedeutung für den Käufer. Denn der Käufer hat die Nachteile aufgrund der Nachbesserung der Sache nicht zu tragen. Die Nachteile aus der Duldung der Nachbesserung werden sogar dadurch ausgeglichen, dass der Verkäufer die Transportkosten und –risiken zu tragen hat.

Wenn also die Ware zum Zweck der Reparatur in die Werkstatt des Verkäufers oder eines Dritten transportiert werden muss, ist der Transport dorthin Sache des Verkäufers[646]. Er muss die Kosten und die Risiken für den Transport und den Rücktransport übernehmen[647].

Der Verkäufer trägt auch die Gefahr während der Reparatur in seiner Werkstatt[648].

---

[642] Vgl. dazu unten, § 10.I.3.a.

[643] Vgl. *Schlechtriem/Schwenzer/Müller-Chen*, Art. 46, Rn. 48; *Schlechtriem/Huber*, Art. 46, Rn. 10; *Staudinger/Magnus*, Art. 46, Rn. 21.

[644] Vgl. *Schlechtriem/Schwenzer/Müller-Chen*, Art. 46, Rn. 45; *Staudinger/Magnus*, Art. 46, Rn. 66; *Honsell/Schnyder/Straub*, Art. 46, Rn. 104.

[645] Vgl. *Schlechtriem/Schwenzer/Müller-Chen*, Art. 46, Rn. 6.

[646] Vgl. *Schlechtriem/Huber*, Art. 46, Rn. 63; *Heilmann*, Mängelgewährleistung, S. 430.

[647] Vgl. *Schlechtriem/Huber*, Art. 46, Rn. 63, 65; *Schlechtriem/Schwenzer/Müller-Chen*, Art. 46, Rn. 45.

[648] Vgl. OLG Hamm, 09.06.1995 – 11 U 191/94, CISG-online Case 146 = NJW-RR 1996, S. 179, 180 = IPRax 1996, S. 269, 270 mit Anm. *Schlechtriem*, S. 256.

Allerdings verbleibt die Gefahr dem Verkäufer nach der Vorschrift des Art. 70 CISG nur dann, wenn er eine wesentliche Vertragsverletzung begangen hat[649]. Bei unwesentlichen Vertragsverletzungen trägt der Käufer dagegen die Gefahr[650].

In der Zeit nach der Vertragsverletzung ist die Gefahrverteilung zwischen den Parteien also von der Wesentlichkeit der Vertragsverletzung abhängig. Geht die vertragswidrige Sache beim Käufer aufgrund Zufalls unter und war sie nur unwesentlich mangelhaft, so muss der Käufer, ohne dass ihm die Möglichkeit der Ausübung eines Rechtsbehelfs mehr bleibt, die entsprechenden Kosten selbst tragen.

Der Verkäufer hat dagegen die Gefahr des zufälligen Untergangs der Sache zu tragen, wenn der Käufer eine angemessene Frist zur Nachbesserung nach Art. 47 Abs. 1 CISG gesetzt hat[651]. Dann kann der Käufer trotz seiner Unmöglichkeit zur Rückgabe der Sache (vgl. Art. 82 Abs. 1 i. V. m. Art. 82 Abs. 2 lit. a CISG) jederzeit zu einer Ersatzlieferung bzw. einer Vertragsaufhebung wechseln kann.

Denn, obwohl dabei eine Bindungswirkung der Nachbesserung gem. Art. 47 Abs. 2 CISG eintritt[652], so dass der Käufer keinen anderen, mit ihr unvereinbaren Rechtsbehelf ausüben kann, stehen die Ersatzlieferung und die Vertragsaufhebung im Fall des zufälligen Untergangs der Ware dem Käufer wieder offen.

Bezüglich der Zeit der Nachbesserung gilt der allgemeine Grundsatz des Art. 47 Abs. 1 CISG, wonach der Verkäufer die Reparatur innerhalb einer angemessenen Frist vorzunehmen hat[653]. Wenn der Käufer aber eine Nachfrist nach Art. 47 CISG für die Nachbesserung gesetzt hat, gilt als Zeit dafür diese vereinbarte Frist[654].

Der Verkäufer ist schließlich derjenige, der für Schäden einzustehen hat, die dem Käufer durch die Nachbesserung oder generell durch die Vertragswidrigkeit der Sache erwachsen sind[655]. Dies ist zwar nicht unmittelbar geregelt, aber aus Art. 48 Abs. 1 und 74 CISG ergibt sich, dass der Verkäufer verpflichtet ist, die Kosten zu tragen und die Schäden zu ersetzen, die dem

---

[649] Vgl. *Enderlein/Maskow/Strohbach,* Internationales Kaufrecht, Art. 70, Rn. 1; *Heilmann*, Mängelgewährleistung, S. 277.

[650] Hierzu ausführlich *Hager,* Gefahrtragung beim Kauf, S. 166 ff.

[651] Vgl. *v. Caemmerer/Schlechtriem/Hager*, Art. 70, Rn. 7; *Herber/Czerwenka,* Art. 70, Rn. 6; *Staudinger/Magnus,* Art. 70, Rn. 15; dazu vgl. auch unten, § 6.I.2.

[652] Vgl. *Schlechtriem/Huber,* Art. 47, Rn. 4; *Schlechtriem/Schwenzer/Müller-Chen*, Art. 47, Rn. 3.

[653] Vgl. *Schlechtriem/Huber,* Art. 46, Rn. 65; *Schlechtriem/Schwenzer/Müller-Chen*, Art. 46, Rn. 45.

[654] Vgl. *Schlechtriem/Huber,* Art. 47, Rn. 7.

[655] Vgl. *Staudinger/Magnus,* Art. 46, Rn. 65; *Schlechtriem/Huber,* Art. 46, Rn. 65; *Heilmann*, Mängelgewährleistung, S. 430.

Käufer direkt durch den Mangel[656] oder anlässlich seiner Beseitigung entstehen (z. B. Abschleppkosten des liegengebliebenen Kraftfahrzeugs)[657].

III. Nacherfüllungsanspruch des Käufers im deutschen und griechischen nationalen Recht im Vergleich mit dem UN-Kaufrecht

1. Allgemeine Betrachtung

Gem. § 439 BGB bzw. Art. 540 Abs. 1 Nr. 1 gr. ZGB kann der Käufer, wenn der Verkäufer eine Ware liefert, die nicht der vertraglich vereinbarten entspricht, nachträglich nach seiner Wahl die Beseitigung der Vertragswidrigkeit oder die Lieferung einer vertragsgemäßen Ersatzware verlangen.

Die Nacherfüllungsrechtsbehelfe des Käufers werden im Rahmen beider nationaler Kaufrechten für alle Arten von Vertragsverletzungen einheitlich geregelt.

Fraglich ist jedoch, wie die aliud-Lieferungen im Hinblick auf die Nacherfüllungsansprüche zu bewerten sind; nämlich ob sie wie ein Sachmangel zu behandeln sind, so dass sich die Erfüllung nach den speziellen Nacherfüllungstatbeständen von Ersatzlieferung bzw. Nachbesserung richtet.

Im Fall einer aliud-Lieferung wird regelmäßig nur eine Nacherfüllungsmethode in Betracht kommen, die Lieferung der vertraglich geschuldeten Ware bzw. die Lieferung einer Ware aus der vereinbarten Gattung[658]. Eine Nachbesserung wird dabei wie im UN-Kaufrecht grundsätzlich ausgeschlossen sein.

Der Unterschied zwischen Stück- und Gattungskauf wird auch weitgehend gegenstandslos. Ein Ersatzlieferungsanspruch, der grundsätzlich nur im Rahmen eines Gattungskaufs vorliegt, kann auch dann bestehen, wenn es sich um eine Stückschuld handelt[659].

Die Voraussetzungen des Ersatzlieferungs- und des Nachbesserungsanspruches im Rahmen der beiden nationalen Kaufrechte, die hier einheitlich ge-

---

[656] Vgl. *Heilmann*, Mängelgewährleistung, S. 430.

[657] Vgl. *Schlechtriem/Huber,* Art. 46, Rn. 65; IPRax 1996, S. 269, 270 mit Anm. *Schlechtriem,* S. 256.

[658] Vgl. *MünchKomm/Westermann*, § 439, Rn. 1; hinsichtlich des griechischen Rechts, *Georgiades/Stathopoulos/Doris,* Kommentar zum gr. ZGB, Art. 534-535 a. F. Rn. 16; *Kornilakis*, Besonderer Teil des Schuldrechts, S. 263, 266.

[659] So *Bitter/Meidt,* Nacherfüllungsrecht und Nacherfüllungspflicht des Verkäufers im neuen Schuldrecht, ZIP 2001, S. 2120; *Grubel,* Die Nacherfüllung als zentraler Rechtsbehelf im neuen deutschen Kaufrecht, S, 187, 191; LG Ellwagen, NJW 2003, S. 517; OLG Braunschweig, NJW 2003, S. 1053.

regelt werden, sind aber anders als im UN-Kaufrecht. Entscheidend ist dabei die Mangelhaftigkeit der Kaufsache – unabhängig von deren Wesentlichkeit bzw. Erheblichkeit – sowie die Haftung des Verkäufers, die sich aus der Vertragswidrigkeit seines Verhaltens ergibt[660], und eine formfreie, empfangsbedürftige Willenserklärung des Käufers bezüglich des Nacherfüllungsverlangens[661]. Des Weiteren ist ein im Zeitpunkt des Gefahrübergangs wirksamer Kaufvertrag erforderlich[662].

Das Wahlrecht hinsichtlich der Nacherfüllungsmethode hat der Käufer. Er kann beliebig darüber entscheiden, ohne auf das Interesse des Verkäufers Rücksicht nehmen zu müssen. Ergeben sich hingegen hieraus unbillige Härten für den Verkäufer, so kann sich dieser auf die Unmöglichkeits- oder Unverhältnismäßigkeitseinrede berufen (vgl. § 439 Abs. 3 BGB bzw. Art. 540 Abs. 1 Nr. 1 gr. ZGB).

Deswegen ist eine Abwägung anhand einer objektiven Unzumutbarkeitsgrenze geboten, um eine rechtsmissbräuchliche Wahl der einen oder der anderen Nacherfüllungsmethode zu verhindern. Die Faktoren dieser Grenze des Wahlrechts des Käufers, die den Anforderungen der EG-Richtlinie 1999/44/EG entsprechen, werden in § 439 Abs. 3 BGB ausdrücklich geregelt. Dagegen hat der griechische Gesetzgeber aufgrund der Befürchtung, dass eine solche Normierung das Gesetz unnötig überfrachten würde, die Generalklauseln der Unmöglichkeit bzw. der Unverhältnismäßigkeit vorgezogen (vgl. Art. 540 Abs. 1 Satz 1 gr. ZGB), die dann richtlinienkonform auszulegen sind[663].

Der Käufer kann sein Wahlrecht hinsichtlich der Nacherfüllungsmethode durch eine Willenserklärung ausüben, in der er ohne Bedingungen oder andere zweifelhafte Inhalte den bestandenen Mangel konkret bezeichnen muss[664].

Grundsätzlich ist er nicht an sein Nacherfüllungsbegehren gebunden. Der Verkäufer ist aber im Fall des plötzlichen Meinungswechsels dessen durch den Grundsatz von Treu und Glauben ausreichend geschützt[665]. Wählt der Käufer beispielsweise die Nachbesserung und hat der Verkäufer im Hinblick hierauf bereits Dispositionen getroffen (z. B. Einkauf von Material), so ist der Käufer nach Treu und Glauben innerhalb einer angemessenen

---

[660] Vgl. *MünchKomm/Westermann*, § 439, Rn. 2.

[661] Vgl. *MünchKomm/Westermann*, § 439, Rn. 4.

[662] Vgl. *MünchKomm/Westermann*, § 439, Rn. 25.

[663] Kritisch zur fast wortgleichen Regelung des § 634 Abs. 3 BGB im Werkvertragsrecht auch *Seiler* in *Ernst/Zimmermann*, Zivilrechtswissenschaft und Schuldrechtsreform, S. 263, 269 ff., der wohl ebenfalls zu einer Generalklausel tendiert.

[664] Vgl. *MünchKomm/Westermann*, § 439, Rn. 4.

[665] Vgl. *MünchKomm/Westermann*, a. a. O.

Frist an seinen Nachbesserungsanspruch gebunden (vgl. § 440 BGB bzw. Art. 540 Abs. 2 gr. ZGB). Der Käufer ist außerdem daran gebunden, wenn er für die Durchführung der gewählten Nacherfüllungsmaßnahme eine bestimmte Frist gesetzt hat[666].

Die Setzung einer bestimmten Frist, innerhalb deren die betreffenden Ansprüche erfüllt werden müssen, ist für das Verlangen der Nacherfüllung nicht obligatorisch. Der Käufer muss keine Frist zur Nachlieferung oder Nachbesserung setzen.

Im Rahmen des deutschen Rechts muss aber eine angemessene Frist als Voraussetzung für die Ausübung der Rechtsbehelfe des Rücktritts, der Minderung oder des Schadensersatzes abgelaufen sein[667], wenn keine Ausnahme vorliegt[668]. Innerhalb dieser Frist hat der Verkäufer entsprechend der gewünschten Nacherfüllungsmethode seine Pflichten zu erfüllen.

Die Fristsetzung als Voraussetzung dieser Rechtsbehelfe wird damit begründet, dass der Käufer nicht über einen unabsehbaren Zeitraum hinweg im Unklaren darüber bleiben soll, ob der Verkäufer schließlich noch durch eine Nachbesserung oder durch eine Ersatzlieferung seine vertragliche Pflichten nachträglich erfüllen wird. Daher kann der Käufer erst nach erfolglosem Fristablauf vom Vertrag zurücktreten, den Kaufpreis mindern oder Schadensersatz statt der Leistung verlangen. Bei einer eigenmächtigen Selbstvornahme vor Ablauf der dem Verkäufer zur Nacherfüllung gesetzten Frist bzw. in den Fällen der gänzlich fehlenden Fristsetzung verliert der Käufer sogar seine Mängelrechte[669].

2. Das Wahlrecht des Käufers hinsichtlich der Nacherfüllungsmethode

Obwohl der Verkäufer – zumindest außerhalb des Verbrauchsgüterkaufs – derjenige ist, der sachnäher ist und daher am besten entscheiden kann, auf welche Weise der vertragsgemäße Zustand am kostengünstigsten zu erreichen ist[670], steht das Wahlrecht hinsichtlich der Nacherfüllungsmethode im

---

[666] Vgl. *MünchKomm/Westermann*, § 439, Rn. 5.

[667] Vgl. *MünchKomm/Westermann*, § 439, Rn. 5.

[668] Vgl. unten, § 7.III. bezüglich der Entbehrlichkeit der Fristsetzung.

[669] Vgl. *MünchKomm/Westermann*, § 439, Rn. 10; auch dazu AG Kempen, DAR 2004, S. 34 m. Anm. *Dötsch*.

[670] Vgl. *Gsell*, Kaufrechtsrichtlinie und Schuldrechtsmodernisierung, JZ 2001, S. 65, 67; *Honsell*, Die EU-Richtlinie über den Verbrauchsgüterkauf und ihre Umsetzung ins BGB, JZ 2001, S. 278,

Interesse einer einheitlichen kaufrechtlichen Regelung im Rahmen beider nationalen Rechte dem Käufer zu.

Die Lösung, nach der dem Käufer hinsichtlich der Nacherfüllungsmaßnahmen das Wahlrecht zusteht, findet ihre Grundlage in dem Satz, dass die Interessen des Käufers als gewichtiger anzusehen sind als diejenigen seines Vertragspartners. Das wird damit begründet, dass der Käufer als die vertragstreue Partei in der Regel ein Interesse an der Lieferung einer mangelfreien Sache hat, dem durch die Nacherfüllung, sei es durch Nachbesserung oder durch Ersatzlieferung, Rechnung getragen wird[671].

Das Wahlrecht des Käufers kann selbstverständlich nur bestehen, wenn beide Arten der Nacherfüllung grundsätzlich möglich sind. Dieses erlischt aber, wenn eine der beiden Arten der Nacherfüllung i. S. d. § 275 Abs. 1 BGB unmöglich wird oder der Verkäufer sie nach den §§ 275 Abs. 2, 3, 439 Abs. 3 BGB berechtigterweise verweigert, da sich der Nacherfüllungsanspruch dann auf die jeweils andere Art beschränkt.

Im Rahmen des griechischen Rechts ist die Regelung gleich (vgl. der Art. 540 Abs. 1 Nr. 1 gr. ZGB).

Nach diesen Vorschriften sind nämlich die Nacherfüllungsansprüche des Käufers von der Unmöglichkeit der Nacherfüllung und ihrer Unverhältnismäßigkeit für den Verkäufer abhängig. Dadurch kann das Wahlrecht des Käufers beschränkt werden, so dass auf alternative Abhilfemöglichkeiten zurückgegriffen werden kann. So können auch die Interessen des Verkäufers vor dem rechtsmissbräuchlichen Verhalten des Käufers ausreichend geschützt werden[672].

Daraus ergibt sich dann, dass der Käufer sich nicht an die einmal getroffene Wahl wie bei einer Wahlschuld i. S. d. §§ 262, 263 BGB bzw. Art. 305, 306 gr. ZGB bindet, wo die gewählte Leistung nach § 263 Abs. 2 BGB bzw. 306 Abs. 1 gr. ZGB als die allein geschuldete anzusehen ist (rückwirkende Konzentration)[673]. Das Wahlrecht des Käufers hat den Sinn eines ius variandi, dessen Ausübung den Käufer bindet, sofern die Parteien nicht etwas anderes vereinbart haben[674].

281; *Westermann,* Das neue Kaufrecht einschließlich des Verbrauchsgüterkaufs, JZ 2001, S. 530, 536.

[671] Vgl. die gesetzgeberische Begründung in BT-Drucks, 14/6040, S. 231, 265.

[672] Vgl. dazu *Zimmer,* in *Ernst/Zimmermann,* Zivilrechtswissenschaft und Schuldrechtsreform, S. 191, 199; *Honsell,* Die EU-Richtlinie über den Verbrauchsgüterkauf und ihre Umsetzung ins BGB, JZ 2001, S. 278, 281; *MünchKomm/Westermann,* § 439, Rn. 5.

[673] Vgl. *Palandt/Heinrichs,* § 263, Rn. 2.

[674] Vgl. *Palandt/Putzo,* § 439, Rn. 6; *MünchKomm/Westermann,* § 439, Rn. 4, 5.

3. Die Grenzen der Nacherfüllungspflicht des Verkäufers – Unmöglichkeit und Unverhältnismäßigkeit der Nacherfüllung

Das UN-Kaufrecht macht die Ersatzlieferung davon abhängig, dass eine wesentliche Vertragsverletzung vorliegt. Wie schon oben gesagt wurde, wird diese Anspruchsvoraussetzung damit begründet, dass den Verkäufer im internationalen Handel die zusätzlichen Transportkosten und -risiken, die mit einer Ersatzlieferung verbunden sind, schwer belasten würden[675]. Daher soll der Rechtsbehelf der Ersatzlieferung, obwohl der Vertrag damit erhalten wird, nur in den wenigen Fällen der wesentlichen Vertragsverletzung zulässig sein.
Zwar lässt sich das gleiche Argument, wenn auch nicht in diesem Maße, auf den nationalen Handel übertragen, im deutschen und griechischen Kaufrecht ist aber der Rechtsbehelf des Ersatzlieferungsanspruches von der Wesentlichkeit der Vertragsverletzung unabhängig; dagegen wird er mit dem Rechtsbehelf der Nachbesserung einheitlich geregelt.
Die Unabhängigkeit des Rechtsbehelfs des Ersatzlieferungsanspruches von der Voraussetzung der Wesentlichkeit bedeutet jedoch nicht, dass der Käufer uneingeschränkt einen Anspruch auf Ersatzlieferung erheben kann.
Ist das Verlangen des Käufers auf Behebung des Mangels oder Lieferung einer mangelfreien Ersatzsache aus faktischen Gründen nach § 275 Abs. 1 BGB unmöglich, rechtsmissbräuchlich i. S. d. § 275 Abs. 2, 3 BGB oder erfordert die Nacherfüllung einen unverhältnismäßigen Aufwand für den Verkäufer, kann er sie nach § 439 Abs. 3 S. 1 BGB verweigern[676]. Ähnlich lautet die Regelung des Nacherfüllungsanspruches des Käufers im griechischen Kaufrecht. Der Käufer hat gem. Art. 540 Abs. 1 Nr. 1 gr. ZGB keinen Anspruch auf die nachträgliche Erfüllung des Vertrags durch Ersatzlieferung, wenn diese objektiv unmöglich ist oder nur mit unverhältnismäßig hohen Kosten für den Verkäufer erfolgen kann. Dabei kann der Verkäufer eine entsprechende Einrede erheben, die den Charakter einer Gestaltungserklärung hat, weil dadurch die Behelfe des Käufers auf die jeweils andere Art der Nacherfüllung beschränkt oder sogar ganz ausgeschlossen werden[677].
Das Verweigerungsrecht des Verkäufers stellt also im Rahmen beider nationaler Kaufrechten eine Ergänzung der Nacherfüllungsvorschrift insbeson-

---

[675] Vgl. oben in § 5.I.1. und 2.a.
[676] Vgl. *MünchKomm/Westermann*, § 439, Rn. 19.
[677] Vgl. *Palandt/Putzo,* § 439, Rn. 16.

dere im Hinblick auf das Wahlrecht des Käufers dar und wird anhand objektiver Kriterien als eine Ausprägung des Grundsatzes von Treu und Glauben ausgeübt[678]. Dadurch wird dasselbe erreicht, wie beim Ersatzlieferungs- und Nachbesserungsanspruch im Rahmen des internationalen UN-Kaufrechts, nämlich die Beschränkung des Wahlrechts des Käufers hinsichtlich der Nacherfüllungsmethode, wenn dies mit dem Grundsatz von Treu und Glauben begründet ist.

Die hierbei zu berücksichtigenden Faktoren, im Gegensatz zu Art. 540 Abs. 1 gr. ZGB, der jedoch durch richtlinienkonforme Auslegung zu demselben Ergebnis gelangt, sind in § 439 Abs. 3 S. 2 BGB ausdrücklich ausgeführt; einerseits sind dies die Kosten der gewählten Nacherfüllungsmethode für den Verkäufer und andererseits der Wert der Sache, die Bedeutung der Vertragswidrigkeit und die Unannehmlichkeiten, die eine alternative Abhilfe für den Käufer mit sich bringen würde[679].

Nach überzeugender Ansicht ist hier eine zweistufige Prüfung der Unverhältnismäßigkeit der Nacherfüllung erforderlich[680].

In der ersten Stufe ist zu klären, wo die absolute Grenze der Unverhältnismäßigkeit für die jeweilige Nacherfüllungsmaßnahme liegt, während in der zweiten Stufe durch einen internen Kostenvergleich zwischen beiden Nacherfüllungsformen festzustellen ist, ob die alternative Nacherfüllungsmethode und nicht die vom Käufer gewählte Art der Nacherfüllung für den Verkäufer kostengünstiger wäre.

Demgemäß muss man in der ersten Prüfungsstufe unter der Berücksichtigung der gesetzlichen Kriterien des Werts der Kaufsache in mangelfreiem Zustand und der Bedeutung des Mangels für ihren Gebrauch die für beide Nacherfüllungsformen erforderlichen Kosten bemessen, um die absolute Grenze der Unverhältnismäßigkeit zu bestimmen, während man in der zweiten Stufe die Unverhältnismäßigkeit der Kosten der durch den Käufer gewählten Nacherfüllungsmethode prüfen muss, indem man die Kosten für die eine Nacherfüllungsalternative im Verhältnis zur anderen vergleicht, nachdem die Kosten beider Nacherfüllungsmöglichkeiten die absolute Grenze der Unverhältnismäßigkeit bei der ersten Stufe dieser Prüfung nicht erreichen[681].

---

[678] Vgl. *MünchKomm/Westermann*, § 439, Rn. 20.

[679] So in der EG-Richtlinie 1999/44/EG (Art. 3 Abs. 3 S. 3).

[680] Vgl. *Bitter/Meidt,* Nacherfüllungsrecht und Nacherfüllungspflicht des Verkäufers im neuen Schuldrecht, ZIP 2001, S. 2120; *MünchKomm/Westermann*, § 439, Rn. 21.

[681] Vgl. dazu *Bitter/Meidt,* Nacherfüllungsrecht und Nacherfüllungspflicht des Verkäufers im neuen Schuldrecht, ZIP 2001, S. 2122, der vorschlägt, beim Vergleich beider Nacherfüllungsformen dem Käufer seine Wahlfreiheit zu nehmen, wenn die Kosten der von ihm gewünschten Alternative die der anderen um mehr als 10% übersteigen.

Dadurch wird verhindert, dass der Käufer bei geringwertigen Konsumgütern die Nachbesserung wählt, wenn die Ersatzlieferung für den Verkäufer günstiger ist, bzw. dass der Käufer einen Anspruch auf Ersatzlieferung hat, obwohl bei einer wertvollen Produktionsmaschine nur eine Sicherung herausgesprungen ist, die leicht repariert werden kann[682]. Der Käufer muss sich also nach einem Kostenvergleich zwischen beiden Formen der Nacherfüllung mit der für den Verkäufer günstigere Nacherfüllungsmethode begnügen[683].

Ebenfalls ist der Nachbesserungsanspruch des Käufers beschränkt, wenn bei diesem Vergleich festgestellt wird, dass eine belanglose Abweichung der Ware vorliegt, deren Beseitigung einen unverhältnismäßigen Aufwand für den Verkäufer bedeuten würde, wie z. B. bei einem vollkommen belanglosen Kratzer an einer Waschmaschine, der schließlich ihre Neulackierung erfordern würde. Hier könnte sich der Käufer nur mit der Minderung des Kaufpreises begnügen[684].

Eine kostengünstigere Nacherfüllungsmaßnahme ist aber gegenüber der teuren Alternative nicht immer vorrangig.

Es ist zugleich festzustellen, ob ein besonderes, schutzwürdiges Interesse des Käufers an einer bestimmten Nacherfüllungsmethode das Verhältnis dieser Form der Nacherfüllung zur alternativen beeinflussen kann[685].

IV. Zusammenfassung

Liefert der Verkäufer eine nicht vertragsgemäße Ware, kann der Käufer unter den Voraussetzungen des Art. 46 Abs. 2 CISG die Lieferung einer anderen Ware, die den Anforderungen des Vertrags entspricht, verlangen.

Nach überzeugender Ansicht liegt ein Ersatzlieferungsanspruch des Käufers grundsätzlich nur beim Gattungskauf und nicht beim Stückkauf, wo das Schuldverhältnis auf eine bestimmte Ware beschränkt ist, da der Verkäufer

---

682 Vgl. *Schulz,* Der Ersatzlieferungs- und Nachbesserungsanspruch des Käufers, S. 511 Fn. 2952.

683 Vgl. BT-Drucks, 14/6040, S. 232.

684 Bei einem solchen Fall hat der Verkäufer ein Verweigerungsrecht gegen beide Arten der Nacherfüllung, und der Käufer keine Pflicht zur Fristsetzung i. S. d. § 440 BGB. Daher könnte der Käufer sofort mindern. Vgl. auch *Schulz,* Der Ersatzlieferungs- und Nachbesserungsanspruch des Käufers, S. 511, Fn. 2951.

685 Vgl. *Haas,* Entwurf eines Schuldrechtsmodernisierungsgesetzes: Kauf- und Werkvertragsrecht, BB 2001, S. 1313, 1316; *Jud,* Die Rangordnung der Gewährleistungsrechtsbehelfe – Verbrauchsgüterkaufrichtlinie, österreichisches, deutsches und UN-Kaufrecht im Vergleich, Beitrag auf der Freiburger Tagung mit dem Thema „Das neue Schuldrecht“, S. 205, 213; *Bitter/Meidt,* Nacherfüllungsrecht und Nacherfüllungspflicht des Verkäufers im neuen Schuldrecht, ZIP 2001, S. 2122.

in diesem Fall keine Beschaffungsschuld wie beim Gattungskauf übernommen hat.
Auf jeden Fall muss aber man den Vertrag auslegen und anhand der Umstände seines Abschlusses prüfen, ob durch das Aussuchen der Ware tatsächlich eine Stückschuld begründet wurde oder nur Gattungsmerkmale anlässlich eines Beispiels vereinbart wurden, die einen Gattungskauf darstellen, bei dem der Käufer zweifellos im Fall der Lieferung einer nicht vertragsgemäßen Ware einen Ersatzlieferungsanspruch hat.
Art. 46 Abs. 2 CISG ist auch auf aliud-Lieferungen anwendbar, und zwar dann, wenn eine krasse Abweichung vorliegt. Denn dabei bleibt der Ersatzlieferungsanspruch aufgrund des tauglichen Erfüllungsgegenstandes, der bei der ursprünglichen Lieferung nicht geleistet wurde, bestehen.
Die Lieferung von Mindermengen fällt hingegen meistens nicht unter dem Ersatzlieferungsanspruch des Käufers. Denn bezüglich des nicht gelieferten Teils liegt eine einfache Nichtlieferung vor, die nur im Rahmen des allgemeinen Erfüllungsanspruches nach Art. 46 Abs. 1 CISG vom Käufer verlangt werden kann.
Die Anwendung der Vorschrift des Art. 46 Abs. 1 CISG bei einem einheitlichen Kaufgegenstand, der sich lediglich aus verschiedenen Komponenten zusammensetzt, ist aber sinnlos, wenn eine dieser Komponenten fehlt. Die Käufer ist dann berechtigt, den Anspruch auf Ersatzlieferung nach Art. 46 Abs. 2 CISG zu erheben.
Durch die Tatbestandsvoraussetzungen des Art. 46 Abs. 2 CISG erfährt der Anspruch auf Ersatzlieferung eine erhebliche Einschränkung: Der Ersatzlieferungsanspruch des Käufers besteht nur bei Vorliegen einer wesentlichen Vertragsverletzung i. S. d. Art. 25 CISG.
Demgemäß wird eine Vertragsverletzung durch den Verkäufer als wesentlich beurteilt, wenn aufgrund seines vertragswidrigen Verhaltens dem Käufer im Wesentlichen das entgeht, was er nach dem Vertrag hätte erwarten dürfen.
Das Vorliegen einer wesentlichen Vertragsverletzung eröffnet dem Käufer aber nicht nur den Rechtsbehelf der Ersatzlieferung, sondern auch den der Vertragsaufhebung nach Art. 49 Abs. 1 lit. a CISG. Beide Rechtsbehelfe stehen dem Käufer wahlweise zu.
Das bedeutet aber nicht, dass der Käufer zwischen den Rechtsbehelfen der Ersatzlieferung und der Vertragsaufhebung frei wählen kann. Er muss dagegen gemäß dem Prinzip des Vorrangs des Erfüllungsanspruches vor den anderen Rechtsbehelfen des Käufers zunächst den Ersatzlieferungsrechtsbehelf ausüben und erst dann den der Vertragsaufhebung, wenn die Vertragsverletzung des Verkäufers durch die Lieferung einer Ersatzware behoben werden kann.

Diese Rangordnung hinsichtlich der Ausübung beider Rechtsbehelfe wird mit ihren unterschiedlichen Rechtsfolgen begründet: Mit dem Rechtsbehelf der Ersatzlieferung verlangt der Käufer die Erfüllung des Vertrags, während er mit dem der Vertragsaufhebung vom Vertrag zurücktritt.

Daraus folgt dann, dass der Käufer berechtigt ist, die Lieferung einer neuen mangelfreien Ware i. S. d. Art. 46 Abs. 2 CISG zu verlangen, wenn die wesentliche Vertragsverletzung nur damit beseitigt werden kann.

Die Wesentlichkeit der Vertragsverletzung im Wortlaut des Art. 46 Abs. 2 CISG kann nämlich nicht als Voraussetzung der Berechtigung des Ersatzlieferungsanspruches des Käufers verstanden werden. Die Wesentlichkeit der Vertragsverletzung ist Voraussetzung nur für die Berechtigung zur Vertragsaufhebung, die der Käufer als „ultima ratio" ausüben kann, wenn der Mangel durch Nachbesserung oder durch Ersatzlieferung nicht beseitigt wurde.

Die Wesentlichkeit der Vertragsverletzung nach dem Tatbestand des Art. 46 Abs. 2 CISG ist dann so zu verstehen, dass sie erfüllt wird, wenn der Mangel der gelieferten Ware durch Ersatzlieferung nicht beseitigt würde.

Weitere Voraussetzung für den Anspruch auf Ersatzlieferung ist, dass das Ersatzlieferungsbegehren entweder zusammen mit einer Anzeige nach Art. 39 CISG oder innerhalb einer angemessenen Frist danach geltend gemacht werden muss.

Nach überzeugender Meinung sind hier drei Fristen zu gelten: Die Untersuchungs-, die Anzeigefrist und die angemessene Frist des Art. 46 Abs. 2 CISG, die nach dem Wortlaut der Norm mit der Anzeige des Mangels der gelieferten Ware beginnt und bei der die Zeit eines erfolglosen Nacherfüllungsversuchs durch den Verkäufer zu berücksichtigen ist.

Das Begehren auf Ersatzlieferung läuft auch auf eine Rückgabepflicht wie bei der Vertragsaufhebung hinaus: Der Käufer erhält eine neue Lieferung und hat dafür die zunächst erhaltene Ware herauszugeben.

Hinsichtlich dieser Rückgabepflicht unterliegt sein Ersatzlieferungsrechtsbehelf einer dritten Einschränkung: Der Käufer muss in der Lage sein, die Ware im Wesentlichen in dem Zustand zurückzugeben, in dem er sie erhalten hat. Sonst ist sein Anspruch auf Ersatzlieferung ausgeschlossen. Ausnahmsweise verliert er seinen Anspruch auf Ersatzlieferung trotz der wesentlichen Veränderung der Kaufsache nicht, wenn die Veränderung der Sache nicht in seinen Verantwortungsbereich fällt oder auf ihren mangelhaften Zustand zurückzuführen ist; denn hier gelten analog wie bei der Vertragsaufhebung die Ausnahmefällen des Art. 82 Abs. 2 CISG. Keine analoge Anwendung finden aber die Vorschriften des Art. 84 Abs. 2 lit. a und b CISG hinsichtlich der Herausgabepflicht des Käufers der aus der Ware gezogenen Vorteile. Denn aufgrund der Erfüllung des Vertrags durch die Ersatzlieferung und der Bezahlung des Kaufpreises hat der Käufer hier im Unterschied zu der Vertragsaufhebung einen rechtlichen Grund, die aus der Ware gezogenen Vorteile zu behalten.

Die zweite Form der Nacherfüllung bei Lieferung nicht vertragsgemäßer Ware ist die Nachbesserung. Anders als beim Ersatzlieferungsanspruch kommt hier der Wesentlichkeit der Vertragsverletzung keine Bedeutung zu. Nach Art. 46 Abs. 3 CISG erfolgt die Grenzziehung, inwieweit der Käufer den Anspruch auf Nachbesserung bei einem behebbaren Mangel geltend machen kann, über das Kriterium der Zumutbarkeit für den Verkäufer.

Die Zumutbarkeit der Maßnahmen zur Nachbesserung der mangelhaften Ware bezieht sich in der Regel auf die zur ordnungsgemäßen Erfüllung notwendigen Kosten.

Die Schwelle der Unzumutbarkeit ist meistens erreicht, wenn die mit der Nachbesserung verbundenen Kosten unverhältnismäßig hoch sind und in keinem vernünftigen Verhältnis zum Vertragsinteresse des Käufers stehen.

Hat aber der Käufer gerade ein besonderes Interesse an der Behebung des Mangels durch den Verkäufer, so führen auch erhebliche Aufwendungen und Anstrengungen nicht zur Unzumutbarkeit.

Generell wird über die Zumutbarkeit der Nachbesserung unter Berücksichtigung aller Umstände des Einzelfalls zu entscheiden sein.

Die zeitliche Einschränkung der Geltendmachung des Rechtsbehelfs des Nachbesserungsanspruches gilt ebenso wie beim Ersatzlieferungsanspruch: Der Käufer kann auch diesen Rechtsbehelf entweder zusammen mit der Mängelanzeige nach Art. 39 CISG oder innerhalb einer angemessenen Frist danach ausüben.

Ersatzlieferung und Nachbesserung sind also nach dem UN-Kaufrecht zwei unabhängige Rechtsbehelfe, für die unterschiedliche Voraussetzungen gelten.

Die Voraussetzungen dieser Rechtsinstitute im Rahmen des nationalen deutschen und griechischen Kaufrechts sind aber einheitlich geregelt. Es geht nicht um den Unterschied zwischen Ersatzlieferung und Nachbesserung hinsichtlich der Wesentlichkeit der Vertragsverletzung, sondern nur um die grundsätzliche Zumutbarkeit der Nacherfüllungsmethode für den Käufer, dessen Interesse gegenüber den Interessen des Verkäufers vorrangig sind (vgl. § 439 BGB bzw. Art. 540 Abs. 1 Nr. 1 gr. ZGB).

Dementsprechend steht dem Käufer das Wahlrecht hinsichtlich der Nacherfüllungsmethode zu. Der Käufer kann nämlich ohne Rücksicht auf die Interessen des Verkäufers beliebig über die Art der Nacherfüllungsmethode entscheiden.

Dieses Recht ist aber nicht uneingeschränkt. Seine Grenze ergibt sich aus der Unmöglichkeit der Nacherfüllung bzw. der Unverhältnismäßigkeit der

Kosten für den Verkäufer, der dazu berechtigt ist, die vom Käufer ausgewählte Nacherfüllungsmethode zu verweigern (vgl. § 439 Abs. 3 BGB bzw. Art. 540 Abs. 1 Nr. 1 gr. ZGB).

Die Unterscheidung von Gattungs- und Stückschulden ist im deutschen und griechischen Kaufrecht, für die Unmöglichkeit der Ersatzlieferung unerheblich. Allein relevant ist, ob der Verkäufer eine „gleichwertige“ vertragsgemäße Ware nachliefern kann. Folglich ist die Unmöglichkeit der Nacherfüllung bzw. der Ersatzlieferung nur bei „individualisierten Einzelstücken“ denkbar.

Die Bindungswirkung der gewählten Nacherfüllungsmethode hängt – in Einheit mit dem UN-Kaufrecht – in beiden nationalen Rechtsordnungen davon ab, was sich aus entsprechenden zeitlichen Bedingungen oder dem Grundsatz von Treu und Glauben ergibt.

Zum Schluss besteht auch kein Unterschied zwischen dem internationalen und den beiden nationalen Kaufrechten hinsichtlich der Regelung von Transport-, Arbeits-, und Materialkosten für die Durchführung der gewählten Nacherfüllungsmethode; diese hat immer der Verkäufer zu tragen (vgl. § 439 Abs. 2 BGB bzw. Art. 540 gr. ZGB).

§ 6. Die Setzung einer Frist zur nachträglichen Lieferung einer vertragsgemäßen Ware

I. Nachfristsetzung durch den Käufer nach Art. 47 CISG

1. Die Funktion der Nachfristsetzung hinsichtlich der Auslegung des Begriffs der „wesentlichen Vertragsverletzung" im Fall der Lieferung einer nicht vertragsgemäßen Ware

Nach Art. 47 CISG kann der Käufer dem Verkäufer eine angemessene Frist zur nachträglichen Erfüllung seiner Pflichten setzen.

Die Nachfristsetzung bezieht sich auf jede beliebige Pflicht des Verkäufers[686], unabhängig davon, ob es sich um eine Haupt- oder Nebenpflicht handelt[687].

Trotzdem hat die Nachfristsetzung besonders im Fall der Nichterfüllung der Lieferpflicht des Verkäufers praktische Relevanz: Nach Art. 49 Abs. 1 lit. b CISG ist der Käufer berechtigt, die Vertragsaufhebung zu erklären, wenn der Verkäufer innerhalb der vom Käufer gesetzten Nachfrist i. S. d. Art. 47 Abs. 1 CISG die Kaufsache nicht liefert. Durch die Möglichkeit der Nachfristsetzung wird dem Käufer daher die schwierige Diskussion erspart, ob die Nichterfüllung der Lieferpflicht eine wesentliche Vertragsverletzung i. S. d. Art. 25 CISG darstellt[688].

Mit dem fruchtlosen Ablauf der Nachfrist wird also dabei einfach die Wesentlichkeit der Vertragsverletzung dargestellt, unabhängig da-

---

[686] Vgl. *Schlechtriem/Huber,* Art. 47, Rn. 5; *Schlechtriem/Schwenzer/Müller-Chen*, Art. 47, Rn. 1; *Karollus*, UN-Kaufrecht, S. 139; *Reinhart,* UN-Kaufrecht, Art. 47, Rn. 2; *Herber/Czerwenka,* Art. 47, Rn. 2; *Bianca/Bonell/Will,* Art. 47, Anm. 1.2.

[687] Es spielt keine Rolle, ob diese Pflicht als „Hauptpflicht" i. S. d. Art. 30 CISG oder als „Nebenpflicht" anzusehen ist. Die Verletzung einer Nebenpflicht kann auch ein wesentlicher Verstoß gegen den Vertrag und folglich eine wesentliche Enttäuschung des Interesses des Käufers an der Durchführung des Vertrags i. S. d. Art. 25 CISG darstellen. Eine Nachfrist kann insbesondere für den Anspruch auf Ersatzlieferung oder Nachbesserung, für den Anspruch auf Übergabe von Dokumenten oder generell für Ansprüche gesetzt werden, die durch den Vertrag begründet werden, wie z. B. für den Anspruch, die gelieferte Sache zu montieren, oder eine Bankgarantie zu stellen. In Bezug darauf vgl. die Entscheidung des OLG Köln, 27. Zivilsenat, Urt. v. 08.01.1997 - 27 U 58/96, CISG-Online Case 217.

[688] Vgl. dazu OLG Düsseldorf, 6. Zivilsenat, 24.04.1997 - 6 U 87/96, CISG-OnlineCase 385.

von, ob die Vertragsverletzung zu diesem Zeitpunkt wirklich wesentlich ist oder nicht[689].

Dies bedeutet aber nicht, dass die Setzung einer angemessenen Nachfrist i. S. d. Art. 47 Abs. 1 CISG für die Auslegung der Wesentlichkeit der Vertragsverletzung, die im Fall der Lieferung einer nicht vertragsgemäßen Ware nach dem Wortlaut des Art. 49 Abs. 1 lit. a CISG Voraussetzung für die Vertragsaufhebung ist, bedeutungslos bleibt.

Wenn dabei der Käufer trotz der Vertragsverletzung am Vertrag festhalten will und sogar sich dafür entschieden hat, auf der Vertragserfüllung (durch Ersatzlieferung oder Nachbesserung[690]) zu bestehen, kann er eine Nachfrist setzen, innerhalb deren der Verkäufer erfüllen muss. Der fruchtlose Ablauf dieser Frist stellt die endgültige Nichterfüllung des Vertrags dar und gibt dem Käufer ohne weiteres das Recht auf Vertragsaufhebung nach Art. 49 Abs. 1 lit. a CISG[691]. Die schwierige Diskussion über die Definition des Wesentlichkeitsbegriffs wird dem Käufer nämlich auch hier erspart. In den Fällen der Lieferung einer nicht vertragsgemäßen Ware, in welchen das Recht des Käufers auf Vertragsaufhebung davon abhängt, ob die Vertragsverletzung wesentlich i. S. d. Art. 25 CISG ist, besteht also die Funktion der Nachfristsetzung primär darin, dem nicht belieferten Käufer die Vertragsaufhebung zu ermöglichen und darüber hinaus die schwierige Frage zu vermeiden, ob durch den fruchtlosen Ablauf der gesetzten Frist zu Nacherfüllung eine wesentliche Vertragsverletzung entstanden ist.

Im Rahmen des Haager Kaufgesetzes konnte der Käufer bei der Lieferung einer mangelhaften Ware über die Nachfristsetzung zur wesentlichen Vertragsverletzung ohne weiteres gelangen, da der fruchtlose Ablauf dieser Frist nach der entsprechenden Vorschrift des Art. 44 Abs. 2 EKG i. V. m. den Art. 45 und 43 EKG automatisch zur Annahme einer we-

---

[689] Vgl. *Schlechtriem/Huber,* Art. 47, Rn. 2; *Schlechtriem/Schwenzer/Müller-Chen,* Art. 47, Rn. 1; *Reinhart,* UN-Kaufrecht, Art. 47, Rn. 2; *Herber/Czerwenka,* Art. 47, Rn 2; *Petrikic,* Das Nacherfüllungsrecht, S. 66.

[690] Entsprechend dem schon oben Gesagten wird hier eine Nachbesserung nach einem wiederholten Nichtnachkommen der Nachbesserungspflicht gemeint. Denn der Mißerfolg eines Nachbesserungsversuchs des Verkäufers oder der fruchtlose Ablauf einer dafür gesetzten Nachfrist führen nicht zu der Wesentlichkeit der Vertragsverletzung; ebenso *Bianca/Bonell/Will,* Art. 47, Anm. 2.2.1.

[691] Vgl. *v. Caemmerer/Schlechtriem/Huber,* Art. 47, Rn. 2, 3; *Schlechtriem/Huber,* Art. 47, Rn. 3; *Schlechtriem/Schwenzer/Müller-Chen,* Art. 47, Rn. 1; *Herber/Czerwenka,* Art. 47, Rn. 2; *Enderlein/Maskow/Strohbach,* Internationales Kaufrecht, Art. 47, Rn. 1; *Petrikic,* Das Nacherfüllungsrecht, S. 66.

sentlichen Vertragsverletzung geführt hat[692]. Das hat aber in vielen Fällen Rechtsunsicherheit bewirkt[693].
Wie bereits gesagt ist Definitionsvorschrift für den Begriff der wesentlichen Vertragsverletzung Art. 25 CISG, die gemäß ihren Tatbestandsmerkmalen und nicht nur im Zusammenhang mit dem Zeitfaktor[694] bzw. dem fruchtlosen Ablauf der gesetzten Frist zur Nacherfüllung bestimmt werden muss. Damit wird die einheitliche Anwendung des UN-Kaufrechts befolgt. Die Nachfristsetzung, die in der oben beschriebenen Weise zur Auslegung des Wesentlichkeitsbegriffs beiträgt, hat daher eine besondere Bedeutung für das ganze System des Übereinkommens.

2. Die Funktion der Nachfristsetzung hinsichtlich der Gefahrverteilung zwischen den Kaufparteien im Fall der Lieferung einer nicht vertragsgemäßen Ware

Die Gefahrtragung wird im UN-Kaufrecht bei der Kaufabwicklung ausdrücklich geregelt. Der Käufer trägt die Zufallsgefahr für die Veränderung der Kaufsache ab der Übergabe an ihn.
Weniger eindeutig ist aber die Risikoverteilung zwischen den Parteien, wenn die mangelhafte Ware während der Zeit, in welcher sie beim Käufer bis zur Reparatur bzw. Vornahme der Nachlieferung gelagert wird, einen Schaden erleidet.
Entscheidet man sich dafür, dass der Käufer nach der Sachübergabe die Gefahr tragen soll, muss man ihn zumindest bei der Nacherfüllung schützen. Das kann man nur durch die Frist erreichen, die der Käufer nach Art. 47 Abs. 1 CISG zur nachträglichen Erfüllung gesetzt hat. Dies lässt sich folgendermaßen begründen:
Für die Gefahrtragung des Verkäufers spricht freilich, dass der schlecht liefernde Verkäufer keinen Schutz verdient. Das wird in Art. 70 CISG ausdrücklich geregelt. Allerdings beschränkt sich dieser nur auf wesentliche Vertragsverletzungen[695]. Der Käufer wird mit der Gefahr der zufälligen Verschlechterung der mangelhaften, gelieferten Ware bis zu ihrer Reparatur bzw. Ersatzlieferung belastet, wenn die vertragswidrige Lieferung eine un-

---

[692] Vgl. *Soergel/Lüderitz*, zum EKG Art. 44, Rn. 3; *Piltz*, RIW 1986, S. 167, 171.
[693] Vgl. OLG Frankfurt, Urt. v. 21.12.1982 in *Schlechtriem/Magnus*, Internationale Rechtsprechung zu EKG und EAG, Art. 44, S. 311, 312; *Mertens/Rechbinder*, Internationales Kaufrecht zum EKG, Art. 43/44, Rn. 19.
[694] Vgl. dazu unten, § 7.II.4.i.
[695] Vgl. *Heilmann*, Mängelgewährleistung, S. 268.

wesentliche Vertragsverletzung darstellt. Damit kommt man hingegen zu dem wirklich absurden Ergebnis, dass die Gefahrverteilung zwischen den Parteien im Rahmen des UN-Kaufrehts schließlich von der Wesentlichkeit der Vertragsverletzung abhängig ist.

Das ist aber nicht das einzige Problem hinsichtlich der Gefahrverteilung zwischen den Parteien bei der Lieferung einer vertragswidrigen Sache.

Die Vorschrift des Art. 70 CISG stellt klar, dass die Vorschriften zu den Rechtsbehelfen des Käufers wegen einer wesentlichen Vertragsverletzung des Verkäufers Vorrang vor der Gefahrtragungsregeln nur in den Fällen genießen, in welchen der Vertragsbruch des Verkäufers zum Untergang der Ware führt; hier liegt überhaupt kein Gefahrtragungsproblem vor, denn der Vertragsbruch des Verkäufers und der Untergang der Ware haben miteinander zu tun[696].

Art. 70 CISG normiert also das folgende Prinzip: Der Käufer kann aufgrund einer wesentlichen Vertragsverletzung des Verkäufers den Vertrag aufheben oder Ersatzlieferung verlangen, ohne sich mit der Gefahr belasten zu müssen. Dabei hat der Verkäufer die Zufallsgefahr zu tragen. Dafür spricht auch die Vorschrift des Art. 82 Abs. 2 lit. a CISG (s. unten § 9.II.2.c.i.).

Der Verkäufer trägt damit nämlich die Gefahr für eine Sache, die sich aufgrund ihrer Zurückweisung in seinem Herrschaftsbereich befindet[697].

In allen anderen Fällen hat aber der Käufer, solange sich die Sache bei ihm befindet, die Gefahr des zufälligen Untergangs oder Beschädigung zu tragen, weil er als Besitzer besser in der Lage ist, diese zu schützen. Er kann sie beispielsweise versichern[698]. Mit der Zuordnung der Kaufsache zu seinem Herrschaftsbereich hinsichtlich der Gefahrtragung wird deshalb Rechtssicherheit geschaffen.

Damit kommt man aber auch zu dem inakzeptablen Schluss, dass für die Gefahrverteilung zwischen den Parteien in den Fällen der vertragswidrigen Lieferung die Art und Weise der Nacherfüllung nach Entdeckung der Vertragswidrigkeit maßgeblich ist. Denn obwohl der Verkäufer die Gefahr des Rücktransports und des Ersatzes der Ware nach Art. 70, 82 Abs. 2 lit. a CISG zu tragen hat, trägt der Käufer die Gefahrenrisiken des Behaltens und der Nutzung der Ware, wenn diese bei ihm zur Nachbesserung i. S. d. Art. 46 Abs. 3 CISG verbleibt, weil sie sich in seinem Herrschaftsbereich befindet.

---

[696] Vgl. *Schlechtriem/Hager,* Art. 70, Rn. 2; *Staudinger/Magnus*, Art. 70, Rn. 9; *MünchKomm/Huber*, Art. 70, Rn. 2, 3.
[697] Vgl. *Schlechtriem/Hager,* Art. 70, Rn. 6.
[698] Vgl. *Hager*, Die Gefahrtragung beim Kauf, S. 176.

Die Folge daraus ist dann, dass der Käufer in den Fällen von vertragswidriger Lieferung, in denen die Vertragsverletzung nicht von Anfang an wesentlich ist (wie in der Mehrheit der Fälle), die Ware nicht nutzen wird, so dass sie dem Risiko der zufälligen Beschädigung bzw. des zufälligen Untergangs nicht ausgesetzt ist. Denn der Käufer wird dabei mit der Zufallsgefahr belastet und nicht der Verkäufer, obwohl er derjenige ist, der vertragswidrig gehandelt hat.

Es ist deshalb geboten, den Käufer dabei vor der Gefahrtragung zu schützen[699]. Das erreicht man durch eine Mittellösung, die sich an der Setzung einer Nachfrist zur Erfüllung i. S. d. Art. 47 Abs. 1 CISG orientiert[700]:

Bis zur Setzung der Nachfrist soll der Käufer die Gefahr des Warenuntergangs bzw. der Warenbeschädigung tragen. Nach der Nachfristsetzung und während der Frist soll dagegen der Verkäufer die Gefahr tragen. Das ist sinnvoll. Der Verkäufer muss nach der Setzung der Frist zur nachträglichen Erfüllung alle Risiken der verlangten Nachbesserung übernehmen bzw. den Käufer davor schützen. Es wird somit vermieden, dass der vertragsuntreue Verkäufer die wirtschaftlichen Kosten der Beschädigung oder des Untergangs einer mangelhaften Kaufsache auf den Käufer abwälzt, indem er sich auf die Gefahrtragung des letzteren nach der Übergabe der Ware beruft.

Diese Lösung hat nicht nur hinsichtlich der Nacherfüllung im Rahmen des entsprechenden Anspruches des Käufers oder des Rechts des Verkäufers positive Auswirkungen, sondern auch generell hinsichtlich der Entwicklung des Kaufverhältnisses zwischen den Parteien. Denn der Verkäufer, der die Gefahr trägt, ist von sich aus veranlasst, schnell zu handeln oder zumindest für eine Versicherung der Ware zu sorgen; dies ist ihm insbesondere dann anzuraten, wenn der Käufer die Sache bereits lange Zeit nutzt. Der Käufer seinerseits wird möglichst schnell die Nachfrist setzen, um sich von der Gefahrtragung zu befreien.

Das Abstellen auf die Nachfristsetzung schafft also einen klaren Anhaltspunkt, anhand dessen die Gefahrverteilung zwischen den Kaufparteien richtig vorgenommen werden kann, und vermeidet die durch den abstrakten Begriff der wesentlichen Vertragsverletzung bedingte Rechtsunsicherheit.

Außerdem lässt die Nachfristsetzung die Gefahr auf den Verkäufer „zurückspringen", wenn der Mangel wirklich besteht. Der Verkäufer wird hierdurch nicht stärker belastet, als mit der generellen Beweislast bei Mängeln. Seine ausnahmslose Gefahrtragung nach der Nachfristsetzung lässt sich

---

[699] Vgl. Abschlußbericht, S. 188.

[700] Vgl. *Hager,* Die Gefahrtragung beim Kauf, S. 167, 174; *Schlechtriem/Hager,* Art. 70, Rn. 7; *Honsell/Schönle,* Art. 70, Rn. 14; *MünchKomm/Huber,* Art. 47, Rn. 9; dazu auch *Mertens/Rechbinder,* Internationales Kaufrecht zum EKG, Art. 97, Rn. 18, 19.

durch die Tatsache der mangelhaften Lieferung rechtfertigen. Verweigert der Verkäufer sogar die Nacherfüllung innerhalb der gesetzten Frist ernsthaft und endgültig, kann er sich nicht auf die Gefahrtragung des Käufers berufen.

Weil die Erfüllungsverweigerung durch den Verkäufer zur Folge den erfolglosen Ablauf der Nachfrist hat und damit das Ende der Bindungswirkung nach Art 47 Abs. 2 S. 1 CISG bzw. der Suspendierung der Rechtsbehelfe des Käufers, kann der Käufer dann frei nach den Art. 45 ff. CISG vorgehen[701].

Für den Beginn der Wirkung der Nachfrist ist die Absendung der entsprechenden Erklärung entscheidend, während der Verkäufer nach der Vorschrift des Art. 27 CISG derjenige ist, der das Risiko des Untergangs oder des Verlustes dieser Erklärung zu tragen hat[702]. Dieser hat durch sein vertragswidriges Verhalten die Notwendigkeit einer Nacherfüllung zu verantworten, und daher ist das verbleibende Risiko ihm eher zuzumuten als dem Käufer.

3. Die Funktion der Nachfristsetzung hinsichtlich der Bindungswirkung für beide Vertragsparteien

Außer der Funktion der Nachfristsetzung hinsichtlich der Auslegung der Wesentlichkeit einer Vertragsverletzung und der gerechten Verteilung der Gefahrtragung zwischen den Kaufparteien hat das Recht des Käufers, eine angemessene Frist zur nachträglichen Erfüllung zu setzen, eine weitere wichtige Funktion: Es entfaltet nach Art. 47 Abs. 2 S. 1 CISG sowohl für den Käufer selbst als auch für den Verkäufer eine Bindungswirkung hinsichtlich der Ausübung der Rechte des Käufers nach Art. 45 Abs. 1 CISG.

Der Käufer ist nach Art. 47 Abs. 2 S. 1 CISG durch die Setzung der Nachfrist an sie gebunden und kann vor ihrem Ablauf keinen anderen Rechtsbehelf, insbesondere die Vertragsaufhebung wegen einer wesentlichen Vertragsverletzung i. S. d. Art. 49 Abs. 1 lit. a CISG, ausüben[703].

Andererseits ist der Verkäufer verpflichtet, die bestimmte Pflicht, die er mit seinem vertragswidrigen Verhalten verletzt hat, innerhalb der gesetzten Nachfrist entsprechend dem durch den Käufer ausgeübten Rechtsbehelf zu

---

701 Vgl. *MünchKomm/Huber*, Art. 47, Rn. 21.

702 Vgl. dazu unten, § 6.I.4..

703 Vgl. *Schlechtriem/Schwenzer/Müller-Chen*, Art. 47, Rn. 14.

erfüllen. Er darf sich sogar auf die Nachfrist verlassen, denn der Käufer kann ihn inzwischen mit keinem anderen Rechtsbehelf überraschen.
Die Bindungswirkung der Frist zu nachträglichen Erfüllung lässt sich daher durch den Grundsatz von Treu und Glauben rechtfertigen[704].
Das wird im Fall deutlich, in dem der Verkäufer erklärt hat, dass er seine Pflichten nicht innerhalb dieser Nachfrist erfüllen wird. In einem solchen Fall ist der Käufer nicht mehr an die gesetzte Frist gebunden[705]. Mit der Verweigerung der Leistung durch den Verkäufer wird der Vertrag endgültig nicht erfüllt[706]. Deswegen hat der Käufer das Recht den Vertrag aufzuheben oder das Recht, einen Schadensersatz wegen Nichterfüllung zu verlangen, wenn die Vertragsverletzung wesentlich ist[707]. Wenn aber die Vertragsverletzung nicht wesentlich ist und der Käufer am Vertrag festhalten will, hat er das Recht die Minderung des Kaufpreises zu verlangen, denn mit der Erfüllungsverweigerung durch den Verkäufer wird die Hauptvoraussetzung für die Berechtigung zur Minderung nach Art. 50 S. 2 Hs. 2 CISG erfüllt[708].
Ebenfalls hat die Nachfrist keine Bindungswirkung mehr für die Vertragsparteien, wenn der Verkäufer vor dem Ablauf der Nachfrist eine neue Pflichtverletzung (z. B. die Lieferung einer mangelhaften Ware, die als wesentliche Vertragsverletzung anzusehen ist) begeht. In einem solchen Fall kann der Käufer nach überzeugender Ansicht vor dem Ablauf der Nachfrist seine Rechte wegen der nicht vertragsgemäßen Erfüllung ausüben[709]. Denn es wäre sinnlos, wenn der Käufer den Ablauf der restlichen Nachfrist abwarten müsste, um seine Rechte geltend zu machen. Aufgrund der erneuten Vertragsverletzung durch den Verkäufer besteht nicht mehr der rechtliche Grund des Verbots des „venire contra factum proprium" für die Bindung des Käufers durch die Nachfrist, dem die Anwendung der Vorschrift in Art. 47 Abs. 2 S. 1 CISG dient[710].

---

704 Vgl. *Schlechtriem/Huber,* Art. 47, Rn. 4; *Schlechtriem/Schwenzer/Müller-Chen*, Art. 47, Rn. 3.
705 Vgl. *Schlechtriem/Schwenzer/Müller-Chen*, Art. 47, Rn. 17.
706 Vgl. *Welser* in *Doralt*, Das UNCITRAL-Übereinkommen, S. 120.
707 Vgl. *Schlechtriem/Schwenzer/Müller-Chen*, Art. 47, Rn. 14.
708 Vgl. dazu unten, § 10.I.3. und 3.a.
709 Vgl. *Schlechtriem/Huber,* Art. 47, Rn. 19; *Leser* in *Schlechtriem,* Einheitliches Kaufrecht u. nat. OR., S. 239; *Enderlein/Maskow/Strohbach,* Internationales Kaufrecht, Art. 47, Rn. 5; *Neumayer/Ming,* Art. 47, Rn. 2, Fn. 8.
710 Vgl. *Schlechtriem/Schwenzer/Müller-Chen*, Art. 47, Rn. 3.

4. Die Setzung einer angemessenen Nachfrist

Die Nachfristsetzung hat sowohl in den Fällen der Nichtlieferung i. S. d. Art. 49 Abs. 1 lit. b CISG als auch in den Fällen der vertragswidrigen Lieferung i. S. d. Art. 49 Abs. 1 lit. a CISG ohne Terminbestimmung weder Bindung für den Käufer noch für den Verkäufer[711]. Der Käufer soll den Verkäufer an einem bestimmten Tag oder innerhalb einer bestimmten Frist zur Leistung auffordern. Vage Aufforderungen wie „prompt", „fix", „sofort" oder „alsbald" reichen nicht aus[712].

Der Käufer kann dem Verkäufer eine Nachfrist zur Erfüllung seiner Pflicht setzen, wenn der Leistungstermin schon verstrichen ist[713]. Obwohl Art. 47 CISG den Ablauf des Leistungstermins als Voraussetzung für die Setzung einer Nachfrist durch den Käufer nicht ausdrücklich fordert, ergibt sich dies nach einer Ansicht aus der Vorschrift des Art. 45 Abs. 1 lit. a CISG[714]. Demgemäß kann der Käufer die in Art. 46 bis 52 CISG vorgesehenen Rechte ausüben, also auch das Recht, dem Vertragspartner eine Nachfrist für die Erfüllung der von ihm verletzten Pflicht setzen, wenn der Verkäufer diese Pflicht bei ihrer Fälligkeit nicht erfüllt.

Nach anderer Ansicht folgt dies aber aus dem Begriff selbst der Nachfrist als „additional period of time" oder „délai supplémentaire" nach den Originalsprachen der Konvention, wonach die Nachfrist dem Verkäufer erst dann zur Verfügung steht, wenn die Leistungszeit verstrichen ist[715].

Nach der Vorschrift des Art. 47 Abs. 1 CISG muss die vom Käufer gesetzte Nachfrist „angemessen" sein. Die Angemessenheit der Frist wird anhand objektiver Kriterien beurteilt, die sich aus dem Grundsatz von Treu und Glauben und aus den Umständen des konkreten Falls ergeben. Zu berücksichtigen sind folglich unter anderen Eigenschaften die Länge der Lieferzeit[716], die Eigenart der Leistung des Verkäufers[717], die Natur des Leis-

---

[711] Vgl. OLG Düsseldorf, 6. Zivilsenat, Urt. v. 24.04.1997 – 6 U 87/96, CISG-Online Case 385; OLG Hamburg, 1. Zivilsenat, Urt. v. 28.02.1997 – 1 U 167/95, CISG-Online Case 261.

[712] Vgl. *Schlechtriem/Huber,* Art. 47, Rn. 6; *Herber/Czerwenka,* Art. 47, Rn. 3; *Petrikic*, Das Nacherfüllungsrecht, S. 67; *Karollus*, UN-Kaufrecht, S. 139; *Reinhart,* UN-Kaufrecht, Art. 47, Rn. 3; *Hutter*, S. 131; *Bianca/Bonell/Will,* Art. 47, Anm. 2.1.3.1.

[713] Vgl. *Schlechtriem/Huber,* Art. 47, Rn. 18; *Schlechtriem/Schwenzer/Müller-Chen*, Art. 47, Rn. 11; *Herber/Czerwenka,* Art. 47, Rn. 5.

[714] Vgl. *Schlechtriem/Huber,* Art. 47, Rn. 18.

[715] Vgl. *Herber/Czerwenka,* Art. 47, Rn. 5.

[716] Vgl. *Schlechtriem/Schwenzer/Müller-Chen*, Art. 47, Rn. 6.

[717] Vgl. *Schlechtriem/Schwenzer/Müller-Chen*, Art. 47, Rn. 6.

tungshindernisses[718] und das für den Verkäufer bei Vertragsabschluss erkennbare Interesse an einer raschen Lieferung[719].
Wenn der Käufer eine zu lange Nachfrist setzt, gilt diese nicht[720]. Er ist bis zu ihrem Ablauf nicht gebunden und kann sofort den entsprechenden Rechtsbehelf ausüben, ohne, ihren Ablauf abwarten zu müssen.
Die Nachfristsetzung erfolgt durch die Mitteilung an den Verkäufer und ist an keine Form gebunden[721]. Sie kann daher mündlich oder schriftlich geschehen. Da die Art ihrer Form schließlich mit der Beweisführung der beweisbelastenden Vertragspartei zu tun hat, wird aber empfohlen, sie stets schriftlich zu erklären[722].
Die Nachfristsetzung erfolgt durch eine einseitige Willenserklärung, für deren Übermittlung Art. 27 gilt. Demgemäß trägt der Verkäufer als die vertragsbrüchige Partei das Risiko der Übermittlung der Erklärung mit geeigneten Mitteln[723]. Der Käufer kann daher nach dem Ablauf der Nachfrist sein Recht auf Vertragsaufhebung ausüben, selbst dann, wenn die Mitteilung der Nachfristsetzung beim Verkäufer nicht angekommen ist.
Der Käufer hat die Beweislast nur für die Absendung der Nachfristerklärung zu tragen. Die Erklärung der Nachfristsetzung ist deshalb absendungsbedürftig[724].
Dies bedeutet aber nicht, dass ihre Bindungswirkung ab dem Zeitpunkt ihrer Absendung beginnt und dass daher die Nachfristsetzungserklärung als unwiderruflich ab diesem Moment anzusehen ist. Der Käufer kann sich unter Berücksichtigung des Gutglaubensgrundsatzes bis zum Zeitpunkt des Zugangs der Erklärung an den Verkäufer bzw. bis zum Zeitpunkt der Kenntnisnahme von ihm oder der Kenntnismöglichkeit durch einen Wider-

---

718 Vgl. *Schlechtriem/Schwenzer/Müller-Chen*, Art. 47, Rn. 6.
719 Vgl. *Schlechtriem/Schwenzer/Müller-Chen*, Art. 47, Rn. 6, Fn. 15.
720 Vgl. *Honsell/Schnyder/Straub*, Art. 47, Rn. 25; a. A. aber *Schlechtriem/Huber*, Art. 47, Rn. 13; *MünchKomm/Huber*, Art. 47, Rn. 14.
721 Vgl. *v. Caemmerer/Schlechtriem/Huber*, Art. 47, Rn. 11; *Schlechtriem/Huber*, Art. 47, Rn. 15; *Herber/Czerwenka*, Art. 47, Rn. 3; *Piltz*, Internationales Kaufrecht, § 5, Rn. 234; *Reinhart*, UN-Kaufrecht, Art. 47, Rn. 3; *Schlechtriem/Schwenzer/Müller-Chen*, Art. 47, Rn. 12; *Enderlein/Maskow/Strohbach*, Internationales Kaufrecht, Art. 47, Rn. 4; *Staudinger/Magnus*, Art. 47, Rn. 15.
722 Vgl. *Rudolf*, Kaufrecht der Export- und Importverträge, Art. 47, Rn. 7; *Petrikic*, Das Nacherfüllungsrecht, S. 67.
723 Vgl. *v. Caemmerer/Schlechtriem/Huber*, Art. 47, Rn. 12; *Schlechtriem/Huber*, Art. 47, Rn. 16; *Schlechtriem/Schwenzer/Müller-Chen*, Art. 47, Rn. 12; *Herber/Czerwenka*, Art. 47, Rn. 3; *Petrikic*, Das Nacherfüllungsrecht, S. 67; *Karollus*, UN-Kaufrecht, S. 139; *Piltz*, Internationales Kaufrecht, § 5, Rn. 233; *Enderlein/Maskow/Strohbach*, Internationales Kaufrecht, Art. 47, Rn. 4; *Honsell/Schnyder/Straub*, Art. 47, Rn. 16; *Soergel/Lüderitz*, Art. 47, Rn. 3; *MünchKomm/Huber*, Art. 47, Rn. 8.
724 Vgl. *v. Caemmerer/Schlechtriem/Huber*, Art. 47, Rn. 12; anders aber *Karollus*, UN-Kaufrecht, S. 139.

ruf der gesetzten Nacherfüllungsfrist hinsichtlich der Ausübung der Rechtsbehelfe des Art. 45 ff. CISG anders entscheiden[725].

5. Die Rechtsfolgen der Nachfristsetzung

Wie oben schon gezeigt, sind innerhalb der Nachfrist, die der Käufer im Fall der Lieferung einer mangelhaften Ware für die Nachbesserung oder die Ersatzlieferung dem Verkäufer gesetzt hat, alle anderen in Art. 45 Abs. 1 CISG genannten Rechtsbehelfe ausgeschlossen.

In erster Linie dabei sind das die Rechte auf Vertragsaufhebung oder auf Schadensersatz wegen Nichterfüllung des Vertrags. Diese Rechte sind während der Nachfrist suspendiert, auch noch, wenn die Vertragsverletzung wesentlich ist[726].

Das gilt auch für das Recht auf Minderung des Kaufpreises im Fall, dass die Vertragsverletzung nicht wesentlich ist und der Käufer am Vertrag festhalten will. Dieses Recht steht dem Käufer gem. Art. 50 S. 2 Hs. 2 CISG nur zu, wenn die Nachbesserung oder Ersatzlieferung durch den Verkäufer im Rahmen seines Rechts auf eine zweite Andienung gem. Art. 37 bzw. 48 CISG fehlgeschlagen sind oder wenn der Verkäufer die Erfüllung des Vertrags ernsthaft und endgültig verweigert hat. Denn das Minderungsrecht geht nur mit dem Abschluss der endgültigen Nacherfüllung unter[727]. Daher ist das Recht auf Minderung während der Nachfrist ausgeschlossen.

Ebenso darf der Käufer vor Fristablauf den Mangel nicht selbst beseitigen und dem Verkäufer die Kosten als Schadensersatz gem. Art. 45 Abs. 1 lit. b CISG in Rechnung stellen; vielmehr muss er die Kosten der voreiligen Selbsthilfe selbst tragen[728].

Solange die Nachfrist für die Nachbesserung der vertragswidrigen Ware läuft, hat der Käufer auch keinen Anspruch auf Ersatzlieferung nach Art. 46 Abs. 2 CISG. Dieser Rechtsbehelf ist während der Nachfrist suspendiert[729], auch wenn er an sich begründet wäre[730]. Er wird erst wieder nach dem fruchtlosen Ablauf der Nachfrist bzw. im Fall eines fehlgeschlagenen Nachbesserungsversuches aktiviert. Deshalb wäre eine vor Fristablauf er-

---

[725] Vgl. *v. Caemmerer/Schlechtriem/Huber,* Art. 47, Rn. 13; *MünchKomm/Huber*, Art. 47, Rn. 8.

[726] Vgl. *Schlechtriem/Schwenzer/Müller-Chen*, Art. 47, Rn. 14.

[727] Vgl. dazu unten, § 10.I.3. und 3.a.

[728] Vgl. *Schlechtriem/Schwenzer/Müller-Chen*, Art. 47, Rn. 14.

[729] Vgl. *Schlechtriem/Huber,* Art. 47, Rn. 18; *Schlechtriem/Schwenzer/Müller-Chen*, Art. 47, Rn. 14; *Enderlein/Maskow/Strohbach,* Internationales Kaufrecht, Art. 47, Rn. 5.

[730] Vgl. *Schlechtriem/Schwenzer/Müller-Chen*, Art. 47, Rn. 14, Fn. 35.

hobene Klage auf Ersatzlieferung, als zur Zeit unbegründet abzuweisen, so wie eine vor Fälligkeit erhobene Erfüllungsklage[731].
Allerdings lässt die Erfüllung der Pflichten des Verkäufers innerhalb der Nachfrist den Anspruch des Käufers auf Ersatz der Verzugsschäden nach Art. 47 Abs. 2 S. 2 CISG unberührt[732]. Ebenfalls soll der Käufer nicht seine Ersatzansprüche für Schäden verlieren, die schon vor der Nachfristsetzung entstanden sind und die durch die nachträgliche Erfüllung nicht ausgeglichen werden können. Für solche Schäden, die Begleit- oder Nebenschäden sein können, hat der Käufer einen Ersatzanspruch nach Art. 45 Abs. 2 CISG[733].

II. Zusammenfassung

Die Setzung einer Frist zur nachträglichen Erfüllung hat wichtige Funktionen im System der Rechtsbehelfe des Käufers im Rahmen des UN-Kaufrechts:
Zuallererst wird durch den fruchtlosen Ablauf der Nachfrist, die der Käufer dem Verkäufer zur Erfüllung seiner Pflichten gesetzt hat, der Tatbestand der wesentlichen Vertragsverletzung konkretisiert. Dann ist der Käufer berechtigt, die Ersatzlieferung oder die Aufhebung des Vertrags zu erklären.
Die Nachfristsetzung hat eine weitere wichtige Funktion beim Problem der Gefahrverteilung zwischen den Parteien im Fall der zufälligen Beschädigung der mangelhaften Ware in den Händen des Käufers: Durch die Setzung einer Frist zur nachträglichen Erfüllung kann man den Käufer zumindest bei der Nachbesserung der mangelhaften Kaufsache vor einer zweimaligen Belastung mit der Gefahr ihres zufälligen Untergangs oder ihrer zufälligen Beschädigung schützen.
Denn der Käufer trägt die Gefahr des Warenuntergangs bis zur Nachfristsetzung, und danach der Verkäufer. Auf diese Weise wird der Verkäufer mit den Risiken der Beschädigung oder des Untergangs der Sache gerecht belastet, ohne auf den Käufer die wirtschaftlichen Kosten für die Veränderung der Ware aufgrund eines zusätzlichen, zufälligen Schadens abwälzen zu können.

---

[731] Vgl. *Schlechtriem/Huber,* Art. 47, Rn. 18; *Schlechtriem/Schwenzer/Müller-Chen*, Art. 47, Rn. 14.
[732] Vgl. *Schlechtriem/Schwenzer/Müller-Chen*, Art. 47, Rn. 18.
[733] Vgl. *Schlechtriem/Huber,* Art. 47, Rn. 23.

Außer dieser Funktion entfaltet die Nachfristsetzung zusätzlich eine Bindungswirkung hinsichtlich der Rechte beider Vertragsparteien, mit der Folge, dass vor ihrem Ablauf kein Rechtsbehelf wegen der Vertragsverletzung ausgeübt werden kann. Demgemäß kann der Käufer keine weiteren Rechtsbehelfe geltend machen, ehe sie abgelaufen ist, während der Verkäufer sich auf die Nachfrist verlassen darf.

Während der Nachfrist sind weitere Rechte des Käufers suspendiert.

Der rechtliche Grund für diese Bindung liegt im Verbot des „venire contra factum proprium", das sich aus dem Grundsatz von Treu und Glauben ableiten lässt.

Daher hat im Fall, in welchem der Verkäufer vor dem Ablauf der Nachfrist eine neue Pflichtverletzung begeht, die Nachfrist keine Bindungswirkung mehr für die Vertragsparteien. Der Käufer kann sogar vor Ablauf der Nachfrist seine Rechte wegen der nicht vertragsgemäßen Erfüllung ausüben, denn es wäre sinnlos, wenn der Käufer den Ablauf der restlichen Nachfrist abwarten müsste, um seine Rechte wegen der neuen Vertragsverletzung geltend zu machen.

Das gleiche gilt, wenn der Verkäufer erklärt hat, dass er seine Pflichten nicht innerhalb der gesetzten Nachfrist erfüllen wird. Dann ist der Käufer nicht mehr an die Nachfrist gebunden, weil der Vertrag mit der Verweigerung der Leistung durch den Verkäufer endgültig nicht erfüllt wird. Er kann daher entweder den Vertrag aufheben oder einen Schadensersatz wegen Nichterfüllung verlangen, wenn die Vertragsverletzung wesentlich ist, oder er kann den Rechtsbehelf der Minderung des Kaufpreises ausüben, wenn die Vertragsverletzung nicht wesentlich ist und der Käufer am Vertrag festhalten will.

Nach der Vorschrift des Art. 47 Abs. 1 CISG muss die vom Käufer gesetzte Nachfrist „angemessen" sein. Die Angemessenheit der Frist wird anhand objektiver Kriterien beurteilt, die sich aus dem Grundsatz des guten Glaubens und aus den Umständen des konkreten Falls ergeben.

Die Nachfristsetzung erfolgt durch die Mitteilung an den Verkäufer und ist an keine Form gebunden.

Die entsprechende Erklärung ist absendungsbedürftig, während der Verkäufer das Übermittlungsrisiko gem. Art. 27 CISG zu tragen hat. Dies bedeutet aber nicht, dass ihre Bindungswirkung ab dem Zeitpunkt ihrer Absendung beginnt.

Der Käufer kann die Nachfristerklärung unter Berücksichtigung des Gutglaubensgrundsatzes bis zum Zeitpunkt des Zugangs an den Verkäufer bzw. bis zum Zeitpunkt der Kenntnisnahme von ihm oder der Kenntnismöglichkeit widerrufen.

§ 7. Das Recht des Verkäufers auf Nacherfüllung nach dem UN-Übereinkommen und nach deutschem und griechischem nationalem Recht

I. Das Recht des Verkäufers auf Nacherfüllung bei vorzeitiger Lieferung Die Regelung des Art. 37 CISG

Nach Art. 37 CISG steht dem Verkäufer, der die Ware vor dem vereinbarten Termin geliefert hat, ein Recht auf Behebung von Sachmängeln zu, sofern sie in zumutbarer Weise für den Käufer durchgeführt werden kann.
Die Abgrenzung zu Art. 48 CISG, der auch ein Recht des Verkäufers auf Nacherfüllung regelt, ergibt sich aus der zeitlichen Trennlinie des dem Verkäufer zustehenden letztmöglichen Liefertermins: Vor dem Zeitpunkt der Lieferung steht dem Verkäufer das Nacherfüllungsrecht nach Art. 37 CISG zu, danach das Nacherfüllungsrecht nach Art. 48 CISG.
Die Vorschrift des Art. 37 CISG, die nicht von der entsprechenden Regelung des Haager Kaufgesetzes (vgl. Art. 37 EKG) abweicht, drückt aber i. V. m. den Vorschriften des Art. 48 CISG eine Selbstverständlichkeit aus[734]: Bei einer vorzeitigen Lieferung, die nach dem Sinn des Art. 37 CISG vor dem im Vertrag festgesetzten Zeitpunkt oder vor dem Ende eines festgesetzten Zeitraums[735] und unter der zwingenden Voraussetzung der Abnahme[736] der Ware durch den Käufer erfolgt, soll der Verkäufer bis zum spätest möglichen Lieferzeitpunkt nacherfüllen, wenn er inzwischen Kenntnis von den Sachmängeln der gelieferten Ware bekommen hat, um die Verletzung seiner vertraglichen Pflichten zu vermeiden.
Im Unterschied zur Regelung des Nacherfüllungsrechts des Verkäufers nach dem Liefertermin war daher die Regelung dieses Rechts vor dem Liefertermin auf der Wiener Konferenz unproblematisch und wurde nach kurzer Beratung angenommen[737].

---

[734] Vgl. *Schlechtriem/Schwenzer*, Art. 37, Rn. 2.
[735] Vgl. *Heilmann*, Mängelgewährleistung, S. 381; *Enderlein/Maskow/Strohbach,* Internationales Kaufrecht, Art 37 Rn. 1.
[736] Bei vorzeitiger Lieferung ist der Käufer zur Abnahme der Ware nicht verpflichtet. Vgl. dazu *Schlechtriem/Schwenzer*, Art. 37, Rn. 4; *Heilmann*, Mängelgewährleistung, S. 382; *Hutter*, S. 116; *Soergel/Lüderitz* Art. 37, Rn. 2; *Enderlein/Maskow/Strohbach,* Internationales Kaufrecht, Art 37, Rn. 1.
[737] Vgl. Off. Rec. 106, 309 f., Nr. 49 ff.

Insbesondere ist im Rahmen der Nacherfüllung nach Art. 37 CISG zu bemerken, dass bei einer vorzeitigen, vertragswidrigen Lieferung das Gewicht der Abweichung der gelieferten, mangelhaften Ware von der im Vertrag bestimmten Ware durch die Behebung des Sachmangels gleichgültig bleibt und daher die Wesentlichkeit der Vertragsverletzung eine Rolle für die Rechtsbehelfe des Käufers nur spielen kann, wenn es sich um einen antizipierten Vertragsbruch i. S. d. Art. 72 Abs. 1 CISG handelt[738]. Deshalb wurde auf der Wiener Konferenz die Regelung des Rechts des Verkäufers auf Mangelbeseitigung vor dem Liefertermin ohne die Meinungsstreitigkeit über die Definition des Begriffs der wesentlichen Vertragsverletzung angenommen, die, wie unten erklärt wird, beim Entwurfstadium der Regelung des Rechts des Verkäufers auf Mangelbeseitigung nach dem Liefertermin besonders stark war[739].

Nach Art. 37 CISG kann aber der Verkäufer, seine vertragliche Pflicht zur Lieferung einer vertragsgemäßen Ware vor dem Liefertermin nur dann nacherfüllen, wenn es für den Käufer zumutbar ist.

Genau wie beim Recht der nachträglichen Erfüllung nach Art. 48 CISG ist der Käufer nämlich auch hier berechtigt, das Angebot des Verkäufers zur Behebung des Mangels abzulehnen, wenn sie unzumutbare Unannehmlichkeiten, wie z. B. die Unsicherheit des Ersatzes der bereits von ihm getätigten Aufwendungen, mit sich bringt[740].

Für die Konkretisierung der Zumutbarkeit der Nacherfüllung für den Käufer sind also die Umstände des Einzelfalls maßgebend[741]. Für die Auslegung des Begriffs der „Zumutbarkeit" gelten sogar dieselben Kriterien wie bei der Nacherfüllung nach dem Liefertermin gem. Art. 48 Abs. 1 CISG[742]. Es geht nämlich um die Kriterien der unzumutbaren Zeitverzögerung, der unzumutbaren Unannehmlichkeiten und der Ungewissheit über die Erstattung der Aufwendungen, die objektiverweise nach den Umständen des konkreten Falls bestimmt werden müssen. Die längere Reparatur einer Maschine, die am Fließband des Käufers eingebaut ist, gilt demgemäß als unzumutbare

---

[738] Vgl. *Loewe*, Internationales Kaufrecht, Art. 37, Rn. 57; *Schlechtriem/Schwenzer*, Art. 37, Rn. 3; *Schlechtriem,* Internationales UN-Kaufrecht, (1996), Rn. 148.

[739] Vgl. dazu unten, § 7.II.3.

[740] Vgl. *Heilmann*, Mängelgewährleistung, S. 383; *Herber/Czerwenka,* Art. 37, Rn. 7, 9; *Bianca/Bonell/Bianca*, Art. 37, Anm. 2.5; *Reinhart,* UN-Kaufrecht, Art. 37, S. 91.

[741] Vgl. *Schlechtriem/Schwenzer*, Art. 37, Rn. 7; *Heilmann*, Mängelgewährleistung, S. 382; *Herber/Czerwenka,* Art. 37, Rn. 4; *Staudinger/Magnus,* Art. 37, Rn. 12.

[742] Vgl. dazu unten, § 7.II.2.c.

Unannehmlichkeit, wenn die Reparatur zur Unterbrechung der Produktion des Käufers führt[743], während der Verkäufer aufgrund des Wortlauts des Art. 37 CISG, der ihn nicht ausdrücklich auf einen Erfüllungsversuch beschränkt, mehrmals versuchen kann, die Vertragswidrigkeit der Kaufsache zu beseitigen, wenn das die Umstände des Einzelfalls erlauben[744]. Bei mehreren Fehlversuchen wird allerdings die Grenze der Unzumutbarkeit für den Käufer hinsichtlich der Zeit erreicht[745].

Solange der Verkäufer gem. Art. 37 CISG zur Nacherfüllung berechtigt ist, nämlich bis zum vertraglich festgelegten Lieferungszeitpunkt, sind die Rechtsbehelfe des Käufers nach den Art. 45 ff. CISG ausgeschlossen[746]. Verweigert hingegen der Käufer zu Unrecht die Rückgabe der Ware an den Verkäufer zur Reparatur oder zur Ersatzlieferung, kann er sich nicht mehr auf die Vertragswidrigkeit der Ware berufen und er verliert nach Art. 80 CISG, der die Pflicht des Gläubigers zu Mitwirkungshandlungen regelt, die ihm daraus zustehenden Rechte[747].

Nach der Literatur[748] gilt dies jedoch nicht, wenn es sich um die Nacherfüllung bei der Lieferung der Kaufsache in zu geringer Menge oder beim Fehlen einzelner Teile handelt. Bei einer solchen vorzeitigen Schlechtlieferung verliert der Käufer trotz der unberechtigten Verweigerung der Nachlieferungsannahme den Anspruch auf Nachlieferung der fehlenden Teile bzw. Menge sowie seine anderen Rechtsbehelfe nicht. Dies wird mit dem Argument begründet, dass in solchen Fällen eine Mitwirkung des Käufers i. S. d. Art. 80 CISG – sei es in Form der Annahme oder der Verweigerung der Nacherfüllung – keinen Einfluss auf die Pflicht des Verkäufers zur Lieferung der fehlenden Menge oder der fehlenden Teile haben kann. Denn sonst würde der Verkäufer durch den Wegfall seiner Leistungspflicht besser gestellt, als er bei realer Durchführung des Vertrags stehen würde, wenn er sich dabei befreien könnte, obwohl die Ursache der Nichterfüllung bzw. der Nichtlieferung der fehlenden Menge oder der fehlenden Teile nicht in den

---

[743] vgl. dazu *Hutter*, S. 116.

[744] Vgl. *Staudinger/Magnus*, Art. 37, Rn. 16, 21; *Schlechtriem/Schwenzer*, Art. 37, Rn. 11; *MünchKomm/Gruber*, Art. 37, Rn. 12.

[745] Vgl. *Schlechtriem/Schwenzer*, Art. 37, Rn. 11.

[746] Vgl. *Herber/Czerwenka*, Art. 37, Rn. 4; *v. Caemmerer/Schlechtriem/Strumpf*, Art. 37, Rn. 7; *Staudinger/Magnus*, Art. 37, Rn. 19; *MünchKomm/Gruber*, Art. 37, Rn. 16.

[747] Vgl. zum EKG *Dölle/Stumpf*, Art. 37, Rn. 6; zum CISG *Schlechtriem/Schwenzer*, Art. 37, Rn. 17; *Soergel/Lüderitz*, Art. 37, Rn. 3; *Herber/Czerwenka*, Art. 37, Rn. 8; *Bianca/Bonell/Bianca*, Art. 37, Anm. 3.2.; *Enderlein/Maskow/Strohbach*, Internationales Kaufrecht, Art. 37, Rn. 2; *Neumayer/Ming*, Art. 37, Rn. 4; *Heuzé*, Art. 37, Anm. 279.

[748] Vgl. *Schlechtriem/Schwenzer*, Art. 37, Rn. 17; *Herber/Czerwenka*, Art. 37, Rn. 8; *Staudinger/Magnus*, Art. 37, Rn. 22.

Verantwortungsbereich des Käufers wegen der Verweigerung der Nachlieferungsannahme fällt, sondern in den des Verkäufers.

Diese Meinung ist aber abzulehnen.

Meinem Erachten ist ausnahmslos anzunehmen, dass die Weigerung des Käufers zur Folge hat, dass er seine gesetzlichen Rechte verliert. Die Ablehnung der Nacherfüllung bedeutet, dass der Käufer die Kaufsache vorbehaltlos angenommen bzw. ihrer Lieferung als vertragsgemäß anerkannt hat. Umso mehr, wenn er sich die Nacherfüllung zu Unrecht weigert. Daher versucht man, wenn man vom Sinn des Art. 80 CISG ausgeht, um eine vorbehaltlose Annahme der Leistung als vertragsgemäß zu verneinen, diesen Grundsatz zu umgehen.

Die Vorschrift des Art. 80 CISG beruht auf einem allgemeinen Prinzip des UN-Kaufrechts, das – trotz der Stellung und der gesetzgeberischen Motive für diese Regelung[749] – über den Anwendungsbereich des Art. 79 CISG weit hinausgeht und dem Grundsatz von Treu und Glauben des Art. 7 Abs. 1 CISG entnommen ist[750]. Demgemäß lässt die Befreiung nach Art. 80 CISG den Anspruch des Schuldners auf die Gegenleistung unberührt, wenn die Ursache der Nichterfüllung in den Verantwortungsbereich des Gläubigers fällt[751].

Die Mitwirkungspflicht des Käufers durch die Annahme oder die Ablehnung der Nacherfüllung bei einer vorzeitigen Lieferung i. S. d. Art. 80 CISG hat daher nichts mit seiner allgemeinen Pflicht zu tun, die Leistungserbringung nicht zu behindern. Die Verweigerung der Nacherfüllung durch den Käufer in den Fällen der Lieferung einer Ware in zu geringer Menge oder beim Fehlen von Teilen ist nicht als Behinderung der Durchführung der Leistung anzusehen. Zu diesem Ergebnis führt nur die Annahme, dass die Lieferung einer Ware in zu geringer Menge oder beim Fehlen von Teilen nicht als eine vertragswidrige Lieferung zu behandeln ist. Dies lehnt das UN-Kaufrecht aber ausdrücklich, das von der einheitlichen Regelung der verschiedenen Arten von Sachmängeln ausgeht (vgl. Art. 35 ff. CISG).

Es ist daher nicht einzusehen, warum man hier die verschiedenen Arten der Vertragswidrigkeit unterschiedlich behandeln sollte, wenn das Übereinkommen sie als einheitlich versteht. Entsprechend dem Rechtssystem der Konvention ist also anzunehmen, dass der Käufer auch bei der Lieferung der Kaufsache in zu geringer Menge oder beim Fehlen von Teilen aufgrund

---

[749] Vgl. *Honnlod*, Uniform Law, Rn. 444; *Bianca/Bonell/Tallon*, Art. 80, Anm. 1.1.

[750] Vgl. *Herber/Czerwenka*, Art. 80, Rn. 2.

[751] Vgl. *Staudinger/Magnus*, Art. 80, Rn. 18; *Honsell/Magnus*, Art. 80, Rn. 15; auch dazu Urt. v. BGH NJW 1995, S. 2101 = IPRax 1996, S, 195 (Vorinstanzen LG Düsseldorf, Urt. v. 09.07.1992, 31 O 223/91, CISG-Online Case 42 und OLG Düsseldorf, Urt. v. 18.11.1993, 6 U 228/92, CISG-Online Case 92).

der unberechtigten Verweigerung der Nacherfüllung seine Rechte aus den Art. 45 ff. CISG verliert.

Nach Art. 37 S. 2 CISG behält der Käufer einen Schadensersatzanspruch i. S. d. Art. 74 ff. CISG. Dieser Anspruch steht ihm zu, wenn die entsprechenden Schäden durch den ersten Erfüllungsversuch entstanden und durch die spätere vertragsgemäße Lieferung nicht beseitigt wurden[752]. Zu ersetzen sind nämlich vor allem Schäden an anderen Gütern des Käufers oder entstandene Mehrkosten, die die Vertragswidrigkeit der Ware bei der vorzeitigen Lieferung verursacht hat[753].

Wurde der ursprüngliche Liefertermin bereits überschritten, bevor der Verkäufer sein Recht auf Nacherfüllung ausübt oder zieht sich die Nachbesserung über den festgesetzten Termin hinaus, bestimmt sich das Recht auf zweite Andienung nach Art. 48 Abs. 1 CISG[754]. Das bedeutet, dass der Verkäufer sein Recht auf Nacherfüllung nun unter den Voraussetzungen des Art. 48 Abs. 1 CISG fortzusetzen bzw. zu beenden hat.

II. Das Recht des Verkäufers auf Nacherfüllung nach dem Liefertermin

1. Die Regelung des Art. 48 CISG

Art. 48 Abs. 1 CISG gibt dem Verkäufer das Recht, einen Mangel der Kaufsache nach dem Liefertermin auf eigene Kosten zu beheben, wenn dies keine unzumutbare Verzögerung nach sich zieht und für den Käufer weder unzumutbare Unannehmlichkeiten noch Ungewissheit über die Erstattung seiner Auslagen durch den Verkäufer mit sich bringt.

Außer diesen drei Voraussetzungen, die unzumutbare Verzögerung, die unzumutbare Unannehmlichkeit und die Ungewissheit über die Erstattung der Auslagen, umfasst aber die Vorschrift des Art. 48 Abs. 1 CISG auch eine weitere Einschränkung, welche von entscheidender Bedeutung für das ganze System der Rechtsbehelfe des Käufers nach dem UN-Kaufrecht ist, und die vom Rechtsanwender entsprechend den zeitgenössischen Bedürfnissen des internationalen Handels zu interpretieren ist, um die Konvention einheitlich anzuwenden: Art. 48 Abs. 1 CISG beginnt mit dem Vorbehalt zu-

---

[752] Vgl. *Schlechtriem/Schwenzer*, Art. 37, Rn. 16; *Herber/Czerwenka*, Art. 37, Rn. 8; *Karollus*, UN-Kaufrecht, S. 122.

[753] Vgl. *Karollus*, UN-Kaufrecht, S. 122.

[754] Vgl. *Hutter*, S. 118; *Karollus*, UN-Kaufrecht, S. 122.

gunsten des Art. 49 CISG, der dem Käufer das Vertragsaufhebungsrecht bei der Lieferung einer mangelhaften Ware unter der Voraussetzung der wesentlichen Vertragsverletzung bzw. bei Nichterfüllung nach dem erfolglosen Ablauf einer Nachfrist gem. Art. 47 Abs. 1 CISG gibt.

Der Käufer kann also das Recht auf Nacherfüllung nach Art. 48 Abs. 1 CISG nur „vorbehaltlich des Art. 49" („subject to article 49") ausüben; dies kann so verstanden werden, dass eine Vertragsaufhebung des Käufers das Nacherfüllungsrecht des Verkäufers leerlaufen lässt.

Auf der Wiener diplomatischen Konferenz wurde schon früh durch mehrere Vorschläge eine klare Entscheidung bezüglich des Verhältnisses zwischen dem Nacherfüllungsrecht des Verkäufers und dem Vertragsaufhebungsrecht des Käufers gefordert[755].

Die vertretenen Meinungen waren jedoch vollkommen konträr.

Ein Teil der Delegierten versuchte sogar durch entsprechende Vorschläge, das Nacherfüllungsrecht des Verkäufers durch den Vorrang des Rechts auf zweite Andienung gegenüber der Vertragsaufhebung mit dem Argument zu sichern[756], dass die Aufhebung eines Vertrags im Rahmen des internationalen Kaufs durch die unvermeidlichen Rücktransportkosten besonders nachteilig für den Verkäufer sein kann. Die Mehrheit der Delegierten lehnte aber diese Vorschläge ab und entschied sich für den Vorbehalt zugunsten des Vertragsaufhebungsrechts nach Art. 49 CISG[757].

Diese Entscheidung konnte hingegen das Ziel des Übereinkommens, die Beseitigung des Vertrags nur als ultima ratio bei besonders schweren Pflichtverletzungen zuzulassen, nicht gewährleisten und hat daher den Anlass zu vielen umstrittenen Theorien darüber gegeben[758].

Im Zentrum der Problematik liegt der Begriff der „wesentlichen Vertragsverletzung" des Art. 25 CISG, da diese, wie gesagt, im Fall der Lieferung einer vertragswidrigen Ware die Voraussetzung für die Aufhebung des Vertrags ist. Es stellt sich nämlich die Frage, ob durch die nachträgliche Behebung des Mangels bei der Lieferung einer vertragswidrigen Ware die Wesentlichkeit der Vertragsverletzung entfällt, oder nicht. Denn es ist entscheidend, wie man den Tatbestand der wesentlichen Vertragsverletzung interpretiert und welche Elemente man bei der Beurteilung der Wesentlichkeit einbezieht[759], um die Unsicherheiten beim Verkäufer zu vermeiden, ob der Käufer bereit ist, die nachträgliche Erfüllung anzunehmen oder ob er

---

[755] Vgl. Off. Rec. 114 ff.

[756] Vgl. Off. Rec. 343, Nr. 66.

[757] Vgl. Off. Rec. 341-343, Nr. 42 (Sami/Irak), 51 (Kuchibhotla/Indien), 55 (Bogiano/Argentinien) und 56 (Eyzaguirre/Chile); Off. Rec., S. 339, Nr. 6 (Osah/Nigeria), 9 (Feltham/Großbritannien).

[758] Zu der Meinungsstreitigkeit darüber vgl. unter, § 7.II.3. und 4.i.

[759] Vgl. *Schlechtriem/Huber*, Art. 48, Rn. 2.

unter die Berufung auf die Unzumutbarkeit der Nacherfüllung die Vertragsaufhebung erklären kann[760]. Darüber hinaus ist zu klären, ob es eine Rolle spielt, welche der beiden Parteien zuerst gehandelt hat, der Käufer mit der Aufhebungserklärung oder der Verkäufer mit dem Behebungsangebot. Die Regel des Art. 48 Abs. 1 CISG ist also für den Verkäufer mit gewissen Unsicherheiten belastet.

Diese Unsicherheiten kann er aber durch das Vorgehen nach den Regeln des Art. 48 Abs. 2 bis 4 beseitigen, die ihm ein Nacherfüllungsrecht ohne die Voraussetzungen des Art. 48 Abs. 1 CISG und ohne den Vorbehalt des Art. 49 CISG geben[761].

Demgemäß kann der Verkäufer den Käufer auffordern, sich zu seinem Nacherfüllungsangebot zu äußern. Widerspricht der Käufer diesem Angebot nicht innerhalb einer angemessenen Frist, so ist der Verkäufer zur Nacherfüllung in der von ihm vorgeschlagenen Frist und Form berechtigt. Der Käufer soll nämlich nicht passiv gegenüber einem solchen Angebot sein. Sein Schweigen innerhalb einer angemessenen Frist fällt ihm zur Last. Wirksam wird das Nacherfüllungsrecht nach Art. 48 Abs. 2 und 3 CISG allerdings nur dann, wenn das Angebot dem Käufer tatsächlich zugegangen ist (vgl. Art. 48 Abs. 4 CISG). Das Risiko des Verlustes dieser Aufforderung auf dem Weg zum Käufer trägt nämlich der Verkäufer.

2. Die Voraussetzungen des Rechts auf Nacherfüllung bei der Lieferung einer mangelhaften Ware nach Art. 48 Abs. 1 CISG

a. Der Mangel bei der Erfüllung

Die erste Voraussetzung für die Ausübung des Nacherfüllungsrechts des Verkäufers ist der Mangel bei der Erfüllung seiner Pflichten, die sich evtl. aus dem Vertrag, den Bestimmungen des Übereinkommens oder aus den maßgeblichen Bräuchen im Bereich des internationalen Handels bzw. den Gepflogenheiten zwischen den Vertragsparteien ergeben (vgl. Art. 9 CISG).

---

[760] Vgl. *Schlechtriem/Huber*, Art. 48, Rn. 3, 30.

[761] Vgl. *Bianca/Bonell/Will,* Art. 48, Anm 2,2; *Honnold,* Uniform Law Rn. 313; *Enderlein/Maskow/Strohbach,* Internationales Kaufrecht, Art 48, Rn. 10; *v. Caemmerer/Schlechtriem/Huber*, Art. 48, Rn. 30; *Karollus,* UN-Kaufrecht, S. 145*;* *Piltz*; Internationales Kaufrecht, § 5, Rn. 198; *Honsell/Schnyder/Straub,* Art. 48, Rn. 39.

Von der Regel des Art. 48 Abs. 1 CISG werden sämtliche Pflichten des Verkäufers erfasst[762], unabhängig von Art und Umfang des Erfüllungsmangels.

Der Verkäufer hat das Recht, die Vertragswidrigkeit aufgrund der Lieferung einer mit Sach- oder Rechtsmängeln belasteten Ware, aufgrund der verspäteten Lieferung[763], der Übergabe vertragswidriger Dokumente, der teilweisen Lieferung gem. Art. 51 CISG oder aufgrund der Verletzung sonstiger vereinbarter Pflichten, wie der Stellung einer Bankgarantie oder Montage[764], ohne Unterschiede nachträglich zu beseitigen.

Ebenfalls bei der Lieferung einer Ware mit Sachmängeln geht es im Rahmen des Art. 48 Abs. 1 CISG um den einheitlichen und weiten Begriff der Vertragswidrigkeit nach Art. 35 CISG, der – wie bereits gezeigt wurde – jegliche Mängel der Beschaffenheit der Kaufsache hinsichtlich ihrer Qualität, Quantität, Art und Verpackung umfasst. Der Verkäufer ist also berechtigt, jede fehlende oder mangelhafte Eigenschaft der Ware, die gegen den Vertrag verstößt, zumutbarerweise zu beheben, wenn sie freilich behebbar ist.

Die Sacheigenschaften sind in erster Linie vertraglich vereinbart. Soweit die Parteien aber nichts darüber vereinbart haben, werden sie nach den objektiven Kriterien des Art. 35 Abs. 2 CISG bestimmt[765].

b. Die Behebung des Mangels

Der Verkäufer hat unter Beachtung des Zumutbarkeitserfordernisses und innerhalb der angegebenen Frist im Rahmen seines Nacherfüllungsrechts gem. Art. 48 Abs. 1 CISG den Mangel zu beheben.

Die Behebung richtet sich nach dem Inhalt der verletzten Pflicht[766]. Der Verkäufer ist aber derjenige, der über die Art und Weise der Beseitigung des Mangels in der gelieferten Ware entscheidet[767]. Er hat nämlich das Wahlrecht, wenn sich ein Sachmangel sowohl durch Ersatzlieferung als

---

[762] Vgl. *v. Caemmerer/Schlechtriem/Huber,* Art. 48, Rn. 1.

[763] Vgl. *Staudinger/Magnus,* Art. 48, Rn. 9.

[764] Vgl. *Herber/Czerwenka,* Art. 48, Rn. 2; *Schlechtriem/Schwenzer/Müller-Chen*, Art. 48, Rn. 3.

[765] Vgl. oben, § 2.II.2.

[766] Vgl. *v. Caemmerer/Schlechtriem/Huber,* Art. 48, Rn. 11; *Herber/Czerwenka,* Art. 48, Rn. 2; *Schlechtriem/Schwenzer/Müller-Chen*, Art. 48, Rn. 5.

[767] Vgl. *v. Caemmerer/Schlechtriem/Huber,* Art. 48, Rn. 19; *Honsell/Schnyder/Straub,* Art. 48, Rn. 10; *Karollus*, UN-Kaufrecht, S. 138; *Herber/Czerwenka,* Art. 48, Rn. 2.

auch durch Nachbesserung beseitigen lässt, über die Nacherfüllungsmethode zu entscheiden[768].

Dies gilt auch bei einer wesentlichen Vertragsverletzung i. S. d. Art. 46 Abs. 2 CISG bzw. eines nur durch Ersatzlieferung behebbaren Mangels[769]. Denn in einem solchen Fall kann der Käufer seinen Ersatzlieferungsanspruch unter Berufung auf die Wesentlichkeit des Vertragsbruchs gegen den Willen des Verkäufers nicht durchsetzen, wenn die Behebung des Mangels durch Nachbesserung mit geringem Aufwand für den Verkäufer möglich ist[770]. Das Recht des Verkäufers auf zweite Andienung hat Vorrang gegenüber dem Nacherfüllungsanspruch des Käufers[771].

Im Fall der Lieferung eines aliud kann der Verkäufer durch die Lieferung einer vertragskonformen Ware den Mangel beseitigen bzw. seiner Lieferpflicht nachkommen[772]. Die Falschlieferung wird also hier aufgrund der Reparaturunfähigkeit des aliud als Nichtlieferung behandelt, die durch Erfüllung behoben werden kann[773]. Ebenfalls erfolgt die Behebung des Mangels, wenn der Verkäufer vertragswidrige Dokumente geliefert hat, aufgrund ihrer Reparaturunfähigkeit nur durch ihren Austausch gegen fehlerfreie Dokumente[774].

Der Verkäufer hat den Mangel der Kaufsache durch Nachbesserung dort zu beheben, wo sich die gelieferte, mangelhafte Ware befindet. Die Nachbesserung kann er auch bei sich oder an einem anderen Ort durchführen lassen[775]. In diesem Fall hat er jedoch die Sache auf eigene Kosten beim Käufer abzuholen und sie danach wieder in vertragsgemäßem Zustand zu ihm zurückzubringen[776].

Dieselbe Pflicht trifft ihn, auch wenn er sein Nacherfüllungsrecht aufgrund der Umstände durch Ersatzlieferung auszuüben hat. Die Transportkosten kann er dem Käufer nicht in Rechnung stellen bzw. die Ersatzlieferung da-

---

[768] Vgl. *Schlechtriem/Schwenzer/Müller-Chen*, Art. 48, Rn. 6.

[769] Vgl. zu der Auslegung des Begriffs der wesentlichen Vertragsverletzung in Art. 46 Abs. 2 CISG unten, § 5.I.2.a.

[770] Vgl. *v. Caemmerer/Schlechtriem/Huber,* Art. 48, Rn. 18; *Karollus*, UN-Kaufrecht, S. 138.

[771] Vgl. dazu ausführlicher unten, § 7.II.5. und 6.

[772] Vgl. BGH Urt. v. 03.04.1996, VIII. 51/95, CISG-Online Case 135.

[773] Vgl. dazu auch bezüglich der Reparaturunfähigkeit des Mangels bei aliud-Lieferungen im Rahmen des Nachbesserungsanspruches des Käufers, § 5.II.1.

[774] Vgl. dazu BGH, VIII. Zivilsenat, Urt. v. 03.04.1996, VIII. 51/95, CISG-Online Case 135; OLG Nürnberg, 12. Zivilsenat, Urt. v. 20.99.1995 – 12 U 29/94, CISG-Online Case 267.

[775] Vgl. *Herber/Czerwenka,* Art. 48, Rn. 2.

[776] Vgl. *Honsell/Schnyder/Straub,* Art. 48, Rn. 11; *Schlechtriem/Schwenzer/Müller-Chen*, Art. 48, Rn. 7.

von abhängig machen, dass der Käufer die damit verbundenen Kosten übernimmt[777].
Des Weiteren hat der Verkäufer auch jene Kosten zu erstatten, die dem Käufer durch die Selbstbehebung des Mangels unmittelbar entstehen[778].
Selbstverständlich lässt die Pflicht zur Kostenerstattung bei der Durchführung der Nacherfüllung etwaige Ansprüche des Käufers auf Ersatz von Begleitschäden gem. Art. 45 Abs. 1 lit. b CISG unberührt[779].
In der Vorschrift des Art. 48 Abs. 1 CISG gibt es keine Bestimmung bezüglich der Berechtigung des Verkäufers zur Durchführung mehrerer Nacherfüllungsversuche. Das bedeutet aber nicht, dass der Verkäufer im Rahmen seines Rechts auf zweite Andienung nicht mehr als einmal versuchen kann, nachträglich seinen Vertragspflichten nachzukommen[780]. Bei mehreren Versuchen ist es allerdings oft für den Käufer unzumutbar, die nachträgliche Erfüllung anzunehmen[781]. Deshalb sind sie nur unter dem Vorbehalt der Zumutbarkeit für den Käufer zulässig[782]. Bei mehreren Nacherfüllungsversuchen muss der Käufer aber seine Rüge- und Anzeigepflicht jedesmal nach den Bestimmungen der Art. 38, 39 CISG erfüllen[783].

c. Die Zumutbarkeit

Das Nacherfüllungsrecht des Verkäufers ist davon abhängig, dass die nachträgliche Erfüllung für den Käufer zumutbar ist[784].
Die Unzumutbarkeit für den Käufer ist objektiv zu beurteilen. Die nachträgliche Erfüllung ist objektiv unzumutbar, wenn der erforderliche Auf-

---

777 Vgl. *Schlechtriem/Schwenzer/Müller-Chen*, Art. 48, Rn. 8.
778 Vgl. *Herber/Czerwenka,* Art. 48, Rn. 2.
779 Vgl. *Schlechtriem/Schwenzer/Müller-Chen*, Art. 48, Rn. 8.
780 Vgl. *Herber/Czerwenka,* Art. 48, Rn. 2.
781 Vgl. *Herber/Czerwenka,* Art. 48, Rn. 2.
782 Vgl. *Schlechtriem/Schwenzer/Müller-Chen*, Art. 48, Rn. 6.
783 Vgl. OLG Nürnberg, 12. Zivilsenat, 20.99.1995 – 12 U 29/94, CISG-Online Case 267, „....Art. 38 f. CISG gelten zwar nicht nur für die ursprüngliche Lieferung, sondern ebenso für jede Nachlieferung oder Nachbesserung....“; dazu auch *v. Caemmerer/Schlechtriem/Stumpf,* Art. 38, Rn. 9.
784 Die englische und französische Fassung stellen im Gegensatz zur deutschen Übersetzung auf die Unangemessenheit und nicht auf die Unzumutbarkeit ab. Das hat nach einer Ansicht zur Folge, dass das Nacherfüllungsrecht des Verkäufers schon bei gravierenden und nicht bei erst völlig unerträglichen Nachteilen für den Käufer zu verneinen ist, so *Staudinger/Magnus,* Art. 48, Rn. 15; zustimmend *Honsell/Schnyder/Straub,* Art.. 48, Rn. 21.

wand die Kosten einer Ersatzbeschaffung übersteigt oder sonst im Missverhältnis zum Vorteil des Verkäufers steht[785].

Nach der Formulierung des Art. 48 Abs. 1 CISG sind bei der Ausübung des Nacherfüllungsrechts mehrere Zumutbarkeitskriterien zu beachten.

Vor allem darf der Versuch des Verkäufers, nach dem Liefertermin seine Pflichten zu erfüllen, keine unzumutbare Verzögerung für den Käufer nach sich ziehen.

Eine unzumutbare Zeitverzögerung ist auch objektiv zu beurteilen. Dafür kommt es nicht allein auf Versprechungen des Verkäufers an[786]. Eine geringfügige Zeitverzögerung kann aber nicht die Nacherfüllung durch den Verkäufer behindern. Denn der Käufer muss immer damit rechnen, dass er bei einer nachträglichen Erfüllung die fehlerfreie Sache mit einer geringen Zeitverzögerung bekommt. Überdies steht ihm der Anspruch des Art. 48 Abs. 1 S. 2 CISG auf Schadensersatz für seine Schäden aus einer solchen Verspätung zu[787].

Eine unzumutbare Zeitverzögerung, die zu einer wesentlichen Vertragsverletzung i. S. d. Art. 49 Abs. 1 lit. a CISG führen kann und folglich dem Käufer der Weg zur Aufhebung des Vertrages eröffnet[788], stellt sich nur dar, wenn der Verkäufer die Behebung des Mangels innerhalb einer angemessenen Frist i. S. d. Art. 47 CISG nicht bewirkt[789]. Daher empfiehlt *Huber*[790] die Setzung einer vernünftig bemessenen Frist i. S. d. Art. 47 CISG, innerhalb der der Verkäufer nacherfüllen soll. Denn die Setzung einer solchen Frist hat praktische Bedeutung bei der Beweisführung in einem Gerichtsverfahren[791].

---

785 Vgl. *Staudinger/Magnus*, Art. 48, Rn. 61; *v. Caemmerer/Schlechtriem/Huber*, Art. 48, Rn. 58; *Bianca/Bonell/Will*, Art. 48, Anm. 2.2.2.2; *Kircher*, Die Voraussetzungen der Sachmängelhaftung, S. 59.

786 Vgl. *Herber/Czerwenka,* Art. 48, Rn. 3.

787 Vgl. *Herber/Czerwenka,* Art. 48, Rn. 3.

788 Vgl. *Enderlein/Maskow/Strohbach,* Internationales Kaufrecht, Art. 48, Rn. 5; *Soergel/Lüderitz,* Art. 48, Rn. 4; *Honsell/Schnyder/Straub,* Art. 48, Rn. 23; *Schlechtriem,* Internationales UN-Kaufrecht (1996), Rn. 181. In den Fällen der fehlgeschlagenen Nachbesserung wegen unzumutbarer Zeitverzögerung kann der Käufer aber statt der Vertragsaufhebung den Rechtsbehelf des Ersatzlieferungsanspruches ausüben, der ebenfalls die Wesentlichkeit der Vertragsverletzung voraussetzt. Auf den Weg der Vollstreckung kann er dann den Verkäufer zu einer vertragsgemäßen Leistung zwingen. Dies passt offensichtlich zur Intention des UN-Kaufrechts, die Vertragsaufhebung dem Käufer lediglich als ultima ratio zuzulassen.

789 Vgl. *v. Caemmerer/Schlechtriem/Huber,* Art. 48, Rn. 13.

790 Vgl. *v. Caemmerer/Schlechtriem/Huber,* Art. 48, Rn. 13; auch dazu *Herber*, Wiener UNCITRAL-Übereinkommen, S. 30.

791 Vgl. *v. Caemmerer/Schlechtriem/Huber,* Art. 48, Rn. 13; auch dazu *Schlechtriem,* Internationales UN-Kaufrecht (1996), Rn. 181, danach werden sowohl der Nacherfüllungsanspruch des Käufers als auch das Nacherfüllungsrecht des Verkäufers durch das System von Fristsetzungen

Die nachträgliche Erfüllung durch den Verkäufer ist abgesehen von der Zeitverzögerung auch unzumutbar, wenn sie dem Käufer unerträgliche Unannehmlichkeiten verursacht. Eine unerträgliche Unannehmlichkeit kann entstehen, wenn die Vornahme von Reparaturarbeiten zu Betriebsbehinderungen, zu Betriebsunterbrechungen oder zur Freistellung von Mitarbeiten führen kann[792]. Auch mehrmalige erfolglose Nacherfüllungsversuche können die Nacherfüllung für den Käufer unzumutbar werden lassen[793].

Bloße Zweifel an der Fähigkeit und der Kompetenz des Verkäufers stellen aber, im Rahmen seines Rechts nachträglich ordnungsgemäß zu erfüllen, keine unzumutbare Unannehmlichkeit dar. Sie können jedoch als Schwankung des Vertrauens zwischen den Vertragsparteien eine wesentliche Vertragsverletzung mit der Folge der sofortigen Vertragsaufhebung begründen[794].

Die Nacherfüllung ist nach Art. 48 Abs. 1 CISG für den Käufer auch dann unzumutbar, wenn er Ungewißheit über den Ersatz von Aufwendungen hat, die er in der Erwartung der Nacherfüllung vorgestreckt hat[795].

Da der Verkäufer die Kosten der Ersatzlieferung oder Nachbesserung der mangelhaften Ware generell selbst zu tragen hat, können dem Käufer solche Aufwendungen allerdings nur ausnahmsweise entstehen. Zu denken ist etwa an die Kosten einer vom Käufer zu veranlassenden Rücksendung der Ware[796], einer erforderlichen Mitwirkung bei der Mangelbeseitigung[797] oder an den Fall, in dem der Verkäufer die Mängelbehebung nur gegen Kostenerstattung anbietet[798].

Bei erheblichen Aufwendungen kann der Käufer im Zweifelsfall die Nacherfüllung von einem Vorschuss oder einer Sicherheitsleistung durch den Verkäufer abhängig machen[799], so dass nach dem Wortlaut des Art. 48 Abs. 1 CISG seine „Ungewissheit über die Erstattung seiner Auslagen durch den Verkäufer" die Nacherfüllung nicht hindert.

---

flankiert; durch die Nachfristsetzung wird für die fristsetzende Partei jeweils Klarheit bezüglich der Ausübung eines Rechtsbehelfes erreicht.

[792] Vgl. *v. Caemmerer/Schlechtriem/Huber,* Art. 48, Rn. 14; *Honsell/Schnyder/Straub,* Art. 48, Rn. 25; *Herber/Czerwenka,* Art. 48, Rn. 3.

[793] Vgl. *Herber/Czerwenka,* Art. 48, Rn. 3.

[794] Vgl. *v. Caemmerer/Schlechtriem/Huber,* Art. 48, Rn. 14.

[795] Vgl. *v. Caemmerer/Schlechtriem/Huber,* Art. 48, Rn. 14; *Herber/Czerwenka,* Art. 48, Rn. 3; *Schlechtriem,* Internationales UN-Kaufrecht 1996), Rn. 179.

[796] Vgl. *Schlechtriem/Schwenzer/Müller-Chen*, Art. 48, Rn. 12.

[797] Vgl. *Audit,* La vente internationale de marchandises, Anm. 132.

[798] Vgl. *Schlechtriem/Schwenzer/Müller-Chen*, Art. 48, Rn. 12.

[799] Vgl. *v. Caemmerer/Schlechtriem/Huber,* Art. 48, Rn. 15; *Herber/Czerwenka,* Art. 48, Rn. 3; *Honsell/Schnyder/Straub,* Art. 48, Rn. 26; *Staudinger/Magnus,* Art. 48, Rn. 16; *Piltz,* Internationales Kaufrecht § 4, Rn. 70; *Loewe*, Internationales Kaufrecht, Art. 48, S. 70.

Sonst muss der Käufer, wenn er das Nacherfüllungsangebot des Verkäufers aufgrund seiner Ungewissheit über die Kostenerstattung ablehnt, alle Ereignisse beweisen, die eine solche Entscheidung begründen[800]. Das gleiche gilt auch, wenn er sich auf die Zeitverzögerung oder auf die Unannehmlichkeiten beruft, die der Nacherfüllungsversuch ihm verursachen werden, um das Nacherfüllungsangebot des Verkäufers zu verneinen. Der Grund dafür ist, dass das Recht des Verkäufers auf nachträgliche Erfüllung die Regel ist, während die Unzumutbarkeit die Ausnahme ist, die derjenige zu beweisen hat, der sich darauf beruft[801]. Der Verkäufer ist daher nur für die Tauglichkeit der beabsichtigen Nacherfüllung beweispflichtig[802].

3. Der Vorbehalt des Art. 49 CISG

Das Recht auf zweite Andienung steht dem Verkäufer nicht nur zu, wenn die oben beschriebenen Tatbestandsvoraussetzungen erfüllt werden. Dieses Recht hat der Verkäufer nach dem Wortlaut des Art. 48 Abs. 1 CISG unter dem Vorbehalt des Art. 49 CISG. Das Aufhebungsrecht des Käufers hat nämlich ausdrücklich den Vorrang gegenüber dem Nacherfüllungsrecht des Verkäufers.

„Subject to article 49, the seller may, even after the date for delivery, remedy at his own expense any failure to perform his obligations.....". Dafür hat die Mehrheit der Delegierten gestimmt. Und das Ergebnis dieser Abstimmung war ziemlich eindeutig[803].

Trotzdem ist der Vorbehalt des Art. 49 CISG der Hauptpunkt breiter Diskussionen auf der diplomatischen Konferenz geworden[804] und hat schon seit dem Entwurfsstadium der Vorschrift Anlass zu starker Kritik an der Regelung des Nacherfüllungsrechts des Verkäufers im Rahmen des Übereinkommens gegeben[805].

Dies zeigt zwar, dass die Mehrheit der Vertreter der verschiedenen Länder nicht bereit war, den Vorrang des Nacherfüllungsrechts des Verkäufers zu

---

[800] Vgl. *v. Caemmerer/Schlechtriem/Huber,* Art. 48, Rn. 16a.
[801] Vgl. *Staudinger/Magnus,* Art. 48, Rn. 46.
[802] Vgl. *Honsell/Schnyder/Straub,* Art. 48, Rn. 64.
[803] Dafür stimmten 19 Delegierte, während nur 7 dagegen waren, vgl. Off. Rec. 115, Nr. 19.
[804] Off. Rec. 114; 341, Nr. 38 (Klingsporn/Bundesrepublik Deutschland); 341, Nr. 39 (Fokkema/Niederlande), 42 (Sami/Irak), 43 (Bennett/Australien), 41 (Low/Kanada), 48 (Hjerner/Schweden), 44 (Felthan/Großbritannien), 51 (Kuchibhota/Indien), 56 (Eyzaguirre/Chile); 343, Nr. 66, 67, 68, 69, 70, 71.
[805] Vgl. *Huber*, RabelsZ (1979), S. 490 ff.

sichern. Der Grund dafür war aber nicht die Stärkung des Vertragsaufhebungsrechts des Käufers – worauf man durch einen oberflächlichen Blick auf die Formulierung des Art. 48 CISG schließen könnte.

Die Protokolle der Konferenz zeigen ganz deutlich, dass viele Delegierte den Vorbehalt des Art. 49 CISG zugunsten des Vertragsaufhebungsrechts des Käufers nur deshalb unterstützt haben, weil sie der Meinung waren, dass eine sofortige nachträgliche Behebung des Mangels – primär durch Reparatur – in der für den Käufer zumutbaren Weise noch keine wesentliche Vertragsverletzung bedeute, selbst wenn der Mangel schwerwiegend sei[806].

Nach ihnen sollte nämlich der Verkäufer nach dem Eintritt einer Vertragsverletzung gleich aktiv werden, so dass er durch die Mängelbeseitigung den Vertrag aufrechterhalten kann.

Deshalb haben zahlreiche Autoren[807] trotz der Formulierung des Art. 48 Abs. 1 CISG in ihren späteren Stellungnahmen zu der Nacherfüllungsproblematik versucht, nicht am Wortlaut der betreffenden Vorschrift zu bleiben, sondern diesen den Umständen und dem Zweck des UN-Kaufrechts entsprechend großzügiger auszulegen, so dass er eine Lösung für die Sicherung des Nacherfüllungsrechts des Verkäufers nicht hindert.

In diesen Stellungnahmen ist klar, dass der Begriff der wesentlichen Vertragsverletzung, die nach Art. 49 Abs. 1 lit. a CISG die Hauptvoraussetzung für die Ausübung des Rechtsbehelfs der Vertragsaufhebung ist, in Vordergrund steht. Denn ausgehend davon, dass gem. Art. 49 Abs. 1 lit. a CISG das Recht des Käufers auf Vertragsaufhebung vom Vorliegen einer wesentlichen Vertragsverletzung abhängig ist, wird der Vorbehalt des Art. 49 CISG nach dem Wortlaut des Art. 48 Abs. 1 CISG bzw. das Verhältnis des Rechts des Käufers auf Vertragsaufhebung zum Recht des Verkäufers auf Nacherfüllung auch vom Vorliegen einer wesentlichen Vertragsverletzung abhängig.

Nur bei einer wesentlichen Vertragsverletzung hat die Vertragsaufhebung den Vorrang gegenüber der Nacherfüllung. Wann ist aber eine Vertragsverletzung bei der Lieferung einer mangelhaften Ware als wesentlich anzusehen?

---

[806] Vgl. Off. Rec. 341, Nr. 44, 48, 55; *v. Caemmerer/Schlechtriem/Huber,* Art. 48, Rn. 18, 19; *Musger,* Wesentliche Vertragsverletzung, S. 47.

[807] Vgl. *Honnold,* Uniform Law, Rn. 296; *Schlechtriem,* Einheitliches UN-Kaufrecht (1981), S. 69; *v. Caemmerer/Schlechtriem/Huber,* Art. 46, Rn. 29 ff.; *Honsell/Schnyder/Straub,* Art. 48, Rn. 31 ff., Art. 49, Rn. 23 ff.; *Hoyer/Posch/Aicher,* Das Einheitliche Kaufrecht, S. 136 ff.; *Bianca/Bonell/Will,* Art. 48, Anm. 1. 3; *Enderlein/Maskow/Strohbach,* Internationales Kaufrecht, Art 48, Rn. 3. 4; *Herber/Czerwenka,* Art. 46, Rn. 2; *Piltz,* Internationales Kaufrecht, § 5, Rn. 162; *Karollus,* ZIP 1993, S. 490 ff.

Zentrale Frage bei der Nacherfüllungsproblematik im Rahmen des UN-Kaufrechts ist also diejenige nach der Bestimmung des Begriffs der wesentlichen Vertragsverletzung.

4. Die Wesentlichkeit der Vertragsverletzung und die Behebbarkeit des Mangels – das Verhältnis des Nacherfüllungsrechts des Verkäufers zum Rechtsbehelf der Vertragsaufhebung nach Art. 49 Abs. 1 lit. a CISG. Sofortige Vertragsaufhebung bei wesentlicher Vertragsverletzung?

Wie gezeigt wurde, liegt im Zentrum der Problematik der Begriff der wesentlichen Vertragsverletzung. Von seiner Interpretation hängt die Frage ab, ob der Käufer bei einem Vertragsbruch, dessen Wesentlichkeit gegeben zu sein scheint, den Vertrag sofort nach dem Eintritt der Verletzung aufheben kann oder ob er nicht berechtigt ist, vom Vertrag zurückzutreten, wenn der Verkäufer bereit ist, durch Nachbesserung oder Ersatzlieferung den Mangel zu beheben.
Zusätzlich stellen sich auch die Nebenfragen, ob die Beurteilung der Wesentlichkeit einer Vertragsverletzung vom Gewicht bzw. von der Behebungsfähigkeit des Mangels oder vom fruchtlosen Ablauf der Frist zur Mangelbeseitigung, die der Käufer gesetzt hat, abhängig ist.
Im Folgenden werden die verschiedenen Meinungen über die Beantwortung dieser Fragen dargestellt. Damit wird aber nicht versucht, ein Meinungsspektrum in all seinen Verästelungen nachzuvollziehen. Ziel der Darstellung ist vielmehr, die verschiedenen Wege aufzuzeigen dieses Problem zu beurteilen, um die hier vorgeschlagene Ansicht leichter bewerten zu können.

i. Meinungsstand

Eine breit vertretene Ansicht[808] ist diejenige, deren Vertreter vom Wortlaut der Art. 48 Abs. 1 und 49 Abs. 1 CISG ausgehen, um das Verhältnis zwi-

---

808 Vgl. *Holthausen,* RIW 1990, S. 101 ff.; *v. Hoffmann* in *Schlechtriem,* Einheitliches Kaufrecht u. nat. OR. S. 298; *Welser* in *Doralt,* Das UNCITRAL-Kaufrecht, S. 125; *Soergel/Lüderitz,* Art. 46, Rn. 3; *Lessiak* in *Doralt,* Das UNCITRAL-Kaufrecht, S. 145; *Reinhart,* UN-Kaufrecht, Art. 48, Rn. 4; *Neumayer,* RIW 1994, S. 99 ff.; *Karollus,* UN-Kaufrecht, S. 142 ff.

schen dem Recht des Käufers auf Vertragsaufhebung und dem Recht des Verkäufers auf Nacherfüllung zu ermitteln und zugleich den abstrakten Begriff der „wesentlichen Vertragsverletzung“ zu interpretieren.
Nach ihnen wird die wesentliche Vertragsverletzung nur an die Schwere des Mangels und nicht an zusätzliche Merkmale der Pflichtverletzung, z. B. an die Behebbarkeit der Vertragswidrigkeit oder an den Zeitfaktor geknüpft[809]. Daher ist bei der Wesentlichkeitsprüfung nicht auf eine mögliche Nacherfüllung durch den Verkäufer abzustellen, sondern auf das objektiv schwerwiegende Gewicht des Mangels, denn nur dabei ist der Käufer aufgrund der wesentlichen Enttäuschung seines Interesses am Vertrag berechtigt, ihn sofort aufzuheben. Damit bekommt auch der Ersatzlieferungsanspruch des Käufers nach Art. 46 Abs. 2 CISG Sinn[810]. Denn dem Käufer stünde vorerst kein Anspruch auf Ersatzlieferung zu, wenn die Wesentlichkeit der Vertragsverletzung von der Behebbarkeit des Mangels abhängig wäre, und der Verkäufer somit die Möglichkeit hätte, durch Ersatzlieferung ihn zu beseitigen.
Diese Auffassung beruht zwar auf dem Prinzip des englischen Rechts „the default attains a certain minimum degree of seriousness“, das mit seiner Lehre vom „breach of contract“ Einfluss auf das Wiener Kaufrecht ausgeübt hat. Auch *Ernst Rabel*[811] hatte in Einklang damit die Meinung vertreten, dass eine Vertragsaufhebung durch rechtsgeschäftliche Parteierklärung nur bei erheblichen Vertragsstörungen zugelassen sein müsste, bei leichteren Störungen der betroffene Teil dagegen auf Schadensersatz verwiesen werden müsste.
Wenn man aber das akzeptiert, kommt man schließlich zu dem absurden Ergebnis, dass der Käufer bei einem schweren Mangel der gelieferten Sache berechtigt ist, den Vertrag sofort aufzuheben, während er im Fall der Nichtlieferung, die eine gravierendere Vertragsverletzung als die vertragswidrige Lieferung ist, zuerst eine Frist zur Nacherfüllung i. S. d. Art. 47 CISG setzen muss, und nur beim fruchtlosen Ablauf dieser Frist das Recht auf Vertragsaufhebung hat[812].

---

[809] Vgl. dazu *Holthausen,* RIW 1990, S. 104 und 106.
[810] Vgl. dazu *Karollus,* UN-Kaufrecht, S. 143; *Holthausen,* RIW 1990, S. 101, 104, 106; *v. Hoffmann* in *Schlechtriem,* Einheitliches Kaufrecht u. nat. OR. S. 299; *Welser* in *Doralt,* Das UNCITRAL-Kaufrecht, S. 125.
[811] Vgl. *Rabel,* Der Entwurf eines einheitlichen Kaufgesetzes, RabelsZ 9 (1935), S. 1 ff., 71 ff. und 348; auch *v. Caemmerer,* Wesentliche Vertragsverletzung, FS Coing, Band 2, S. 35 ff.; *Beinert,* Wesentliche Vertragsverletzung und Rücktritt, S. 55 f.
[812] Vgl. *v. Caemmerer/Schlechtriem/Huber,* Art. 47, Rn. 43; Art. 48, Rn. 16, 21, 25; *Karollus,* UN-Kaufrecht, S. 140, 143; *Schlechtriem/Schwenzer/Müller-Chen,* Art. 49, Rn. 15.

Überdies hätte das Abstellen auf die Schwere des Mangels bei der Beurteilung der Wesentlichkeit der Vertragsverletzung zwar den Rechtsbehelf der Vertragsaufhebung zur Folge, nicht aber denjenigen der Preisminderung, da die Verweigerung der Annahme der Nacherfüllung aufgrund der Schwere des Mangels als eine unberechtigte Verweigerung des Nacherfüllungsangebots des Verkäufers anzusehen ist, die zum Ausschluss des Minderungsrechtsbehelfs des Käufers nach Art. 50 S. 2 Hs. 2 CISG führt[813]. Damit würde daher das Recht des Verkäufers auf Nacherfüllung leerlaufen.

Die sofortige Vertragsaufhebung bei einer vertragswidrigen Lieferung wäre dann für den Verkäufer eine ständige Bedrohung, wenn der Käufer unter dem Vorwand der Wesentlichkeit des Mangels der Kaufsache bei Preisschwankungen den Vertrag sofort aufheben könnte[814]. Folglich könnte der Verkäufer leicht Opfer des Käufers werden.

Aufgrund dieser Einwände ist daher ohne Zweifel anzunehmen, dass die Wesentlichkeit der Vertragsverletzung im Fall der Lieferung einer mangelhaften Ware unabhängig von der Schwere des Mangels zu beurteilen ist.

Außerdem lässt sich bereits aus der Diskussion auf der Wiener Konferenz über die Formulierung des Art. 48 CISG schließen, dass der Begriff der wesentlichen Vertragsverletzung bei einer vertragswidrigen Lieferung nicht von der Schwere des Mangels abhängen kann. Denn obwohl dabei die Vorschläge zur Sicherung des Nacherfüllungsrechts des Verkäufers abgelehnt wurden[815], herrschte zugleich die Meinung vor, dass kein Grund mehr für eine sofortige Vertragsaufhebung bestehe, wenn der Verkäufer sofort aktiv wird und den Mangel trotz seiner Schwere ohne Zeitverzögerung behebt[816]. Dies bedeutet aber nicht, dass die Behebbarkeit des Mangels innerhalb eines angemessenen Zeitraums schließlich das Kriterium für die Definition des Rechtsbegriffs der wesentlichen Vertragsverletzung ist.

Nicht überzeugend ist auch die Auffassung, nach der die Wesentlichkeit der Vertragsverletzung trotz der Erheblichkeit des Mangels nur gegeben ist, wenn der Verkäufer die nachträgliche Erfüllung seiner Pflichten mit für den Käufer unzumutbarer Zeitverzögerung durchgeführt hat oder wenn er erklärt hat, dass er eine nachträgliche Erfüllung nicht durchführen wird[817].

---

[813] Vgl. dazu OLG Koblenz, 2. Zivilsenat, Urt. v. 31.01.1997 – 2 U 31/96, CISG-Online Case 256; bezüglich des Minderungsrechts des Käufers vgl. unten, § 10.I.3.a.

[814] Vgl. auch *Karollus*, ZIP 1993, S. 493.

[815] Vgl. Summray Reecords of the First Commitee, Off. Rec. 341 ff., Nr. 37-77, S. 351 f., Nr. 5-19.

[816] Vgl. Off. Rec. 341 ff., Nr. 39 (Fokema/Niederlande), 44 (Feltham/Grobritannien), 48 (Hjerner/Schweden), 55 (Boggiano/Argentinien).

[817] Vgl. *v. Caemmerer/Schlechtriem/Schlechtriem,* Art. 25, Rn. 20; *Schlechtriem,* Einheitliches UN-Kaufrecht (1981), S. 69; *Musger,* Wesentliche Vertragsverletzung, S. 42 f.; *Hoyer/Posch/Aicher*, Das Einheitliche Wiener Kaufrecht, S. 136 ff.; *Ziegler,* S. 81 f.; *Karollus,* ZIP 1993, S. 490 ff.

Schlechtriem, der bedeutendste Vertreter dieser Auffassung, macht – mit anderen Worten – den Begriff der wesentlichen Vertragsverletzung nicht lediglich von der Behebbarkeit des Mangels, sondern auch vom fruchtlosen Ablauf einer Lieferfrist bei der Nacherfüllung abhängig. Ob der Mangel durch Reparatur der gelieferten Sache oder durch Ersatzlieferung behoben wird, ist nach dieser Auffassung irrelevant. Das entscheidende Kriterium für die Beurteilung der Wesentlichkeit einer Vertragsverletzung ist, dass es die Möglichkeit zur Behebung des Mangels gibt und diese ohne unzumutbare Zeitverzögerung für den Käufer stattfinden kann. Wenn also Mängel behebbar sind und die Behebung durch den Verkäufer angeboten und innerhalb einer angemessenen Frist zu erwarten ist, dürfte eine Vertragsaufhebung wegen wesentlicher Vertragsverletzung kaum in Betracht kommen[818].

Das bedeutet aber dann, dass im Gegensatz zum Wortlaut des Art. 48 Abs. 1 CISG dem Käufer das Recht auf Vertragsaufhebung nur unter dem Vorbehalt des Rechts des Verkäufers auf Nacherfüllung – soweit diese innerhalb eines zumutbaren zeitlichen Rahmens stattfindet – zustehen soll. Der Käufer ist nämlich nur bei einer wesentlichen Vertragsverletzung berechtigt den Vertrag aufzuheben, während der Verkäufer, bei einer nur unwesentlichen Vertragsverletzung sein Recht auf Nacherfüllung ausüben kann.

Art. 48 Abs. 1 CISG gibt jedoch dem Verkäufer das Recht auf nachträgliche Erfüllung seiner Pflichten unabhängig von der Wesentlichkeit der Vertragsverletzung. Er kann somit ohne Rücksicht darauf, ob es sich bei der vertragswidrigen Lieferung um einen schwerwiegenden Mangel handelt, seinen Vertragspflichten nachkommen. Die Lieferung einer mit einem geringen Mangel behafteten Sache ist auch nicht in allen Fällen als eine wesentliche Vertragsverletzung (mit der Folge einer sofortigen Vertragsaufhebung) anzusehen, wenn der Verkäufer den Mangel nur mit für den Käufer unzumutbarer Zeitverzögerung beheben kann[819]. Sonst würde es bedeuten, dass der Begriff der Wesentlichkeit der Vertragsverletzung vom Zeitfaktor abhängig wäre, was bei der Formulierung des Gesetzestextes der hier be-

---

[818] Vgl. *Schlechtriem,* Internationales UN-Kaufrecht (1996), Rn. 115, 116. Zur Bekräftigung dieser Ansicht erwähnt sogar *Schlechtriem* den Fall von CA Grenoble v. 26.4.95, wo das Gericht entschied, dass der Kaufgegenstand zwar vertragswidrig beschaffen war, da er für den vorgesehenen Verwendungszweck nicht tauglich war, verneinte aber das Vorliegen einer wesentlichen Vertragsverletzung, weil der Verkäufer innerhalb einer für den Käufer angemessenen Frist in der Lage war, den Mangel zu beheben, (*Schlechtriem,* Internationales UN-Kaufrecht (1996), Rn. 115).

[819] Vgl. *v. Caemmerer/Schlechtriem/Huber,* Art. 48, Rn. 6 und Art. 49, Rn. 4.

handelten Vorschrift des UN-Kaufrechts – im Gegensatz zum Haager Kaufgesetz – abgelehnt wurde[820].

Die Möglichkeit, die nicht wesentliche Vertragsverletzung durch den fruchtlosen Ablauf einer Nachfrist bzw. durch die unzumutbare Zeitverzögerung zu einem Aufhebungsgrund zu verdichten, besteht nur bei völligem Unterlassen der Lieferung und nicht bei Mängeln, die manchmal noch durch den Käufer selbst zu reparieren sind[821].

Würde man daher dieser Meinung folgen, sollte man auch die Nachfristsetzung für die Nacherfüllung als Aufhebungsvoraussetzung bzw. Wesentlichkeitszeichen aufführen, was aber die Konvention nach dem Wortlaut des Art. 49 Abs. 2 lit. b CSIG gerade nicht macht.

Außerdem müsste der Käufer zur Vermeidung der Zeitverzögerung beim Nacherfüllungsversuch die mangelhafte Ware behalten und könnte durch eine Nachfristsetzung Nachbesserung oder Ersatzlieferung verlangen. Das Recht des Verkäufers auf zweite Andienung wäre dann sinnlos.

Mit dieser Ansicht würde auch der Ersatzlieferungsanspruch des Käufers, der nur bei Wesentlichkeit der Vertragsverletzung nach Art. 46 Abs. 2 CISG gerechtfertigt ist, leerlaufen, weil die Wesentlichkeit der Vertragsverletzung nur nach dem fruchtlosen Ablauf der Nachfrist erkennbar wäre.

Es ist also merkwürdig, dass diese Auffassung, die zum Zweck der Sicherung des Nacherfüllungsrechts des Verkäufers vertreten worden ist, schließlich zu seiner Entkräftung führt.

Eine andere Lösung, die von *Huber*[822] vertreten wird, beruht auf demselben Hauptpunkt, nämlich auf der Möglichkeit zur Mangelbeseitigung, um den Begriff der wesentlichen Vertragsverletzung zu konkretisieren und damit das Verhältnis der Vertragsaufhebung zur Nacherfüllung zu bestimmen. Er unterscheidet aber zwischen Mängeln, die durch Reparatur behoben werden können, und solchen, bei denen die Behebung nur durch Austausch der fehlerhaften Teile möglich ist. Nach ihm ist es für die Wesentlichkeitsbeurteilung entscheidend, ob dem Käufer zugemutet werden kann, die Sache zu behalten und reparieren zu lassen, oder ob er diese zurückgeben darf[823]. Kann der Mangel durch Reparatur, d. h. durch Nachbesserung behoben werden, so liegt eine wesentliche Vertragsverletzung nur dann vor, wenn diese nicht in angemessener Zeit durchgeführt werden kann[824]. Ist hingegen der Mangel nicht durch Reparatur zu beheben, sondern nur durch Ersatzlie-

---

[820] Vgl. UNCITRAL-YB III (1972), S. 81, 88; UNCITRAL-YB IV (1973), S. 54; UNCITRAL-YB VIII (1977), S. 142.

[821] Vgl. *Schlechtriem/Schwenzer/Müller-Chen*, Art. 49, Rn. 15.

[822] Vgl. *v. Caemmerer/Schlechtriem/Huber*, Art. 48, Rn. 19; *Huber*, JBl 1989, S. 280 ff.

[823] Vgl. *Huber*, JBl 1989, S. 280; *v. Caemmerer/Schlechtriem/Huber*, Art. 48, Rn. 16.

[824] Vgl. *v. Caemmerer/Schlechtriem/Huber*, Art. 46, Rn. 56, 57.

ferung, wie bei Rohstoffen, Lebensmitteln oder industriellen Massenprodukten, bei denen eine Reparatur sich nicht lohnt, dann ist der Mangel bzw. die Vertragsverletzung im Zeitpunkt der Lieferung als wesentlich anzusehen[825].

Huber versucht also die Frage nach der Wesentlichkeit der Vertragsverletzung in Kombination mit dem Vorrang des Nacherfüllungsrechts des Verkäufers zu beantworten, indem er die Wesentlichkeit der Vertragsverletzung vom Zeitpunkt der Lieferung abhängig macht. Zu diesem Zeitpunkt soll der Käufer über die Art und Weise der Behebung des Mangels entscheiden (Nachbesserung bei reparaturfähiger Sache, Ersatzlieferung bei reparaturunfähiger Sache, die eine wesentliche Vertragsverletzung darstellt), um sich danach beim Fehlschlagen der Ersatzlieferung für die Vertragsaufhebung in Ausnahmefällen zu entscheiden[826].

Diese Stellungnahme wird sogar mit dem Argument bekräftigt, dass dem Käufer nicht im Wesentlichen entginge, was er nach dem Vertrag hätte erwarten dürfen, wenn eine Vertragsverletzung in angemessener Frist durch Reparatur durch den Verkäufer behoben würde. Eine Rückgabe der Sache wäre somit nicht erforderlich, wenn die Reparatur genügt[827]. Anders ist es aber, wenn es sich um eine reparaturunfähige Sache handelt. Weil der Ersatzanspruch des Käufers dabei gemäß der Vorschrift des Art. 46 Abs. 2 CISG von der Wesentlichkeit des Mangels abhängt, könnte der Verkäufer nicht durch sein Angebot auf Ersatzlieferung nach Art. 48 CISG seinen Pflichten nachkommen[828].

Nach *Huber* bedeutet also der Vorrang des Art. 49 CISG gegenüber Art. 48 Abs. 1 CISG, dass der Verkäufer nicht die Möglichkeit haben soll, das Recht des Käufers auf Vertragsaufhebung infolge einer wesentlichen Vertragsverletzung durch ein Angebot über die Lieferung einer Ersatzware zu behindern. Art. 48 CISG ist gegenüber Art. 49 CISG nur dann vorrangig, wenn der Mangel durch Reparatur beseitigt wird[829].

Diese Ansicht, nach der die Wesentlichkeit der Vertragsverletzung vom Zeitpunkt der Lieferung abhängt, ist aber ebenfalls abzulehnen.

Sie berücksichtigt nicht die Fälle, in denen der Mangel zum Zeitpunkt der Lieferung verborgen ist und unabhängig von seiner Reparaturfähigkeit nur durch Ersatzlieferung behoben werden kann. Das kommt besonders häufig im Bereich des Einzelhandels vor, wo der Einzelhändler bei einer vertrags-

---

[825] Vgl. *v. Caemmerer/Schlechtriem/Huber*, Art. 46, Rn. 63, 64.
[826] Vgl. *v. Caemmerer/Schlechtriem/Huber*, Art. 48, Rn. 19.
[827] Vgl. *v. Caemmerer/Schlechtriem/Huber*, Art. 48, Rn. 16.
[828] Vgl. *v. Caemmerer/Schlechtriem/Huber*, Art. 48, Rn. 18.
[829] Vgl. *v. Caemmerer/Schlechtriem/Huber*, Art. 48, Rn. 18.

widrigen Lieferung nach Rückgabe der Kaufsache vom Großhändler nur Neulieferung verlangen kann, unabhängig davon ob der Mangel reparaturfähig ist oder nicht.
Außerdem kann der Käufer nur in wenigen Fällen binnen kurzer Zeit nach der Lieferung sofort erkennen, ob ein Mangel reparaturfähig ist oder nicht[830]. *Huber* erläutert auch nicht, welchen Unterschied es für den Käufer bedeuten würde, wenn die gelieferte, mangelhafte Sache innerhalb kurzer Zeit repariert oder ersetzt würde; beispielsweise wenn eine mangelhafte Ware nach der Rückgabe zur Ersatzlieferung von Bayern nach Österreich transportiert wird, während eine andere von Deutschland nach England zur Nachbesserung zurückgegeben wird[831]. In einem solchen Fall würde man freilich sagen, es wäre für den Käufer besser, eine komplett neue als eine reparierte Sache zu bekommen, deren Wert durch die Reparatur ja sinkt. Offensichtlich soll man dabei die Nacherfüllung durch Ersatzlieferung nicht an die Wesentlichkeit der Vertragsverletzung knüpfen.
Eine andere in vielen Punkten mit *Huber* ähnliche Ansicht wird von *Will* vertreten[832]. Nach ihm soll zwar der Zeitpunkt der Lieferung für die Wesentlichkeit einer Vertragsverletzung maßgebend sein, wie *Huber* vorgeschlagen hat, er geht aber nur von der Schwere des Mangels und nicht wie *Huber* von der unzumutbaren Zeitverzögerung aus, um über die Wesentlichkeit einer Vertragsverletzung zu entscheiden. Bezüglich des Verhältnisses des Art. 49 CISG zu Art. 48 CISG sieht er daher das Recht des Käufers auf Vertragsaufhebung solange als suspendiert an, wie der Käufer ein entsprechendes Behebungsangebot des Verkäufers erwarten könne.
Auch diese Ansicht kommt jedoch nicht umhin zu klären, unter welchen Voraussetzungen der Käufer die Behebung dulden muss. Es liegt zwar dabei nahe, auf die in Art. 48 Abs. 1 CISG genannten Voraussetzungen der Mangelbehebung abzustellen; dann werden aber die Ergebnisse davon den oben geschilderten und schon abgelehnten Theorien gleichen. Außerdem ergeben sich Bedenken daraus, dass der „Suspensiveffekt" gemäß dieser Meinung vom Zeitpunkt der Wirksamkeit der Aufhebungserklärung des Käufers abhängig ist, und daher die Aufhebungserklärung dem Behebungsangebot des Verkäufers immer vorgehen muss[833].

[830] Der Richter kann vom Käufer beim sofortigen Erkennen eines Mangels im Rahmen seiner Obliegenheit zur Untersuchung und Mangelnsanzeige eine besondere Fähigkeit nach den Art. 38, 39 CISG nur verlangen, wenn die Umstände des Einzelfalls dies rechtfertigen.
[831] Dazu auch *Ziegler*, S. 79.
[832] Vgl. *Bianca/Bonell/Will*, Art. 48, Anm. 3.2.2.
[833] Vgl. *Bianca/Bonell/Will*, a. a. O.

Als letzter Lösungssatz der hier dargelegten Problematik wird auch die sog. Ermittlungstheorie erwähnt[834].

Diese schlägt vor, die Wesentlichkeit einer Vertragsverletzung durch die Abwägung zwischen deren Erheblichkeit und den Modalitäten ihrer Behebbarkeit, jedesmal anders, im Rahmen einer hypothetischen Gesamtschau der verschiedenen Umstände des Einzelfalls festzustellen[835].

Bei der Feststellung der Wesentlichkeit der Vertragsverletzung sollen nämlich die besonderen Umstände des Einzelfalls berücksichtigt werden: Die Art der Verletzung und deren Ausmaß, die Art der Kaufsache und deren Kosten, das begleitende Verhalten des Verkäufers, die Möglichkeit der Behebung des Mangels durch ihn oder einen Dritten und deren Dauer sowie die damit verbundenen Kosten, die Möglichkeit der Verwertung der Ware durch den Käufer und die Befriedigung seiner Interessen, der Vertragszweck, die Art und Dauer der Geschäftsbeziehung der Parteien sowie evtl. besondere Fähigkeiten, aufgrund deren ein überdurchschnittlicher Verhaltensmaßstab angelegt werden kann.

Mithilfe dieser Berücksichtigung kann der Käufer dann durch die Abwägung zwischen der Erheblichkeit des Mangels und der zumutbarer Behebungsmöglichkeit über die Wesentlichkeit der Vertragsverletzung entscheiden. Die Möglichkeit der Behebung des Mangels wird daher jedes Mal mit verschiedenem Hintergrund geprüft. Überwiegt nach dieser Abwägung die Möglichkeit der Behebung des Mangels in zumutbarer Weise, ist die Vertragsverletzung unwesentlich; überwiegt hingegen die Erheblichkeit der Vertragsverletzung, so liegt eine wesentliche Vertragsverletzung vor[836]. Mit dieser Abwägung kann man aber nicht zu einer Entscheidung zugunsten des Nacherfüllungsrechts des Verkäufers in den sog. Grenzfällen kommen, in denen je nach den Umständen die Behebbarkeit des Mangels in zumutbarer Weise zweifelhaft ist bzw. die Erheblichkeit und die Behebbarkeit des Mangels gleich beachtlich sind[837]. Dabei ist die Wesentlichkeit einer Vertragsverletzung und folglich der Vorrang des Vertragsaufhebungsrechts des Käufers gegenüber dem Nacherfüllungsrecht des Verkäufers gegeben. Denn es kommt dabei für die Feststellung der Wesentlichkeit nicht darauf an, ob der Verkäufer den Mangel wirklich auf angemessene Weise beheben kann, sondern auf die Verwirklichung der Erwartungen, die der Käufer in den

[834] Vgl. *Honsell/Schnyder/Straub,* Art. 48, Rn. 29; Art. 49, Rn. 23 ff.
[835] Vgl. *Honsell/Schnyder/Straub,* Art. 48, Rn. 32; Art. 49, Rn. 23.
[836] Vgl. *Honsell/Schnyder/Straub,* Art. 48, Rn. 29; Art. 49, Rn. 23.
[837] Vgl. *Honsell/Schnyder/Straub,* Art. 48, Rn. 33.

Vertrag i. S. d. Art. 25 CISG gesetzt hat[838]. Diese Erwartungen sind dort wesentlich enttäuscht.
Die sog. Ermittlungstheorie nimmt also ausgehend von dem in Art. 48 Abs. 1 CISG vorgesehenen Vorrang des Aufhebungsrechts des Käufers an, dass die zumutbare Behebungsmöglichkeit und die Wesentlichkeit der Vertragsverletzung nicht zwei voneinander abhängige Begriffe bzw. die „zwei Seiten einer Medaille"[839] sind, sondern zwei grundsätzlich voneinander zu unterscheidende Sachpunkte. Daher soll das Vorliegen einer wesentlichen Vertragsverletzung in den sog. Grenzfällen entsprechend den Tatbestandsvoraussetzungen des Art. 25 CISG geprüft werden und nicht von der zumutbaren Behebungsmöglichkeit des Verkäufers abhängig sein[840]. Folglich lässt die Unterlassung einer möglichen Behebung des Mangels durch den Verkäufer einen unwesentlichen Mangel als nicht wesentlich erscheinen[841].
Dieser Meinung, obwohl sie mit einigen zutreffenden Punkten bezüglich der Definition der Wesentlichkeit der Vertragsverletzung beginnt, ist ebenfalls nicht zuzustimmen.
Denn obwohl die oben aufgestellten Kriterien bezüglich der Abwägung zwischen der Erheblichkeit des Mangels und der Behebungsmöglichkeit bei der Beurteilung der Wesentlichkeit einer Vertragsverletzung zweifellos eine Rolle spielen, sind sie aber in Wirklichkeit nur für die Bestimmung des Begriffs der Zumutbarkeit der Behebungsmöglichkeit für den Käufer gemäß dem Wortlaut des Art. 48 Abs. 1 CISG maßgeblich und nicht für die Bestimmung des Begriffs der Wesentlichkeit der Vertragsverletzung.
Überdies wird die Wesentlichkeit der vertragswidrigen Lieferung bei allen hier erwähnten Theorien durch dieselben Kriterien ermittelt. Diese Meinung ist schon deshalb abzulehnen, da sie keine wesentlichen inhaltlichen Unterschiede zu den anderen Ansichten und insbesondere zu derjenigen von *Schlechtriem* aufweist.
Andererseits ist zwar richtig, dass keine kausale Abhängigkeit in die eine oder andere Richtung zwischen der zumutbaren Behebungsmöglichkeit und der Wesentlichkeit der Vertragsverletzung besteht, so dass der Wesentlichkeitsbegriff entsprechend den Tatbestandserfordernissen des Art. 25 CISG und nicht durch die Behebungsmöglichkeit zu beurteilen ist. Es ist aber nicht einzusehen, weshalb dieser Grundsatz für die Bestimmung der Wesentlichkeit einer Vertragsverletzung nur in den sog. Grenzfällen und nicht auch in allen Fällen der Lieferung einer mangelhaften Sache gelten soll.

---

[838] Vgl. *Honsell/Schnyder/Straub,* Art. 49, Rn. 23.
[839] Zit. in *Honsell/Schnyder/Straub,* Art. 48, Rn. 33.
[840] Vgl. *Honsell/Schnyder/Straub,* a. a. O.
[841] Vgl. *Honsell/Schnyder/Straub,* Art. 49, Rn. 23.

In Wirklichkeit bringt die Ermittlungstheorie daher nichts Konkretes zur Definition des abstrakten Begriffs der wesentlichen Vertragsverletzung.

ii. Eigene Stellungnahme

Ohne Zweifel ist anzunehmen, dass für die Vorrangentscheidung zugunsten des Aufhebungsrechts des Käufers die Bereitschaft des Verkäufers zur Nacherfüllung bzw. die Möglichkeit dazu eine wichtige Rolle spielt, weil damit die Wesentlichkeit der Vertragsverletzung als Voraussetzung für die Ausübung der Vertragsaufhebung nicht erfüllt wird.

Wie schon gesagt wurde, sprechen dafür die internationale Rechtsprechung und die Mehrheit in der Literatur.

Außerdem war der Gedanke, dass die „Nachbesserbarkeit" bei der Bemessung der Vertragswidrigkeit entscheidend sein kann, schon auf der diplomatischen Konferenz in Wien – trotz der endgültigen Formulierung des Art. 48 Abs. 1 CISG – stark. Das wird damit gezeigt, dass schon bei der Diskussion des Art. 25 CISG der Vorschlag, dieser Vorschrift die Bemerkung hinzuzufügen, dass alle Umstände zu berücksichtigen sind, einschließlich eines vernünftigen Nacherfüllungsangebots, als überflüssig abgelehnt wurde, da die Vorschrift über die Nacherfüllung (damals Art. 29) dieses bereits regele[842].

Trotzdem bedeutet dies nicht, dass man, um das Nacherfüllungsrecht des Verkäufers gegenüber der Vertragsaufhebung sicherzustellen, im Fall der Lieferung einer mangelhaften Ware die Behebbarkeit des Mangels bei der Entscheidung über die Wesentlichkeit der Vertragsverletzung uneinbeschränkt berücksichtigen muss. Wenn man dies akzeptieren würde, dann sollte das Nacherfüllungsrecht des Verkäufers den Vorrang gegenüber dem Aufhebungsrecht des Käufers genießen, was aber dem Wortlaut des Art. 48 Abs. 1 CISG nicht zu entnehmen ist.

Allerdings machen die meisten Autoren bei ihrem Versuch, das Nacherfüllungsrecht des Verkäufers sicherzustellen, genau dies. Sie beginnen bei der Auslegung des Art. 48 Abs. 1 CISG mit der Interpretation des Begriffs der Wesentlichkeit der Vertragsverletzung, die sie uneinbeschränkt von der Behebungsmöglichkeit durch den Verkäufer abhängen. Zwar stellt die behebbare Vertragswidrigkeit der gelieferten Kaufsache keine wesentliche Vertragsverletzung dar. Das kann aber nicht als Grundsatz für die Definition

---

[842] Vgl. UNCITRAL-YB VIII (1977), S. 31: „A breach... is fundamental if, under all the circumstances including a reasonable offer to cure, it results in substantial detriment...".

dieses abstrakten Rechtsbegriffs in allen Fällen von Vertragsverletzungen gelten.

Es gibt Fälle, in denen die Behebungsmöglichkeit bei der Wesentlichkeitsprüfung nicht berücksichtigt wird, weil dabei die Vertragswidrigkeit objektiv so schwerwiegend ist, dass die sofortige Vertragsaufhebung durch ein besonderes Interesse des Käufers gerechtfertigt ist.

Das gilt nicht nur für die Fälle, in denen die Lieferung zu einem bestimmten Zeitpunkt Vertragsinhalt ist, wie z. B. bei Fixgeschäften[843], oder in welchen der Verkäufer die Erfüllung seiner Pflicht ernsthaft verweigert hat[844], wobei es offensichtlich ist, dass die mit der Behebung des Mangels verbundene Zeitverzögerung oder die ernsthafte Verweigerung der Pflichterfüllung eine wesentliche Vertragsverletzung als Voraussetzung der Vertragsaufhebung i. S. d. Art. 49 Abs. 1 lit. a CISG begründet[845].

Auch in Fällen, in denen durch die mangelhafte Erfüllung die Vertrauensgrundlage des Vertrags zerstört ist oder die Art des Mangels die Kompetenz des Verkäufers fragwürdig erscheinen lässt und somit eine generelle Unsicherheit beim Käufer hinsichtlich der Erfüllungsfähigkeit seines Vertragspartners entstanden ist, geht es nicht um das Nacherfüllungsrecht des Verkäufers bzw. die Behebbarkeit des Mangels, weil es dabei gleichgültig ist, ob der Mangel der gelieferten Ware behebbar ist oder nicht[846]. Darunter würden vor allem Lieferungen fallen, die durch ein betrügerisches Handeln des Verkäufers gekennzeichnet sind[847]. Eine nachträgliche Behebungsmöglichkeit des Mangels bzw. ein Angebot dazu durch den Verkäufer könnte dann das vorhandene Vertrauensdefizit nicht mehr beseitigen und die für jeden Vertrag unerlässliche Vertrauensgrundlage nicht wiederherstellen[848]. Deshalb ist hier die Vertragsaufhebung gerechtfertigt.

All dies zeigt, dass der Einwand – es sei unzulässig im Wege der Auslegung des Begriffs der wesentlichen Vertragsverletzung dem Verkäufer den Weg zu zweiter Andienung frei zu machen[849] – gegen die Meinung, nach der das Kriterium für die Wesentlichkeitsentscheidung die Behebungsmöglichkeit ist, schließlich zu beachten ist. Die Entscheidung über die Wesent-

---

[843] Vgl. *Schlechtriem/Schwenzer/Müller-Chen*, Art. 49, Rn. 9.

[844] Vgl. *Schlechtriem/Schwenzer/Müller-Chen*, Art. 49, Rn. 9; *Karollus*, ZIP 1993, S. 490, 496.

[845] Vgl. die oben dargelegten Meinung von *Schlechtriem,* in *v. Caemmerer/Schlechtriem/Schlechtriem,* Art. 25, Rn. 20; *Schlechtriem,* Einheitliches UN-Kaufrecht (1981), S. 69.

[846] Vgl. *Caemmerer/Schlechtriem/Huber,* Art. 48, Rn. 20; *Schlechtriem/Schwenzer/Müller-Chen*, Art. 49, Rn. 9; *Karollus*, ZIP 1993, S. 497.

[847] Vgl. auch dazu *Caemmerer/Schlechtriem/Huber,* Art. 46, Rn. 35; *Karollus*, ZIP 1993, S. 497; *Schlechtriem/Schwenzer/Müller-Chen*, Art. 49, Rn. 9.

[848] Vgl. *Schlechtriem/Schwenzer/Müller-Chen*, Art. 49, Rn. 9.

[849] Vgl. *Welser,* in *Doralt,* Das UNCITRAL-Kaufrecht, S. 125.

lichkeit einer Vertragsverletzung soll nicht durch die Einbeziehung der Behebungsmöglichkeit getroffen werden, sondern durch die Beantwortung der Frage, ob die Erwartungen des Käufers nach dem konkreten Vertragsinhalt aufgrund der Vertragsverletzung so schwerwiegend enttäuscht wurden, dass es keinen Grund für die Aufrechterhaltung des Vertrags mehr gibt.

Hinsichtlich der Auslegung des Art. 48 Abs. 1 CISG ist also anzunehmen, dass die Abgrenzung zwischen der Heilung des Mangels und der Auflösung des Vertrags bzw. die Bestimmung des Verhältnisses des Rechts des Verkäufers auf nachträgliche Erfüllung zu dem Recht des Käufers auf Vertragsaufhebung nicht im Rahmen der Feststellung des Vorliegens einer wesentlichen Vertragsverletzung durch die Nacherfüllungsmöglichkeit des Verkäufers, sondern im Rahmen der Feststellung des Vorliegens eines berechtigten Interesses des Käufers an der Vertragsaufhebung erfolgen soll[850].

Ausgehend vom Wortlaut des Art. 49 Abs. 1 lit. a CISG hat der Käufer bei der Lieferung einer mangelhaften Ware ein legitimes Interesse an der Aufhebung des Vertrags, wenn die Vertragsverletzung wesentlich ist. Entscheidender Begriff hinsichtlich des Vorrangs der Vertragsaufhebung gegenüber der Nacherfüllung durch den Verkäufer ist freilich der Begriff der Wesentlichkeit der Vertragsverletzung. Darüber kann aber nicht durch die Behebbarkeit des Mangels nach Art. 48 Abs. 1 CISG entschieden werden. Art. 48 Abs. 1 CISG ist keine Definitionsvorschrift des Begriffs der wesentlichen Vertragsverletzung. Der Wesentlichkeitsbegriff wird nur nach den Tatbestandserfordernissen des Art. 25 CISG beurteilt. Im Tatbestand des Art. 48 Abs. 1 CISG geht es nur um den Begriff der Zumutbarkeit der Mangelbehebung, der zwar in engem Zusammenhang mit dem Begriff der Wesentlichkeit der Vertragsverletzung steht, aber – wie richtig gesagt wurde – von ihm unabhängig ist[851].

Die entscheidende Frage ist also hier danach, wann der Käufer ein berechtigtes Interesse an der Vertragsaufhebung bzw. wann die Vertragsverletzung als wesentlich zur Vertragsaufhebung den Käufer berechtigt.

---

[850] Damit kann man zu denselben Ergebnissen kommen, zu denen die überzeugende Meinung der „Drei-Stufen-Lehre" führt, nach der sich die Vertragsverletzungen durch den Verkäufer in einer dreifachen Abstufung unterscheiden: Erstens gibt es die von vornherein wesentlichen Vertragsverletzungen, wo der Käufer ein berechtigtes Interesse an der sofortigen Vertragsaufhebung hat, zweitens gibt es die von vornherein unwesentlichen Vertragsverletzungen, wo das Behebungsrecht des Verkäufers unbeeinträchtigt bleibt und drittens gibt es die behebungsabhängigen wesentlichen Vertragsverletzungen, wo die Wesentlichkeitsschwelle überschritten wird, wenn ein gem. Art. 48 CISG zulässiger Behebungsversuch gescheitert ist, *MünchKomm/Huber*, Art. 48, Rn. 10 und Art. 49, Rn. 29, 30.

[851] Vgl. *Honsell/Schnyder/Straub,* Art. 48, Rn. 33.

Der Käufer hat grundsätzlich kein besonderes und legitimes Interesse an der sofortigen Aufhebung des Vertrags[852]. Ausnahmsweise ist er aber dazu berechtigt, erstens wenn sich aus den Gesamtumständen des Vertrags ergibt, dass die Einhaltung der Pflicht, die der Verkäufer verletzt hat, von fundamentaler Bedeutung für den Käufer war, und zweitens wenn ein Versuch durch den Verkäufer zur Behebung des Mangels von vornherein unmöglich ist[853]. Dann hat der Käufer kein Interesse mehr an der Aufrechterhaltung des Vertrags, und die Geltendmachung des Aufhebungsrechtsbehelfs ist absolut begründet[854]. Dabei ist der Vorrang seines Aufhebungsrechts gegenüber dem Nacherfüllungsrecht des Verkäufers gegeben.

Daraus ergibt sich dann hinsichtlich des Verhältnisses zwischen beiden Rechten, dass das Nacherfüllungsrecht des Verkäufers durch das Recht des Käufers auf Aufhebung des Vertrags insofern beschränkt wird, als die Behebung des Mangels von vornherein unmöglich ist. Beide Rechte können folglich nicht wirklich miteinander konkurrieren[855]. Das Aufhebungsverlangen des Käufers geht einfach dem Nacherfüllungsrecht des Verkäufers vor, wenn die betreffenden Voraussetzungen bestehen.

Daher geht es gemäß dem Wortlaut des Art. 48 Abs. 1 CISG bei einer wesentlichen Vertragsverletzung nicht um eine Konkurrenz zwischen dem Vertragsaufhebungsrecht des Käufers und dem Nacherfüllungsrecht des Verkäufers. Es besteht nur ein Vorbehalt zugunsten des Rechtsbehelfs der Vertragsaufhebung, der in Kraft tritt, wenn die Voraussetzungen für die Beseitigung des Mangels von vornherein nicht vorhanden sind, weil die verletzte Pflicht von fundamentaler Bedeutung für den Käufer ist.

Der Vorbehalt zugunsten der Vertragsaufhebung hat einen eigenen Anwendungsbereich, der praktisch nur geringe Bedeutung hat, denn es sind nur wenige Fälle, in denen die Behebung des Mangels von Anfang an unmöglich ist.

---

[852] Vgl. *Schlechtriem/Schwenzer/Müller-Chen*, Art. 49, Rn. 2; *Staudinger/Magnus*, Art. 49, Rn. 4; vgl. auch dazu BGH Urt. v. 03.04.1996, CISG-Online Case 135 = BGHZ 132, S. 290, 298.

[853] Vgl. *Schlechtriem/Schwenzer/Müller-Chen*, Art. 49, Rn. 7; *Schlechtriem/Schwenzer/Schlechtriem*, Art. 25, Rn. 15 f.; *Schlechtriem/Schwenzer/Müller-Chen*, Art. 46, Rn. 23 ff.; Art. 48, Rn. 14 f.; *Staudinger/Magnus*, Art. 49, Rn. 14 f.; im Ergebnis wohl ähnlich *Honsell/Schnyder/Straub*, Art. 49, Rn. 23; *Neumayer/Ming*, Art. 49, Rn. 4; CA Grenoble Urt. v. 26.04.1995, CISG-Online Case 154: Keine wesentliche Vertragsverletzung liegt vor, wenn die im Ganzen vertragsmäßige Kaufsache durch Auswechslung schadhafter Einzelteile repariert werden kann; OLG Koblenz Urt. 31.01.1997, CISG-Online Case 256: Angebot durch Ersatzlieferung schließt Wesentlichkeit aus; OGH Urt. v. 07.09.2000, CISG-Online Case 642 = IHR 2001, S. 42, 543; LG München, Urt. v. 27.07.2002, CISG-Online Case 654.

[854] Vgl. *Schlechtriem/Schwenzer/Müller-Chen*, Art. 49, Rn. 7.

[855] Ebenso *MünchKomm/Huber*, Art. 49, Rn. 30.

In der Mehrheit der Fälle dagegen, in welchen Kaufsachen mit Mängeln geliefert sind und ein Beseitigungsversuch – egal ob durch Nachbesserung oder Ersatzlieferung – durch den Verkäufer möglich ist, hat der Käufer kein legitimes Interesse an der sofortigen Aufhebung des Vertrags, was das Recht des Verkäufers auf Behebung des Mangels beschränken würde. Dabei geht es nicht um den Vorbehalt zugunsten des Vertragsaufhebungsrechts des Käufers.

Die hier vertretene Meinung ist vorzuziehen, denn sie vermeidet den bereits angesprochenen Wertungswiderspruch zwischen der Nicht- und der Schlechtlieferung[856].

Sowohl bei der Nichtlieferung als auch bei der Lieferung einer mit Sachmängeln behafteten Ware geht das Vertragsaufhebungsrecht des Käufers dem Nacherfüllungsrecht des Verkäufers vor, wenn die Beseitigung der Vertragsverletzung von vornherein unmöglich ist. Bei beiden Arten von Vertragsverletzungen hat der Verkäufer in ähnlicher Weise ein Recht auf nachträgliche Erfüllung seiner Rechte, wenn die entsprechenden Voraussetzungen dafür vorhanden sind bzw. wenn die Vertragsverletzung die Vertragsaufhebung von vornherein nicht ermöglicht.

Ebenfalls kann man gegen die hier vertretene Ansicht nicht überzeugend das Argument anführen, dass der Käufer unter Umständen die Vertragsaufhebung leichter als die Preisminderung erklären kann[857]. Dieser Einwand trifft hier nur begrenzt zu, nämlich nur in den Fällen der von vornherein wesentlichen Vertragsverletzung, in welchen das Vertragsaufhebungsrecht des Käufers gegenüber dem Nacherfüllugsrecht des Verkäufers berechtigterweise – wie schon erklärt wurde – vorrangig ist[858]. Das ist mit dem Grundgedanken des Leistungsstörungsrechts des Übereinkommens vereinbar. Denn das Ziel der Zurückdrängung der Vertragsaufhebung wird gerade durch das Wesentlichkeitserfordernis verwirklicht[859].

Außerdem lässt sich mit der vorgeschlagenen Meinung auch feststellen, dass es keine Rolle spielen kann, ob der Käufer die Aufhebung des Vertrags vor der Anzeige des Verkäufers zu dessen Bereitschaft zur nachträglichen Erfüllung erklärt[860]. Maßgeblich ist allein, ob gemäß dem Inhalt des Vertrags ein legitimes Recht des Käufers auf sofortiger Aufhebung besteht[861].

---

[856] Übereinstimmend damit *MünchKomm/Huber*, Art. 49, Rn. 30.

[857] Vgl. *Hoyer/Posch/Aicher*, Das Einheitliche Wiener Kaufrecht, S. 141.

[858] Ebenso *MünchKomm/Huber*, Art. 49, Rn. 30.

[859] Vgl. *Schlechtriem/Schwenzer/Müller-Chen*, Art. 49, Rn. 2.

[860] Vgl. aber die Ansicht von *Will* in *Bianca/Bonell/Will,* Art. 48, Anm. 3.2.2; *Honsell/Schnyder/Straub,* Art. 48, Rn. 35; *Enderlein/Maskow/Strohbach,* Internationales Kaufrecht, Art. 48, Rn. 4.

[861] Vgl. *MünchKomm/Huber*, Art. 49, Rn. 33.

Wenn der Käufer in den Fällen, in denen die Vertragsverletzung nach dem Vertragsinhalt nicht von vornherein wesentlich ist, die Aufhebung des Vertrags erklärt, ohne das Behebungsangebot des Verkäufers abzuwarten, kommt es darauf an, ob die Aufhebung berechtigt ist. Denn eine Vertragsverletzung, die von vornherein nicht wesentlich ist, wird oft nur nach dem Fehlschlagen einer Mangelbehebung wesentlich und erfüllt als solche die Tatbestandsvoraussetzung des Art. 49 Abs. 1 lit. a CISG[862]. Deshalb ist anzunehmen, falls der Käufer vor der Nacherfüllung die Vertragsaufhebung erklärt hat, dass letztere nur unter der aufschiebenden Bedingung des Misserfolgs des Behebungsversuchs durch den Verkäufer erklärt wurde[863]. Ausgehend davon kann man auch die Frage beantworten, ob der in Art. 48 Abs. 1 CISG angeordnete Vorrang des Art. 49 CISG die Aufhebungserklärung des Käufers bzw. die Wirksamkeit der Aufhebung voraussetzt oder bereits eintritt, wenn die Aufhebungsgrundlage vorhanden ist. Der Vorrang des Aufhebungsrechts des Käufers kann nicht von einer entsprechenden Erklärung abhängen[864]. Dafür spricht auch der Wortlaut des Art. 48 Abs. 1 CISG, nach dessen der Entstehungsgeschichte[865] die Formulierung der entsprechenden Regel im Entwurf von 1978, gemäß der auf die Aufhebungserklärung der vertragstreuen Partei abgestellt werden sollte[866], ersetzt wurde.

5. Das Verhältnis des Nacherfüllungsrechts des Verkäufers zum Ersatzlieferungsanspruch des Käufers nach Art. 46 Abs. 2 CISG hinsichtlich der Wesentlichkeit der Vertragsverletzung

Es stellt sich noch die Frage nach der Bestimmung des Verhältnisses des Nacherfüllungsrechts des Verkäufers zum Ersatzlieferungsanspruch des Käufers hinsichtlich der Wesentlichkeit der Vertragsverletzung, nachdem der Käufer gemäß dem Wortlaut des Art. 46 Abs. 2 CISG die Lieferung einer Ersatzware nur bei Wesentlichkeit der Vertragsverletzung verlangen kann.

---

862 Vgl. *Staudingers/Magnus*, Art. 48, Rn. 22; *Piltz,* Internationales Kaufrecht, § 4, Rn. 65; *Schlechtriem/Huber,* Art. 48, Rn. 17.

863 Vgl. *Schlechtriem/Schwenzer/Müller-Chen*, Art. 48, Rn. 17.

864 Vgl. *Staudingers/Magnus*, Art. 48, Rn. 22; *Piltz,* Internationales Kaufrecht, § 4, Rn. 65; *MünchKomm/Huber*, Art. 48, Rn. 10 und Art. 49, Rn. 33.

865 Off. Rec. 5 ff. und 114 ff.; *Honnlod,* Documentary History, S. 686 ff.

866 Vgl. *Honnlod,* Documentary History, S. 382, "unlesss the buyer has declared the contract avoided in accordance with article 45...".

Die Bestimmung dieses Verhältnisses erscheint problematisch zu sein, wenn man annimmt, dass die Behebbarkeit des Mangels durch die Ersatzlieferung bei der Prüfung der Wesentlichkeit der Vertragsverletzung berücksichtigt werden sollte[867]. Denn es führt der Satz offensichtlich zu keinem logischen Ergebnis, dass entsprechend dem Gesetzestext des Art. 46 Abs. 2 CISG die Voraussetzung des Ersatzlieferungsanspruches des Käufers eine wesentliche Vertragsverletzung ist, die aber erst dann gegeben ist, wenn der Mangel nicht gem. Art. 48 CISG durch Ersatzlieferung behoben wird.

Dies ist das sog. „Paradox"[868] im Rahmen des Rechtssystems des Übereinkommens, für dessen Auflösung verschiedene Ansichten vertreten werden.

Karollus[869] hat vorgeschlagen, den Begriff der wesentlichen Vertragsverletzung bei Art. 49 Abs. 1 lit. a CISG anders zu bestimmen als bei Art. 46 Abs. 2 CISG.

Nach ihm sei nämlich die Behebbarkeit des Mangels nur zu berücksichtigen, wenn es um die Vertragsauflösung gehe; sie bleibe hingegen außer Betracht, wenn ein Ersatzlieferungsanspruch in Frage stehe. Er hat diese rechtsfolgeorientierte Auslegung sogar damit gerechtfertigt, dass die wesentliche Vertragsverletzung je nach Rechtsfolge eine andere Funktion zu erfüllen habe.

Eine andere Möglichkeit, Widersprüche zu Art. 46 Abs. 2 CISG zu vermeiden, bietet die bereits angesprochene Theorie von *Will*[870], nach der das Recht des Käufers auf Vertragsaufhebung solange suspendiert bleibt, wie der Käufer ein entsprechendes Behebungsangebot des Verkäufers erwartet. Diese Meinung geht von der Behebungsfähigkeit bzw. der Schwere des Mangels aus, um die Wesentlichkeit der Vertragsverletzung zu interpretieren und daher geht es bei der Wesentlichkeitsprüfung im Rahmen des Tatbestands des Art. 46 Abs. 2 CISG gar nicht um einen Widerspruch mit dem Begriff der Wesentlichkeit der Vertragsverletzung im Tatbestand der Vorschrift des Art. 48 Abs. 1 CISG.

Sowohl gegen die eine als auch gegen die andere Ansicht spricht jedoch, dass das UN-Kaufrecht durch die Begriffsbestimmung der wesentlichen Vertragsverletzung in Art. 25 CISG das Ziel einer einheitlichen Auslegung erreichen will, das offenbar nicht nur durchbrochen wird, wenn der Wesentlichkeitsbegriff vom jedes Mal unterschiedlichen Einfluss einer Pflichtverletzung auf die Entwicklung des Kaufvertrags abhängig ist – wie *Ka-*

---

[867] Vgl. dazu oben, § 7.II.4.i.

[868] Zit. in *Schlechtriem/Schwenzer/Müller-Chen*, Art. 46, Rn. 29; vgl. dazu oben, § 5.I.2.a.

[869] Vgl. *Karollus*, ZIP 1993, S. 490, 495 ff.

[870] Vgl. *Bianca/Bonell/Will,* Art. 48, Anm. 3.2.2., dazu ausführlicher oben, § 7.II.4.i.

rollus vorgeschlagen hat –, sondern auch wenn der Wesentlichkeitsbegriff vom Merkmal der Schwere des Mangels abhängig ist – wie *Will* vorgeschlagen hat. Denn dieses Merkmal hat in Wirklichkeit mit der Zumutbarkeit der Nacherfüllung durch Ersatzlieferung zu tun und nicht mit der Wesentlichkeit der Vertragsverletzung im Tatbestand des Art. 46 Abs. 2 CISG. Das gleiche gilt freilich auch für die sonstigen Merkmale einer Pflichtverletzung wie die Behebbarkeit des Mangels oder den Zeitfaktor, von denen der Wesentlichkeitsbegriff nach den oben dargelegten – und schon abgelehnten – Ansichten abhängig ist.

Anstatt die Definition der wesentlichen Vertragsverletzung zu verändern oder den Vorbehalt des Art. 48 Abs. 1 CISG zu verbiegen, soll man daher die relevante Passage des Gesetzestextes in Art. 46 Abs. 2 CISG, dass „der Käufer Ersatzlieferung nur dann verlangen (kann), wenn die Vertragswidrigkeit eine wesentliche Vertragsverletzung darstellt", so verstehen, dass die Vertragswidrigkeit der gelieferten Ware ohne die Ersatzlieferung eine wesentliche Vertragsverletzung darstellen würde, die dann den Käufer zur Ausübung des Rechtsbehelfs der Vertragsaufhebung berechtigen würde[871]. Zu diesem Ergebnis kommt man, wenn man über die Ansicht nachdenkt, nach der ein sofortiger Ersatzlieferungsanspruch gerechtfertigt ist, wenn der ursprüngliche Mangel sich ohne Austausch der Ware zu einer wesentlichen Vertragsverletzung ausweiten würde, die die Hauptvoraussetzung für die Aufhebung des Vertrags gem. Art. 49 Abs. 1 lit. a CISG ist[872].

Freilich wurde diese Meinung bereits oben abgelehnt, weil sie vom Gewicht bzw. der Schwere des Mangels ausgeht, um die Wesentlichkeit der Vertragsverletzung als Voraussetzung des Ersatzlieferungsanspruches gem. Art. 46 Abs. 2 CISG zu beurteilen. Sie beruht aber auch auf dem Unterschied zwischen den Rechtsbehelfen der Ersatzlieferung und der Vertragsaufhebung, die zwar unter der gleichen Voraussetzung der Wesentlichkeit zulässig sind, aber unterschiedliche Rechtsfolgen haben; der Rechtsbehelf der Ersatzlieferung die Aufrechterhaltung bzw. die Erfüllung des Vertrags und der Rechtsbehelf der Aufhebung dessen die Auflösung. Meines Erachtens nach ist also dies der Hauptpunkt, von dem man ausgehen soll, um den Tatbestand des Art. 46 Abs. 2 CISG ohne die bekannten Widersprüche auszulegen.

Demgemäß soll die Wesentlichkeit der Vertragsverletzung entgegen dem Wortlaut des Art. 46 Abs. 2 CISG nicht als Voraussetzung für einen sofortigen Ersatzlieferungsanspruch verstanden werden. Diese ist Voraussetzung nur für die Berechtigung der Vertragsaufhebung, wie oben erklärt wurde.

---

[871] Vgl. *MünchKomm/Huber*, Art. 49, Rn. 32.
[872] Vgl. *Musger,* Wesentliche Vertragsverletzung, S. 53.

Ausgehend sogar davon, dass durch die Ersatzlieferung der Vertrag erfüllt wird, kann man den Tatbestand der betreffenden Vorschrift so verstehen, dass der Käufer zum sofortigen Ersatzlieferungsanspruch berechtigt ist, wenn ohne einen Ersatzlieferungsversuch durch den Verkäufer die Wesentlichkeit der Vertragsverletzung als Voraussetzung für die Berechtigung der Vertragsaufhebung erfüllt wäre.

Der Käufer soll daher hier vor der Wesentlichkeit der Vertragsverletzung bzw. der Ausübung des Aufhebungsrechtsbehelfs über das Ersatzlieferungsverlangen entscheiden[873]. Damit kann er auch über die Erfüllung des Vertrags entscheiden. Denn der Käufer ist nur dann berechtigt, als letzte Chance zur Aufrechterhaltung des Vertrags eine neue Lieferung zu verlangen[874], wenn die Vertragsverletzung sich ohne den Ersatzlieferungversuch durch den Verkäufer als wesentlich i. S. d. Art. 49 Abs. 1 lit. a CISG darstellen würde.

Die Vorschrift des Art. 46 Abs. 2 CISG verlangt also, die Wesentlichkeit unter der Hypothese zu beurteilen, dass die Vertragswidrigkeit ohne Ersatzlieferung nicht beseitigt würde. Auf diese Weise kann man das unsinnige Ergebnis vermeiden, dass gerade die Möglichkeit zur Ersatzlieferung den darauf gerichteten Anspruch ausschließt[875].

Durch die hier vertretene Ansicht kann man auch die Frage nach dem Verhältnis des Ersatzlieferungsanspruches des Käufers zum Ersatzlieferungsrecht des Verkäufers beantworten.

Wenn der Käufer bei Art. 46 Abs. 2 CISG über die Wesentlichkeit der Vertragsverletzung unter der Hypothese der Nichtdurchführung der Ersatzlieferung entscheiden kann, ist es also leicht verständlich, dass der Käufer berechtigt ist, seinen Anspruch auf Ersatzlieferung zu erheben, wenn der Verkäufer im Rahmen seines Rechts auf Nacherfüllung eine Ersatzware in zumutbarer Weise nicht zu liefern versuchte. Dagegen wenn er ohne unzumutbare Verzögerung eine neue, vertragsgemäße Sache tatsächlich liefert, so ist ein Ersatzlieferungsanspruch des Käufers nicht mehr notwendig[876]. Das Ersatzlieferungsrecht des Verkäufers hat also den Vorrang gegenüber dem Ersatzlieferungsanspruch des Käufers[877].

Es besteht ebenfalls kein Grund mehr, dem Käufer das Recht auf Aufhebung des Vertrags zu geben, wenn der Verkäufer prompte Ersatzlieferung anbietet, durch die die Mangelhaftigkeit der Kaufsache beseitigt wird[878].

---

[873] Vgl. dazu *MünchKomm/Huber*, Art. 49, Rn. 32.
[874] Vgl. *Schlechtriem/Schwenzer/Müller-Chen*, Art. 49, Rn. 7.
[875] Vgl. dazu oben, § 7.II.4.i.
[876] Vgl. *v. Caemmerer/Schlechtriem/Huber,* Art. 46, Rn. 51.
[877] Vgl. *Schlechtriem/Schwenzer/Müller-Chen*, Art. 48, Rn. 20.
[878] Vgl. *Petrikic*, das Nacherfüllungsrecht, S. 97.

Ausgehend von der Formulierung des Art. 46 Abs. 2 CISG wird aber die Meinung vertreten, dass der Ersatzlieferungsanspruch des Käufers den Vorrang gegenüber dem Nacherfüllungsrecht des Verkäufers genießen sollte[879]. Wenn die Vertragswidrigkeit der Lieferung schwerwiegend ist, sollte der Käufer nämlich berechtigt sein, die Ersatzlieferung einer mangelfreien Ware zu verlangen, bevor der Verkäufer durch das Anbieten einer bloßen Nachbesserung den Ersatzlieferungsanspruch des Käufers abschneiden kann.

Diese Ansicht ist abzulehnen. Es ist zwar wahr, dass der Verkäufer im Rahmen seines Rechts auf Nacherfüllung über die Art und Weise der Behebung des Mangels selbst zu entscheiden hat[880]. Das bedeutet aber nicht, dass er, indem er den Anspruch des Käufers auf Ersatzlieferung deportiert, einen schweren Mangel durch bloße Nachbesserung beseitigen kann. Wenn er im Rahmen seines Rechts einen Mangel nachbessert und dadurch seine Vertragspflichten erfüllt, bedeutet das, dass dieser Mangel nicht so schwer war und ohnehin keine Möglichkeit zur Ersatzlieferung bestand[881].

Wenn der Käufer aber ein berechtigtes Interesse an der Ersatzlieferung hat, kann sich der Verkäufer gegen diesen Anspruch seinen Wille über die Nacherfüllung durch Nachbesserung mit dem Argument nicht durchsetzen, dass er, weil er im Rahmem seines Rechts derjenige ist, der über die Art und Weise der Nacherfüllung entscheidet, sich für eine nicht so kostspielige Nachbesserung entschieden hat. Denn der Vorrang des Nacherfüllungsrechts des Verkäufers gegenüber dem Ersatzlieferungsanspruch des Käufers wird mit dem Grundsatz von Treu und Glauben begründet[882].

Der Vorrang des Nacherfüllungsrechts des Verkäufers gegenüber dem Ersatzlieferungsanspruch des Käufers nach Art. 46 Abs. 2 CISG wird auch mit der Entstehungsgeschichte dieser Vorschrift begründet:

---

[879] Vgl. *Hoyer/Posch/Aicher,* Das Einheitliche Wiener Kaufrecht, S. 141; *Reinhart*, UN- Kaufrecht, Art. 48, Rn. 9; *Schlechtriem,* Internationales UN-Kaufrecht, (2003), Rn. 187, S. 103, der zur Bekräftigung dieser Auffassung das folgende Beispiel erwähnt: „Die in Deutschland niedergelassene Käuferin hatte bei einer italienischen Firma Fensterelemente bestellt. Wegen Mängel der Isolierglasscheiben könnten die Fensterelemente nachgebessert werden; hierfür war aber auch die Lieferung neuer Scheiben durch die Verkäuferin erforderlich. Zu Ersatzlieferung war die Verkäuferin daher nach Art. 46 Abs. 2 CISG verpflichtet, auch wenn die Mangelhaftigkeit keinen wesentlichen Vertragsbruch darstellte", vgl. auch OLG Hamm, NJW 1995, 200.

[880] Vgl. *Schlechtriem/Schwenzer/Müller-Chen*, Art. 48, Rn. 6.

[881] Vgl. *v. Caemmerer/Schlechtriem/Huber,* Art. 48, Rn. 9; *Schlechtriem/Schwenzer/Müller-Chen*, Art. 48, Rn. 20; *Audit,* La vente internationale de marchandises, Anm. 133; *Bianca/Bonell*/Bearbeiter, Art. 48, Anm. 3.1.2.; *Karollus,* UN-Kaufrecht, S. 138; *Neumayer/Ming,* Art. 48, Rn. 4; *Honsell/Schnyder/Straub,* Art. 48, Rn. 59; *Loewe,* Internationales Kaufrecht, S. 70.

[882] Vgl. *Schlechtriem/Schwenzer/Müller-Chen*, Art. 48, Rn. 20, Fn. 54.

Es wurde bereits oben erwähnt[883], dass bei den Diskussionen in Wien die gleiche Behandlung des Ersatzlieferungs- und des Aufhebungsanspruches mit dem Argument entschieden wurde, dass sich die beiden Rechtsbehelfe in wirtschaftlicher Hinsicht ähnlich seien.

In der Tat kann aber die Ersatzlieferung den Verkäufer wirtschaftlich sogar härter treffen als eine Vertragsaufhebung, da hier die Transport- und Versicherungskosten dreimal anfallen, wenn es ihm nicht gelingt, die vertragswidrige Ware im Käuferland zu verwerten[884]. Daher ist auch hier ein Vorrang des Nacherfüllungsrechts des Verkäufers gegenüber dem Ersatzlieferungsanspruch des Käufers anzunehmen, wie gegenüber seinem Aufhebungsanspruch. Diese Lösung scheint für die internationalen Warenkäufe angemessen.

6. Das Verhältnis des Nacherfüllungsrechts des Verkäufers zu sonstigen Rechtsbehelfen des Käufers

Das UN-Kaufrecht enthält – abgesehen von Art. 50 S. 2 Hs. 2 CISG – keine Regel darüber, wie sich das Nacherfüllungsrecht des Verkäufers zu den anderen Rechtsbehelfen des Käufers verhält, wenn der Mangel auf unterschiedliche Weise behoben werden kann.

Ein Teil der Literatur[885] geht von der Bindungswirkung des Nacherfüllungsangebots durch den Verkäufer nach Art. 48 Abs. 2 CISG aus, um den Vorrang des Nacherfüllungsrechts gegenüber den Ansprüchen des Käufers anzunehmen. Demgemäß ist der Käufer bis zu der Aufforderung oder der Anzeige des Verkäufers frei, zu entscheiden, ob er seinen Erfüllungs-, Minderungs- oder Schadensersatzanspruch ausüben will.

Andere Autoren[886] sind der Meinung, dass der Verkäufer, der durch sein vertragswidriges Verhalten den Vertrag gebrochen hat, das Wahlrecht hinsichtlich der weiteren Entwicklung des Geschäftsverhältnisses bzw. hinsichtlich der Herstellung des vertragsgemäßen Zustands haben soll. Daraus

---

[883] Vgl. oben, § 5.I.1. und 2.a.

[884] So die Stellungnahme des Delegierten *Ghestin,* Off. Rec. 337, Nr. 53 (Ghestin/Frankreich).

[885] Vgl. *Herber/Czerwenka* Art. 48, Rn. 11; *Staudinger/Magnus*, Art. 48, Rn. 32; *Reinhart*, UN-Kaufrecht, Art. 48, Rn. 9.

[886] Vgl. *v. Caemmerer/Schlechtriem/Huber,* Art. 48, Rn. 9; *Karollus,* UN-Kaufrecht, S. 138; . *Bianca/Bonell/Will,* Art. 48, Anm. 3.1.2; *Honsell/Schnyder/Straub,* Art. 48, Rn. 59; *Loewe,* Internationales Kaufrecht, S. 70; *Schlechtriem/Schwenzer/Müller-Chen*, Art. 48, Rn. 6 und 20; *Audit,* La vente internationale de marchandises, Anm. 133; *Neumayer/Ming,* Art. 48, Rn. 4.

ergibt sich ein grundsätzlicher Vorrang des Nacherfüllungsrechts gegenüber den anderen Ansprüchen des Käufers.
Diese letzte Ansicht, die im Einklang mit der schon oben bezüglich des Verhältnisses des Rechts des Verkäufers auf Nacherfüllung zum Recht des Käufers auf Ersatzlieferung dargelegten Meinung steht, ist freilich auch gegenüber dem Recht des Käufers auf Nachbesserung anzunehmen. Denn der Anspruch des Käufers auf Nachbesserung oder Ersatzlieferung zielt auf die ordnungsgemäße Erfüllung der Vertragspflichten und nicht auf eine bestimmte Erfüllungsart[887]. Es ist also gerecht, wenn der Verkäufer derjenige ist, der über die Erfüllungsmethode zu entscheiden hat.
Die Ansicht über den Vorrang des Nacherfüllungsrechts gegenüber den Erfüllungsansprüchen des Käufers ist auch konsequent zu der Vorschrift in Art. 50 S. 2 Hs. 2 CISG, wo ausdrücklich angeordnet wird, dass eine unberechtigte Weigerung des Käufers, einen Nacherfüllungsversuch anzunehmen, sein Minderungsrecht ausschließt. Der Käufer kann den Rechtsbehelf der Minderung nicht ausüben, ohne vorher dem dazu bereiten Verkäufer die Möglichkeit zu geben, seinen Vertragspflichten nachzukommen[888].
Die Wiener Konvention schreibt also ausdrücklich den Vorrang des Rechts des Verkäufers auf zweite Andienung gegenüber dem Rechtsbehelf der Preisminderung des Käufers vor[889].
Die Richtigkeit dieser Konstruktion wird wahrgenommen, wenn man berücksichtigt, dass die Minderung im Fall der Behebung einer Vertragswidrigkeit in zumutbarer Weise den Verkäufer mehr belasten kann als die Behebung dieser Vertragswidrigkeit selbst[890]. Dies gilt jedenfalls dann, wenn man den Minderungsbetrag mit den Reparaturkosten gleichsetzt, in denen der unternehmerische Gewinn des beauftragten Reparateurs mit berücksichtigt wird. Die Vornahme der Reparatur durch den Verkäufer wird deswegen kostengünstiger sein und muss daher gegenüber der Minderung des Kaufpreises Vorrang haben[891].
Dies spricht aber nicht gegen die Berechnung des Minderungsbetrags mit der Hilfe von Reparaturkosten der Ware, weil sehr oft passiert, dass es

---

[887] Vgl. *Schlechtriem/Schwenzer/Müller-Chen*, Art. 46, Rn. 1.
[888] Vgl. dazu unten, § 10.I.3.a.
[889] Vgl. *Karollus*, UN-Kaufrecht, S. 145.
[890] Vgl. auch *Köhler*, Zur Nachbesserung beim Kauf, JZ 1984, S. 399.
[891] Trotzdem gibt es Fälle, in denen der Käufer bereit ist, trotz der Vertragsverletzung durch den Verkäufer und seiner Bereitschaft zur Mangelbehebung die gelieferte Ware zu behalten und den vollen Kaufpreis zu bezahlen. In solchen Fällen kann er die Nacherfüllung, selbst wenn sie nach Art. 48 Abs. 1 CISG zumutbar wäre, ablehnen. Voraussetzung dafür ist aber, dass der Verkäufer kein besonderes Interesse an der Ausübung seines Nacherfüllungsrechts hat, z. B. die Abwehr zu erwartender Rückschädigung oder die Vermeidung drohender Gefährdung Dritter durch die nicht vertragsgemäße Ware, vgl. *Reinhart*, UN-Kaufrecht, Art. 48, Rn. 6.

schwierig ist, diesen Betrag festzustellen, da nicht unbedingt für jedes Produkt mit dem jeweiligen Fehler ein Markt besteht[892]. Das Nachfüllungsrecht des Verkäufers erleichtert dabei also eine solche Feststellung. Daher könnte man sagen, dass das Nacherfüllungsrecht des Verkäufers praxisgemäß die Notwendigkeit der Bestimmung des Minderungsbetrags vermeidet[893].

Das Recht des Käufers auf Schadensersatz verhält sich zum Nacherfüllungsrecht des Verkäufers wie der Rechtsbehelf der Minderung. In Analogie zu Art. 50 S. 2 CISG genießt also das Recht des Verkäufers auf nachträgliche Erfüllung Vorrang gegenüber dem Anspruch seines Vertragspartners auf Schadensersatz, da sich sonst die Möglichkeit der Umgehung dieser Vorschrift ergäbe[894].

Ein auf Ersatz des Minderwerts bzw. der Mängelbeseitigungskosten gerichteter Schadensersatzanspruch ist daher ausgeschlossen, wenn der Käufer die Nacherfüllung unberechtigterweise verweigert hat. Der Käufer behält hingegen das Recht, Schadensersatz für andere Begleitschäden der vertragswidrigen Lieferung nach Art. 48 Abs. 1 S. 2 CISG zu verlangen[895]. Solange das Recht auf Mängelbeseitigung besteht, ist der Käufer aber nicht berechtigt, den Mangel selbst zu beseitigen und die Kosten dem Verkäufer als Schadensersatz gem. Art. 45 Abs. 1 lit. b CISG in Rechnung zu stellen[896]. Denn hierdurch hindert er den Verkäufer seine Pflichten nachträglich zu erfüllen und daraus kann er keine Rechte herleiten[897] (vgl. Art. 80 CISG).

Für das Verhältnis des Nacherfüllungsrechts zu der vom Käufer gesetzten Nachfrist gilt folgendes:

Die Setzung einer Nachfrist durch den Käufer ist zwar kein Rechtsbehelf des Käufers, aber durch ihren erfolglosen Ablauf wirkt sie als Faktor für die Bestimmung der Wesentlichkeit einer Vertragsverletzung[898]. Deshalb ist deren Verhältnis zum Recht des Verkäufers auf nachträgliche Erfüllung zu prüfen.

Wie bereits gesagt ist die Entscheidung hinsichtlich der Wesentlichkeit der Vertragsverletzung durch das Fehlschlagen eines Nacherfüllungsversuchs leicht, wenn der Käufer eine angemessene Nachfrist gesetzt hat und der Verkäufer die Nachbesserung oder die Lieferung einer vertragsgemäßen Ware innerhalb einer längeren als der gesetzten Frist anbietet. Das Schick-

---

[892] Vgl. dazu unten, § 10.I.2.b.i.(2).
[893] Vgl. *Gutknecht,* Das Nacherfüllungsrecht des Verkäufers, S. 187, 188.
[894] Vgl. dazu unten, § 10.I.3.a.
[895] Vgl. dazu *Karollus,* UN-Kaufrecht, S. 144, 145.
[896] Vgl. *Schlechtriem/Schwenzer/Stoll/Gruber*, Art. 80, Rn. 3 ff.
[897] Vgl. *Schlechtriem/Schwenzer/Müller-Chen*, Art. 48, Rn. 21.
[898] Vgl. dazu oben, § 6.I.1.

sal des Vertrags ist dabei von der Angemessenheit der Frist und der Bereitschaft des Verkäufers, innerhalb deren seine Vertragspflichten zu erfüllen, abhängig. Deshalb ist im Fall, in dem der Verkäufer im Rahmen seines Nacherfüllungsrechts nach Art. 48 Abs. 2, 3 CISG eine für den Käufer angemessene Frist setzt, anzunehmen, dass diese als eine Frist, die keine unzumutbare Zeitverzögerung für den Käufer i. S. d. Art. 48 Abs. 1 CISG mit sich bringt, einer durch den Käufer gesetzten Nachfrist vorgeht[899].

7. Das Nacherfüllungsrecht nach Art. 48 Abs. 2-4 CISG

a. Allgemeine Betrachtung

Wie bereits erwähnt, sind wichtige Anliegen des Wiener Kaufrechts die Aufrechterhaltung des Vertrags, die Kooperation zwischen den Vertragsparteien sowie die Wahrung des Guten Glaubens (vgl. Art. 7 CISG). Ein gesichertes Nacherfüllungsrecht des Verkäufers spielt zweifellos eine bedeutende Rolle bei der Verwirklichung aller dieser Ziele.

Die Regeln des Art. 48 Abs. 2-4 CISG dienen der Sicherung des Nacherfüllungsrechts des Verkäufers[900].

Dieser kann bei einer vertragswidrigen Lieferung – unabhängig von seinem Verschulden – im Ungewissen darüber sein, ob der Käufer an der nachträglichen Erfüllung interessiert ist oder sie unter Berufung auf die Wesentlichkeit der Vertragsverletzung oder die Unzumutbarkeit nach Art. 48 Abs. 1 CISG ablehnt. Art. 48 Abs. 2 und 3 CISG gibt ihm daher die Möglichkeit, sich Klarheit darüber zu verschaffen[901].

Nach den Vorschriften des Art. 48 Abs. 2-4 CISG kann also der Verkäufer dem Käufer die Erfüllung seiner Pflichten binnen einer bestimmten Frist anbieten. Versäumt aber der Käufer, sich zu diesem Erfüllungsangebot zu äußern, kann der Verkäufer innerhalb der von ihm angegebenen Frist nach seiner Art und Weise erfüllen; der Käufer kann vor Ablauf dieser Frist keinen Rechtsbehelf ausüben, der mit der Erfüllung durch den Verkäufer unvereinbar wäre.

Durch seine Aktivität zwingt nämlich der Verkäufer den Käufer, seinerseits zu handeln und offenzulegen, ob er noch am Vertrag festhalten will.

---

[899] Vgl. *Petrikic,* Das Nacherfüllungsrecht, S. 102.

[900] Vgl. dazu *Karollus*, UN-Kaufrecht, S. 145. Nach ihm gewährt Art. 48 Abs. 2 dem Verkäufer die Möglichkeit, das Nacherfüllungsrecht durch „Vereinbarung" mit dem Käufer zu fixieren.

[901] Vgl. *Honsell/Schnyder/Straub*, Art. 48, Rn. 42, 43; *Staudinger/Magnus,* Art. 48, Rn. 36.

Auch das Schweigen des Käufers bekommt eine Rechtsbedeutung[902]. Der Verkäufer kann seine Pflichten binnen der angegebenen Frist erfüllen, als ob der Käufer sein Nacherfüllungsangebot akzeptiert hätte.
Der Käufer hat also die Obliegenheit, auf die Aufforderung des Verkäufers zur Erklärung, zu antworten[903]. Er kann sich nicht darauf berufen, dass er eigentlich einen anderen Willen gehabt habe. Eine Anfechtung wegen Irrtums über die rechtliche Bedeutung des Schweigens kann daher nicht möglich sein. Entschiede man anders, würde die durch Art. 48 Abs. 2-4 CISG geschaffene Klarheit beseitigt.
Fraglich ist jedoch, ob die Fiktion der Zustimmung zur Nacherfüllung auch dann gilt, wenn der Käufer nicht unverschuldet nicht antworten konnte.
Versteht man die Obliegenheit des Käufers zur Beantwortung als eine Verpflichtung „unverzüglich" im Sinn von „ohne schuldhaftes Zögern" [904] auf das Nacherfüllungsangebot zu antworten, könnte sein Verschulden berücksichtigt werden. Eine solche Lösung wäre aber bedenklich, da der Begriff des Verschuldens dem UN-Kaufrecht fremd ist[905].
Es ist auch abzulehnen, dass der Käufer sich dabei über Art. 79 Abs. 1 CISG schützen kann. Diese Vorschrift gilt nur für Schadensersatzansprüche (vgl. Art. 79 Abs. 5 CISG). Sie erfasst nämlich nur Pflichten der Vertragsparteien und nicht Obliegenheiten, zu welchen die Beantwortung der Aufforderung nach Art. 48 Abs. 2 CISG zu zählen ist.
Daher käme hier nach richtiger Ansicht eine analoge Anwendung des Art. 79 CISG in Betracht[906]. Demgemäß erhält der Verkäufer sein Recht, den Vertrag nachträglich zu erfüllen, so dass die Aufhebung des Vertrags vermieden wird, wenn der Käufer für die Nicht-Beantwortung des Nacherfüllungsangebots des Verkäufers in Analogie mit Art. 79 CISG verantwortlich ist.
Die Fiktion der Zustimmung zur Nacherfüllung gilt also nicht unabhängig von der Verantwortung des Käufers, der auf das Nacherfüllungsangbot nicht geantwortet hat. Sie gilt nicht in Fällen, in denen der Käufer aufgrund von Hindernissen außerhalb seines Verantwortungsbereichs nicht geantwortet hat. Der Grund dafür liegt in der Absicht des UN-Kaufrechts, alle Möglichkeiten zur Aufrechterhaltung des Vertrags auszuschöpfen, der wie bereits gesagt die Regeln in Art 48 Abs. 2-4 CISG dienen.

---

[902] Vgl. *MünchKomm/Huber*, Art. 48, Rn. 26; *Staudinger/Magnus,* Art. 48, Rn. 44; *Schlechtriem/Huber,* Art. 48, Rn. 32; *Bianca/Bonell/Will*, Art. 48, Anm. 2.2.2.
[903] Vgl. *Honsell/Schnyder/Straub*, Art. 48, Rn. 46.
[904] So *v. Caemmerer/Schlechtriem/Huber,* Art. 48, Rn. 33.
[905] Vgl. *Piltz*; Internationales Kaufrecht, § 1, Rn. 15; *Staudinger/Magnus,* Art. 79, Rn. 1 ff.
[906] Vgl. *Staudinger/Magnus,* Art. 79, Rn. 14; *v. Caemmerer/Schlechtriem/Stoll,* Art. 79, Rn. 15; *Karollus,* UN-Kaufrecht, S. 207.

Die Vorschriften des Art. 48 Abs. 2-4 CISG haben im Haager Kaufgesetz keinen Vorläufer. Sie wurden von der UNCITRAL-Arbeitsgruppe entworfen und nach einigen Änderungen in den Genfer Entwurf aufgenommen[907]. Schon früh ist klar geworden, dass der moderne internationale Handel eine gewisse Zusammenarbeit und Sorgfalt der Handelspartner bei der Abwicklung ihrer Handelsgeschäfte verlangt. Deshalb wurden die Vorschläge, diese Regelung zu streichen, da sie überflüssig seien, auf der Wiener Konferenz ausdrücklich abgelehnt[908].

In der Literatur wird sogar mehrheitlich die Meinung vertreten, dass die Regeln der Art. 48 Abs. 2-4 CISG nicht den Charakter einer Durchführungsnorm für die zweite Andienung vom Verkäufer haben, sondern vielmehr ein Nacherfüllungsrecht konstituieren, das unabhängig von dem in Art. 48 Abs. 1 CISG geregelten zu beurteilen ist[909].

Dem ist zuzustimmen[910].

Denn der Verkäufer kann sich auf Art. 48 Abs. 1 CISG auch dann stützen, sofern dessen Voraussetzungen vorliegen[911], wenn das Nacherfüllungsrecht nach Art. 48 Abs. 2-4 CISG wegen eines rechtzeitigen Widerspruchs des Käufers nicht entsteht[912].

Folglich überzeugt auch die Ansicht[913], nach der die Annahme des Angebots des Verkäufers zur Nacherfüllung durch den Käufer als Annahme des Angebots zu einer Vertragsänderung anzusehen ist. Denn durch die Annahme des Nacherfüllungsangebots i. S. d. Art. 48 Abs. 2-4 CISG besteht eine Änderung des ursprünglichen Vertrags hinsichtlich der Zeit der Erfüllung.

Dass die Annahmeerklärung als eine Änderungsklausel entgegen Art. 29 Abs. 2 S. 1 CISG der Schriftform nicht unterliegt, da nach Art. 48 Abs. 2

---

[907] Vgl. UNCITRAL-YB IV (1973), S. 69 f.; UNCITRAL-YB VII (1976), S. 114.

[908] Vgl. Off. Rec. 352-353.

[909] Vgl. *Bianca/Bonell/Will,* Art. 48, Anm. 2.2 „....wo die Bedingungen des Abs. 1 nicht erfüllt sind, öffnen Abs. 2 bis 4 dem Verkäufer, der den Mangel beheben will, eine zweite Tür"; *Honnold,* Uniform Law, S. 313, „....nicht bloße Durchführung des Abs. 1"; *Enderlein/Maskow/Strohbach,* Internationales Kaufrecht, Art 48, Rn. 10; *v. Caemmerer/Schlechtriem/Huber,* Art. 48, Rn. 30; *Karollus,* UN-Kaufrecht, S. 145; *Piltz*; Internationales Kaufrecht, § 5, Rn. 198; *Soergel/Lüderitz,* Art. 48, Rn. 1; nicht so eindeutig *Herber/Czerwenka,* Art. 48, Rn. 4 und *Reinhart,* UN-Kaufrecht, Art. 48, Rn. 7.

[910] Aber nur bezüglich der zeitlichen Begrenzung mit der in der Aufforderung oder Anzeige angegebenen Nachfrist. Wie unten erklärt wird, bleibt der Verkäufer an die Zumutbarkeitserfordernisse des Art. 48 Abs. 1 CISG bei seinem Nacherfüllungsrecht nach Art. 48 Abs. 2-4 CISG gebunden.

[911] Vgl. *Herber/Czerwenka,* Art. 48, Rn. 7; *Staudinger/Magnus,* Art. 48, Rn. 45.

[912] Vgl. *Enderlein/Maskow/Strohbach,* Internationales Kaufrecht, Art 48, Rn. 10; *v. Caemmerer/Schlechtriem/Huber,* Art. 48, Rn. 34; *Staudinger/Magnus,* Art. 48, Rn. 41.

[913] Vgl. *Karollus,* UN-Kaufrecht, S. 144.

CISG grundsätzlich keine Formanforderungen vorgeschrieben sind[914], bedeutet nicht, dass für diesen Grund das Nacherfüllungsangebot des Verkäufers nicht als eine Vertragsänderung zu behandeln ist.
Denn hier bestehen nicht Sicherheitsgründe, für die die Schriftform bei einer Änderungserklärung gem. Art. 29 Abs. 2 S. 1 CISG erforderlich ist[915].
Man kann nämlich sich nicht auf Beweisgründe berufen, für die die Annahme des Nacherfüllungsangebots durch den Käufer der Schriftform gem. Art. 29 Abs. 2 S. 1 CISG unterliegen sollte. Für die Wirksamkeit einer solchen Annahme reicht die Vereinbarung zwischen den beiden Vertragsparteien und nicht die Einhaltung einer bestimmten Form aus.
Das gleiche gilt hinsichtlich der Rechtsbedeutung des Schweigens des Käufers nach Art. 48 Abs. 2 CISG. Das Schweigen des Käufers bedeutet nicht, dass aufgrund keiner ausdrücklichen Erklärung die Annahme der nachträglichen Erfüllung durch den Verkäufer die Rechtsfolgen einer Vertragsänderung i. S. d. Art. 29 Abs. 2 S. 1 CISG nicht bekommt.
Das Nacherfüllungsangebot durch den Verkäufer nach Art. 48 Abs. 2-4 CISG ist ein Änderungsangebot des ursprünglichen Vertrags hinsichtlich der Erfüllungszeit, das für beide Vertragsparteien nur dann unverbindlich ist, wenn der Käufer es berechtigterweise verweigert.

b. Die Aufforderung zur Erklärung über das Nacherfüllungsangebot des Verkäufers nach Art. 48 Abs. 2 CISG

Nach der Bestimmung des Art. 48 Abs. 2 CISG kann der Verkäufer den Käufer auffordern, ihm mitzuteilen, ob er die Erfüllung annehmen will, die der Verkäufer innerhalb einer von ihm selbst gesetzten Nachfrist durchführen will.
Aus der Erklärung des Verkäufers muss ein konkretes Angebot – z. B. Behebung des Mangels durch Nachbesserung oder Erfüllung der Pflicht zur Lieferung einer mangelfreien Ware durch Ersatzlieferung – zu entnehmen sein, das zwingend eine bestimmte Frist enthalten muss[916]. Damit kann der Käufer nicht nur entscheiden, ob er binnen dieser Frist die angebotene Er-

---

[914] Vgl. *Staudinger/Magnus,* Art. 48, Rn. 38.
[915] Vgl. *v. Caemmerer/Schlechtriem/Schlechtriem,* Art. 29, Rn. 7.
[916] Fehlt diese Angabe, soll nach allgemeiner Ansicht das Nacherfüllungsrecht gem. Art. 48 Abs. 2-4 CISG nicht bestehen; vgl. *Staudinger/Magnus,* Art. 48, Rn. 39; *Bianca/Bonell/Will,* Art. 48, Anm. 2.2.1; *v. Caemmerer/Schlechtriem/Huber,* Art. 48, Rn. 31; *Enderlein/Maskow/Strohbach,* Internationales Kaufrecht, Art. 48, Anm. 12.

füllung annehmen will oder nicht, sondern auch festlegen, wann genau er seine Rechtsbehelfe ausüben kann.
Die vom Verkäufer bestimmte Frist muss angemessen sein[917]. Die Angemessenheit der angezeigten Frist wird anhand objektiver Kriterien hinsichtlich des konkreten Vertrags bemessen[918], entsprechend dem Prinzip des guten Glaubens (vgl. Art. 7 CISG). Um die Angemessenheit der Frist beurteilen zu können, wird man auch die Bräuche und Gepflogenheiten zwischen den Parteien gem. Art. 9 CISG berücksichtigen müssen[919].
Die angezeigte Frist darf nicht zu kurz sein, so dass der Käufer die ausreichende Zeit haben kann, alle Folgen einer zweiten Andienung zu bewerten[920]; sie darf aber auch nicht zu lang sein, weil eine nachträgliche Lieferung, die in einem unangemessen langen Zeitraum durchgeführt wird, meistens den Interessen des Käufers nicht mehr entspricht, obwohl sie von der vertraglichen Vereinbarung über Beschaffenheit und Zweckbestimmung der Ware nicht mehr abweicht[921].
Die Aufforderung zur Erklärung, ob die Nacherfüllung angenommen wird, unterliegt keinen Formvorschriften, so dass sie mündlich oder schriftlich erfolgen kann[922]. Das bedeutet aber nicht, dass der Verkäufer mangels einer bestimmten Form auch die Setzung einer bestimmten Frist zur Nacherfüllung bei der Aufforderung zur Erklärung unterlassen kann und sich lediglich durch die Sendung einer Ersatzware auf ein konkludentes Nacherfüllungsangebot nach Art. 48 Abs. 2-4 CISG berufen kann[923]. In diesen Fällen wird ohnedies keine Bindung eintreten, da es an der Fristangabe durch den Verkäufer fehlt. Selbst wenn der Käufer auf die Fristsetzung verzichtet hat, bleibt er nicht ungeschützt. Er kann durch Zurückweisung der Ware dem Nacherfüllungsangebot des Verkäufers widersprechen, weil er ohne Fristsetzung nicht wissen kann, wie lange er an das Behebungsangebot des Verkäufers gebunden ist[924].
Der Käufer darf während der angegebenen Nacherfüllungsfrist keinen Rechtsbehelf mehr ausüben, der mit der angebotenen Nacherfüllung durch den Verkäufer unvereinbar wäre.

---

[917] Vgl. *v. Caemmerer/Schlechtriem/Huber,* Art. 48, Rn. 29.
[918] Vgl. *v. Caemmerer/Schlechtriem/Huber,* Art. 48, Rn. 32; *Karollus,* UN-Kaufrecht, S. 145.
[919] Vgl. *Gutknecht,* Das Nacherfüllungsrecht des Verkäufers, S. 345.
[920] Vgl. *v. Caemmerer/Schlechtriem/Huber,* Art. 48, Rn. 32, 33; *Honsell/Schnyder/Straub,* Art. 48, Rn. 47.
[921] Vgl. *v. Caemmerer/Schlechtriem/Huber,* Art. 48, Rn. 32.
[922] Vgl. *Herber/Czerwenka,* Art. 48, Rn. 7, die in der Duldung der Nacherfüllung durch den Käufer die Vereinbarung der Rechtsfolgen des Art. 48 Abs. 2 CISG sehen.
[923] Vgl. *Staudinger/Magnus,* Art. 48, Rn. 38.
[924] Vgl. *MünchKomm/Huber,* Art. 48, Rn. 24.

Unvereinbar mit der gem. Art. 48 Abs. 2 und 3 CISG angebotenen Erfüllung sind insbesondere das Recht des Käufers auf Vertragsaufhebung und auf Minderung des Kaufpreises.
Hat der Käufer die Aufhebung des Vertrags wirksam erklärt, bevor ihm das Behebungsangebot zugegangen ist, hat der Verkäufer sein Recht zur Nacherfüllung verloren[925]. Lehnt der Käufer aber die zweite Andienung vom Verkäufer unberechtigterweise und missbräuchlich ab, und erklärt er die Aufhebung des Vertrags, obwohl die Voraussetzungen der wesentlichen Vertragsverletzung nicht erfüllt sind, dann ist die Aufhebungserklärung wirkungslos[926]. In einem solchen Fall verliert der Käufer sogar alle anderen Rechte nach Art. 45 ff. CISG, da das Nacherfüllungsrecht des Verkäufers, das hier wirksam gegeben ist, wie oben gezeigt geht allen anderen Rechten des Käufers vor[927].
Der Käufer ist daher nur dann berechtigt, die angebotene Nacherfüllung abzulehnen, wenn es offensichtlich ist, dass es keine Möglichkeit zur Beseitigung des Mangels durch Nachbesserung oder Ersatzlieferung gibt, z. B. wenn der Käufer die Ware wegen einer Preissenkung nunmehr anderswo billiger beziehen könnte, oder wenn er die Sache bereits umgestaltet hat[928]. Dann kann er wegen – objektiv betrachtet – Unannehmlichkeit den Vertrag aufheben[929].

c. Die Anzeige der Erfüllungsbereitschaft des Verkäufers nach Art. 48 Abs. 3 CISG

Die Regel des Art. 48 Abs. 3 CISG enthält eine gesetzliche Fiktion[930]: Die ausdrückliche Aufforderung an den Käufer, sich zum Erfüllungsangebot des Verkäufers zu äußern, ist nicht erforderlich. Zeigt der Verkäufer dem Käu-

---

[925] Vgl. *v. Caemmerer/Schlechtriem/Huber,* Art. 48, Rn. 36; *Honsell/Schnyder/Straub,* Art. 48, Rn. 53.
[926] Vgl. dazu oben, § 7.II.4.ii.
[927] Vgl. oben, § 7.II.6.; dazu auch *Honsell/Schnyder/Straub,* Art. 48, Rn. 56.
[928] Vgl. *Herber/Czerwenka,* Art. 48, Rn. 7.
[929] Vgl. *Schlechtriem*, Internationales Kaufrecht, (2003), Rn. 115); *Musger*, Die wesentliche Vertragsverletzung, S. 50; *v. Caemmerer/Schlechtriem/Huber,* Art. 46, Rn. 43.
[930] Vgl. *v. Caemmerer/Schlechtriem/Huber,* Art. 48, Rn. 34; *Karollus,* UN-Kaufrecht, S. 144; *Honsell/Schnyder/Straub,* Art. 48, Rn. 43; *Soergel/Lüderitz,* Art. 48, Rn. 7; *Herber/Czerwenka,* Art. 48, Rn. 4. Wäre in der Vorschrift eine Auslegungsregel für den Art. 48 Abs. 2 CISG zu sehen, würde der Käufer stets das Gegenteil beweisen können, weil eine Anzeige nie eine Aufforderung ist. Der Art. 48 Abs. 3 CISG wäre dann sinnlos. Diese Vorschrift kann daher keine Auslegungsregel darstellen.

fer an, dass er innerhalb einer bestimmten Frist erfüllen wird, so wird vermutet, dass diese Anzeige eine Aufforderung an den Käufer i. S. d. Art. 48 Abs. 2 CISG enthält und die in dieser Vorschrift vorgesehenen Rechtsfolgen herbeiführt. Das bedeutet, dass der Käufer bei einer solchen Anzeige innerhalb angemessener Frist seine Entscheidung dem Verkäufer mitteilen soll, dass er die Nacherfüllung annehmen will. Sonst gilt sein Schweigen als Zustimmung zum Angebot des Verkäufers und hat die Ausübung des Nacherfüllungsrechts in der vom Verkäufer vorgeschlagenen Frist und Form zur Folge, ohne dass der Käufer durch einen Rechtsbehelf reagieren kann, der mit der Erfüllung unvereinbar ist.
Das Ausbleiben der Antwort des Käufers bewirkt also eine Bindungswirkung auf Seiten des Käufers auch hier.
Egal auch, ob es sich um eine ausdrückliche Aufforderung oder um eine Anzeige handelt, steht dem Verkäufer das Recht auf zweite Andienung ohne die Einschränkung der Vertragsaufhebung nach Art. 48 Abs. 1 CISG zu. Der Verkäufer kann seine Vertragspflichten nachträglich ohne den Vorbehalt zugunsten des Vertragsaufhebungsrechts des Käufers i. S. d. Art. 48 Abs. 1 CISG erfüllen.

d. Der Umfang der Bindung des Käufers

Aus Art. 48 Abs. 2-4 CISG ergibt sich nicht, ob das Schweigen des Käufers zu einem unbegrenzten Nacherfüllungsrecht des Verkäufers führt.
In der Literatur ist diese Frage umstritten.
Einige nehmen an, dass der Käufer nur an eine angemessene Frist gebunden ist, so dass er bei einer i. S. d. Art. 48 Abs. 1 CISG unzumutbaren Verzögerung den Versuch der nachträglichen Erfüllung nicht dulden muss[931]. Andere meinen, dass die Bindung endet bzw. das Nacherfüllungsrecht entfällt, wenn sich im Verlauf eines Nachbesserungsversuchs herausstellt, dass es längere Zeit in Anspruch nimmt als erwartet und zumutbar[932].
Die überwiegende Ansicht, ausgehend von der Unabhängigkeit des Nacherfüllungsrechts gem. Art. 48 Abs. 2-4 CISG von demjenigen nach Art. 48 Abs. 1 CISG, nimmt jedoch an, dass der Verkäufer in keiner Weise an die einschränkenden Voraussetzungen der Zumutbarkeit gebunden ist, wie die-

---

[931] Vgl. *Schlechtriem*, FS *Trinker*, S. 332.
[932] Vgl. *Herber/Czerwenka*, Art. 48, Rn. 3.

se in der Vorschrift des Art. 48 Abs. 1 CISG geregelt sind[933]. Damit wäre alleinige Grenze des hier behandelten Nacherfüllungsrechts der Ablauf der angegebenen Frist[934]. Nur so hätten die Vorschriften des Art. 2-4 CISG einen Sinn.

Das ist zutreffend, aber nur teilweise.

Es ist zwar anzunehmen, dass der Käufer hinsichtlich der Zeit durch sein Schweigen an das Nacherfüllungsangebot des Verkäufers i. S. d. Art. 48 Abs. 2-4 CISG gebunden ist. Wäre der Verkäufer andererseits in zeitlicher Hinsicht an Art. 48 Abs. 1 CISG gebunden, wäre die Regelung des Nacherfüllungsrechts nach Art. 48 Abs. 2-4 CISG unnötig.

Dies bedeutet aber nicht, dass die Bestimmung der Zumutbarkeit der Nacherfüllung nach Art. 48 Abs. 2-4 CISG in jeder anderen Hinsicht außer der zeitlichen von der Regelung der Zumutbarkeit in Art. 48 Abs. 1 CISG unabhängig ist.

Wie oben gezeigt wurde, bewirkt das Schweigen des Käufers eine Rechtsbindung. Dadurch zeigt der Käufer, dass er sich auf die Anfrage oder die Anzeige des Verkäufers einlässt. Denn er erwartet, dass der Verkäufer seine vertraglichen Pflichten in der in Nacherfüllungsangebot oder -anzeige beschriebenen Weise und binnen der angegebenen Frist nachträglich erfüllen wird.

Offensichtlich ist er durch sein Schweigen vor allem an die angegebene Frist gebunden. Durch diese wird Klarheit bezüglich der Bereitschaft des Verkäufers zur nachträglichen Erfüllung sowie der Bereitschaft des Käufers zur Duldung der Nacherfüllung geschaffen. Überdies wird dafür die Angabe einer Nacherfüllungsfrist verlangt.

Allerdings soll diese Bindung dann enden, wenn der Verkäufer eine ganz unzumutbare Nacherfüllungsfrist setzt[935].

Das gleiche muss auch hinsichtlich der angegebenen Nacherfüllungsweise bzw. der angegebenen Nacherfüllungsmethode gelten. Der Käufer muss durch sein Schweigen daran gebunden sein. Dies wird schon mit dem Ziel des UN-Kaufrechts begründet, dem die Regeln des Art. 48 Abs. 2-4 CISG dienen.

Das UN-Kaufrecht statuiert in den Regeln des Art. 48 Abs. 2-4 CISG nämlich eine besondere Kooperationspflicht des Käufers, die ihm gebietet, nach

---

[933] Vgl. *v. Caemmerer/Schlechtriem/Huber,* Art. 48, Rn. 29; *Enderlein/Maskow/Strohbach,* Internationales Kaufrecht, Art. 48, Rn. 12; *Heilmann,* Mängelgewährleistung, S. 390; *Piltz,* Internationales Kaufrecht, § 5, Rn. 199; *Bianca/Bonell/Will,* Art. 48, Anm. 2.2.1.; *Staudinger/Magnus,* Art. 48, Rn. 39.

[934] Vgl. *Bianca/Bonell/Will,* Art. 48, Anm. 2.2.1.; *v. Caemmerer/Schlechtriem/Huber,* Art. 48, Rn. 29.

[935] Vgl. *v. Caemmerer/Schlechtriem/Huber,* Art. 48, Rn. 29.

dem Grundsatz von Treu und Glauben gem. Art. 7 Abs. 1 CISG nur auf Nacherfüllungsangebote zu antworten, die auf für ihn zumutbare Weise erfolgen können[936].

Diese Kooperationspflicht des Käufers darf daher nicht dazu führen, dass er jede Art von Nacherfüllung dulden muss. Der Verkäufer kann durch seine Aufforderung und die Fiktion der Zustimmung seines Vertragspartners in zeitlicher Hinsicht nicht unbeschränkt nacherfüllen. Er kann beispielsweise Reparaturversuche nicht über die angegebene Frist hinaus vornehmen. Denn der Käufer hat mit seinem Schweigen nur eine zeitliche Belastung, nicht jedoch die durch die Art der Nacherfüllung auf ihn zukommenden Belastungen riskiert. Vor solchen Belastungen könnte er sich mit einer ausdrücklichen modifizierten Zustimmung hinsichtlich einer bestimmten Nacherfüllungsmethode schützen, weil dann ein neuer Vorschlag zur Vertragsänderung und keine Annahme des Nacherfüllungsangebots des Verkäufers läge[937]. Hier wird er aber mit seinem Schweigen hinsichtlich einer bestimmten Nacherfüllungsform gebundet, ohne über die verschiedenen Möglichkeiten für eine zumutbare Nacherfüllung zu entscheiden.

Man muss daher das Nacherfüllungsrecht des Verkäufers durch ein Zumutbarkeitskriterium begrenzen. Nur dann darf der Käufer sich auf das Nacherfüllungsangebot des Verkäufers einlassen. Nur dann darf das Schweigen des Käufers eine Rechtsbindung bewirken.

Deshalb ist im Einklang der Meinung von *Schlechtriem*[938] anzunehmen, dass die Grenze der Zumutbarkeit für den Käufer bei einem Nacherfüllungsangebot der Vorschrift des Art. 48 Abs. 1 CISG zu entnehmen ist, weil damit die Kooperationspflicht, die dem Käufer die Regeln des Art. 48 Abs. 2-4 CISG statuieren, einen Sinn bekommt[939].

Der Käufer hat also die nachträgliche Erfüllung nach Art. 48 Abs. 2-4 CISG binnen der angegebenen Frist und nicht außerhalb der Grenzen zu dulden, die Art. 48 Abs. 1 CISG selbst setzt.

Das Schweigen des Käufers gilt nicht als Zustimmung, wenn das Nacherfüllungsangebot durch den Verkäufer mit zusätzlichen Bestimmungen versehen worden ist[940], wie z. B. das Angebot, die Nacherfüllung in der angegebenen Frist auf Kosten des Käufers vorzunehmen. In einem solchen Fall spricht zwar die Kooperationspflicht des Käufers für eine Pflicht zur Antwort, wenn dieser aber schweigt, gilt sein Schweigen nur nach dem Grund-

---

936 Vgl. *Schlechtriem,* FS *Trinker,* S. 334.
937 Vgl. *Gutknecht,* Das Nacherfüllungsrecht des Verkäufers, S. 351.
938 Vgl. *Schlechtriem,* FS *Trinker,* S. 332, oben Fn. 945.
939 Vgl. *Gutknecht,* Das Nacherfüllungsrecht des Verkäufers, S. 348.
940 Vgl. *Gutknecht,* Das Nacherfüllungsrecht des Verkäufers, S. 349.

satz von Treu und Glauben als Einverständnis zur Nacherfüllung auf Kosten des Verkäufers[941]. Die Vorschriften des Art. 48 Abs. 2-4 CISG fingieren keine Zustimmung zur Kostentragung durch den Käufer. Kostentragung durch den Käufer bedeutet ohne weiteres, dass die nachträgliche Erfüllung für den Käufer i. S. d. Art. 48 Abs. 1 CISG unzumutbar ist, und er daher das entsprechende Angebot nicht annehmen kann.

e. Die Wirksamkeit der Aufforderung oder der Anzeige des Verkäufers nach Art. 48 Abs. 4 CISG

Nach Art. 48 Abs. 4 CISG sind die Aufforderung oder die Anzeige gem. Art. 48 Abs. 2, 3 CISG nur wirksam, wenn sie der Käufer erhalten hat. Der Verkäufer trägt also das Risiko der Übermittlung[942].
Die Zugangsbedürftigkeit stellt eine Ausnahme vom in Art. 27 CISG geregelten Absendungsprinzip dar, die jedoch gerechtfertigt ist, weil hier der Verkäufer derjenige ist, der durch eine Vertragsverletzung, bzw. die Lieferung einer vertragswidrigen Ware, seine Pflicht zur Lieferung einer vertragsgemäßen Ware nicht erfüllt hat[943]. Durch die zweite Andienung korrigiert er nur sein ursprüngliches, vertragswidriges Verhalten. Die vertragstreue Partei, die schützbedürftig ist, ist der Käufer. Deshalb soll der Verkäufer das Risiko des Verlustes oder der Verzögerung seiner Erklärungen tragen.
Geht folglich die Aufforderung dem Käufer aufgrund irgendeiner Verzögerung so spät zu, dass er nicht mehr rechtzeitig ablehnen kann, oder erreicht sie ihn überhaupt nicht, kommt das Nacherfüllungsrecht des Verkäufers nicht zur Entstehung[944], während eine solche Aufforderung bei einem Übermittlungsfehler nur dann als zugegangen anzusehen ist, wenn sie mit zumutbarem Aufwand objektiverweise entschlüsselt werden kann[945]. Deshalb ist bei mündlichen Erklärungen des Verkäufers auf den Empfangshorizont einer vernünftigen Person nach Art. 8 Abs. 2 CISG abzustellen[946].
Im Gegensatz zur Regelung der Wirksamkeit des Nacherfüllungsangebots des Verkäufers unterliegt die Antwort des Käufers darauf den allgemeinen

---

[941] Vgl. *Staudinger/Magnus,* Art. 18, Rn. 12, 13.
[942] Vgl. *Honsell/Schnyder/Straub,* Art. 48, Rn. 45; *Staudinger/Magnus,* Art. 48, Rn. 43; *Enderlein/Maskow/Strohbach,* Internationales Kaufrecht, Art. 48, Rn. 11.
[943] Vgl. *Herber/Czerwenka,* Art. 48, Rn. 5.
[944] Vgl. *v. Caemmerer/Schlechtriem/Huber,* Art. 48, Rn. 31.
[945] Vgl. *Staudinger/Magnus,* Art. 24, Rn. 19.
[946] Vgl. *Staudinger/Magnus,* Art. 24, Rn. 1.

Regeln, nach denen es auf den Zugang nicht ankommt. Hier greift Art. 27 CISG[947]. Der Verkäufer ist also derjenige, der das Übermittlungsrisiko trägt. Die Antwort des Käufers muss lediglich abgesandt werden[948]. Kommt sie verzögert an oder entstehen bei der Übermittlung Missverständnisse, schadet dies dem Käufer nicht. Dies ist gerechtfertigt, weil die Notwendigkeit der Mitteilung seiner Antwort auf einer Vertragsverletzung durch den Verkäufer beruht, der als die vertragsbrüchige Partei keines Schutzes vor dem entsprechenden Risiko bedarf.

III. Das Recht des Verkäufers auf Nacherfüllung im deutschen und griechischen nationalen Recht im Vergleich mit dem UN-Kaufrecht

Im Rahmen des deutschen internen Rechts ist das Nacherfüllungsrecht des Verkäufers nicht ausdrücklich vorgesehen. Es ergibt sich aber aus den tatbestandlichen Voraussetzungen der in das allgemeine Leistungsstörungsrecht verweisenden Rechtsbehelfe, die grundsätzlich nach dem Ablauf einer Frist zur nachträglichen Erfüllung der vertraglichen Pflichten ausgeübt werden können, sofern die Nacherfüllung unverhältnismäßig, fehlgeschlagen, für den Käufer unzumutbar ist oder ein anderer Ausnahmegrund vorliegt; vgl. die §§ 441 Abs. 1, 323 Abs. 1, 2, 281 Abs. 1, 2 und 440 BGB.
Der Käufer kann nämlich erst dann mindern, zurücktreten oder Schadensersatz wegen Nichterfüllung des Vertrags verlangen, wenn eine dem Verkäufer gesetzte Nachfrist zur zweiten Andienung erfolglos verstrichen ist. Das deutsche nationale Kaufrecht erreicht damit die Sicherung des Nacherfüllungsrechts des Verkäufers durch eine „Nachfristlösung" nach dem Vorbild des Rechts des Verkäufers zur zweiten Andienung nach der Vorschrift des § 326 Abs. 1 S. 1 BGB a. F.
Im griechischen nationalen Kaufrecht wird das Recht des Verkäufers zur nachträglichen Erfüllung nur in der Form der Ersatzlieferung nach Art. 546 gr. ZGB ausdrücklich geregelt. Sonst steht dem Verkäufer das Recht zur zweiten Andienung nach dem Gefahrübergang zu, wenn er dies mit seinem Vertragspartner ausdrücklich oder stillschweigend vereinbart hat[949]. Dieses

---

[947] Vgl. *Reinhart,* UN-Kaufrecht, Art. 48, Rn. 11; *Enderlein/Maskow/Stargardt,* Internationales Kaufrecht, Art. 48, Rn. 6; *Karollus,* UN-Kaufrecht, S. 144.
[948] Vgl. *Bianca/Bonell/Will,* Art. 48, Anm. 2.2.2.; *Heilmann,* Mängelgewährleistung, S. 391.
[949] Eine Vereinbarung über das Recht des Verkäufers zur Nacherfüllung kann stillschweigend sein und sich aus einer Auslegung gem. den Art. 173 und 200 gr. ZGB ergeben.

Recht muss der Verkäufer innerhalb einer angemessenen Frist und ohne wesentliche Störung oder Beeinträchtigung des Käufers hinsichtlich des Gebrauches der Sache oder seines übrigen Vermögens i. S. d. Art. 540 Abs. 2 gr. ZGB ausüben[950].

In beiden nationalen Kaufrechten steht das Nacherfüllungsrecht des Verkäufers in einem vorrangigen Verhältnis zu den übrigen Rechtsbehelfen des Käufers, was damit begründet wird, dass der Vorrang der Herstellung eines vertragsgemäßen Zustands häufig dem gemeinsamen Kaufinteresse der Parteien entspricht[951]. Deshalb ist es oft bereits vertraglich vorgesehen worden[952].

1. Das Nacherfüllungsrecht des Verkäufers im deutschen nationalen Recht

a. Die Fristsetzung durch den Käufer

Die Fristsetzung, mit welcher der Käufer den Verkäufer zur Nacherfüllung seiner Pflichten auffordert, ist eine einseitige und empfangsbedürftige Willenserklärung des Käufers[953].

Die Aufforderung zur nachträglichen Erfüllung muss ohne Bedingungen den Beginn und das Ende einer Frist erkennen lassen. Eine ausreichende Fristsetzung ist aber wohl auch die Aufforderung zur umgehenden oder unverzüglichen Leistung ohne Bezug auf die Dauer oder das Ende eines Termins. Denn dadurch setzt der Käufer eine gesetzliche angemessene Frist in Lauf, wie die Vorschriften des §§ 323 Abs. 1, 281 Abs. 1 BGB anordnen[954].

Die betreffende Aufforderung muss auch die Bereitschaftserklärung des Käufers zur Duldung der Nacherfüllungsversuche seines Vertragspartners enthalten oder durch Auslegung zu ermitteln sein, dass der Käufer das Wahlrecht hinsichtlich der Nacherfüllungsmethode dem Verkäufer überlassen will[955].

Die Willenserklärung über die Aufforderung ist nicht als unwiderruflich anzusehen. Der Käufer muss aber durch einen Widerruf das Interesse des Verkäufers an der Erfüllung seiner Pflichten innerhalb einer bestimmten

---

950 Vgl. dazu *Kalvanidou*, § 6 II A 3.

951 Vgl. *MünchKomm/Westermann*, § 440, Rn. 1 und § 437, Rn. 4.

952 Vgl. BGH NJW 1991, S. 2630, 2632; BGH, WM 1995, S. 111; BGH, WM 1996, S. 1915.

953 Vgl. *MünchKomm/Westermann*, § 439, Rn. 4.

954 Vgl. RG 75, S. 354, 357.

955 Vgl. *MünchKomm/Westermann*, § 439, Rn. 4.

Frist nicht beeinträchtigen[956]. Deshalb ist ein Widerruf der Erklärung über die Aufforderung zur Nacherfüllung innerhalb einer bestimmten Frist vor dem Fristablauf zulässig. Dementsprechend kann der Käufer jederzeit durch eine neue einseitige Erklärung die schon gesetzte Frist verlängern, wenn die gewählte Art der Nacherfüllung zeitaufwendig ist[957].

Es ist auch nicht erforderlich, dass der Käufer dem Verkäufer eine bestimmte Frist setzt. Wie gesagt genügt nach §§ 281 Abs. 1 S. 1 und 323 Abs. 1 BGB der Ablauf einer „angemessenen Nachfrist". Unterlässt der Käufer daher die Fristsetzung, so kann er vor dem erfolglosen Ablauf einer angemessenen Frist zur Nacherfüllung keinen von den Rechtsbehelfen des § 437 BGB ausüben. Der Käufer verliert nämlich beim Unterlassen einer Fristsetzung nicht die Möglichkeit, nach dem Ablauf einer angemessenen Frist auf die Rechte des § 437 BGB überzugehen, sondern nur die in §§ 281 Abs. 1 S. 1 und 323 Abs. 1 vorgesehene Möglichkeit, diese Frist selbst zu bestimmen.

Die Angemessenheit der Frist ist im Einzelfall unter Abwägung der beiderseitigen Interessen zu beurteilen[958]. Dabei ist aber auch zu berücksichtigen, dass der Verkäufer als vertragsbrüchige Partei aufgrund der Lieferung einer mangelhaften Ware seiner ursprünglichen Leistungspflicht nicht in vollem Umfang nachgekommen ist. Deshalb ist es gerechtfertigt, vorrangig auf die Interessen des Käufers abzustellen[959].

Bei der Beurteilung der Angemessenheit der Frist ist, wie die Verbrauchsgüterkaufrichtlinie verlangt[960], auch die Art der Kaufsache sowie der Zweck, für den der Käufer diese Ware benötigt, zu berücksichtigen.

Die Dauer der Frist zur Nacherfüllung muss schließlich als die zeitliche Begrenzung des Nacherfüllungsrechts des Verkäufers verstanden werden.

Denn von ihr ist der Erfolg oder das Fehlschlagen der Nacherfüllung abhängig. Deshalb soll sie für die nachträgliche Erfüllung der vertraglichen Pflichten durch den Verkäufer angemessen sein. Setzt also der Käufer eine unangemessen kurze Frist, so wird hierdurch der Ablauf einer objektiv angemessenen Frist bewirkt[961]. Dagegen beginnt eine unangemessen kurze Frist nicht zu laufen, wenn der Käufer bei Setzung dieser Frist nicht redlich verfahren hat oder wenn er klargemacht hat, dass es ihm auf die Kürze der Frist nicht ankommt[962].

---

[956] Vgl. *MünchKomm/Westermann*, § 439, Rn. 5.
[957] Vgl. dazu BT-Drucks, 14/6040, S. 222.
[958] Vgl. LG Köln, NJW-RR 1993, S. 437.
[959] Vgl. BT-Drucks, 14/6040, S. 234.
[960] Vgl. Art. 3 Abs. 3 Satz 3 Verbrauchsgüterkaufrichtlinie.
[961] Vgl. BT-Drucks, 14/6040, S. 138.
[962] Vgl. RGZ 91, S. 207.

h. Die Entbehrlichkeit der Fristsetzung gem. § 440 BGB – Die Grenzen des Nacherfüllungsrechts des Verkäufers

Während es in der zuvor behandelten Vorschrift des § 439 Abs. 3 BGB im Rahmen des Rechtsbehelfs des Käufers zu Nacherfüllung um die Grenzen der Nacherfüllungspflicht des Verkäufers geht, nämlich um die Voraussetzungen, unter denen der Verkäufer die Nacherfüllung verweigern und dadurch den Käufer auf die Rechtsbehelfe des § 437 BGB verweisen kann, bestimmt § 440 BGB die Grenzen des Nacherfüllungsrechts des Verkäufers. Diese Vorschrift regelt nämlich diejenigen Fälle, in denen der Käufer zum sofortigen Rücktritt, Minderung oder Schadensersatz gelangen, d. h. in denen er das Recht des Verkäufers zur zweiten Andienung „umgehen" kann.

i. Die Entbehrlichkeit der Fristsetzung nach den §§ 281 Abs. 2, 323 Abs. 2 BGB

Wie bereits ausgeführt wurde, bestimmt sich das Recht des Käufers, vom Kaufvertrag zurückzutreten, die Minderung des Kaufpreises zu verlangen oder einen Schadensersatzanspruch zu erheben, nach den allgemeinen Vorschriften. Diese sehen in § 323 Abs. 1 BGB für den Rücktritt und in § 281 Abs. 1 BGB für den Anspruch auf Schadensersatz statt der Leistung für den Gläubiger (Käufer) die Notwendigkeit vor, dem Schuldner (Verkäufer) eine Frist zur Nacherfüllung zu setzen. Der Fristsetzung bedarf es nur in Ausnahmefällen nicht. Einen Katalog dieser Fälle enthalten die §§ 281 Abs. 2 und 323 Abs. 2 BGB.

Die Besonderheiten des Kaufvertrags geben keinen Anlass, diesen Katalog einzuschränken. § 440 BGB ergänzt dies daher für den Kaufvertrag und vor allem um den Fall, dass die Nacherfüllung fehlgeschlagen ist.

Dann ist die Fristsetzung für die Ausübung der Rechtsbehelfe des § 437 BGB nicht erforderlich, wenn die Nacherfüllung durch den Verkäufer in Form entweder der Nachbesserung oder der Nachlieferung fehlgeschlagen ist. Denn dabei ist das Interesse des Käufers, keine weitere Frist abwarten zu müssen, vorrangig.

Dementsprechend ist die Fristerfordernis gem. den §§ 281 Abs. 2, 1. Alt. und 323 Abs. 2 Nr. 1 BGB ausgeschlossen, wenn der Verkäufer die Leistung bzw. die Nacherfüllung ernsthaft und endgültig verweigert.

Es genügt also für die Entbehrlichkeit der Fristsetzung die ernsthafte und endgültige Verweigerung der vom Käufer gewählten Art der Nacherfüllung unabhängig davon, ob sie auch unberechtigt ist. Ernsthaft und endgültig ist die Verweigerung des Verkäufers, wenn er sich über das Nacherfüllungsverlangen des Käufers im Klaren ist und es gleichwohl zurückweist[963]. Die Erfüllungsverweigerung muss sich auch gewissermaßen als sein letztes Wort in der Sache darstellen[964]. Die Weigerung des Verkäufers ist deshalb nicht ausreichend, wenn er sie damit begründet, dass die erbrachte Leistung ordnungsgemäß sei[965].

Die Fristsetzung ist nach den §§ 281 Abs. 2, 2. Alt. und 323 Abs. 2 Nr. 3 BGB auch entbehrlich, wenn sich aus besonderen Gründen und unter Abwägung der beiderseitigen Interessen ergibt, dass dem Käufer ein sofortiges Rücktritts- oder Schadensersatzrecht zustehen muss[966]. Dies wird in der Regel vor allem dann einen Verzicht auf die Setzung einer zur Nacherfüllung angemessenen Frist rechtfertigen, wenn der Käufer ein besonderes Interesse an der Einhaltung eines bestimmten Zeitpunkts der Lieferung hat, wie im Fall des einfachen Fixgeschäfts oder des „Just-in-time-Vertrags“[967].

ii. Die Entbehrlichkeit der Fristsetzung bei Verweigerung der Nacherfüllung gem. § 439 Abs. 3 BGB (§ 440 S. 1, 1. Alt. BGB)

Hat der Verkäufer unter den Voraussetzungen der Vorschrift des § 439 Abs. 3 BGB beide Arten der Nacherfüllung verweigert, ist die Fristsetzung entbehrlich.

Ausgehend davon, dass der Käufer einen Anspruch auf nachträgliche Erfüllung durch die alternative Nacherfüllungsmaßnahme noch hat, wenn der Verkäufer berechtigt ist, die dem Käufer zustehende Nacherfüllungsmethode zu verweigern, ist hier zu schließen, dass der Geltungsgrund des § 440 S. 1, 1. Alt. BGB, der die Verweigerung durch den Verkäufer aufgrund der Unmöglichkeit oder der Unverhältnismäßigkeit der nachträglichen Vertragserfüllung nach § 439 Abs. 3 BGB als Ausschlussgrund des Fristerfor-

---

[963] Vgl. *MünchKomm/Westermann*, § 440, Rn. 5.

[964] Vgl. BGH, NJW 1986, S. 661; BGH, ZIP 1991, S. 508; LG Bonn, NJW 2004, S. 75.

[965] Vgl. BGH, NJW-RR 1995, S. 939, 940; BGH, NJW-RR 93, S. 883; *Palandt/Heinrichs,* § 281 Rn. 14.

[966] Vgl. BT-Drucks, 14/6040, S. 140, 186.

[967] Vgl. RG, JW 1920, S. 47; BGH, LM § 326 (Ed) Nr. 3; BGH, WM 1957, S. 1342, 1343 f.; BGH, NJW-RR 98, S. 1489, 1491; vgl. auch BT-Drucks, 14/6040, S.140, 186; *Palandt/Heinrichs*, § 281 Rn. 15, § 323 Rn. 22 und § 286 Rn. 25.

dernisses normiert, liegt darin, dass bei der Verweigerung der vom Käufer zuerst gewählten Art der Nacherfüllung bereits die Voraussetzung des „Fehlschlagens" generell der Nacherfüllung gegeben ist. Sonst hat der Käufer eine angemessene Frist dem Verkäufer für die allternative Nacherfüllungsmaßnahme zu setzen.
Folglich ist die Fristsetzung vom Käufer nach § 440 S. 1, 1. Alt. BGB entbehrlich nicht nur, wenn der Verkäufer beide Arten der Nacherfüllung i. S. d. § 439 Abs. 3 BGB berechtigt verweigert hat, sondern auch, wenn der Verkäufer – entgegen dem Wortlaut der betreffenden Vorschrift – die eine der zwei Arten der Nacherfüllungsmethode verweigert und die andere unmöglich bzw. unzumutbar für den Käufer ist[968].
Deshalb ist immer danach zu fragen, um die Entbehrlichkeit der Nachfristsetzung festzustellen, ob nach der Erhebung der Unzumutbarkeitseinrede aus § 439 Abs. 3 BGB noch ein Nacherfüllungsanspruch verbleibt.

iii. Die Entbehrlichkeit der Fristsetzung gem. § 440 S. 1, 2. und 3. Alt. BGB

Eine Fristsetzung kann auch unter den Bestimmungen des § 440 S. 1, 2. und 3. Alt. BGB entbehrlich sein.
Demnach ist die Fristsetzung durch den Käufer unnötig, wenn die dem Käufer zustehende Art der Nacherfüllung fehlgeschlagen oder für ihn unzumutbar ist. Das ist leicht verständlich, denn wenn die dem Käufer zustehende Art der Nacherfüllung fehlgeschlagen oder unzumutbar ist, ist ihm oft ein weiteres Zuwarten und damit eine weitere Fristsetzung nicht mehr zuzumuten.
Unter dem Begriff des „Fehlschlagens der dem Käufer zustehenden Art der Nacherfüllung" nach § 440 S. 1, 2. Alt. BGB versteht man, dass die vom Käufer gewählte Art der Nacherfüllung, soweit sie noch möglich war (vgl. § 275 Abs. 2, 3; § 439 Abs. 3 BGB), vom Verkäufer unberechtigterweise verweigert wurde[969].
Der Gesetzgeber nimmt in der Begründung zur betreffenden Regel ausdrücklich auf den von § 309 Nr. 8 lit. b. bb. BGB (ehemaligen § 11 Nr.10 lit. b AGBG) eingeführten Begriff des Fehlschlagens Bezug[970]. Nach der Rechtsprechung zum § 11 Nr. 10 lit. b AGBG ist also die Nachbesserung

---

[968] Vgl. *Palandt/Heinrichs*, § 440 Rn. 7.
[969] Vgl. BT-Drucks, 14/6040, S. 233.
[970] Vgl. BT-Drucks, 14/6040, S. 233.

oder die Ersatzlieferung fehlgeschlagen, wenn sie unter den Voraussetzungen des § 275 Abs. 1, 2 BGB unmöglich ist[971], ernsthaft und endgültig unberechtigt verweigert wurde[972], unzumutbar verzögert wurde oder vergeblich versucht worden ist.

Die Anzahl der Nacherfüllungsversuche, die der Käufer hinnehmen muss, bevor die Nacherfüllung endgültig als fehlgeschlagen anzunehmen ist, ist eine Frage des Einzelfalls[973]. Die Frage nach der Angemessenheit der zu setzenden Nachfrist ist entscheidend, weil innerhalb dieser Frist unter Umständen mehrere Versuche erforderlich sein können, damit der Verkäufer seinen Pflichten erfolgreich nachkommen kann. Die Vorschrift des § 440 S. 2 BGB bestimmt als Richtgröße zwei Versuche, wobei es jedoch immer auf die Gesamtumstände des konkreten Falls ankommt.

Das entspricht der Rechtsprechung zum ehemaligen § 11 Nr. 10 lit. b AGBG, nach der auch die Umstände des Einzelfalls über die Anzahl der Nacherfüllungsversuche entscheiden[974]. Dementsprechend kann der Käufer bei erwiesener Unzuverlässigkeit seines Vertragspartners diesem unter Umständen nur eine oder sogar überhaupt keine Gelegenheit zu nachträglicher Erfüllung geben.

Gem. § 440 S. 1, 3. Alt. BGB schließt die Unzumutbarkeit der Nacherfüllung das Fristerfordernis aus, wenn infolge dieser keine andere Art der Nacherfüllung mehr zur Verfügung steht[975]. Das bedeutet, dass die Unzumutbarkeit der Nacherfüllung für den Käufer von Anfang an erkennbar sein soll[976]. Sonst muss er im Fall, in dem bereits eine andere Nacherfüllungsmaßnahme für ihn zumutbar ist, nach Treu und Glauben mit dieser anderen Vorlieb nehmen und eine angemessene Frist setzen.

---

[971] Vgl. BGH, NJW 1994, S. 1004, 1005.
[972] Vgl. OLG Köln, NJW-RR 1986, S. 151; BGHZ, 93, S. 29, 62.
[973] Vgl. *MünchKomm/Westermann*, § 440, Rn. 11.
[974] Vgl. BGH, NJW-RR 1990, S. 886 (888); OLG Nürnberg, BB 1983, 212, wonach im Fall des Kaufes eines Neuwagens zwei Versuche bei nicht unerheblichen Mängeln genug sind; OLG Hamburg, VersR 1983, S. 741, wonach nur ein Nacherfüllungsversuch erlaubt ist, wenn die Kaufsache sechs Wochen zur Reparatur zur Verfügung gestellt und der Käufer auf Nutzung dringend angewiesen ist; OLG Karlsruhe, DAR 1977, S. 323, wonach drei Versuche bei Mängeln am maschinellen Teil erlaubt sind; OLG Frankfurt, DB 1981, S. 637 und OLG Köln, NJW 1987, S. 2520, wonach das Nacherfüllungsrecht nach zwei Versuchen erlischt, wenn der Einbau eines Ersatzteiles falsch vorgenommen worden ist; OLG Köln, NJW 1993, S. 3143, (Hardware-Kaufvertrag), wonach bei komplizierten technischen Geräten mehrere Nacherfüllungsversuche zumutbar sind.
[975] Vgl. BT-Drucks, 14/6040, S. 234.
[976] Vgl. auch *Palandt/Heinrichs*, § 440, Rn. 8.

2. Das Nacherfüllungsrecht des Verkäufers im griechischen nationalen Recht – das Recht des Verkäufers zur Ersatzlieferung gem. Art. 546 gr. ZGB

Wie bereits oben erwähnt wurde, hat der Käufer im griechischen Recht keine Verpflichtung, eine angemessene Frist zu setzen, innerhalb deren er dem Verkäufer das Wahlrecht hinsichtlich der Art der Nacherfüllung überlassen kann.

Hier wird das Nacherfüllungsrecht des Verkäufers durch das Erfordernis der Nachfristsetzung nicht gesetzlich gesichert. Der Verkäufer kann seine Berechtigung zur nachträglichen Vertragserfüllung mit seinem Vertragspartner ausdrücklich oder stillschweigend vereinbaren.

Abgesehen davon hat aber der Verkäufer gem. Art. 546 Abs. 1 gr. ZGB das Recht zur Lieferung einer Ersatzware an Stelle der erstgelieferten, mangelhaften Sache, sofern die Ersatzlieferung keinen Nachteil für den Käufer i. S. d. Art. 540 Abs. 2 gr. ZGB zur Folge hat.

Dieses Recht hat der Verkäufer nämlich nur, wenn die neue Lieferung nicht unzumutbar für den Käufer ist. Die Zumutbarkeit der Ersatzlieferung wird nach objektiven Kriterien bestimmt, die nach Treu und Glauben eine Abwägung im Einzelfall erforderlich machen[977].

Wie im Rahmen des deutschen Rechts hat der Verkäufer dabei das Recht zur Ersatzlieferung nur beim Gattungskauf oder beim Kauf von vertretbaren Waren[978]. Daher entfällt das Recht des Verkäufers zur Ersatzlieferung, wenn die ganze Gattung von Waren untergeht oder mangelhaft ist. Der Käufer kann dann einen der bekannten Gewährleistungsrechtsbehelfe des Art. 540 oder 543 Abs. 2 gr. ZGB ausüben.

Nach Art. 546 Abs. 2 gr. ZGB kann auch der Verkäufer dem Käufer, der die Vertragswidrigkeit der gelieferten Sache behauptet, eine angemessene Frist setzen, innerhalb deren der Käufer die Lieferung einer Ersatzware verlangen kann. Wenn nun der Käufer diese Frist erfolglos ablaufen lässt, entfällt sein Anspruch auf Ersatzlieferung und er kann nur die Rechte auf Minderung oder Schadensersatz ausüben.

Mit der Fristsetzung des zweiten Absatzes fordert also der Verkäufer den Käufer auf, sich zum Ersatzlieferungsangebot zu äußern und offenzulegen, ob dieser und besonders bis wann er sich auf die Rücknahme der Sache ein-

---

[977] Vgl. *Kornilakis,* S. 265.
[978] Vgl. *Kornilakis,* S. 263, 266.

richten muss. Der Zweck dieser Vorschrift liegt folglich darin, dass der Verkäufer Klarheit darüber haben kann.
Mit der Regel des Art. 546 Abs. 2 gr. ZGB wird daher nicht beabsichtigt, dem Käufer eine Obliegenheit zur Beantwortung des Erfüllungsangebots des Verkäufers – entsprechend der rechtlichen Bedeutung des Schweigens nach Art. 48 Abs. 2 CISG – festzusetzen. Daher gilt hier das Schweigen des Käufers nicht als Fiktion der Zustimmung zur Nacherfüllung, wie im UN-Kaufrecht[979].

IV. Zusammenfassung

Sowohl beim Spezies- als auch beim Gattungskauf hat der Verkäufer gem. Art. 48 Abs. 1 CISG ein Interesse an einer Nachbesserung oder Nachlieferung im Fall der Lieferung einer vertragswidrigen Ware, mit der er die Rechtsbehelfe seines Vertragspartners abwehren kann.
Das Nacherfüllungsrecht des Verkäufers ist davon abhängig, dass die nachträgliche Erfüllung für den Käufer zumutbar ist. Das bedeutet, dass der erforderliche Aufwand für die nachträgliche Erfüllung die Kosten einer Ersatzbeschaffung objektiverweise nicht übersteigen oder sonst nicht im Missverhältnis zum Vorteil des Verkäufers stehen darf.
Die Beweislast dafür trägt der Käufer. Dies wird damit begründet, dass das Recht des Verkäufers auf nachträgliche Erfüllung die Regel ist, während die Unzumutbarkeit die Ausnahme ist, die derjenige zu beweisen hat, der sich darauf beruft. Demgemäß hat der Käufer alle Ereignisse zu beweisen, die seine Ablehnung auf das Nacherfüllungsangebot durch den Verkäufer aufgrund der Unzumutbarkeit der Nacherfüllung begründen, während der Verkäufer nur für die Tauglichkeit der beabsichtigen Nacherfüllung beweispflichtig ist.
Das Recht des Verkäufers auf Nacherfüllung steht nach dem Wortlaut des Art. 48 Abs. 1 CISG unter dem Vorbehalt des Art. 49 CISG. Das Aufhebungsrecht des Käufers hat nämlich ausdrücklich den Vorrang gegenüber dem Nacherfüllungsrecht des Verkäufers.
Trotz der heftigen Meinungsstreitigkeit darüber ist dies nach der hier vorgeschlagenen Ansicht so zu verstehen, dass außer den Fällen, in denen der Käufer zur sofortigen Vertragsaufhebung berechtigt ist, die Wesentlichkeit der Vertragsverletzung als Hauptvoraussetzung der Vertragsaufhebung

---

[979] Vgl. *Kornilakis*, S. 284.

nach Art. 49 Abs. 1 lit. a CISG durch die Möglichkeit der Behebung des Mangels nicht vorliegt. Der Käufer ist dabei nicht berechtigt, den Vertrag aufzuheben.

Weiterhin bedeutet dies hinsichtlich des Verhältnisses des Vertragsaufhebungsrechts des Käufers zum Nacherfüllungsrecht des Verkäufers, dass kein Grund für den Vorrang des Aufhebungsrechtsbehelfs des Käufers gegenüber dem Nacherfüllungsrecht des Verkäufers entsteht, wenn der vertragswidrige Zustand der gelieferten Kaufsache auf eine dem Käufer zumutbare Weise beseitigt werden kann. In den Fällen aber, in denen der Käufer ein legitimes Interesse an der sofortigen Vertragsaufhebung hat, geht das Aufhebungsverlangen des Käufers dem Nacherfüllungsrecht des Verkäufers vor.

Der Käufer hat ein legitimes Interesse an der sofortigen Vertragsaufhebung erst dann, wenn sich aus den Gesamtumständen des Vertragsabschlusses oder aus dem Vertrag selbst ergibt, dass die strikte Einhaltung der betreffenden Pflicht von fundamentaler Bedeutung für ihn war, und dass die Behebung des Mangels von vornherein unmöglich ist. In solchen Fällen ist der Versuch zur Behebung des Mangels selbstverständlich sinnlos und der Vorrang des Aufhebungsrechts gegenüber dem Nacherfüllungsrecht absolut begründet.

Ein so verstandener Begriff der wesentlichen Vertragsverletzung wird den Bestrebungen der Verfasser des UN-Kaufrechts die Vertragsaufhebung zu erschweren gerecht und schafft auch die Grundlage für ein effizientes nicht nur auf dem Papier bestehendes Nacherfüllungsrecht des Verkäufers.

Damit wird aber vor allem die Frage nach der Bestimmung des Verhältnisses des Nacherfüllungsrechts des Verkäufers zum Ersatzlieferungsanspruch des Käufers nach Art. 46 Abs. 2 CISG ohne Wertungswidersprüche beantwortet.

Denn wenn man entsprechend der hier vertretenen Ansicht davon ausgeht, dass die wesentliche Vertragsverletzung – wie diese nach Art. 25 CISG definiert wird – Voraussetzung für den Rechtsbehelf des Käufers auf Vertragsaufhebung nach Art. 49 Abs. 1 lit. a CISG ist, kann man dabei einen Zirkelschluss vermeiden, zu dem der Gesetzestext des Art. 46 Abs. 2 CISG führt, nach dem Voraussetzung des Ersatzlieferungsanspruches des Käufers eine wesentliche Vertragsverletzung ist, die aber erst dann gegeben ist, wenn der Mangel vom Verkäufer nicht durch Ersatzlieferung im Rahmen seines Rechts nach Art. 48 Abs. 1 CISG behoben wird.

Das Nacherfüllungsrecht des Verkäufers hat den Vorrang gegenüber dem Ersatzlieferungsanspruch des Käufers. Denn wenn sich die Wesentlichkeit der Vertragsverletzung unter der Hypothese der Nichtdurchführung der Ersatzlieferung darstellt, ist von selbst zu verstehen, dass der Käufer nur dann berechtigt ist, seinen Anspruch auf Ersatzlieferung zu erheben, wenn der Verkäufer im Rahmen seines Rechts auf Nacherfüllung einer Ersatzware in zumutbarer Weise nicht zu liefern versuchte.

Das Nacherfüllungsrecht des Verkäufers hat auch den Vorrang gegenüber den sonstigen Rechten des Käufers.

Nach Art. 50 S. 2 CISG wird ausdrücklich angeordnet, dass eine Weigerung des Käufers, den Nacherfüllungsversuch durch den Verkäufer anzunehmen, sein Minderungsrecht ausschließt. Der Käufer kann nämlich den Rechtsbehelf der Minderung nicht ausüben, ohne vorher dem dazu bereiten Verkäufer die Möglichkeit zu geben, seinen Vertragspflichten nachzukommen.

Der Grundsatz des Vorrangs des Nacherfüllungsrechts des Verkäufers gilt auch gegenüber dem Schadensersatzrecht des Käufers. Denn das Recht des Käufers auf Schadensersatz verhält sich zum Nacherfüllungsrecht des Verkäufers wie das Recht auf Minderung. In Analogie zu Art. 50 S. 2 CISG genießt das Recht des Verkäufers auf nachträgliche Erfüllung den Vorrang gegenüber dem Anspruch seines Vertragspartners auf Schadensersatz, da sonst die Möglichkeit der Umgehung dieser Vorschrift bestehen würde.

Außer des Rechts auf zweite Andienung gem. Art. 48 Abs. 1 CISG hat der Verkäufer ein Nacherfüllungsrecht i. S. d. Art. 48 Abs. 2-4 CISG. Demgemäß kann der Verkäufer dem Käufer die Erfüllung seiner Pflichten binnen einer bestimmten Frist ausdrücklich oder durch Anzeige anbieten.

Diese Regeln haben nicht den Charakter einer Durchführungsnorm für das Nacherfüllungsrecht des Verkäufers, sondern begründen ein Nacherfüllungsrecht, das unabhängig von dem in Art. 48 Abs. 1 CISG zu beurteilen ist. Demgemäß gilt das Schweigen des Käufers auf das Angebot des Verkäufers zur Nacherfüllung in einer bestimmten Frist als Zustimmung dazu und hat als Folge die Ausübung eines Nacherfüllungsrechts in der vom Verkäufer vorgeschlagenen Frist und Form. Das bedeutet aber nicht, dass der Käufer damit an eine unzumutbare Nacherfüllungsmethode gebunden ist. Der Käufer hat die im Angebot beschriebene Nacherfüllungsmethode nicht außerhalb der Grenzen zu dulden, die Art. 48 Abs. 1 CISG selbst setzt.

Die Aufforderung oder Anzeige nach Art. 48 Abs. 2 und 3 CISG sind wirksam, wenn der Käufer sie erhalten hat (vgl. Art. 48 Abs. 4 CISG). Hier ist eine Ausnahme von dem in Art. 27 CISG niedergelegten Absendungsprinzip festgelegt. Da der Verkäufer mangelhaft erfüllt hat, ist es nicht gerecht, dem Käufer das Risiko der Übermittlung aufzubürden. Deshalb geht das Nacherfüllungsrecht unter, wenn der Käufer die Aufhebung des Vertrags wirksam erklärt, bevor ihm das Behebungsangebot des Verkäufers zugegangen ist.

Dies bedeutet weiter, dass der Käufer seine Rechtsbehelfe gem. Art. 45 Abs. 1 CISG nur dann geltend machen kann, wenn die Voraussetzungen des Nacherfüllungsrechts des Verkäufers i. S. d. Art. 48 CISG nicht erfüllt sind. Denn der Käufer ist nur dann berechtigt, die angebotene Nacherfüllung abzulehnen. Lehnt er aber zu Unrecht das Nacherfüllungsangebot des Verkäufers ab und erklärt er daraufhin die Vertragsaufhebung, obwohl die Voraussetzungen der wesentlichen Vertragsverletzungen nicht erfüllt sind, verliert er die Rechte nach Art. 45 ff. CISG.
In die gleiche Richtung wird das Nacherfüllungsrecht des Verkäufers im nationalen deutschen und griechischen Kaufrecht geregelt. Obwohl es nicht um die Wesentlichkeit einer Vertragsverletzung oder den Vorbehalt zugunsten des Rücktrittsrechts des Käufers geht, bestimmt auch hier die Unzumutbarkeit der Nacherfüllung für den Käufer eine Grenze des entsprechenden Rechts des Verkäufers mit der Folge, dass der Käufer sofort vom Vertrag zurücktreten, mindern oder einen Schadensersatz statt der Leistung verlangen kann (vgl. §§ 440 BGB und Art. 540, 543 Abs. 2 gr. ZGB).
Die Sicherung des Nacherfüllungsrechts des Verkäufers wird im Rahmen des deutschen nationalen Kaufrechts durch eine Fristsetzung durch den Käufer als absolute Voraussetzung für die Ausübung seiner Rechtsbehelfe erreicht. Daraus ergeben sich im Vergleich mit dem internationalen Kaufrecht der Vereinten Nationen, wo ein gesetzliches Nacherfüllungsrecht ausdrücklich anerkannt ist, im Ergebnis kaum Unterschiede. Der einzige Unterschied zwischen beiden Rechten bezieht sich nur auf die Frage, welche Partei, zur Fristsetzung berechtigt ist. Das UN-Kaufrecht verlangt nämlich das Setzen einer Nachfrist entweder durch den Käufer nach Art. 47 CISG oder durch den Verkäufer nach Art. 48 Abs. 2 und 3 CISG, das deutsche nationale Kaufrecht dagegen nur durch den Käufer.
Dies gilt im griechischen nationalen Kaufrecht aber nicht, wo der Gesetzgeber auf das Erfordernis der Fristsetzung verzichtet. Der Käufer hat keine Verpflichtung, eine angemessene Frist zu setzen, innerhalb derer er dem Verkäufer das Wahlrecht hinsichtlich der Art der Nacherfüllung überlassen kann. Der Verkäufer kann nur durch eine ausdrückliche oder stillschweigende Vereinbarung mit seinem Vertragspartner seine Pflichten nachträglich erfüllen.
Allerdings ist im griechischen Kaufrecht nur das Recht des Verkäufers zur Ersatzlieferung ausdrücklich im Gesetz geregelt (vgl. Art. 546 Abs. 1 gr. ZGB).
Nach dieser Regel kann der Verkäufer innerhalb einer angemessenen Frist und ohne unzumutbare Unannehmlichkeiten für den Käufer i. S. d. Art. 540 Abs. 2 gr. ZGB das Interesse seines Vertragspartners an der Lieferung einer mangelfreien Sache durch die Ersatzlieferung zu befriedigen.

Nach Art. 546 Abs. 2 gr. ZGB kann auch der Verkäufer eine Frist setzen, innerhalb derer der Käufer die Lieferung einer Ersatzware verlangen kann. Damit fordert der Verkäufer den Käufer auf, sich zu diesem Erfüllungsangebot zu äußern. Seinem Schweigen dazu kommt aber keine Rechtsbedeutung entsprechend der entsprechenden Regelung des Art. 48 Abs. 2 CISG zu.

§ 8. Der Rechtsbehelf der Vertragsaufhebung nach dem UN-Übereinkommen und nach deutschem und griechischem nationalem Recht

I. Der Rechtsbehelf der Vertragsaufhebung gem. Art. 49 Abs. 1 lit. a CISG

1. Allgemeines

Die Regelung der Vertragsaufhebung im UN-Kaufrecht hat sich aus den Vorschriften des Haager Kaufgesetzes entwickelt, das zwei Formen der Vertragsaufhebung kannte: die Aufhebung des Vertrags kraft Gesetzes (ipso facto avoidance, gem. Art. 25, 26 Abs. 1 EKG)[980] und die Aufhebung aufgrund der Erklärung der vertragstreuen Partei infolge einer nicht innerhalb einer angemessenen Nachfrist behebbaren Vertragswidrigkeit, die unter dieser Voraussetzung als wesentlich anzusehen war (gem. Art. 43, 44 Abs. 2 EKG)[981].

Beide Formen wurden durch das internationale Kaufrecht der vereinten Nationen nicht übernommen.

Wie die Praxis des Haager Kaufgesetzes gezeigt hat, haben sowohl das Institut der ipso-facto-Vertragsaufhebung als auch das Institut der Aufhebung des Vertrags durch eine entsprechende Erklärung der vertragstreuen Partei

---

[980] Artikel 25 EKG: „Der Käufer kann von dem Verkäufer die Erfüllung des Vertrages nicht verlangen, wenn ein Deckungskauf den Gebräuchen entspricht und in angemessener Weise möglich ist. In diesem Fall ist der Vertrag kraft Gesetzes in dem Zeitpunkt aufgehoben, in dem der Dekkungskauf vorzunehmen ist".
Artikel 26 EKG: (1) „Stellt es eine wesentliche Vertragsverletzung dar, daß die Lieferung nicht in dem festgesetzten Zeitpunkt bewirkt worden ist, so kann der Käufer entweder von dem Verkäufer die Erfüllung des Vertrages verlangen oder die Aufhebung des Vertrages erklären. Er hat dem Verkäufer innerhalb angemessener Frist seine Entscheidung bekanntzugeben; andernfalls ist der Vertrag kraft Gesetzes aufgehoben".

[981] Artikel 43 EKG: „Der Käufer kann die Aufhebung des Vertrages erklären, wenn sowohl die Vertragswidrigkeit als auch der Umstand, daß die Lieferung nicht in dem festgesetzten Zeitpunkt bewirkt worden ist, wesentliche Vertragsverletzungen darstellen. Er verliert dieses Recht, wenn er es nicht innerhalb kurzer Frist nach der Anzeige der Vertragswidrigkeit oder nach Ablauf der in Artikel 42 Absatz 2 bezeichneten Frist ausübt".
Artikel 44 EKG: (2) „Der Käufer kann jedoch für die Nachlieferung oder die Behebung der Vertragswidrigkeit eine Nachfrist von angemessener Dauer setzen. Hat der Verkäufer bis zum Ablauf dieser Frist die Sache nicht geliefert oder die Vertragswidrigkeit nicht behoben, so kann der Käufer nach seiner Wahl die Erfüllung des Vertrages verlangen, den Preis nach Artikel 46 herabsetzen oder, sofern dies innerhalb kurzer Frist geschieht, die Aufhebung des Vertrages erklären".

im Fall einer wesentlichen Vertragsverletzung, die ausschließlich vom Zeitfaktor abhängig war, den Anforderungen des internationalen Handels widersprochen[982].

Das ist leicht zu verstehen:

Die Aufhebung des Vertrags kraft Gesetzes, die eine Kompromisslösung zwischen den Vertretern des common law und den Vertretern der kontinentaleuropäischen Ländern war, konnte nicht die Gefahr vermeiden, dass die zur Vertragsaufhebung berechtigte Partei durch eine absichtlich verspätete Aufhebungserklärung wegen veränderter Marktpreise auf Kosten ihres Vertragspartners spekulierte. Daher wurde bei den Beratungen der UNCITRAL-Arbeitsgruppe sehr früh erkannt, dass die Aufhebung kraft Gesetzes ein großes Maß an Unsicherheit bezüglich ihrer Wirkungen mit sich brachte, besonders für die Länder außerhalb des common law, die Schwierigkeiten hatten festzustellen, ob ein Deckungskauf gebräuchlich sei[983].

Aus dem gleichen Grund wurde auch die Übernahme einer den Art. 43 und 44 Abs. 2 EKG entsprechenden Vorschrift in das UN-Kaufrecht abgelehnt[984]. Die Berechtigung des Käufers zur Aufhebungserklärung im Fall einer Vertragsverletzung, deren Wesentlichkeit sich nach dem Zeitfaktor bestimmte, wurde von der Mehrheit der Delegierten bei der Konferenz in Wien als keine saubere und sichere Lösung angesehen, die dem Zweck des Wiener Übereinkommens – den Rechtsbehelf der Vertragsaufhebung nur in möglichst wenigen Fällen zuzulassen (Vertragsaufhebung als ultima ratio) – dienen könnte.

Ebenfalls wurden die Vorschläge[985], nach denen ein Vertragsaufhebungsrecht dem Käufer zuerkannt werden sollte, wenn der Verkäufer den Mangel innerhalb einer vom Käufer gesetzten Nachfrist nicht behebt, mit der gleichen Argumentation abgelehnt.

Dagegen wurde betont, dass die Lieferung einer vertragswidrigen Ware nicht immer eine wesentliche Vertragsverletzung darstellt, im Gegensatz zur Nichtlieferung, die immer als ein Aufhebungsgrund ohne Rücksicht auf die Wesentlichkeit der Vertragsverletzung anzusehen ist, wenn der Verkäu

---

[982] Vgl. dazu *Hoffmann* in *Schlechtriem*, Einheitliches Kaufrecht u. nat. OR, S. 300; *Leser* in *Schlechtriem*, Einheitliches Kaufrecht u. nat. OR, S. 230 ff.

[983] Vgl. UNCITRAL-YB II (1972), S. 41-54, 85 Nr. 29, 30; III (1973), S. 41.

[984] Off. Rec. 116, Art. 45, Nr. 3 (Niederlande, A/CON.977c.1/L. 165), (Kanada, A/CON.97/C.1/L.150; Off. Rec. 356, Nr. 91, 95.

[985] Vgl. Vorschlag der Bundesrepublik Deutschland, UNCITRAL-YB VIII (1977), S. 46, Nr. 293; S. 117, Nr. 23 f.

fer die Ware nicht innerhalb der vom Käufer gesetzten Nachfrist i. S. d. Art. 47 Abs. 1 CISG liefert.
Es wurde daher die Bestimmung des Art. 49 Abs. 1 lit. a CISG, wonach der Käufer die Aufhebung des Vertrags im Fall der Lieferung einer nicht vertragsgemäßen Ware dem Verkäufer erklären kann, unter der Voraussetzung der Wesentlichkeit der Vertragsverletzung angenommen, ohne aber ihre Beurteilung vom Zeitfaktor wie beim Haager Kaufgesetz abhängig zu machen[986].
Der Grundgedanke dieser Regelung liegt darin, dass der vertragstreue Käufer im Fall der vertragswidrigen Lieferung durch den Verkäufer das Recht zur Vertragsaufhebung nur haben soll, wenn es sich um eine so schwerwiegende Vertragswidrigkeit handelt, dass sein Interesse an der Durchführung des Vertrags entfallen ist[987].

2. Die Voraussetzungen der Vertragsaufhebung bei der Lieferung einer vertragswidrigen Ware

a. Die Lieferung einer vertragswidrigen Ware als Wesentliche Vertragsverletzung i. S. d. Art. 25 CISG

Nach Art. 49 Abs. 1 lit. a CISG besteht das Recht des Käufers zur Aufhebung des Vertrags, wenn die Nichterfüllung der dem Verkäufer nach dem Vertrag oder dem Übereinkommen obliegenden Pflicht, eine vertragsgemäße Ware i. S. d. Art. 35 CISG zu liefern, eine wesentliche Vertragsverletzung (fundamental breach of contract, contravention essentielle au contrat) darstellt.
Damit will das UN-Kaufrecht die Aufhebung des Vertrags und die im internationalen Kauf wegen der weiten Transportwege meist hohen Transport- und Lagerkosten, die oft den Wert der Sache selbst überschreiten, möglichst vermeiden[988].
Das lässt sich aber auch dogmatisch gut begründen:
Die vertragstreue Partei darf sich nicht etwa bei jeder noch so geringen Vertragswidrigkeit der Kaufsache vom Vertrag lösen, sondern nur bei einer Vertragsverletzung, die das Synallagma im Kaufvertrag so wesentlich be-

---

[986] Vgl. UNCITRAL-YB VIII (1977), S. 142.
[987] Vgl. *Schlechtriem/Schwenzer/Müller-Chen*, Art. 49, Rn. 2.
[988] Vgl. dazu *Staudinger/Magnus*, Art. 49, Rn. 4; *Piltz,* Internationales Kaufrecht, § 5, Rn. 194; vgl. dazu auch oben, § 5.I.1. und 2.a.

einträchtigt, dass der Zweck, für den der Kaufvertrag abgeschlossen wurde, endgültig vereitelt wird. Eine Fehleinschätzung des Käufers hinsichtlich des Vorliegens einer wesentlichen Vertragsverletzung geht sogar zu seinen Lasten[989].

Die Vertragsaufhebung aufgrund der Veränderung des Pflichtenprogramms der Parteien infolge der Vertragsverletzung (hier infolge der vertragswidrigen Lieferung) ist nämlich nur dann gerechtfertigt, wenn das Vertragsinteresse des Käufers derart beeinträchtigt ist, dass die Aufrechterhaltung des synallagmatischen Verhältnisses mit dem Verkäufer für die Verwirklichung des Vertragszwecks sinnlos ist. In einem solchen Fall darf er sich von einem objektiv zwecklosen und für ihn nachteiligen Vertrag befreien[990].

Das bedeutet auch, dass die Entscheidung über die Wesentlichkeit einer Vertragsverletzung nicht ausschließlich nach der Nacherfüllungsmöglichkeit der vertragsuntreuen Partrei[991], sondern nach der Störung des Synallagmas zwischen den beiden Vertragsparteien getroffen wird, das entsprechend dem Vertrag und den Umständen seines Abschlusses gestaltet wird[992].

Dieser Grundsatz findet seinen Ausdruck durch die Formulierung des Art. 25 CISG, dem man trotz seines hohen Abstraktionsgrades[993] zumindest Maßstäbe für die Beurteilung der Wesentlichkeit einer Vertragsverletzung entnehmen kann.

Gem. Art. 25 CISG ist „eine von einer Partei begangene Vertragsverletzung wesentlich, wenn sie für die andere Partei solchen Nachteil zur Folge hat, daß ihr im wesentlichen entgeht, was sie nach dem Vertrag hätte erwarten dürfen.....“.

---

989 Vgl. dazu *v. Hoffmann*, in: *Schlechtriem*, Einheitliches Kaufrecht u. nat. OR., S. 300; Off. Rec. 300.

990 Vgl. dazu auch *Piltz*, Internationales Kaufrecht, § 5, Rn. 250.

991 Vgl. dazu oben, § 7.II.4.ii.

992 Eindeutig ist darüber die Rechtsprechung des BGH: Bundesgerichtshof, VIII. Zivilsenat, 03.04.1996, VIII. 51/95, CISG-Online Case 135: „...wenn – wie vorliegend – eine Nachbesserung ausscheidet, bedeutet dies nicht zwangsläufig und unabhängig von Art und Umfang des Mangels, dass damit das Erfüllungsinteresse des Käufers im Wesentlichen entfällt. „Wesentlich“ i. S. d. Art. 49 und 25 CISG verlangt sowohl nach seinem Wortsinn als auch nach der Zielrichtung der Bestimmungen des CISG über die Rechtsbehelfe des Käufers Erheblichkeit der Vertragsverletzung; diese kann sich aus dem Vertrag selbst, aus den maßgebenden Gesamtumständen (vgl. Art. 8 CISG) oder aus den in Art. 5 Abs. 2 CISG aufgezählten Gründen ergeben. Ist hiernach Wesentlichkeit einer Vertragsverletzung zu verneinen, dann kann auch ein nicht nachbesserungsfähiger Mangel der verkauften Ware nicht zur Aufhebung des Vertrages nach Art. 49 Abs. 1 lit. a CISG führen“; vgl. dazu auch *Beinert*, Wesentliche Vertragsverletzung und Rücktritt, S. 18, 27.

993 Vgl. *Huber*, RabelsZ 43 (1979), S. 463 ff., der über die Mängel des Wortlauts des Art. 23 des New Yorker Entwurfs des UN-Kaufrechts – Vorläufer des Art. 25 CISG – spricht, welche nicht in allen Punkten bei der entsprechenden Vorschrift im CISG beseitigt wurden.

Entscheidend dabei ist also die Auslegung des Vertrags und nicht der objektive Nachteil oder die subjektiven Vorstellungen des Käufers oder des Richters[994]. Nur anhand des Vertrags ist es möglich, das Gewicht der jeweiligen Vertragsverletzung entsprechend dem Willen der Parteien zu beurteilen, ohne dass der Käufer verpflichtet ist, zu beweisen, dass er tatsächlich einen materiellen Schaden erlitten hat[995]. Ein solcher Beweis ist nur zur Durchsetzung seines Anspruches auf Schadensersatz notwendig, nicht aber zur Bestimmung der Wesentlichkeit einer Vertragsverletzung als Voraussetzung der Vertragsaufhebung. Daher kann der Verkäufer gegen den Aufhebungsanspruch seines Vertragspartners nicht geltend machen, dass diesem beispielsweise aufgrund einer aliud-Lieferung überhaupt kein Schaden, etwa durch gesunkene Marktpreise, entstanden ist[996]. Unabhängig vom Umfang des Schadens ist hier das Synallagma gestört. Wenn also der Käufer etwas beweisen soll, um den Anspruch auf Vertragsaufhebung berechtigterweise zu erheben, ist es die endgültige Störung des Synallagmas im bestimmten Kauf bzw. die Enttäuschung seiner vertraglichen Erwartungen infolge der Vertragsverletzung und nicht der Nachteil, den er infolge der Vertragsverletzung erlitten hat[997].

Art. 25 CISG gibt aber auch ein weiteres Kriterium für die Beurteilung der Wesentlichkeit einer Vertragsverletzung: Der vertragsbrüchigen Partei muss es möglich gewesen sein, die Folge der Vertragsverletzung nach dem objektiven Maßstab „einer vernünftigen Person der gleichen Art und unter den gleichen Umständen" vorauszusehen[998].

Die Voraussehbarkeit der Folgen der konkreten Vertragsverletzung dient hier nicht als Einschränkung der Rechte des Geschädigten, wie in der Vorschrift des Art. 74 Satz 2 CISG über den Schadensersatz[999], sondern als „Filter" für die Einschränkung der Haftung des Schädigers[1000] bzw. als Interpretationsmittel des Begriffs der Wesentlichkeit der Vertragsverletzung, wie es in Art. 8 CISG gezeigt wird[1001]. Denn die Kenntnis oder die Erkennbarkeit der Gläubigererwartungen nach dem objektiven Maßstab einer vernünftigen Person der gleichen Art mit dem Schuldner sind vor allem die

---

994 Vgl. *Honnold,* Uniform Law, Rn. 212; *Schlechtriem,* Einheitliches UN-Kaufrecht (1981), S. 49; *Holthausen,* RIW 1990, S. 101; *v. Caemmerer/Schlechtriem/Schlechtriem,* Art. 25, Rn. 5.

995 Vgl. *Ziegler*, S. 40.

996 Vgl. *Ziegler*, a. a. O.

997 Vgl. *Herber/Czerwenka,* Art. 25, Rn. 10.

998 Vgl. *v. Caemmerer/Schlechtriem/Schlechtriem,* Art. 25, Rn. 11; *Herber/Czerwenka,* Art. 25, Rn. 9.

999 Vgl. dazu unten, § 11.I.2.c.

1000 Vgl. *Bianca/Bonell/Will*, Art, 25, Anm. 2.2.

1001 Vgl. *Herber/Czerwenka,* Art. 25, Rn. 9; *v. Caemmerer/Schlechtriem/Schlechtriem,* Art. 25, Rn. 11.

Auslegungskriterien, die für die Beurteilung des Gewichts der verletzten Pflicht und deren Bedeutung für den Gläubiger notwendig sind[1002].

Die betreffende Vorschrift sagt aber nichts über den Zeitpunkt der Voraussehbarkeit der Folgen.

Trotzdem ist nicht zu bezweifeln, dass jede Partei nur im Moment des Vertragsabschlusses imstande ist, die Konsequenzen ihrer Handlungen gegenüber der Gegenseite vorauszusehen. Denn nur beim Abschluss des Kaufvertrags wird die Entscheidung über die Risikoübernahme von den Parteien getroffen[1003].

Wenn dagegen maßgeblich für die Erkennbarkeit der Wesentlichkeit der Zeitpunkt der Vertragsverletzung wäre, würden viele Auslegungsprobleme entstehen. Denn der Käufer könnte nach dem Abschluss des Vertrags durch eine neue Mitteilung dem Verkäufer, ihre Verpflichtungen nachträglich und einseitig ändern[1004]. Nachträgliche Informationen können aber für die Bestimmung der Haftung des Verkäufers keine Rolle mehr spielen[1005].

Dieser Grundsatz gilt auch bei der sog. Produktbeobachtungspflicht des Verkäufers, obwohl es dabei auf den ersten Blick erscheint, dass der Zeitpunkt des Vertragsabschlusses für die Beurteilung der Wesentlichkeit einer Vertragsverletzung nicht maßgeblich ist, weil der Verkäufer dieser Pflicht, die sein Verhalten für die Zeit nach dem Vertragsabschluss bestimmt, nachkommen muss. Die Produktbeobachtungspflicht des Verkäufers ist aber schon im Vertrag selbst angelegt und aus dieser wird eine Warnungs-

---

[1002] *Karollus,* UN-Kaufrecht, S. 91.

[1003] Vgl. *Herber/Czerwenka,* Art. 25, Rn. 9; *v. Caemmerer/Schlechtriem/Schlechtriem,* Art. 25, Rn. 15; *Staudinger/Magnus,* Art. 25, Rn. 16; *Schlechtriem,* Einheitliches UN-Kaufrecht (1981), S. 49; vgl. auch die deutliche Stellungnahme des englischen Delegierten *Feltham* auf der Wiener Konferenz, Off. Rec. 302, Nr. 1.

[1004] Vgl. dazu *Schlechtriem,* Einheitliches UN-Kaufrecht (1981), S. 49; *Ziegler*, S. 40.

[1005] Eine andere Meinung vertreten aber *Honnold,* Uniform Law, Rn. 213; *Bianca/Bonell/Will,* Art. 25, Anm. 2.2.2.5; *Reinhart*, UN-Kaufrecht, Art. 25, Rn. 9, der als Beispiel für die Erkennbarkeit der Wesentlichkeit in einem späteren Zeitpunkt als dem des Vertragsabschlusses anführt, dass der Käufer den Verkäufer über das Erfordernis des Aufdrucks vereinbarter Angaben auf der Verpakkung nachträglich informiert, da die Ware ansonsten im vorgesehenen Gebiet nicht verkauft werden könne. Das Fehlen der Aufdrucke stellte also eine wesentliche Vertragsverletzung dar. Hier aber handelt es sich um keine Verletzung der Hauptpflicht zur Lieferung einer Sache in vertragsgemäßer Verpackung nach Art. 35 2 lit. d CISG, sondern um die Verletzung einer Nebenpflicht, die nicht als wesentlich zu verstehen ist.

Für die Maßgeblichkeit des Zeitpunkts des Vertragsabschlusses spricht auch die Vorschrift des Art. 35 Abs. 3 CISG, der ausdrücklich diesen Zeitpunkt für den Ausschluss der Sachmängelhaftung des Verkäufers bestimmt. Dabei wird geregelt, dass der Verkäufer für die Vertragswidrigkeit der Kaufsache nicht haftet, wenn der Käufer diese beim Vertragsabschluss kannte oder nicht in Unkenntnis sein konnte.

pflicht[1006] gegenüber dem Käufer abgeleitet. Das bedeutet, dass die Folgen der Verletzung dieser Pflicht auch im Zeitpunkt des Vertragsabschlusses voraussehbar sind.

b. Die Erklärung der Vertragsaufhebung

Sind die Voraussetzungen für die Vertragsaufhebung erfüllt, hat der Käufer diese stets durch Erklärung geltend zu machen. Selbst im Fall der Nichtlieferung oder beim Vorliegen eines Fixgeschäfts endet der Vertrag nach erfolglosem Ablauf der vom Gläubiger gesetzten Nachfrist nicht automatisch, sondern es bedarf zu seiner Aufhebung einer ausdrücklichen Erklärung[1007]. Allerdings kann der Käufer sein Recht auf Vertragsaufhebung im Fall der Lieferung einer vertragswidrigen Ware nach dem erfolglosen Ablauf einer Nachfrist zur Mängelbeseitigung bzw. Ersatzlieferung automatisch ausüben[1008]. Das ist keine Ausnahme vom Erfordernis einer Erklärung für die Vertragsaufhebung. Diese automatische Vertragsaufhebung ist zulässig, wenn der Käufer die Nachfrist mit der Aufhebungserklärung verbunden hat[1009]. Nach Ablauf der Nachfrist hat der Käufer also nicht die Wahl, am Ersatzlieferungsanspruch festzuhalten oder die Vertragsaufhebung zu erklären[1010]. Er ist berechtigt, die Vertragsauhebung zu verlangen.
Das Aufhebungsrecht ist ein Gestaltungsrecht[1011] der vertragstreuen Partei, das mündlich oder schriftlich[1012], aber auch konkludent[1013] ausgeübt werden

---

[1006] Zur Warnungspflicht des Verkäufers vgl. auch oben, § 2.I.2.b.; dazu auch *Krebs*, Die Rückabwicklung, S. 24.

[1007] Vgl. dazu Sekretariatskommentar, Art. 45, Anm. 2 und Art. 60, Anm. 2; *Bianca/Bonell/Date-Bah*, Art. 26, Anm. 2.3; *Staudinger/Magnus*, Art. 26, Rn. 3; *Honnold*, Uniform Law, Rn. 217.

[1008] Vgl. *Schlechtriem/Schwenzer/Müller-Chen*, Art. 49, Rn. 23.

[1009] Vgl. *Herber/Czerwenka*, Art. 49, Rn. 11; *v. Caemmerer/Schlechtriem/Huber*, Art. 49, Rn. 20 und 31; *Honsell/Schnyder/Straub*, Art. 49, Rn. 37, 77; *Soergel/Lüderitz*, Art. 47, Rn. 4; *Schlechtriem/Schwenzer/Müller-Chen*, Art. 49, Rn. 23; vgl. dazu auch die Entscheidung des Hanseatischen Oberlandesgerichtes Hamburg, 1. Zivilsenat, 28.02.1997 – 1 U 167/95, CISG-Online Case 261.

[1010] Vgl. *Schlechtriem/Schwenzer/Müller-Chen*, Art. 49, Rn. 23 und 40.

[1011] Vgl. *v. Caemmerer/Schlechtriem/Huber*, Art. 49, Rn. 29; *Herber/Czerwenka*, Art. 49, Rn. 11; *Leser* in *Schlechtriem*, Einheitliches Kaufrecht u. nat. OR, S. 233; *Piltz*, Internationales Kaufrecht § 5, Rn. 272; *Schlechtriem*, Internationales UN-Kaufrecht, (1996), Rn. 108.

[1012] Man kann dies mit der Vorschrift des Art. 12 CISG über den Grundsatz der Formfreiheit begründen, vgl. dazu *Bianca/Bonell/Date-Bah*, Art. 26, Anm. 3.1; *v. Caemmerer/Schlechtriem/Leser*, Art. 26, Rn. 8.

[1013] Nach *Hutter,*, S. 143 Fn. 2, sollen zwar konkludente Erklärungen, aber nicht konkludentes Handeln zulässig sein. In der Praxis ist aber eine solche Unterscheidung nicht immer möglich, wie das von *Hutter* angeführte Beispiel zeigt.

kann. Seine Rechtsnatur ergibt sich aus der Vorschrift des Art. 26 CISG, wonach der Käufer den Vertrag einseitig aufheben kann, wenn seine entsprechende Erklärung der anderen Partei mitgeteilt wird[1014].
Aus der Erklärung der Aufhebung muss sich zweifelsfrei ergeben, dass der Käufer ab diesem Zeitpunkt unwiderruflich die Erfüllung durch den Verkäufer und die Erbringung der eigenen Leistungen ablehnt sowie dass die bereits erbrachten Leistungen zurückzugeben sind[1015].
Deshalb kann es ausreichend sein, wenn der Käufer die vertragswidrige Ware zurückweist und den gezahlten Kaufpreis zurückfordert oder die Aufrechnung erklärt[1016]; damit zeigt er deutlich, dass er kein Interesse mehr an der Erfüllung des Vertrags hat[1017]. Dagegen entfaltet etwa die Erklärung, „die Ware stehe wieder zur Verfügung des Verkäufers", oder die Aufforderung zur Rücknahme der Kaufsache nicht die Wirkung der Aufhebung, da solche Erklärungen nicht hinreichend bestimmt sind und schließlich nur als Aufforderungen zur Nachbesserung oder zur Ersatzlieferung verstanden werden können[1018]. Generell ist aber eine schlüssige Erklärung der Aufhebung rechtskräftig, wenn die Bedeutung des entsprechenden Verhaltens des Käufers der anderen Partei nach den Maßstäben des Art. 8 CISG klar ist[1019].
Für die Wirksamkeit der Vertragsaufhebung und die Wahrung der Fristen des Art. 49 Abs. 2 CISG genügt die Absendung der Erklärung[1020]. Das Risiko des Verlustes oder der Verzögerung auf dem Übermittlungsweg hat hier der Verkäufer als vertragsbrüchige Partei gem. Art. 27 CISG zu tragen, während der Käufer die Absendung oder den Inhalt seiner mündlichen Abgabe der Erklärung zu beweisen hat[1021]
Das Aufhebungsrecht ist als ein Gestaltungsrecht unwiderruflich[1022]. Doch soll man diesen Grundsatz nicht überbewerten und ausnahmslos ihn bei der Auslegung des UN-Kaufrechts zugrundelegen, ohne dessen internationalen Charakter zu berücksichtigen (vgl. Art. 7 Abs. 1 CISG). Selbst im nationa-

---

[1014] Vgl. *Schlechtriem/Schwenzer/Müller-Chen*, Art. 49, Rn. 23.

[1015] Vgl. *Staudinger/Magnus*, Art. 26, Rn. 6; *Piltz*, Internationales Kaufrecht, § 5, Rn. 272 und 385.

[1016] Vgl. OGH 6.2.1996, S. 248, 253 = RdW 1996, S. 203, 205 mit Anm. *Karollus* S. 197, 199; LG Frankfurt, RIW 1991, S. 952, 953.

[1017] Vgl. *Schlechtriem/Schwenzer/Müller-Chen*, Art. 49, Rn. 24.

[1018] Vgl. *v. Caemmerer/Schlechtriem/Huber*, Art. 49, Rn. 30; *v. Caemmerer/Schlechtriem/Leser*, Art. 26, Rn. 10.

[1019] Anders aber *Bianca/Bonell/Date-Bah*, Art. 26, Anm. 3.3.2; *Karollus*, S. 151; *Herber/Czerwenka*, Art. 26, Rn. 3; *Heilmann*, Mängelgewährleistung, S. 505; *Reinhart*, UN-Kaufrecht, Art. 26, Rn. 2; *Enderlein/Maskow/Strohbach*, Internationales Kaufrecht, Art. 26, Anm. 1.2.

[1020] Vgl. *Schlechtriem/Schwenzer/Müller-Chen*, Art. 49, Rn. 25.

[1021] Vgl. *Herber/Czerwenka*, Art. 26, Rn. 7 ff.; *v. Caemmerer/Schlechtriem/Leser*, Art. 26, Rn. 11; *Schlechtriem/Schwenzer/Müller-Chen*, Art. 49, Rn. 25; *Reinhart*, UN-Kaufrecht, Art. 27 Rn. 1; *Karollus*, UN-Kaufrecht, S. 152; *Honnold*, Uniform Law, Rn. 217.

[1022] Vgl. *v. Caemmerer/Schlechtriem/Leser*, Art. 26, Rn. 6; *Honsell/Karo)llus*, Art. 27,Rn. 2.

len Recht gilt der Grundsatz der Unwiderruflichkeit der Gestaltungserklärungen nur eingeschränkt[1023].

Daher kann man die Frage nach der Bindungswirkung der Aufhebungserklärung im Rahmen des UN-Kaufrechts nicht einfach durch das Verweisen auf den Grundsatz der Unwiderruflichkeit der Gestaltungsrechte beantworten.

Die Problematik hat sogar praktische Bedeutung, denn sie betrifft die Fälle, in denen der Erklärende trotz der Aufhebungserklärung später noch am Vertrag festhalten will, weil er einen inzwischen geplanten Deckungskauf nicht abschließen konnte[1024].

Das UN-Kaufrecht sagt nichts darüber. Es enthält keine besondere Vorschrift, die den Zeitpunkt bestimmt, zu dem der Verkäufer als Erklärungsgegner auf die Vertragsaufhebungserklärung seines Partners vertrauen darf, so dass er sie für bindend bzw. unwiderruflich halten muss.

Man muss daher hinsichtlich der Bindungswirkung der Aufhebungserklärung eine Regelungslücke annehmen, die gem. Art. 7 Abs. 2 CISG als eine „interne Lücke" unter dem Rückgriff auf allgemeine Grundsätze des Übereinkommens und durch analoge Anwendung seiner Vorschriften zu füllen ist[1025].

Ein solcher allgemeiner Grundsatz, der im UN-Kaufrecht zugrunde liegt, ist der Grundsatz von Treu und Glauben, nach dem man die Interessen des Erklärenden mit dem Schutzbedürfnis des Erklärungsgegners in Einklang bringen muss, so dass das Vertrauen des letzteren auf die Unwiderruflichkeit der Erklärung die Bindung seines Partners an die Aufhebungserklärung rechtfertigen kann[1026].

Weiter muss man durch analoge Anwendung der Vorschriften des Übereinkommens, die sich auf das Angebot beim Vertragsabschluss beziehen,[1027] und unter Berücksichtigung der Regel des Art. 26 CISG über den Beginn der Wirksamkeit der Aufhebungserklärung die Regelungslücke der Konvention hinsichtlich der Bindungswirkung der Aufhebungserklärung füllen.

Nach den Vorschriften der Art. 15 Abs. 2 und 22 CISG kann also ein Angebot bzw. eine Willenserklärung, selbst wenn sie als unwiderruflich anzusehen ist, zurückgenommen werden, wenn die Rücknahmeerklärung dem

---

[1023] Vgl. *Leser,* Rücktritt, S. 278, der das Gestaltungsrecht als „ius variandi" versteht, das solange eine nur eingeschränkte Bindungswirkung entfaltet, bis der Erklärungsgegner sich auf den gewählten Weg hinsichtlich der Rechtsbehelfe eingestellt hat.

[1024] Vgl. *Krebs,* Die Rückabwicklung, S. 28.

[1025] Vgl. *v. Caemmerer/Schlechtriem/Schlechtriem,* Art. 27, Rn. 14.

[1026] Vgl. *Schlechtriem,* Internationales UN-Kaufrecht, (1996), Rn. 109.

[1027] Vgl. *Bianca/Bonell/Knap*, Art. 64, Anm. 2.7; *v. Caemmerer/Schlechtriem/Leser,* Art. 26, Rn. 12, Fn. 30; dazu auch *Krebs,* Die Rückabwicklung, S. 29.

Empfänger vor oder gleichzeitig mit dem Angebot zugeht. Nach dem Zugang des Angebots gilt weiter Art. 16 Abs. 2 lit. b CISG entsprechend, wonach der Widerruf einer solchen Willenserklärung unmöglich wird, wenn der Empfänger nach der Kenntnis ihres Inhalts im Vertrauen auf sie gehandelt hat.

In diesen Vorschriften wird deutlich, dass der Widerruf einer Willenserklärung nur während der Zeit vor ihrem Zugang an den Empfänger bzw. vor der Kenntnisnahme ihres Inhalts durch den Erklärungsgegner möglich ist, weil man dann vernünftigerweise erwarten kann, dass der Empfänger im Vertrauen auf die Erklärung entsprechend noch nicht tätig ist. Das wird durch Art. 26 CISG über die Wirksamkeit der Aufhebungserklärung auch bestätigt, nach dem die Erklärung über die Aufhebung des Vertrags nur wirksam ist, wenn sie der anderen Partei mitgeteilt wird.

Dementsprechend tritt die Bindungswirkung der Aufhebungserklärung genau genommen nicht im Moment ihres Zugangs beim Verkäufer ein, sondern zum Zeitpunkt, zu dem dieser davon Kenntnis bekommen hat oder hätte bekommen müssen und entsprechend gehandelt hat. Denn in diesem Moment erscheint das betätigte Vertrauen des Empfängers auf die abstrakte Gestaltungswirkung der Erklärung mehr schützenswert als das Interesse des Erklärenden[1028].

Daher könnte man bei der Frage nach der Bindungswirkung der Aufhebungserklärung bzw. ihrer Unwiderruflichkeit einfach prüfen, ob der Erklärungsgegner bzw. der Verkäufer Kenntnis von dieser genommen hat. Dabei hilft zwar die Vermutung, dass sich der Empfänger schon mit Zugang auf die Aufhebungserklärung eingestellt hat, weil er zu diesem Zeitpunkt unter gewöhnlichen Umständen hiervon Kenntnis nehmen kann[1029]. Will aber der Verkäufer dies nicht gelten lassen, so muss er diese Vermutung widerlegen, was ihm – allerdings – selten gelingen dürfte.

[1028] Vgl. dazu auch *Krebs,* Die Rückabwicklung, a. a. O.

[1029] Vgl. *v. Caemmerer/Schlechtriem/Schlechtriem,* Art. 27, Rn. 14, nach dem die Beweislast der Widerrufende trägt.; *Schlechtriem,* Internationales UN-Kaufrecht, (1996), Rn. 109.

c. Die Fristen für die Aufhebungserklärung im Fall der Lieferung einer vertragswidrigen Ware

Gem. Art. 49 Abs. 2 lit. b CISG kann der Berechtigte im Fall der Lieferung einer mangelhaften Ware den Vertrag nur innerhalb einer angemessenen Frist aufheben.

Offenbar dient diese Befristung dem Zweck, dass der Verkäufer die Möglichkeit hat, den Rechtsbehelf rasch zu erfahren, mit dem der Käufer gegen die vertagswidrige Lieferung reagiert, und sich darauf vorzubereiten[1030]. Er kann sich nämlich um den Rücktransport oder die Verwertung der Ware an Ort und Stelle rechtzeitig kümmern. Andererseits kann der Käufer bei schwankenden Marktpreisen nicht durch Hinauszögern der Vertragsaufhebung auf Kosten des Verkäufers spekulieren[1031]. Dadurch kann er auch seine Schadensminderungspflicht nach Art. 77 CISG erfüllen bzw. die Höhe des ihm eventuell zustehenden Schadensersatzanspruches mindern[1032].

Der Grundgedanke der Vorschrift des Art. 49 Abs. 2 lit. b CISG ist also, dass der Käufer die Vertragsaufhebung nicht unangemessen verzögern darf. Er muss innerhalb einer angemessenen Frist entweder ab der tatsächlichen oder der nach Treu und Glauben zu vermutenden Kenntnis der Vertragsverletzung den Vertrag aufheben (vgl. Art. 49 Abs. 2 lit. b i. CISG), oder innerhalb einer angemessenen Frist ab dem fruchtlosen Ablauf einer ebenfalls angemessenen Nachfrist, die entweder der Käufer i. S. d. Art. 47 Abs. 1 CISG oder der Verkäufer im Rahmen der Ausübung seines Rechts zur Nacherfüllung nach Art. 48 Abs. 2 CISG gesetzt hat, es sei denn, dass durch entsprechende Erklärung der Käufer oder der Verkäufer schon vorher die Vergeblichkeit der Fristsetzung deutlich gemacht hat (vgl. Art. 49 Abs. 2 lit. b ii. und iii. CISG).

Damit wird deutlich, dass es sich dabei um Ausschlussfristen handelt[1033], die nur das jeweilige, auf einer bestimmten Vertragsverletzung beruhende Aufhebungsrecht betreffen[1034].

[1030] Vgl. *Schlechtriem/Schwenzer/Müller-Chen*, Art. 49, Rn. 29.

[1031] Vgl. *v. Caemmerer/Schlechtriem/Huber*, Art. 49, Rn. 38; *Staudinger/Magnus*, Art. 49, Rn. 32.

[1032] Vgl. *Schlechtriem/Schwenzer/Stoll/Gruber*, Art. 75, Rn. 2.

[1033] Vgl. *Enderlein/Maskow/Strohbach*, Internationales Kaufrecht, Art. 49, Rn. 7; *Herber/Czerwenka*, Art. 49, Rn. 13; *Staudinger/Magnus*, Art. 49, Rn. 42; *Ziegler*, S. 180.

[1034] Vgl. *Schlechtriem/Schwenzer/Müller-Chen*, Art. 49, Rn. 34; auch dazu das Beispiel bei *Krebs*, Die Rückabwicklung, S. 30. Daraus ergibt sich, dass man nicht von einem „Wiederaufleben" des Aufhebungsrechts sprechen kann, das mit dem Wesen einer Ausschlussfrist unvereinbar ist (vgl. die Kritik von *Staudinger/Magnus*, Art. 49, Rn. 42).

Bei der Frage nach der „Angemessenheit“ der Frist des Art. 49 Abs. 2 lit. b CISG, innerhalb der die Vertragsaufhebung erklärt werden muss, kommt es auf die Art der Ware und die anderen Einzelfallsumstände an, wie die Art des Mangels, die Dauer der Untersuchung und der Feststellung des Mangels, das Verhalten des Verkäufers nach erfolgter Mängelanzeige sowie die Bereitschaft des Käufers, sich schnell über die Ausübung der Vertragsaufhebung zu entscheiden[1035].

Der BGH und das OLG Hamburg haben 3 Wochen als angemessen bewertet[1036], das OLG Oldenburg aber 5 Wochen[1037]; trotzdem sollen hier keine Regelfristen vorgegeben werden, denn in anderen Fällen wurden längere Fristen als angemessen beurteilt[1038].

Der Käufer kann praktisch gleichzeitig mit der Rüge die Vertragsaufhebung erklären, wenn er einen wesentlichen Mangel an der gelieferten Kaufsache festgestellt hat[1039].

Die angemessene Frist nach Art. 49 Abs. 2 lit. b CISG ist aber nicht identisch mit der Rügefrist nach Art. 39 Abs. 1 CISG. Der Käufer muss die Vertragsaufhebung nicht zusammen mit der Mängelrüge erklären[1040]. Es soll ihm zuerst eine zusätzliche Frist zur Ersatzlieferung zustehen und nur nach dem erfolglosen Ablauf dieser Frist darf der Käufer den Vertrag aufgrund der Wesentlichkeit der Vertragsverletzung aufheben; ansonsten müsste er die Vertragsaufhebung erklären, bevor er gem. Art. 46 Abs. 2 CISG die Ersatzlieferung verlangen kann[1041]. Das würde aber dem Zweck des UN-Kaufrechts widersprechen, den Rechtsbehelf der Vertragsaufhebung in möglichst wenigen Fällen als ultima ratio anzuwenden.

Deshalb darf der Käufer, falls er die Rüge abgesendet hat, ohne die gesetzliche Rügefrist auszuschöpfen, die Aufhebungserklärung mindestens bis

---

[1035] Vgl. *Schlechtriem/Schwenzer/Müller-Chen*, Art. 49, Rn. 31.

[1036] Vgl. BGHZ 132, S. 290 (Kobaltsulfatfall) = BGH v. 03.04.1996, CISG-Online Case 135; OLG Hamburg Urt. v. 26.11.1999, CISG-Online Case 515.

[1037] Vgl. OLG Oldenburg v. 01.02.1995 – 11 U 64/94, CISG-Online Case 253.

[1038] Vgl. OLG München Urt. v. 02.03.1994, CISG-Online Case 108 = RIW 1994, S. 595, 596, wonach eine Frist von viereinhalb Monate als angemessen angesehen wurde; LG München, Urt. v. 20.03.1995, CISG-Online Case 164 = IPRax 1996, S. 31, 32 (vier Monate); OLG Koblenz Urt. v. 31.01.1997, CISG-Online Case 256 (zwei Monate).

[1039] Vgl. *Schlechtriem/Schwenzer/Müller-Chen*, Art. 49, Rn. 32; *Honsell/Schnyder/Straub*, Art. 49, Rn. 89; *Piltz*, Internationales Kaufrecht, § 5, Rn. 282; *Staudinger/Magnus*, Art. 49, Rn. 42; *Herber/Czerwenka*, Art. 49, Rn. 13; *Enderlein/Maskow/Strohbach*, Internationales Kaufrecht, Art. 49, Rn. 7.

[1040] Vgl. *Honsell/Schnyder/Straub*, Art. 49, Rn. 77; *Piltz*, Internationales Kaufrecht, § 5, Rn. 282; *Staudinger/Magnus*, Art. 49, Rn. 38 f.; *Bianca/Bonell*/Bearbeiter, Art. 49, Anm. 2.2.2.1.; OLG Köln v. 22.2.1994, CISG-Online Case 127.

[1041] Vgl. *Honsell/Schnyder/Straub*, Art. 49, Rn. 81; *Schlechtriem/Schwenzer/Müller-Chen*, Art. 49, Rn. 32.

zum Ablauf der Rügefrist aufschieben[1042]. In einem solchen Fall muss die Vertragsverletzung von Anfang an als wesentlich entsprechend dem konkreten Vertrag beurteilt werden.
Die Rechtsfolge der Versäumung der angemessenen Frist durch den Käufer ist, wie gesagt, der Verlust des Rechts auf Vertragsaufhebung. Es bleiben ihm dann die Rechte auf Minderung[1043] nach Art. 50 CISG und auf Schadensersatz[1044] nach Art. 45 Abs. 1 lit. b, 74 CISG erhalten, die nicht fristgebunden sind. Diese können immerhin einen gewissen Ausgleich für den Verlust des Vertragsaufhebungsrechts bieten[1045]. Die Ansprüche auf Ersatzlieferung und Nachbesserung werden hingegen aufgrund der Parallelität der Fristen des Art. 49 Abs. 2 lit. b CISG und der des Art. 46 Abs. 2, 3 CISG regelmäßig verwirkt sein[1046].
Wenn der Käufer also keinen Anspruch auf Ersatzlieferung oder Nachbesserung innerhalb einer angemessenen Frist nach der Mängelrüge geltend macht, verliert er daher auch sein Aufhebungsrecht. In einem solchen Fall kann er sogar das verlorene Vertragsaufhebungsrecht nicht zurückgewinnen, in dem er dem Verkäufer gem. Art. 49 Abs. 2 lit. b. ii. CISG eine Nachfrist für die Mängelbeseitigung setzt[1047]. Ein solches Verhalten würde ein „venire contra factum proprium" darstellen und wäre mit dem Grundsatz von Treu und Glauben gem. Art. 7 Abs. 1 und 2 CISG unvereinbar.
Das gleiche gilt auch für den Fall, dass der Käufer nicht nur die Frist zur Vertragsaufhebung versäumt hat, sondern auch das Nacherfüllungsangebot des Verkäufers verweigert hat. Dabei ist das Entfallen der Rechte des Käufers auf Erfüllung und auf Vertragsaufhebung endgültig[1048].

1042 Vgl. *Audit,* La vente internationale de marchandises, Anm. 136; *Schlechtriem/Schwenzer/Müller-Chen*, Art. 49, Rn. 35.
1043 Vgl. dazu unten, § 10.I.1.c.
1044 Vgl. dazu unten, § 11.I.1. und 2.
1045 Der Unterschied zwischen beiden Rechtsbehelfen ist aber, dass man durch die Minderung einen pauschalen Ausgleich für die objektiv zu bewertenden Schäden infolge des Minderwerts der gelieferten Sache bekommen kann, während man durch den Schadensersatz einen totalen Ausgleich auch für seine subjektiven Schäden bekommen kann, wenn man diese beweisen, vgl. dazu unten, § 10.I.2.c.
1046 Vgl. *Schlechtriem/Schwenzer/Müller-Chen*, Art. 49, Rn. 33.
1047 Vgl. *Schlechtriem/Schwenzer/Müller-Chen*, Art. 49, Rn. 37.
1048 Vgl. *Schlechtriem/Schwenzer/Müller-Chen*, Art. 49, Rn. 41.

II. Der Rechtsbehelf des Rücktritts im deutschen und griechischen nationalen Recht im Vergleich mit dem UN-Kaufrecht

Das Recht des Käufers, wegen eines Sachmangels den Vertrag zur Aufhebung zu bringen, wird in den nationalen Rechten von Deutschland und Griechenland als Rücktritt ausgestaltet, der sich grundsätzlich nach den allgemeinen Rücktrittsvorschriften richtet (vgl. §§ 437 Nr. 2, 323 und 326 Abs. 5 BGB bzw. Art. 540 Abs. 1 Nr. 3, 389 ff. gr. ZGB) und für den nur wenige ergänzende Bestimmungen gelten (vgl. § 440 BGB bzw. Art. 547 gr. ZGB).

Der Rücktritt vom Vertrag erfolgt nicht durch die Geltendmachung des entsprechenden Anspruches, sondern durch die Mitteilung einer Erklärung gegenüber dem Verkäufer. Denn das Rücktrittsrecht ist ein Gestaltungsrecht. Dadurch wird der Kaufvertrag in ein Abwicklungsverhältnis umgestaltet, kraft dessen die empfangenen Leistungen und die daraus gezogenen Nutzungen zurückzugewähren sind.

Die Rücktrittserklärung ist eine einseitige, empfangsbedürftige Willenserklärung, die mündlich oder schriftlich, aber auch konkludent abgegeben werden kann[1049]. Sie muss erkennen lassen, dass der Käufer sich im Hinblick auf den Mangel vom Vertrag lösen will[1050]. Daher ist keine wirksame Erklärung abgegeben, wenn es unklar ist, ob der Käufer Rücktritt oder Minderung erklären wollte[1051].

Für den Beginn der Bindungswirkung der Rücktrittserklärung ist zum Zeitpunkt des Zugangs bzw. der Kenntnisnahme oder des „Kennenmüssen" des Verkäufers von ihrem Inhalt abzustellen[1052]. Weil der Verkäufer zu diesem Zeitpunnkt üblicherweise im Vertrauen auf die Aufhebungserklärung des Käufers entsprechende Maßnahmen getroffen haben muss, ist die Rücktrittserklärung ab diesem Moment für unwiderruflich zu gelten. Wenn dagegen die Rücktrittserklärung an den Verkäufer noch nicht zugegangen ist und er ihr Inhalt nicht kennt, kann der Käufer bis zum Zeitpunkt ihres Zugangs bzw. ihrer Kenntnisnahme am Vertrag festhalten und diese widerru-

---

[1049] Vgl. *MünchKomm/Ernst*, § 323, Rn. 187, 191; hinsichtlich des griechischen Rechts *Georgiades/Stathopoulos/Vogopoulos,* Kommentar zum gr. ZGB, Art. 540 a. F., Rn. 26, 28.

[1050] Vgl. *MünchKomm/Ernst*, § 323, Rn. 189.

[1051] Demgemäß wird man wohl eine Minderungserklärung annehmen können, wenn der Rücktritt gem. § 323 Abs. 5 S. 2 BGB bzw. Art. 540 Abs. 1 Nr. 3 gr. ZGB ausgeschlossen ist und zugleich klar ist, dass der Käufer im Hinblick auf den Mangel jedenfalls eine Kompensation für den Minderwert des Kaufgegenstandes anstrebt, vgl. dazu *MünchKomm/Ernst*, § 323, Rn. 243.

[1052] Vgl. *Leser,* Rücktritt, S. 278.

fen, wie bei der oben dargestellten Problematik im Rahmen des UN-Kaufrechts über die Möglichkeit zum Widerruf der Aufhebungserklärung schon ausgeführt wurde.
Der Rücktritt als Gestaltungsrecht ist auch bedingungsfeindlich[1053]; Rücktrittserklärung die mit dem Schwebezustand einer bedingten Rücktrittserklärung verbundene Unsicherheit ist dem Verkäufer nicht zuzumuten.
Abgesehen von dieser generellen Regelung bezüglich der Rücktrittserklärung setzt § 323 Abs. 1 BGB für die Anwendung des Rücktritts voraus, dass eine vom Käufer zur Nacherfüllung gesetzte angemessene Frist erfolglos abgelaufen ist oder dass eine solche Frist nach §§ 323 Abs. 2, 440 BGB entbehrlich ist[1054]. Unter dem Prinzip des Vorrangs der Nacherfüllung gegenüber den anderen Rechtsbehelfen des Käufers muss der Verkäufer nämlich im Rahmen des deutschen nationalen Rechts innerhalb einer Nachfrist seine Leistung vertragsgemäß erbringen. Sonst kann der Käufer sofort vom Vertrag zurücktreten.
Damit weicht das deutsche Recht von Art. 49 Abs. 1 lit. a CISG ab, wonach der Käufer bei der Lieferung einer erheblich vertragswidrigen Ware grundsätzlich sofort die Vertragsaufhebung erklären kann. Eine Nachfristsetzung als Voraussetzung der Vertragsaufhebung sieht das Übereinkommen nicht vor, hingegen wird auf die Wesentlichkeit der Vertragsverletzung abgestellt.
Trotz dieser abweichenden Regelung des deutschen Rechts vom UN-Kaufrecht unterscheiden sich beide Rechte im Hinblick auf ihre Ergebnisse aber kaum, wie es sich aus dem Ausschluss des Rücktrittsbehelfes bei einer unerheblichen Pflichtverletzung gem. § 323 Abs. 5 S. 2 BGB ergibt[1055].
Das gleiche gilt auch im Rahmen des griechischen nationalen Rechts nach Art. 540 Abs. 1 Nr. 3 gr. ZGB.
Dabei kommt es darauf an, als wie schwerwiegend die durch die Vertragswidrigkeit bedingte Wert- oder Tauglichkeitsminderung der Kaufsache nach dem Vertrag oder der Verkehrsauffassung einzuschätzen ist. Denn nur bei erheblicher Vertragswidrigkeiten der gelieferten Kaufsache ist der Käufer berechtigt, vom Vertrag zurückzutreten.
Nach der deutschen Rechtsprechung und Literatur über den § 459 Abs. 1 S. 2 a. F. ist ein Fehler als unerheblich anzusehen, wenn er nach kurzer Zeit von selbst verschwindet[1056] oder vom Käufer selbst mit geringem Aufwand

---

[1053] Vgl. BGHZ 97, S. 264; BGH, NJW 1986, S. 2245.
[1054] Bezüglich der Voraussetzungen des Rücktritts vgl. OLG Düsseldorf, DAR 2003, S. 519. Besonders für die Entbehrlichkeit der Fristsetzung vom Käufer vgl. oben, in Bezug auf das Nacherfüllungsrecht des Verkäufers im Rahmen des deutschen nationalen Rechts, § 7.III.1.b.
[1055] Vgl. *MünchKomm/Ernst*, § 323, Rn. 243.
[1056] Vgl. *Palandt/Putzo*, § 459 a. F., Rn. 13.

beseitigt werden kann[1057]. Nach überzeugender Ansicht[1058], die vom Wortlaut des § 441 Abs. 1 S. 2 BGB ausgeht, wonach die Minderung auch wegen Mängel möglich ist, die nicht die Erheblichkeitschwelle des § 323 Abs. 5 S. 2 BGB erreichen, ist aber die Schwelle der Unerheblichkeit deutlich höher als bei § 459 Abs. 1 S. 2 a. F. anzusetzen. Denn die Entscheidung darüber wird nicht entsprechend der Schwere der Vertragswidrigkeit, sondern unter der Berücksichtigung des Interesses des Verkäufers an der Aufrechterhaltung des Vertrags. Der Rücktritt ist nämlich ausgeschlossen, wenn das vertragliche Interesse des Käufers infolge des Mangels der Kaufsache zwar beeinträchtigt ist, ist diese Beeinträchtigung aber unter Berücksichtigung des Interesses des Verkäufers an der Aufrechterhaltung des Vertrags als untergeordnet anzusehen[1059]. In den Fällen daher, in denen der Mangel der Ware nur schwer zu beheben ist, ist der Käufer zum Rücktritt vom Vertrag berechtigt[1060].

Trotz der Unerheblichkeit des Mangels ist jedoch der Rücktritt nach § 323 Abs. 5 S. 2 BGB nicht ausgeschlossen, wenn der Verkäufer für dessen Nichtvorliegen oder für das Vorliegen einer bestimmten Eigenschaft eine Garantie übernommen hat (vgl. § 443 BGB). In einem solchen Fall ist die Schlechtleistung trotz der Unerheblichkeit der Vertragswidrigkeit als eine erhebliche Pflichtverletzung anzusehen, da die Parteien durch ihre Vereinbarung der vertragsgerechten Lieferung besondere Bedeutung beigelegt haben.

Die Beweislast hinsichtlich der Unerheblichkeit des Mangels trägt der Verkäufer, während der Käufer die Garantieübernahme oder generell eine Vereinbarung über die Zusicherung einer Eigenschaft beweisen muss[1061].

Der Rücktritt ist ferner im deutschen Recht ausgeschlossen, wenn der Käufer für den Mangel, wegen dessen er zum Rücktritt berechtigt ist, allein oder weit überwiegend verantwortlich ist (vgl. § 323 Abs. 6 S. 1 BGB). Ziel dieser Vorschrift ist es, den Rücktritt für die Fälle auszuschließen, in denen auch ein Schadensersatzanspruch gem. § 254 BGB ausgeschlossen wäre[1062]. Demgemäß kann der Käufer vom Vertrag nicht zurücktreten, wenn die mangelhafte Lieferung durch den Verkäufer darauf zurückzuführen ist, dass er die von ihm geschuldeten Informationen viel zu spät oder unrichtiger-

---

[1057] Vgl. RG JW 1907, S. 173; RG LZ 1909, S. 243; BGH, NJW 1996, S. 1337.
[1058] Vgl. *MünchKomm/Ernst*, § 323, Rn. 243.
[1059] Vgl. *MünchKomm/Ernst*, a. a. O.
[1060] Vgl. BGH, NJW 1996, S. 1337.
[1061] Vgl. *MünchKomm/Ernst*, § 323, Rn. 205 und 243.
[1062] Vgl. BT-Drucks. 14/6040, S. 187; vgl. auch *Palandt/Heinrichs*, § 254, Rn. 52 ff., § 323, Rn. 28, 29.

weise erteilt hat[1063], oder dass ihm mangelnde Vertragstreue vorgeworfen wird[1064].

Der Rücktritt ist zudem ausgeschlossen, wenn der Käufer sich bei der Entstehung des Mangels in Annahmeverzug befand, und der Verkäufer die Vertragswidrigkeit der Kaufsache nicht zu vertreten hatte (vgl. § 323 Abs. 6 S. 2 BGB).

Während das Vertretenmüssen in § 323 BGB und besonders im Fall der vertragswidrigen Lieferung keine Rolle spielt, muss der Verkäufer, der den Rücktrittsanspruch des Käufers ausschließen will, wenn der Käufer im Verzug der Annahme der Kaufsache ist, den Entlastungsbeweis führen. Dies kann er dabei ohne besondere Schwierigkeiten ereichen, da der Verkäufer während des Annahmeverzuges seines Vertragspartners nach § 300 Abs. 1 BGB nur Vorsatz und grobe Fahrlässigkeit zu vertreten hat. Er haftet nicht für jede Fahrlässigkeit. Das Rücktrittsrecht des Käufers im Fall seines Annahmeverzugs entfällt nämlich auch dann, wenn der Verkäufer leicht fahrlässig gehandelt hat[1065].

Das Rücktrittsrecht des Käufers kann dem Verkäufer lästig sein, weil er sich bis zum Ablauf der Verjährung auf die Rücknahme der Sache einrichten muss. Daher hat sich der griechische Gesetzgeber – in Übereinstimmung mit der Befristung der Ausübung des Vertragsaufhebungsrechts gem. Art. 49 Abs. 2 lit. b CISG – für das Entfallen des Rücktrittsrechts des Käufers entschieden, wenn er die entsprechende Erklärung nicht rechtzeitig äußert. Nach der Vorschrift des Art. 546 Abs. 2 gr. ZGB verliert also der Käufer, der gegenüber dem Verkäufer das Vorliegen eines Mangels behauptet hat, sein Recht, den Rücktritt zu verlangen, wenn er dieses Recht nicht innerhalb der Frist ausübt, die der Verkäufer dem Käufer zur Ausübung des Rücktritts gesetzt hat.

Mit dieser Regel beabsichtigt der Gesetzgeber, dem Verkäufer die Möglichkeit zu geben, die Unsicherheit aus dem Schwebezustand aufgrund der mehreren möglichen Rechtsbehelfe zu beenden, die dem Käufer nach Art. 540 Abs. 1 gr. ZGB zustehen[1066].

Dabei ist auch zu bemerken, dass der Verkäufer eine Frist dem Käufer auch für die Ausübung des Ersatzlieferungsrechtsbehelfs setzen kann. Nur für die Rechtsbehelfe des Rücktritts und der Ersatzlieferung, die die Rückgabe der Kaufsache zur Folge haben, ist der Verkäufer also im Rahmen des griechi-

---

[1063] Vgl. *Palandt/Heinrichs,* § 323, Rn. 29.

[1064] Vgl. BGHZ 50 S. 176; BGH, NJW 74, S. 36; BGH, ZIP 99, S. 367; Düsseldorf MDR 01, S. 206.

[1065] Vgl. *MünchKomm/Ernst*, § 323, Rn. 265.

[1066] Vgl. *Georgiades/Stathopoulos/Vogopoulos,* Kommentar zum gr. ZGB, Art. 546 a. F. Rn. 1.

schen Rechts berechtigt, durch eine Fristsetzung das Wahlrecht des Käufers hinsichtlich seiner Rechtsbehelfe zu beschränken. Denn der Käufer kann nach dem fruchtlosen Fristablauf nur die Minderung des Kaufpreises oder einen Schadensersatz verlangen, während die Rechtsbehelfe des Rücktritts oder der Ersatzlieferung nur mit dem Einverständnis des Verkäufers ausgeübt werden können.

III. Zusammenfassung

Das UN-Kaufrecht verknüpft das Recht des Käufers, die Aufhebung des Vertrags zu erklären, mit dem Vorliegen einer wesentlichen Vertragsverletzung (vgl. Art. 49 Abs. 1 lit. a CISG): Der Rechtsbehelf der Vertragsaufhebung bei der Lieferung einer vertragswidrigen Sache nur dann möglich sein soll, wenn der Mangel so schwerwiegend ist, dass dadurch das für den vertragsbrüchigen Teil erkennbare Interesse des Vertragsgläubigers an der Durchführung des Vertrags entfallen ist.

Die Maßstäbe zur Bestimmung der Wesentlichkeit der Vertragsverletzung kann man aus Art. 25 CISG entnehmen. Entscheidend dabei ist die Auslegung des Vertrags und nicht der objektive Nachteil oder die subjektiven Vorstellungen des Käufers oder des Richters. Der Käufer braucht nämlich seine Schäden aufgrund der mangelhaften Lieferung nicht zu beweisen, um sich auf die Wesentlichkeit der Vertragsverletzung zu berufen.

Andererseits soll der Verkäufer die Wesentlichkeit der vertragswidrigen Lieferung nach dem objektivierten Maßstab „einer vernünftigen Person der gleichen Art und unter den gleichen Umständen" gem. Art. 8 Abs. 3 CISG voraussehen können.

Für die Voraussehbarkeit der Folge der Vertragsverletzung ist der Zeitpunkt des Vertragsabschlusses maßgeblich, zu dem jede Partei die Risiken und die Konsequenzen ihrer Handlungen gegenüber der Gegenseite übernimmt.

Eine Aufhebung kraft Gesetzes kennt das UN-Kaufrecht nicht.

Will eine Partei wegen wesentlicher Vertragsverletzung oder erfolglosen Ablaufs einer Nachfrist den Vertrag aufheben, muss sie dies der anderen Partei mitteilen (vgl. Art. 26 CISG).

Das Aufhebungsrecht kann also durch eine mündliche oder schriftliche Erklärung ausgeübt werden. Dafür reicht aber auch ein schlüssiges Handeln des Käufers aus.

Das Verhalten des Aufhebungsberechtigten muss klar und eindeutig sein.

Daraus muss sich zweifelsfrei ergeben, dass der Käufer die Erfüllung durch den Verkäufer und die Erbringung der eigenen Leistungen ablehnt sowie dass er imstande ist, die bereits erbrachten Leistungen zurückzugeben.
Gem. Art. 27 CISG trägt der Verkäufer wegen seines vertragswidrigen Verhaltens das Übermittlungsrisiko, während der Käufer die Beweislast nur für die Absendung der Aufhebungserklärung zu tragen hat.
Die Bindungswirkung der Aufhebungserklärung tritt nicht schon im Moment ihrer Absendung oder ihres Zugangs an den Verkäufer ein, sondern zum Zeitpunkt, zu welchem der Verkäufer davon Kenntnis bekommen hat oder hätte bekommen müssen und entsprechend gehandelt hat.
Das Aufhebungsrecht geht aber unter bestimmten, in Art. 49 Abs. 2 CISG geregelten Fristbedingungen endgültig verloren, wenn der Käufer trotz der Lieferung einer mangelhaften Ware, aufgrund der er zum Rechtsbehelf der Aufhebung berechtigt gewesen wäre, mit dessen Ausübung zu lange gewartet hat.
Im Fall der Lieferung einer mangelhaften Ware kann er also den Vertrag nach Art. 49 Abs. 2 lit. b CISG nur innerhalb einer angemessenen Frist aufheben, deren Beginn entweder von der Kenntnis oder vom Kennenmüssen des Käufers von der Vertragswidrigkeit der Sache oder vom erfolglosen Ablauf einer durch den Käufer oder durch den Verkäufer gesetzten Frist zu Nacherfüllung abhängig ist.
Die „Angemessenheit" der Frist wird entsprechend den Umständen des Einzelfalls beurteilt. Stets ist daher danach zu fragen, ob der Käufer imstande ist, gegenüber der Lieferung einer vertragswidrigen Ware schnell zu reagieren. Der Käufer muss aber praktisch gleichzeitig mit der Rüge oder mindestens bis zum Ablauf der Rügefrist die Vertragsaufhebung erklären, wenn es sich um einen von Anfang an wesentlichen Mangel der gelieferten Kaufsache handelt; in anderen Fällen darf er nur nach dem erfolglosen Ablauf einer Nachfrist zu Ersatzlieferung den Vertrag aufheben.
Das Recht des Käufers bei Lieferung einer vertragswidrigen Sache, den Vertrag zur Aufhebung zu bringen, wird im deutschen und griechischen nationalen Kaufrecht als Rücktritt ausgestaltet, der mit der Erklärung des Käufers ausgeübt wird.
Für die Weise der Ausübung des Rücktrittsrechts in beiden nationalen Rechten gelten die bezüglich der Aufhebungserklärung im Rahmen des UN-Kaufrechts gemachten Ausführungen entsprechend.
Im deutschen nationalen Recht kann der Rücktritt nach Art. 323 Abs. 1 BGB erst nach Ablauf einer vom Käufer zu setzenden Nachfrist zur Nacherfüllung ausgeübt werden. Er muss jedenfalls mit der Umgestaltung des Rechtsverhältnisses bis zum Fristablauf zur Nacherfüllung warten; nur bei

Entbehrlichkeit einer Nachfristsetzung kann er den Rücktritt sofort erklären (vgl. §§ 323 Abs. 2, 440 BGB).

Damit weicht die betreffende Vorschrift des deutschen Rechts von Art. 49 Abs. 1 lit. a CISG ab, der nur bei Wesentlichkeit der Vertragsverletzung die Ausübung des Rechtsbehelfs der Vertragsaufhebung sofort zulässt. Es handelt sich aber nur um eine abweichende Formulierung des deutschen Rechts vom UN-Kaufrecht, weil beide Rechte sich im Hinblick auf ihre Ergebnisse kaum unterscheiden, wie es sich aus dem Ausschluss des Rücktrittsrechtsbehelfes bei einer unerheblichen Pflichtverletzung gem. § 323 Abs. 5 S. 2 BGB ergibt.

Im griechischen nationalen Recht kann der Käufer in Übereinstimmung mit dem UN-Kaufrecht die Rücktrittserklärung dem Verkäufer nach Art. 540 Abs. 1 Nr. 3 gr. ZGB ohne die Einschaltung einer Fristsetzung zur nachträglichen Erfüllung mitteilen.

Wie nach § 323 Abs. 5 S. 2 BGB reicht aber nach Art. 540 Abs. 1 Nr. 3 gr. ZGB für den Rücktritt eine unerhebliche Pflichtverletzung auch nicht aus. Dauerhaft ist der Rücktritt ausgeschlossen, wenn die Vertragsverletzung – hier die Lieferung einer mit Sachmängeln behafteten Sache – unerheblich ist.

Der Rücktritt ist ferner im deutschen Recht ausgeschlossen, wenn der Käufer nach § 323 Abs. 6 S. 1 BGB für den Mangel allein oder weit überwiegend verantwortlich ist oder wenn er nach § 323 Abs. 6 S. 2 BGB zur Zeit des Mangeleintritts im Verzug der Annahme ist.

Zuletzt wird im griechischen Recht ein anderer Ausschlussgrund geregelt, der der Regelung des UN-Kaufrechts über die Befristung der Ausübung der Vertragsaufhebung i. S. d. Art. 49 Abs. 2 lit. b CISG entspricht. Nach der Vorschrift des Art. 546 Abs. 2 gr. ZGB verliert der Käufer, der inzwischen gegenüber dem Verkäufer das Vorliegens eines Mangels behauptet hat, sein Recht, den Rücktritt zu verlangen, wenn er es nicht innerhalb der Frist ausübt, die der Verkäufer zur Ausübung des Rechtsbehelfs des Rücktritts gesetzt hat. Der Käufer kann nach dem Ablauf dieser Frist vom Vertrag nur mit dem Einverständnis des Verkäufers zurücktreten.

§ 9. Die Wirkung der Vertragsaufhebung nach dem UN-Übereinkommen und nach deutschem und griechischem nationalem Recht

I. Die Aufgabe der Rückabwicklung und ihr Verhältnis zum Rechtsbehelf des Schadensersatzes nach dem UN-Kaufrecht

Bevor ich die Vorschriften der Konvention der Vereinten Nationen über die Auswirkungen der Vertragsaufhebung auf das Schuldverhältnis zwischen den Parteien im Fall der vertragswidrigen Lieferung behandele, soll zum besseren Verständnis über den Zweck der Rückabwicklung gesprochen werden, der trotz der freien Kombinierbarkeit der Rechtsbehelfe der Vertragsaufhebung und des Schadensersatzanspruches gem. Art. 75 und 76 CISG[1067], mit dem Zweck des Schadensersatzes oft verwechselt wird.
Das entscheidende Wort in der Regelung der Rückabwicklung lautet also „Restitution", nicht Reparation. Diese, die mit der Rückgabe von entzogenen Vermögensgegenständen zwischen den Kaufparteien erfüllt wird, ist aber gar nicht selbstverständlich.
Denn es wird oft missverständlich behauptet, dass die Rückabwicklung den Vermögenszustand herstellen soll, der ohne das auslösende Ereignis bestanden hätte[1068].
Dies ist aber eine Aufgabe des Schadensersatzes, der das negative Interesse der beschädigten Partei zu befriedigen hat[1069].
Bei der Rückabwicklung wird nur eine Güterverschiebung vorgenommen. Das lässt sich im gestörten Synallagma des Kaufvertrags mit der vertragswidrigen Lieferung begründen[1070]. Mit der Ausübung des Vertragsaufhebungsrechts soll der Überschuss bzw. die erbrachte Leistung auf der einen Seite an den Berechtigten zurückgeführt werden.

[1067] Die betreffenden Vorschriften des UN-Kaufrechts regeln die Berechnung des Schadensersatzes in den Fällen des Deckungsgeschäfts, wenn die Kaufsache einen Marktpreis hat oder nicht. Es wird dort ausdrücklich bestimmt, dass der Käufer zusammen mit der Aufhebung des Vertrags „jeden weiteren Schadensersatz nachverlangen" kann; vgl. unten § 11.II.
[1068] So etwa *Bianca/Bonell/Tallon,* Art. 84, Anm. 1.1. Richtig aber *Leser,* Der Rücktritt, S. 292, der die Wiederherstellung des früheren Zustands als viel zu weitgehend ansieht.
[1069] Vgl. *Honsell/Schönle*, Art. 74, Rn. 15.
[1070] Vgl. dazu unten, § 9.II.2.a.

Ziel der Rückabwicklung ist es nämlich, das Plus, das ohne Behaltungsgrund zwischen den Kaufparteien entstanden ist, abzuschöpfen[1071], nicht aber ein Minus auszugleichen. Dies bewirkt der Schadensersatz, wenn der vertragsbrüchige Teil sein Garantieversprechen, unter Vorbehalt der Entlastungsmöglichkeit des Art. 79 CISG, gebrochen hat.
Deshalb bevorzugen die Rückabwicklungsvorschriften der Art. 81-84 CISG keine Seite[1072], sondern sie knüpfen allein an die erbrachten Leistungen an. Die Rückabwicklung betrifft aber nicht nur den Leistungsgegenstand selbst, sondern auch seine Entfaltungsmöglichkeit ins gegnerische Vermögen.
D. h., dass jede Vertragspartei nicht nur den erlangten Gegenstand als solchen zurückbekommt, sondern auch die daraus gezogenen Früchte[1073]. Ähnliches gilt auch, wenn die Leistung in Natur nicht mehr vorhanden ist. Denn wenn die Substanz des Leistungsgegenstandes sich hier in einem Surrogat wiederfindet, so ist dieses Surrogat herauszugeben[1074].
Insgesamt ist die Rückabwicklung als ein neutrales und beschränktes[1075] Mittel zur Wiedererlangung der Dispositionsfreiheit der Parteien anzusehen. Neutral ist sie, weil, wie gesagt, keine Vertragsseite durch die Rückabwicklung bevorzugt wird. Und beschränkt ist sie, weil sie nur den Leistungsaustausch als solchen rückgängig macht, ohne dass damit alle Nachteile der Gegenseite wiedergutgemacht werden können, beispielsweise die Vermögensnachteile des Rückabwicklungsgläubigers infolge der Nichtziehung von Nutzungen aus der Ware[1076]. Das ist Aufgabe des Schadensersatzes, die nur unter den Voraussetzungen des Art. 74 CISG erfüllt werden kann.
Die Rückabwicklung und der Schadensersatz haben also nicht nur unterschiedliche Voraussetzungen, sondern auch unterschiedliche Ziele. Der Be-

---

[1071] Das erinnert sich zwar an das Bereicherungsrecht des nationalen Rechts. Doch darf man ein bestimmtes, davon geprägtes Verständnis von „ungerechtfertigter Bereicherung" nicht unbesehen auf die Konvention übertragen, vgl. dazu unten, § 9.II.2.c. Anders aber *Bianca/Bonell/Tallon*, Art. 81, Anm. 2.5.; *Neumayer/Ming,* Art. 81, Rn. 3; *Heuzé,* Art. 81, Anm. 428.

[1072] Diese Neutralität wird nur in den Fällen des Art. 82 Abs. 2 lit. a und lit. c CISG von den Gesetzesverfassern bewusst unterbrochen. Im ersten Fall geht es um die Abwälzung der Gefahr des Untergangs der Kaufsache auf den vertragsbrüchigen Verkäufer und im zweiten Fall um die privilegierte Behandlung des gutgläubigen Käufers; vgl. dazu unten, § 9.II.2.c.ii. und iii. Offensichtlich ist die Unterbrechung des Grundsatzes der Neutralität der Rückabwicklung in beiden Fällen gerechtfertigt.

[1073] Vgl. dazu unten, § 9.III.2.a.i. und ii.

[1074] Vgl. dazu unten, § 9.III.2.a.iii.

[1075] Vgl. *v. Caemmerer/Schlechtriem/Leser,* Art. 81-84, Rn. 10, der die Rückabwicklung als „beschränkten Behelf" ansieht; bezüglich des deutschen internen Rechts, *Leser,* Der Rücktritt, S. 145 ff.

[1076] Vgl. dazu unten, § 9.III.2.a.iii.

rechtigte kann daher durch die Kombination beider Rechtsbehelfe vollen Schutz erreichen.

Deshalb müssen dogmatische Bedenken, die von deutschen Kommentatoren des UN-Kaufrechts mit Blick auf die verunglückte prinzipielle Alternativität von Rücktritt und Schadensersatz des alten deutschen nationalen Rechts geäußert wurden[1077], demgegenüber zurückstehen.

II. Die Umwandlung des Kaufvertrags nach seiner Aufhebung in ein Abwicklungsverhältnis zwischen den Parteien

Bereits im EKG und seinen Entwürfen wurde die Auffassung vertreten[1078], dass die Vertragsaufhebung nicht zu einer Beseitigung des Vertrags wie bei der Anfechtung oder der Nichtigkeit führt, sondern dass die Lösung von den unerfüllten Leistungspflichten und die Rückgabe erbrachter Leistungen im weiter bestehenden Vertragsrahmen durch die Umwandlung des Vertragsverhältnisses in ein Abwicklungsverhältnis zwischen den Parteien erfolgt. Die vertragstreue Partei ist innerhalb dieses Abwicklungsverhältnisses befugt, die ursprünglichen Leistungspflichten des Vertrags zum Erlöschen zu bringen, während die vertragsuntreue Partei ihrerseits verpflichtet ist, die entsprechenden Pflichten, die jetzt entstehen, zu erfüllen.

Trotzdem wurde die Rechtsnatur dieses Rechtsverhältnisses nach der Vertragsaufhebung weder in den Haager Kaufgesetzen noch im Wiener Übereinkommen ausdrücklich bestimmt.

Es wurde nicht verdeutlicht, ob die Vertragsaufhebung eine rückwirkende Kraft entwickelt, so dass die bestehenden Pflichten in einer Entfaltung des ursprünglichen Vertrags ihre frühere Rechtsnatur erhalten oder ob die Vertragsaufhebung zur völligen Beseitigung des Vertrags mit der Folge führt, dass das Abwicklungsverhältnis zwischen den Parteien unabhängig von dem ursprünglichen Vertragsverhältnis bereicherungsrechtlichen Charakters ist[1079].

Durch Art. 81 Abs. 1 CISG wird also die einschlägige Problematik nicht gelöst:

[1077] Vgl. *Honsell/Schönle*, Art. 74, Rn. 17, nach dem erstaunlich ist, dass die Konvention die Kumulierung von Schadenersatz und Vertragsaufhebung wegen Nichterfüllung zulasse.

[1078] Vgl. dazu *v. Caemmerer/Schlechtriem/Leser,* vor Art. 81-84, Rn. 8, Fn. 9 und 10; *Honsell/Weber*, Art. 81, Rn. 4; *Schlechtriem/Schwenzer/Hornung*, Art. 81, Rn. 9, 9a, Fn. 19 und 20.

[1079] Vgl. *Bianca/Bonell/Tallon*, Art. 81, Rn. 2.5.; *Neumayer/Ming,* Art. 81, Rn. 3.

Zum einen werden gem. Satz 2 dieser Regel diejenigen Vertragsbestimmungen – Schiedsklauseln, Haftungsbeschränkungen oder Abreden zwischen den Kaufparteien über Vertragsstrafen und Verzugszinsen – bestehen gelassen, die im Fall der Vertragsaufhebung für die Konfliktbewältigung entscheidend sein können[1080]. Zum anderen bleiben gem. Satz 1 evtl. Schadensersatzansprüche ausdrücklich erhalten.

Nach dieser Vorschrift haben die Parteien nämlich nur die Pflichten von etwaigen Schadensersatzansprüchen oder Bestimmungen zu erfüllen, die ihre Rechtssituation nach der Vertragsaufhebung regeln, während ihre vertraglichen Pflichten gelöscht werden.

Damit wird aber die Annahme der Theorie über einen fortbestehenden Vertrag nach der Aufhebung dogmatisch überflüssig und es erscheint die ausdrückliche Bezugnahme auf das Weiterbestehen des Vertrags nach seiner Aufhebung nicht notwendig zu sein. Dafür sprechen sogar die Regelung der Eigentumslage nach Art. 4 Satz 2 CISG und die Regelung der Verjährung, die außerhalb des Anwendungsbereichs der Konvention bleiben, sowie die Regelung der Schadensersatzansprüche aufgrund der Verletzung der Rückgabepflicht, bei der man sich nicht auf einen fortbestehenden Vertrag zu stützen braucht[1081].

Allerdings bedeutet das nicht, dass die Theorie über das Fortbestehen bzw. die Umwandlung des Vertrags nach seiner Aufhebung in ein Abwicklungsverhältnis zwischen den Parteien keinen praktischen Wert hat. Im Gegenteil ist diese Theorie mit der Regelung des UN-Kaufrechts gut vereinbar und kann diese anschaulich erklären.

Damit wird also erklärt, wieso nach Art. 81 Abs. 2 S. 2 CISG das Zug-um-Zug-Prinzip, das nach Art. 58 CISG schon für die Primärleistungen bei der Abwicklung des Kaufvertrags als Ausdruck seines synallagmatischen Charakters gilt, auch bei der Rückabwicklung vorgeschrieben ist; damit wird auch erklärt, wieso der Verkäufer wie beim Vertrag die Gefahr für die Veränderung des zurückzugebenden Kaufgegenstandes nicht trägt, wenn der Käufer ihm diesen infolge seiner Handlungen oder Unterlassungen nicht unversehrt zurückgeben kann[1082].

Man sollte daher nach überzeugender Ansicht[1083] die sog. „Umwandlungstheorie" nicht ohne weiteres ablehnen. Die Rechtsnatur des Abwicklungsverhältnisses zwischen den Parteien nach der Vertragsaufhebung hat aber

---

[1080] Vgl. *Bianca/Bonell/Tallon*, Art. 81, Rn. 2.3; *Enderlein/Maskow/Strohbach,* Internationales Kaufrecht, Art. 81, Rn. 5; *Schlechtriem/Schwenzer/Hornung*, Art. 81, Rn. 10.

[1081] Vgl. Vgl. *Krebs*, Die Rückabwicklung, S. 53.

[1082] Vgl. unten, § 9.II.2.c.i.

[1083] Vgl. *Krebs*, Die Rückabwicklung, S. 51, 52; *Schlechtriem/Schwenzer/Hornung*, Art. 81, Rn. 9d.

keine praktische Bedeutung für die Lösung der entsprechenden Probleme bei der Anwendung der Konvention in den verschiedenen Ländern. Deshalb sollte man sich ausschließlich auf die Bestimmungen über die Pflichten der Parteien bei der Rückabwicklung stützen, um die einheitliche Anwendung des UN-Übereinkommens dabei zu erreichen, ohne sich weiter mit der Bestimmung der Rechtsnatur des Rechtsverhältnisses zwischen den Parteien nach der Vertragsaufhebung zu beschäftigen.

1. Die Rückabwicklung des Kaufvertrags durch wechselseitige Rückgewähr der empfangenen Leistungen Zug um Zug

Sind bei einer Vertragsaufhebung beide Parteien zur Rückgewähr verpflichtet, so ist das Geleistete Zug um Zug zurückzugewähren (vgl. Art. 81 Abs. 2 S. 2 CISG). Die Partei, deren Vertragsverletzung zur Aufhebung des Vertrags geführt hat, ist nach dem Übereinkommen demnach nicht vorleistungspflichtig. Vielmehr muss sie die erhaltene Leistung im Rahmen ihres Zurückbehaltungsrechts nur gegen Rückgewähr der von ihr erbrachten Leistung zurückgeben[1084].

Das Zurückbehaltungsrecht jeder Partei im Rahmen der synallagmatischen Verknüpfung der Rückgewährpflichten ergibt sich also aus der Verpflichtung zum Leistungsaustausch. Daher kann es entgegen der h. M.[1085] nicht mit der analogen Anwendung des Art. 71 Abs. 1 CISG bezüglich des Leistungsverweigerungsrechts jeder Partei begründet werden; diese Vorschrift setzt nicht die Befriedigung eines Austauschinteresses der Parteien voraus, das für die Entstehung einer Pflicht zur Zug-um-Zug-Rückgabe notwendig ist, sondern die Befriedigung eines Sicherungsinteresses[1086].

Das Zurückbehaltungsrecht jeder Partei bei der Rückabwicklung wird aber auch nicht mit der Anwendung des Art. 81 Abs. 2 S. 2 CISG begründet; nach dieser Vorschrift hat jede Partei nur faktisch das Recht, die erbrachte Leistung bis zu Rückgewähr zu behalten[1087].

Das Zurückbehaltungsrecht jeder Partei wird nur mit dem allgemeinen Grundsatz der Zug-um-Zug-Rückgabe zur Befriedigung des Austauschinte-

---

[1084] Vgl. *Rudolf*, Kaufrecht der Export- und Importverträge, Art. 81, Rn. 8.

[1085] Vgl. *Bianca/Bonell/Tallon*, Art. 81, Anm. 2.6.; *Staudinger/Magnus*, Art. 81, Rn. 14; *Honsell/Weber*, Art. 81, Rn. 19; *Herber/Czerwenka*, Art. 81, Rn. 9.

[1086] Vgl. *Krebs*, Die Rückabwicklung, S. 80; vgl. auch unten, Fn. 1105.

[1087] Vgl. dazu auch *Honsell/Weber*, Art. 81, Rn. 19.

resses der Kaufparteien, der bei der Rückabwicklung greift, wenn die entsprechenden Voraussetzungen dafür erfüllt sind.
Dies zeigt sich klar im Fall eines Ersatzlieferungsanspruches, in dem es wie im Folgenden erklärt, nicht um die Befriedigung eines Austauschinteresses geht. Daher findet dort die Pflicht zur Zug-um-Zug-Rückgabe keine Anwendung.
Beim Ersatzlieferungsanspruch gilt also Art. 81 Abs. 2 S. 2 CISG schon nach seinem Wortlaut nicht. Demgemäß ist der Käufer zur Rückgabe der mangelhaften Sache verpflichtet, während der Verkäufer, der inzwischen entsprechend dem synallagmatischen Charakter des Kaufs den Kaufpreis bekommen hat, keine fremde Leistung zurückzugeben hat, sondern seine eigene nochmals erbringen muss.
Dass Art. 81 Abs. 2 CISG dabei keine Anwendung findet, wird aber nicht mit den Schwierigkeiten erklärt, die ein Zug-um-Zug-Austausch der schon erfüllten Leistungen mit sich bringt[1088]. Entscheidend beim Ersatzlieferungsanspruch ist, dass die Interessenlage nicht die gleiche ist wie bei der Vertragsaufhebung: Beim Verlangen nach Neulieferung bleibt der ursprüngliche Vertrag gültig; der Käufer will durch die Ausübung dieses Rechtsbehelfs die fehlerhafte Ware zurückgeben, um eine fehlerfreie zu erhalten[1089]. Zu diesem Zweck hat er schon den Kaufpreis bezahlt. Vielmehr will er die mangelhafte Ware zurückbehalten, bis er eine fehlerfreie zur Erfüllung des Vertrags erhält. Der Käufer verfolgt deshalb durch die Ausübung seines Zurückbehaltungsrechts bei der Ersatzlieferung kein Austauschinteresse, sondern ein Sicherungsinteresse, das keine Pflicht zur Zug-um-Zug-Rückgabe begründet[1090].
Bei der Rückabwicklung nach der Aufhebung des Vertrags richten sich die Interessen der Parteien dagegen auf den Austausch der empfangenen Leistungen, welcher Zug-um-Zug erfolgt. Deshalb hat jede Partei ihre Pflicht zur Rückgabe des Geleisteten, nur Zug-um-Zug zu erfüllen.
Im Zusammenhang damit wird auch die Frage nach der Aufrechnungsmöglichkeit der Parteien bei gegenseitigen Zahlungsansprüchen nach dem UN-Übereinkommen beantwortet.
Ausgehend davon, dass das Zug-um-Zug-Prinzip auf dem Fortwirken des Synallagmas bei der Rückabwicklung beruht, ist die Zulässigkeit der Auf-

---

[1088] Anders aber *v. Caemmerer/Schlechtriem/Huber,* Art. 46, Rn. 53; *Enderlein/Maskow/Strohbach,* Internationales Kaufrecht, Art. 81, Rn. 7.2; *Rudolf,* Kaufrecht der Export- und Importverträge, Art. 46, Rn. 13.
[1089] Vgl. *Neumayer/Ming,* Art. 81, Rn. 4.
[1090] Vgl. *Piltz,* Internationales Kaufrecht, § 5, Rn. 186, nach dem der Käufer in einem solchen Fall die Möglichkeit hat, unter den Voraussetzungen des Art. 71 CISG die Zahlung des Kaufpreises zurückzustellen.

rechnung und zwar in der Form der Zug-um-Zug-Rückgabe zwischen dem Rückzahlungsanspruch des Käufers und einem Anspruch des Verkäufers auf Vorteilsausgleich i. S. d. Art. 84 Abs. 1 und 2 CISG zu bejahen[1091]. Dabei soll aber der Leistungsbegriff des Art. 81 Abs. 2 CISG weit ausgelegt werden, so dass er auch die in Art. 84 Abs. 1 und 2 CISG genannten Vorteile und Surrogate umfasst. Denn nur unter der Berücksichtigung, dass die Vorteile oft als Surrogate an die Stelle der Kaufsache getreten sind, müssen diese problemlos unter das Zug-um-Zug-Prinzip fallen. Nur dann kann man dem Grundsatz der Rückabwicklung, Leistungen nach ihrer gesamten Substanz zurückzugewähren[1092], konsequent folgen.

Eine generelle Aufrechnungsmöglichkeit bei Zahlungsansprüchen im Rahmen des UN-Kaufrechts lässt sich aber nicht mit der Verpflichtung der Parteien zur Leistung Zug-um-Zug begründen, weil die Geldforderungen nicht immer innerhalb des Synallagmas stehen, was meistens bei den Schadensersatzansprüchen des Verkäufers zutrifft. Diese stehen als Sekundäransprüche des Verkäufers in keinem Austauschverhältnis mit dem Primäranspruch des Käufers auf Rückgabe des Kaufpreises.

Eine Aufrechnung nach dem UN-Kaufrecht kann bei der Rückabwicklung deshalb nur in Betracht kommen, wenn die Rückgewährpflichten als synallagmatisch verknüpft das Austauschinteresse der Parteien befriedigen und daher von den Parteien Zug-um-Zug zu erbringen sind.

2. Die Gefahrtragungsregelung des Art. 82 CISG

In den Mittelpunkt der Regeln über die Wirkung des Rechtsbehelfs der Vertragsaufhebung stellt das UN-Kaufrecht die Vorschriften des Art. 82 CISG, die die Fälle regeln, in denen der Käufer seine Rechte auf Vertragsaufhebung oder Ersatzlieferung infolge einer wesentlichen Vertragsverletzung verliert, wenn er die Kaufsache dem Verkäufer nicht mehr unversehrt zurückgeben kann.

Die Unmöglichkeit der unversehrten Rückgabe wird hier als ein Problem der Gefahrverteilung zwischen den Kaufparteien behandelt:

Gemäß dem ersten Absatz des Art. 82 CISG sperrt die wesentliche Veränderung des Restitutionsgegenstandes die Ausübung des Vertragsaufhebungs- oder Ersatzlieferungsrechtsbehelfs des Käufers; damit erscheint,

---

[1091] Vgl. *v. Caemmerer/Schlechtriem/Leser,* Art. 84, Rn. 9; *Karollus,* UN-Kaufrecht, S. 154.

[1092] Vgl. unten, § 9.III.2.a.

dass der Käufer die Gefahr der zufälligen Veränderung der Kaufsache zu tragen hat.
Im zweiten Absatz des Art. 82 CISG werden aber die Ausnahmefälle der Zulässigkeit der Vertragsaufhebung trotz der Unmöglichkeit der unversehrten Rückgabe der Ware geregelt, mit denen klar wird, dass der Verkäufer schließlich derjenige ist, der die Gefahr der zufälligen Verschlechterung oder des zufälligen Untergangs der fehlerhaften Kaufsache zu tragen hat.
Gefahrtragung durch den Verkäufer bedeutet, dass der Käufer den Kaufpreis zurückerhält, ohne selbst die Kaufsache unverändert herausgeben zu können. Folglich wird der Käufer besser gestellt, als er ohne diese Ausnahmeregelung der Konvention stünde.
Gefahrtragung durch den Verkäufer in den Fällen des Art. 82 Abs. 1 und 2 CISG bedeutet auch, dass der Käufer die Nachteile der mangelhaften Lieferung, die ihn zum Rechtsbehelf der Aufhebung oder der Ersatzlieferung berechtigen, auf seinen Vertragspartner abwälzen darf.
Bisher haben wir gewusst, dass die Gefahr mit der Lieferung der Kaufsache auf den Käufer nach Art. 36 CISG übergeht und dass diese nur in besonderen Fällen gem. Art. 70 CISG auf den anderen Teil zurückspringt[1093].
Nun erfahren wir, dass bei der Rückabwicklung des Vertrags die Gefahr des zufälligen Untergangs oder Veränderung der Ware der Verkäufer trägt. Die Rückabwicklung nach der Vertragsaufhebung ist nämlich ein besonderer Fall i. S. d. Art. 70 CISG, in dem das Rückspringen der Gefahr auf den Verkäufer zulässig ist.
Der Käufer soll sich daher in den Fällen, in denen er für den Untergang bzw. die wesentliche Veränderung des zurückzugebenden Kaufgegenstandes verantwortlich ist, um die Reparatur oder um die Wiederbeschaffung der bereits veräußerten Ware bemühen, um die unversehrte Rückgabe wieder möglich zu machen[1094]. Nur damit kann sein Aufhebungsrecht wiederaufleben[1095]. Sonst verliert er es endgültig.

[1093] Vgl. unten, § 9 II.2.c.i.
[1094] Vgl. *v. Caemmerer/Schlechtriem/Leser,* Art. 82, Rn. 9; dazu auch unten, § 9.II.2.b.
[1095] Nur in diesem Sinn geht es um das Wiederaufleben des Aufhebungsrechts der vertragstreuen Partei, vgl. *Heilmann,* Mängelgewährleistung, S. 469; *v. Caemmerer/Schlechtriem/Leser,* Art. 82, Rn. 10.

a. Die Aufhebungssperre wegen wesentlicher Veränderung des Restitutionsgegenstandes nach Art. 82 Abs. 1 CISG

Wie gesagt verlangt die Vorschrift des Art. 82 Abs. 1 CISG als Voraussetzung für die Geltendmachung des Vertragsaufhebungsrechts oder des Ersatzlieferungsanspruches durch den Käufer die Möglichkeit, die Kaufsache dem Verkäufer unversehrt zurückzugeben.

Grund für die Kodifizierung der „Ausschlusslösung[1096]" bzw. Aufhebungssperre des Vertrags ist das Ziel der Rückabwicklung, den Parteien die Dispositionsfreiheit wiederzugeben, was grundsätzlich mit der Rückgabe einer unversehrten Sache erreicht werden kann. Wenn der Verkäufer die Kaufsache in Natur und in ihrem ursprünglichen Zustand zurückbekommt, kann er mit ihr wieder frei wirtschaften. Deshalb ist die Rückabwicklung durch die Rückgabe von Surrogaten der Ware zu vermeiden[1097].

Die Vorschrift des Art. 82 Abs. 1 CISG geht auf die Gründe, die zum Unvermögen des Käufers zur Rückgabe der Kaufsache in unversehrtem Zustand geführt haben, nicht ein. Es ist egal, ob die Kaufsache zerstört[1098], verarbeitet[1099], veräußert[1100], gestohlen oder beschädigt wurde.

Auch die Forderung der Zug-um-Zug-Rückgabe durch Art. 81 Abs. 2 CISG spielt keine Rolle für die Definition des Unmöglichkeitsbegriffs bei der Rückabwicklung. Der Käufer kann die Ware dem Verkäufer auch erst nach der Rückzahlung des Kaufpreises zurückgeben[1101].

Das Scheitern des Vollzugs der Zug-um-Zug-Rückgabe ist oft auf organisatorisch-technischen Gründen im Bereich des internationalen Handels zurückzuführen und daher ist kein solches Erfordernis für die Geltendmachung der Vertragsaufhebung vorgesehen[1102]. Ebenso ist diese im Fall der Ersatzlieferung – worauf Art. 82 CISG ebenfalls anwendbar ist – kaum

---

[1096] Nach *Leser* wird die Aufhebungssperre im Fall der Unmöglichkeit zur unversehrten Rückgabe der Kaufsache „Ausschlusslösung" des Vertrags genannt. Mehr zum Begriff vgl. *Leser*, Rücktritt, S. 59.

[1097] Vgl. unten, § 9.III.2.a.

[1098] Zum EKG LG Hamburg 14.05.1984 bei *Schlechtriem/Magnus*, Internationale Rechtsprechung zu EKG und EAG, Art. 79, Nr. 5.

[1099] Vgl. BGH, NJW 1997, S. 3311, 3312.

[1100] Zum EKG LG Bochum 05.04.1978 bei *Schlechtriem/Magnus*, Internationale Rechtsprechung zu EKG und EAG, Art. 79, Nr. 1.

[1101] Vgl. *Rudolf*, Kaufrecht der Export- und Importverträge, Art. 82, Rn. 3 und Art. 81, Rn. 8.

[1102] Vgl. *Rudolf*, Kaufrecht der Export- und Importverträge, Art. 81, Rn. 8.

durchführbar; der Käufer ist dort berechtigt, die Zahlung bis zur nachträglichen Lieferung einer mangelfreien Ware zu verweigern[1103].

Auch unabhängig von einem Verschuldenserfordernis muss der Käufer nach Art. 82 Abs. 1 CISG die Kaufsache in dem Zustand zurückgeben, in dem er sie erhalten hat[1104].

Folglich ist die Definition des Unmöglichkeitsbegriffs bei der Rückabwicklung gar nicht fraglich. Das gleiche kann man aber nicht sagen, wenn es sich dabei um die Definition des Wesentlichkeitsbegriffs handelt. Denn Art. 82 Abs. 1 CISG verlangt auch ohne weitere Bestimmungen, dass die zurüchzugenende Kaufsache im Wesentlichen unverändert sein muss.

Es stellt sich also die Frage, wie die Wesentlichkeit der Veränderung der zurückzugebenden Ware zu bestimmen ist, so dass das Recht auf Vertragsaufhebung dem Käufer endgültig zu entnehmen ist.

Ausgehend sowohl vom Text in der deutschen Übersetzung als auch von der englischen Originalfassung bemerkt man, dass die Formulierung der Vorschrift des Art. 82 Abs. 1 CISG für eine Identität des dortigen Begriffs der Wesentlichkeit mit diesem in Art. 25 CISG scheint zu sprechen.

Zur Klärung der Frage, ob das Merkmal „wesentlich" in Art. 82 Abs. 1 CISG auf Art. 25 CISG zurückgegriffen werden kann, ist aber vor allem der Sekretariatskommentar des Übereinkommens zu beiden Vorschriften herauszuziehen.

Im Sekretariatskommentar zu Art. 82 Abs. 1 CISG ist die Verschlechterung der Ware wesentlich, wenn es dem Verkäufer nicht mehr zuzumuten ist, die Ware als Äquivalent der ursprünglichen Lieferung zurückzunehmen[1105].

Im Sekretariatskommentar zu Art. 25 CISG wird die Definition der wesentlichen Vertragsverletzung in gleicher Weise vorgenommen: Nach dem Sinn des Artikels entgeht der vertragstreuen Partei „im wesentlichen" das, was sie nach dem Vertrag als Äquivalent zu ihrer Leistung hätte erwarten dürfen[1106].

Eine Parallele des Art. 25 CISG hinsichtlich der Wesentlichkeit der Verletzung der Pflicht zur Übergabe der Kaufsache an die Gegenpartei zu der oben behandelten Vorschrift ist also vorhanden. Der einzige Unterschied bei der Rückabwicklung des Vertrags im Vergleich mit seiner normalen Durchführung ist, dass es sich hier um die Sachübergabe an den Verkäufer zurück

---

[1103] Vgl. *Rudolf,* Kaufrecht der Export- und Importverträge, Art. 46, Rn. 13.

[1104] Vgl. Vgl. dazu *v. Caemmerer/Schlechtriem/Leser,* Art. 82, Rn. 9; *Schlechtriem,* Internationales UN-Kaufrecht, (2003), Rn. 324.

[1105] Vgl. Sekretariatskommentar, Art. 67, Anm. 3, Off. Rec. 58, "...that the change in condition of the goods must be of sufficient importance that it would no longer be proper to require the seller to retake the goods as the equivalent of that which he had delivered to the buyer...".

[1106] Vgl. Sekretariatskommentar, Art. 23, Anm. 3, Off. Rec. 26.

und nicht an den Käufer handelt. Die synallagmatische Verknüpfung der Leistungen wirkt auch im Rückabwicklungsverhältnis zwischen den Parteien fort[1107]. Denn wie bereits gesagt liegt die Begründung der Ausschlusslösung des Vertrags im gestörten Synallagma zwischen den Parteien[1108].

Die wesentliche Störung des Synallagmas führt nämlich dabei zu einer „Aufhebung der Aufhebungsberechtigung“[1109], oder mit anderen Worten zu einem Wegfall des Vertragsaufhebungsrechts, wie bei der normalen Durchführung des Vertrags die wesentliche Vertragsverletzung durch den Verkäufer zu der Berechtigung der Aufhebung.

Deshalb kann die Meinung nicht überzeugen, dass nur der Maßstab einer vernünftigen Person in der gleichen Lage nach Art. 8 Abs. 2 CISG für die Bestimmung der Wesentlichkeit der Veränderung der Kaufsache in Art. 82 Abs. 1 CISG entscheidend sein muss[1110].

Zwar ist die Konkretisierung der Wesentlichkeit der Sachveränderung nach objektiven Kriterien, wie das Urteil einer „vernünftigen Person in der gleichen Lage“ als Maßstab nicht ganz falsch, weil damit die Bestimmung dieses Begriffs nach subjektiven Vorstellungen der Parteien vermieden wird, und folglich wird damit vor einer Rechtsunsicherheit geschützt[1111]; damit soll hier aber nur die Frage beantwortet werden, wieviel schwer die Veränderung der zurückzugebenden Kaufsache ist, und nicht wie in Art. 25 CISG die Frage, wieviel schwer das vertragliche Synallagma zwischen den Parteien gestört wird, so dass dessen Aufrechterhaltung dem anderen Teil nicht mehr zugemutet werden kann.

Wie schon gezeigt wird diese Frage entsprechend den Verpflichtungen beantwortet, die die Parteien mit dem Vertrag übernommen haben[1112].

Man soll also wie im Rahmen des Art. 25 CISG, – wonach zur Bestimmung der Wesentlichkeit einer Vertragsverletzung auf den Vertrag abzustellen ist, damit man die Belastbarkeitsgrenze der Parteien und besonders des Käufers als Gläubigers der Pflicht zur Übergabe der Kaufsache ermitteln kann, – auch in Art. 82 Abs. 1 CISG hinsichtlich der Wesentlichkeit der Sachveränderung bei der Rückabwicklung auf den Vertrag abstellen, um feststellen zu

---

1107 Vgl. dazu auch *Staudinger/Magnus,* Art. 82, Rn. 7.

1108 Vgl. oben, § 8.I.2.a. und § 9.II.

1109 Zit. *Krebs*, Die Rückabwicklung, S. 94, um die wechselseitige Verknüpfung der Rückabwicklungspflichten zu betonen; vgl. dazu Sekretariatskommentar Art. 67, Anm. 3.

1110 Vgl. *Staudinger/Magnus,* Art. 82, Rn. 7; *v. Caemmerer/Schlechtriem/Leser,* Art. 82, Rn. 11; *Reinhart,* UN-Kaufrecht, Art. 82, Rn. 2; *Honsell/Weber*, Art. 82, Rn. 7.

1111 Vgl. *Staudinger/Magnus,* Art. 82, Rn. 7; *v. Caemmerer/Schlechtriem/Leser,* Art. 82, Rn. 11; *Hutter,* S. 158.

1112 Vgl. dazu oben, § 8.I.2.a.

können, ob der Verkäufer – als Gläubiger der Pflicht zur Rückgabe der Kaufsache – im Wesentlichen wiederbekommt, womit er nach dem aufzuhebenden Vertrag rechnen durfte.

Das wird auch mit dem Grundsatz begründet, dass der Käufer, soweit er zu einer Rückgabe der Ware in einem unveränderten Zustand nicht in der Lage ist, sich nach Art. 74 Satz 2 CISG schadensersatzpflichtig macht[1113]. Denn in dieser Vorschrift wird ausdrücklich betont, dass nur diejenigen Schäden ersatzfähig sind, die als Folge der Verletzung des Vertrags vorausgesehen werden können.

Folglich ist der Vertrag für die Störung des Äquivalenzverhältnisses zwischen den Parteien auch bei der Rückabwicklung maßgeblich.

Zum Herleiten dieses Ergebnisses kann die Berücksichtigung nicht hindern, dass das Rückabwicklungsverhältnis nach der Vertragsaufhebung oft mit Surrogaten der Ware und nicht nur mit der Kaufsache selbst durchgeführt wird[1114]. Zweck der Rückabwicklung im Unterschied zu der Kaufabwicklung ist die Wiedererlangung der Dispositionsfreiheit der Parteien. Diese wird entweder durch die Rückgabe der Kaufsache selbst oder mindestens durch die Rückgabe ihres Wertersatzes und der entsprechenden Vorteile verwirklicht. Die Rückgabe der Kaufsache in ihrem „Wesen" ist deshalb im Gegensatz zum Wortlaut des Art. 82 Abs. 1 CISG für die Verfolgung des Zwecks der Rückabwicklung nicht entscheidend[1115].

Aus der Maßgeblichkeit des Vertrags für die Bestimmung der Wesentlichkeit der Sachveränderung bei der Rückabwicklung ergibt sich auch, dass die normale Abnutzung der Ware nicht immer als unwesentlich und die übermäßige Anwendung nicht immer als wesentlich anzusehen sind.

Freilich spricht die normale Abnutzung grundsätzlich für eine unwesentliche Sachveränderung[1116]. Der Käufer ist dann verpflichtet, die Früchte sowie die Gebrauchsvorteile, die einer normalen Abnutzung der Kaufsache entsprechen, aus der Sache zu ziehen und seinem Vertragspartner nach Art. 84 Abs. 2 CISG zu erstatten.

Die normale Abnutzung der Ware ist aber für die Beurteilung der Wesentlichkeit ihrer Veränderung nicht entscheidend, sondern der Vertrag selbst, durch welchen die Erwartungen und die Belastbarkeitsgrenze des Verkäufers ausschließlich zu bestimmen sind[1117].

[1113] Vgl. *Piltz,* Internationales Kaufrecht, § 5, Rn. 397.
[1114] Vgl. *Honsell/Weber*, Art. 82, Rn. 6.
[1115] Vgl. unten, § 9.III.2.a.
[1116] Vgl. *Bianca/Bonell/Tallon*, Art. 82, Anm. 2.1.
[1117] Vgl. zu diesem Ergebnis führt schließlich *Staudinger/Magnus,* Art. 82, Rn. 5.

Deshalb soll der Verkäufer nur im Falle, dass es im Vertrag an anderen Anhaltspunkten fehlt, die normale Abnutzung der Kaufsache als entscheidend für die Wesentlichkeit ihrer Veränderung bei ihrer Rückgabe hinnehmen. Der Grund dafür ist, dass er eine solche Behandlung der Kaufsache üblicherweise erwarten kann[1118].

Nun ist auch die Ansicht abzulehnen, nach der man durch eine weitere Auslegung des Wesentlichkeitsmerkmals dem Käufer bereits bei „kleineren bzw. unwesentlichen“, aber vom Verkäufer nicht hinzunehmenden Beschädigungen der Kaufsache das Aufhebungsrecht nehmen will[1119].

Diese Meinung scheint zwar dem Grundprinzip des Übereinkommens zu entsprechen, Rückabwicklungen möglichst zu vermeiden. In Wirklichkeit passt sie jedoch nicht zu den Wertungen der Konvention, weil sie als Maßstab zur Bestimmung des Wesentlichkeitsbegriffs die subjektiven Vorstellungen der Parteien benutzt, was aber hier ausdrücklich abgelehnt wird.

Gemäß dieser Ansicht wäre also der Käufer gezwungen, an einem für ihn nachteiligen Vertrag festzuhalten, obwohl er selbst die Kaufsache nur unwesentlich verändert hat, weil der Verkäufer, der schon eine wesentliche Vertragsverletzung begangen hat, gegen die Aufhebung des Vertrags einwenden könnte, dass die mangelhafte Kaufsache nun erheblich verändert worden ist.

Bei der Rückabwicklung ist aber hinsichtlich der Bestimmung der Wesentlichkeit der Verletzung der Pflicht des Käufers zur Rückgabe der Kaufsache in unversehrtem Zustand auf den konkreten Vertrag abzustellen. Denn die Pflicht des Käufers zur Rückgabe der Ware nach der Aufhebung des Vertrags ist eine vertragliche Pflicht, die der Käufer schon beim Kaufabschluss übernommen hat.

b. Der maßgebliche Zeitpunkt für den Wegfall des Aufhebungsrechts

Wie oben gezeigt wurde, verliert der Käufer nach Art. 82 Abs. 1 CISG bei Unmöglichkeit der Rückgabe der Kaufsache in unversehrtem Zustand das Recht, die Vertragsaufhebung zu erklären.

Die Vorschrift bestimmt aber nicht ausdrücklich den maßgeblichen Zeitpunkt für den Wegfall dieses Rechts.

[1118] Dementsprechend soll der Verkäufer eine unerwartete Verbesserung immer hinnehmen, weil er dabei seine Leistung nicht nur im „Wesentlichen“ zurückbekommt, sondern sogar mehr. Vgl. dazu *Staudinger/Magnus*, Art. 82, Rn. 8; vgl. auch BGH, NJW 1997, S. 3311, 3312.

[1119] Vgl. *Ziegler*, S. 187; *Schlechtriem*, Internationales UN-Kaufrecht, (2003), Rn. 324.

Unproblematisch ist jedoch der Fall, dass die Rückgabe der Sache in unversehrtem Zustand vor der Aufhebungserklärung unmöglich wird. Denn der Käufer verliert in einem solchen Fall entsprechend dem Wortlaut der Vorschrift des Art. 82 Abs. 1 CISG sein Aufhebungsrecht endgültig.

Anders ist es, wenn die Rückgabe bis zur Aufhebungserklärung möglich war, aber infolge nachträglicher Ereignisse unmöglich geworden ist. Hier ist nämlich fraglich, ob das Aufhebungsrecht nachträglich und endgültig entfallen ist und besonders, ob es wiederaufleben kann, wenn zu einem späteren Zeitpunkt die Rückgabe der Kaufsache in unversehrtem Zustand wieder möglich wird.

Ausgehend davon, dass die Unmöglichkeit der Rückgabe der Kaufsache in unversehrtem Zustand als ein Problem der Gefahrverteilung zwischen den Kaufparteien behandelt wird[1120], ist anzunehmen, dass diese Fragen sich auch auf die Zuordnung der Transportgefahr während der Rücklieferung der Ware an den Verkäufer beziehen, die im Rahmen des UN-Kaufrechts ebenso wenig ausdrücklich geregelt ist[1121].

In diesen Fällen erscheint es sich also, sich um eine interne Lücke des Übereinkommens zu handeln, die nach allgemeinen Grundsätzen oder anderen Regeln der Konvention i. S. d. Art. 7 Abs. 2 CISG auszufüllen ist[1122].

Eine vorgeschlagene Lösung läuft im Wesentlichen darauf hinaus, den Käufer haften zu lassen, und ihm folglich das Aufhebungsrecht abzusprechen, wenn der Untergang oder die wesentliche Verschlechterung der Ware nach der Vertragsaufhebungserklärung seinem Verhalten in analoger Anwendung des Art. 82 Abs. 2 lit. a CISG zuzurechnen ist[1123].

Nach anderer Ansicht, die von der sog. „Absendungstheorie" ausgeht, ist jedoch gleichgültig, ob die Rückgabe der Sache in unversehrtem Zustand später unmöglich oder wieder möglich wird[1124]; dem Käufer ist das Aufhebungsrecht mit der Absendung der Aufhebungserklärung zuzuerkennen,

---

[1120] Vgl. dazu oben, § 9.II.2.

[1121] Vgl. *Rudolf*, Kaufrecht der Export- und Importverträge, Art. 82, Rn. 5.

[1122] Vgl. zum Unterschied zwischen internen und externen Lücken in *Karollus*, UN-Kaufrecht, S. 16; *Schlechtriem*, Internationales UN-Kaufrecht, (1996), Rn. 33. Hinsichtlich ersterer, die Fragen betreffen, die zwar in Regelungsbereich des UN-Kaufrechts fallen, dort aber nicht ausdrücklich entschieden werden, ist die Lösung den Grundsätzen bzw. den Vorschriften des Übereinkommens i. S. d. Art. 7 Abs. 2 CISG zu entnehmen. Der Rückgriff auf nationales Recht ist hier nur als ultima ratio zulässig. Für die Füllung der zweiten Kategorie von Lücken hingegen, die von vornherein nicht in den Regelungsbereich des Übereinkommens fallende Fragen betreffen, ist das nationale Recht nach Maßgabe des internationalen Privatrechts heranzuziehen.

[1123] Vgl. *Enderlein/Maskow/Strohbach*, Internationales Kaufrecht, Art. 82, Rn. 1.3. Zu einer Haftung des Rückgewährschuldners wegen Verletzung des Rückgewährverhältnisses vgl. auch *Herber/Czerwenka*, Art. 82, Rn. 3 und Art. 81, Rn. 15, 16; *Rudolf*, Kaufrecht der Export- und Importverträge, Art. 82, Rn. 5.

[1124] Vgl. *Staudinger/Magnus*, Art. 82, Rn. 10; *Honsell/Weber*, Art. 82, Rn. 9.

während es ihm nicht abgesprochen werden kann, auch wenn die Ware nach der Absendung der Aufhebungserklärung untergeht[1125]. Die Begründung dafür liegt in der Gestaltungswirkung der Aufhebungserklärung, die an einem späteren Unmöglichwerden der Vertragsaufhebung grundsätzlich nichts ändern darf. Deshalb wird im Zeitpunkt der Absendung der Aufhebungserklärung der Kaufvertrag automatisch in ein Rückabwicklungsverhältnis umgewandelt.

Doch ist keiner dieser Ansichten zuzustimmen.

Mit der Gestaltungswirkung der Aufhebungserklärung lässt sich schwer vereinbaren, dass ihre Gültigkeit von nachträglichen ungewissen Ereignissen abhängig ist[1126]. Deshalb ist nicht anzunehmen, dass das Aufhebungsrecht des Käufers rückwirkend entfallen kann, wenn er die Veränderung der Sache verursacht hat.

Aber auch die zweite Lösung bezüglich der Gestaltungswirkung der Vertragsaufhebungserklärung ab dem Zeitpunkt ihrer Absendung überzeugt nicht.

Mit dieser Ansicht kann man nicht entsprechend dem System des UN-Kaufrechts für die Bestimmung des Zeitpunkts der Unmöglichkeit der Rückgabe der Kaufsache in unversehrtem Zustand entscheiden, indem man diesen Zeitpunkt davon abhängig macht, dass die Gestaltungswirkung der Aufhebungserklärung automatisch mit ihrer Absendung eingetreten ist.

Eine solche Pauschalisierung steht offensichtlich dem Zweck der Rückabwicklung, nämlich der Wiederherstellung der Dispositionsfreiheit der Parteien, entgegen, weil der auf die Rechtsgestaltung der Aufhebungserklärung vertrauende Verkäufer schutzlos bleiben würde, wenn der Käufer ihm schließlich nur eine wesentlich veränderte Kaufsache zurückgeben würde, während der Verkäufer im Vertrauen darauf, dass er die Ware im ursprünglichen Zustand wiederbekommt, schon Vorbereitungen für ihre weitere Veräußerung oder anderweitige Verwendung getroffen hat. Es wäre also für ihn besonders ungerecht und ökonomisch unakzeptabel, wenn die Vertragsaufhebungserklärung des Käufers nach ihrer Absendung aufgrund nachträglicher Unmöglichkeit zur Rückgabe der Sache ungültig werden würde.

Es ist daher anzunehmen, dass die ganze Problematik nicht mit der Frage nach dem Zeitpunkt des Eintritts der Wirksamkeit der Vertragsaufhebungserklärung zu tun hat, sondern mit dem Zeitpunkt des Eintritts ihrer Bin-

---

[1125] Vgl. *v. Caemmerer/Schlechtriem/Leser,* Art. 82, Rn. 6; *Karollus*, UN-Kaufrecht, S. 149; *Reinhart,* UN-Kaufrecht, Art. 82, Rn. 3; *Ziegler*, S. 187; *Piltz,* Internationales Kaufrecht, § 5, Rn. 169; OLG Frankfurt RIW 1991, S. 952.

[1126] Vgl. *v. Caemmerer/Schlechtriem/Leser,* Art. 82, Rn. 13.

dungswirkung. Diese ist aber, wie oben dargelegt wurde[1127], nicht an den Zeitpunkt der Gestaltungswirkung der Erklärung bzw. ihrer Absendung anzuhängen, sondern an den Zeitpunkt der Kenntnisnahme oder der Kenntnismöglichkeit ihres Inhalts, die vermutlich zum Zeitpunkt des Zugangs an den Verkäufer erlangt werden kann.

Also wie hinsichtlich der Unwiderruflichkeit der Aufhebungserklärung ist das betätigte Vertrauen des Erklärungsempfängers auf die Wirksamkeit der Aufhebungserklärung schützenswert im Vergleich mit dem Interesse des Erklärenden, so dass diesem der Widerruf der Erklärung nach dem Zeitpunkt ihres Zugangs und spätestens ihrer Kenntnisnahme zu versagen ist, so ist auch hier das Vertrauen des Verkäufers auf das Wiederbekommen der Ware im ursprünglichen Zustand zu schützen. Dem Käufer ist also das Aufhebungsrecht nach dem Zeitpunkt des Zugangs der Aufhebungserklärung an den Verkäufer und spätestens nach dem Zeipunnkt der Kenntnisnahme ihres Inhalts nicht zu nehmen, wenn der zurückzugebende Kaufgegenstand nachträglich untergeht oder wesentlich verändert wird, und der Verkäufer sich auf die Wiederherstellung seiner Dispositionsfreiheit vorbereitet hat[1128].

Dementsprechend ist auch mit der Ansicht[1129] zuzustimmen, dass im Fall, in dem die Kaufsache nach der Absendung der Aufhebungserklärung wesentlich verändert wird oder gar untergeht, und der Verkäufer seinerseits sich auf die Aufhebungserklärung eingestellt hat, ein Schadensersatzanspruch dem Verkäufer gegen den Käufer unter der Annahme einer fiktiven Rückabwicklung zuzuerkennen ist, dessen Höhe sich an dem orientieren soll, was die Rückabwicklung dem Verkäufer eingebracht hätte[1130].

Die fiktive Rückabwicklung trotz der Unmöglichkeit zur Rückgabe der Kaufsache in unversehrtem Zustand wird mit dem Grundsatz von Treu und Glauben begründet, so dass einerseits das betätigte Vertrauen des Verkäufers auf die wiedererlangte Dispositionsfreiheit geschützt wird und andererseits der Käufer seine Aufhebungsberechtigung schließlich nicht verliert. Der Käufer hat dann anstelle der Ware Geldersatz zu leisten, obwohl die Rückabwicklung mittels Surrogaten im UN-Kaufrecht möglichst zu ver-

---

[1127] Vgl. oben, § 8.I.2.b.

[1128] Vgl. *v. Caemmerer/Schlechtriem/Leser,* Art. 82, Rn. 10; *Staudinger/Magnus*, Art. 82, Rn. 14; *Honsell/Weber*, Art. 82, Rn. 12; *Karollus,* UN-Kaufrecht, S. 149, *Piltz,* Internationales Kaufrecht, § 5, Rn. 169.

[1129] Vgl. *Honsell/Weber*, Art. 82, Rn. 13; *Staudinger/Magnus*, Art. 82, Rn. 15; *Herber/Czerwenka*, Art. 81, Rn. 15; *Karollus,* UN-Kaufrecht, S. 149.

[1130] Das bedeutet, dass der Schadensersatz i. S. d. Art. 74 ff. CISG auf das volle Interesse des Verkäufers an der Erfüllung des Rückgewähranspruches zu erstrecken ist, einschließlich des entgangenen Gewinns.

meiden ist[1131]. Von diesem Betrag ist aber der Betrag abzuziehen, den der Verkäufer als Ersatz für die Schäden verlangen kann, die er infolge der Verletzung seines Vertrauens auf die Bindungswirkung der Aufhebung und zwangsläufig auf seine wiedererlangte Dispositionsfreiheit erlitten hat[1132].
Gemäß der hier vertretenen Ansicht, dass die Bindungswirkung der Aufhebungserklärung immer entsprechend dem Grundsatz von Treu und Glauben zu dem Zeitpunkt eintritt, zu dem der Verkäufer im Vertrauen auf die Aufhebungserklärung und die Rückgabe der Ware seine wiedererlangte Dispositionsfreiheit betätigt hat, ist schließlich auch die Ansicht[1133] anzunehmen, dass der Käufer sein Recht auf Vertragsaufhebung nicht verliert, wenn die Rückgabe der Kaufsache nach der Absendung der Aufhebungserklärung durch eine Reparatur kurz außerhalb der angemessenen Frist des Art. 49 Abs. 2 lit. b CISG wieder möglich wird, und der Verkäufer sich auf die Aufhebungserklärung seines Vertragspartners eingestellt hat.
Überzeugend ist das Argument[1134], dass man dabei die Befugnis des Käufers zur Reparatur nicht leer laufen lassen darf, indem man fordert, dass die Möglichkeit zur Rückgabe der Kaufsache in unversehrtem Zustand strikt bei Abgabe der Aufhebungserklärung bestanden haben muss. Der Käufer darf sich die Kaufsache in längerem Zeitraum als der angemessenen Frist des Art. 49 Abs. 2 lit. b CISG reparieren lassen, so dass ihre Rückgabe in unversehrtem Zustand wieder möglich wird, wenn damit das betätigte Vertrauen des Verkäufers auf die Wiederherstellung seiner Dispositionsfreiheit geschützt wird. Denn der Verkäufer ist hier aufgrund seines Vertrauens darauf schutzbedürftig.
Daraus ergibt sich aber dann, dass der Käufer die Vertragsaufhebung auf eigene Gefahr erklärt: Wenn er zum Zeitpunkt der Kenntnis des Verkäufers vom Inhalt der Aufhebungserklärung die Kaufsache in unversehrtem Zustand nicht zurückgeben kann, kommt die Vertragsaufhebung nicht zustande. In einem solchen Fall hat der Käufer für die enttäuschten Erwartundgen des Verkäufers einzustehen.

[1131] Vgl. unten, § 9.III.2.a.i.
[1132] Vgl. *Honsell/Schönle*, Art. 74, Rn. 19.
[1133] Vgl. *Krebs*, Die Rückabwicklung, S. 102.
[1134] Vgl. das Beispiel bei *Krebs*, Die Rückabwicklung, S. 102.

c. Rückabwicklung trotz Unmöglichkeit der Rückgabe der Kaufsache in unversehrtem Zustand gem. Art. 82 Abs. 2 CISG – die Entreicherungsgefahr in den Ausnahmefällen des Art. 82 Abs. 2 CISG

Wie oben gezeigt worden ist, verliert der Käufer sein Recht auf Aufhebung des Vertrags, wenn er die Kaufsache, anders als in diesem Vertrag vorausgesetzt gebraucht hat und dann diese dem Verkäufer nicht mehr unversehrt zurückgeben kann.

In den Ausnahmefällen des Art. 82 Abs. 2 CISG bleibt aber die Vertragsaufhebung trotz der Veränderung der Ware zulässig, ohne dass der Käufer einen Ersatz dafür zu leisten braucht. Das gilt, wenn die Unmöglichkeit der Rückgabe nicht auf einer Handlung oder Unterlassung des Käufers beruht, oder wenn die Kaufsache infolge der Untersuchung im Rahmen der Erfüllung der entsprechenden Obliegenheit des Käufers nach Art. 38 CISG wesentlich verändert wird, oder schließlich, wenn die Ware ganz oder teilweise im normalen Geschäftsverkehr verkauft oder im Weg der normalen Verwendung verbraucht oder verarbeitet wird, bevor der Käufer die Vertragswidrigkeit entdeckt hat oder hätte entdecken müssen.

In diesen Fällen trägt der Verkäufer die Gefahr des zufälligen Untergangs bzw. der zufälligen Veränderung der Kaufsache. Der Käufer verbleibt berechtigt, den Vertrag aufzuheben, während seine Herausgabepflicht gem. Art. 84 Abs. 2 CISG nur auf die noch in seinem Vermögen vorhandenen Vorteile beschränkt wird.

Nun stellt sich die Frage nach der Zuordnung der Zufallsgefahr bzw. der Entreicherungsgefahr zwischen Käufer und Verkäufer im Falle, dass die aus der Kaufsache gezogenen Vorteile untergehen.

Nach überzeugender Ansicht[1135] ist der Verkäufer derjenige, der in Analogie zu der Risikoverteilung zwischen den Parteien in den Ausnahmefällen des Art. 82 Abs. 2 CISG auch die Gefahr des zufälligen Untergangs der zurückzugebenden Vorteile zu tragen hat[1136].

Art. 82 Abs. 2 CISG regelt also nicht nur die Gefahr- und die Risikoverteilung bei der Unmöglichkeit zur Rückgabe der Ware selbst, sondern auch die Verteilung der Entreicherungsgefahr zwischen den Kaufparteien bei der Unmöglichkeit zur Rückgabe der aus dieser Ware gezogenen Vorteile.

[1135] Vgl. *Krebs*, Die Rückabwicklung, S. 119.

[1136] Anders aber *Herber/Czerwenka*, Art. 84, Rn. 5; *Staudinger/Magnus,* Art. 84, Rn. 18; zum EKG *Beß*, S. 112; *Beinert,* Wesentliche Vertragsverletzung und Rücktritt, S. 98 Fn. 52.

Demgemäß ist der Käufer verpflichtet, den Gegenwert der aus der Kaufsache gezogenen Vorteile nur herauszugeben, wenn diese in seinem Vermögen noch vorhanden sind. Andernfalls kann er sich durch die Einrede der Entreicherung, die er nur in den Ausnahmefällen des Art. 82 Abs. 2 CISG erheben kann, von seiner Pflicht zur Vorteilsherausgabe befreien.

Das wird von der Regelung des Art. 84 Abs. 2 lit. b CISG über die Verpflichtung des Käufers zur Vorteilsherausgabe abgeleitet; daraus ergibt sich, dass die aus der Kaufsache gezogenen Vorteile der Substanz der Ware folgen[1137].

Zwar spricht der Wortlaut der Vorschrift des Art. 84 Abs. 2 lit. a CISG nicht dafür. Demgemäß hat der Käufer mit der Ware zusammen auch alle gezogenen Vorteile ohne die Entreicherungseinrede herauszugeben. Zu der gleichen Behandlung der Ware und der daraus gezogenen Vorteile hinsichtlich der Rückgabepflicht des Käufers kommt man aber durch Art. 82 Abs. 2 CISG an.

Also in den Ausnahmefällen des Art. 82 Abs. 2 i. V. m. Art. 84 Abs. 2 lit. b CISG, wonach die Aufhebung trotz der Unmöglichkeit zur Rückgabe der Sache zulässig ist, hat der Käufer an der Stelle der Kaufsache den Gegenwert der aus ihr gezogenen Vorteile zurückzugeben, die noch in seinem Vermögen vorhanden. Er hat keine Pflicht dagegen, den Gegenwert der aus der Ware gezogenen Vorteile zurückzugeben, die inzwischen untergegangen sind. Die gezogenen Vorteile folgen der Substanz der Kaufsache. Der Käufer kann die Entreicherungseinrede erheben, falls diese Vorteile in seinem Vermögen nicht mehr vorhanden sind.

Dieses Ergebnis entspricht dem Grundgedanken des Übereinkommens, dass das Risiko derjenige tragen muss, der die Vorteile der Sache schließlich bekommt. Wenn dem Käufer die Vorteile nicht verbleiben, soll nicht dieser mit der Gefahr ihres zufälligen Untergangs oder ihrer Verschlechterung belastet werden, sondern der Verkäufer[1138].

Aus der Gefahr- und Risikoverteilung zwischen den Vertragsparteien nach diesen Ausnahmeregeln folgt also, dass ihr eigentlicher Zweck nicht die Erhaltung des Aufhebungsrechts des Käufers in diesen besonderen Fällen ist. Vielmehr wird darauf abgezielt, die Abwälzung der dem Käufer entstehenden wirtschaftlichen Nachteile auf den Verkäufer zuzulassen, wenn der letztere sein Recht auf Verlangen der Rückgabe des Restitutionsgegenstandes bzw. des Gegenwerts aller aus der Ware gezogenen Vorteile durchsetzen kann.

[1137] Vgl. dazu unten, § 9.III.2.a.

[1138] Vgl. das Beispiel bei *Krebs*, Die Rückabwicklung, S. 119.

Im Folgenden werden die Fälle des Art. 82 Abs. 2 CISG im Einzelnen untersucht.

i. Unmöglichkeit der Rückgabe der Kaufsache in unversehrtem Zustand, die nicht auf einer Handlung oder einem Unterlassen des Käufers beruht

Nach Art. 82 Abs. 2 lit. a CISG bleibt der Käufer trotz der Unmöglichkeit der Rückgabe der Kaufsache in unversehrtem Zustand berechtigt, die Aufhebung des Vertrags zu erklären, wenn die Unmöglichkeit nicht auf seiner „Handlung oder Unterlassung" beruht.
Diese Vorschrift ist zugleich die wichtigste und problematischste unter den Ausnahmefällen des Art. 82 Abs. 2 CISG.
Wichtig ist sie, weil sie die Gefahrtragung zwischen den Parteien hier ganz anders als im Stadium der Kaufabwicklung regelt: Während nämlich bei der Abwicklung des Kaufvertrags das Risiko des zufälligen Untergangs nach Art. 66 CISG dem Käufer auferlegt wird, solange die Veränderung der Kaufsache nach dem Gefahrübergang nicht auf eine Handlung oder Unterlassung des Verkäufers zurückzuführen ist, ist dagegen der Verkäufer nach Art. 70 CISG derjenige, der die Zufallsgefahr bei der Rückabwicklung des Vertrags zu tragen hat, solange die Rückgabe der Ware in unversehrtem Zustand aufgrund einer nicht dem Käufer zurechenbaren Handlung oder Unterlassung unmöglich wird.
Der Grund dieser unterschiedlichen Gefahrverteilung zwischen den Kaufparteien bei der Kauf- und Rückabwicklung liegt im besonderen Ziel, das bei der Rückabwicklung verfolgt wird:
Nach der herrschenden Meinung[1139] handelt es sich hier um eine Umwandlung des Vertrags in ein Abwicklungsverhältnis, wobei die beiden Vertragsparteien gleich behandelt werden sollen, um ihre Dispositionsfreiheit wiederzuerlangen. Das wird nur durch die Beseitigung der unmittelbar an die Leistung anknüpfenden Folgen erreicht. Eine dieser Folgen ist offen-

---

[1139] Vgl. *v. Caemmerer/Schlechtriem/Leser,* Art. 81-84, Rn. 8; *Enderlein/Maskow/Strohbach,* Internationales Kaufrecht, Art. 81, Rn. 1; *Reinhart,* UN-Kaufrecht, Art. 81, Rn. 2; *Kappus,* Rechtsvergleichende Aspekte zur Vertragsaufhebung wegen Sachmangels nach UN-Kaufrecht, RIW 1992, S. 533; *Diedrich,* Anmerkung zu OLG Frankfurt a. M., RIW 1995, S. 13; *Piltz,* Internationales Kaufrecht, § 5, Rn. 285 und 396; *Schlechtriem,* Internationales Kaufrecht, (2003), Rn. 330; *Staudinger/Magnus,* Art. 81, Rn. 2; *Rudolf,* Kaufrecht der Export- und Importverträge, Art. 81, Rn. 2.

sichtlich der Gefahrübergang[1140]. Daher ist hier die Dispositionsfreiheit des Käufers durch das Rückspringen der Gefahr auf den Verkäufer erreicht. Damit hat der Käufer als die vertragstreue Partei die Haftung für die Veränderung der Sache nur im Rahmen seines Verantwortungsbereichs zu tragen, während der Verkäufer als die vertragsuntreue Partei außer mit den Risiken seines Verhaltens auch mit den Zufallsrisiken belastet wird.

Problematisch ist auch die Vorschrift des Art. 82 Abs. 2 lit. a CISG, weil die Formulierung „Unmöglichkeit, die auf einer Handlung oder Unterlassung des Käufers beruht", zwar seinen bestimmten Verantwortungsbereich betrifft, jedoch der Auslegung bedarf, um eine drohende, hier uferlose Kausalität zu Lasten des Käufers zu vermeiden.

Ein Verweis auf die Kausalkette im Äquivalenzsinn hilft dabei nicht[1141]. Es genügt auch nicht, dass der Käufer zur Veränderung der Sache irgendwie beigetragen hat[1142]. Andererseits kann man mit der Formulierung, dass die Vertragsaufhebung möglich bleibt, wenn der Untergang oder die Verschlechterung der Ware auf einer Handlung oder Unterlassung des Verkäufers beruht, auch nichts gewinnen. Mit einem solchen Argument kommt man zur falschen Schlussfolgerung, dass das Zufallsrisiko beim Käufer verbleibt, was durch den Wortlaut des Art. 82 Abs. 2 lit. a CISG und des Art. 70 CISG ausdrücklich abgelehnt wird.

Trotzdem kann man daraus schließen, dass die Bestimmung des Verantwortungsbereichs des Verkäufers für die Konkretisierung der Verantwortungsbereichs des Käufers nützlich sein kann, weil man dadurch die Handlungen oder Unterlassungen, für die der Käufer einzustehen hat, von anderen abgrenzen kann. Daher soll man mit der Bestimmung des Verantwortungsbereichs des Verkäufers beginnen, um schließlich zu dem Verantwortungsmaßstab für den Käufer zu kommen, gemäß dem Handlungen oder Unterlassungen diesem ohne die Gefahr einer uferlosen Kausalität zugerechnet werden können.

Der Verkäufer haftet also für seine vertragswidrigen Handlungen oder Unterlassungen, die er vor, nach[1143] oder gegen die Erfüllung des Vertrags begeht. Der Maßstab für seine Verantwortlichkeit ergibt sich aus dem Vertrag selbst und aus den Umständen des Vertragsabschlusses. Es handelt sich nämlich um einen „vertragsbezogenen" Haftungsmaßstab, gemäß dem der Verantwortungsbereich des Verkäufers bestimmt wird: Der Verkäufer haf-

---

[1140] Vgl. *Leser,* Der Rücktritt, S. 53.

[1141] Vgl. *Soergel/Lüderitz*, Art. 82, Rn. 2.

[1142] Vgl. entsprechende Beispiele in *Krebs*, Die Rückabwicklung, S. 104.

[1143] Eine Pflicht nach der Erfüllung des Vertrags, für die Verletzung deren der Verkäufer haftet, ist die Produktbeobachtungspflicht, vgl. dazu *Krebs*, Die Rückabwicklung, S. 105.

tet nur für ein Verhalten, mit dem er gegen seine nach dem Inhalt des Kaufvertrags Pflichten verstößt.

Die einzige Frage, die sich dann hier stellt, ist diese nach dem nötigen Zusammenhang zwischen dem vertragswidrigen Verhalten des Verkäufers und dem Schaden bzw. der Veränderung der Ware, der jedes Mal bestehen muss, damit man die Pflichtverletzung von anderen Handlungen, für die der Verkäufer nicht einzustehen hat, abgrenzen kann.

Diesen Zusammenhang kann man mit der Hilfe der Voraussehbarkeitsregel des Art. 74 Satz 2 CISG bestimmen, wonach die vertragsbrüchige Partei unter Berücksichtigung der besonderen Umstände des Einzelfalls den Umfang des Schadens voraussehen kann.

Nach der h. L.[1144] geht es bei der Voraussehbarkeitsregel nicht lediglich um eine empirische Wahrscheinlichkeitsfeststellung, sondern um die Prüfung einer vernünftigen Risikoverteilung nach Maßgabe des konkreten Vertrags. Ausgehend davon kann man also die nötigen Grenzen des Verantwortungsbereichs des Verkäufers auch nach dem Vertrag festsetzen. Denn demgemäß kann man nur dasjenige schädigende Verhalten des Verkäufers als Ursache der Veränderung der Kaufsache bewerten, das vom vertraglich vereinbarten Schutzzweckbereich der verletzten Pflicht erfasst wird[1145].

Maßgeblich also für die Bestimmung des Verantwortungsbereichs des Verkäufers ist der konkrete Vertrag als Ausdruck eines Pflichtenprogramms. Anhand dessen können diejenigen Pflichtverletzungen des Verkäufers identifiziert werden, die als Ursache des Schadens in einem direkten Zusammenhang mit dem Untergang oder der Beschädigung der Kaufsache stehen.

Im Gegensatz zum Verantwortungsbereich des Verkäufers, dessen Bestimmung nach einem vertragsbezogenen Maßstab erreicht wird, können die Veränderungen der Ware, die dem Käufer zuzurechnen sind, nicht als seine Pflichtverletzungen charakterisiert werden. Nach der Abnahme der Kaufsache und dem Gefahrübergang ist die einzige Pflicht des Käufers bezüglich der Ware nach Art. 86 Abs. 1 CISG alle angemessenen Maßnahmen zu ihrer Erhaltung im ursprünglichen Zustand zu treffen, wenn er beabsichtigt, sein bestehendes Aufhebungsrecht auszuüben[1146]. Ansonsten kann der Käufer die Ware entsprechend dem von ihm gewählten Gebrauch beliebig be-

---

[1144] Vgl. *Schlechtriem/Stoll*, Art. 74, Rn. 36; *Karollus,* UN-Kaufrecht, S. 217; *Staudinger/Magnus*, Art. 74, Rn. 35; *Faust,* Die Vorhersehbarkeit des Schadens, S. 34.

[1145] Vgl. *Schlechtriem,* Voraussehbarkeit und Schutzzweck der verletzten Pflicht als Kriterium der Eingrenzung des ersatzfähigen Schadens im deutschen Recht, FS zum 30-jährigen Jubiläum des Instituts für Rechtsvergleichung der Waseda Universität, S. 505-518; besonders hinsichtlich der Auslegung der Voraussehbarkeitsregel in Art. 74 S. 2 CISG vgl. unten, § 11.I.2.c.i.

[1146] Vgl. dazu unten, § 9.IV.1.

handeln. Niemand kann ihm vorschreiben, wie er die Sache zu gebrauchen hat. Er ist dem Verkäufer gegenüber auch nicht zu einer sorgfältigen Behandlung dieser Sache verpflichtet.
Die Frage, die hier weiterbesteht, ist also, nach welchen Kriterien man den Risikobereich des Käufers bestimmen kann, wenn er nach dem Übereinkommen nur für Handlungen oder Unterlassungen verantwortlich ist, die gegen seine Pflicht zur Erhaltung der Ware im Fall verstoßen, in dem er beabsichtigt, den Vertrag aufzuheben.
Ein vertragsbezogener Haftungsmaßstab für einen Gebrauch der Sache durch den Käufer ist wie gesagt nicht anzunehmen.
Es ist aber auch die Meinung abzulehnen, dass der Käufer nur für solche Beeinträchtigungen der Ware verantwortlich ist, die einen übermäßigen Gebrauch darstellen[1147].
Man kann hier überzeugend das Gegenargument anführen[1148], dass ein übermäßiger Gebrauch auf keinen Fall für die Verantwortung des Käufers entscheidend sein kann, weil die Konvention schon in den Ausnahmefällen des Art. 82 Abs. 2 lit. c CISG die Vertragsaufhebung trotz der Unmöglichkeit zur unversehrten Rückgabe der Sache aufgrund ihrer Verarbeitung oder ihres Verbrauchs erlaubt, sofern der Käufer den mangelhaften Zustand der Sache noch nicht entdeckt hat. Der Grund für die privilegierte Behandlung des Käufers durch diese Vorschrift ist, wie im Folgenden erklärt wird[1149], sein guter Glaube, dass er eine mangelfreie Sache zur Integration in sein Vermögen bekommen hat. Der Zeitpunkt der Mangelentdeckung bzw. der Mangelkenntnis ist für das Erhalten des Aufhebungsrechts entscheidend und nicht der Gebrauch der Ware selbst. Daher kann ein übermäßiger Gebrauch der Kaufsache dem Käufer nicht schaden, wenn er gutgläubig ist.
Andererseits ist ein normaler bzw. sorgfaltsgemäßer Gebrauch des zurückzugewährenden Gegenstandes grundsätzlich zulässig und geboten. Das bedeutet, dass grundsätzlich nur solche Handlungen oder Unterlassungen des Käufers bei der Benutzung der Kaufsache in seinen Verantwortungsbereich fallen, die gegen einen Sorgfaltsmaßstab verstoßen[1150]. Mit einem sorgfältigen Gebrauch der Kaufsache kann der Käufer auch seine einzige vertragliche Pflicht zur Erhaltung der Ware nach Art. 86 Abs. 1 CISG erfüllen.

[1147] Vgl. *Karollus*, UN-Kaufrecht, S. 150; *Schlechtriem*, Internationales UN-Kaufrecht, (2003), Rn. 327.
[1148] Vgl. *Ziegler*, S. 189, der auf Art. 82 Abs. 2 lit. c CISG weist, um die Ansicht abzulehnen, dass der übermäßige Gebrauch der Kaufsache für den Ausschluss der Vertragsaufhebung entscheidend ist.
[1149] Vgl. dazu unten, § 9.II.2.c.iii.
[1150] Vgl. *Bianca/Bonell/Giardina*, Art. 82, Anm. 4.

Hier aber stellt sich ein anderes Problem: Es fragt sich nämlich, welcher Maßstab für die Sorgfaltswidrigkeit gelten soll, wenn der Käufer generell nicht zu einer sorgfaltsgemäßen Behandlung der Kaufsache nach dem Vertrag verpflichtet ist.

Hinsichtlich der Sorgfaltswidrigkeit wird meistens von einem Verstoß gegen die „eigenübliche Sorgfalt", von einem Verstoß gegen das Interesse einer vernünftigen Person an der Erhaltung der Ware[1151] oder von einem Verschulden gegen sich selbst[1152] gesprochen.

Alle diesen Ansichten sind aber abzulehnen:

Man kann von einem allgemein üblichen Gebrauch der Sache nicht sprechen, weil hier eine vertragliche Abrede zwischen den Parteien besteht[1153]. Eine Sachveränderung kann man nicht unabhängig vom Vertrag bewerten. Der Maßstab der „eigenüblichen Sorgfalt" oder anders genannt der „diligentia quam in suis" orientiert sich an subjektiven Sorgfaltskriterien und ist deshalb als ein Unsicherheiten schaffender Verantwortungsbegriff zu verneinen.

Das gleiche gilt für das „Verschulden gegen sich selbst" oder – anders definiert – die zurechenbare Nachlässigkeit in eigenen Angelegenheiten als Haftungsmaßstab des Verantwortungsbereiches des Käufers[1154]. Hier geht es um eine über das typische Risiko hinausgehende Gefahr, deren Bestimmung nach objektiven Kriterien erfolgt[1155]. Deshalb ist er als ein objektiver Haftungsmaßstab des Käufers dem subjektiven Maßstab der „eigenüblichen Sorgfalt" in besonderen Fällen vorzuziehen[1156]; er ist aber als Haftungsmaßstab für die Verletzung des sorgfältigen Gebrauchs der Kaufsache vom Käufer bei der Rückabwicklung des Kaufverhältnisses nicht anzunehmen. Denn hier soll man sich nicht nur auf objektiven Kriterien beruhen, um schließlich das Verhalten des Käufers aufgrund der Sachveränderung als sorgfaltwidrig zu beurteilen, sondern soll man auch die subjektive Interessenverteilung zwischen den Kaufparteien berücksichtigen, die im Vertrag ausgedrückt wird.

Weiter überzeugt es auch nicht, wenn die „übliche Sorgfalt" nach dem Maßstab einer vernünftigen Person i. S. d. Art. 8 Abs. 2 CISG bestimmt wird.

Dem Lösungsansatz, die Sorgfalt, die vernünftigerweise eine Person unter den gleichen Umständen zeigen muss, als Haftungsmaßstab für die Be-

---

[1151] Vgl. *Hager,* Die Gefahrtragung beim Kauf, S. 164.
[1152] Vgl. *v. Caemmerer/Schechtriem/Eberstein*, Art. 86, Rn. 11.
[1153] Vgl. *Ziegler,* S. 189.
[1154] Vgl. BGHZ 3, S. 46, 49; 9, S. 316, 318.
[1155] Vgl. *MünchKomm/Oetker*, § 254, Rn. 35.
[1156] Vgl. *Herold,* Das Rückabwicklungsschuldverhältnis, S. 136 ff.

stimmung des Risikobereichs des Käufers anzuwenden, kann nicht gefolgt werden, denn hier geht es nicht um objektive Sorgfaltskriterien, nach denen das Verhalten des Käufers beurteilt wird, sondern um vertragsbezogene Kriterien, nach denen entschieden wird, ob der Käufer die Risiken für sein Verhalten zu tragen hat oder nicht.

Dafür sprechen die Vorschriften der Konvention in Art. 82 Abs. 2 lit. b und c CISG.

Diese Vorschriften schildern ausdrücklich die typischen Fälle eines vertragsgemäßen Umgangs mit der Sache, wobei dem Käufer das Aufhebungsrecht trotz der wesentlichen Veränderung der Ware nicht genommen wird. Mit anderen Worten wird dabei betont, dass sich die Risikoverteilung zwischen den Parteien unabhängig vom Vertrag nicht gerecht beurteilen lässt. Der Käufer verliert also im Fall des Art. 82 Abs. 2 lit. b CISG trotz der wesentlichen Veränderung der Ware sein Aufhebungsrecht nicht bzw. der Verkäufer hat das Risiko der Sachveränderung zu tragen, weil er mit der Veränderung der Ware infolge ihrer Untersuchung, zu der typischerweise der Käufer nach dem Vertrag verpflichtet ist, rechnen musste. Die Sorgfalt beim Umgehen mit der Kaufsache, die der Käufer nach dem Maßstab einer vernünftigen Person unter den gleichen Umständen zeigen muss, ist hier gleichgültig. Der Verkäufer hat nur die Risiken für Handlungen oder Unterlassungen des Käufers zu tragen, mit denen er nach dem Maßstab des Vertrags rechnen kann, und nicht für ein Verhalten seines Partners, das nach dem vagen Sorgfaltsmaßstab einer vernünftigen Person in der gleichen Lage gem. Art. 8 Abs. 2 CISG beurteilt wird. Für ein solches Verhalten haftet ausschließlich der Käufer.

Auch im Fall des Art. 82 Abs. 2 lit. c CISG verliert der Käufer sein Recht auf Vertragsaufhebung trotz der Unmöglichkeit zur Rückgabe der Kaufsache im unversehrten Zustand nicht bzw. hat der Verkäufer das Risiko des Unvermögens des Käufers zu tragen, wenn die Kaufsache sich wegen ihres mangelhaften Zustands bei dem im normalen Geschäftsverkehr Verkauf, Verarbeitung oder Verbrauch wesentlich verändert, bevor der Käufer sie ordnungsgemäß untersucht und die Vertragswidrigkeit entdeckt. Denn der Verkäufer, der eine wesentlich mangelhafte Ware geliefert hat, muss dabei mit ihrer Veränderung rechnen, wenn die Untersuchng der Ware infolge einer nach dem Vertrag erforderlichen Beförderung, Umleitung oder Verarbeitung aufgeschoben wird.

Dass der Haftungsmaßstab für die Bestimmung des Risikobereichs des Käufers vertragsbezogen ist bzw. der Verantwortungsbereich des Käufers nach dem Vertrag bestimmt wird, ergibt sich auch aus unseren Ausführungen hinsichtlich der Bestimmung des Begriffs der wesentlichen Veränderung der Kaufsache nach Art. 82 Abs. 1 CISG[1157].

Dort haben wir gesagt, dass der Käufer trotz der Sachveränderung den Vertrag nur aufheben kann, wenn der Verkäufer nach dem konkreten Vertrag mit dieser Veränderung der Sache rechnen musste, denn nur dann ist die Sachveränderung nicht wesentlich und als solche hindert den Käufer nicht, sein Aufhebungsrecht auszuüben. Der Käufer darf also die Nachteile seines Verhaltens auf den Verkäufer abwälzen, wenn dieser gemäß dem Vertrag damit rechnen muss[1158].

Trotzdem kann man nicht ohne weiteres von einem vertragsbezogenen Haftungsmaßstab für den Käufer gleichermaßen wie für den Verkäufer, ausgehen. Es ist nicht zu vergessen, dass der Käufer zu keinem vertragsgemäß gedachten Sachgebrauch verpflichtet ist.

Der Verantwortungsbereich des Käufers ist zwar nach dem Vertrag zu bestimmen, wie gezeigt wurde, es ist aber noch zu ermitteln, aus welcher Vorschrift des Übereinkommens als rechtliche Grundlage sich dies ergeben kann.

Im Bezug darauf schlagen einige Autoren als rechtliche Grundlage Art. 79 CISG vor[1159]. Demgemäß ist die Risikosphäre des Käufers entsprechend der Lehre von den Einflussbereichen zu bestimmen. Wenn die Beschädigung der Ware für den Käufer nicht voraussehbar oder vermeidbar ist, dann sei sie außerhalb seiner Einflusssphäre und dürfe ihm also nach Art. 79 CISG nicht zugerechnet werden.

Aus den schon oben dargelegten Gründen kann dieser Vorschlag aber nicht überzeugen. Die Lehre von den Einflussbereichen findet nur im Rahmen der Übernahme einer Garantiehaftung durch den Schuldner zur Erfüllung einer Vertragspflicht Anwendung. Bei der Kaufabwicklung hat der Käufer hingegen gegenüber dem Verkäufer keine Pflicht zu sorgfaltsgemäßem Gebrauch der Ware übernommen. Im Gegenteil, weil er bis zur Entdeckung der Vertragswidrigkeit der Kaufsache noch nicht mit ihrer Rückgabe rechnen muss, darf er sich bis zu diesem Zeitpunkt „riskanter" verhalten als ein Schuldner, der eine Garantie übernommen hat[1160].

Allerdings ist das Gebrauchsverhalten des Käufers auf keinen Fall als ein risikoerhöhendes Verhalten zu verstehen. Wie gesagt soll der Käufer die Ware gemäß dem Vertrag gebrauchen und zugleich alle nötigen und ihm

---

[1157] Vgl. oben, § 9.II.2.a.

[1158] Vgl. auch bezüglich des Umfangs des Schadensersatzes *MünchKomm/Huber*, Art. 74, Rn. 32.

[1159] Vgl. *v. Caemmerer/Schlechtriem/Leser,* Art. 82, Rn. 20; *Leser,* Der Rücktritt, S. 246 f.; *Herber/Czerwenka*, Art. 82, Rn. 6; *Hutter*, S. 158; *Staudinger/Magnus*, Art. 82, Rn. 19; *Bianca/Bonell/Tallon*, Art. 82, Anm. 2.2.

[1160] Vgl. *Bianca/Bonell/Tallon*, Art. 82, Anm. 2.2.

möglichen Maßnahmen zu ihrer Erhaltung ergreifen. Sein Verhalten soll nämlich seiner Pflicht zur Erhaltung der Kaufsache nach Art. 86 Abs. 1 CISG entsprechen.

Diese Pflicht soll aber entgegen seinem Wortlaut nicht nur gelten, wenn der Käufer die Vertragsaufhebung beabsichtigt, sondern auch schon ab dem Zeitpunkt der Entdeckung der Vertragswidrigkeit, ab welchem er eventuell berechtigt ist, den Vertrag aufzuheben[1161]. Denn der Käufer hat die Pflicht zur Erhaltung der Ware nicht nur, wenn er sich schon endgültig für ihre Zurückweisung durch die Vertragsaufhebung entschieden hat. Ein Schutzbedürfnis besteht vielmehr schon zum Zeitpunkt, zu dem er die Zurückweisung als eine von mehreren Alternativen in Erwägung zieht. Dieser Zeitpunkt ist freilich der Zeitpunkt der Mangelentdeckung.

Dafür spricht die Vorschrift des Art. 82 Abs. 2 lit. c CISG, wonach die Verarbeitung oder der Verbrauch der Kaufsache im normalen Verkehr bis zur Entdeckung des Mangels dem Käufer nicht schaden. Nach diesem Zeitpunkt ist der übermäßige Gebrauch der Ware bzw. ihr Verbrauch oder ihre Verarbeitung nicht mehr zulässig.

Der Käufer hat also die Verpflichtung, ab dem Moment der Mangelentdeckung bzw. Untersuchung die Kaufsache nach dem Vertrag zu behandeln, so dass er später die evtl. Aufhebung des Vertrags durch die Rückgabe der Ware in unversehrtem Zustand ausüben kann.

Für die Zeit vor der Entdeckung des Sachmangels, wo der Käufer noch keine Ahnung vom mangelhaften Zustand der Ware hat und deshalb in gutem Glauben mit dieser umgeht, hält der Gesetzgeber ihn für schutzbedürftig. Die wesentliche Veränderung der Kaufsache in diesem Zeitraum schaden dem Käufer deshalb in Analogie zur Vorschrift des Art. 82 Abs. 2 lit. c CISG nicht.

Der Käufer trägt innerhalb des Zeitraums vor der Mangelenzdeckung noch die Zufallsgefahr, die er mit der Übergabe der Ware übernommen hat. Ein Rückspringen der Gefahr auf den Verkäufer ist erst mit der Feststellung des Mangels denkbar. Das hat aber wenig praktische Bedeutung, weil der Zeitraum, wo der Käufer den Mangel der Sache noch nicht entdeckt hat und sie folglich gutgläubig übermäßig gebrauchen darf, aufgrund seiner Obliegenheit, die Sache nach Art. 38 Abs. 1 CISG möglichst rasch zu untersuchen, kurz ist. Außerdem ist ein Gebrauch der Kaufsache vor ihrer Untersuchung im internationalen Handel schwierig vorstellbar.

[1161] Vgl. *v. Caemmerer/Schlechtriem/Eberstein,* Art. 86, Rn. 9; *Schlechtriem/Bacher,* Art. 86, Rn. 7; *Honnold,* Uniform Law, Rn. 458.

ii. Unmöglichkeit der Rückgabe der Kaufsache in unversehrtem Zustand infolge der in Art. 38 CISG vorgesehenen Untersuchung

Dass der Käufer mit den Nachteilen von Handlungen oder Unterlassungen nicht belastet werden soll, mit denen der Verkäufer nach dem Vertrag rechnen musste, wird vor allem durch Art. 82 Abs. 2 lit. b CISG bestätigt, wonach der Käufer den Vertrag trotz der Unmöglichkeit zur Rückgabe der Kaufsache in unversehrtem Zustand aufheben kann, wenn sie infolge ihrer Untersuchung verändert worden ist.

Der Käufer hat nach Art. 38 CISG die Pflicht, in möglichst kurzer Frist und auf geeignete Weise die Ware zu untersuchen, so dass etwaige Mängel offenbart werden[1162]. Soweit die Untersuchung allen Anforderungen des Art. 38 CISG entspricht, darf der Untergang oder die Beschädigung der Ware infolge der Erfüllung dieser vertraglichen Obliegenheit des Käufers ihm nicht zum Nachteil gereichen[1163]. Die Veränderung der Kaufsache ist dann nicht als wesentlich i. S. d. Art. 82 Abs. 1 CISG anzusehen und kann folglich nicht das Entfallen des Aufhebungsrechts des Käufers begründen; denn der Verkäufer musste mit ihr rechnen.

Selbstverständlich ist der Käufer auch dann vom Risiko der wesentlichen Sachveränderung entlastet und verliert sein Aufhebungsrecht nicht, wenn die Sache aufgrund ihres Mangels bei der Untersuchung beschädigt wird. Denn dabei handelt es sich um eine typische Warenveränderung infolge ihres mangelhaften Zustands, mit der der Verkäufer zu rechnen hat.

Nach einer Meinung[1164] ist sogar in solchen Fällen, sich direkt auf Art. 82 Abs. 2 lit. a CISG zu berufen, wonach die Unmöglichkeit zur Rückgabe der Sache in unversehrtem Zustand nicht auf ein Verhalten des Käufers beruhen muss. Denn hier wird die Kaufsache nicht infolge eines Verhaltens des Käufers verändert, sondern infolge einer vertragswidrigen Handlung des Verkäufers, der Lieferung einer mangelhaften Ware.

[1162] Vgl. dazu oben, § 4.I.2.

[1163] Vgl. dazu auch *v. Caemmerer/Schlechtriem/Leser*, Art. 82, Rn. 22; *v. Caemmerer/Schlechtriem/Schwenzer,* Art. 38, Rn. 11; *Herber/Czerwenka,* Art.82, Rn. 8 und Art. 38, Rn. 5; *Loewe,* Internationales Kaufrecht, S. 99; *Karollus,* UN-Kaufrecht, S. 151; *Hutter*, S. 159; *Staudinger/Magnus*, Art. 38, Rn. 28.

[1164] Vgl. dazu *Krebs*, Die Rückabwicklung, S. 113, 114.

iii. Unmöglichkeit der Rückgabe der Kaufsache in unversehrtem Zustand aufgrund Verkaufs, Verbrauchs oder Verarbeitung im normalen Verkehr

Mit der letzten Ausnahme des Art. 82 Abs. 2 lit. c CISG wird eine Vorschrift in das Übereinkommen eingeführt, deren Zweck ausdrücklich der Schutz des gutgläubigen Käufers ist[1165].

Der Käufer darf, bevor er die Mangelhaftigkeit der Kaufsache entdeckt hat oder hätte entdecken müssen[1166], diese im normalen Geschäftsverkehr verkaufen, verbrauchen oder verarbeiten, ohne befürchten zu müssen, dass er dadurch sein Aufhebungsrecht wegen ihrer wesentlichen Veränderung verliert.

Ausgehend davon, dass Art. 86 Abs. 1 CISG dem Käufer vor der Ausübung seines Zurückweisungsrechts bzw. ab dem Zeitpunkt der Mangelentdeckung die Pflicht zur Erhaltung der Kaufsache auferlegt hat[1167], trifft Art. 82 Abs. 2 lit. c CISG eine Ausnahmeregelung insofern, als der Käufer von der Verantwortung für sein eigenes Handeln für die Zeit zwischen Gefahrübergang und Entdeckung der Vertragswidrigkeit der Sache entlastet wird. In diesem Zeitraum muss er keine Kenntnis von der Mangelhaftigkeit der Kaufsache haben und daher ist als gutgläubig schutzbedürftig.

Ab dem Zeitpunkt der Mangelentdeckung ist der Käufer jedoch nicht mehr schutzwürdig, nachdem er die Mangelhaftigkeit der Kaufsache erkannt hat und eine potenzielle Rückgabepflicht nach Art. 82 Abs. 1 CISG für den Fall einer Vertragsaufhebung bevorsteht[1168]. Ihm ist das Aufhebungsrecht zu nehmen, wenn er die Kaufsache dem Verkäufer infolge seines vertragswidrigen Verhaltens nicht in unversehrtem Zustand zurückgeben kann. Hier ist

---

[1165] Vgl. *Schlechtriem/Leser,* Art. 82, Rn. 27; *Honsell/Weber*, Art. 82, Rn. 24; *Krebs*, Die Rückabwicklung, S. 114.

[1166] Die Ausdehnung der Wirkung dieser Ausschlussregelung auch auf die Fälle des Kennenmüssens der Vertragswidrigkeit hat allerdings wenig praktische Bedeutung. Denn wenn der Käufer vernünftigerweise innerhalb einer angemessenen Frist nach dem Zeitpunkt, zu dem er den Mangel erkannt hat oder hätte erkennen müssen, gem. Art. 39 CISG die Mangelrüge nicht erhebt, verliert er nach Art. 39 Abs. 1 CISG sein Aufhebungsrecht. Daher ist die einzige logische Schlussfolgerung, zu der man nach einer Kombination der Art. 39 und 82 Abs. 2 lit. c CISG kommen kann, dass Art. 82 Abs. 2 lit. c CISG um so wichtiger wird, je großzügiger man die „Angemessenheit" bei Art. 39 CISG bemesst, vgl. *Enderlein/Maskow/Strohbach,* Internationales Kaufrecht, Art. 39, Rn. 3; *Reinhart,* UN-Kaufrecht, Art. 39, Rn. 5; *Staudinger/Magnus,* Art. 39, Rn. 35; *Piltz,* § 5, Rn. 59; *v. Caemmerer/Schlechtriem/Schwenzer,* Art. 39, Rn. 17.

[1167] Vgl. dazu oben, § 9.II.2.c.i.

[1168] Vgl. *Schlechtriem/Leser,* Art. 82, Rn. 27.

das Gesetz gegenüber dem Verkäufer besonders großzügig, weil es ihm alle Vorteile des wirtschaftlichen Umgangs des Käufers mit der Sache – außer des nach dem Vertrag unerwarteten Gewinns[1169] – i. S. d. Art. 84 Abs.2 lit. b CISG zuweist[1170].

Entscheidend für das Bestehen des Aufhebungsrechts des Käufers sind also die Feststellung und die Anzeige des mangelhaften Zustands der gelieferten Kaufsache.

Für die Anwendung der Regel des Art. 82 Abs. 2 lit. c CISG ist aber außer der Mangelentdeckung darauf abzustellen, dass die Kaufsache im normalen Geschäftsverkehr verkauft, verbraucht oder verarbeitet worden ist.

Der Gesetzgeber versteht die Veräußerung, Verwendung und Verarbeitung der Ware im normalen Geschäftsgang wie die Untersuchung und die Mangelentdeckung für ein vertragsgemäßes Verhalten des Käufers, infolge dessen die Sachveränderung vom Verkäufer zu erwarten ist. Dann ist die Sachveränderung nicht als wesentlich i. S. d. Art. 82 Abs. 1 CISG mit der Folge des Ausschlusses der Vertragsaufhebung anzusehen. Der Käufer kann den Vertrag trotz der Unmöglichkeit zur Rückgabe der Kaufsache aufheben.

Das gilt besonders für die im Rahmen des internationalen Handels typischen Fälle des Weiterverkaufs[1171], in denen sich häufig der Mangel einer transportierten Ware erst beim Zweitabnehmer zeigt. Der erste Käufer wäre dann schutzlos geblieben, wenn er die Vertragsaufhebung nicht erklären könnte, obwohl er dazu berechtigt ist, da er zur Rückgabe der Kaufsache außerstande ist, nachdem der Endabnehmer seinerseits die Vertragsaufhebung nicht geltend macht.

Deshalb erscheint die Lösung des Art. 82 Abs. 2 lit. c CISG als geboten.

Der Erstkäufer kann den Vertragsaufhebungsanspruch gegen den Erstverkäufer unabhängig davon erheben, ob die Rückgabe der Kaufsache möglich ist.

Dennoch ist die Kritik daran geübt worden[1172], dass es in solchen Fällen rechtspolitisch nicht wünschenswert wäre, dass der Endabnehmer, der die Ware behält und den Vertrag nicht aufheben kann und will, weil die Vertragswidrigkeit für ihn unwesentlich ist, schließlich zu einer Vertragsaufhe-

---

[1169] Vgl. dazu unten, § 9.III.2.a.iii.

[1170] In diesem Zeitraum kann der Käufer sogar die sog. Entreicherungseinrede erheben, wenn die aus der Ware gezogenen Vorteile in seinem Vermögen nicht mehr vorliegen; vgl. dazu oben, § 9.II.2.c.

[1171] Vgl. *Staudinger/Magnus,* Art. 82, Rn. 26.

[1172] Vgl. *Enderlein,/Maskow/Strohbach,* Internationales Kaufrecht, Art. 82, Rn. 6; *Kappus,* Rechtsvergleichende Aspekte zur Vertragsaufhebung wegen Sachmangels nach UN-Kaufrecht, RIW 1992, S.531; *Rudolf,* Kaufrecht der Export- und Importverträge, Art. 82, Rn. 10; *Bianca./Bonell/Tallon*, Art. 82, Anm. 2.4.

bung gezwungen wäre, weil die Vertragswidrigkeit für den Erstkäufer wesentlich ist und als solche die Voraussetzung für die Berechtigung zur Vertragsaufhebung erfüllt.

Man findet die Antwort auf diese Problematik in der „Relativität des Mangels“[1173]. Demgemäß wird die Beschaffenheit der Kaufsache bzw. ihr mangelhafter Zustand entsprechend dem bestimmten Vertrag beurteilt. Ebenso ist die Wesentlichkeit der Vertragsverletzung nach dem konkreten Vertrag zu bewerten, wie schon oben gezeigt wurde. Deshalb ist in diesen Fällen gegen die betreffende Kritik schließlich als rechtspolitisch wünschenswert anzusehen, dass der Erstkäufer den Erstvertrag trotz der Unmöglichkeit zur Rückgabe der Kaufsache aufheben kann, während der Endabnehmer diese Sache behält und den Zweitvertrag weiter bestehen lässt.

Hier handelt es sich um zwei verschiedene Kaufverträge mit derselben Kaufsache, wobei die Wesentlichkeit ihrer Mangelhaftigkeit als Voraussetzung für die Aufhebung anhand verschiedener Kriterien je Vertrag getrennt zu bewerten ist. D. h. die Vertragswidrigkeit der Kaufsache, die für den Endkäufer entsprechend dem zweiten Vertrag unwesentlich ist und daher als solche die Vertragsaufhebung nicht rechtfertigt, kann inzwischen für den Erstkäufer nach dem Inhalt des ersten Vertrags wesentlich sein und die Vertragsaufhebung begründen.

Der erste Käufer, der den Vertrag aufzuheben berechtigt ist, kann dann die Kaufsache in der Form von Surrogaten nach Art. 84 Abs. 2 lit. b CISG zurückgeben, um sein Aufhebungsrecht nicht zu verlieren, während der zweite Käufer, der den Vertrag aufrechterhalten will, die Kaufsache behalten kann[1174].

Außer der Fälle des Weiterverkaufs ist die Regelung des Art. 82 Abs. 2 lit. c CISG auch bei der Verarbeitung und beim Verbrauch der Ware andwendbar.

Hier stellt sich der Mangel oft erst dabei heraus. Daher wird die Meinung vertreten, dass sich die Vorschrift des Art. 82 Abs. 2 lit. c CISG als überflüssig erweist. Der Käufer könnte sich in solchen Fällen auf Art. 82 Abs. 2 lit. a CISG berufen, wonach die Vertragsaufhebung zulässig ist, wenn die Ware infolge eines vertragswidrigen Verhaltens des Verkäufers untergeht[1175], weil der Untergang der Kaufsache bei ihrer Verarbeitung oder ihrem Verbrauch bedeutet, dass die Kaufsache dabei infolge ihrer mangelhaften Zustands bzw. der Verletzung durch den Verkäufer seiner Pflicht zur Lieferung einer vertragsgemäßen Ware untergeht.

[1173] Zit. in *Krebs,* Die Rückabwicklung, S. 115.
[1174] Vgl. dazu *Krebs,* Die Rückabwicklung, S. 116 ff.
[1175] Vgl. *v. Caemmerer/Schlechtriem/Leser*, Art. 82, Rn. 23.

Dieser Meinung ist aber nicht zuzustimmen.
Obwohl die Praxis dafür oft zu sprechen erscheint, ist der Unterschied zwischen beiden Vorschriften klar. Während der Zweck der Vorschrift des Art. 82 Abs. 2 lit. a CISG die Abwälzung der Nachteile auf den Verkäufer im Fall des vertragsgemäßen Verhaltens des Käufers ist, ist der Zweck der Vorschrift des Art. 82 Abs. 2 lit. c CISG der Schutz des gutgläubigen Käufers. Dies macht die getrennte Regelung solcher Fälle notwendig. Deshalb findet Art. 82 Abs. 2 lit. c CISG in den Fällen der Verarbeitung und des Verbrauchs der Ware Anwendung, wenn der Käufer gutgläubig ist, egal ob der Mangel sich dabei herausstellt.
Der gutgläubige Käufer kann die vertragswidrige Kaufsache ohne Sanktionen verarbeitet oder gar verbrauchen. Das ist der Grundsatz, den man von der Regelung des Art. 82 Abs. 2 lit. c CISG ableiten kann.
In Zusammenhang damit stellt sich nun die Frage, ob die Abnutzung der Ware durch bloßen Gebrauch vom gutgläubigen Käufer analog zu der Vorschrift des Art. 82 Abs. 2 lit. c CISG nicht den Ausschluss der Vertragsaufhebung als Folge hat.
Die Meinungen gehen hierüber auseinander[1176]. Das ist zu erwarten, denn alle Meinungsvertreter gehen vom falschen Anknüpfungspunkt, dem Schutz des gutgläubigen Käufers, aus:
Interessant ist also die Ansicht[1177], dass auch beim bloßen Gebrauch der Kaufsache die privilegierte Behandlung des gutgläubigen Käufers wie in den Fällen der Sachveränderung infolge Veräußerung, Verbrauch oder Verarbeitung im normalen Verkehr analog anzuwenden ist.
Damit kann man aber zu widersprüchlichen Ergebnissen kommen.
Denn nur bei unwesentlichen Veränderungen der Ware infolge ihres Gebrauchs ist die Vertragsaufhebung generell nach Art. 82 Abs. 1 CISG zulässig. Wesentliche Beschädigungen der Kaufsache mit der Folge des Ausschlusses der Vertragsaufhebung gehen dagegen meist auf vertragswidrigen Gebrauch der Kaufsache außerhalb des normalen Geschäftsverkehrs zurück[1178]. Dabei geht es aber darum, ob der Käufer für eine solche Veränderung nach Art. 82 Abs. 2 lit. a CISG schließlich verantwortlich ist, und nicht um die analoge Anwendung des Art. 82 Abs. 2 lit. c CISG.
Überzeugend ist daher die Ansicht[1179], die bei dieser Problematik vom Zweck der Rückabwicklung ausgeht. Denn der Hauptpunkt bei der Rück-

---

[1176] Dafür *Staudinger/Magnus,* Art. 82, Rn. 27; *Piltz,* Internationales Kaufrecht, § 5 Rn. 173; *Karollus,* UN-Kaufrecht, S. 151; *Reinhart,* UN-Kaufrecht, Art. 82, Rn. 6. Zweifelnd aber *v. Caemmerer/Schlechtriem/Leser*, Art. 82, Rn. 26.
[1177] Vgl. *Staudinger/Magnus,* Art. 82, Rn. 27
[1178] Vgl. *Herber/Czerwenka*, Art. 82, Rn. 9.
[1179] Vgl. dazu auch *Krebs*, Die Rückabwicklung, S. 117.

abwicklung ist nicht die privilegierte Behandlung des gutgläubigen Käufers sondern die Wiederherstellung der Dispositionsfreiheit der Parteien.
Die Wiederherstellung der Dispositionsfreiheit der Parteien kann also durch die Rückgabe gebrauchten Waren nicht erreicht werden. Die Kaufsache ist bei bloßem Gebrauch anders als bei Verkauf, Verbrauch und Verarbeitung, wo der Käufer nur Surrogate der Sache i. S. d. des Art. 84 Abs. 2 lit. b CISG herauszugeben hat, noch vorhanden, und der Käufer kann schließlich eine Ware seinem Vertragspartner zurückgeben, die er nicht wirtschaftlich nutzen kann, wie im Fall, in dem diese in ihrem ursprünglichen Zustand wäre. Im Rahmen des internationalen Handels ist daher die Restitution mittels beschädigter bzw. gebrauchter Waren zu vermeiden[1180].
Für diesen Grund sollte man bei der Beantwortung der Frage, ob die analoge Anwendung des Art. 82 Abs. 2 lit. c CISG in den Fällen der Beschädigung der Kaufsache infolge ihres bloßen Gebrauchs durch den gutgläubigen Käufer zulässig ist, das Interesse des Verkäufers am Wiedererlangen seiner Dispositionsfreiheit berücksichtigen.

III. Vorteilsausgleich

Entsprechend dem Zweck der Rückabwicklung, nämlich der Restitution der beiden Vertragsparteien, schreibt Art. 84 CISG die Rückgabe entzogener Vermögensgegenstände und deren Ersatz vor. Neben der Rückgewähr der Sache ist also auch ein Ausgleich der Vorteile erforderlich, die der Schuldner aus der Bewirtschaftung der Sache gezogen hat.
Auf den ersten Blick erinnert die Vorteilsausgleichungspflicht an das Recht der ungerechtfertigten Bereichung des nationalen Rechtsbereichs. Es sollen Vorteile zurückgewährt werden, für die kein Behaltensgrund mehr besteht. Dennoch kann man durch einen sorgfältigen Vergleich mit den nationalen Bereicherungsrechten die Unterschiede zwischen den beiden Instituten erkennen[1181]. Daher darf man nicht ohne zu differenzieren von einem „Fehlen des rechtlichen Grundes“ sprechen und den falschen Eindruck einer Paral-

---

[1180] Vgl. *Krebs*, Die Rückabwicklung, S. 117.

[1181] Beim nationalen Bereicherungsrecht besteht sowohl in Deutschland als auch in Griechenland bei nachträglichem Wegfall des zunächst gegebenen rechtlichen Grundes ein Anspruch aus ungerechtfertigter Bereicherung (conditio causa finita), dem jedoch eine Entreicherungseinrede entgegengesetzt werden kann. Bei der Vorteilsausgleichsregelung im Rahmen des UN-Kaufrechts hat der Käufer aber eine Entreicherungseinrede nur in den Ausnahmefällen des Art. 82 Abs. 2 CISG; vgl. dazu oben, § 9.II.2.c.

lelität der Vorteilsausgleichsregelung des UN-Kaufrechts zu den nationalen Bereicherungsrechten vermitteln[1182].
Auch darf man nicht von einer Parallelität dieser Regelung zu der nationalen Regelung des Eingetümer-Besitzer-Verhältnisses sprechen und den Verweis auf die Vorschriften der §§ 987 ff. BGB oder der Art. 1096 ff. gr. ZGB bei denjenigen Punkten, die von den betreffenden Vorschriften des UN-Kaufrechts nicht ausdrücklich geregelt werden, vorschlagen[1183]. Im Rahmen dieser Regeln des nationalen Rechts geht es um den Besitzer, dem die Klage auf Herausgabe der Sache und ihrer Vorteile bereits zugestellt ist und der daher von seiner Herausgabepflicht weiß. Dort ist also der gute Glaube des Besitzers bzw. des Käufers der Ware entscheidend, der aber bei den Vorteilsausgleichsregeln der Konvention der Vereinten Nationen keine Rolle spielt[1184]. Außerdem ist es nicht einzusehen, wie nationales Sachenrecht bei Problemen im Rahmen des internationalen Kaufrechts Anwendung finden könnte.
Zwar beschreibt Art. 84 CISG nur in groben Zügen den Vorteilsausgleich bei der Rückabwicklung des Kaufs nach der Vertragsaufhebung oder der Ersatzlieferung. Jedoch ist die Beantwortung besonderer Fragen nach den nationalen Rechten nicht anzunehmen.
Ausgehend davon, dass der Vorteilsausgleich ein im Übereinkommen geregelter Gegenstand ist, sind solche Fragen i. S. d. Art. 7 Abs. 2 CISG als interne Lücken nach den allgemeinen Grundsätzen, die dem internationalen Kaufrecht zugrunde liegen, zu entscheiden und nur mangels solcher Grundsätze sind die Parteien auf den nationalen Rechtsbereich zu verweisen.

1. Verzinsung des Kaufpreises nach Art. 84 Abs. 1 CISG

Nach Art. 84 Abs. 1 CISG muss der Verkäufer einen zurückzuzahlenden Kaufpreis „vom Tag der Zahlung“ verzinsen. Art. 78 CISG schreibt ebenfalls eine Zinspflicht vor, doch geht es dort um fällige Beträge, deren Zahlung die andere Partei hauptsächlich aufgrund einer Pflichtverletzung versäumt hat[1185].

[1182] Vgl. *Rudolf*, Kaufrecht der Export- und Importverträge, Art. 81, Rn. 2.
[1183] Vgl. *Bianca./Bonell/Tallon*, Art. 84, Anm. 2.2.
[1184] Der gute Glaube des Käufers bzw. des Rückgabeschuldners ist nur im Ausnahmefall des Art. 82 Abs. 2 lit. c CISG entscheidend (vgl. dazu oben, § 9.II.2.c.iii.).
[1185] Vgl. *Piltz*, Internationales Kaufrecht, § 5, Rn. 410; *Schlechtriem/Schwenzer/Bacher*, Art. 78, Rn. 1.

Es ist leicht zu begründen, weshalb die Konvention bei der Rückabwicklung eine Zinspflicht rückwirkend mit dem „Tag der Zahlung" des Kaufpreises beginnen lassen will: Der Verkäufer kann normalerweise ab dem Tag der Zahlung über das Geld verfügen und muss daher den Zinsbetrag als einen aus dem Kaufpreis gezogenen Vorteil zurückgewähren. Doch darf man dies nicht ganz wörtlich nehmen[1186]. Entscheidend ist immer der Moment des tatsächlichen Empfangs des Kaufpreises durch den Verkäufer, denn erst ab diesem Zeitpunkt kann er mit ihm wirtschaften[1187].

Allerdings ist es unerheblich, ob der Verkäufer das Geld des Kaufpreises, das er vom Käufer im Rahmen der normalen Kaufabwicklung erhalten hat, tatsächlich genutzt hat[1188]. Sein Unvermögen, ab dem Zeitpunkt des Empfangs des Kaufpreises über diesen Geldbetrag zu verfügen, spielt keine Rolle für das Erfordernis zur Verzinsung, denn der Zweck der Vorschrift des Art. 84 CISG ist die Abschöpfung von Vorteilen und nicht der Ausgleich von Nachteilen, welche der Käufer in der Zeit erlitten hat, in der er das Geld des Kaufpreises wirtschaftlich nicht nutzen konnte. Solche Nachteile können allenfalls beim Schadensersatzanspruch berücksichtigt werden[1189].

Die Vorschrift des Art. 84 Abs. 1 CISG pauschaliert also den Zinsbetrag, den der Verkäufer als einen aus dem Kaufpreis gezogenen Vorteil zu zahlen hat, ohne dass dieser seine Höhe bzw. das Unvermögen seiner Bewirtschaftung zu beweisen braucht. Durch die Zinsforderung wird nämlich die Nutzung des Kaufpreises „unwiderleglich" [1190] vermutet.

Das erscheint zwar in Widerspruch zum generellen Gedanken des Art. 84 CISG zu stehen, dass, wenn der Behaltensgrund für eine Leistung nach dem Kaufvertrag entfällt, damit zusammen auch der Behaltensgrund für die tatsächlich herausgezogenen Vorteile entfallen muss, also nur solche Vorteile mit der Kaufsache zusammen zurückverlangt werden sollen, die wirklich entstanden sind[1191].

Jedoch ist die Lösung der pauschalen Zinspflicht ab der Zahlung des Kaufpreises praxisgerecht: Es ist unwahrscheinlich, dass im Rahmen eines internationalen Handelskaufs ein Geschäftsmann einen Geldbetrag nutzlos bzw. zinslos auf seinem Girokonto liegen lässt[1192]. Es ist daher zu vermuten, dass

---

[1186] Anders aber *Enderlein/Maskow/Strohbach,* Internationales Kaufrecht, Art. 84, Rn. 2; *Staudinger/Magnus,* Art. 84, Rn. 8.

[1187] Vgl. dazu *Piltz,* Internationales Kaufrecht, § 5, Rn. 287; *v. Caemmerer/Schlechtriem/Leser,* Art. 84, Rn. 14; *Ziegler*, S. 197; *Schlechtriem/Schwenzer/Hornung*, Art. 84, Rn. 10 und 14; *Heuzé,* Art. 84, Anm. 448.

[1188] Vgl. *Honsell/Weber*, Art. 84, Rn. 11.

[1189] Vgl. *Piltz,* Internationales Kaufrecht, § 5, Rn. 399.

[1190] Zit. in *Krebs*, Die Rückabwicklung, S. 61.

[1191] Vgl. dazu oben, § 9.II.2.c.

[1192] Vgl. *Krebs*, Die Rückabwicklung, S. 60.

der Verkäufer nach dem Empfang des Kaufpreisbetrags mit dem Geld wirtschaftet, so dass der Gewinn aus dieser Bewirtschaftung als gezogener Vorteil aus dem Kaufpreis, gleichgültig ob er wirklich entstanden ist oder nicht, dem Käufer nach Art. 84 Abs. 1 CISG zurückzugeben ist.

Dementsprechend hat der Verkäufer im Fall der Überzahlung bzw. der irrtümlichen Mehrzahlung des Kaufpreises den Betrag der Mehrzahlung, den er nach dem Vertrag unerwartet bekommen hat und ihn daher gerade nicht nutzen konnte, i. S. d. Art. 78 CISG und nicht des Art. 84 Abs. 1 CISG, mit den ab dem Moment seiner Fälligkeit entsprechenden Zinsen zurückzugeben[1193]. Er hat nämlich zu beweisen, dass der Überschussbetrag ab dem Moment des Zugangs der Erklärung des Käufers auf Rückgabe an ihn und nicht ab dem Tag der Zahlung, wie Art. 84 Abs. 1 CISG vorschreibt, als zinsbringend fällig ist, denn hier handelt es sich um keinen ohne Behaltensgrund im Rahmen eines synallagmatischen Leistungsaustausches zurückzugebenden Teil des vereinbarten Kaufpreises, dessen entsprechende Zinsen als herausgezogene Vorteile zu behandeln sind, sondern um einen fälligen Geldbetrag.

Im Fall der Überzahlung des Kaufpreises, die aufgrund einer nachträglichen Minderung zurückzugeben ist, ist dagegen ein Vorteilsausgleich i. S. d. Art. 84 Abs. 1 CISG anzunehmen[1194]. Denn hier konnte der Verkäufer, der die Mehrzahlung nicht unerwartet erhalten hat, nachdem er mit dieser als Teil des vereinbarten Kaufpreises nach dem Vertrag rechnen konnte, sofort nach ihrem Erhalt mit ihr wirtschaften. Der Zinsbetrag ist dann als ein aus dem Kaufpreis gezogener Vorteil anzusehen, der in pauschalierter Form dem Käufer zurückzugeben ist, weil der Verkäufer keinen Behaltensgrund dafür hat. Daher ist gerechtfertigt, dabei ab dem Tag der Kaufpreiszahlung bzw. ab dem Moment des Empfangs der Kaufpreiszahlung, die Zinspflicht nach Art. 84 Abs. 1 CISG beginnen zu lassen, nicht aber ab dem Moment der Fälligkeit des Geldbetrags nach Art. 78 CISG[1195].

Abgesehen von der Pauschalisierung der Zinsen des zurückzugebenden Kaufpreises ist die Zinsbestimmung besonders problematisch.

[1193] Vgl. *Schlechtriem,* Internationales UN-Kaufrecht, (2003), Rn. 319; *Krebs*, Die Rückabwicklung, S. 62.

[1194] Dafür auch *Enderlein/Maskow/Strohbach,* Internationales Kaufrecht, Art. 78, Rn. 4.3; *Karollus,* UN-Kaufrecht, S. 157; *Krebs*, Die Rückabwicklung, S. 62. Anders aber *Piltz,* Internationales Kaufrecht, § 5, Rn. 406.

[1195] Dafür *Honnold,* Uniform Law, Rn. 424, 425; *Bianca/Bonell/Nicholas,* Art. 78, Anm. 3.1.; *Heilmann,* Mängelgewährleistung, S. 518. Anders aber *Schlechtriem/Huber,* Art. 50, Rn. 16; *Schlechtriem/Bacher,* Art. 78, Rn. 13; *Staudinger/Magnus,* Art. 78, Rn. 10; *Schlechtriem,* Internationales UN-Kaufrecht, (2003), Rn. 319, die zwar eine pauschale Zinspflicht ab dem Erhalt des Kaufpreises annehmen, sich aber auf Art. 78 CISG berufen.

Art. 84 Abs. 1 CISG sagt nichts über die Höhe des Zinssatzes, ebensowenig die allgemeine Zinsvorschrift des Art. 78 CISG. Dies ist jedoch kaum verwunderlich, weil die Zinsen schon immer ein „Kardinalproblem" für die Rechtsvereinheitlichung waren[1196].

Das UN-Kaufrecht weist also hier eine Lücke bezüglich der Bestimmung der Zinshöhe auf, die, wie bekannt, entweder durch eine Vereinbarung zwischen den Parteien autonom ausgefüllt werden kann, oder durch die Verweisung auf die allgemeinen Grundsätze der Konvention i. S. d. Art. 7 Abs. 2 CISG oder durch den Rückgriff auf das nach Maßgabe des IPR geltende nationale Recht.

Weil aber entsprechende private Vereinbarungen zwischen den Kaufparteien nur ganz selten getroffen werden und auch die autonome Lückenfüllung nach den allgemeinen Grundsätzen des Übereinkommens ausgeschlossen zu sein scheint, nachdem die Konvention nach der h. M. die Zinshöhe bewusst nicht festgesetzt hat[1197], wird von der Mehrheit der Autoren der Weg über das IPR empfohlen, und zwar gleichermaßen für die Bestimmung der Zinshöhe bei der Rückabwicklung gem. Art. 84 Abs. 1 CISG und für die Bestimmung der Höhe der Verzugszinsen beim Versäumen der Zahlung eines fälligen Betrags gem. Art. 78 CISG[1198].

Dann wird die Zinsfrage als solche des Vertragsstatuts[1199] qualifiziert. Es wird eine Sonderanknüpfung an das Recht des Verkäufers[1200] oder des Käufers[1201] vertreten, sowie eine Anknüpfung an das Währungsstatut[1202].

Diese Lösung der kollisionsrechtlichen Ableitung trägt aber wenig zur Rechtssicherheit bei und ist mit dem Zweck des Übereinkommens über die einheitliche Regelung des internationalen Kaufs schwer vereinbar, beson-

---

1196 Vgl. *Schlechtriem,* Internationales UN-Kaufrecht, (2003), Rn. 317.

1197 Vgl. *Schlechtriem,* Internationales UN-Kaufrecht, (2003), Rn. 317 und 318.

1198 Vgl. *Enderlein/Maskow/Strohbach,* Internationales Kaufrecht, Art. 78, Rn. 2.2 und Art. 84, Rn. 3; *Schlechtriem,* Internationales UN-Kaufrecht, (2003), Rn. 318 und 334; *Herber/Czerwenka,* Art. 78, Rn. 6 und Art. 84, Rn. 3; *Loewe,* Internationales Kaufrecht, S. 95 und 100; Reinhart, UN-Kaufrecht, Art. 78, Rn. 5 ff. und Art. 84, Rn.2; *Karollus,* UN-Kaufrecht, S. 153 und 227; *Staudinger/Magnus,* Art. 78, Rn. 12 und Art. 84, Rn. 9; *Heilmann,* Mängelgewährleistung, S. 517; *Rudolf,* Kaufrecht der Export- und Importverträge, Art. 78, Rn. 3 und Art. 84 Rn. 4; *Soergel/Lüderitz,* Art. 78, Rn. 4 und Art. 84, Rn. 2.

1199 Vgl. OLG Koblenz, NJW 1993, S. 934, 938; OLG Frankfurt a. M., NJW 1994, S. 1013, 1014 mit Anm. *Kappus,* S. 984-985; OLG Düsseldorf, RIW 1995, S. 53, 55; OLG Düsseldorf, NJW-RR 1994, S. 506, 507 = RIW 1994, S. 1050; OLG München, NJW-RR 1994, S. 1075, 1076; OLG Hamm, RIW 1997, S. 153, 155 = IPRax 1996, S. 197 mit Anm. *Schlechtriem* S. 184; OLG Hamm, 11. Zivilsenat, 05.11.1997 – 11 U41/97, CISG-Online Case 381; OLG Düsseldorf, 6. Zivilsenat, 24.04.1997 – 6 U 87/96, CISG-Online Case 385; vgl. auch dazu *Piltz,* Neue Entwicklungen im UN-Kaufrecht, NJW 1996, S. 2768, 2772; *Kindler,* IPRax 1996, S. 16, 21.

1200 Vgl. *Neumayer/Ming,* Art. 78, Rn. 2 ; *Heilmann,* Mängelgewährleistung, S. 517.

1201 Vgl. *Bianca/Bonell/Tallon,* Art. 84, Anm. 2.1.

1202 Vgl. *Piltz,* Internationales Kaufrecht, § 5, Rn. 400.

ders wenn man berücksichtigt, dass der Zinsersatz in vielen arabischen Ländern aus religiösen Gründen verboten ist[1203]. Außerdem ist zu bemerken, dass sich die Rechtsprechung zum UN-Kaufrecht, die ausdrücklich die Anwendung nationalen Rechts bezüglich der Berechnung der Zinshöhe befürwortet, bisher fast nur auf die Zinsvorschrift des Art. 78 CISG bezieht[1204], der von der Vorteilausgleichsregelung des Art. 84 Abs. 1 CISG zu trennen ist. Denn die Zinspflicht des Art. 78 CISG bezieht sich allgemein auf die Verzinsung eines fälligen Betrags aufgrund einer Pflichtverletzung ab dem Zeitpunkt seiner Fälligkeit, während die Zinspflicht des Art. 84 Abs. 1 CISG nur für einen Vorteilsausgleich bei der Rückabwicklung gilt, wo die Unmöglichkeit des Schuldners zur Bewirtschaftung ab dem Empfang des zurückzugebenden Kaufpreises – wie oben gesagt wurde – unerheblich ist.

Deshalb ist der Meinung zuzustimmen, nach der die Zinsbestimmungen in diesen beiden Vorschriften auseinandergehalten werden sollen, so dass bei Art. 84 Abs. 1 CISG anders als bei Art. 78 CISG eine autonome Lückenfüllung hinsichtlich der Zinsberechnung in Verbindung mit den Grundsätzen des Übereinkommens i. S. d. Art. 7 Abs. 2 CISG erfolgen kann[1205].

Dafür sprechen auch die Beratungsprotokolle der Diskussionen für die Verabschiedung des Wiener Kaufrechts[1206], die zeigen, dass die Arbeitsgruppe, welche einen Kompromiss zur Zinsfrage auszuarbeiten hatte, bei der Fassung des Art. 84 Abs. 1 CISG im Gegensatz zu Art. 78 CISG den Zinssatz im Verkäuferland jeweils entscheiden lassen wollte. Die entsprechende Formulierung[1207] wurde aber zum Schluss gestrichen, ohne auch darüber zu diskutieren, ob die Bestimmung des Zinssatzes im Verkäuferland bei den Rückabwicklungszinsen, anders als in Art. 78 CISG, wirklich geboten war[1208]. Das mag mit dem Zeitdruck zu erklären sein, unter dem der Kompromiss schließlich zustande kam, die Zinshöhe bei der Rückabwicklung wie bei Art. 78 CISG offen zu lassen[1209]. Jedenfalls wird man aber nicht behaupten können, dass die Delegierten sich bezüglich der Bestimmung des Zinssatzes im Rahmen des Art. 84 Abs.1 CISG bewusst nicht geeinigt hätten.

[1203] Vgl. *Schlechtriem,* Internationales UN-Kaufrecht, (2003), Rn. 317.

[1204] Vgl. oben, Fn. 1204.

[1205] Vgl. *Schlechtriem,* Internationales UN-Kaufrecht (2003), Rn. 318, Fn. 339; *Schlechtriem/Schwenzer/Bacher,* Art. 84, Rn. 13; *Krebs,* Die Rückabwicklung, S. 65.

[1206] Vgl. UNCITRAL-YB VII (1976), S. 95, 136; UNCITRAL-YB VIII (1977), S. 60 und Off. Rec. 138; Off. Rec. 223-226; Off. Rec. 388-392; Off. Rec. 415-419; Off. Rec. 429-430.

[1207] Es handelt sich um die Worte "prevailing in the main financial centre in the State where the seller has his place of business".

[1208] Vgl. Off. Rec. 223-226.

[1209] Vgl. Off. Rec. 138; Off. Rec. 419.

Deshalb soll man für die Beantwortung der Frage nach der Zinsbestimmung des zurückzuzahlenden Kaufpreises im Rahmen der Rückabwicklung versuchen, der Konvention allgemeine Grundsätze nach Art. 7 Abs. 2 CISG zu entnehmen, die eine Zinsregelung erlauben.
Der allgemeine Grundsatz gem. Art. 84 Abs. 1 CISG, der hier abzuleiten ist, ist selbstverständlich, dass der Verkäufer den Kaufpreisbetrag und die darauf zu berechnenden Zinsen ab dem Tag des Erhalts des Kaufpreises zu zahlen hat.
Ausgehend nun davon, dass der Verkäufer die Zinsen dieses Betrags, die aus den oben genannten Gründen pauschaliert werden, herausgeben muss, kommt es darauf an, wie er typischerweise dieses Geld nutzen würde.
In der Regel wird ihm der Kaufpreis von seiner Bank am Ort seiner Niederlassung gutgeschrieben und ab diesem Tag verzinst[1210]; dort könnte das Geld eingesetzt werden. Entscheidend sollte also der geltende Zinssatz, und zwar der gesetzliche[1211], am Ort der Niederlassung des Verkäufers sein.
Dass das Recht des Orts seiner Niederlassung für die Bestimmung der Zinshöhe bei der Rückabwicklung entscheidend sein soll, wird auch damit begründet, dass der Verkäufer durch die unberechtigte Nutzung des zurückgehaltenen Kapitals des Kaufpreises bereichert wurde und diese Bereicherung an seiner Niederlassung eingetreten ist[1212]. Daher ist er pauschal zur Zinszahlung nach dem Recht des Orts seiner Niederlassung zu verpflichten, ohne dass andere kollisionsrechtliche Verweisungen beachtet werden müssen.

2. Ausgleich von den aus der Kaufsache oder aus einem Teil der Kaufsache gezogenen Vorteilen nach Art. 84 Abs. 2 CISG.

Entsprechend der Zinspflicht des Verkäufers muss der Käufer alle Vorteile erstatten, die er aus der Ware oder aus einem Teil der Ware gezogen hat. Ausgehend vom Sinn der Rückabwicklung, den Leistungsgegenstand als ein Plus beim Schuldner abzuschöpfen und zugleich als ein entstandenes

---

[1210] Vgl. *v. Caemmerer/Schlechtriem/Leser,* Art. 84, Rn. 13; *Schlechtriem,* Internationales UN-Kaufrecht (2003), Rn. 318, Fn. 339; *Schlechtriem/Schwenzer/Bacher,* Art. 84, Rn. 13; *Honsell/Weber*, Art. 84, Rn. 10; *Neumayer/Ming,* Art. 84, Rn. 2; *Hutter,* S.164; *Audit,* La vente internationale de marchandises, Anm. 194; *Ziegler,* S. 197 f.
[1211] Vgl. *Piltz,* Internationales Kaufrecht, § 5, Rn. 400; *Krebs*, Die Rückabwicklung, S. 67.
[1212] Vgl. *v. Caemmerer/Schlechtriem/Leser,* Art. 84, Rn. 13; *Piltz,* Internationales Kaufrecht, § 5, Rn. 400; *Honnold,* Uniform Law, Rn. 424 und Rn. 454, 455; Sekretariatskommentar, Art. 69, Anm. 2; *Bianca./Bonell/Tallon*, Art. 84, Anm. 2.1.

Minus beim Gläubiger auszugleichen[1213], ist der Vorteilsbegriff weit zu definieren.

Eine Verweisung auf den entsprechenden Begriff des nationalen Rechts ist daher hier nützlich. Nach § 100 BGB bzw. Art. 962 gr. ZGB sind Vorteile einer Sache ihre natürlichen und mittelbaren Früchte, sowie die Nutzungen, die der Gebrauch dieser Sache gewährt. Mangels einer anderen gegenteiligen Vorschrift ist diese Definition auch im Rahmen des Vorteilsausgleichs gemäß der Konvention zu akzeptieren[1214].

Zu den aus der Ware gezogenen Vorteilen, die gem. Art. 84 Abs. 2 CISG ausgeglichen werden können, gehören also die Früchte und die Gebrauchsvorteile, die man aus der Ware nehmen kann.

Weil das UN-Kaufrecht aber die Rückabwicklung mit Surrogaten ausnahmsweise dann zulässt, wenn die Kaufsache nicht mehr unversehrt zurückgegeben werden kann, fallen unter dem Vorteilsbegriff, auch die Surrogate der Kaufsache, die bei ihrer Verarbeitung, Verbrauch, Verschlechterung, Untergang oder Veräußerung zu einer Vermögensmehrung des Schuldners beitragen, ohne dass ein Behaltensgrund dafür besteht.

Entsprechend dieser Definition regelt die Vorschrift des Art. 84 Abs. 2 CISG also zwei Alternativen, nämlich die Rückgabe der aus der Sache gezogenen Vorteile (lit. a) und die Herausgabe der Surrogate (lit. b).

a. Herausgabe der aus der Kaufsache gezogenen Vorteile nach Art. 84 Abs. 2 lit. a CISG

i. Natürliche Früchte der Sache – Rückgabe in Natur oder in Geld?

Unmittelbar aus der Kaufsache gezogene Vorteile, die der Käufer zurückgeben muss, sind vor allem ihre natürlichen Früchte.

Der Wortlaut des Art. 84 Abs. 2 CISG („Gegenwert aller Vorteile") scheint für die Herausgabe aller Nutzungen in Geldform zu sprechen, ohne hingegen die Naturalrestitution auszuschließen.

Zu der gleichlautenden Vorschrift des Art. 81 Abs. 2 EKG wurde die Ansicht vertreten, dass der Käufer bei der Rückabwicklung des Kaufvertrags die natürlichen Früchte der Sache in Natur herauszugeben hat, sofern sie körperlich noch vorhanden sind[1215]. Das trifft auf die Realität zu:

[1213] Vgl. *Schlechtriem/Schwenzer/Hornung,* Vorbem. zu Art. 81-84, Rn. 11.
[1214] Vgl. *Schlechtriem/Schwenzer/Hornung,* Art. 84, Rn. 17.
[1215] Vgl. zum EKG *Dölle/Weitnauer*, Art. 81, Rn. 5.

Während nämlich die Geldform der Rückgabe den Besonderheiten des internationalen Kaufs mit den hohen Transportkosten zu entsprechen scheint, lässt sich andererseits damit kaum begründen, weshalb der Käufer beim Rücktransport z. B. von Tieren, deren Junge als Früchte nicht einfach in natura zurückgeben muss, stattdessen dem Verkäufer Geldersatz dafür leisten sollte. Durch die Naturalrestitution kann er seine Dispositionsfreiheit mühelos wiedererlangen, ohne sich um die wirtschaftliche Behandlung der aus der Ware gezogenen Früchte kümmern zu müssen. Daher ist nicht unbegründet, anzunehmen, dass der Zweck der Rückabwicklung selbst für die Herausgabe der natürlichen Früchte in natura spricht.

Aber auch seitens des Verkäufers ist die Rückgabe der gezogenen Vorteile in natura der Geldform vorzuziehen. Sie ist in seinem Interesse, nachdem es dem Käufer überlassen bleiben muss, wie und wann er die Früchte der Kaufsache verwertet, die oft wertvoller als diese selbst sind[1216]. Er braucht sich nicht auf seine Geschäftsfähigkeit zu berufen, um den objektiven Wert der natürlichen Früchte zu berechnen[1217]. Er kann sich nämlich die Mühe ersparen, die problematische Bestimmung des objektiven Werts der herausgezogenen Vorteile durchzuführen[1218], weil er diese sofort in natura zurücknehmen kann. Fölglich hat er einen Schadensersatzanspruch für weitere Kosten nur dann, wenn der Käufer mit seinem Verhalten gegen den Vertrag selbst verstößt, und nicht, wenn der Käufer durch die wirtschaftliche Behandlung der Kaufsache die subjektiven Erwartungen des Verkäufers enttäuscht hat[1219].

Also ergibt es sich daraus, dass die Naturalrestitution als erste Alternative zum Vorteilsausgleich im Rahmen des UN-Kaufrechts erforderlich sein muss. Dies wird aber in der Vorteilsregelung der Konvention nicht ausdrücklich vorgesehen.

Der Wortlaut des Art. 84 Abs. 2 lit. a CISG ist darüber keineswegs eindeutig. Und das gilt nicht nur für die deutsche Fassung, die für die Auslegung des Übereinkommens nicht maßgeblich ist, sondern auch für die englische und die französische Fassung, die zwei der Originalsprachen des Übereinkommens sind.

Der englische Text spricht nämlich für die Geldform (The buyer must account to the seller for all benefits....) entsprechend der angloamerikanischen Rechtsordnung, die die Erfüllung in Natur bzw. die Naturalrestitution nur als Ausnahme kennt, während die französische Fassung keine klare Lö-

---

[1216] Vgl. das Beispiel in *Krebs*, Die Rückabwicklung, S. 70.
[1217] Vgl. dazu unten, § 9.III.2.a.iii.
[1218] Vgl. *Schlechtriem/Schwenzer/Hornung,* Art. 84, Rn. 18.
[1219] Vgl. dazu unten, § 9.III.2.a.iii.

sung darüber anbietet, denn sie spricht von „équivalent de tout profit", worunter man nur die Zulässigkeit der Herausgabe der Sachfrüchte in natura verstehen kann.
Mit diesen Formulierungen wird also nicht klar, ob der Käufer die aus der Ware gezogenen Früchte in natura zurückgeben muss, wenn sie körperlich noch vorhanden sind. Der Text der Regel über die Rückgabe von Vorteilen ist lediglich „etwas mißverständlich"[1220].
Überzeugend ist daher die Ansicht[1221], dass eine korrigierende Auslegung des Gesetzeswortlauts der Vorschrift des Art. 84 Abs. 2 lit. a CISG entsprechend dem Rechtssystem der Konvention und den Bedürfnissen des internationalen Handels nötig ist, so dass evtl. Missverständnisse darüber vermieden werden können.
Demgemäß muss die Naturalrestitution als die richtige Alternative bei der Rückgabe von Vorteilen erfordrlich sein, wenn die natürlichen Früchte der Ware körperlich bestehen.

ii. Gebrauchsvorteile – Gegenwert dieser Vorteile entsprechend der Nutzungsdauer

Nach der oben vertretenen Vorteilsdefinition gehören zu den Nutzungen, deren Gegenwert der Käufer gem. Art. 84 Abs. 2 lit. a CISG seinem Vertragspartner bei der Rückabwicklung des Kaufs zurückgeben muss, auch die Aufwendungen, die er aufgrund des Gebrauchs der Sache erspart hat.
Schwierigkeiten bereitet die Berechnung dieser Vorteile, über die Art. 84 Abs. 2 lit. a CISG nichts aussagt. Dies bedeutet aber nicht, dass die Bestimmung des Gebrauchswerts über den Weg des IPR dem nationalen Recht zu überlassen ist[1222].
Damit hier Rechtssicherheit durch eine einheitliche Regelung erreicht werden kann, soll die Bestimmung des Gegenwerts der Gebrauchsvorteile als eine interne Lücke des Übereinkommens angesehen werden, die nach den allgemeinen Grundsätzen, die der Konvention zugrunde liegen, i. S. d. Art. 7 Abs. 2 CISG zu erfüllen ist.
Der allgemeine Grundsatz, der der Vorteilsausgleichsregelung des Art. 84 Abs. 2 CISG zugrunde liegt, ist, dass der Rückgabeschuldner die Vorteile

---

[1220] Vgl. Zit. in *Beinert*, Wesentliche Vertragsverletzung und Rücktritt, zu Art. 81 Abs. 2 EKG S. 97.
[1221] Vgl. *Krebs*, Die Rückabwicklung, S. 70.
[1222] Anders aber *Bianca/Bonell/Tallon*, Art. 84, Anm. 2.2.

zurückzugeben hat, die er aus dem Kaufgegenstand während der Zeit seines Gebrauchs gezogen hat und ohne Behaltensgrund genossen hat.
Daraus ergibt sich, dass der Käufer als Rückgabeschuldner für die Rückgabe der konkreten Gebrauchsvorteile verpflichtet ist. Für die Berechnung ihres Gegenwerts sind daher die Weise und die Dauer des Gebrauchs der Kaufsache entscheidend, so dass der Käufer schließlich nicht mehr zurückbezahlt als er gewonnen hat.
Deshalb ist die Ansicht[1223] abzulehnen, dass ein pauschal objektiv bewerteter Marktpreis als Mietwert oder Lizenzpreis oder ähnliches für den Gebrauchswert maßgebend sein soll. Man kann hier leicht entgegenhalten, dass bei der Rückabwicklung eines Kaufvertrags der Rückgabeschuldner die Ware nicht als Mieter oder als Lizenznehmer, sondern als Käufer nutze und dadurch nicht Mietkosten erspart hat, sondern Gebrauchsvorteile, für die er keinen Behaltensgrund hat[1224].
Überdies würde eine Pauschalisierung des Gebrauchswerts der Kaufsache dem Kaufverhältnis widersprechen und die subjektive Interessenbewertung nach dem konkreten Vertrag übergehen[1225].
Als günstiger erweist sich daher die Methode der sog. „linearen Teilwertabschreibung" des deutschen Rechts[1226], nach der die Gebrauchsvorteile gleich dem Teil des Kaufpreises sind, der dem Verhältnis der tatsächlichen zur vertraglich vorausgesetzten Nutzungsdauer entspricht, wenn der Wert der Ware durch die Dauer ihrer Nutzbarkeit bis zum Eintritt der Gebrauchsuntauglichkeit bestimmt wird[1227]. Demgemäß ist von einem entsprechend geminderten Kaufpreis auszugehen, wenn die Nutzung der Ware durch den Sachmangel beeinträchtigt war[1228].
Entsprechend also der „relativen Methode" bei der Mnderung des Kaufpreises nach Art. 50 CISG, die das Äquivalenzverhältnis zwischen Leistung und Gegenleistung gemäß dem ursprünglichen Vertrag nach der Herabsetzung des Kaufpreises wiederherstellt[1229], gewährleistet die Methode der „linearen Teilwertabschreibung" das Wertverhältnis der Leistungen gemäß

[1223] Vgl. *v. Caemmerer/Schlechtriem/Leser,* Art. 84, Rn. 19; *Staudinger/Magnus,* Art. 84, Rn. 17; *Enderlein/Maskow/Strohbach,* Internationales Kaufrecht, Art. 84, Rn. 5.1; *Karollus,* UN-Kaufrecht, S. 153 f.; *Schlechtriem/Schwenzer/Hornung*, Art.. 84, Rn. 18 und 19, Fn. 65.
[1224] Gegen eine objektive Bewertung der Gebrauchsvorteile vgl. *Bianca/Bonell/Tallon*, Art. 84, Anm. 2.; zum EKG *Dölle/Weitnauer,* Art. 81, Rn. 6.
[1225] Vgl. Abschlußbericht, S. 185, wo der Grundsatz betont wird, dass die Wertersatzpflicht des Schuldners nach den Parteivereinbarungen gestaltet werden muss.
[1226] Vgl. *MünchKomm/Gaier*, § 346, Rn. 27; auch dazu *Krebs*, Die Rückabwicklung, S. 71.
[1227] Vgl. BGH WM 1984, S. 1098,1100; BGH Urteil v. 26.06.1991, BGHZ 115, S. 53-55 = NJW 1991, S. 2484; BGH NJW 1996, S. 250, 252.
[1228] Vgl. OLG Köln Urteil v. 10.01.1992, VersR 1993, S. 109 f.
[1229] Vgl. dazu oben, § 10.I.2.a.

dem Kaufvertrag nach seiner Aufhebung im Stadium der Rückabwicklung[1230]. Damit kann genau dasjenige zurückgegeben werden, was nach dem Vertrag geleistet worden ist. Ebendies entspricht dem Zweck der Rückabwicklung.
Die Berechnung der Gebrauchsvorteile wird aber ausnahmsweise anhand des üblichen Mietzinses durchgeführt, wenn es sich um Restitutionsgegenstände handelt, für die sich eine voraussichtliche Nutzungsdauer nicht sinnvoll festsetzen lässt[1231].
Jedoch sind nach überzeugender Ansicht[1232] auch in solchen Fällen die Interessen der Parteien zu berücksichtigen, indem die konkreten Gebrauchsvorteile entsprechend dem Verhältnis des vereinbarten Kaufpreises zu dem tatsächlichen Marktpreis der Ware berechnet werden. Lässt sich nämlich für die Sache ein gewöhnlicher Marktpreis ansetzen, so ist der als Nutzungsvergütung übliche Mietzins mit dem Faktor zu multiplizieren, der dem Verhältnis des ursprünglich vereinbarten Kaufpreises zum Marktpreis entspricht. Das Ergebnis daraus sind die Vorteile, die der Käufer von der Nutzung der mangelhaften Ware bis zu ihrer Rückgabe an den Verkäufer nach Art. 84 Abs. 2 lit. a CISG gezogen hat.
Dadurch wird also ein Gleichlauf mit dem Minderungsverfahren und der linearen Teilwertabschreibung erreicht, so dass der Käufer für eine zeitweilige Nutzung der Kaufsache keinen höheren Betrag als denjenigen zurückbezahlt, den er für das dauernde Behaltendürfen bezahlt hätte.

iii. Umfang der Herausgabepflicht

Die Antwort auf die Frage nach dem Umfang der Herausgabepflicht des Rückgabeschuldners wird aus dem Zweck der Rückabwicklung abgeleitet: Der Käufer muss die Vorteile, die er aus der Kaufsache tatsächlich gezogen hat, als einen ohne Behaltensgrund erzielten Gewinn seinem Vertragspartner zurückgeben, um seine Dispositionsfreiheit zu erreichen.
Dies wird auch ausdrücklich im Text des Art. 84 Abs. 2 lit. a CISG vorgeschrieben, wonach der Käufer „Vorteile, die er gezogen hat", zu erstatten hat.

[1230] Vgl. dazu *Krebs*, Die Rückabwicklung, a. a. O.
[1231] Vgl. *MünchKomm/Gaier*, § 346, Rn. 29.
[1232] Vgl. *Krebs*, Die Rückabwicklung, S. 72.

Daraus ergibt sich, dass der Käufer keine Pflicht zur wirtschaftlichsinnvollen Behandlung der Ware im Interesse des Verkäufers hat[1233]. Er hat nur die herausgezogenen Vorteile zurückzugeben, ohne sich um die für den Verkäufer vorteilhafte Nutzung der Ware kümmern zu müssen. Daraus folgt auch, dass seine diesbezügliche Böswilligkeit oder auch die Außerachtlassung der Regel eines vernünftigen Wirtschaftens der Kaufsache keine Rolle bei der Bestimmung des Umfangs seiner Herausgabepflicht spielen können[1234]. Daher wird ein Ersatz der nicht gezogenen Nutzungen, die ihm vorgeworfen werden, im Gegensatz zu §§ 347 Abs. 1 und 987 Satz 2 BGB nicht angeordnet[1235].

Dem Käufer wird also überlassen, wie er die Ware nutzt. Wurde die Kaufsache nicht so genutzt, wie der Rückgabegläubiger erwartete, ist vom Käufer nicht zu verlangen, die unterlassenen Nutzungen zu erstatten. Er hat keine Pflicht, die enttäuschten Erwartungen des Verkäufers auszugleichen.

Eine Schadensersatzpflicht hat der Käufer nur dann, wenn er mit seinem Verhalten gegen den Vertrag selbst verstößt hat. Wie bereits oben erklärt wurde[1236], ist der Käufer für Handlungen oder Unterlassungen verantwortlich, mit denen der Verkäufer gemäß dem Vertrag nicht rechnen kann. Deshalb hat er nur für Nutzungen einzustehen, die er entgegen einer vertraglichen Vereinbarung mit seinem Partner unterlassen hat.

Man darf hier keine allgemeine Schadensminderungspflicht des Käufers i. S. d. 77 CSIG annehmen[1237]. Die Konvention schreibt ausdrücklich die Pflichten jeder Partei beim Rückgabeverhältnis vor. Eine Schadensminderungspflicht des Käufers ist daher nur aufgrund von Verletzungen dieser Pflichten anzuerkennen. Die Annahme einer Schadensminderungspflicht für den Käufer hinsichtlich einer Herausgabepflicht der unterlassenen Nutzungen würde deshalb dazu führen, ihn als Rückgabeschuldner mit neuen Pflichten zu belasten[1238].

1233 Vgl. *Karollus,* UN-Kaufrecht, S. 154; *Staudinger/Magnus,* Art. 84, Rn. 19; *Soergel/Lüderitz/Dettmeier*, Art. 84, Rn. 4; *Enderlein/Maskow/Strohbach,* Internationales Kaufrecht, Art. 84, Rn. 4; *Neumayer/Ming,* Art. 84, Rn. 3; *Reinhart,* UN-Kaufrecht, Art. 84, Rn. 5; *Schlechtriem,* Internationales UN-Kaufrecht, (2003), Rn. 333.

1234 Vgl. *Schlechtriem/Schwenzer/Hornung,* Art. 84, Rn. 16.

1235 Vgl. dazu unten, § 9.V.2.

1236 Vgl. dazu oben, § 9.II.2.c.i.

1237 Vgl. *Herber/Czerwenka,* Art. 84, Rn. 5. Anders aber *v. Caemmerer/Schlechtriem/Leser,* Art. 84, Rn. 22, der ausgegangen von einer Übertragung der Schadensersatzpflichten auf die Pflichten im Rückabwicklungsverhältnis für eine allgemeine Schadensminderungspflicht des Käufers im Fall spricht, in dem er Nutzungen, obwohl deren Ziehung verkehrsüblich und ihm zumutbar war, nicht gezogen hat.

1238 Vgl. *Herber/Czerwenka,* Art. 81, Rn. 15; *Krebs,* Die Rückabwicklung, S. 73.

Allenfalls trifft ihn die Pflicht, die den Umständen angemessenen Maßnahmen zur Erhaltung der Ware i. S. d. Art. 86 Abs. 1 CISG zu treffen[1239]. Nur bei Verletzung dieser Erhaltungspflicht kann es darauf ankommen, ob er das nötige getan hat, um den Schaden gem. Art. 77 CISG zu verringern.

Eine Herausgabepflicht des Käufers für unterlassene Nutzungen kann man auch nicht aus dem Grundsatz ableiten, dass das Unvermögen des Verkäufers zur Bewirtschaftung bei Verzinsung des Kaufpreises unerheblich ist[1240]. Dass der Verkäufer den empfangenen Kaufpreis verzinsen muss, auch wenn er ihn nicht zinsbringend angelegt hat, führt nicht zum Gegenschluss, dass der Käufer unterlassene Nutzungen ebenfalls ausgleichen müsste. Man darf die unterlassenen Nutzungen, die aus der Kaufsache vernünftigerweise gezogen werden könnten, nicht mit den pauschalen Zinsen des Betrags des Kaufpreises gleichstellen, sondern mit den nicht effektiv gezogenen Zinsen dieses Geldbetrags, die hinsichtlich einer Herauspflicht des Verkäufers gleichgültig sind. Denn hier kann eine hypothetische Berechnung auch in Rücksicht auf die Bereicherungsdogmatik keinen Platz greifen[1241]. Die üblichen Zinsen des Kaufpreises am Ort des zur Rückerstattung verpflichteten Verkäufers sind dagegen, weil sie dem Konzept der Vorteilsausgleichung zur Wiederherstellung der Dispositionsfreiheit des Käufers entsprechen, als am Domizil des Verkäufers tatsächlich herausgezogene Vorteile zu behandeln, die letzterer seinem Vertragspartner herauszugeben hat; daher werden sie pauschaliert.

Die Herausgabepflicht des Käufers bei der Rückabwicklung umfasst also die unterlassenen Nutzungen der Ware nicht. Trotzdem ist es noch fraglich, ob dieser mindestens für die unerwarteten Nutzungen haftet bzw. den unerwarteten Gewinn dem Verkäufer aus tatsächlich herausgezogenen Nutzungen und aus der Ware selbst gem. Art. 84 Abs. 2 lt. a CISG zurückzugeben hat[1242].

Diese Frage ist besonders auffällig, denn das UN-Kaufrecht scheint für eine Ausweitung der Herausgabepflicht des Käufers in die Richtung der Rückgabe auch eines unerwarteten Gewinns zu sprechen, nachdem gemäß dem Wortlaut des Art. 84 Abs. 2 lit. a CISG der Käufer den Gegenwert „aller Vorteile“ seinem Vertragspartner zurückgeben soll.

Die Bestimmung „...aus der Ware...“, die weiter folgt, ändert aber den Sinn der Vorschrift, weil damit gezeigt wird, dass der Käufer schließlich ver-

---

[1239] Vgl. dazu oben, § 9.II.2.c.i. und unten, § 9.IV.1.

[1240] Vgl. *Honsell/Weber*, Art. 84, Rn. 15; *Karollus*, UN-Kaufrecht, S. 154; *Staudinger/Magnus*, Art. 84, Rn. 19; *Enderlein/Maskow/Strohbach*, Internationales Kaufrecht, Art. 84, Rn. 4.1; *Neumayer/Ming*, Art. 84, Rn. 3; *Herber/Czerwenka*, Art. 84, Rn. 5.

[1241] Vgl. *Honsell/Weber*, Art. 84, Rn. 15.

[1242] Vgl. *König*, Gewinnhaftung, S. 179 ff.

pflichtet ist, nur die Vorteile, die tatsächlich aus der Ware gezogen werden, zu erstatten[1243].

Das entspricht dem Kompensationsgedanken der Rückabwicklung, der der Vorteilsregelung des UN-Kaufrechts zugrunde liegt. Demgemäß muss der Käufer alle Nutzungen zurückgeben, die zu der Substanz der Kaufsache gehören, nicht aber diejenigen, die er als überschüssigen Gewinn dank seiner Geschäftstüchtigkeit bekommen hat[1244]. Für einen solchen Gewinn hat er einen Behaltensgrund, seine Geschäftstüchtigkeit, und daher muss er dies nicht weggeben.

Also im Falle, dass der Käufer einen höheren Mietzins aus dem vermieteten Wagen erzielt hat, als ein gewöhnlicher Händler bei der Vermietung jedes anderen vergleichbaren Wagens, muss er nur den üblichen Mietzins herausgeben, denn nur dieser wurde als Vorteil tatsächlich aus der Sache gezogen. Der Überschuss im Vergleich mit dem Marktpreis ist auf seine besondere Geschäftstüchtigkeit zurückzuführen und daher ist er berechtigt, ihn zu behalten. Hier geht es nicht um das Fehlen am Behaltensgrund, wie bei den aus der Ware selbst gezogenen Vorteilen. Der Käufer trägt aber die Beweislast, dass der erzielte Gewinn, der den üblichen Mietzins übersteigt, auf seinen persönlichen Fähigkeiten beruht. Das entspricht dem allgemeinen Grundsatz der Beweislastverteilung im Rahmen des UN-Kaufrechts, nach dem denjenigen mit der Beweislast zu belasten ist, der Tatsachen behauptet, die ausnahmsweise die Rechtsbegründung seines Vertragspartners (hier die Vorteilsherausgabe des Verkäufers) verhindern[1245].

Die Ablehnung der Gewinnhaftung des Käufers ergibt sich auch aus der Neutralität der Rückabwicklung, welche die Restitution der Parteien durch die Rückgabe der schon erbrachten Leistungen verfolgt, nicht aber die Reparation. Denn die letztere kann nur unter den Voraussetzungen des Schadensersatzes erreicht werden. Der Verkäufer kann nämlich den vollen Gewinn vom Käufer nur verlangen, wenn er seine Schadensersatzansprüche gegen seinen Vertragspartner durchsetzt. Eine Pflicht zur Herausgabe des vollen Gewinns ist aber dem System des Vorteilsausgleichs der Konvention fremd. Sonst würde der Verkäufer etwas bekommen, mit dem er selbst nach

---

1243 Vgl. *Krebs*, Die Rückabwicklung, S. 75.

1244 Dagegen *Ziegler*, S. 198; *Herber/Czerwenka,* Art. 84, Rn. 6; *Heilmann,* Mängelgewährleistung, S. 525; *Piltz,* Internationales Kaufrecht, § 5, Rn. 289, die aber schließlich eine Gewinnhaftung als wenig nachvollziehbar ansehen. Dafür *Krebs,* Die Rückabwicklung, S. 75. Unklar aber *v. Caemmerer/Schlechtriem/Leser,* Art. 84, Rn. 18 und 26; *Schlechtriem/Schwenzer/Hornung,* Art. 84, Rn. 18 und 22, die nur über eine objektive Bewertung der gezogenen Vorteile sprechen.

1245 Vgl. *Staudinger/Magnus,* Art. 4, Rn. 68 m. H. auf Art. 79 Abs. 1, 2 lit. a CISG und Art. 35 Abs. 2 lit. b CISG; *Antweiler,* Beweislastverteilung, S. 87 ff.

dem Vertrag nicht gerechnet hat. Das wäre freilich ein Widerspruch zum Rechtssystem des UN-Kaufrechts.

b. Herausgabe der Surrogate der Kaufsache nach Art. 84 Abs. 2 lit. b CISG

Das UN-Kaufrecht lässt die Vertragsaufhebung trotz des Untergangs oder der wesentlichen Verschlechterung der Kaufsache zu, vorausgesetzt, dass der Käufer dem Verkäufer alle aus der Ware gezogenen Vorteile in Form von Surrogaten zurückgibt.
Die Fälle, in denen der Käufer sein Aufhebungsrecht trotz der Veränderung der zurückzugebenden Kaufsache nicht verliert, sind die Ausnahmefälle des Art. 82 Abs. 2 CISG, in denen die Ware verbraucht, verarbeitet, veräußert, oder wesentlich verschlechtert wird bzw. gar untergeht. Hier sind dem Käufer trotz der gestörten Rückabwicklung oft Surrogate der Ware entstanden, für die er keinen Behaltensgrund hat und die er deswegen zurückgeben muss.
Während nun die Bewertung der aus der Ware gezogenen Vorteile als ihrer Surrogate wegen ihrer Veräußerung, ihres Verbrauchs oder ihres Untergangs grundsätzlich unproblematisch ist, ist fraglich welcher Maßstab für die Bestimmung des Wertersatzanspruches im Fall der Verarbeitung der Kaufsache gelten soll, wenn der gutgläubige Käufer i. S. d. Art. 82 Abs. 2 lit. c CISG berechtigt ist, den Vertrag aufzuheben.
Freilich kann man mit der Hilfe eines objektiven Maßstabs bei der Bestimmung des Wertersatzes einer Ware generell zu sicheren Ergebnissen kommen. Speziell aber in den Fällen der Vorteilsrückgabe, zu der die Parteien nach der Vertragsaufhebung im Rahmen der Rückabwicklung verpflichtet sind, kann man durch die objektive Bewertung des Wertersatzes der Kaufsache und der darausgezogenen Vorteile zu widersprüchlichen Ergebnissen kommen.
Man könnte zwar einen objektiven Maßstab anlegen und zwar sich ausschließlich am Wert der Sache aus der Sicht einer vernünftigen Person i. S. d. Vorschrift des Art. 8 Abs. 2 CISG orientieren[1246], die im Rahmen der Konvention für die Auslegung des Verhaltens einer Partei allgemein gilt. Dann könnte man aber die subjektive Interessenlage nach dem konkreten Vertrag nicht berücksichtigen, von der die Vorschrift des Art. 82 Abs. 2 lit.

[1246] Vgl. *v. Caemmerer/Schlechtriem/Leser,* Art. 84, Rn. 26.

c CISG ausgeht, um den Schutz des gutgläubigen Käufers weiterzuverfolgen[1247].

Deshalb soll man für die Bewertung des Wertersatzes aufgrund der Verarbeitung einer Ware vor allem vom dem vereinbarten Kaufpreis ausgehen, der gemäß dem Äquivalenzverhältnis zwischen den Vertragsparteien gestaltet wird[1248]. Dieser soll die Obergrenze des Wertersatzanspruches darstellen. Das ist gerecht, weil der Käufer bei der Ersatzleistung für eine Sache, die er im normalen Geschäftsverkehr verarbeitet hat, wie im Fall des Art. 82 Abs. 2 lit. c CISG ist, nicht mehr als den Kaufpreis zu bezahlen erwartet, den die Parteien beim Abschluss des Kaufvertrags vereinbart haben.

Als Surrogat aus der Ware, die der Käufer nach Art. 84 Abs. 2 lit. b CISG zurückgeben muss, gilt auch, entgegen dem Wortlaut der Vorteilsregel des Art. 84 Abs. 2 lit. a CISG, der „alle Vorteile" herauszugeben verlangt, derjenige Gewinn aus der Substanz der Ware, den der Käufer in sein Vermögen integriert hat. Dieser Gewinn kann entweder eine Wertschöpfung darstellen, die durch die Verarbeitung der Kaufsache im Vermögen des Käufers eingetreten ist, oder durch Gebrauchsvorteile konstituiert sein, die sich aus der Ersparnis anderweitiger Aufwendungen hinsichtlich des Gebrauchs der verarbeiteten Kaufsache ergeben[1249].

Der Käufer hat dagegen keine Wertschöpfung herauszugeben, die er zu erzielen unterlassen hat, denn das Übereinkommen schreibt ihm entsprechend der Vorschrift des Art. 82 Abs. 2 lit. c CISG, deren Zweck es ist, die Gutgläubigkeit des Käufers hinsichtlich der Mangelhaftigkeit der Kaufsache zu belohnen, keine solche Verpflichtung vor. Entsprechend der Vorteilsausgleichsregelung des Übereinkommens ist der Käufer auch berechtigt, den Gewinn zu behalten, der nicht aus der Sache selbst fließt, sondern auf seine besondere und über den Durchschnitt hinausreichende Geschäftstüchtigkeit zurückzuführen ist[1250].

[1247] Vgl. dazu oben, § 9.II.2.c.iii.

[1248] Vgl. *Krebs*, Die Rückabwicklung, S. 118.

[1249] Zur Bemessung der Gebrauchsvorteile vgl. oben, § 9.III.2.a.ii.

[1250] Bei der Rückabwicklung mit Surrogaten der Kaufsache ist keine Gewinnhaftung des Käufers zu akzeptieren, wie schon oben hinsichtlich des Umfangs der Herausgabepflicht erklärt wurde (vgl. § 9.III.2.a.iii.).

IV. Die Erhaltung der Ware

1. Die Pflicht des Käufers zur Erhaltung der Kaufsache ab dem Zeitpunkt der Entdeckung ihrer Vertragswidrigkeit

Nach Art. 86 Abs.1 CISG hat der Käufer alle angemessenen Erhaltungsmaßnahmen zu treffen, wenn er die Ware in Besitz hat und beabsichtigt, ein Zurückweisungsrecht auszuüben.

Der Käufer trägt nämlich die Erhaltungspflicht unter der Voraussetzung des Bestehens eines Zurückweisungsrechts, das ihm zusteht, wenn er nach einer wesentlich mangelhaften Lieferung die Aufhebung des Vertrags innerhalb der Frist des Art. 49 Abs. 2 CISG erklären oder die Ersatzlieferung innerhalb der Frist des Art. 46 Abs. 2 CISG verlangen kann[1251].

Die Erhaltungspflicht beginnt aber, wie schon oben festgestellt worden ist[1252], trotz des Gesetzeswortlauts bereits ab dem Moment der Mangelentdeckung. Ihre Beschränkung nur ab dem Zeitpunkt der Beabsichtigung der Ausübung des Zurückweisungsrechts bzw. des Aufhebungsrechts oder des Rechts auf Verlangen einer Ersatzlieferung hätte keinen Sinn, weil der Käufer bereits ab dem Moment der Mangelentdeckung über die Möglichkeit zur Ausübung des Aufhebungs- oder des Ersatzlieferungsrechtsbehelfs nachdenkt[1253].

Umgekehrt endet die Erhaltungspflicht des Käufers nicht, wenn er die Zurückweisung erklärt[1254]. Mit der Formulierung der Vorschrift, dass der Käufer eine Erhaltungspflicht für die Ware hat, wenn er „die Ausübung eines bestehenden Zurückweisungsrechts beabsichtigt", wird nicht nur der bloße Gestaltungsakt der Zurückweisung bzw. die Aufhebungs- oder die Ersatzlieferungserklärung gemeint, sondern auch das anschließende Stadium der Rückabwicklung, innerhalb dessen der Käufer als Rückabwicklungsschuldner die Sache im Interesse des Verkäufers zu erhalten hat[1255]. Denn hier sind nicht die Ausübung der Ersatzlieferung oder der Aufhebung des Vertrags selbst das, was der Käufer beabsichtigt, zu vollziehen, sondern die Rückabwicklung, welche dazu dient, dass die Parteien ihre ursprüngliche

---

[1251] Vgl. dazu *Herber/Czerwenka*, Art. 86, Rn. 1.
[1252] Vgl. oben, § 9.II.2.c.i.
[1253] Vgl. *Schlechtriem/Schwenzer*, Art. 38, Rn. 4.
[1254] Anders aber in *Staudinger/Magnus*, Art. 85, Rn. 19, der die Meinung vertritt, dass eine Erweiterung der Erhaltungspflicht sowohl i.S.d. Art. 85 als auch i. S. d. Art. 86 CISG nach der Aufhebungserklärung nur in besonderen Fällen zu akzeptieren ist.
[1255] Vgl. *Krebs*, Die Rückabwicklung, S. 130-131.

Dispositionsfreiheit so wiedererlangen, als hätten sie inzwischen den nachteiligen Kaufvertrag nicht abgeschossen. Die Wiederherstellung der Dispositionsfreiheit seitens des Verkäufers wird freilich durch die Rückgabe der Kaufsache in ursprünglichen Zustand erreicht.
Überdies ist der Verkäufer nach der Erklärung der Vertragsaufhebung oder der Ersatzlieferung nicht weniger schutzbedürftig hinsichtlich der Erhaltung der Kaufsache als zuvor; die Erhaltungspflicht des Käufers darf nicht mit der Absendung der entsprechenden Erklärungen beendet werden.
Deshalb braucht man, keine „spezifische Erhaltungspflicht" des Käufers nach dem Zeitpunkt der Abgabe der Aufhebungs- oder der Ersatzlieferungserklärung in Analogie mit Art. 86 Abs.1 CISG anzunehmen[1256], mit welcher evtl. Schäden der Ware unter der Zugrundelegung eines strengeren oder großzügigeren Sorgfaltsmaßstabs vorgebeugt werden könnten.
Art. 86 Abs. 1 CISG gilt auch nach der erfolgten Zurückweisungserklärung, weil damit die Wiedererlangung der Dispositionsfreiheit der Parteien verwirklicht werden kann.
Daraus ergibt sich, dass der Käufer für die Erhaltung der Kaufsache nach dem Vertrag verpflichtet ist. Für die Bestimmung seines Verantwortungsbereichs ist nämlich der Vertrag maßgeblich[1257].
Bei Verletzung der Erhaltungspflicht haftet der Käufer daher nach den Schadensersatzvorschriften der Art. 74-77 CISG[1258]. Er muss alle Verschlechterungen der Ware vermeiden, die – wenn sie wesentlich sind – auch sein Aufhebungsrecht ausschließen; sonst schuldet er vollen Schadensersatz einschließlich des entgangenen Gewinns für die Verletzung seiner Erhaltungspflicht[1259]. Hier ist keine Beschränkung des Umfangs der Schadensersatzpflicht auf den bloßen Wert der Kaufsache anzunehmen, obwohl der Wortlaut des Art. 86 Abs. 1 CISG auf den ersten Blick dafür zu sprechen scheint.
Das wird aber mit dem Schutzzweck der Vorschriften über die Rückabwicklung begründet, der, wie erklärt, entgegen der Regel des Art. 74 CISG die Rückgabe der Ware und der darausgezogenen Vorteile zur Wiederherstellung der Dispositionsfreiheit der Parteien zum Ziel hat.
Demgemäß hat der Verkäufer mit der Zurückweisung der Ware selbst zu rechnen und auch mit der Rückgabe ihres Gegenwerts und aller Nutzungen nach Art. 84 Abs. 2 CISG, die der Käufer wegen der Bewirtschaftung der

---

[1256] Vgl. *Karollus,* UN-Kaufrecht, S. 149, Fn. 63.
[1257] Vgl. dazu oben, § 9.II.2.c.i.
[1258] Vgl. *Piltz,* Internationales Kaufrecht, § 4, Rn. 279.
[1259] Vgl. *Piltz*, Internationales Kaufrecht, § 4, Rn. 279.

Ware darausgezogen hat. Die Haftung für das volle Interesse, wie sie Art. 74 Satz 1 CISG vorsieht, ist deshalb hier „geboten“[1260].

Von dieser Haftung kann sich der Käufer unter den Voraussetzungen des Art. 79 Abs. 1 CISG befreien, wonach der Schuldner nur bei Hinderungsgründen außerhalb seines Einflussbereichs entlastet werden kann. Der Käufer ist nach dem Wortlaut des Art. 86 Abs. 1 CISG verpflichtet, die nach den Umständen angemessenen Maßnahmen zur Erhaltung der Ware zu treffen. Davon ist abzuleiten, dass er nur für die vertragswidrigen Erhaltungsmaßnahmen einzustehen hat[1261], die i. S. d. Art. 79 Abs. 1 CISG zu seinem Verantwortungsbereich gehören.

Die Sorgfalt, nach der der Käufer seine Erhaltungspflicht erfüllen muss, soll nämlich nach dem Vertrag konkretisiert werden. Es ist also die Ansicht abzulehnen, dass der Maßstab für die Erfüllung der Erhaltungspflicht durch den Käufer die Sorgfalt ist, die er in seinen Angelegenheiten normalerweise zeigt[1262], oder mindestens die Sorgfalt, die eine vernünftige Person i. S. d. Art. 8 Abs. 2 CISG in derselben Lage und unter gleichen Umständen zeigt[1263]. Denn dann wäre nur ein subjektiver oder ein objektiver Maßstab für die Beurteilung der Angemessenheit der Erhaltungsmaßnahmen des Käufers entscheidend. Das führt aber zu Rechtsunsicherheit, wie oben gezeigt wurde[1264].

Die zur Erhaltung der Kaufsache angemessenen Aufwendungen sind grundsätzlich zu erstatten. Nach Art. 86 Abs. 1 S. 2 CISG ist der Käufer bis zur Erstattung dieses Aufwands durch den Verkäufer sogar berechtigt, die Ware zurückzubehalten. Es besteht auch die Möglichkeit des Selbsthilfeverkaufs i. S. d. Art. 88 Abs. 1 CISG; der Käufer kann dann die angemessenen Erhaltungskosten aus dem Erlös des Verkaufs einbehalten, wenn deren Erstattung vom Verkäufer ungebührlich hinausgezögert wird[1265]. Der Überschuss ist aber auf alle Fälle an den Käufer weiterzuleiten[1266].

[1260] Zit. in *Krebs*, Die Rückabwicklung, S. 131.

[1261] Vgl. *Staudinger/Magnus*, Art. 85, Rn. 9.

[1262] Vgl. *v. Caemmerer/Schechtriem/Eberstein*, Art. 86, Rn. 11, der eine Haftung für die Außerachtlassung der eigenüblichen Sorgfalt vertritt.

[1263] Vgl. *Hager*, Die Gefahrtragung beim Kauf, S. 164.

[1264] Vgl. dazu oben, § 9.II.2.c.i.

[1265] Vgl. *Piltz*, Internationales Kaufrecht, § 4, Rn. 275, 278.

[1266] Vgl. *Piltz*, Internationales Kaufrecht, § 4, Rn. 278. Hier handelt es sich um einen unerwarteten Gewinn, der dem Käufer bleiben soll, vgl. dazu oben, § 9.III.2.a.iii.

2. Ersatz von Verwendungen und Kosten

Im UN-Kaufrecht ist der Ersatz von Verwendungen und Kosten während der Rückabwicklung nicht geregelt. Es handelt sich also um eine interne Lücke der Konvention, die einer Füllung bedarf. Daher stellt sich hier die Frage, ob diese Lücke mit Hilfe der entsprechenden Vorschriften des IPR oder durch die Auslegungs- bzw. Lückenfüllungsmethode des Art. 7 Abs. 1 und 2 CISG mittels der analogen Anwendung von Regeln des Übereinkommens gefüllt werden kann.

Wenn man vom Zweck der Erhaltungs- und Vorteilsausgleichungsvorschriften der Konvention ausgeht, der die Wiedererlangung der Dispositionsfreiheit der Parteien ist, stellt man fest, dass eine Regelung des Ersatzes von Verwendungen und Kosten grundsätzlich die Grenzen der Konvention nicht überschreit, da sie mit der zurückzugebenden Kaufsache zu tun haben. Daher sollte der Ersatz solcher Verwendungen grundsätzlich durch eine Analogie mit den dazu angemessenen Vorschriften des Übereinkommens geregelt werden.

Das wird bestätigt sowohl mit Art. 86 Abs. 1 Satz 2 CISG, Art. 85 Satz 2 CISG und Art. 88 Abs. 3 CISG als auch mit Art. 84 Abs. 2 CISG, wonach der Rückgabegläubiger gemäß dem sog. „Nettoprinzip" Anspruch auf die Rückgabe der Ware und der darausgezogenen Vorteile nur nach Abzug der entsprechenden Verwendungen und Kosten des Rückgabeschuldners hat[1267].

Die hier gestellte Problematik kann man jedoch damit nicht einheitlich lösen.

Während also einige Verwendungen in einem direkten oder mittelbaren Zusammenhang mit der Erhaltung und dem Gebrauch bzw. der Bewirtschaftung der Kaufsache stehen und als solche unter die betreffende Regelung des UN-Kaufrechts fallen, sollen andere Kosten nach Maßgabe des IPR der Regelung der nationalen Rechte überlassen werden.

Daher ist vor allem nützlich, mit der von den nationalen Rechten schon bekannten Trennung zwischen notwendigen, nützlichen und Luxusverwendungen sowie sonstigen Kosten zu beginnen, damit man die im Rahmen der

[1267] Vgl. *v. Caemmerer/Schechtriem/Leser,* Art. 84, Rn. 20, Fn. 55; *Herber/Czerwenka*, Art. 84, Rn. 5; *Karollus,* UN-Kaufrecht, S. 154; *Piltz*, Internationales Kaufrecht, § 5, Rn. 290 und 398; *Schlechtriem,* Internationales UN-Kaufrecht, (2003), Rn. 333; *Reinhart,* UN-Kaufrecht, Art. 84, Rn. 7; *Rudolf,* Kaufrecht der Export- und Importverträge, Art. 84, Rn. 6; *Ziegler*, S. 198; *Krebs,* Die Rückabwicklung, S. 77.

Konvention zurückzuerstattenden Aufwendungen von den anderen, die von den Vorschriften der nationalen Rechte geregelt werden, erkennen kann.

a. Notwendige Verwendungen

Entsprechend der hier vertretenen Auslegung der Vorschriften des Übereinkommens bezüglich der Wirkung der Aufhebung auf das Kaufverhältnis kann der Käufer zweifellos den Ersatz von notwendigen Verwendungen verlangen, die zur Erhaltung und Nutzung der Kaufsache nötig sind. Das wird sowohl aus Art. 84 Abs. 2 CISG, wo der Gegenwert der gezogenen Früchte um die Kosten zu ihrer Erlangung gemindert wird, als auch aus Art. 86 Abs. 1 Satz 2 CISG gefolgt, wonach der Käufer berechtigt ist, die Ware zurückzubehalten, bis ihm der Verkäufer seine angemessenen Aufwendungen erstattet hat. Man darf also hier vom o. g. „Nettoprinzip" des Vorteils- und Erhaltungsausgleichs sprechen.
Das Erfordernis zum Ersatz der notwendigen Verwendungen des Käufers kann man aber auch von der Gefahrtragungsregelung des Übereinkommens herleiten, wonach der Verkäufer als Rückgabegläubiger die Gefahr des zufälligen Untergangs oder der Verschlechterung der Ware trägt, die er im unversehrten Zustand zurückzubekommen verlangt. Denn das lässt nicht nur den Grundsatz erkennen, dass derjenige, dem die Vorteile der Sache gebühren, die Risikogefahr tragen muss[1268], sondern auch den Grundsatz, dass der Verkäufer als Rückgabegläubiger die Verwendungen und die Kosten für die Erhaltung und die Nutzung der Ware dem Käufer zu erstatten hat[1269]. Sonst wäre es ungerecht, alle notwendigen Bemühungen zur Nutzung und zur Erhaltung der Ware in unversehrtem Zustand, die dem Verkäufer zweifellos zugute kommen, dem Käufer aufgrund notwendiger Aufwendungen[1270] zum Nachteil gereichen zu lassen.
Der Käufer kann also den Ersatz solcher Kosten entweder aktiv, oder durch die Verrechnung mit der eigenen Herausgabeschuld verlangen.

[1268] „Cuius periculum eius et commodum", vgl. *Rabel*, Das Recht des Warenkaufs, Band 2., S. 297 f.; *Canaris*, FS für Larenz, S. 28.
[1269] Vgl. *Staudinger/Magnus*, Art. 85, Rn. 3.
[1270] Mit dem Ausdruck „notwendigen Aufwendungen" wird hier der „enge Verwendungsbegriff" nach der deutschen Rechtsprechung gemeint, und nicht der weitgehende Begriff von „Aufwendungen", die nicht dem Leistungsgegenstand zugute kommen, insbesondere nicht dessen Erhaltung, Verbesserung oder Wiederherstellung dienen, vgl. dazu *MünchKomm/Gaier*, § 347, Rn. 20.

Den Ersatz von notwendigen Verwendungen sieht auch das deutsche bzw. griechische nationale Recht vor[1271].

b. Nützliche Verwendungen

Im UN-Übereinkommen findet man keine Bestimmung, aus der man die Pflicht des Verkäufers zum Ersatz nützlicher Verwendungen herleiten könnte. Freilich bedeutet das nicht, dass die Konvention den Anspruch des Käufers auf den Ersatz von Verwendungen, die zu einer Zunahme des objektiven Werts der Kaufsache geführt haben, ohne notwendig zu sein, aus ihrem Anwendungsbereich ausschließen wollte.

Wie bekannt kann das UN-Kaufrecht nur die Bereiche des nationalen Rechts verdrängen, die sie selbst regelt. Die Regelung eines weitergehenden Verwendungsersatzes im o. g. Sinn, die eine höchst umstrittene Frage auch im Rahmen der nationalen Rechte ist[1272], darf also trotz ihres Fehlens im Wiener Übereinkommen nicht unbedingt dem nationalen Recht überlassen werden. Die nützlichen Verwendungen, ebenso wie die notwendigen, kommen der Kaufsache selbst zugute. Sie begründen daher meistens einen Vorteil, der dem Verkäufer nach Art. 84 Abs. 2 CISG herauszugeben ist. Damit sollen sie auch in den Anwendungsbereich der Konvention fallen.

Deshalb ist entscheidend, den Begriff der nützlichen Verwendungen sozu bestimmen, dass diejenigen, die in die Richtung der notwendigen Verwendungen als Aufwendungen zur Ziehung von Vorteilen der Ware geführt haben, analog den entsprechenden Vorschriften der Konvention ersetzt werden können. Ausgehend sogar von der Ansicht[1273], im Rahmen des Haager Kaufgesetzes, dass die nützlichen Verwendungen über die Maßnahmen zur Erhaltung der Ware hinaus ganz allgemein als „angemessene Aufwendungen“ zu ersetzen sind, weil damit der Verkäufer bereichert wird, kann man auch hier nach dem objektiven Angemessenheitsmaßstab des Art. 86 Abs. 1 CISG[1274] die nützlichen Verwendungen i. e. S. von anderen Aufwendungen abgrenzen, mit denen der Verkäufer nicht bereichert wurde, sondern hauptsächlich im Interesse des Rückgabeschuldners durchgeführt wurden. Letztere können dann über den Weg des IPR vom nationalen Recht geregelt werden.

[1271] Vgl. § 347 Abs. 2 S. 1 BGB und Art. 547 Abs. 1 S. 2 i. V. m. Art. 389 Abs. 2 gr. ZGB.

[1272] Vgl. *MünchKomm/Gaier*, § 347, Rn. 13.

[1273] Vgl. zum EKG *Dölle/Weitnauer*, Art. 81, Rn. 11.

[1274] Vgl. dazu oben, § 9.IV.1.

c. Luxusverwendungen

Die Frage nach dem Ersatz von Luxusverwendungen, also solchen, die nicht notwendig sind und nur den Wert der Kaufsache erhöhen, beantwortet sich quasi von alleine: Das UN-Übereinkommen trifft keine Regelung.
Dann bleibt nur die Lösung des IPR. Es soll aber hier darauf hingewiesen werden, dass auch nach dem nationalen Recht ein Ersatz für Luxusverwendungen selten zuerkannt wird[1275].

d. Sonstige Kosten

Das „Nettoprinzip" i. S. d. Art. 84 Abs. 2 CISG gilt grundsätzlich auch bei den sonstigen Kosten des Käufers für die Erlangung von Vorteilen, die im Zusammenhang mit der Kaufsache stehen. Wenn also solche Aufwendungen zur Vorteilsziehung notwendig waren, dann kann der Käufer sie vom Gegenwert der Vorteile abziehen. Und zwar kann der Käufer in diesem Fall den Ersatz bzw. den Abzug der notwendigen Kosten vom Gegenwert der herausgezogenen Vorteile in Analogie mit Art. 86 Abs. 1 S. 2 CISG und Art. 85 Satz 2 CISG fordern. Im Fall dagegen, in dem die notwendigen Kosten den Wert des Vorteils übersteigen, darf der Käufer keinen Ersatz fordern. Denn hier handelt es sich um einen Fall, der ähnlich wie die Fälle von „aufgedrängter Bereicherung" des nationalen Rechts zu behandeln ist[1276].
Auch für andere Aufwendungen, die nicht als notwendig angesehen werden können, ist die Regelung im nationalen Rechtsbereich durch das IPR entsprechend dem schon oben gesagten möglich.

[1275] Vgl. *MünchKomm/Gaier*, § 347, Rn. 19.
[1276] Vgl. *MünchKomm/Gaier*, § 347, Rn. 21.

V. Die Wirkung des Rücktritts im deutschen und griechischen nationalen Recht im Vergleich mit dem UN-Kaufrecht

Es wird gemäß der heute herrschenden Ansicht im Rahmen der beiden nationalen Rechte[1277] angenommen, dass durch den Rücktritt der Vertrag nicht als Ganzes aufgehoben wird, sondern dass dieser – nur inhaltlich verändert – in der Form eines Rückabwicklungsverhältnisses bestehen bleibt. Die Parteien stehen während der Rückabwicklung des Vertrags in einer in diesem wurzelnden Sonderrechtsbeziehung zueinander, da nach dem Rücktritt auch Schutzpflichten weiterhin bestehen bleiben, die ihre Grundlage im Kaufverhältnis der Parteien haben[1278].
Dementsprechend wird auch angenommen, dass der Rücktritt eine Befreiungswirkung bezüglich der noch nicht erfüllten Leistungspflichten im Rahmen des vertraglichen Synallagmas entfaltet[1279], und dass damit eine Pflicht zur Zug-um-Zug-Rückgewähr bezüglich der ausgetauschten Leistungen und der verbleibenden Bereicherung (vgl. §§ 347, 348 BGB bzw. Art. 547 Abs. 1 gr. ZGB) begründet wird[1280], so dass die Parteien ihre Dispositionsfreiheit wiedererlangen können.
Bisher bemerkt man keinen wesentlichen Unterschied zum UN-Kaufrecht.
Während sich aber die Regelung der Rückabwicklung hinsichtlich des Zwecks, der Pflichten und der Rechte der Parteien nach §§ 346 ff. BGB bzw. Art. 547 ff. gr. ZGB von den entsprechenden Vorschriften des UN-Kaufrechts nicht unterscheidet, ergeben sich Unterschiede aus dem Vergleich des § 346 Abs. 2 und 3 BGB bzw. 549 gr. ZGB mit Art. 82 Abs. 1 und 2 CISG hinsichtlich der Risikoverteilung zwischen den Parteien beim Zufall.

[1277] Vgl. BGHZ 88, S. 46, 48 = NJW 1984, S. 42; NJW 1990, S. 2068, 2069; NJW 1994, S. 1161, 1162; BGH NJW 1998, S. 3268 f.; *Leser,* Der Rücktritt, S. 157 ff.; *Larenz,* SchuldR I, § 26; *Medicus,* SchuldR I, § 46, Rn. 534; *Palandt/Heinrichs,*, § 346, Rn. 6; *MünchKomm/Gaier*, Vor § 346, Rn. 40. Bezüglich des griechischen nationalen Rechts vgl. *Georgiades/Stathopoulos/Papanikolaou,* Kommentar zum gr. ZGB, Art. 389, Rn. 6.

[1278] Vgl. *MünchKomm/Gaier*, Vor § 346, Rn. 43, hinsichtlich des griechischen nationalen Rechts vgl. *Kornilakis*, S. 276.

[1279] Vgl. *MünchKomm/Gaier*, Vor § 346, Rn. 41.

[1280] Vgl. *MünchKomm/Gaier*, Vor § 346, Rn. 40.

1. Die Wertersatzpflicht des Rückgabeschuldners nach dem deutschen nationalen Recht – Die Risikoverteilung zwischen den Parteien beim Zufall

Im Unterschied zum UN-Kaufrecht hat sich das nun reformierte nationale deutsche Schuldrecht für das Modell einer Wertersatzpflicht des Rückgabeschuldners und gegen den Ausschluss des Rücktritts im Fall des Untergangs oder der Verschlechterung des Rückgabegegenstandes entschieden.
Nach § 346 Abs. 2 BGB kann der Rücktrittsberechtigte, unabhängig vom Schicksal der empfangenen Leistung, den Rechtsbehelf des Rücktritts immer ausüben. Wenn er nämlich zur Rückgabe der empfangenen Leistung in unversehrtem Zustand nicht mehr imstande ist, hat er Wertersatz zu leisten, der nur in bestimmten, in Art. 346 Abs. 3 BGB aufgezählten Fällen entfällt. Damit ist die Wertersatzlösung des deutschen BGB im Vergleich mit der Ausschlusslösung der Vertragsaufhebung des UN-Kaufrechts im Fall der Unmöglichkeit zur Rückgabe der Ware in unversehrtem Zustand vorzuziehen. Denn sie gelangt zu gerechten Ergebnissen ohne die Streitfragen des UN-Kaufrechts, die oben gezeigt wurden.
Mit dem Wertersatz entfällt nämlich die Frage nach der Bestimmung der Wesentlichkeit der Verschlechterung der zurückzugebenden Kaufsache[1281] und es kommt für die Geltendmachung des Rücktritts nicht mehr darauf an, ob sich der Untergang oder die wesentliche Verschlechterung der Ware vor oder nach der Rücktrittserklärung ereignet hat[1282]. Mit der Pflicht des Rückabwicklungsschuldners zum Wertersatz, wenn die Rückgabe der Ware in Natur nicht möglich ist, wird auch das Ziel des Rücktritts erreicht, ohne parallel nach dem Umfang seiner Rückgewähr- und Herausgabepflicht zu fragen[1283]. Der Wertersatz betrifft einfach den objektiven Wert der Kaufsache vor ihrer Totalzerstörung bzw. im Zeitpunkt der Leistung[1284]. Er erstreckt sich nämlich – weil es hier um die Herstellung des Zustands vor dem Leistungsaustausch geht – auf das, was der Rückabwicklungsschuldner als Leistung erlangt hat. Das wichtigste ist aber, dass man durch die Wertersatzpflicht des Schuldners, die den Rechtsbehelf des Rücktritts nicht ausschließen kann, nicht mehr den Verantwortungsbereich des Käufers oder den Zufallsbereich wie im Übereinkommen zu bestimmen braucht, um dar-

---

[1281] Vgl. oben, § 9.II.2.a.
[1282] Vgl. oben, § 9.II.2.b.
[1283] Vgl. oben, § 9.III.2.a.iii. und § 9.III.2.b.
[1284] Vgl. *MünchKomm/Gaier*, § 346, Rn. 22; BT-Drucks. 14/6040, S. 196.

über zu entscheiden, wer von beiden, der Käufer oder der Verkäufer das Risiko des Untergangs oder der wesentlichen Verschlechterung der Ware zu tragen hat[1285]. Der Rücktrittsberechtigte bzw. der Käufer kann, egal ob die Verschlechterung oder der Untergang des Rückgabegegenstandes auf Zufall oder auf seinen eigenen Handlungen zurückzuführen ist, Wertersatz leisten und vom Vertrag zurücktreten (vgl. § 346 Abs. 2 Nr. 2 und 3 BGB).

Die Rücktrittserklärung bleibt daher trotz der Unmöglichkeit der Rückgabe der Kaufsache in unversehrtem Zustand aus Zufall wirksam. Im deutschen Recht gibt es keine entsprechende Regel dem Art. 70 CISG. Die Gefahr verbleibt ab Übergabe der geschuldeten Sache beim Käufer. Ein Rückspringen der Gefahr auf den Verkäufer aufgrund der Mangelhaftigkeit der Kaufsache, die den Rechtsbehelf des Rücktritts möglich gemacht hat, ist nicht vorgesehen.

Die Wertersatzpflicht des Käufers entfällt logischerweise dann, wenn sich der zum Rücktritt berechtigende Mangel erst während der Verarbeitung oder der Umgestaltung der Ware gezeigt hat oder wenn der Rückgabegläubiger die Verschlechterung bzw. den Untergang der Ware zu vertreten hat (vgl. Art. 346 Abs. 3 Nr. 1 und 2 BGB).

Das Rückspringen der Gefahr auf den Verkäufer gilt aber ausnahmsweise im Fall des § 346 Abs. 3 Nr. 3 BGB, wonach der Käufer als Rückabwicklungsschuldner keine Pflicht zum Wertersatz mehr hat, wenn die Sache trotz Anwendung der eigenüblichen Sorgfalt i. S. d. § 277 BGB bei ihm untergegangen oder verschlechtert worden ist. Dann hat er das Recht, ohne Wertersatz die Rückzahlung des Kaufpreises zu verlangen. Er kann nämlich die Nachteile des zufälligen Untergangs oder der Verschlechterung der Kaufsache auf den Verkäufer abwälzen.

Diese Vorschrift wurde heftig kritisiert.

Der Haupteinwand[1286] gegen diese Regel war, dass die sachgerechte Gefahrverteilung zwischen den Parteien praktisch wieder vollständig zurückgenommen wird, wenn der Käufer infolge eigener Fahrlässigkeit den Untergang oder die wesentliche Verschlechterung der Kaufsache bei sich selbst verursacht. Denn damit wird der Käufer besser gestellt, als er ohne die Pflichtverletzung des Verkäufers stünde, weil er unter diesem beschränkten Haftungsmaßstab den Kaufpreis zurückfordern kann, ohne Wertersatz für den empfangenen Gegenstand leisten zu brauchen; der Verkäufer andererseits, der oft den mangelhaften Zustand der Sache nicht zu

---

[1285] Vgl. oben, § 9.II.2.c.i.

[1286] Vgl. *Honsell*, JZ 2001, S. 281; *Lorenz* in *Schulze/Schulte-Nölke,* Die Schuldrechtsreform vor dem Hintergrund des Gemeinschaftsrechts, S. 344, 345; *Hager* in *Ernst/Zimmermann,* Zivilrechtswissenschaft und Schuldrechtsreform, S. 440.

vertreten hat, hat nicht nur die Risiken des zufälligen Untergangs der Sache beim Käufer, sondern auch die Folgen des fahrlässigen Verhaltens seines Vertragspartners zu tragen.

Das überzeugt. Deshalb hat der Gesetzgeber entsprechend dem betreffenden Einwand die bevorzugte Behandlung des Käufers als Rücktrittsberechtigtem mit dem Argument, dass das Rückspringen der Zufallsgefahr auf den Verkäufer nicht als Folge der objektiven Pflichtverletzung durch ihn anzusehen sei, sondern als Folge seiner Redlichkeit[1287], für das Regeln der Fälle angenommen, in denen die Vertragsverletzung vom Verkäufer zu vertreten ist[1288].

In den Fällen dagegen, in denen der Verkäufer die Pflichtverletzung nicht zu vertreten hat, weil dabei kein Grund ersichtlich ist, warum die Gefahr auf ihn selbst zurückspringen sollte, wird nach überzeugender Ansicht[1289] angenommen, den Käufer ohne eine irgendwelche Privilegierung das Risiko des zufälligen Untergangs oder der Verschlechterung der Kaufsache innerhalb seines eigenen Herrschaftsbereichs tragen zu lassen.

Parallel wird auch die teleologische Reduktion der Vorschrift des § 346 Abs. 3 Nr. 3 BGB durch ihre systematische Auslegung angenommen[1290], so dass man unlösbare Abgrenzungsprobleme gegenüber anderen Rückabwicklungsregeln und besonders gegenüber der Schadensersatzpflicht des Käufers gem. § 346 Abs. 4 BGB vermeiden kann.

Demgemäß wird angenommen, – ausgehend davon, dass der Käufer, solange er den Rücktrittsgrund nicht kennt oder kennen muss, nicht damit rechnen muss, dass er den Kaufgegenstand zurückzugeben hat und dass er mit ihm nicht mehr nach Belieben verfahren kann –, ihn mit dem beschränkten Verschuldensmaßstab der Sorgfalt „die er in eigenen Angelegenheiten anzuwenden pflegt" bis zum Moment der Kenntnisnahme oder der Kenntnismöglichkeit der Rücktrittsberechtigung haften zu lassen[1291].

Der Haftungsmaßstab für das Verhalten des Käufers wird aber nicht als die eigenübliche Sorgfalt angesehen, die er für die Befriedigung seiner eigenen Interessen i. S. d. § 277 BGB zeigen soll (diligentia quam in suis), sondern als die Sorgfalt, die er nach Lage der Sache zeigen soll, um sich selbst vor

[1287] Vgl. BT-Drucks. 14/6040, S. 196, wonach die Partei, die für die Vertragsverletzung verantwortlich ist, nicht darauf vertrauen dürfe, dass der Gefahrübergang auf den anderen Teil endgültig sei.

[1288] Vgl. *MünchKomm/Gaier*, § 346, Rn. 56; *Kaiser,* JZ 2001, S. 1057, 1067.

[1289] Vgl. *Honsell,* Die EU-Richtlinie über den Verbrauchsgüterkauf und ihre Umsetzung ins BGB, JZ 2001, S. 278, 281.

[1290] Vgl. *MünchKomm/Gaier*, § 346, Rn. 58, 59.

[1291] Vgl. BT-Drucks. 14/7052, S. 193.

Schaden zu bewahren (vgl. den Maßstab von „Verschulden gegen sich selbst“ i. S. d. § 254 BGB)[1292].
Denn der Käufer darf in der Zeit vor dem Kennen oder Kennenmüssen des Rücktrittsgrunds mit der Kaufsache nicht nachlässiger umgehen, als mit seinen vergleichbaren eigenen Sachen. Im Zeitraum vor dem Kennen oder Kennenmüssen vom Rücktrittsgrund trifft ihn keine Rechtspflicht gegenüber dem Verkäufer als Rückgabegläubiger zur sorgsamen Behandlung des Rückgabegegenstandes[1293]. Diese Pflicht entsteht erst, wenn er weiß oder wissen muss, dass die Rücktrittsvoraussetzungen vorliegen. In dieser Zeit muss der Käufer mit der Sache nicht mehr im Vertrauen umgehen, dass er sie endgültig behalten kann. Er verwaltet nun fremdes Vermögen und muss daher er für das Verschulden im „technischen Sinne“ der §§ 276, 278 BGB ohne Beschränkung auf die eigenübliche Sorgfalt einstehen[1294].
Dass eine solche Haftungsmilderung, wie diese in § 346 Abs. 3 Nr. 3 BGB, nur bei engen persönlichen Beziehungen angebracht ist[1295], die offensichtlich zwischen dem Käufer und dem Verkäufer nicht gegeben sind, macht den Zweck des Gesetzgebers deutlich: Er hält den Rücktrittsberechtigten während des Zeitraums, in dem er noch keine Kenntnis von der Rücktrittslage hat und die Kaufsache im Vertrauen darauf behandeln darf, dass es sich um seine eigene Ware handelt, als gutgläubig für schutzbedürftig. Unter dieser Voraussetzung ist also das Rückspringen der Gefahr auf den Verkäufer sachgerecht und hebt die günstigeren Ergebnisse der Wertersatzlösung des deutschen Rechts hinsichtlich der Wiederherstellung der Dispositionsfreiheit der Parteien bei der Rückabwicklung nicht auf.

2. Nutzungen und Verwendungen

Die Pflicht des Rückgewährschuldners, die gezogenen Nutzungen herauszugeben, ergibt sich bereits aus § 346 Abs. 1 BGB und bezüglich des griechischen Rechts aus Art. 547 Abs. 1 S. 1 gr. ZGB.
Wie im Rahmen des UN-Kaufrechts haftet der Rücktrittsberechtigte auch hier für die Herausgabe aller aus der zurückzugebenden Kaufsache gezoge-

[1292] Vgl. *MünchKomm/Gaier*, § 346, Rn. 58.
[1293] Vgl. Abschlußbericht, S. 187; BT-Drucks. 14/6040, S. 190.
[1294] Vgl. *MünchKomm/Gaier*, § 346, Rn. 58.
[1295] Eine solche Haftungsbeschränkung auf eigenübliche Sorgfalt wird vom Gesetz auch für den zum Widerruf des Vertrages berechtigten Verbraucher (vgl. § 357 Abs. 1 BGB), für den unentgeltlichen Verwahrer (vgl. § 690 BGB), und für den Gesellschafter (vgl. § 708 BGB) aufgrund der offensichtlich persönlichen Beziehung der Beteiligten vorgeschrieben.

nen Früchte und Gebrauchsvorteile i. S. d. §§ 99 und 100 BGB bzw. Art. 961 und 962 gr. ZGB gegenüber seinem Vertragspartner.
Solche Nutzungen gehören zur empfangenen Leistung und deshalb sind sie ebenso wie diese zurückzugewähren (entweder in Natur oder in Geldform). Das ist leicht verständlich, weil Sachgebrauch und Nutzungen letztlich zusammengehören. Daher hat der Rücktrittsschuldner, wenn er statt der Sache in Natur Wertersatz zu leisten hat, auch die gezogenen Nutzungen trotz des Untergangs der Ware herauszugeben.
Durch § 347 Abs. 1 S. 1 BGB werden auch die Fälle geregelt, in welchen der Rücktrittsschuldner Nutzungen, die er nach den Regeln einer ordnungsgemäßen Wirtschaft hätte ziehen können, nicht gezogen hat. Für solche Nutzungen hat dieser Wertersatz zu leisten.
Das deutsche Schuldrecht löst also die Haftung für nicht gezogene Nutzungen vom Verschuldensprinzip und stellt als entscheidendes Kriterium die Möglichkeit der Nutzungsziehung nach den Regeln „einer ordnungsgemäßen Wirtschaft" auf[1296]. Diese Vorschrift ist daher nicht nur gegenüber der vergleichbaren Regel des deutschen Sachenrechts für den Rücktrittsgläubiger großzügiger (vgl. § 987 Abs. 2 BGB), wonach der Besitzer i. S. d. § 276 BGB gegenüber dem Eigentümer für die herausgezogenen Nutzungen nach den Regeln „einer ordnungsgemäßen Wirtschaft" schuldig ist, sondern auch gegenüber Art. 84 Abs. 2 CISG, wonach der Rücktrittsschuldner gar nicht für unterlassene Nutzungen einzustehen hat, wenn er zu ihrer Ziehung nach dem Vertrag nicht verpflichtet ist. Denn hier ist weder die bloße noch die vertragsgemäße Möglichkeit zur Nutzung der Kaufsache entscheidend, sondern ob das Unterlassen des Ziehens von Nutzungen den Regeln einer vernünftigen Wirtschaft widerspricht[1297]. Die Haftung für die Nutzungsziehung wird also nicht nach individuellen Bedürfnissen oder gar nach willkürlichen Entscheidungen des Schuldners bestimmt, sondern nach dem objektiven Maßstab einer vernünftigen Wirtschaftsführung[1298].
Weiter werden die Fälle gem. § 347 Abs. 1 S. 2 BGB geregelt, wonach der Rückabwicklungschuldner nur nach dem Maßstab der eigenüblichen Sorgfalt für nicht gezogene Nutzungen einzustehen hat.

[1296] Anders aber gilt in den Fällen, in denen die gezogenen Nutzungen aufgrund eines inzwischen eingetretenen Hindernisses nicht herausgegeben werden können. Dabei sind ausnahmsweise die allgemeinen Regeln über den Ausschluss der Leistungspflicht des Schuldners und über seine Pflicht zum Schadensersatz, also §§ 275, 276, 280 BGB anwendbar. Die Regelung des § 347 Abs. 1 S. 1 BGB findet dagegen keine Anwendung, weil es sich um untergegangene Nutzungen handelt, und nicht um entgegen den Regeln einer ordnungsgemäßen Wirtschaft nicht gezogene Nutzungen.

[1297] Vgl. *Kaiser*, JZ 2001, S. 1057, 1067; *MünchKomm/Gaier*, § 347, Rn. 6.

[1298] Vgl. *MünchKomm/Gaier*, § 347, Rn. 7.

Diese Regel entspricht der Privilegierung des Rücktrittsberechtigten in § 346 Abs. 3 Nr. 3 BGB[1299], wodurch er von der Wertersatzpflicht befreit wird, wenn der zurückzugewährende Gegenstand in seinen Händen wegen Handlungen untergeht oder verschlechtert wird, die gegen die in seinen Angelegenheiten übliche Sorgfalt nicht verstoßen. Deshalb ist wie in § 346 Abs. 3 Nr. 3 BGB anzunehmen, dass diese Vorschrift greift, wenn der Verkäufer als Rücktrittsgegner den Rücktrittsgrund nicht zu vertreten hat, und der Käufer als Rücktrittsberechtigter Kenntnis von der Rücktrittslage nicht genommen hat oder hätte nehmen müssen. Der gutgläubige Käufer muss also auch hinsichtlich seiner Nutzungsherausgabepflicht bevorzugt werden.
Andererseits hat der Rückgewährschuldner gem. § 347 Abs. 2 S. 1 BGB bzw. Art. 547 Abs. 1 Satz 2 gr. ZGB einen Anspruch auf den Ersatz von notwendigen Verwendungen.
Notwendig sind die Verwendungen, die zur Erhaltung oder ordnungsgemäßen Bewirtschaftung der Kaufsache erforderlich sind[1300]. Dieser Anspruch erstreckt sich deshalb auf die gewöhnlichen Erhaltungskosten.
Der Rechtsgedanke der vergleichbaren Vorschriften des § 994 Abs. 1 Satz 2 bzw. des Art. 1100 Satz 2 gr. ZGB, die im Rahmen des Eigentümer-Besitzer-Verhältnisses einen Ausschluss des Verwendungsersatzes für gewöhnliche Erhaltungskosten vorsehen, ist jedoch nicht einschlägig, da hier der Rückgewährschuldner die Nutzungen herausgeben oder vergüten muss[1301]. Ein Ersatz der notwendigen Verwendungen kommt also nicht in Betracht, wenn diese bei der Ermittlung der Nutzungsentschädigung bereits als Minderungsposten berücksichtigt werden müssen. Dementsprechend ist die Ersatzpflicht von Verwendungen ausgeschlossen, wenn der Käufer als Rücktrittsberechtigter aufgrund der Privilegierung des § 346 Abs. 3 Nr. 3 BGB keinen Wertersatz zu leisten hat (vgl. § 347 Abs. 2 S. 1 BGB). Es wäre unbillig, in einem solchen Fall den Rücktrittsgegner mit notwendigen Verwendungen zu belasten, obwohl er aus Gründen außerhalb seines Verantwortungsbereiches weder die Sache zurückbekommt, noch ihren Wert ersetzt erhält.
Außer des Ersatzes von notwendigen Verwendungen kann der Rückgewährschuldner gem. § 347 Abs. 2 S. 2 BGB auch andere Aufwendungen ersetzt verlangen, soweit der andere Teil durch sie bereichert wird. Dabei handelt es sich um eine Ausgleichsregelung, mit der die Bereicherung des Rücktrittsgläubigers durch die tatsächliche Höhe der Aufwendungen be-

---

[1299] Vgl. *MünchKomm/Gaier*, § 347, Rn. 11 und 12.
[1300] Vgl. BGHZ 64, S.333, 339 = NJW 1975, S. 1553, 1556; BGHZ 131, S. 220, 222 f. = NJW 1996, S. 921, 922.
[1301] Vgl. *MünchKomm/Gaier*, § 347, Rn. 18.

grenzt wird. Aufwendungen daher, die zu keiner Bereicherung geführt haben, darf der Rücktrittsschuldner nicht in Abzug bringen, wenn er nach § 346 Abs. 2 BGB Wertersatz für die Sache schuldet.
Dementsprechend kann er auch im Einklang mit § 996 BGB bzw. Art. 1103 gr. ZGB Ersatz für die sog. nützlichen Verwendungen verlangen, die zu einer Bereicherung des Rücktrittsgläubigers geführt haben. Unverändert sind jedoch solche Aufwendungen nicht zu ersetzen, die der Käufer erst nach Rechtshängigkeit des Rückgewähranspruches bzw. nach Kennen oder Kennenmüssen der Rücktrittslage gemacht hat (vgl. § 292 Abs. 2, § 996 BGB bzw. Art. 1103 gr. ZGB).

VI. Zusammenfassung

Rückabwicklung bedeutet Restitution bzw. Wiederherstellung der Dispositionsfreiheit der Parteien, nicht Reparation; diese wird nur im Rahmen des Schadensersatzanspruches erreicht.
Voraussetzung eines Schadensersatzanspruches ist ein dem Schädiger zurechenbares Fehlverhalten, während die Rückabwicklung nach dem Rechtsbehelf der Vertragsaufhebung im gestörten Synallagma zwischen den Kaufparteien ihren Grund hat. Daher ist ihre Ausgestaltung neutral: Sie beabsichtigt lediglich die erfolgte Güterverschiebung rückgängig zu machen und nicht die Nachteile der Gegenseite wiedergutzumachen.
Das Wiener Übereinkommen sagt nicht ausdrücklich, ob die Vertragsaufhebung den Vertrag „umwandelt" oder ihn wegfallen lässt. Das hat aber keine praktische Relevanz, denn Art. 81 Abs. 1 CISG lässt sowohl einen Schadensersatzanspruch weiterbestehen als auch gerade diejenigen Vertragspflichten, die für die Vertragsaufhebung bedeutend sind und ihre Grundlage im Vertrag haben.
Zentrale Pflicht im Rahmen des Rückabwicklungsverhältnisses ist die Pflicht zur Rückgabe der Leistungen, für die der Rückgabeschuldner keinen Behaltensgrund mehr hat. Diese Pflicht, mit der ein Austauschinteresse zwischen den Parteien befriedigt wird, ist gem. Art. 81 Abs. 2 Satz 2 CISG Zug-um-Zug zu erfüllen. Für die Ersatzlieferung gilt dies freilich nicht, da mit der Zurückbehaltung dabei kein Austausch-, sondern ein Sicherungsinteresse der Parteien befriedigt wird.
Im Zusammenhang mit der Zug-um-Zug-Verpflichtung der Parteien bei der Rückabwicklung ist auch die Frage nach ihren Aufrechnungsmöglichkeiten bei gegenseitigen Zahlungsansprüchen zu beantworten. Die Aufrechnung von Ansprüchen aus der Rückabwicklung ist grundsätzlich als zulässig an-

zusehen. Das gilt aber nicht, wenn es sich um Schadensersatzansprüche handelt, die als Sekundäransprüche mit dem Primäranspruch auf die Rückgabe der Kaufpreisleistung nicht aufgerechnet werden können.

Das Problem der Gefahrtragung bei der Rückabwicklung wird durch Art. 82 CISG geregelt.

Nach Art. 82 Abs. 1 CISG muss der Käufer zur Rückgabe der Sache in unversehrtem Zustand imstande sein. Sonst verliert er sein Recht auf Aufhebung des Vertrags oder auf Ersatzlieferung. Die Kaufsache muss aber nur „im Wesentlichen" unverändert sein.

Der Wesentlichkeitsbegriff soll den gleichen Kriterien folgen, wie derjenige des Art. 25 CISG. Danach ist entscheidend, ob der Verkäufer gemäß dem Vertrag die Sachveränderung hinzunehmen hat. Der Verkäufer soll nämlich mit der konkreten Veränderung der Ware nach dem Vertrag rechnen müssen, damit der Käufer schließlich den Vertrag aufzuheben berechtigt bleibt. Sonst ist die Sachveränderung wesentlich und die Aufhebung des Vertrags unzulässig.

Maßgeblicher Zeitpunkt für das Vorliegen der Wesentlichkeit der Sachveränderung bzw. für die Entscheidung über den endgültigen Ausschluss der Vertragsaufhebung soll nicht der Moment der Absendung der Aufhebungserklärung sein, sondern entsprechend der Schutzbedürftigkeit der Kaufparteien derjenige, zu dem der Verkäufer sein Vertrauen auf seine wiedererlangte Dispositionsfreiheit betätigt hat. Demgemäß ist das Aufhebungsrecht des Käufers nicht entfallen, wenn die Rückgabe der Kaufsache in unversehrtem Zustand zwar zunächst unmöglich ist, später aber, etwa infolge einer Reparatur, wieder möglich wird, sofern der Verkäufer sich bereits auf die Aufhebungserklärung des Käufers eingestellt hat.

In Art. 82 Abs. 2 CISG werden die Ausnahmen vom Prinzip der Rückgabe der Kaufsache in unversehrtem Zustand geregelt: Dabei behält der Käufer sein Aufhebungsrecht trotz der Unmöglichkeit der Rückgabe der geleisteten Sache in unversehrtem Zustand, ohne zugleich seinen Anspruch auf die Rückzahlung des Kaufpreises durch den Verkäufer zu verlieren.

Die Entreicherungsgefahr belastet also den Verkäufer, indem sein Anspruch nur auf die noch vorhandenen Vorteile beschränkt sein soll.

Hinsichtlich des ersten Ausnahmefalls (Art. 82 Abs. 2 lit. a CISG), in dem das Aufhebungsrecht des Käufers nicht entfällt, wenn die Veränderung der Sache „nicht auf einer Handlung oder Unterlassung des Käufers beruht", ist der Risikobereich des Käufers zu konkretisieren.

Der Risikobereich des Verkäufers kann anhand des Vertrags leicht bestimmt werden. Das gilt aber nicht für den Käufer.

Auf den ersten Blick erscheinen Forderungen bezüglich des Verhaltens des Käufers nach dem Vertrag nicht anzunehmen, da ihn keine vertragliche Pflicht trifft, mit dem Kaufgegenstand in bestimmter Weise umzugehen. Trotzdem hat er eine Erhaltungspflicht nach Art. 86 Abs. 1 CISG zu erfüllen, die aber erst beginnt, entgegen dem Gesetzeswortlaut, nicht ab dem Zeitpunkt, zu dem der Käufer die Ausübung seines Zurückweisungsrechts beabsichtigt, sondern bereits ab dem Moment der Entdeckung des Mangels. Das bedeutet, dass der Verantwortungsbereich des Käufers entsprechend einem vertragsbezogenen Maßstab zu bestimmen ist.

Die zweite Ausnahme vom Prinzip des Ausschlusses der Vertragsaufhebung aufgrund der Unmöglichkeit zur Rückgabe des Kaufgegenstandes in unversehrtem Zustand ist einschlägig, wenn die Kaufsache infolge der Untersuchung nach Art. 38 CISG untergeht oder wesentlich verschlechtert wird (Art. 82 Abs. 2 lit. b CISG). Mit dieser Vorschrift wird der o. g. Grundsatz, dass eine Veränderung der Kaufsache nur dann als wesentlich anzusehen ist, wenn der Verkäufer nach dem Vertrag mit ihr nicht rechnen musste, noch einmal bestätigt. Die Untersuchung der Kaufsache gem. Art. 38 CISG, infolge deren diese wesentlich verändert wurde, ist zweifellos ein nach dem Vertrag vom Verkäufer zu erwartendes Verhalten des Käufers.

Nach Art. 82 Abs. 2 lit. c CISG, der dritten Ausnahme des Art. 82 Abs. 2 CISG, schaden dem Käufer der Verkauf, Verbrauch oder Verarbeitung der Ware nicht, solange der normale Geschäftsgang eingehalten wurde und der Käufer gutgläubig war bzw. die Vertragswidrigkeit noch nicht entdeckt hat oder hätte entdecken müssen.

Trotz des Wortlauts des Art. 84 Abs. 2 CISG muss der Käufer natürliche Früchte in natura herausgeben, sofern sie körperlich noch vorhanden sind. Die Naturalrestitution liegt im Interesse nicht nur des Rückgabegläubigers, sondern auch des Rückgabeschuldners, dem es überlassen bleiben muss, wie und wann er die Früchte der Kaufsache verwertet.

Die Vorteilsregelung des UN-Kaufrechts schreibt nämlich keine Nutzungspflicht des Käufers vor. Er kann die zurückzugebende Ware nutzen, wie er will, und muss sich nicht nach den Erwartungen seines Vertragspartners richten.

Nicht gezogene Nutzungen braucht deshalb der Käufer nicht zu ersetzen. Er hat auch keine Haftung für einen außergewöhnlichen Gewinn, der nicht auf die Substanz der Ware zurückzuführen ist, sondern allein auf die Geschäftstüchtigkeit des Käufers.

Der Verkäufer hat seinerseits den schon bezahlten Kaufpreis nach Art. 84 Abs. 1 CISG dem Käufer zurückzuerstatten und vom Tag des tatsächlichen Empfangs pauschal zu verzinsen. Über den Zinssatz sagt die Vorschrift nichts. Hier lässt sich aber eine autonome, nach den allgemeinen Grundsätzen der Konvention i. S. d. Art. 7 Abs. 2 CISG durchzuführende Lückenfüllung rechtfertigen. Dementsprechend ist die Zinshöhe des Kaufpreisbetrags, den der Verkäufer zurückzuerstatten hat, pauschal nach den gesetzlichen Sollzinsen am Ort der Niederlassung des Verkäufers zu bestimmen.

Der Käufer hat außer der Pflicht nach Art. 86 Abs. 1 CISG zur Erhaltung der Kaufsache im ursprünglichen Zustand ab dem Moment der Mangelentdeckung auch das Recht, den Ersatz von Verwendungen und Kosten während der Rückabwicklung vom Rückabwicklungsgläubiger zu verlangen. Das wird aber nicht vom UN-Kaufrecht ausdrücklich geregelt.

Es handelt sich also um eine interne Lücke der Konvention, die entweder mit der Hilfe der entsprechenden Vorschriften des IPR durch das nationale Recht oder mit der Hilfe der analogen Anwendung von Regeln und Grundsätzen des Übereinkommens gem. Art. 7 Abs. 1 und 2 CISG gefüllt werden kann.

Wie sich aus den Art. 86 Abs. 1 Satz 2, Art. 85 Satz 2, Art. 88 Abs. 3 CISG und Art. 84 Abs. 2 CISG ergibt, gilt im Rahmen des Übereinkommens das sog. „Nettoprinzip". Demgemäß hat der Verkäufer Anspruch auf die Zurückweisung der Ware und der herausgezogenen Vorteile nur nach Abzug der entsprechenden Verwendungen und Kosten des Käufers. Und zwar ist letzterer berechtigt, die Ware zurückzubehalten, bis ihm der Verkäufer die angemessenen Aufwendungen für die Erhaltung der Kaufsache erstattet.

Das gilt zweifellos für die sog. notwendigen Verwendungen des Käufers, nicht aber für die nützlichen, derer Bestimmung für die Anwendung der entsprechenden Vorschriften der Konvention entscheidend ist. Wenn sie nämlich als Aufwendungen im weiteren Sinne definiert werden, die zur Ziehung von Vorteilen der Ware geführt haben, sind sie aufgrund der Bereicherung des Verkäufers in die Richtung der notwendigen Verwendungen nach dem „Nettoprinzip" des Art. 86 Abs. 1 CISG zu ersetzen. Sonst werden sie über den Weg des IPR vom nationalen Recht geregelt. Ebenfalls richtet sich nach dem nationalen Recht, ob der Käufer den Ersatz von Luxusverwendungen verlangen kann, während er sonstige Kosten für die Erhaltung der Ware nur im Rahmen des Nettoprinzips in Abzug bringen kann, wenn sie im Zusammenhang mit der zurückzugebenden Kaufsache stehen; im übrigen ist kein Ersatz zu verlangen.

Die Regelung der Rückabwicklung hinsichtlich des Zwecks, der Pflichten und der Rechte der Parteien nach §§ 346 ff. BGB bzw. Art. 547 ff. gr. ZGB unterscheidet sich von den entsprechenden Vorschriften des UN-Kaufrechts nicht wesentlich.

Im Gegensatz zum internationalen Kaufrecht der Vereinten Nationen und zum griechischen nationalen Recht folgt aber das deutsche nationale Recht (vgl. § 346 Abs. 2 BGB) der Wertersatz- und nicht der Ausschlusslösung beim Rücktritt vom Kauf. Dabei steht das Rücktrittsrecht der vertragstreuen Partei unabhängig vom Schicksal des zurückzugewährenden Gegenstandes zu, während der Rücktrittsberechtigte im Fall der Unmöglichkeit der Rückgabe der Sache in unversehrtem Zustand Wertersatz unabhängig von seinem Verschulden zu leisten hat.

Die Wertersatzpflicht des Schuldners nach 346 Abs. 2 BGB soll sich in erster Linie an der im Vertrag bestimmten Gegenleistung ausrichten. Folglich hat der Rücktrittsberechtigte grundsätzlich durch das Festhalten an den vertraglichen Bewertungen die aufgetretenen Sachveränderungen im Rahmen der Rückabwicklung zu ersetzen.

Der Käufer als Rücktrittsberechtigter soll also durch den mangelbedingten Rücktritt nicht besser gestellt werden, als er bei vertragsgemäßer Leistung stünde. Deshalb verbleibt die Zufallsgefahr beim Käufer, auf den sie schon mit der Übergabe der Kaufsache zur Erfüllung des Vertrags übergegangen war.

Das gilt aber gem. § 346 Abs. 3 Nr. 3 BGB nicht, wonach die Verpflichtung zum Wertersatz ausgeschlossen ist, wenn die Kaufsache beim Rücktrittsberechtigten trotz Anwendung seiner eigenüblichen Sorgfalt untergeht oder verschlechtert wird.

Hier handelt es sich um eine bevorzugte Behandlung des Käufers gegenüber dem Verkäufer als Rücktrittsgegner, die heftig kritisiert wurde, nachdem die Gefahr vom Käufer auf den Verkäufer zurückspringt.

Diese Regel kann aber durch ihre teleologische Reduktion nach dem Grundsatz des guten Glaubens und durch ihre beschränkte Anwendung in den Fällen, in denen der Verkäufer als vertragswidrige Partei die Pflichtverletzung zu vertreten hat, die gerechten Ergebnisse, zu denen die Wertersatzlösung bei der Rückabwicklung führt, nicht aufheben.

Demgemäß soll der Käufer nach dem Maßstab der eigenüblichen Sorgfalt in der Zeit vor der Kenntnisnahme oder der Kenntnismöglichkeit der Rücktrittslage für den Untergang oder für die Verschlechterung der Kaufsache haften. Das wird damit begründet, dass der Rückgabeschuldner nur nach Kenntnis des Rücktrittsgrundes im Sinne eines echten Verschuldens nach § 276 BGB zu einem sorgfältigen Gebrauch der Kaufsache gegenüber dem Rückgabegläubiger verpflichtet ist, da er in dieser Zeit mit der späteren Rückabwicklung und der Sachrückgabe rechnen darf.

Der Käufer als Rückgabeschuldner hat auch nach §§ 346 Abs. 1, 347 BGB bzw. nach Art. 547 Abs. 1 S. 1 gr. ZGB die Verpflichtung, die aus der Kaufsache gezogenen Nutzungen herauszugeben.

Wie im UN-Kaufrecht gehören auch in beiden nationalen Kaufrechten die Nutzungen zur empfangenen Leistung. Daher hat der Käufer, wenn er statt der Sache in Natur Wertersatz zu leisten hat, auch die gezogenen Nutzungen trotz des Untergangs der Ware herauszugeben und Wertersatz für die Nutzungen zu leisten, die er, obwohl er sie hätte ziehen können, nicht gezogen hat.

Zum Unterschied mit der entsprechenden Regelung des UN-Kaufrechts setzt aber das deutsche Schuldrecht gem. § 347 Abs. 1 S. 1 BGB als entscheidendes Kriterium für die Prüfung der Möglichkeit des Schuldners zur Nutzungsziehung die Regel einer ordnungsgemäßen Wirtschaft und nicht den Vertrag fest. Der Käufer haftet also nicht für die Herausgabe von Nutzungen, die er nicht gezogen hat, obwohl er sie nach dem Vertrag hätte darausziehen können, sondern für das Unterlassen der Ziehung von Nutzungen gegen die Regel einer vernünftigen Wirtschaftsführung mit der zurückzugebenden Kaufsache. Damit löst das deutsche Recht die Haftung für nicht gezogene Nutzungen auch vom Verschuldensprinzip im Gegensatz zum § 987 Abs. 2 BGB. Der Käufer als Rücktrittsschuldner hat aber einen Schadensersatz nach dem Verschuldensprinzip und keinen Wertersatz zu leisten, wenn die gezogenen Nutzungen wegen eines Restitutionshindernisses untergehen.

Das deutsche nationale Recht regelt mit § 347 Abs. 1 S. 2 BGB die Herausgabepflicht des Käufers als Berechtigtem eines gesetzlichen Rücktrittsrechts auch in den Fällen, in denen der Verkäufer als Rücktrittsgegner den Rücktrittsgrund zu vertreten hat und der Käufer Kenntnis von der Rücktrittslage genommen hat oder hätte nehmen müssen. Dabei hat er entsprechend der Privilegierung des § 346 Abs. 3 Nr. 3 BGB nach dem Maßstab der eigenüblichen Sorgfalt für die nicht gezogenen Nutzungen einzustehen. Der gutgläubige Käufer wird also hinsichtlich seiner Herausgabepflicht in Einklang mit § 346 Abs. 3 Nr. 3 BGB bevorzugt.

Nach § 347 Abs. 2 Satz 1 BGB bzw. Art. 547 Abs. 1 Satz 2 gr. ZGB hat der Rückgewährschuldner einen Anspruch auf den Ersatz von notwendigen Verwendungen sowie von gewöhnlichen Erhaltungskosten. Er kann auch gem. § 347 Abs. 2 Satz 2 BGB jede andere Aufwendung ersetzt verlangen, soweit der andere Teil durch sie bereichert wird. Der Käufer kann daher auch Ersatz für die nützlichen Verwendungen, die er gemacht hat, verlangen.

Diese Ersatzpflicht des Rücktrittsgläubigers ist aber ausgeschlossen, wenn der Rücktrittsschuldner keine Pflicht nach § 346 Abs. 3 BGB zum Wertersatz hat. Denn das bedeutet, dass dabei der Rücktrittsgegner nicht bereichert ist.

§ 10. Der Rechtsbehelf der Minderung des Kaufpreises nach dem UN-Übereinkommen und nach deutschem und griechischem nationalem Recht

I. Der Rechtsbehelf der Minderung gem. Art. 50 CISG

1. Die Geltendmachung des Minderungsrechts als Gestaltungsrecht

Nach praktisch einheiliger Ansicht stellt die Minderung gem. Art. 50 CISG ein Gestaltungsrecht dar[1302]. Andere vertreten die – inhaltlich gleichbedeutende – Meinung[1303], dass die Minderung durch eine einseitige Erklärung des Käufers herbeigeführt werde. Ebenso wurde bereits das Minderungsrecht des Art. 46 EKG auch einheilig als Gestaltungsrecht angesehen[1304]. Eine andere Ansicht wird aber von *Huber*[1305] vertreten: Entgegen der h. M. sieht er ausgehend vom Wortlaut der Vorschrift des Art. 50 CISG[1306] das Recht des Käufers zur Minderung des Kaufpreises nicht als Gestaltungsrecht an, das durch die Erklärung des Käufers – analog der Erklärung der Vertagsaufhebung i. S. d. Art. 26 CISG – ausgeübt werden kann, sondern als Anspruch, der vom Käufer – analog dem Schadensersatzanspruch i. S. d. Art. 45 Abs. 1 lit. b CISG – erhoben werden kann. Dafür lässt die Interessenlage zwischen den Kaufparteien sprechen, die nach *Huber* ganz anders als bei der Vertragsaufhebung ist: Mit der Minderungserklärung verlangt der Käufer in Wirklichkeit keine Vertragsanpassung entsprechend dem Minderwert der gelieferten, mangelhaften Ware, sondern einen Ausgleich für ihn. Und weil er aufgrund der vertragswidrigen Lieferung einen solchen Ausgleich auch im Weg eines Schadensersatzanspruches verlangen kann, sollen beide Rechtsbehelfe, Minderung und Schadensersatz, gleich behandelt werden.

[1302] Vgl. *Staudinger/Magnus*, Art. 50, Rn. 15; *Schlechtriem*, Internationales UN-Kaufrecht (1996); *ders.* (2003), Rn. 204; *Ziegler*, S. 253; *Piltz*, Internationales Kaufrecht, § 5, Rn. 305, 307; *Karollus*, UN-Kaufrecht, S. 157 ff.

[1303] Vgl. *Bianca/Bonell/Will*, Art. 50, Anm. 2.1.3.; *Enderlein/Maskow/Strohbach*, Internationales Kaufrecht, Art. 50, Rn. 2; *Herber/Czerwenka*, Art. 50, Rn. 4; *Schlechtriem/Schwenzer/Müller-Chen*, Art. 50, Rn. 4.

[1304] Vgl. *Beß*, S. 117.

[1305] Vgl. *v.Caemmerer/Schlechtriem/Huber*, Art. 45, Rn. 30; Art. 50, Rn. 17; *Schlechtriem/Huber*, Art. 50, Rn. 17.

[1306] Vgl. *v.Caemmerer/Schlechtriem/Huber*, Art. 50, Rn. 17, Fn. 43, wo er auf die Abweichung des Art. 50 CISG vom New Yorker E 1978 Art. 46 hinweist, das hieß: „...the buyer may declare the price to be reduced...“.

Dementsprechend soll der Käufer an die einmal abgegebene Minderungserklärung nicht gebunden sein; eine Bindung des Käufers ist erst dann anzunehmen, wenn die Parteien – wie beim Schadensersatz – sich auf den Minderungsbetrag bzw. den Ausgleichsbetrag geeinigt haben.

Diese Ansicht ist aber abzulehnen. Zwar bietet der Gesetzestext des Art. 50 CISG keinen Anhaltspunkt für die Annahme des Minderungsrechts als Gestaltungsrechts, der Umstand jedoch, dass die Geltendmachungsweise des Minderungsrechts nicht analog Art. 26, 49 Abs. 1 CISG vorgesehen ist, spielt keine Rolle.

Dies kann man vor allem aus der Entstehungsgeschichte[1307] der Minderungsvorschrift nach Art. 50 CISG ableiten.

Einen weiteren Anhaltspunkt für die Rechtsnatur der Minderung als Gestaltungsrechts ergibt sich aber auch aus dem Vorrang des Nacherfüllungsrechts des Verkäufers vor dem Rechtsbehelf der Minderung.

Dieser Vorrang wird in Art. 50 S. 2 CISG ausdrücklich klargestellt, obwohl er auch für alle Rechtsbehelfe des Käufers gilt und freilich auch für den des Schadensersatzes[1308]. Demgemäß entfällt das Minderungsrecht des Käufers infolge der zulässigen Behebung des Mangels bzw. der Weigerung des Käufers, die nachträgliche Erfüllung durch den Verkäufer anzunehmen. Dies ist bei der Annahme selbstverständlich, dass sich der Käufer an die einmal abgegebene Minderungserklärung bindet. Es ist aber bei der Annahme von *Huber* fraglich, dass sich der Käufer nur an die Einigung mit seinem Vertragspartner auf den Minderungsbetrag bindet.

Denn es ist nicht einzusehen, warum das Minderungsrecht des Käufers bzw. sein Recht, sich auf den Minderungsbetrag mit dem Verkäufer zu einigen, entfallen soll, wenn er vorher die Nacherfüllung durch den Verkäufer vorher verweigert hat.

Außerdem kann man mit der Ansicht von *Huber* nicht erklären, wieso der Verkäufer auch nach der Erklärung der Minderung des Kaufpreises noch sein Nacherfüllungsrecht ausüben kann[1309].

Daraus lässt sich also der Schluss ziehen, dass die Minderung keinen Anspruch des Käufers darstellt, sondern ein einseitig auszuübendes und zu bindendes Recht, das zur Entfaltung von Rechtsfolgen einer Zustimmung

---

[1307] Vgl. Off. Rec. 160, Art. 46 E 1978; Off. Rec. 360, Art. 46, Nr. 57 f.; Off. Rec. 79, Art. 46, Nr. 1.

[1308] Vgl. dazu unten, § 10.I.3.a.

[1309] Vgl. dazu unten, § 10.I.1.c.

des Verkäufers[1310] oder einer gerichtlichen Entscheidung nicht bedarf. Damit wird der Kaufvertrag an die aufgrund des mangelhaften Zustands der gelieferten Sache veränderte Lage angepasst: Der Käufer kann, wenn er den Preis noch nicht gezahlt hat, seine Kaufpreisschuld auf den nach Art. 50 CISG zu berechnenden Betrag herabsetzen. Im Fall aber, in welchem der Kaufpreis bereits gezahlt ist, kann er einen Rückzahlungsanspruch in der Höhe der Differenz zwischen dem gezahlten und dem nach Art. 50 CISG herabgesetzten Betrag gegen den Verkäufer erheben.

a. Eintritt der Rechtsfolgen der Minderungserklärung gemäß dem Absendungsprinzip

Wie gesagt, kann der Käufer die Minderung durch eine einseitige Erklärung und ohne Zustimmung des Verkäufers ausüben. Diese Erklärung ist, wie die Aufhebungserklärung, gem. Art. 27 CISG absendungsbedürftig[1311]. Das bedeutet, dass der Erklärende sie auf einem geeigneten Weg abzusenden hat, um den Minderungsrechtsbehelf ordnungsgemäß auszuüben. Dagegen ist der Empfänger derjenige, der das Übermittlungsrisiko für die Verzögerung, den Verlust, die inhaltliche Entstellung oder Veränderung der Erklärung – zu denken ist hier z. B. an die Höhe des geltend gemachten Minderungsbetrags – zu tragen hat[1312]. Das lässt sich damit rechtfertigen, dass der Minderungserklärung eine Vertragsverletzung vorausgegangen ist, für die der Verkäufer verantwortlich ist; deswegen soll dieser als die vertragsbrüchige Partei das Transportrisiko für die Erklärung tragen[1313].

Mit der Absendung der Minderungserklärung wird also der entsprechende Rechtsbehelf geltend gemacht. Strittig ist aber, wann die Wirksamkeit dieser Erklärung eintritt bzw. wann die Rechtsfolgen der Minderung entfaltet werden.

Für die Beantwortung dieser Frage werden zwei gegensätzliche Ansichten vertreten: Die sog. „Zugangstheorie“, nach der die Rechtsfolgen der Minde-

---

[1310] Anders *Huber* in *Schlechtriem/Huber,* Art. 50, Rn. 17; dieser stimmt aber schließlich in *MünchKomm/Huber*, Art. 50, Rn. 14, der h. M. zu, dass die Minderung ein Gestaltungsrecht ist, das durch eine einseitige Erklärung durch den Käufer ausgeübt werden kann.

[1311] Vgl. *Staudinger/Magnus,* Art. 50, Rn. 15; *Enderlein/Maskow/Strohbach,* Internationales Kaufrecht, Art. 50, Rn. 2; *Herber/Czerwenka*, Art. 50, Rn. 4; *Schlechtriem,* Internationales UN-Kaufrecht, (2003), Rn. 204.

[1312] Vgl. *v.Caemmerer/Schlechtriem/Schlechtriem,* Art. 27, Rn. 2.

[1313] Vgl. die Begründung des norwegischen Delegierten *Rognlien* während der Beratungen für Art. 27 CISG, Off. Rec. 303, Nr. 22 (Rognlien/Norwegen).

rung in einer „teleologischen Reduktion“ des Art. 27 CISG erst mit dem tatsächlichen Zugang der Minderungserklärung[1314] und im Fall einer Übermittlungsstörung zum hypothetischen Zeitpunkt eintreten sollen, zu dem die Erklärung bei normaler Beförderung zugegangen wäre[1315], und die sog. „Absendungstheorie“, nach der Art. 27 CISG nicht nur das Transportrisiko, sondern auch den Zeitpunkt des Wirksamwerdens der Minderungserklärung regelt[1316].

Unter beiden Ansichten ist der zweiten zuzustimmen. Die erste Ansicht ist dagegen abzulehnen. Denn, obwohl sie vom Gesetzestext des Art. 27 CISG ausgeht, nach dem die Verzögerung, die Verstümmelung oder der Verlust der Erklärung dem Erklärenden nicht das Recht nimmt, sich auf diese Erklärung zu berufen, führt sie schließlich zu einem widersprüchlichen Ergebnis[1317], indem nach ihr angenommen wird, dass die Rechtsfolgen der Minderungserklärung erst dann eintreten, wenn die Erklärung dem Empfänger tatsächlich zugegangen ist. Das bedeutet nämlich, dass der Käufer als Erklärende beim Verlust der Erklärung nicht berechtigt ist, sich auf diese zu berufen. Die Berufung auf eine nicht zugegangene Erklärung gestattet Art. 27 CISG aber gerade[1318].

Trotzdem führen die Vertreter der Zugangstheorie gegen die Absendungstheorie das Argument an, dass Art. 27 CISG seinem Wortlaut nach nur das Übermittlungsrisiko erfasst, das von dem Eintritt der Rechtswirkungen der Erklärung und der Bindung des Erklärenden an sie zu trennen ist[1319]. Dementsprechend führt nicht die Zugangstheorie zu widersprüchlichen Ergebnissen, sondern die Absendungstheorie, weil sie entgegen Art. 26 CISG den Zeitpunkt der Wirksamkeit der Erklärung an den Zeitpunkt ihrer Absendung anhängen will und nicht an den Zeitpunkt ihrer Mitteilung bzw. ihres Zugangs, zu dem der Empfänger Kenntnis von dieser haben kann[1320].

[1314] Vgl. *Stern*, Art. 50, Rn. 287 ff.

[1315] Vgl. *v. Caemmerer/Schlechtriem/Leser*, Art. 26, Rn. 11 f.; *Honsell/Karollus*, Art. 27,Rn. 18; *Karollus*, UN-Kaufrecht, S. 100 f.; *Neumayer/Ming*, Art. 26, Rn. 2 und Art. 27, Rn. 2; *Heilmann*, Mängelgewährleistung, S. 506.

[1316] Vgl. *v.Caemmerer/Schlechtriem/Schlechtriem*, Art. 27, Rn. 13; *Staudinger/Magnus*, Art. 27, Rn. 22; *Bianca/Bonell/Date-Bahl*, Art. 27, Anm. 2.1., 2.2.; *Bianca/Bonell/Will*, Art. 50, Anm. 2.1.3.; *Honsel/Schnyder/Straub*, Art. 50, Rn. 29.

[1317] Vgl. *v.Caemmerer/Schlechtriem/Schlechtriem*, Art. 27, Rn. 10.

[1318] Vgl. *v.Caemmerer/Schlechtriem/Schlechtriem*, Art. 27, Rn. 10, Fn. 28; *Staudinger/Magnus*, Art. 27, Rn. 23.

[1319] Vgl. *v. Caemmerer/Schlechtriem/Leser*, Art. 26, Rn. 11, Fn. 29 b; *Leser* in *Schlechtriem*, Einheitliches Kaufrecht u. nat. OR., S. 237.

[1320] Vgl. *v. Caemmerer/Schlechtriem/Leser*, Art. 26, Rn. 12; *v. Caemmerer/Schlechtriem/Huber*, Art. 45, Rn. 28; *Neumayer/Ming*, Art. 27, Rn. 2.

Die Absendungstheorie widerspricht aber nicht Art. 26 CISG, der nur die Mitteilung der Aufhebungserklärung an die andere Partei verlangt. Die Vorschrift des Art. 26 CISG stellt nämlich klar, dass die Aufhebung des Vertrags, anders als im EKG, nicht kraft Gesetzes (ipso-facto-avoidance), sondern generell nur durch Erklärung erfolgen kann[1321]. Sie betrifft weder die Verteilung des Transportrisikos noch die Voraussetzungen für das Wirksamwerden der Minderungserklärung oder die Frage nach deren Bindungswirkung für den Erklärenden[1322].
Ebenso stellt die Erwägung, dass Erklärungen ihre gestaltenden Wirkungen nicht entfalten, solange der Empfänger noch keine Kenntnis von ihnen gehabt hat oder gehabt haben kann, kein geeignetes Argument gegen die Absendungstheorie dar. Der Begriff des Zugangs setzt nicht immer die Kenntnisnahme solcher Erklärungen voraus[1323]. Dementsprechend ist auch die Variante der Zugangstheorie abzulehnen, nach der bei Übermittlungsstörung der hypothetische Zeitpunkt für den Eintritt der Rechtsfolgen der Erklärung entscheidend ist, zu dem diese dem Empfänger zugegangen wäre[1324].
Dass die Wirksamkeit der Minderungserklärung bereits mit ihrer Absendung eintritt, wird schließlich im Fall bestätigt, in dem der Käufer berechtigt ist, die Minderung des Kaufpreises zu erklären, bevor der Verkäufer sein Nacherfüllungsrecht, das ihm im Vorrang gegenüber dem Minderungsrechtsbehelf zusteht[1325], ausübt. Dabei handelt es sich um eine auflösend bedingte Minderung, die entweder – soweit der Verkäufer ordnungsgemäß nacherfüllt oder der Käufer die zulässige Nacherfüllung ablehnt – nichtig oder erst mit dem erfolglosen Ablauf der dem Verkäufer zustehenden Nacherfüllungsfrist endgültig wirksam wird. Ihre Rechtsfolgen, die generell bereits mit ihrer Absendung eintreten, werden nämlich suspendiert, solange das Nacherfüllungsrecht des Verkäufers besteht.
Die Gestaltungswirkung der Minderungserklärung des Käufers tritt also zum Zeitpunkt ihrer Absendung ein, ohne dass ihr Zugang beim Verkäufer erforderlich wäre.

[1321] Vgl. *Schlechtriem,* Internationales UN-Kaufrecht, (2003), Rn. 108; vgl. auch oben, § 8.I.1.
[1322] Vgl. *v.Caemmerer/Schlechtriem/Schlechtriem,* Art. 27, Rn. 13.
[1323] Vgl. *Schlechtriem,* Internationales UN-Kaufrecht, (2003), Rn. 109; vgl. auch oben, § 8.I.2.b., bezüglich der Wirksamkeit und der Widerrufsmöglichkeit der Aufhebungserklärung.
[1324] Vgl. *Staudinger/Magnus,* Art. 27, Rn. 24.
[1325] Vgl. dazu unten, § 10.I.3.

b. Widerrufsmöglichkeit der Minderungserklärung

Ab dem Moment des Wirksamwerdens einer Minderungserklärung treten ihre Rechtsfolgen ein. Daraus ergibt sich, dass sonstige, mit der Minderung unvereinbare Rechtsbehelfe ausgeschlossen sind[1326].
Der Käufer kann nämlich die Erklärung der Minderung, durch die der Vertrag hinsichtlich des Kaufpreises umgestaltet wird, nicht einseitig widerrufen, um dann einen anderen Rechtsbehelf geltend zu machen; ein solcher Widerruf würde dem notwendigen Schutz des Verkäufers zuwiderlaufen[1327].
Deshalb soll der Zeitpunkt der Unwiderruflichkeit der Minderungserklärung im Zusammenhang mit dem Wirksamwerden dieser Erklärung gesehen werden.
Es wird angenommen, dass der Käufer ab dem Moment der Absendung der Minderungserklärung oder bei Übermittlungsstörungen ab dem hypothetischen Zugang der Minderungserklärung an sie gebunden ist[1328]. Es wird auch die Ansicht vertreten, dass trotz der Wirksamkeit mit Absendung der Minderungserklärung die Bindung des Käufers an sie erst mit dem tatsächlichen Zugang beim Empfänger eintritt, da er sich bis dahin nicht schutzwürdig auf diese Erklärung eingestellt haben konnte[1329].
Wir haben aber in einem früheren Paragraphen bezüglich der Aufhebungserklärung[1330] schon gezeigt, dass der Zeitpunkt der Unwiderruflichkeit einer solchen Erklärung weder an den Zeitpunkt des Wirksamwerdens noch an den Zeitpunkt des Zugangs anzuhängen ist. Es gibt Fälle, in denen der Erklärende ein berechtigtes Interesse daran haben kann, die einmal abgegebene Aufhebungserklärung nachträglich zu widerrufen. Andererseits können die Interessen des Erklärungsempfängers an der Unwiderruflichkeit der Aufhebungserklärung den Interessen des Erklärenden an der Rücknahme seiner Erklärung vorgehen, so dass es nach dem Grundsatz von Treu und Glauben gerechtfertigt ist, an der Erklärung festzuhalten. Daher haben wir

---

[1326] Vgl. *Bianca/Bonell/Will*, Art. 50, Anm. 2.1.3.; *v. Caemmerer/Schlechtriem/Huber*, Art. 50, Rn. 1.
[1327] Vgl. *Ziegler*, S. 253.
[1328] Vgl. *Bianca/Bonell/Will*, Art. 50, Anm. 2.1.3.; *v. Caemmerer/Schlechtriem/Leser*, Art. 26, Rn. 12; *Honsell/Karollus*, Art. 27,Rn. 21; *Karollus*, UN-Kaufrecht, S. 100 f.; *Neumayer/Ming*, Art. 27, Rn. 2 und 4.
[1329] Vgl. *Staudinger/Magnus*, Art. 27, Rn. 21 und 24; *Piltz*, Internationales Kaufrecht, § 5, Rn. 273, 307, 317; . *v. Caemmerer/Schlechtriem/Schlechtriem*, Art. 27, Rn. 14.
[1330] Vgl. dazu oben, § 8.I.2.b.

angenommen, dass sich nach dem Grundsatz von Treu und Glauben die Schutzbedürftigkeit des Erklärungsempfängers im konkreten Fall jedes Mal erkennen lässt und dementsprechend über die Bindung des Käufers an seine Erklärung zu entscheiden ist.

Dies muss auch für die mit der Aufhebungserklärung gleich zu behandelnde Minderungserklärung gelten.

Eine Minderungserklärung darf nämlich nicht generell und unabhängig von der jeweiligen konkreten Situation als unwiderruflich angesehen werden, sondern jedes Mal geprüft werden, ob die Gegenpartei bzw. der Erklärungsgegner nach Treu und Glauben mehr schützenswert ist als sein Partner, sodass sich der Erklärende an sein Minderungsverlangen binden soll.

Das Dogma von der Unwiderruflichkeit einer Minderungserklärung gilt also keineswegs ausnahmslos, sondern unterliegt bei fehlender Schutzbedürftigkeit des Verkäufers als Empfängers der Erklärung Einschränkungen. Demgemäß soll der Käufer die Möglichkeit zur Rücknahme der Minderungserklärung auch noch nach ihrer Absendung bzw. nach Eintritt ihrer Wirksamkeit haben, wenn der Verkäufer sich nicht in schutzwürdiger Weise auf diese Erklärung eingestellt hat.

Eine solche Einstellung des Verkäufers auf die Minderungserklärung ist aber vor ihrem Zugang nicht vorstellbar, weil er vor diesem Zeitpunkt keine Möglichkeit zur Kenntnisnahme von ihrem Inhalt hat. Daher kann der Käufer in diesem Zeitraum die Minderungserklärung frei widerrufen. Nach dem Zugang ist dagegen die Rücknahme der Minderungserklärung durch den Käufer nicht zulässig, weil nach diesem Zeitpunkt vernünftigerweise erwartet werden kann, dass der Verkäufer im Vertrauen auf die Unwiderruflichkeit der Erklärung gehandelt hat.

Das wird mit Art. 15 Abs. 2, 22 und 16 Abs. 2 CISG über den Widerruf einer Angebotserklärung begründet, wonach eine Rücknahmeerklärung nur bei vorherigem oder gleichzeitigem Zugang mit dem Angebot zulässig ist, nicht aber nach seinem Zugang, wenn der Empfänger im Vertrauen darauf gehandelt hat. Diese Vorschriften, deren analoge Anwendung wir schon bei der Aufhebungserklärung[1331] angenommen haben, sind auch hier bei der Minderungserklärung anzuwenden.

Der Zeitpunkt der Unwiderruflichkeit einer Minderungserklärung ist also an den Zeitpunkt der Kenntnisnahme ihres Inhalts oder mindestens an den Zeitpunkt anzuhängen, zu dem der Verkäufer normalerweise die Möglichkeit hat, Kenntnis davon zu nehmen. Auch hier findet daher– wie bei der Aufhebungserklärung – die Vermutung Anwendung, dass der Empfänger

---

[1331] Vgl. dazu oben, § 8.I.2.b.

bereits mit dem Zugang der Minderungserklärung in seinem Herrschaftsbereich Kenntnis davon genommen hat. Der Erklärende ist dann an seine Erklärung gebunden, und nur, wenn es ihm gelingt, diese Vermutung zu widerlegen, kann er seine Erklärung widerrufen[1332].

c. Form, Inhalt und Erklärungsfrist der Minderung

Die Minderungserklärung ist an keine Form gebunden. Sie kann schriftlich oder mündlich erfolgen[1333]. Sie folgt nämlich wie die Aufhebungserklärung dem allgemeinen Grundsatz der Formfreiheit der Erklärungen nach Art. 11 CISG[1334]. Dies gilt aber nicht, wenn nach Handelsbräuchen oder nach Vereinbarung zwischen den Parteien eine bestimmte Form erforderlich ist[1335].
Wie gesagt sieht Art. 50 CISG – anders als die Vorschriften der Art. 26 und 49 CISG – nicht ausdrücklich eine besondere, formulierte Erklärung vor, mit der der Käufer den Minderungsrechtsbehelf ausüben kann. Das bedeutet aber nicht, dass er auch durch eine konkludente, aber nicht deutliche Erklärung den ursprünglich vereinbarten Kaufpreis herabsetzen kann[1336]. Die Nichterwähnung einer besonderen Weise, in der die Minderungserklärung geltend gemacht werden kann, „ändere nichts an der grundsätzlichen Notwendigkeit einer deutlichen und zielgerichteten Erklärung“[1337].
Jedenfalls muss also der Käufer durch sein Verhalten zeigen, dass dieser wegen der vertragswidrigen Lieferung den Kaufpreis herabsetzen will. Sein Minderungsverlangen muss eindeutig und klar sein. Das kann man nicht nur vom gestaltenden Charakter der Minderungserklärung ableiten[1338], sondern auch vom Prinzip des guten Glaubens, das diesem Übereinkommen zugrunde liegt. Demgemäß muss der Käufer seine Wahl bezüglich der Ausübung eines von mehreren Rechtsbehelfen, die ihm das UN-Kaufrecht zur Verfügung stellt, dem Verkäufer deutlich bekannt machen, so dass er sich darauf einstellen kann[1339].

[1332] Vgl. dazu oben, § 8.I.2.b.; *v. Caemmerer/Schlechtriem/Schlechtriem,* Art. 27, Rn. 14; *Schlechtriem,* Internationales UN-Kaufrecht (1996) Rn. 109.
[1333] Vgl. *Staudinger/Magnus,* Art. 50, Rn. 15.
[1334] Vgl. *Schlechtriem/Schwenzer/Müller-Chen,* Art. 50, Rn. 4.
[1335] Vgl. *v. Caemmerer/Schlechtriem/Leser*, Art. 26, Rn. 8.
[1336] Vgl. *Piltz,* Internationales Kaufrecht, § 5, Rn. 307.
[1337] Zit. in *Hirner,* Der Rechtsbehelf der Minderung, S. 295.
[1338] Vgl. *Piltz,* Internationales Kaufrecht, a.a.O.
[1339] Vgl. LG München, IPRax 1996, S. 31, 32 m. Anm. v. *Kindler,* IPRax 1996, S. 16-22; LG Kostanz, in *Schlechtriem/Magnus,* Internationale Rechtsprechung zu EKG und EAG, Art. 46 EKG, Nr. 1 = Art. 2 EAG, Nr. 1: Wenn der Käufer dem Verkäufer einerseits mitteilt, dass er die gerügte

Dementsprechend kann die bloße Zahlung des herabgesetzten Kaufpreises nicht als hinreichend klare und eindeutige Minderungserklärung ausgelegt werden. Dies ergibt sich aus der Vorschrift des Art. 39 CISG, nach dem der Käufer vor der Ausübung eines Rechtsbehelfs – hier der Minderung – eine Mängelrüge erheben muss[1340]. Daher kann eine Minderungserklärung keinesfalls in der Zahlung eines verminderten Kaufpreises ohne weitere Erklärung liegen.

Außerdem fordert die Regel des Art. 39 CISG die genaue Bezeichnung der Vertragswidrigkeit der Ware[1341]. Die bloße Zahlung eines verminderten Kaufpreises in Verbindung mit einer zuvor oder zumindest gleichzeitig erhobenen Mängelrüge dürfte also nicht mit hinreichender Deutlichkeit für den Verkäufer den endgültigen Rechtsbehelf der Minderung erkennen lassen, sondern eine – grundsätzlich zulässige – vorläufige Zurückbehaltung eines Teils des Kaufpreises oder eine – vom Käufer eigenmächtig vorgenommene Ratenzahlung[1342].

Wenn der Käufer den Kaufpreis nach Art. 50 CISG herabsetzen will, muss er also sein Minderungsverlangen deutlich und klar erklären. Die Deutlichkeit der Minderungserklärung hängt aber nicht von der Erwähnung des Minderungsbetrags ab. Demnach ist das Verhalten des Käufers eindeutig, wenn er zwar die Minderung des Kaufpreises deutlich und klar erklärt, aber einen bezifferten Minderungsbetrag nicht angibt[1343].

Denn nach der h. M. [1344] ist die Bezifferung des Minderungsbetrags für die Geltendmachung der Minderung nicht erforderlich. Der Käufer kann in einem solchen Fall den Minderungsbetrag nach Maßgabe des Gesetzes verlangen. Der Kaufpreis wird automatisch auf den sich aus Art. 50 CISG ergebenden Betrag gemindert[1345].

Dementsprechend ist der Käufer in den Fällen, in denen er einen bestimmten Betrag als Minderungsbetrag nennt, an diesen gebunden, soweit er die Grenzen des Art. 50 CISG nicht überschreitet. Gibt der Käufer daher einen

---

Kaufsache zur Verfügung stelle, und andererseits begehrt er die Minderung, dann liegt keine eindeutige Minderungserklärung vor, weil der Käufer sich auf zwei verschiedene Rechtsbehelfe beruft. Dieses Verhalten des Käufers reicht also nicht aus, ein klares und eindeutiges Minderungsverlangen zu ersetzen, auf das sich der Verkäufer einstellen kann. Daher ist die spätere ausdrückliche Erklärung der Minderung erforderlich.

1340 Vgl. oben, § 4.I.3.

1341 Vgl. oben, § 4.I.3.a.

1342 Vgl. *Hirner,* Der Rechtsbehelf der Minderung, S. 295-296; *Schlechtriem/Schwenzer/Müller-Chen,* Art. 50, Rn. 4.

1343 Vgl. *MünchKomm/Huber*, Art. 50, Rn. 14.

1344 Vgl. *Staudinger/Magnus,* Art. 50, Rn. 16; *Piltz,* Internationales Kaufrecht, § 5, Rn. 307; *v. Caemmerer/Schlechtriem/Huber*, Art. 50, Rn. 11; *Herber/Czerwenka,* Art. 50, Rn. 4.

1345 Vgl. *Ziegler*, S. 253; *Herber/Czerwenka*, Art. 50, Rn. 4.

zu hohen Betrag an, so gilt als Minderungsbetrag der Betrag, der sich aus Art. 50 CISG ergibt[1346].

Der Käufer kann auch sein Minderungsrecht ausüben, ohne dafür eine besondere Frist einhalten zu brauchen[1347]. Er muss dieses nur innerhalb der zweijährigen Ausschlussfrist des Art. 39 Abs. 2 CISG geltend machen, wonach er generell verpflichtet ist, vor Fristablauf einen Rechtsbehelf auszuüben[1348].

Deshalb ist der Käufer berechtigt, die Minderung des Kaufpreises zu verlangen, auch dann noch, wenn er seinen Ersatzlieferungs- oder Nachbesserungsanspruch und sein Aufhebungsrecht wegen Fristablaufs nach Art. 46 Abs. 2, 3 und 49 Abs. 2 lit. b CISG bereits verloren hat[1349].

Der Käufer kann also bei der Lieferung einer mangelhaften Ware mindestens mit der Minderung reagieren, falls er keinen anderen Rechtsbehelf mehr hat. Dies stellt zweifellos einen erheblichen Vorteil des Minderungsrechtsbehelfs dar, der besonders gegenüber der Vertragsaufhebung offensichtlich wird, weil diese, obwohl sie hinsichtlich ihrer Rechtsnatur ein Gestaltungsrecht wie die Minderung ist, besonderen Voraussetzungen unterliegt.

Ausgehend davon, dass keine besondere Frist für die Ausübung des Minderungsrechts im UN-Kaufrecht vorgesehen ist, kommt man auch zum Schluss, dass der Käufer die Minderung des Kaufpreises auch sofort erklären kann, nämlich auch bevor der Verkäufer zur nachträglichen Erfüllung seiner Pflichten i. S. d. Art. 48 und 37 CISG bereit ist. Das dem Verkäufer nach diesen Vorschriften zustehende Nacherfüllungsrecht kann vom Käufer durch seine bloße Erklärung der Minderung nicht ausgeschlossen werden. Aufgrund des Vorrangs des Nacherfüllungsrechts des Verkäufers gegenüber dem Minderungsrechtsbehelf des Käufers nach Art. 50 S. 2 CISG wird die Minderungserklärung erst dann wirksam, wenn die Nacherfüllungsfrist abgelaufen ist oder der Verkäufer die Mangelbeseitigung berechtigterweise abgelehnt hat. Denn, obwohl die Nacherfüllung durch den Verkäufer keine Voraussetzung für die Ausübung der Minderung darstellt, hängt ihre Wirksamkeit vom Bestehen des Nacherfüllungsrechts des Verkäufers ab[1350]. Die wirksame und endgültige Umgestaltung des Vertrags durch die Minderungserklärung kann also erst dann eintreten, wenn eine Behebung des Mangels nicht in zumutbarer Weise bewirkt wird.

[1346] Vgl. *v. Caemmerer/Schlechtriem/Huber*, Art. 50, Rn. 11; *Ziegler*, S. 253.

[1347] Vgl. *Staudinger/Magnus*, Art. 50, Rn. 17; *Piltz*, Internationales Kaufrecht, § 5, Rn. 316.

[1348] Vgl. oben, § 4.I.3.b.ii.

[1349] Vgl. *Staudinger/Magnus*, Art. 50, Rn. 17.

[1350] Vgl. dazu unten, § 10.I.3.a.

Der Käufer kann folglich den Vertrag hinsichtlich des Kaufpreises bei bestehendem Nacherfüllungsrecht des Verkäufers nicht umgestalten[1351].

2. Die Berechnung der Minderung

a. Die Geltendmachung des Minderwerts der Kaufsache im Wege der Minderung nach Art. 50 CISG – Proportionale Herabsetzung des Kaufpreises

Art. 50 CISG schreibt unbestritten die sog. „relative" oder „proportionale" Berechnungsmethode vor. Diese Methode, die dem Grundsatz der Minderung als Vertragsanpassung entspricht[1352], besteht im Grundsatz darin, dass der Wert der tatsächlich gelieferten, vertragswidrigen Ware zu dem (hypothetischen) Wert der vertragsgemäßen Ware in Beziehung gesetzt wird, und dass entsprechend diesem Verhältnis der ursprünglich vereinbarte Kaufpreis herabgesetzt wird.

Dementsprechend wird der vereinbarte Kaufpreis mit dem Quotienten der Werte der vertragswidrigen und der vertragsgemäßen Ware multipliziert. Das Ergebnis dieser Gleichung ist der herabgesetzte Kaufpreis[1353]. Der Minderungsbetrag, der Betrag, den der Käufer infolge des Minderwerts der gelieferten Ware einbehalten oder zurückfordern kann, besteht dann in der Differenz zwischen dem vereinbarten und dem nach Art. 50 CISG herabgesetzten Kaufpreis[1354].

Hierdurch bleibt das ursprüngliche Preisgefüge bzw. das von den Parteien vertraglich vereinbarte Äquivalenzverhältnis zwischen dem vorgestellten Wert der vertragsgemäßen Ware und dem vereinbarten Kaufpreis auch nach der Minderung zwischen dem wirklichen Wert der gelieferten Ware und dem herabgesetzten Preis erhalten[1355].

Der Kaufpreis wird also so herabgesetzt, als ob von vornherein die tatsächlich gelieferte, vertragswidrige Ware Vertragsgegenstand gewesen wäre. Der geminderte Kaufpreis ist folglich der Betrag, den die Parteien vermut-

---

[1351] Vgl. *Hutter,* S. 173.

[1352] Dies ist das Ergebnis des Vergleichs der „relativen" Berechnungsmethode mit den zwei „absoluten" Methoden, vgl. dazu *Hirner,* Der Rechtsbehelf der Minderung, S. 317, 318.

[1353] Vgl. *MünchKomm/Huber*, Art. 50, Rn. 25; *Schlechtriem/Schwenzer/Müller-Chen*, Art. 50, Rn. 8.

[1354] Ausführlich darüber vgl. *Hirner,* Der Rechtsbehelf der Minderung, S. 309 ff.

[1355] Vgl. *v. Caemmerer/Schlechtriem/Huber*, Art. 50, Rn. 2 ff.; *Enderlein/Maskow/Strohbach,* Internationales Kaufrecht, Art. 50, Rn. 4; *Bianca/Bonell/Will*, Art. 50, Anm. 2.1.1.

lich bzw. vernünftigerweise als Preis vereinbart hätten, wenn sie die Vertragswidrigkeit beim Vertragsabschluss gekannt hätten.
Dies bedeutet aber nicht, dass dabei entscheidend ist, welchen Preis der Käufer in Kenntnis der Vertragswidrigkeit für die weniger wertvolle Ware tatsächlich geboten hätte, oder ob der Verkäufer den nach Art. 50 CISG herabgesetzten Kaufpreis akzeptiert hätte. Die Frage nach der Angemessenheit des geminderten Kaufpreises für die gelieferte Ware bleibt hier außer Betracht[1356]. Die Minderung führt nicht unbedingt zu einem dem Wert der gelieferten Ware objektiv angemessenen Preis und ermöglicht nicht unbedingt einen Ausgleich in der Höhe des objektiven Minderwerts der Ware. Das ist Aufgabe des Schadensersatzes. Durch die Minderung des Kaufpreises bekommt der Käufer im Rahmen der Vertragsanpassung einen pauschalen, abschließenden Ausgleich für den Minderwert der Kaufsache[1357]. Entscheidend ist also nur das von den Parteien ursprünglich, vertraglich festgelegte und damit subjektive Äquivalenzverhältnis zwischen den beiderseitigen Leistungen, Lieferung der Kaufsache durch den Verkäufer und Warenabnahme – Preiszahlung durch den Käufer, weil dies nach dem Sinn des Rechtsbehelfs der Minderung durch die Herabsetzung des Kaufpreises aufrechterhalten bzw. wiederhergestellt werden soll.
Dementsprechend soll ein für die vertragsgemäße Ware vereinbarter Preisnachlass im entsprechenden Verhältnis auch nach der Herabsetzung des Kaufpreises für die gelieferte, vertragswidrige Sache gewährt werden. Das gleiche gilt auch, wenn der Wert der vertragswidrigen Sache den für die vertragsgemäße Sache vereinbarten Kaufpreis übersteigt. Der Verkäufer kann in einem solchen Fall die Minderung nicht mit der Begründung ablehnen, die Ware sei trotz des Mangels noch den vereinbarten Preis wert[1358]. Denn der herabgesetzte Kaufpreis soll den Wert der vertragswidrigen Ware nicht wiedergeben, der Minderungsbetrag den mangelbedingten Minderwert nicht ersetzen.
Außerdem werden die Beweggründe, die zur Vereinbarung eines vom wirklichen Wert der Ware abweichenden Preises führten, nicht immer auch für die minderwertige Ware gelten. Als gesetzliche Wertung ist die in Art. 50 CISG vorgesehene Berechnungsmethode der Minderung verbindlich; ansonsten müsste jedesmal eine genaue Motiverforschung stattfinden, um die Minderung berechnen zu können. Entscheidend ist daher nur die ur-

---

[1356] Vgl. *Heilmann,* Mängelgewährleistung, S. 449.
[1357] Vgl. *v. Caemmerer/Schlechtriem/Huber*, Art. 50, Rn. 14.
[1358] Weil der Käufer in einem solchen Fall durch Geltendmachung des Schadensersatzes nach der Differenzmethode zu günstigeren Ergebnissen kommen kann als durch die Minderung nach der relativen Berechnungsmethode gem. Art. 50 CISG, wird ihm empfohlen, statt der Herabsetzung des Kaufpreises Schadensersatz zu verlangen, vgl. dazu unten, § 10.I.2.c.

sprüngliche, vertragliche Vereinbarung der Parteien hinsichtlich der Preisgestaltung und nicht die Motivation oder die Größe der Abweichung der gelieferten Ware vom Vereinbarten. Deshalb ist der Rechtsbehelf der Minderung bei der Lieferung eines krassen aliud[1359] als nicht anwendbar anzusehen.

Zusammenfassend werden bei der „relativen" Berechnungsmethode Absichten, Vorstellungen oder Erwartungen der Parteien nicht berücksichtigt, soweit sie sich nicht im Vertrag niedergeschlagen haben. Insbesondere erfolgt die Herabsetzung des Kaufpreises auch unabhängig von bestehenden Schadenspositionen allein nach dem Verhältnis zwischen dem objektiven Wert der vertragsgemäßen und dem der vertragswidrigen Sache. Der Bewertungsmaßstab für die durch die Herabsetzung des Kaufpreises bewirkte Anpassung des Kaufvertrags entspricht also einerseits der subjektiven (vertraglich festgelegten) Preisgestaltung und andererseits dem objektiven Ausmaß des Mangels.

b. Die Berechnungsfaktoren

In die Berechnung der Minderung nach der relativen bzw. proportionalen Methode des Art. 50 CISG sind drei Faktoren einzustellen: Die Werte der vertragsgemäßen und der vertragswidrigen Ware sowie der vereinbarte Kaufpreis. Von diesen Berechnungsfaktoren steht in vielen Fällen nur einer, nämlich der Kaufpreis, fest. Die Ermittlung des Werts der vertragsgemäßen und der vertragswidrigen Ware bereitet dagegen in der Praxis häufig erheb-

---

[1359] Obwohl jede Falschlieferung, auch eines krassen aliud, nach der hier vertretenen Ansicht (vgl. oben, § 2.I.1.b.) einen Fall der Lieferung nicht vertragsgemäßer Ware nach Art. 35 CISG darstellt und dann zwangsläufig der Rechtsbehelf der Minderung gegeben ist, lässt sich ernsthaft bezweifeln, ob dieser Rechtsbehelf zu solchen Fällen passt (vgl. dazu *Hutter*, S. 169, der die Minderung als einen Rechtsbehelf ansieht, der dem dogmatischen Ansatz des UN-Kaufrechts widerspricht, das einem einheitlichen System der Vertragsverletzungen ein uneinheitliches System der Rechtsbehelfe gegenüberstellt). Denn die Beweggründe, die zur Vereinbarung eines vom wirklichen Wert der vertragsgemäßen Ware abweichenden Preises führen, werden für die völlig andersartige gelieferte Ware in aller Regel nicht gelten können. Obwohl beim klassischen Fall des Vorliegens von Sachmängeln der Kaufpreis nach dem Grundgedanken der Minderung unter der Berücksichtigung des ursprünglichen, vertraglichen Äquivalenzverhältnisses zwischen Leistung und Gegenleistung herabgesetzt wird, erscheint die proportionale Beibehaltung eines für Ware ganz anderer Art vereinbarten Kaufpreises ungerechtfertigt, wenn für die ursprüngliche Preisgestaltung Einflüsse oder Motive ausschlaggebend waren, die für das gelieferte aliud nicht bestehen, vgl. entsprechende Beispiele in *Hirner,* Der Rechtsbehelf der Minderung, S. 129, 130.

liche Schwierigkeiten[1360]. Im Folgenden werden die wichtigsten Grundsätze der Wertermittlung hinsichtlich dieser drei Faktoren dargestellt.

i. Der Wert der Ware – keine Berücksichtigung von subjektiven Interessen

Maßgeblich für die Berechnung der Minderung des Kaufpreises ist der objektive Wert, also der Verkehrswert der Ware (mit und ohne Mangel)[1361]. Dies ist der durch den Verkauf der Ware erzielbare Erlös[1362]. Wenn hingegen ein Marktpreis für die Ware besteht, so stellt dieser ihren objektiven Wert dar[1363].

Der subjektive Wert, den die vertragswidrige Ware gerade für den Käufer hat bzw. den die vertragsgemäße Ware für ihn gehabt hätte, spielt dagegen keine Rolle[1364]. Die Werte sind unabhängig vom Willen der Parteien, von ihren Vorstellungen oder vom vereinbarten Kaufpreis.

Art. 50 CISG schützt also, anders als der Schadensersatzanspruch, nicht das subjektive Interesse des Käufers an der Erfüllung des Vertrags, sondern gewährt diesem lediglich einen pauschalen Ausgleich für den objektiven Minderwert der gelieferten Ware. Das ist mit dem Sinn der Minderung als Vertragsanpassung vereinbar; es entspricht dem Ziel, den Kaufpreis auf den Betrag herabzusetzen, den die Parteien in Kenntnis des Mangels nach dem Bewertungsmaßstab des Vertrags vermutlich bzw. vernünftigerweise vereinbart hätten.

Wäre also die Ware nach dem Vertrag genau zu ihrem wirklichen Wert verkauft worden, wäre für die gelieferte Ware vermutlich ebenfalls ein ihrem wirklichen Wert entsprechender Kaufpreis vereinbart worden. Haben die Parteien aber ursprünglich einen Preisnachlaß z. B. von 20% vereinbart, so hätte dies wohl auch für die vertragswidrige Ware gegolten. Mit dieser zugrundeliegenden Wertung, die gerade nicht einseitig auf die enttäuschten Interessen des Käufers abstellt, sondern das zwischen beiden Parteien ver-

---

[1360] Vgl. *Schlechtriem,* Internationales UN-Kaufrecht, (2003), Rn. 203.

[1361] Vgl. *Piltz,* Internationales Kaufrecht, § 5, Rn. 309 f.; *Heilmann,* Mängelgewährleistung, S. 448.

[1362] Vgl. *Heilmann,* Mängelgewährleistung, S. 178; *v. Caemmerer/Schlechtriem/Stoll,* Art. 76, Rn. 6.

[1363] Vgl. *v. Caemmerer/Schlechtriem/Stoll,* Art. 76, Rn. 7; *Piltz,* Internationales Kaufrecht, § 5, Rn. 436; *Staudinger/Magnus,* Art. 76, Rn. 13; *Herber/Czerwenka,* Art. 76, Rn. 6.

[1364] Der subjektive Wert der vertragsgemäßen Ware für den Käufer ist nur im Rahmen des Schadensersatzanspruches maßgeblich.

einbarte Äquivalenzverhältnis von Leistung und Gegenleistung erhalten will, wird die Nicht-Berücksichtigung des rein subjektiven Werts der Ware bei der Minderung des Kaufpreises begründet.
Der Minderwert der gelieferten Ware stellt zwar insofern immer einen Nachteil dar, der i. S. d. Art. 74 CISG voraussehbar ist[1365], da der Käufer für die objektiv weniger wertvolle Ware den vollen vereinbarten Kaufpreis bezahlen muss. Das bedeutet aber nicht, dass es sich unbedingt um einen subjektiven Schaden des Käufers handelt.
Dagegen ist es ein objektiv zu bewertender Schaden des Käufers, für den der Verkäufer fast immer einzustehen hat.[1366].
Der Käufer soll einen Anteil vom ursprünglich vereinbarten Kaufpreis bezahlen, der dem objektiven Wert der vertragswidrigen Ware entsprechen soll.
Die Herabsetzung des Kaufpreises nach dem Verhältnis der objektiven Werte der Ware mit und ohne Mangel entspricht nämlich der unterschiedlichen Ausgestaltung der Rechtsbehelfe der Minderung und des Schadensersatzes, so dass man trotz bestehender Ähnlichkeiten von einer selbständigen Bedeutung der Minderung neben dem Schadensersatzanspruch ausgehen kann.
In der Praxis kann man dafür sprechen, wenn der Verkäufer ausnahmsweise gem. Art. 79 CISG entlastet ist oder wenn der Käufer seine Schäden nicht nachweisen kann[1367]. Die selbständige Bedeutung der Minderung neben dem Schadensersatzanspruch ist aber auch dann unbestritten, wenn der Marktpreis der Ware sich zwischen Vertragsabschluss und Lieferung geändert hat[1368] und wenn der ursprünglich vereinbarte Kaufpreis mit dem wirklichen Wert der mangelfreien Ware von vornherein nicht übereinstimmt[1369]. Denn dabei kann man den Vertragspreis nur mit der in Art. 50 CISG vorgeschriebenen, „proportionalen" oder „relativen" Berechnungsmethode nach dem Verhältnis der geänderten Werte der vertragswidrigen und vertragsgemäßen Ware herabsetzen. Der Grund dafür liegt im Grundgedanken der Minderung, das Äquivalenzverhältnis im Vertrag zwischen Leistung und Gegenleistung auch nach der Herabsetzung des ursprünglich vereinbarten Kaufpreises zu erhalten.
Beim Minderungsverlangen des Käufers ist also für die Herabsetzung des Kaufpreises immer der ursprüngliche Vertrag zwischen den Parteien ent-

---

[1365] Vgl. unten, § 10.I.2.c.
[1366] Vgl. unten, § 10.I.2.c.
[1367] Vgl. *v. Caemmerer/Schlechtriem/Huber*, Art. 50 Rn. 7.
[1368] Vgl. *Audit,* La vente internationale de marchandises, Anm. 139; dazu auch unten, § 10.I.2.b.(1) und (2).
[1369] Vgl. dazu unten, § 10.I.2.b.(1).

scheidend. Rein subjektive Nachteile für den Käufer, die sich nicht im Vertrag niederschlagen, dürfen in die Minderung nicht einbezogen werden; die Berücksichtigung rein subjektiver Interessen des Käufers bei der Wertberechnung würde den Rechtsbehelf der Minderung unnötig kompliziert und unpraktikabel machen[1370]. Diese sind nur über den Rechtsbehelf des Schadensersatzes zu befriedigen.

(1) Der Wert der vertragsgemäßen Ware

Maßgeblich ist, wie schon oben dargelegt wurde, der objektive Wert der vertragsgemäßen Ware. Dieser Wert wird häufig als hypothetischer Wert bezeichnet[1371]. Denn der Käufer, der die Minderung begehrt, hat gerade keine vertragsgemäße Ware erhalten. Besonders in Fällen, in denen eine Ware mit den vertraglich vereinbarten Eigenschaften gar nicht existiert – beispielsweise wegen technischer Unmöglichkeit – ist der Wert der vertragsgemäßen Ware normalerweise fiktiv[1372], oft wohl auch beim Verkauf nicht vertretbarer Sachen[1373]. Dann ist der Wert, den die Ware hätte, wenn der Mangel nicht vorläge, zu ermitteln.

Zur Wertermittlung wird mangels anderer Anhaltspunkte im deutschen und griechischen internen Recht davon ausgegangen, dass der Kaufpreis in der Regel dem Verkehrswert der mangelfreien Sache im Zeitpunkt des Vertragsabschlusses entspricht[1374]. Dementsprechend ist der Wert der vertragsgemäßen Ware dem Kaufpreis, den die Parteien zum Zeitpunkt des Vertragsabschlusses bestimmt haben, gleichzusetzen.

Dieser Grundsatz wird unbestritten auch im Rahmen des UN-Kaufrechts angenommen[1375]. Und zwar spricht für die Zulässigkeit der Annahme der Gleichsetzung des Werts der vertragsgemäßen Ware mit dem Kaufpreis die Regelung des Art. 55 CISG[1376], der den umgekehrten Fall betrifft, dass der Kaufpreis nicht bestimmt geworden ist[1377]. Nach dieser Vorschrift wird bei

---

[1370] Vgl. *Hirner,* Der Rechtsbehelf der Minderung, S. 350; Abschlußbericht, S. 219.

[1371] Vgl. *Herber/Czerwenka,* Art. 50, Rn. 7; *v. Caemmerer/Schlechtriem/Huber,* Art. 50 Rn. 4 ff.

[1372] Vgl. *MünchKomm/Westermann,* § 441, Rn. 13.

[1373] Vgl. *Hirner,* Der Rechtsbehelf der Minderung, S. 351.

[1374] Vgl. *Heilmann,* Mängelgewährleistung, S. 448; *Schlechtriem,* Internationales UN-Kaufrecht, (2003), Rn. 203; zum deutschen Recht vgl. *Palandt/Putzo,* § 441 BGB, Rn. 12; *MünchKomm/Westermann,* § 441, Rn. 12 und zum griechischen Recht vgl. *Georgiades/Stathopoulos/Vogopoulos,* Kommentar zum gr. ZGB, Art. 540 a. F., Rn. 31.

[1375] Vgl. *v. Caemmerer/Schlechtriem/Huber,* Art. 50, Rn. 9.

[1376] Vgl. *Hirner,* Der Rechtsbehelf der Minderung, S. 352, 353.

[1377] Vgl. *Herber/Czerwenka,* Art. 55, Rn. 6; *v. Caemmerer/Schlechtriem/Hager,* Art. 55, Rn. 8.

nicht ausdrücklich oder konkludent erfolgter Preisfestsetzung und mangels gegenteiliger Anhaltspunkte vermutet, dass die Parteien sich stillschweigend auf den Preis geeinigt haben, der beim Vertragsabschluss allgemein für die den Gegenstand des Kaufvertrags bildende Ware in dem betreffenden Geschäftszweig unter vergleichbaren Umständen berechnet wurde; dies ist der Verkehrswert der Ware. Soweit für die Ware ein Markt- oder Börsenpreis besteht, ist also dieser heranzuziehen.

Art. 55 CISG geht nämlich davon aus, dass die Parteien im Zweifel zum Verkehrswert der Sache zum Zeitpunkt des Vertragsabschlusses kaufen bzw. verkaufen.

Allerdings ist bei der Verwendung dieser Annahme zu beachten, dass in Art. 50 CISG für die Berechnung der Minderung nicht die Wertverhältnisse zur Zeit des Vertragsabschlusses, sondern zum Lieferzeitpunkt maßgeblich sind[1378]. Das hat zur Folge, dass die Wertverhältnisse, die zum Zeitpunkt des Vertragsabschlusses für die Preisgestaltung ausschlaggebend waren, zum Zeitpunkt der Lieferung nicht mehr vorhanden sind. Deswegen gibt es die Gefahr, dass der Kaufpreis dem wirklichen Wert der vertragsgemäßen Ware zur Zeit der Lieferung nicht entspricht. Diese Gefahr besteht besonders im internationalen Handel, wo viel Zeit zwischen dem Vertragsabschluss und der Lieferung vergeht, dass der Kaufpreis und der Wert der vertragsgemäßen Ware aufgrund der zwischenzeitlichen Änderungen der Wertverhältnisse oft nicht mehr übereinstimmen[1379].

Im Rahmen des Art. 50 CISG kann daher der Wert der vertragsgemäßen Ware nur dann mit dem Kaufpreis gleichgesetzt werden, wenn dieser sich zwischen Vertragsabschluss und Lieferung nicht verändert hat[1380]. Dabei gibt der Kaufpreis prima facie den Wert der mangelfreien Ware nicht nur im Zeitpunkt des Vertragsabschlusses, sondern auch in dem Zeitpunkt der Lieferung der Kaufsache wieder[1381].

Wenn aber Anhaltspunkte für eine wirtschaftliche Änderung zwischen Vertragsabschluss und Lieferung bestehen, kann man davon ausgehen, dass sich der Wert der mangelfreien und der Wert der mangelhaften Ware im selben Verhältnis verändert haben[1382]. Damit ist egal, zu welchem Zeitpunkt

---

[1378] Vgl. auch *v. Caemmerer/Schlechtriem/Hager*, Art. 55 Rn. 15; *Staudinger/Magnus*, Art. 50, Rn. 34.

[1379] Vgl. auch *MünchKomm/Westermann*, § 441, Rn. 13.

[1380] Vgl. *Schlechtriem/Huber*, Art. 50 Rn. 9; *MünchKomm/Huber*, Art. 50, Rn. 16.

[1381] Gegen die Gleichsetzung von Kaufpreis und Wert der vertragsgemäßen Ware spricht aber die Ansicht, dass damit die in Art. 50 CISG vorgeschriebene relative Berechnungsmethode der Minderung zugunsten der absoluten Methode des Schadensersatzes aufzugeben ist, da beide Berechnungsmethoden zum gleichen wirtschaftlichen Ergebnis führen (vgl. *v. Caemmerer/Schlechtriem/Huber*, Art. 50, Rn. 3).

[1382] Vgl. UNCITRAL-YB IV (1973), S. 57; *Hirner*, Der Rechtsbehelf der Minderung, S. 353.

die Werte der vertragsgemäßen und der mangelhaften Ware berechnet werden. Denn bei einer gleichmäßigen Wertänderung nach dem Vertragsabschluss bleibt das ursprüngliche Äquivalenzverhältnis erhalten; eine gleichmäßige Änderung der Marktpreise hat nach der Berechnungsformel des Art. 50 CISG keinen Einfluss auf das Ergebnis der Minderung[1383]. Der Käufer zahlt nämlich den Preis, der beim Vertragsabschluss vermutlich für die vertragswidrige Ware vereinbart worden wäre, ohne Unterschiede zwischen den Berechnungszeitpunkten des Vertragsabschlusses und der Lieferung.

Hier ist nur unzulässig, den Kaufpreis als Wert der mangelfreien Ware und den Wert der mangelhaften Ware zum Zeitpunkt der Lieferung einzusetzen[1384], weil damit die Minderung nicht korrekt berechnet werden kann. Man soll entweder den Wert der vertragswidrigen Ware zum Zeitpunkt des Vertragsabschlusses einsetzen, wenn der Wert der vertragsgemäßen Ware mit dem Kaufpreis gleichgesetzt werden kann, oder beide Werte zum gleichen Berechnungszeitpunkt einsetzen, wenn das Ausmaß der zwischenzeitlichen Preisänderung bekannt ist[1385].

Schließlich im Falle, dass weder von einem Gleichbleiben noch von einer parallelen Entwicklung der Wertverhältnisse ausgegangen werden kann, muss der Wert sowohl der vertragsgemäßen Ware als auch der vertragswidrigen Ware zum Zeitpunkt der Lieferung festgestellt werden, da dieser näher zum Moment der Mängelfeststellung liegt. Weil in der Regel es sich hier um eine Ware mit schwankendem Marktpreis handelt, der sich relativ leicht zum Zeitpunkt der Lieferung gem. Art. 50 CISG feststellen lässt, sind Vermutungen bzw. die Schätzung über den Wert der vertragsgemäßen sowie der vertragswidrigen Ware nach den o. g. Grundsätzen nicht erforderlich[1386].

(2) Der Wert der vertragswidrigen Ware

Der Wert der gelieferten, vertragswidrigen Ware ist objektiv, unabhängig vom Willen der Parteien oder vom vereinbarten Kaufpreis zu ermitteln. Im Gegensatz zum Wert der vertragsgemäßen Ware, die gerade nicht geliefert

---

[1383] Vgl. *v. Caemmerer/Schlechtriem/Huber*, Art. 50, Rn. 5, Fn. 26; *Bianca/Bonell/Will,* Art. 50, Anm. 2.1.1.; *Hirner,* Der Rechtsbehelf der Minderung, S. 319, 320.

[1384] Vgl. *Hirner,* Der Rechtsbehelf der Minderung, S. 354.

[1385] Vgl. *Hirner,* Der Rechtsbehelf der Minderung, a. a. O.

[1386] Vgl. *Honsell/Schnyder/Straub*, Art. 50, Rn. 36.

wird und daher als „hypothetisch“ anzusehen ist, ist der Wert der vertragswidrigen Ware „real“. Er wird nämlich nicht als „Sollwert“ der vertragsgemäßen Ware bezeichnet, sondern als „Istwert“ der Ware, die der Käufer vom Verkäufer erhält. Deshalb soll hier der Lieferzeitpunkt bzw. der Zeitpunkt der Warenübergabe an den Käufer für die Berechnung des Werts dieser Ware maßgeblich sein[1387].

Bei der Ermittlung des Werts der gelieferten Ware ist dementsprechend die Wertminderung zu berücksichtigen, die gerade Folge desjenigen Sachmangels ist, wegen dem der Käufer den Rechtsbehelf der Minderung ausgeübt hat[1388].

Andere wertmindernde Umstände oder Mangelfolgeschäden, die mit dem Mangel oder mit dem Minderwert der Sache selbst nicht im Zusammenhang stehen, bleiben außer Betracht. Das gilt auch für die Gebrauchsvorteile, die der Käufer aus der Ware gezogen hat. Diese sind ebenfalls nicht als wertmindernd zu berücksichtigen, da sie nicht im Zusammenhang mit dem konkreten Mangel stehen, den der Käufer innerhalb angemessener Frist nach Erhalt der Ware i. S. d. Art. 39 CISG gerügt hat[1389].

Sowohl in der Literatur zum UN-Kaufrecht[1390] als auch in der Praxis[1391] ist aber auch für zulässig gehalten, den objektiven Wert der vertragswidrigen Ware durch Abzug derjenigen Kosten zu ermitteln, die durch die Beseitigung des Mangels verursacht werden würden. Eine solche Wertschätzung wird angenommen, besonders wenn kein Markt- oder Börsenpreis oder kein in sonstiger Weise feststellbarer objektiver Verkehrswert der Ware vorliegt, und sofern die Mangelbeseitigung einen verhältnismäßigen bzw. wirtschaftlichen Aufwand erfordern würde[1392].

Die Berücksichtigung der Mangelbeseitigungskosten ist nach dieser Ansicht auf zwei Arten denkbar[1393]: Entweder können diese Kosten vom Wert der vertragsgemäßen Ware abgezogen werden, falls dieser bekannt oder feststellbar ist, oder die Reparaturkosten können direkt vom ursprünglich vereinbarten Kaufpreis abgezogen werden, wenn dieser mit dem Wert der vertragsgemäßen Ware, der sich bis zur Lieferung nicht geändert hat, gleichzu-

---

1387 Vgl. über die hier vertretene Meinung hinsichtlich des Berechnungszeitpunkts unten, § 10.I.2.b.iii.(2).

1388 Vgl. *Schlechtriem/Huber*, Art. 50, Rn. 4.

1389 Vgl. *Schlechtriem/Huber*, Art. 50, Rn. 5.

1390 Vgl. *Schlechtriem*, Internationales UN-Kaufrecht, (2003), Rn. 203; *v. Caemmerer/Schlechtriem/Huber*, Art. 50, Rn. 12; *Staudinger/Magnus*, Art. 50, Rn. 20; *Herber/Czerwenka*, Art. 50, Rn. 6.

1391 Vgl. den AG Nordhorn, Urt. v. 14.06.1994 – 3 C 75/94, CISG-Online Case 259, UNILEX, E.1994-12.

1392 Vgl. *v. Caemmerer/Schlechtriem/Huber*, Art. 50, Rn. 12; *Schlechtriem/Huber*, Art. 50, Rn. 9.

1393 Vgl. *v. Caemmerer/Schlechtriem/Huber*, a. a. O.

setzen ist. Im ersten Fall werden also die Mangelbeseitigungskosten mit dem mangelbedingten Minderwert der gelieferten Ware gleichgesetzt, im zweiten Fall im Ergebnis mit dem Minderungsbetrag.

Diese Berechnungsformel kommt dann der Ermittlung des Schadensersatzes nach der absoluten Methode gleich, weil hier durch den Abzug des negativen Werts der mangelhaften Ware vom Wert der mangelfreien Ware oder vom Kaufpreis der Betrag ermittelt wird, der dem vertragsgemäßen Zustand der gelieferten Ware entspricht. Bei der Minderung ist hingegen der Betrag nach der relativen Berechnungsmethode zu ermitteln, der dem verbleibenden Restwert der vertragswidrigen Ware entspricht, welche nunmehr Vertragsgegenstand wird.

Deshalb erscheint die Berechnung der Minderung durch die Berücksichtigung der Mängelbeseitigungskosten dogmatisch als bedenklich. Das hat zwar keine praktische Bedeutung in den Fällen, in denen der Kaufpreis dem Wert der mangelfreien Ware entspricht und zugleich der Wert dieser Ware stabil geblieben ist, da die absolute und die relative Methode dabei zum gleichen Ergebnis führen [1394]. Die dogmatische Bedenklichkeit dieser Berechnungsart wird aber in den Fällen offensichtlich, in welchen Kaufpreis und Wert der vertragsgemäßen Ware auseinanderfallen oder die Werte der Ware in vertragsgemäßem und vertragswidrigem Zustand sich – wenn auch parallel – verändert haben. Dort würde der Wert der vertragswidrigen Ware durch die Berücksichtigung der Reparaturkosten nicht zutreffend wiedergegeben[1395], so dass der Käufer schließlich keinen pauschalen Ausgleich für den Minderwert der mangelhaften Ware gem. Art. 50 CISG verlangen kann, sondern einen völligen Ausgleich für alle Schäden gem. Art. 74 CISG, die er nicht nur wegen des Minderwerts selbst der gelieferten Ware, sondern auch wegen der Veränderung der Warenwerte vom Vertragsabschluss bis zur Reparatur erleidet.

Bei der Berechnung der Minderung des Kaufpreises durch die Berücksichtigung der Kosten der Behebung der Vertragswidrigkeit wird also ein Betrag ermittelt, den der Käufer bereits in Rahmen des Schadensersatzanspruches für die Beseitigung des Mangels verlangen kann. Und zwar je stärker die Orientierung an den Reparaturkosten und damit die Entfernung von der nach Art. 50 CISG vorgeschriebenen Berechnungsmethode ist, desto geringer sind die Unterschiede zwischen dem Rechtsbehelf der Minderung und dem des Schadensersatzes. Damit gelangt man aber zu einem Missverständnis des Minderungsrechtsbehelfs wie manche angelsächsische Juristen

---

[1394] Vgl. *v. Caemmerer/Schlechtriem/Huber*, Art. 50, Rn. 3.

[1395] Vgl. *Schlechtriem/Huber*, Art. 50, Rn. 9.

auf der Wiener Konferenz, welche die Minderung als eine Art Schadensersatz unter erleichterten Voraussetzungen verstanden haben[1396].
Die Berücksichtigung der Kosten der Mängelbeseitigung bei der Minderungsberechnung soll daher generell unzulässig sein[1397], nicht nur, wenn der objektive Wert der vertragswidrigen Ware sich auf andere Weise feststellen lässt – beispielsweise wenn die Ware in ihrem mangelhaften Zustand einen eigenen Marktwert hat – sondern auch, wenn keine Anhaltspunkte für die Feststellung dieses Werts bestehen. In einem solchen Fall, wo die Schätzung des Werts der vertragswidrigen Ware möglich ist[1398], ist davon auszugehen, dass der Wert der mangelfreien Ware mit dem Kaufpreis übereinstimmt. Das hat die Annahme zur Folge, dass der geminderte Kaufpreis ebenso dem Wert der mangelhaften Ware entspricht[1399].

ii. Der Kaufpreis

In die Berechnung der Minderung ist nach der „relativen" Methode des Art. 50 CISG, wie bereits erwähnt wurde, der tatsächlich vereinbarte Kaufpreis einzustellen.
Diese Größe, die unabhängig vom objektiven Wert des vereinbarten Leistungsgegenstandes bestimmt wird, ist in aller Regel einfacher zu ermitteln als die Werte der vertragsgemäßen und besonders der vertragswidrigen Ware. Schwierigkeiten dürften sich hier nur selten ergeben; der Kaufpreis ergibt sich jedenfalls aus den Parteivereinbarungen oder den Begleitumständen des Vertragsabschlusses[1400]. Wenn sich aber dem Vertrag eine ausdrückliche oder zumindest stillschweigende Preisfestsetzung nicht entnehmen lässt, wird gem. Art. 55 CISG mangels gegenteiliger Anhaltspunkte vermutet, dass die Parteien sich stillschweigend auf den Preis geeinigt haben, der beim Vertragsabschluss allgemein für die den Leistungsgegenstand des konkreten Vertrages bildende Ware in dem betreffenden Geschäftszweig unter vergleichbaren Umständen gegolten hat. Demgemäß wird man

---

[1396] Vgl. *Schlechtriem,* Internationales UN-Kaufrecht, (2003), Rn. 203, und besonders Fn. 155.
[1397] Vgl. *Schlechtriem,* Internationales UN-Kaufrecht, (2003), Rn. 203.
[1398] Im deutschen Recht räumt die Regelung des § 441 Abs. 3 S. 2 BGB schon eine Schätzungsmöglichkeit des Werts der mangelhaften Ware dem Gericht ein. Nach *Schlechtriem* kann diese prozessuale Norm auch im Rahmen des UN-Kaufrechts angewendet werden. Darüber vgl. *Schlechtriem,* Internationales UN-Kaufrecht, (2003), Rn. 203.
[1399] Vgl. *Schlechtriem/Huber*, Art. 50, Rn. 9; *Schlechtriem,* Internationales UN-Kaufrecht, (2003), Rn. 203, mit einem Beispiel aus der schweizerischen Rechtsprechung; *MünchKomm/Westermann*, § 441, Rn. 12.
[1400] Vgl. *Piltz,* Internationales Kaufrecht, § 4, Rn. 128.

– soweit ein solcher besteht – den Börsen- oder den Marktpreis der Ware heranziehen können[1401]. Im Zweifel soll aber der Preis im Geschäftszweig des Verkäufers und nicht des Käufers maßgeblich sein[1402].
In den Fällen nun, in denen die vereinbarte Gegenleistung des Käufers nicht nur aus einer bestimmten Geldsumme, sondern zusätzlich aus vertretbaren Waren oder Dienstleistungen besteht, ist der Wert dieser Sach- oder Dienstleistungen in Analogie mit § 473 BGB a. F. zum Zeitpunkt des Vertragsabschlusses zu ermitteln[1403] und dem Kaufpreis hinzuzurechnen. Dieser fiktive Gesamtpreis ist der Berechnung der Minderung zugrundezulegen. Eine solche Analogie ist hier geboten, um die Lücke der Regelung dieses gewiss nicht häufigen Tatbestands zu erfüllen, bei dem die Herabsetzung der Käuferleistung aufgrund einer mangelhaften Verkäuferleistung praktisch schwer durchführbar ist[1404]. Falls auch der Minderungsbetrag diese Geldsumme übersteigt, kann der Käufer neben deren Herabsetzung den hierdurch noch nicht abgedeckten Teil des Minderungsbetrags in Geld durch die Kombination des Rechtsbehelfs der Minderung mit dem des Schadensersatzes verlangen[1405].
In den Fällen schließlich, in denen neben Geld auch nicht vertretbare Waren als Gegenleistung des Käufers vorgesehen sind, kann der Käufer entweder nur die von ihm geleistete oder zu leistende Geldsumme oder die Anzahl bzw. den Umfang der versprochenen Waren mindern[1406]. Ebenfalls hier, wenn der Minderungsbetrag höher als die Geldsumme ist, hat der Verkäufer den überschießenden Betrag dem Käufer zu vergüten[1407].

[1401] Vgl. *v. Caemmerer/Schlechtriem/Hager*, Art. 55, Rn. 8.

[1402] Vgl. *Piltz*, Internationales Kaufrecht, § 4, Rn. 134; *Herber/Czerwenka*, Art. 55, Rn. 6.

[1403] Hier ist nach der h. M., trotz des gem. Art. 50 CISG für die Minderungsberechnung maßgeblichen Zeitpunkts der Lieferung, der Geldwert von Waren und Dienstleistungen im Zeitpunkt des Vertragsabschlusses zu bestimmen, da die Parteien den Wert ihrer jeweiligen Leistungen zu dieser Zeit berechnet hatten, vgl. dazu *Heilmann*, Mängelgewährleistung, S. 452; *Bianca/Bonell/Will*, Art. 50, Anm. 3.1. Anders aber *Hutter*, S. 174, der in dem von ihm ausschließlich behandelten Fall von nichtvertretbaren Sachen den Wert zum vertraglich vorgesehenen Zeitpunkt ihrer Übergabe zugrundelegen will.

[1404] Vgl. *Heilmann*, Mängelgewährleistung, S. 452; *Hirner*, Der Rechtsbehelf der Minderung, S. 363. Die gleiche Analogie ist auch im Rahmen des deutschen nationalen Rechts mangels § 473 BGB a. F. entsprechender Regelung anzunehmen, vgl. dazu *MünchKomm/Westermann*, § 441, Rn. 11.

[1405] Vgl. *Heilmann*, Mängelgewährleistung, S. 452; *Bianca/Bonell/Will*, Art. 50, Anm. 3.1.

[1406] Vgl. *Hirner*, Der Rechtsbehelf der Minderung, S. 364; *Heilmann*, Mängelgewährleistung, S. 451; vgl. auch dazu die entsprechende Lösung zu dieser Problematik im Rahmen des deutschen nationalen Rechts; der Käufer soll hier ein Wahlrecht haben, eine der Leistungen – die Geld- oder die Sachleistung – oder beide Leistungen zu mindern, vgl. *MünchKomm/Westermann*, § 441, Rn. 11.

[1407] Vgl. dazu *MünchKomm/Westermann*, § 441, Rn. 11.

iii. Der maßgebliche Zeitpunkt

(1) Die Problematik des Lieferzeitpunkts

Maßgeblicher Zeitpunkt für die Feststellung der Werte der vertraglich vereinbarten und der tatsächlich gelieferten, vertragswidrigen Ware ist der Zeitpunkt der Lieferung.

Der „Zeitpunkt der Lieferung“ ist nicht der vertraglich vereinbarte oder sich aus der gesetzlichen Regelung ergebende Liefertermin, zu dem die Lieferung hätte erfolgen sollen, sondern es ist vielmehr auf den Moment abzustellen, zu dem die Lieferung tatsächlich erfolgte. Dies ergibt sich ausdrücklich aus dem Wortlaut des Art. 50 CISG, wonach für die Berechnung der Minderung der Wert maßgeblich ist, den die tatsächlich gelieferte Ware im Zeitpunkt der Lieferung hatte[1408], sowie aus der Entstehungsgeschichte des betreffenden Artikels[1409].

Der Begriff der Lieferung im Rahmen des Art. 50 CISG wird nach der h. M. nicht etwa als Zuverfügungstellung, Ablieferung oder Übergabe der Ware an den Käufer verstanden, sondern grundsätzlich als Erfüllung der Lieferpflicht des Verkäufers i. S. d. Art. 31 CISG[1410]. Die Lieferung umfasst demnach nur die nach dem konkreten Vertrag jeweils erforderliche Leistungshandlung des Verkäufers, während der im tatsächlichen Besitzerwerb des Käufers bestehende Leistungserfolg außerhalb der Lieferpflicht bleibt[1411]. Die Lieferung i. S. d. Art. 50 CISG erfolgt also zufolge dieser Ansicht beim Platzkauf, wenn der Verkäufer dem Käufer die Ware gem. Art. 31 lit. b, lit. c CISG zur Verfügung stellt, beim Fernkauf, wenn der Verkäufer die Ware an den Käufer übergibt, und schließlich beim Versendungskauf, wenn der Verkäufer zur Erfüllung seiner Lieferpflicht die Ware gem. Art. 31 lit. a CISG an den ersten Beförderer übergibt.

Das Hauptargument für die Wertfeststellung zum Zeitpunkt der Lieferung i. S. d. Art. 31 CISG ist in der Literatur wie bei den Beratungen für das Ver-

---

[1408] Vgl. auch den englischen Text: „ ...the value that the goods actually delivered had at the time of the delivery“ und den französischen: „..la valeur que les marchandises effectivement livrées avaient au moment de la livraison“.

[1409] Vgl. die Diskussion über die höhere Praktikabilität des Abstellens auf den Zeitpunkt der Lieferung der Ware als Berechnungszeitpunkt in Off. Rec. 357 f., Nr. 23-41. Insbesondere vgl. Off. Rec. 357-358, Nr. 23 (Rognlien/Norwegen), 25 (Reishofer/Österreich), 27 (Ghestin/Frankreich) und Nr. 35 (Widmer/Schweiz).

[1410] Vgl. *v. Caemmerer/Schlechtriem/Huber,* Art. 50, Rn. 13; *Ziegler,* S. 255; *Neumayer/Ming,* Art. 50, Rn. 1; *Herber/Czerwenka,* Art. 50, Rn. 7.

[1411] Vgl. *Piltz,* Internationales Kaufrecht, § 4, Rn. 10.

fassen des Art. 50 CISG die höhere Praktikabilität dieses Berechnungszeitpunkts im Vergleich mit dem des Vertragsabschlusses, der im Rahmen des Haager Kaufgesetzes, in Art. 46 EKG, für die Berechnung der Minderung des Kaufpreises maßgeblich war. Es ist nämlich angeführt worden, dass die Feststellung der Werte der vertragsgemäßen und vertragswidrigen Ware zum Zeitpunkt der Lieferung meist einfacher als die Ermittlung der hypothetischen Werte zum Zeitpunkt des Vertragsabschlusses des Art. 46 EKG ist, wo sehr oft die verkaufte Ware noch gar nicht existiert[1412]. Daher hätte der Käufer, der den Wert einer ordnungsgemäßen Ware zum Zeitpunkt des Vertragsabschlusses feststellen wollte, oft Nachweisschwierigkeiten zu bewältigen, besonders wenn für diese Ware kein laufender Börsen- oder Marktpreis bestand. Dagegen kann der Käufer durch die Regelung des UN-Kaufrechts hinsichtlich des Lieferzeitpunkts schneller und kostengünstiger die Minderung berechnen[1413]. Und weil für die Wertfeststellung im Wege der Minderung auf den gleichen Berechnungszeitpunkt wie im Wege des Schadensersatzes – nämlich auf die Lieferung – abzustellen ist, kann der Käufer auch einfacher berechnen, welcher der beiden Rechtsbehelfe für ihn günstiger ist[1414].

Die praktischen Gründe, die die Maßgeblichkeit des Lieferteitpunkts befürworten, sollten jedoch nicht überbewertet werden:

Es ist gleichgültig, welchen Zeitpunkt man als für die Ermittlung des Werts maßgeblich ansieht, wenn zwischen Vertragsabschluss und Lieferung zwar Preisschwankungen auftreten, das Verhältnis zwischen dem Wert der vertragsgemäßen Ware und dem der gelieferten, vertragswidrigen Ware aber zu beiden Zeitpunkten gleichbleibt[1415]. Hierauf wurde bereits während der Diskussion auf der Wiener Konferenz mehrfach hingewiesen. Dort wurde konstatiert, dass der genaue Zeitpunkt der Wertfeststellung in der Praxis nicht von großer Bedeutung sei; wichtiger sei vor allem, die Werte der beiden Waren zum selben Zeitpunkt zu ermitteln[1416].

Unterschiede zwischen der Ansicht bezüglich der Bestimmung des Zeitpunkts des Vertragsabschlusses als maßgeblichem Bewertungszeitpunkts und der Ansicht bezüglich der Maßgeblichkeit des Lieferzeitpunkts für die

---

[1412] Vgl. Off. Rec. 357-358, Nr. 23, (Rognlien/Norwegen) ,38 (Rognlien/Norwegen); *Heilmann,* Mängelgewährleistung, S. 446; *Bianca/Bonell/Will*, Art. 50, Anm. 1.3.2.

[1413] Vgl. *Herber/Czerwenka*, Art. 50, Rn. 7.

[1414] So *Heilmann,* Mängelgewährleistung, S. 446; *Bianca/Bonell/Will*, Art. 50, Anm. 1.3.2; *Audit,* La vente internationale de marchandises, Anm. 139.

[1415] Vgl. *Heilmann,* Mängelgewährleistung, S. 447; *Hirner,* Der Rechtsbehelf der Minderung, S. 319, 320.

[1416] Vgl. Off. Rec. 357, Nr. 23 (Rognlien/Norwegen), 33 (Herber/Bundesrepublik Deutschland), 37 (Bortolotti/Observer, International Chamber of Commerce), 39 (Feltham/Großbritannien).

Wertermittlung ergeben sich also nur dann, wenn sich die Werte der vertragsgemäßen und der vertragswidrigen Ware zwischen Vertragsabschluss und Lieferung nicht parallel verändern[1417]. Solche Fälle dürften aber selten und nur bei Waren mit schwankendem Markt- oder Börsenpreis auftreten, wo die Feststellung der Werte der vertragswidrigen und vertragsgemäßen Ware zum Zeitpunkt der Lieferung einfacher als zu dem des Vertragsabschlusses ist[1418].

Dasselbe gilt auch, wenn es sich um eine Ware handelt, für die kein Marktpreis besteht. Mangels anderer Anhaltspunkte kann man in einem solchen Fall davon ausgehen, dass der Wert der vertragsgemäßen Ware dem zum Zeitpunkt des Vertragsabschlusses vereinbarten Kaufpreis entspricht[1419]. Zu ermitteln ist dann nur noch der Wert der mangelhaften Ware, für dessen Feststellung der Zeitpunkt aber unerheblich ist, wenn beide Werte sich nicht oder mindestens parallel verändert haben. Auch dann ist also die Bestimmung des für die Wertfeststellung maßgeblichen Zeitpunkts nicht notwendig.

Die Wertermittlung zum Zeitpunkt der Lieferung der Ware i. S. d. Art. 31 CISG ist auch dem Sinn der Vorschrift des Art. 50 CISG selbst fremd, die den Vorrang des Nacherfüllungsrechts des Verkäufers gegenüber dem Minderungsrecht des Käufers vorsieht. Demgemäß muss der Käufer nicht sofort nach Erhalt der vertragswidrigen Ware die Minderung des ursprünglich vereinbarten Kaufpreises erklären, sondern vorher einen Nacherfüllungsversuch des Verkäufers dulden[1420]. Durch die Wertbemessung zum Lieferzeitpunkt soll er aber dann nicht den aktuellen Wert der Ware zugrundelegen, sondern den Wert zur Zeit der Lieferung, wie diese i. e. S. des Art. 31 CISG verstanden ist. Eine retrospektive Schätzung des Werts der Ware bei der Zugrundelegung des Lieferzeitpunkts i. S. d. Art. 31 CISG ist dann unvermeidlich.

Abgesehen von diesen Gründen, die generell die Schwäche der Maßgeblichkeit des Lieferzeitpunkts für die Bemessung der Wertverhältnisse bei der Minderung zeigen, bestehen nach der h. M.auch Schwierigkeiten bei der Wertfeststellung in den Fällen, in denen der Zeitpunkt der Lieferung i. S. d. Art. 31 CISG, – also der Moment der Übergabe der Ware an den Käufer, zu dem er grundsätzlich gem. Art. 58 Abs. 1 und 3 CISG verpflichtet ist, den

---

[1417] Vgl. *Heilmann,* Mängelgewährleistung, S. 447; *Bianca/Bonell/Will*, Art. 50, Anm. 2.1.1.; *v. Caemmerer/Schlechtriem/Huber*, Art. 50, Rn. 5.

[1418] Vgl. *v. Caemmerer/Schlechtriem/Huber*, Art. 50, Rn. 5; auch dazu oben, § 10.I.2.b.i.(2).

[1419] Vgl. oben, § 10.I.2.b.iii.(1).

[1420] Vgl. dazu unten, § 10.I.3.a.

Kaufpreis zu bezahlen, – und der Zeitpunkt des Gefahrübergangs[1421], – zu dem der Verkäufer für die Vertragswidrigkeit der Ware einzustehen hat, – auseinanderfallen[1422].

Dies passiert beim Versendungskauf, dem im internationalen Handel häufigsten Fall: Dabei findet zwar durch dieselbe Handlung des Verkäufers – Übergabe der Ware an den ersten Beförderer zur Übermittlung an den Käufer – sowohl die Lieferung gem. Art. 31 lit. a CISG als auch der Gefahrübergang gem. Art. 67 Abs. 1 S. 1 CISG statt, erfolgt aber nicht die für die Preiszahlung bzw. die Berechnung des herabgesetzten Kaufpreises entscheidende Handlung der Übergabe der Ware an den Käufer, die erst viel später mit dem Eintreffen der Ware am Bestimmungsort ermöglicht wird, wo diese dem Käufer zur Verfügung steht.

Deshalb haben die Vertreter der h. M. eine Ausnahme bezüglich des Berechnungszeitpunkts dabei angenommen, um die Wertschätzung in die Vergangenheit zu vermeiden, zu der die Zugrundelegung des Zeitpunkts der Lieferung i. S. d. Art. 31 lit. a CISG führt: Sie haben angenommen, dass bei dieser Verkaufsart nicht der Lieferzeitpunkt i. e. S. für die Berechnung der Minderung ausschlaggebend ist, sondern den Zeitpunkt, zu dem die Ware nach Eintreffen am Bestimmungsort dem Käufer zur Verfügung steht[1423].

Die von der h. M. vertretene Ausnahme zu der Regelung der Maßgeblichkeit der Lieferung als Berechnungszeitpunkt, so dass eine Wertfeststellung in die Vergangenheit vermieden wird, hilft aber nicht. Denn hier liegt der Berechnungszeitpunkt nach dem Zeitpunkt des Gefahrübergangs und der Lieferung. Das bedeutet, dass Vertragswidrigkeiten, die in dem Zeitraum nach dem Gefahrübergang und vor dem Zeitpunkt der Ankunft der Ware beim Käufer bestehen, nicht als wertmindernd berücksichtigt werden dürfen, da der Verkäufer für solche Vertragswidrigkeiten nach Art. 36 CISG und den Gefahrtragungsregeln nicht einzustehen hat[1424]. In dieser Weise ist aber der Käufer verpflichtet, eine vertragswidrige Ware abzunehmen, für die er den ursprünglich vereinbarten Kaufpreis bezahlen muss.

[1421] Obwohl die Lieferung nach Art. 31 CISG für den Gefahrübergang nach Art. 67 CISG ff. nicht maßgeblich ist, besteht zwischen beiden Materien ein enger Zusammenhang; Lieferung und Gefahrübergang werden weitgehend parallel geregelt (vgl. *v. Caemmerer/Schlechtriem/Hager*, Art. 67, Rn. 1; *v. Caemmerer/Schlechtriem/Huber*, Art. 31, Rn. 13; *Ziegler*, S. 49). Deshalb spielt der Zeitpunkt des Gefahrübergangs bei der Bestimmung des Berechnungszeitpunkts für die Minderung des Kaufpreises immer eine entscheidende Rolle.

[1422] Vgl. *Schlechtriem/Schwenzer/Müller-Chen,*, Art. 50, Rn. 10.

[1423] Vgl. *v. Caemmerer/Schlechtriem/Huber,* Art. 50, Rn. 13; *Ziegler,* S. 255; *Karollus,* UN-Kaufrecht, S. 157; *Piltz,* Internationales Kaufrecht, § 5, Rn. 309; *HonsellSchnyder/Straub,* Art. 50, Rn. 39; *Staudinger/Magnus,* Art. 50, Rn. 22.

[1424] Vgl. *Schlechtriem/Schwenzer/Müller-Chen,*, a. a. O.

Das gleiche gilt auch für den Kauf reisender Waren, wo die Lieferung durch die Übergabe der Legitimationspapiere an den Käufer oder durch die Anweisung des Verkäufers an den Beförderer, die Ware an den Käufer auszuliefern, erfolgt[1425], während die Gefahr gem. Art. 68 S. 1 CISG grundsätzlich im Zeitpunkt des Vertragsabschlusses oder gem. Art. 68 S. 2 CISG im Zeitpunkt der früheren Aushändigung der Ware durch den Verkäufer an den Beförderer übergeht[1426], falls Umstände den Schluss nahelegen, dass der Käufer die Gefahr bereits zu diesem Zeitpunkt übernehmen wollte[1427]. Hier ist ebenfalls zum Vermeiden einer retrospektiven Wertfeststellung erforderlich, nach der h. M. ausnahmsweise den Zeitpunkt des Eintreffens der Ware am Bestimmungsort als maßgeblichen Zeitpunkt für die Wertberechnung anzunehmen. In einem solchen Fall dürfen aber Verschlechterungen der Ware, die zwischen Gefahrübergang und Eintreffen der Ware am Bestimmungsort eintreten, für den in die Berechnung der Minderung einzustellenden Warenwert nicht berücksichtigt werden, weil der Verkäufer für diese nicht einzustehen hat.

Außer in den Fällen des Versendungskaufs und des Kaufs reisender Waren ist die Bestimmung des Lieferzeitpunkts i. S. d. Art. 31 CISG als maßgeblicher Zeitpunkt für die Wertbewertung auch problematisch, wenn es sich um Fälle des sog. Platzkaufs handelt, in denen die Lieferung bereits vor dem Gefahrübergang erfolgt[1428]. Dies ist beispielsweise der Fall, wonach der Gefahrübergang und folglich das Einstehenmüssen des Verkäufers für die Vertragswidrigkeit der Ware nach Art. 69 Abs. 1 CISG erst dann eintritt, wenn der Käufer die Ware übernimmt oder er durch die Nichtübernahme der bereitgestellten Ware eine Vertragsverletzung begeht[1429], während die Lieferung durch die Zurverfügungstellung der Ware gem. Art. 31 lit. c CISG schon vollzogen worden ist. Dabei ist es entgegen der Regelung des Art. 50 CISG nicht zu vermeiden, den Wert der Ware zu einem früheren Zeitpunkt zu schätzen, wenn die Sache sich nun nach Bereitstellung durch den Verkäufer, nämlich nach der Lieferung, aber vor fristgemäßer Abholung durch den Käufer, mit der die Gefahr übergeht, verschlechtert.

Diese Problematik des Berechnungszeitpunkts, die man bei den verschiedenen Verkaufsarten zu bewältigen hat, zeigt sich, dass der Zeitpunkt der Lieferung i. S. d. Art. 31 CISG als maßgeblicher Zeitpunkt im Rahmen des

---

1425 Vgl. *Staudinger/Magnus*, Art. 31, Rn. 28; *Herber/Czerwenka,* Art. 31, Rn. 7.

1426 Vgl. *v. Caemmerer/Schlechtriem/Huber*, Art. 31, Rn. 83.

1427 Ein solcher Umstand ist das Bestehen einer Transportversicherung, wobei der Gefahrübergang bereits mit Übergabe der Ware an den Beförderer und damit vor der Lieferung stattfinden wird, vgl. dazu *Schlechtriem,* Internationales UN-Kaufrecht, (2003), Rn. 230.

1428 Vgl. *Schlechtriem/Schwenzer/Müller-Chen,*, a. a. O.

1429 Vgl. oben, § 3.I.4.a.

Art. 50 CISG nicht geeignet ist. Die Ursache aller Schwierigkeiten dabei ist, dass die drei für die Minderung relevanten Zeitpunkte, der der Lieferung, der des Gefahrübergangs und schließlich der Zeitpunkt, in dem die Ware dem Käufer zur Verfügung steht bzw. von ihm übernommen wird, auseinanderfallen. Das geschieht, weil der Begriff der Lieferung in Art. 50 CISG in einem engen Sinn verstanden wird. Unter „Lieferung" werden demnach nur diejenigen Maßnahmen verstanden, die der Verkäufer treffen muss und kann, um dem Käufer den Besitz an der Ware zu verschaffen. Die Lieferpflicht ist damit vom Verkäufer einseitig, d. h. ohne Mitwirkung des Käufers, erfüllbar[1430]. Dann ist aber fraglich, wieso die Minderung berechnet werden bzw. der ursprünglich vereinbarte Kaufpreis entsprechend dem Minderwert der gelieferten Ware herabgesetzt werden kann, wenn die Lieferpflicht des Verkäufers ohne die Übergabe dieser Ware an den Käufer als erfüllbar angesehen wird.
Sachgerechter erscheint daher eine Auslegung des Lieferbegriffs, mit der diese verschiedenen Liefermodalitäten nach einem einheitlichen Maßstab gelöst werden können, so dass die drei o. g. Zeitpunkte nicht mehr auseinanderfallen bzw. der für die Herabsetzung und Bezahlung des Kaufpreises entscheidende Zeitpunkt der Übergabe der Ware an den Käufer mit dem Zeitpunkt der Lieferung zusammenfällt. Eine Korrektur der von der Mehrheit der Literatur vertretenen Ansicht bezüglich der Maßgeblichkeit des Lieferzeitpunkts für die Berechnung der Minderung ist folglich erforderlich.

(2) Einheitliche Lösung: Der Zeitpunkt der Übergabe bzw. Übernahme der Ware durch den Käufer als Berechnungszeitpunkt für die Minderung des Kaufpreises

Wie bereits gezeigt wurde, ergeben sich Probleme bei der Berechnung der Minderung zum einen aus dem möglichen Auseinanderfallen von Lieferung, Gefahrübergang und Übergabe der Ware an den Käufer, zum anderen und vor allem daraus, dass der Begriff der Lieferung im Rahmen des Art. 50 CISG im Grundsatz praktisch nicht als zweiseitiger, die Mitwirkung des Käufers umfassender Akt (Übergabe bzw. Übernahme der Ware) verstanden wird, sondern als vom Verkäufer einseitig vollziehbare Erfüllung seiner Lieferungspflicht i. S. d. Art. 31 CISG.

[1430] Vgl. *v. Caemmerer/Schlechtriem/Huber*, Art. 31, Rn. 1, 5 f.

Daraus ergibt sich also die Notwendigkeit, für die Berechnung der Minderung nicht auf den Zeitpunkt der Lieferung i. e. S. abzustellen, sondern auf den Zeitpunkt der Übergabe der Ware an den Käufer, zu dem die Lieferung als ein zweiseitiger Akt zu verstehen ist, der die Mitwirkung des Käufers durch die Übernahme der Kaufsache umfasst[1431]; damit fällt auch grundsätzlich der Zeitpunkt des Gefahrübergangs mit dem der Lieferung zusammen. Dann kann der Käufer beim Verlangen der Minderung des Kaufpreises eine retrospektive Wertfeststellung, die nach der h. M. in vielen Fällen als unvermeidlich erscheint, umgehen.

Diese Lösung ist nicht nur beim Versendungskauf und beim Kauf von reisenden Waren, sondern auch beim Platzkauf für die Berechnung der Minderung gem. Art. 50 CISG geeignet, da das Problem, dass der Berechnungszeitpunkt vor dem Gefahrübergang liegt, nur mit dem Zusammenfallen von Lieferung und Übernahme der Ware durch den Käufer ausgeschlossen ist[1432].

Besonders beim Versendungskauf und beim Kauf von reisenden Waren, wo nach der h. M. der Zeitpunkt des Eintreffens der Ware am Bestimmungsort ausnahmsweise maßgeblich ist, ist der Zeitpunkt der Übergabe der Ware an den Käufer als der Zeitpunkt zu verstehen, zu dem die Ware nach ihrem Eintreffen am Bestimmungsort zur Verfügung des Käufers steht[1433]; beide Zeitpunkte, den der Übergabe der Ware an den Käufer und den ihres Eintreffens am Bestimmungsort, sind also grundsätzlich als identisch anzusehen. Die Ausnahme zu der Regelung der Maßgeblichkeit der Lieferung als Bewertungszeitpunkt, die von der Mehrheit der Autoren vertreten worden ist, wird folglich mit der hier vorgeschlagenen Auslegung der Lieferung überflüssig.

Das Verständnis des Begriffs der Lieferung im Rahmen des Art. 50 CISG als zweiseitiger, die Übergabe der Ware an den Käufer umfassender Akt entspricht auch der Systematik des UN-Kaufrechts:

Die Lieferung für die Vorschrift des Art. 52 Abs. 2 CISG, wonach der Käufer berechtigt ist, die vorzeitig oder die zuviel gelieferte Ware entweder abzunehmen oder die Abnahme zu verweigern, bekommt Sinn nur erst dann, wenn die Ware dem Käufer mindestens durch Anbieten am Bestimmungsort zur Verfügung gestellt wird[1434]. Der Zeitpunkt, zu dem der Verkäufer

---

[1431] Vgl. *Schlechtriem/Schwenzer/Müller-Chen,*, Art. 50, Rn. 11; *Hirner,* Der Rechtsbehelf der Minderung, S. 386.

[1432] Vgl. *Schlechtriem/Schwenzer/Müller-Chen,*, Art. 50, Rn. 11; *Hirner,* Der Rechtsbehelf der Minderung, S. 386.

[1433] Vgl. *Schlechtriem/Schwenzer/Müller-Chen,*, Art. 50, Rn. 11; *Hirner,* Der Rechtsbehelf der Minderung, S. 386.

[1434] Vgl. *v. Caemmerer/Schlechtriem/Huber*, Art. 52, Rn. 1-2 und 4 f.

nach Art. 31 CISG liefert, kann dagegen für diese Regel nicht relevant sein. Nur dann, wenn der Käufer die vorzeitig oder die zuviel gelieferte Ware erhält, kann er über die Abnahme der Ware entscheiden, so dass er durch die Wertbemessung zum Zeitpunkt der Übergabe der Ware an den Käufer den ursprünglich vereinbarten Kaufpreis entsprechend herabsetzen kann[1435]. Die Vorschrift des Art. 37 CISG, die im Vorrang gegenüber dem Rechtsbehelf der Minderung gem. Art. 50 S. 2 CISG steht, kann nur dann relevant sein, wenn der Käufer die Ware bereits abgenommen hat[1436]. Denn zu diesem Zeitpunkt kann der Käufer durch eine Wertbemessung feststellen, ob er einen Erfüllungsversuch durch den Verkäufer dulden kann. Andernfalls ist die Entscheidung des Käufers i. S. d. Art. 37 S. 1 Hs. 2 CISG über die Unzumutbarkeit der vorzeitigen Nacherfüllung nicht vorstellbar[1437]. Deshalb muss für die Bemessung des Werts der mangelhaften Ware nur der Zeitpunkt ihrer Übergabe an den Käufer maßgeblich sein.

Das gleiche gilt auch bei Art. 48 CISG i. V. m. Art. 50 S. 2 CISG, wonach der Käufer den Rechtsbehelf der Minderung nur nach einem fehlgeschlagenen Nacherfüllungsversuch des Verkäufers oder nach der zulässigen Ablehnung der Nacherfüllung ausüben kann[1438]. Für die Feststellung einer evtl. Interessenbeeinträchtigung, so dass der Käufer zulässig die Nacherfüllung durch den Verkäufer ablehnen kann, muss er aber die Werte der vertragswidrigen und vertragsgemäßen Ware nur zum Zeitpunkt der Übergabe bzw. Übernahme dieser Ware bemessen[1439]. Sonst wird eine Wertschätzung in die Vergangenheit nicht vermieden.

Im Übrigen entspricht die Korrektur des Lieferbegriffs des Art. 31 CISG auch den Vorschriften der Art. 38, 39 CISG über die Untersuchungspflicht des Käufers. Weil die Feststellung der Vertragswidrigkeit der Kaufsache und die Mängelanzeige nach diesen Regeln als die notwendige Voraussetzung zur Ausübung des Rechtsbehelfs der Minderung erst dann vorstellbar ist, wenn der Käufer die Ware in seinen Händen hat (vgl. dazu Art. 38 Abs. 3 CISG hinsichtlich des Versendungskaufs oder des Kaufs von reisenden Waren), ist es offensichtlich, dass sich eine gerechte Schätzung des Warenwerts zur Berechnung der Minderung nur im Zeitpunkt der Übergabe dieser Ware an den Käufer verwirklichen lässt[1440].

[1435] Vgl. *Hirner,* Der Rechtsbehelf der Minderung, S. 388.
[1436] Vgl. *v. Caemmerer/Schlechtriem/Stumpf*, Art. 37, Rn. 5.
[1437] Vgl. *v. Caemmerer/Schlechtriem/Stumpf*, a. a. O.
[1438] Vgl. *v. Caemmerer/Schlechtriem/Huber*, Art. 50, Rn. 18.
[1439] Vgl. *Schlechtriem/Schwenzer/Müller-Chen,*, Art. 48, Rn. 9; *Bianca/Bonell/Will*, Art. 48, Anm. 2.1.1.1.2. nach denen für die Entscheidung über die Zumutbarkeit der Nacherfüllung die Umstände des Einzelfalls maßgeblich sind.
[1440] Vgl. *Schlechtriem/Schwenzer/Müller-Chen,*, Art. 50, Rn. 11, Fn. 39.

Wenn man also für die Berechnung des Werts der Ware den Zeitpunkt der Lieferung, zu dem der Käufer die Vertragswidrigkeit entdecken kann[1441], als maßgeblich ansieht, so kann man damit nichts Anderes als den Zeitpunkt der Übergabe der Ware an den Käufer meinen; bei Übergabe der Ware durch den Verkäufer an den Beförderer findet nur selten eine Untersuchung durch den Käufer statt[1442].

Die hier befürwortete Maßgeblichkeit des Zeitpunkts der Übergabe der Ware entspricht auch der Regelung hinsichtlich des Schadensersatzanspruches, dass dieser grundsätzlich konkret entsprechend den gegenwärtig bestehenden Nachteilen berechnet werden muss[1443]. Für den Schadensersatz ist also nicht der Zeitpunkt der Lieferung nach Art. 31 CISG, weder der Moment des Eintreffens der Ware am Bestimmungsort i. e. S. noch der Zeitpunkt ihrer Zurverfügungstellung maßgeblich, sondern der Zeitpunkt der Übergabe der Ware, zu dem der Käufer Ersatz für die aktuellen Schäden verlangen kann. Nur dann kann er die Mängel feststellen und einfach prüfen, ob der Rechtsbehelf des Schadensersatzes für ihn günstiger als der der Minderung ist[1444].

c. Die Geltendmachung des Minderwerts der Kaufsache im Wege des Schadensersatzes nach Art. 45 Abs. 1 lit. b, 74 CISG

Die Voraussetzungen für Minderung und Schadensersatz bei der Lieferung einer vertragswidrigen Ware unterscheiden sich kaum; sowohl das Minderungsverlangen als auch die Geltendmachung des Schadensersatzes erfordern die Rüge und die genaue Bezeichnung der Vertragswidrigkeit der Ware innerhalb einer angemessenen Frist nach Art. 39 CISG, und beide Rechtsbehelfe stehen unter dem Vorbehalt einer zulässigen und erfolgreichen Nacherfüllung durch den Verkäufer[1445]. Der Verkäufer kann sich auch nicht nach Art. 79 CISG von der Haftung für die Vertragswidrigkeit ent-

[1441] So *Bianca/Bonell/Will*, Art. 50, Anm. 2.1.1.

[1442] Vgl. OLG Düsseldorf, RIW 1993, S. 325 = IPRax 1993, S. 412 m. Bespr. *Magnus,* IPRax 1993, S. 390.

[1443] Vgl. auch *Schlechtriem/Schwenzer/Müller-Chen,*, Art. 50, Rn. 11; *Hirner,* Der Rechtsbehelf der Minderung, S. 387.

[1444] Vgl. dazu unten, § 10.I.2.c.

[1445] Vgl. dazu unten, § 10.I.3.a.

lasten[1446], und der mangelbedingte Minderwert der Kaufsache ist praktisch immer in voller Höhe i. S. d. Art. 74 S. 2 CISG voraussehbar[1447].
Daher kann der Käufer, der die mangelhafte Sache behalten und den entsprechenden Teil vom Kaufpreis aufgrund der Vertragswidrigkeit der Kaufsache zurückfordern will, dies entweder durch den Minderungs- oder durch den Schadensersatzrechtsbehelf erreichen.
Der relevante Unterschied hinsichtlich des Minderwerts der Kaufsache zwischen diesen Rechtsbehelfen besteht also in den unterschiedlichen Berechnungmethoden von Minderung und Schadensersatz[1448].
Aus der Vorschrift des Art. 74 S. 1 CISG ergibt sich das Prinzip des vollen Schadensausgleiches (Grundsatz der Totalreparation)[1449]. Der Gläubiger hat Anspruch auf den vollen Ausgleich aller voraussehbaren Nachteile, die ihm durch die Vertragsverletzung des Schuldners entstanden sind. Er soll so gestellt werden, wie er bei der ordnungsgemäßen Erfüllung des Vertrags bzw. bei der Lieferung einer vertragsgemäßen Ware stehen würde (ohne Schäden und mit dem Gewinn, den die ordnungsgemäße Erfüllung des Vertrags ihm gebracht hätte)[1450]. Dementsprechend wird das Äquivalenzverhältnis zwischen Leistung und Gegenleistung verändert.
Daher soll bei der Schadensberechnung hinsichtlich des Minderwerts der Kaufsache der vereinbarte Kaufpreis nicht berücksichtigt werden. Der Minderwert soll nicht – wie im Wege des Minderungsrechtsbehelfs, durch den das vertragliche Äquivalenzverhältnis nach der ursprünglichen Vereinbarung erhalten wird – in dem Verhältnis des Werts der gelieferten, mangelhaften Ware zu dem der vertragsgemäßen Ware bestehen, sondern in der

---

[1446] In den Fällen der Lieferung einer vertragswidrigen Ware ist grundsätzlich die Entlastung des Verkäufers hinsichtlich des Schadensersatzanspruches ausgeschlossen. Der Verkäufer hat Sachmängel nur dann zu vertreten, wenn er die Ware selbst hergestellt hat, und normalerweise auch dann, wenn er die mangelhafte Ware oder mangelhafte Vor- oder Teilprodukte von Dritten bezogen hat. Die Entlastungsmöglichkeit des Verkäufers im Fall der Lieferung einer mangelhaften Ware hat sowohl beim Schadensersatzanspruch als auch beim Minderungsrecht wenig praktische Bedeutung. Vgl. dazu *v. Caemmerer/Schlechtriem/Stoll,* Art. 79, Rn. 46; *Ryffel,* Schadenersatzhaftung des Verkäufers, S. 106.

[1447] Nur in den Fällen einer ganz außergewöhnlichen Erhöhung der Preise sind die Ergebnisse von Minderung und Schadensersatz aufgrund der außergewöhnlich starken Werterhöhung nicht vergleichbar, denn diese Schäden können nicht vorhersehbar und folglich i. S. d. Art. 74 S. 2 CISG nicht ersatzfähig sein; in solchen Fällen ist die Geltendmachung des Minderwerts der Kaufsache im Wege des Schadensersatzes nach Art. 45 Abs. 1 lit. b, 74 CISG nicht möglich und daher kann der Käufer den Kaufpreis nur im Wege des Minderungsrechtsbehelfs mindern; vgl. dazu *Hirner,* Der Rechtsbehelf der Minderung, S. 330 f.

[1448] Vgl. *MünchKomm/Huber*, Art. 50, Rn. 31; *Hirner,* Der Rechtsbehelf der Minderung, S. 309 f.

[1449] Vgl. unten, § 11.I.2.a.

[1450] Vgl. *Staudinger/Magnus,* Art. 74, Rn. 16, 19; *v. Caemmerer/Schlechtriem/Stoll*, Art. 74, Rn. 2; *Bianca/Bonell/Knapp*, Art. 74, Anm. 3.1, 3.2; *Karollus,* UN-Kaufrecht, S. 213 ff.; Sekretariatskommentar, Art. 70, Anm. 3, Off. Rec. S. 59.

absoluten Differenz zwischen dem objektiven Wert der mangelhaften[1451] und dem der mangelfreien[1452] Ware.

Deshalb wird der ersatzfähige Minderwert der mangelhaften Sache nach der Differenzmethode berechnet[1453]. Demgemäß kann der Käufer Ersatz für den Minderwert der Sache in Höhe der Differenz zwischen dem Wert, den die Ware in vertragsgemäßem Zustand im Zeitpunkt der Schadensberechnung aufgewiesen hätte, und dem Wert der tatsächlich gelieferten, mangelhaften Ware verlangen.

Der herabgesetzte Kaufpreis soll weiter berechnet werden, indem dieser Differenzbetrag vom vereinbarten Kaufpreis abgezogen wird[1454].

In dieser Weise erlangt der Käufer für die Vertragswidrigkeit der Kaufsache über Minderung und Schadensersatz denselben Ersatzbetrag, wenn der ursprünglich vereinbarte Kaufpreis dem Wert der vertragsgemäßen Ware entspricht[1455]. Weil in solchen Fällen der Minderungsbetrag nach der relativen Berechnungsmethode bzw. der Differenzbetrag zwischen dem vereinbarten und dem herabgesetzten Kaufpreis dem Ersatzbetrag nach der absoluten Berechnungsmethode bzw. dem Differenzbetrag zwischen dem Wert der vertragsgemäßen Ware und dem der vertragswidrigen Ware entspricht, hat der Käufer kein besonderes Interesse daran, den Schadensersatz statt der Minderung auszuüben; beide Rechtsbehelfe des Käufers führen hier zu demselben wirtschaftlichen Ergebnis[1456].

Dagegen ist es für den Käufer im allgemeinen günstiger, Schadensersatz zu verlangen, anstatt den Rechtsbehelf der Minderung auszuüben, wenn der Wert der vertragsgemäßen Ware über dem Kaufpreis liegt, der Käufer hat nämlich – sei es von Anfang an oder infolge von späteren Wertsteigerungen – ein gutes Geschäft gemacht[1457]. In solchen Fällen ist der Ersatzbetrag

---

[1451] Bei der Schadensberechnung hinsichtlich des Minderwerts der Ware können, statt des Werts der mangelhaften Ware, die Reparaturkosten – auch ohne tatsächliche Vornahme einer Reparatur – berücksichtigt werden, vgl. dazu *Karollus,* UN-Kaufrecht, S. 223; *Bianca/Bonell/Knapp*, Art. 74, Anm. 3.14; *v. Caemmerer/Schlechtriem/Stoll*, Art. 74, Rn. 15; *Herber/Czerwenka,* Art. 74, Rn. 12.

[1452] Zur Ermittlung des Werts der mangelfreien Ware wird nach einem Teil der Literatur auf den Verkaufswert der Ware (vgl. *v. Caemmerer/Schlechtriem/Stoll*, Art. 74, Rn.15), nach einem anderen Teil der Literatur auf ihren Marktpreis (vgl. *Bianca/Bonell/Knapp*, Art. 74, Anm. 3.14; Sekretariatskommentar, Art. 70, Anm. 7, Off. Rec., S. 59), oder auf ihren Einkaufswert (vgl. *Karollus,* UN-Kaufrecht, S. 223.) abgestellt.

[1453] Vgl. *v. Caemmerer/Schlechtriem/Stoll*, Art. 74, Rn. 11; dazu auch unten, § 11.I.2.a.

[1454] Vgl. *MünchKomm/Huber,* Art. 50, Rn. 31; *Hirner,* Der Rechtsbehelf der Minderung, S. 313.

[1455] Vgl. *v. Caemmerer/Schlechtriem/Huber*, Art. 50, Rn. 3; auch dazu oben, § 10.I.2.b.i.(1). und (2).

[1456] Vgl. *Hirner,* Der Rechtsbehelf der Minderung, S. 330-331

[1457] Vgl. *Hirner,* Der Rechtsbehelf der Minderung, S. 331; *MünchKomm/Huber*, Art. 50, Rn. 31; *Schlechtriem/Huber,* Art. 50, Rn. 3 mit Berechnungsbeispiel in Fn. 11; *Schlechtriem,* Internationales UN-Kaufrecht, (2003), Rn. 203; *Staudinger/Magnus,* Art. 50, Rn. 30.

mehr als der Minderungsbetrag. Ist hingegen der Wert der vertragsgemäßen Ware niedriger als der vereinbarte Kaufpreis, hat der Käufer also ein schlechtes Geschäft gemacht, ist es für ihn generell vorteilhafter, dieses ursprüngliche Geschäft durch die Herabsetzung des Kaufpreises nach Art. 50 CISG wiederherzustellen bzw. in derselben Form aufrechtzuerhalten, als einfach Schadensersatz für den Minderwert der Ware zu verlangen[1458]. Fraglich ist nur, in welchem Zeitpunkt der Käufer seinen Schaden infolge des Minderwerts der mangelhaften Sache berechnen soll, so dass er dabei durch den Schadensersatzrechtsbehelf i. S. d. Art. 45 Abs. 1 lit. b, 74 CISG ökonomisch das günstigere Ergebnis im Vergleich mit dem Rechtsbehelf der Minderung erreichen kann.

In Art. 74 CISG wird kein bestimmter Zeitpunkt für die Berechnung des Schadensersatzes hinsichtlich des Minderwerts der Ware festgelegt. Es kommt in Betracht entweder das Entdecken des Mangels bzw. der Zeitpunkt der Übergabe der Sache an den Käufer oder der Zeitpunkt, zu dem sich herausstellt, dass der Verkäufer zur Behebung des Mangels nicht bereit oder in der Lage ist[1459].

Weil der Rechtsbehelf des Schadensersatzanspruches nach dem Grundsatz der Totalreparation den Ausgleich aller Nachteile wegen der Vertragswidrigkeit der Ware erfasst, sind zu diesen Zeitpunkten eintretende Nachteile des Käufers zu berücksichtigen. Dann könnte der Käufer aber die wirtschaftlichen Ergebnisse der Rechtsbehelfe der Minderung und des Schadensersatzes nicht vergleichen, besonders weil der maßgebliche Zeitpunkt für die Berechnung der Minderung des Kaufpreises nach dem Wortlaut des Art. 50 S. 1 CISG die Lieferung der mangelhaften Kaufsache ist.

Deshalb ist der Meinung[1460] zuzustimmen, dass der Ersatz des im Minderwert der gelieferten Ware bestehenden Schadens grundsätzlich im Zeitpunkt der Lieferung der mangelhaften Ware zu berechnen ist. Nur durch das Abstellen auf den Zeitpunkt der Lieferung[1461] der vertragswidrigen Ware ist der Vergleich beider Rechtsbehelfe hinsichtlich der Berechnung der Minderung des Kaufpreises möglich.

[1458] Vgl. *Hirner,* Der Rechtsbehelf der Minderung, S. 332.

[1459] Vgl. *Bianca/Bonell/Knapp*, Art. 74, Anm. 3.16; Sekretariatskommentar, Art. 70, Anm. 7, Off. Rec. 59, Fn. 2; *Hutter*, S. 179.

[1460] Vgl. *Honnlod,* Documentary History, S. 533.

[1461] Nach der hier vertretenen Meinung [vgl. darüber oben, § 10.I.2.b.iii.(2)] ist aber die Lieferung als ein zweiseitiger Akt zu verstehen, die nicht nur die Verschaffung des Besitzes der Ware dem Käufer durch den Verkäufer umfasst, sondern auch die Übergabe bzw. Übernahme dieser Ware durch den Käufer.

d. Kombination von Minderung und Schadensersatz

Im Fall der Lieferung einer vertragswidrigen Ware stehen dem Käufer, der die Ware gegen entsprechenden Ausgleich in Geld behalten will, außer dem Rechtsbehelf der Minderung nach Art. 50 CISG auch der Rechtsbehelf des Schadensersatzes nach Art. 45 Abs. 1 lit. b, 74 CISG grundsätzlich zur Verfügung. Wie oben gezeigt kann er dann frei wählen, ob er wegen der Vertragswidrigkeit der Kaufsache den Rechtsbehelf der Minderung oder den des Schadensersatzes ausüben will.

Wie in Art. 45 Abs. 2 CISG ausdrücklich geregelt ist, kann der Käufer die Minderung des Kaufpreises und den Schadensersatz auch in Fällen kombinieren, in denen es sich nicht nur um den mangelbedingten Minderwert der Ware handelt, sondern auch um begleitende Schäden, die aber nicht bereits durch die Minderung ausgeglichen sind. Der sich nach Art. 50 CISG errechnende Minderungsbetrag erfasst nur die Wertminderung der Kaufsache selbst und nicht die Verzögerungs-, Folge- oder andere Begleitschäden. Eine Kombination der beiden Rechtsbehelfe ist daher grundsätzlich nur zum Ausgleich der Wertminderung der Ware und solcher verbleibenden Nachteile möglich.

Zweifelhaft ist allerdings, ob der Käufer die Minderung und den Schadensersatz auch hinsichtlich des reinen Minderwerts der Kaufsache miteinander kombinieren kann, wenn der nach Art. 50 CISG zu errechnende Minderungsbetrag hinter dem objektiven Minderwert der gelieferten Ware zurückbleibt.

Es stellt sich nämlich die Frage, ob dabei der den Minderungsbetrag übersteigende und daher durch diesen nicht abgedeckte Minderwert der Ware als Schaden nach Art. 45 Abs. 1 lit. b und 74 CISG geltend gemacht werden kann.

Diese Frage wird von der Mehrheit der Autoren mehr oder weniger eindeutig bejaht[1462]; der Käufer könne zum vollständigen Ausgleich des Minderwerts der Kaufsache neben der Minderung zusätzlich Schadensersatz verlangen, falls durch diese der gesamte tatsächliche Minderwert der vertragswidrigen Ware nicht abgedeckt wird.

[1462] Vgl. *Ziegler*, S. 254; *Staudinger/Magnus,* Art. 50, Rn. 30 und Art. 45 Rn. 23; *Piltz,* Internationales Kaufrecht, § 5, Rn. 320; *Loewe,* Internationales Kaufrecht, S. 73; *v. Caemmerer/Schlechtriem/Huber*, Art. 50, Rn. 19; *Audit,* La vente internationale de marchandises, Anm. 140, Fn. 1 zum Beispielsfall in Anm. 139.

Nach der Gegenansicht kann der Käufer hingegen nicht zusätzlich zum Ausgleich des durch die Minderung nicht abgedeckten Minderwerts Schadensersatz verlangen, denn die Ansprüche auf Minderung und Schadensersatz, soweit der letzte auf die Befriedigung des unmittelbaren Erfüllungsinteresses gerichtet ist, schlössen einander aus[1463]. Das Erfüllungsinteresse würde hier gerade durch den Minderungsbetrag abschließend und pauschal ausgeglichen, ohne dass es zugleich möglich wäre, Schadensersatz zu verlangen. Ein solcher Anspruch ist nur für die außerhalb des Minderwerts der Ware liegenden Schäden zu erheben.

Für diese Gegenansicht lässt sich zwar anführen, dass die Minderung ihrem Grundgedanken nach als Instrument der Vertragsanpassung und nicht des Schadensersatzes konzipiert ist, so dass der Käufer, der die Minderung erklärt hat, diesen Rechtsbehelf als für die Befriedigung seines Erfüllungsinteresses ausreichend ansehen darf. Sie ist aber schließlich abzulehnen, denn die durch die Minderung bewirkte Umgestaltung des Vertrags hindert den Käufer nicht, sich so zu stellen, wie er bei ordnungsgemäßer Erfüllung des jetzigen umgestalteten Vertrags stehen würde.

Mit dem Grundsatz der Totalreparation bei der Geltendmachung des Schadensersatzes, nach dem der Käufer Anspruch auf vollen Ausgleich aller durch die Vertragsverletzung ihm entstandenen Nachteile hat, darf nicht unterstellt werden, dass das Erfüllungsinteresse auch bereits durch den Minderungsbetrag ausgeglichen wird. Wenn der Minderungsbetrag hinter dem Minderwert der Kaufsache zurückbleibt, ist daher ein vollständiger Ausgleich nach dem Grundgedanken der Vertragsanpassung und nicht nach dem Grundsatz der Totalreparation zu gewähren.

Außerdem ist ein „Vorrang" der Minderung und des von ihr verfolgten Ansatzes gegenüber dem Schadensersatzanspruch des Käufers dem UN-Kaufrecht nicht zu entnehmen. Der Schadensersatzanspruch steht bei Lieferung einer vertragswidrigen Sache grundsätzlich gleichberechtigt neben dem Recht zur Minderung.

Die Kombinationsmöglichkeit beider Rechtsbehelfe kann man auch vom Verhältnis des Schadensersatzes zum Nachbesserungsrecht gem. Art. 48 Abs. 1 S. 2 CISG ableiten, wonach der Käufer jedenfalls den Schadensersatz mit der Nachbesserung kombinieren kann, um evtl. verbleibende Nachteile auszugleichen, wie beispielsweise einen nach der erfolgreichen Nachbesserung verbleibenden Minderwert der reparierten Ware. Es ist demnach davon auszugehen, um in der Schlussfolgerung anzukommen, dass auch derjenige Teil des mangelbedingten Minderwerts, der nicht be-

[1463] So *Heuzè*, Art. 50, Anm. 445, Fn. 515.

reits durch eine Reparatur und danach durch den sich aus Art. 50 CISG ergebenden Minderungsbetrag abgedeckt wird, gem. Art. 45 Abs. 1 lit. b und 74 CISG geltend gemacht werden kann.
Dementsprechend gilt der Grundsatz des Verbots der Überentschädigung, der generell bei der Kombination verschiedener Rechtsbehelfe anzunehmen ist, im umgekehrten Fall nicht, in welchem der Käufer, dem die Minderung einen höheren Ausgleich für den Minderwert der Ware als der Schadensersatzanspruch gestattet, noch einen weiteren Schadensersatzanspruch hinsichtlich anderer Begleitschäden hat[1464].
Die Minderung als Vertragsanpassung hat die Aufgabe, die durch die Vertragswidrigkeit bedingte Wertminderung der Ware abschließend auszugleichen. Daher kann sie die dem Käufer wegen anderer Schäden aus derselben Vertragsverletzung zustehenden Rechtsbehelfe nicht beeinflussen[1465].
Wenn also der Käufer außer dem eigentlichen Mangelschaden noch zusätzliche Nachteile erlitten hat, die er jedenfalls über den Schadensersatzanspruch geltend machen kann, kann er beide Rechtsbehelfe kombinieren, ohne zu befürchten, dass die Gesamtsumme von dem Ausgleichsbetrag für den mangelbedingten Minderwert der gelieferten Ware durch die Minderung des Kaufpreises und dem Ausgleichsbetrag für seine weiteren Schäden durch den Schadensersatz als unzulässige Überentschädigung verboten ist.
Der Käufer soll zunächst prüfen, welcher der beiden Rechtsbehelfe ihm einen höheren Ausgleich für den Minderwert der Kaufsache selbst ermöglicht. Ist dies die Minderung, so ist deren Kombination mit dem Schadensersatz, wenn er zusätzliche Schäden erlitten hat, zu empfehlen. Denn die wirtschaftlichen Ergebnisse bei der Kombination beider Rechtsbehelfe sind für den Käufer günstiger als bei der alleinigen Geltendmachung des Schadensersatzes[1466].

3. Der Vorrang des Nacherfüllungsrechts des Verkäufers gegenüber dem Minderungsrecht des Käufers

Nach Art. 50 S. 2 CISG kann der Käufer den Kaufpreis nicht herabsetzen, wenn der Verkäufer den Mangel in Erfüllung seiner Pflichten nach den Art.

[1464] Vgl. das Beispiel über ein schlechtes Geschäft für den Käufer in *Hirner,* Der Rechtsbehelf der Minderung, S. 332 sowie S. 338.
[1465] Vgl. *Honsell/Schnyder/Straub*, Art. 50, Rn. 57.
[1466] Vgl. *Schlechtriem/Huber*, Art. 50, Rn. 19.

37[1467] und 48 CISG behebt bzw. wenn der Käufer sich weigert, die nachträgliche Erfüllung nach diesen Regeln durch seinen Vertragspartner anzunehmen.

Voraussetzung für die Ausübung des Minderungsrechts ist also, dass der Käufer das Recht des Verkäufers auf Nacherfüllung gemäß den Vorschriften der Art. 37 und 48 CISG respektiert hat[1468]. Der Käufer kann nur dann mindern, wenn die Nacherfüllung unzulässig ist oder wenn der Verkäufer sie nicht bzw. nicht erfolgreich vorgenommen hat.

Freilich stellt genaugenommen die Unzulässigkeit oder die Nichtvornahme der nachträglichen Erfüllung keine Voraussetzung für die Entstehung der Minderung dar; der Käufer kann die Minderung sofort – z. B. schon in Verbindung mit der Mangelrüge – erklären, obwohl das Nacherfüllungsrecht dem Verkäufer noch zusteht[1469]. Das Minderungsrecht geht nur mit dem Abschluss der endgültigen Nacherfüllung unter. Sonst wäre das falsche Ergebnis anzunehmen, dass der Käufer nach erfolglosem Ablauf des zumutbaren Zeitraumes für die Nacherfüllung nochmals die Minderung des Kaufpreises erklären müsste. Der Minderungsrechtsbehelf entsteht aber wie die anderen Rechtsbehelfe des Käufers nach den Art. 45 ff. CISG spätestens mit der Lieferung einer vertragswidrigen Kaufsache.

In Wirklichkeit stellt das Bestehen des Nacherfüllungsrechts des Verkäufers eine Beschränkung des Minderungsrechts und damit ein – zumindest vorläufiges – Ausübungshindernis dar, weil die erfolgreiche Vornahme der Nacherfüllung der Grund für das Entfallen des Minderungsrechts ist. Das Nacherfüllungsrecht des Verkäufers hat also den Vorrang gegenüber dem Minderungsrecht des Käufers[1470].

[1467] Wenn bei einer bereits vor dem vereinbarten Liefertermin erbrachten Lieferung offensichtlich ist, dass die Nacherfüllung nach Art. 37 CISG unmöglich oder unzumutbar ist, oder wenn die Behebung vom Verkäufer bereits ernsthaft und endgültig verweigert worden ist, so muss der Käufer mindern dürfen. Er kann die Minderung erklären, ohne den Ablauf des Liefertermins abwarten zu müssen und darf aufgrund des ihm zustehenden Zurückbehaltungsrechts nach dem Prinzip der Zug-um-Zug-Leistung einen entsprechenden Teil des Kaufpreises einbehalten. Er braucht nicht den vollen Kaufpreis zu zahlen. Falls er aber den vollen Kaufpreis bezahlt hat, kann er erst mit dem Ablauf des Erfüllungszeitraums den Minderungsbetrag herausverlangen, vgl. dazu *Hirner,* Der Rechtsbehelf der Minderung, S. 258.

[1468] Vgl. UNCITRAL-YB VIII (1977), S. 45, Art. 29; S. 46 f., Art. 31; *Herber/Czerwenka,* Art. 48, Rn. 1; Art. 50, Rn. 1.

[1469] Das Minderungsrecht ist hier durch die Nacherfüllung auflösend bedingt. Vgl. dazu *Honsell/Schnyder/Straub*, Art. 50, Rn. 22; *Schlechtriem/Schwenzer/Müller-Chen,* Art. 50, Rn. 7.

[1470] Das Nacherfüllungsrecht des Verkäufers hat den Vorrang nicht nur vor dem Minderungsrecht des Käufers, sondern auch vor dessen Schadensersatzanspruch, obwohl dies in der Anspruchsgrundlage des Art. 45 Abs. 1 lit. b CISG, anders als in Art. 50 S. 2 CISG, nicht ausdrücklich erwähnt wird. Dieser Vorrang ergibt sich bereits daraus, dass das Nacherfüllungsrecht nach Art. 48 Abs. 1 CISG nur unter dem Vorbehalt der Vertragsaufhebung gem. Art. 49 CISG steht, durch die sonstigen Rechtsbehelfe des Käufers aber nicht eingeschränkt wird. Außerdem ist der Vorrang des

Dies entspricht dem grundlegenden Ziel des UN-Kaufrechts, die Vertragsdurchführung trotz anfänglicher Erfüllungsschwierigkeiten zu gewährleisten und wird aus wirtschaftlicher Sicht begrüßt[1471]. Damit werden die Interessen beider Parteien berücksichtigt; sowohl dasjenige des Verkäufers, eine letzte Chance zu haben, die mit der Minderung des ursprünglich vereinbarten Kaufpreises verbundenen wirtschaftlichen Nachteile abzuwenden, als auch dasjenige des Käufers, eine mangelfreie Sache zu erhalten. Zugleich werden durch die Beschränkung des Minderungsrechts des Käufers durch das Nacherfüllungsrecht des Verkäufers die Interessen des ersteren an einer schnellen und glatten Abwicklung des Kaufvertrags hinreichend geschützt.

a. Das Entfallen des Minderungsrechts des Käufers bei ungerechtfertigter Weigerung der Annahme der Nacherfüllung

Der Wortlaut des Art. 50 S. 2 Hs. 2 CISG lässt nicht erkennen, ob nur eine ungerechtfertigte oder auch eine berechtigte Verweigerung der Annahme der Nacherfüllung des Käufers das Minderungsrecht ausschließt; berechtigt ist die Weigerung, wenn das Nacherfüllungsrecht nicht besteht, da die Behebung der Vertragswidrigkeit nach den Art. 37 und 48 CISG unzulässig, insbesondere dem Käufer unzumutbar ist[1472].

Das Nacherfüllungsrecht des Verkäufers in den Vorschriften der Art. 37 und 48 CISG besteht freilich unabhängig von einer Zustimmung des Käufers[1473]. Es bleibt auch dann bestehen, wenn der Käufer sich weigert, die Nacherfüllung anzunehmen. Der Verkäufer kann daher auch bei erfolgter Weigerung weiterhin versuchen, nachträglich seinen Vertragspflichten zu folgen.

Die nachträgliche Behebung des Mangels wird aber dem Verkäufer gegen den Willen des Käufers und ohne seine Mithilfe in der Regel nicht möglich sein. Der Verkäufer wird dann keinen Nacherfüllungsversuch unternehmen,

---

Nacherfüllungsrechts des Verkäufers vor dem Schadensersatzanspruch des Käufers geboten, da ansonsten im Fall der ungerechtfertigten Verweigerung der Annahme der Nacherfüllung, wie im folgenden gezeigt wird, eine Möglichkeit zur Umgehung des Art. 50 S. 2 Hs. 2 CISG gegeben wäre.

[1471] Vgl. dazu *Hutter*, S. 173 ff.

[1472] Vgl. *Honsell/Schnyder/Straub*, Art. 48, Rn. 56.

[1473] Vgl. *Bianca/Bonell/Bianca*, Art. 48, Anm. 2.1.; *Honsell/Schnyder/Straub*, Art. 48, Rn. 28; *Herber/Czerwenka*, Art. 48, Rn. 3, der eine Mitwirkungspflicht des Käufers für die Durchführung der Nacherfüllung annimmt und diese Pflicht leitet er von der Schadensminderungspflicht gem. Art. 77 CISG ab.

während der Käufer nur mit der Ausübung eines der Rechtsbehelfe der Art. 45 ff. CISG gegen die Vertragswidrigkeit reagieren können wird. Die Nacherfüllung durch den Verkäufer wird also wegen der Weigerung des Käufers unmöglich.

Wenn nun die Nacherfüllung im oben genannten Sinn auch unzulässig bzw. dem Käufer unzumutbar ist, muss dieser kein Interesse an der nachträglichen Erfüllung der vertraglichen Pflichten des Verkäufers mehr haben; er zieht dann vor, die gelieferte Ware trotz ihrer Mangelhaftigkeit gegen einen entsprechend herabgesetzten Kaufpreis zu behalten oder einen der anderen Rechtsbehelfe auszuüben. In einem solchen Fall darf er trotz der Weigerung der Nacherfüllungsannahme nach dem Grundsatz des guten Glaubens das Recht auf Minderung erhalten.

Dementsprechend entfällt das Minderungsrecht gem. Art. 50 S. 2 Hs. 2 CISG bereits dann, wenn der Käufer die ihm angebotene Nacherfüllung ablehnt, die hingegen nach den Art. 37 und 48 CISG zulässig bzw. ihm zumutbar ist. Eine solche Weigerung des Käufers ist unberechtigt und führt zum Untergang des Minderungsrechts.

Der Käufer muss nämlich nicht bei jeder Verweigerung der Nacherfüllung sein Minderungsrecht verlieren, sondern nur in den Fällen, in denen er seinen Vertragspartner ungerechterweise daran hindert, den Vertrag nachträglich selbst zu erfüllen. Nur dann ist er im wörtlichen Sinne für die endgültige Nichterfüllung mitverantwortlich und dafür kann entsprechend Art. 80 CISG daraus keine Rechte mehr herleiten, auch nicht das Minderungsrecht[1474].

Jedenfalls ist das Entfallen des Minderungsrechts des Käufers infolge seiner unberechtigten Ablehnung der Nacherfüllung notwendig, weil dieser sonst die vom Verkäufer gewollte Nacherfüllung willkürlich und sanktionslos verhindern könnte; der Vorrang des Nacherfüllungsrechts vor dem Minderungsrecht würde dann praktisch leerlaufen.

Außerdem will Art. 50 S. 2 Hs. 2 CISG die in den Art. 37 und 48 CISG normierten Voraussetzungen des Nacherfüllungsrechts, insbesondere das Erfordernis der Zumutbarkeit der Nacherfüllung für den Käufer, nicht außer Kraft setzen. Da der Verkäufer einen Erfüllungsmangel nur beheben darf, wenn dies seinem Vertragspartner zumutbar ist[1475], muss dem Käufer umgekehrt das Recht zustehen, die Nacherfüllung abzulehnen, wenn deren Zulässigkeitsvoraussetzungen nicht gegeben sind, ohne befürchten zu müssen,

---

[1474] Vgl. *v. Caemmerer/Schlechtriem/Huber*, Art. 48, Rn. 28, 32; *Schlechtriem/ Schwenzer*, Art. 37, Rn. 17; *Bianca/Bonell/Bianca*, Art. 37, Anm. 3.2..

[1475] Vgl. *Honsell/Schnyder/Straub*, Art. 48, Rn. 19.

sein Minderungsrecht – oder seinen Schadensersatzanspruch[1476] – zu verlieren bzw. schutzlos zu bleiben.

Ebenso kann der Käufer einer Aufforderung nach Art. 48 Abs. 2 CISG, über seine Bereitschaft zur Erfüllungsannahme Auskunft zu erteilen, bzw. einer Anzeige der Erfüllungsbereitschaft des Verkäufers nach Art. 48 Abs. 3 CISG, immer widersprechen, wenn die Nacherfüllung gem. Art. 48 Abs. 1 CISG unzulässig bzw. für ihn unzumutbar ist. Gegen den Willen des Käufers kann der Verkäufer nicht nach den Vorschriften des Art. 48 Abs. 2 und 3 CISG nacherfüllen. Denn diese Vorschriften, obwohl sie dem Verkäufer ein eigenständiges Nacherfüllungsrecht im Vergleich mit diesem des Abs. 1 einräumen, enthalten nur bloße Regelungen für die praktische Durchführung des Rechts auf Nacherfüllung gem. Art. 48 Abs. 1 CISG[1477]. Das Minderungsrecht verliert der Käufer also, wenn seine Ablehnung ungerechtfertigt ist, egal ob dem Verkäufer ein Nacherfüllungsrecht nach Art. 48 Abs. 1 oder nach Abs. 2-4 zusteht.

Demgemäß ist der Ansicht nicht zuzustimmen, nach der die Weigerung des Käufers, die Erfüllung durch den Verkäufer nach Art. 48 Abs. 2 und 3 CISG anzunehmen, das Minderungsrecht nicht ausschließen kann, weil nur das Nacherfüllungsrecht nach Art. 48 Abs. 1 CISG, nicht aber dasjenige nach Art. 48 Abs. 2-4 CISG Vorrang vor der Minderung habe[1478].

Das Nacherfüllungsrecht des Verkäufers, egal ob es mit Art. 48 Abs. 2-4 CISG oder mit Art. 48 Abs. 1 CISG begründet wird, hindert die Ausübung des Minderungsrechts des Käufers. Sein Vorrang gegenüber dem Minderungsrechtsbehelf ist nicht zu bezweifeln. Das wird auch vom Wortlaut des Art. 48 Abs. 2 S. 2 CISG bestätigt, wonach der Käufer bei Aufforderung durch den Verkäufer, ihm seine Bereitschaft zur Erfüllungsannahme mitzuteilen, keinen Rechtsbehelf vor dem Ablauf der vom Verkäufer genannten Nacherfüllungsfrist ausüben kann.

[1476] Ausgehend von der Gleichartigkeit von Schadensersatz und Minderung als Geldersatz für den Minderwert der Ware (vgl. *Hutter,* S. 174, 175; auch dazu oben, § 10.I.2.c.) muss im Fall der ungerechtfertigten Weigerung des Käufers, die Nacherfüllung anzunehmen, neben der Minderung auch der Schadensersatzanspruch des Käufers hinsichtlich des reinen Mangelschadens gem. den Art. 45 Abs. 1 lit. b und 74 CISG entfallen. Sonst hätte das Entfallen des Minderungsrechts wenig Sinn, wenn dem Käufer in diesem Fall der entsprechende Schadensersatzanspruch verbleiben würde, vgl. dazu *Hirner,* der Rechtsbehelf der Minderung, S. 250.

[1477] Vgl. *Bianca/Bonell/Will,* Art. 48, Anm. 2.2; *Enderlein/Maskow/Strohbach,* Internationales Kaufrecht, Art 48, Rn. 10; *v. Caemmerer/Schlechtriem/Huber,* Art. 48, Rn. 30; *Karollus,* UN-Kaufrecht, S. 145; *Piltz*; Internationales Kaufrecht, § 5, Rn. 198; *Sorgel/Lüderitz,* Art. 48, Rn. 1; dazu auch oben, § 7.II.7.a.

[1478] So *Stern,* Art. 48, Rn. 281, nach der im Wortlaut des Art. 50 Abs. 2 Hs. 2 CISG der Ausdruck „nach den genannten Artikeln" nur im Sinne von „nach den Art. 37 oder 48 Abs. 1 CISG" zu verstehen ist.

Daher hat der Umstand, dass die Vorschriften des Art. 48 Abs. 2 und 3 CISG in Art. 50 S. 2 Hs. 2 CISG nicht einbezogen sind, keinen besonderen Sinn. Das Fehlen ihrer ausdrücklichen Erwähnung im Gesetzestext des Art. 50 S. 2 Hs. 2 CISG bedeutet keine besondere Behandlung des Nacherfüllungsrechts des Verkäufers nach Art. 48 Abs. 2-4 CISG im Vergleich mit dem nach Art. 48 Abs. 1 CISG.

Das Nacherfüllungsrecht des Verkäufers hat generell Vorrang vor den Rechtsbehelfen des Käufers. Das Minderungsrecht des Käufers entfällt immer durch die erfolgte Nacherfüllung oder durch seine ungerechtfertigte Weigerung.

b. Das Entfallen des Vorrangs des Nacherfüllungsrechts des Verkäufers gegenüber der Minderung bei wesentlicher Vertragsverletzung

Wie bereits erwähnt wurde[1479], hat das Recht des Käufers auf Vertragsaufhebung beim Vorliegen einer wesentlichen Vertragsaufhebung nach Art. 48 Abs. 1 CISG Vorrang vor dem Nacherfüllungsrecht des Verkäufers. Sein Recht auf Beseitigung des Mangels entfällt aufgrund des bloßen Umstands, dass der Käufer nach Maßgabe des Art. 49 CISG berechtigt ist, den Vertrag aufzuheben.

Hinsichtlich des Vorrangs des Nacherfüllungsrechts des Verkäufers vor dem Minderungsrecht bzw. vor dem Schadensersatzanspruch des Käufers ist nun fraglich, ob dieser Vorrang auch dann besteht, wenn der Käufer trotz des Vorliegens einer wesentlichen Vertragsverletzung nicht den Vertrag aufheben, sondern die Minderung erklären will. Weil der Käufer sich darauf stützen könnte, dass das Nacherfüllungsrecht seines Vertragspartners infolge der Wesentlichkeit der Vertragswidrigkeit angesichts des gegebenen Aufhebungsrechts gem. Art. 48 Abs. 1 CISG nicht bestehe, stellt sich nämlich die Frage, ob er dabei auch sein Minderungsrecht i. S. d. Art. 50 S. 2 CISG nicht verliert.

Nach einer in der Literatur vertretenen Ansicht[1480] widerspricht diese Argumentation dem Sinn des Vorbehalts des Art. 49 CISG in der Vorschrift des Art. 48 Abs. 1 CISG.

Nach dieser Regel entfällt nämlich das Nacherfüllungsrecht des Verkäufers gegenüber dem Aufhebungsrecht des Käufers nicht nur dann, wenn ein

---

[1479] Vgl. oben, § 7.II.3 und 4.ii.

[1480] So *Stern,* Art. 48, Rn. 281.

Festhalten am Vertrag für diesen abstrakt unzumutbar ist, sondern auch wenn er konkret kein Interesse an der Durchführung des Vertrags mehr hat, auch nicht in einer abgeänderten Form, wie sie etwa bei der Herabsetzung des Kaufpreises aufgrund der Gestaltungswirkung der Minderungserklärung vorliegt.

Wenn also der Käufer nicht die Vertragsaufhebung, sondern die Minderung erklärt, zeige er gerade, dass er trotz der Wesentlichkeit der Vertragsverletzung noch Interesse an der Abwicklung des Kaufvertrags und am Behalten der mangelhaften Ware hat. Dann ist aber nicht einzusehen, wieso der Käufer, der aufgrund der Wesentlichkeit der Vertragsverletzung berechtigt ist, am Vertrag nicht mehr festzuhalten, statt des Rechtsbehelfs der Vertragsaufhebung diesen der Minderung ausüben könnte, mit dem er den Vertrag aufrechterhalten kann.

Es wird auch eine zweite Ansicht vertreten[1481], nach der das Nacherfüllungsrecht des Verkäufers immer den Vorrang vor den Rechtsbehelfen des Käufers – abgesehen vom Rechtsbehelf der Vertragsaufhebung – unabhängig davon hat, ob die mangelhafte Lieferung eine wesentliche Vertragsverletzung darstellt oder nicht. Nach dieser Meinung ist die Ablehnung der Nacherfüllung durch den Käufer immer ungerechtfertigt und schließt daher sein Minderungsrecht nach Art. 50 S. 2 Hs. 2 CISG aus. Deshalb hat das Nacherfüllungsrecht des Verkäufers immer den Vorrang gegenüber dem Minderungsrecht des Käufers.

Beide Auffassungen sind grundsätzlich richtig, jedoch sind sie nicht in allen Fällen anzunehmen.

Wie schon oben gesagt steht dem Käufer ein dem Nacherfüllungsrecht des Verkäufers vorrangiges Aufhebungsrecht bei der mangelhaften Lieferung nur zu, wenn die Nacherfüllung von vornherein nicht in einer dem Käufer zumutbaren Weise möglich ist[1482]. Hier hat der Käufer kein Interesse mehr an der Durchführung des Vertrags, auch nicht gegen Zahlung eines geringeren Kaufpreises. Deshalb kann er den Rechtsbehelf der Vertragsaufhebung ausüben, der dabei auch Vorrang gegenüber der Minderung des Kaufpreises haben soll. Das gilt aber nicht immer, wie im Folgenden gezeigt wird.

Der Käufer zeigt zwar mit der Minderungserklärung, dass ihm das Behalten der Ware zumutbar ist; dies bedeutet aber noch nicht, dass ihm auch eine erneute Duldung der Nacherfüllung durch seinen Vertragspartner bzw. ein erneutes Abwarten für die nachträgliche Erfüllung zumutbar wäre. Deshalb ist er nach dem Wortlaut des Art. 50 S. 2 CISG berechtigt, die Minderung

---

[1481] Vgl. *v. Caemmerer/Schlechtriem/Huber*, Art. 50, Rn. 6; *Schlechtriem/Huber*, Art. 50, Rn. 6.

[1482] Vgl. oben, § 7.II.4.ii.

des ursprünglich vereinbarten Kaufpreises nur zu verlangen, wenn kein Recht des Verkäufers auf Nacherfüllung ihn dazu hindert[1483].

Wenn nun der Käufer bei einer wesentlichen Vertragsverletzung statt der Aufhebung die Minderung des Kaufpreises erklärt, muss dies bedeuten, dass, obwohl die Durchführung des Vertrags in einer abgeänderten Form für ihn trotz der Wesentlichkeit der Vertragsverletzung noch zumutbar ist, er den Ablauf einer angemessenen Frist zur Nacherfüllung nicht abwarten kann.

Der Käufer kann dann die vertragswidrige Ware ausnahmsweise gegen einen verminderten Kaufpreis umgehend verbrauchen, verkaufen oder weiterverarbeiten, ohne abwarten zu müssen, – um das Minderungsrecht berechtigterweise auszuüben, – dass der Verkäufer noch einmal versucht, den Mangel zu beseitigen. Denn aufgrund der Unzulässigkeit bzw. Unmöglichkeit der Nacherfüllung von Anfang an besteht kein Vorrang des Nacherfüllungsrechts des Verkäufers vor den Rechtsbehelfen des Käufers[1484]. Folglich kann er die Minderung des Kaufpreises sofort verlangen.

Wenn also der Käufer, dem ein sofortiges Aufhebungsrecht zusteht, da kein Nacherfüllungsrecht mehr besteht, stattdessen den Minderungsrechtsbehelf ausüben will, soll er keine angebotene Nacherfüllung mehr dulden müssen.

Diese Schlussfolgerung, – dass der Käufer im Fall einer wesentlichen Vertragsverletzung vorziehen kann, den Rechtsbehelf der Minderung statt der Vertragsaufhebung auszuüben und am Vertrag festzuhalten, – widerspricht nicht dem Sinn des Vorrangs der Vertragsaufhebung gegenüber der Nacherfüllung. Denn während der Vorrang der Vertragsaufhebung generell gegenüber der Nacherfüllung und dadurch gegenüber der Minderung und dem Schadensersatz besteht, weil der Käufer dabei kein Interesse mehr an der Durchführung des Vertrags hat[1485], wird die Minderung von der Vertragsaufhebung in den Fällen nicht ausgeschlossen, in denen der Käufer die Kaufsache trotzdem umgehend verwenden will[1486]. Dabei ist die Durchführung des Vertrags dem Käufer mindestens in einer abgeänderten Form zugemutet, nicht dagegen ein erneutes Abwarten, dass der Verkäufer noch ein Mal versucht, den Mangel zu beseitigen. Denn dabei ist schon ein Nacherfüllungsversuch infolge des erfolglosen Ablaufs einer angemessenen Nachfrist fehlgeschlagen.

[1483] Vgl. *Gutknecht,* Das Nacherfüllungsrecht des Verkäufers, S. 50, 70 f.; *v. Caemmerer/Schlechtriem/Huber*, Art. 48, Rn. 24; *Staudinger/Magnus,* Art. 48, Rn. 33 und Art. 50, Rn. 27, 29.

[1484] Vgl. *Honsell//Schnyder/Straub,* Art. 48, Rn. 50 f.; Art. 50, Rn. 23; *Karollus,* UN-Kaufrecht, S. 158; *Gutknecht,* Das Nacherfüllungsrecht des Verkäufers, S. 71.

[1485] Vgl. dazu oben § 7.II.4.ii.

[1486] Anders aber *MünchKomm/Huber*, Art. 50, Rn. 34.

II. Der Rechtsbehelf der Minderung im deutschen und griechischen nationalen Recht im Vergleich mit dem UN-Kaufrecht

Der Rechtsbehelf der Minderung des Kaufpreises ist sowohl im deutschen als auch im griechischen nationalen Recht als Gestaltungsrecht konzipiert[1487]. Für seine Ausübung ist also wie im UN-Kaufrecht keine Einverständniserklärung des Verkäufers erforderlich (vgl. § 441 Abs. 1 S. 1 BGB und Art. 540 Abs. 1 Nr. 2 gr. ZGB).

Die Minderung wird durch eine einseitige, empfangsbedürftige, ausdrückliche oder konkludente Willenserklärung des Käufers gegenüber dem Verkäufer herbeigeführt[1488]. Bei dieser Erklärung muss erkennbar sein, dass der Käufer mit der Herabsetzung des Kaufpreises eine Anpassung seiner Vertragspflichten an das durch den Mangel gestörte Äquivalenzverhältnis zwischen ihm und dem Verkäufer anstrebt. Dabei ist nämlich der vom Käufer verlangte Umfang der Kaufpreisherabsetzung anzugeben. Das kann nur durch die Nennung eines bestimmten oder bestimmbaren Betrags geschehen[1489].

Ebenso wie die Rücktrittserklärung ist die Minderungserklärung als Gestaltungsrecht grundsätzlich bedingungsfeindlich, weil ein Schwebezustand bzw. eine Ungewissheit dem Erklärungsempfänger – hier dem Verkäufer – nicht zuzumuten ist. Der Käufer kann jedoch den Rücktritt und die Minderung alternativ erklären und dem Verkäufer somit die Wahl überlassen, sofern der Mangel erheblich ist. Hat dann der Verkäufer den Rücktritt gewählt, ist die Minderung wegen der Gestaltungswirkung der Rücktrittserklärung ausgeschlossen[1490].

Die Minderung lässt das Bestehen des Schuldverhältnisses – abgesehen vom Kaufpreis – unberührt. Tritt daher nach erklärter Minderung wegen eines Mangels ein weiterer Mangel auf, so stehen dem Käufer wegen dieses Mangels erneut die vollen Rechte der §§ 437 ff. BGB und der Art. 540 ff. gr. ZGB zu[1491].

Mit Wirksamwerden der Minderungserklärung wird der Kaufpreis um den Minderungsbetrag herabgesetzt. Wie gesagt, bleibt dann der Kaufvertrag – anders als beim Rücktritt – bestehen; der Kaufpreis wird zum Ausgleich der

[1487] Vgl. *MünchKomm/Westermann*, § 441, Rn. 1.
[1488] Vgl. *MünchKomm/Westermann*, § 441, Rn. 4.
[1489] Vgl. *Palandt/Putzo*, § 441 Rn. 9, 10, S. 268; *MünchKomm/Westermann*, § 441, Rn. 4, 5.
[1490] Vgl. *MünchKomm/Westermann*, § 441, Rn. 4.
[1491] Vgl. *MünchKomm/Westermann*, § 441, Rn. 10; hinsichtlich des griechischen Rechts *Kornilakis*, S. 271.

mangelbedingten Äquivalenzstörung angepasst, so dass man vom Wegfall des Vertrags nur bezüglich des geminderten Teils der Kaufpreisforderung sprechen kann. Dies bedeutet zugleich, dass die zunächst vertragswidrige Leistung nunmehr als vertragsgemäß zu behandeln ist. Der Käufer kann sich nicht mehr auf den Mangel der gelieferten Kaufsache berufen. Er nimmt diese an, als ob sie vom Anfang an vertragsgemäß wäre.

Nach der Ausübung der Minderung entsteht kein Rückgewährschuldverhältnis hinsichtlich der mangelhaften Kaufsache wie nach dem Rücktritt. Die Minderung führt jedoch dazu, dass der Käufer nach § 242 BGB bzw. Art. 288 gr. ZGB zur Rückgabe der Sache verpflichtet ist, wenn deren Wert durch die Herabsetzung des Kaufpreises gänzlich entfällt[1492]. Soweit der Käufer bereits mehr als den geminderten Kaufpreis bezahlt hat, besteht nur ein Rückzahlungsanspruch gem. § 441 Abs. 4 BGB bzw. Art. 288 i. V. m. Art. 389 Abs. 2 gr. ZGB. Dabei haftet der Verkäufer gem. § 441 Abs. 4 S. 2 i. V. m. §§ 346 Abs. 1, 347 Abs. 1 BGB bzw. Art. 288 i. V. m. Art. 389 Abs. 2 gr. ZGB auch für die Nutzungen und die Vorteile, die er aus dem zurückzugewährenden Teil der Kaufpreisforderung gezogen hat.

Anders als die Regelung des Rücktritts ist der Rechtsbehelf der Minderung im Rahmen des deutschen nationalen Rechts nicht in das allgemeine Leistungsstörungsrecht eingegliedert, sondern wird mit § 441 BGB, wie im griechischen Recht, ausschließlich im besonderen Teil des Schuldrechts geregelt. Hintergrund dieser unterschiedlichen Behandlung ist, dass die Minderung anders als der Rücktritt nicht auf alle Vertragstypen bzw. alle Arten von Sachmängeln der Kaufsache Anwendung findet.

Wie die anderen Rechtsbehelfe des Käufers, die im allgemeinen Teil des Schuldrechts geregelt werden, kann der Rechtsbehelf der Minderung im internen deutschen Recht auch erst nach erfolglosem Ablauf einer vom Käufer gesetzten Frist zur Nacherfüllung ausgeübt werden. Die Regelung ist hier eindeutiger als im Rahmen des Art. 50 S. 2 CISG, wonach das Recht des Verkäufers zur Nacherfüllung bzw. zur vorzeitigen Erfüllung im Verhältnis zum Minderungsrecht des Käufers vorrangig ist, ohne dass diesen eine Pflicht zur Nachfristsetzung träfe. Im Rahmen des nationalen deutschen Rechts wird dem Käufer damit die Auswahl unter den Rechtsbehelfen einfacher gemacht als in der Konvention. Mit der nachträglichen Erfüllung innerhalb der gesetzten Frist hat der Verkäufer seinerseits die Gelegenheit alle Rechtsbehelfe des Käufers abzuwenden.

Diese Regelung steht also im Interesse beider Vertragsparteien. Deshalb ist die Minderung ausgeschlossen, wenn der Nacherfüllungsanspruch des Käu-

---

[1492] Vgl. *Staudinger/Honsell*, § 472 a. F., Rn. 8.

fers nach § 438 Abs. 4 S. 1 i. V. m. § 218 BGB verjährt ist oder wenn der Nacherfüllungsversuch des Verkäufers wegen unberechtigter Verweigerung des Käufers erfolglos geblieben ist[1493]. Der Käufer ist aber nach § 438 Abs. 4 S. 2 BGB berechtigt, die Kaufpreiszahlung zu verweigern bzw. von seinem Minderungsrecht auch nach Ablauf der Verjährung noch Gebrauch zu machen, soweit er noch nicht gezahlt hat[1494].

Ohne dass er eine Nachfrist setzen muss, kann der Käufer das Minderungsrecht im griechischen Recht nach der Feststellung des mangelhaften Zustands der Kaufsache sofort durch die Zusendung einer entsprechenden Erklärung ausüben (vgl. Art. 540 Abs. 1 Nr. 2 gr. ZGB). Unter der Berücksichtigung des Vorrangs des Nacherfüllungsrechts des Verkäufers gegenüber den Rechtsbehelfen des Käufers besteht aber im Ergebnis kein Unterschied zwischen beiden nationalen Rechten

Darüber hinaus hat das Gericht nach Art. 542 gr. ZGB die Möglichkeit, entsprechend dem Grundsatz des guten Glaubens (vgl. Art. 288 gr. ZGB) im konkreten Fall für den Rechtsbehelf der Minderung des Kaufpreises an der Stelle des Rücktritts zu entscheiden.

Das deutsche Recht schließt die Minderung – anders als den Rücktritt – bei Unerheblichkeit des Mangels ausdrücklich nicht aus (vgl. § 441 Abs. 1 S. 2 BGB).

Das gilt auch im Rahmen des griechischen nationalen Rechts. Es wird aber in Art. 540 Abs. 1 Nr. 2 gr. ZGB nicht ausdrücklich erwähnt, sondern ergibt sich aus der Regelung über den Rücktritt, für den als einzigen unter den Rechtsbehelfen des Käufers eine Bagatellgrenze vorgeschrieben wird (vgl. Art. 540 Abs. 1 Nr. 3 gr. ZGB).

Bezüglich der Berechnungsmethode des Minderungsbetrags weichen beide nationale Rechte kaum vom UN-Kaufrecht ab: Ebenso wie im Übereinkommen wird im deutschen (vgl. § 441 Abs. 3 S. 1 BGB) und griechischen[1495] internen Recht für die Berechnung des Minderungsumfangs die relative Methode angewendet. Der geminderte Kaufpreis verhält sich zum vereinbarten Preis wie der wirkliche Wert der Sache zu ihrem Soll-Wert[1496]. Lediglich der für die Wertberechnung maßgebliche Zeitpunkt ist unterschiedlich. Während das UN-Kaufrecht gem. Art. 50 S. 1 CISG auf die Lieferung der Sache abstellt, ist in beiden nationalen Rechten der Wert der Kaufsache zum Zeitpunkt des Vertragsabschlusses zu errechnen[1497].

[1493] Vgl. *Palandt/Putzo*, § 441 Rn. 22.
[1494] Vgl. *MünchKomm/Westermann*, § 441, Rn. 17.
[1495] Vgl. *Georgiades/Stathopoulos/ Vogopoulos,* Kommentar zum gr. ZGB, Art. 540 a. F., Rn. 34, 35; *Kornilakis*, S. 269.
[1496] Vgl. *Palandt/Putzo*, § 441 Rn. 12.
[1497] Vgl. *Palandt/Putzo*, § 441 Rn. 14.

Ob aber das Abstellen auf die Wertverhältnisse bei Vertragsabschluss statt bei Lieferung generell zu unterschiedlichen, angemesseneren und realistischeren Ergebnissen führt, lässt sich bezweifeln.

Denn in den Fällen, in denen auf den Zeitpunkt des Vertragsabschlusses abzustellen ist, ist generell die Feststellung der Werte der vertragsgemäßen und vertragswidrigen Ware zum Zeitpunkt der Lieferung meist einfacher als die Ermittlung der hypothetischen Werte zum Zeitpunkt des Vertragsabschlusses. der Zeitpunkt der Lieferung für die Wertberechnung bei der Minderung des Kaufpreises insofern konsequent bzw. sachgerecht, wenn der Zeitpunkt der Lieferung der Kaufsache mit dem Zeitpunkt des Gefahrübergangs bzw. der Übergabe der Ware an den Käufer zusammenfällt; nämlich wenn die Lieferung der Ware als ein zweiseitiger Akt verstanden ist, der die Übergabe bzw. die Übernahme der Kaufsache vom Käufer umfasst.

Ebenso wenig ergeben sich Unterschiede beim Vergleich des UN-Kaufrechts mit dem deutschen und griechischen Recht hinsichtlich der Möglichkeit des Käufers zur Geltendmachung des Minderwerts der Sache im Wege des Schadensersatzes, wenn der Käufer zugleich einen eigenen Schaden und ein „Verschulden“ des Verkäufers nachweisen kann.

Während aber im Rahmen des UN-Kaufrechts, wo der Minderungsbetrag bei Zugrundelegung der Werte zum Zeitpunkt der Lieferung errechnet wird, die Geltendmachung des Rechts auf Schadensersatz zu empfehlen ist, wenn der Wert der vertragsgemäßen Ware zwischen Vertragsabschluss und Lieferung bzw. Übergabe der Ware proportional stärker gestiegen ist, ist der Schadensersatz für den Käufer im Rahmen beider nationalen Rechten günstiger, wo der Minderungsbetrag bei Zugrundelegung der Werte zum Zeitpunkt des Vertragsabschlusses errechnet wird, wenn der Wert der vertragswidrigen Ware im Verhältnis zu dem der vertragsgemäßen Ware stärker gefallen ist.

Schließlich ist wie im UN-Kaufrecht auch hier die Kombination beider Rechtsbehelfe, Minderung und Schadensersatzes, möglich (vgl. die Grundregel des § 325 BGB, der nach überzeugender Ansicht auch für die Minderung analog Anwendung findet[1498]).

[1498] Vgl. *MünchKomm/Westermann*, § 441, Rn. 3; a. A. aber *Palandt/Putzo*, § 441 Rn. 19.

III. Zusammenfassung

Das Minderungsrecht stellt keinen Anspruch des Käufers, sondern ein Gestaltungsrecht dar, das durch eine einseitige Erklärung ausgeübt werden kann.
Die Minderung ist nach Art. 27 CISG zwar nicht zugangsbedürftig, muss aber doch zugangsfähig sein, d. h. sie muss mit den nach den Umständen geeigneten Mitteln erklärt werden, um ihre Wirkungen zu entfalten.
Das Übermittlungsrisiko bei der Minderungserklärung trägt der Empfänger der Erklärung. Das wird damit begründet, dass durch sein Verhalten eine Abweichung vom normalen Verlauf der Vertragsdurchführung verursacht wurde; deswegen soll er gerechterweise das Transportrisiko der Erklärung seines Vertragspartners tragen.
Dagegen muss der Empfänger den Inhalt der Erklärung kennen und sich entsprechend darauf einstellen, damit der Erklärende sich an seine Erklärung bindet. Die Bindungswirkung der Minderungserklärung ist grundsätzlich ab dem Zeitpunkt zu vermuten, in dem diese Erklärung in den Herrschaftsbereich des Empfängers gelangt ist, wo er von ihr Kenntnis genommen hat oder hätte nehmen können. Regelmäßig ist daher die Minderung für den Käufer bereits ab dem Zugang beim Verkäufer bindend, besonders wenn es ihm nicht gelingt, diese Vermutung zu widerlegen.
Wenn die Minderungserklärung ab dem Zeitpunkt des Zugangs der Erklärung beim Verkäufer für den Käufer bindend ist, bedeutet das, dass der Käufer die Erklärung der Minderung nicht einseitig nach ihrem Zugang widerrufen kann, um einen anderen, günstigeren Rechtsbehelf als die Minderung, geltend zu machen. Ein solcher Widerruf würde dem notwendigen Schutz des Verkäufers zuwiderlaufen. Der Käufer kann seine Erklärung vor oder gleichzeitig mit ihrem Zugang zurücknehmen, denn zu diesen Zeitpunkten ist er mehr schutzbedürftig als der Verkäufer, der die Minderungserklärung noch nicht kennt und deshalb sich darauf nicht eingestellt haben kann.
Die Erklärung der Minderung ist an keine bestimmte Form gebunden; sie kann sowohl schriftlich als auch mündlich erfolgen. Teilweise ist auch eine konkludente Minderungserklärung möglich.
Bei der Erklärung der Minderung ist ebenfalls die Angabe eines bezifferten Minderungsbetrags nicht erforderlich. Der vom Käufer geltend gemachte Minderungsbetrag kann sich im Einzelfall auch konkludent durch Einbehaltung eines Teils des Kaufpreises ergeben, jedoch nur, wenn der Käufer

zumindest die Geltendmachung des Rechtsbehelfs der Minderung an sich eindeutig zum Ausdruck gebracht hat.

In jeden Fall ermäßigt sich aber der Kaufpreis auf den sich aus Art. 50 CISG ergebenden Betrag; das gilt, wenn der Käufer einen zu hohen Betrag als Minderungsbetrag nennt.

Die Geltendmachung der Minderung ist im UN-Kaufrecht an keine bestimmte Frist gebunden. Einzige zeitliche Grenze ist die zweijährige Ausschlussfrist des Art. 39 Abs. 2 CISG, wonach der Käufer generell verpflichtet ist, vor Fristablauf einen der Rechtsbehelfe der Art. 45 ff. CISG auszuüben. Das Minderungsrecht steht dem Käufer daher auch dann zu, wenn er sein Recht auf Aufhebung oder Nacherfüllung wegen Fristablaufs nach den Art. 49 Abs. 2 lit. b und Art. 46 Abs. 2, 3 CISG bereits verloren hat. Dies stellt einen erheblichen Vorteil der Minderung gegenüber diesen beiden Rechtsbehelfen des Käufers dar, die besonderen Voraussetzungen unterliegen.

Die Minderung ist nach der durch Art. 50 CISG vorgeschriebenen relativen bzw. proportionalen Methode zu berechnen. Danach kann der Käufer den ursprünglich vereinbarten Kaufpreis in dem Verhältnis herabsetzen, in dem der Wert der gelieferten, vertragswidrigen Ware zu dem Wert der vertragsgemäßen Ware steht. Der vereinbarte Kaufpreis wird nämlich mit dem Quotienten der Werte der vertragswidrigen und der vertragsgemäßen Ware multipliziert. Das Ergebnis dieser Gleichung ist der herabgesetzte Kaufpreis, der sich dann zum ursprünglich vereinbarten Kaufpreis ebenso verhält, wie der Wert der mangelhaften zur mangelfreien Ware.

Das entspricht der Aufgabe der Minderung, dem Käufer durch die Vertragsanpassung einen pauschalen, abschließenden Ausgleich für den Minderwert der Ware zu verschaffen. Die Herabsetzung des Kaufpreises nach Art. 50 CISG erfolgt daher unabhängig von tatsächlich bestehenden Schadenspositionen allein nach dem Verhältnis der objektiven Werte der vertragsgemäßen und der vertragswidrigen Ware.

Bei der Berechnung der Minderung nach Art. 50 CISG sind die Wertverhältnisse einzusetzen, die zum Zeitpunkt der Lieferung der Ware gelten.

Den Zeitpunkt der Lieferung versteht die h. M. im Rahmen des Art. 50 CISG als Zeitpunkt der Erfüllung der Lieferpflicht des Verkäufers i. S. d. Art. 31 CISG. Diese Ansicht überzeugt aber nicht. Denn sowohl beim Platzkauf als auch beim Versendungskauf und beim Kauf reisender Waren führt dies zum Auseinanderfallen der Zeitpunkte von Gefahrübergang, Lieferung und Übergabe der Ware an den Käufer und zwangsläufig zu Problemen bezüglich der Wertberechnung, die auf aktuellen Werten der vertragswidrigen bzw. vertragsgemäßen Ware beruhen soll.

Sinnvoller, zulässig und der Systematik der Konvention entsprechend erscheint es allerdings, für alle Vertragsarten einheitlich auf den Zeitpunkt abzustellen, zu dem der Käufer die Ware übernimmt bzw. übernehmen muss. Nach dieser Lösung können die Zeitpunkte von Gefahrübergang und Lieferung zusammenfallen und eine Berechnung der Minderung des Kaufpreises nach den aktuellen Werten der Ware wird ermöglicht.

Dem Käufer steht zum Ausgleich des mangelbedingten Minderwerts der gelieferten, vertragswidrigen Ware neben der Minderung auch der Schadensersatzanspruch nach den Art. 45 Abs. 1 lit. b, 74 CISG zur Verfügung, denn beide Rechtsbehelfe unterscheiden sich kaum.

Nach dem Grundsatz der Totalreparation des Art. 74 CISG hat der Gläubiger Anspruch auf den vollen Ausgleich aller Nachteile, die ihm durch die Vertragsverletzung des Schuldners entstanden sind. Hinsichtlich des Minderwerts der Kaufsache wird der Schadensausgleich dann gemäß der sog. Differenzmethode berechnet, nach der der Schadensersatz als Differenz zwischen dem Wert, den die Ware in vertragsgemäßem Zustand im Zeitpunkt der Schadensberechnung – bzw. im Zeitpunkt der Übergabe der vertragswidrigen Ware an den Käufer – aufgewiesen hätte, und dem Wert der tatsächlich gelieferten, mangelhaften Ware, berechnet wird.

Zu einer solchen Berechnung sind die objektiven Werte der Ware ohne und mit Mangel einzusetzen; der vereinbarte Kaufpreis ist nicht zu berücksichtigen. Denn mit dem Rechtsbehelf des Schadensersatzes wird das synallagmatische Verhältnis zwischen den Parteien des ursprüglichen Vertrags nicht wiederherstellt, wie mit der Minderung.

Ferner ist die Kombination von Minderung und Schadensersatz hinsichtlich des reinen Minderwerts der Kaufsache in denjenigen Fällen möglich, in denen der nach Art. 50 CISG zu errechnende Minderungsbetrag hinter dem objektiven Minderwert der gelieferten Ware zurückbleibt. Dabei ist der den Minderungsbetrag übersteigende und daher durch diesen nicht abgedeckte Minderwert der Ware als Schaden nach Art. 45 Abs. 1 lit. b und 74 CISG geltend zu machen. Hier gilt der Grundsatz über das Verbot der Überentschädigung nicht.

Das Nacherfüllungsrecht des Verkäufers nach Art. 37 und 48 CISG hat den Vorrang vor dem Minderungsrecht des Käufers.

Gem. der Vorschrift des Art. 50 S. 2 CISG entfällt das Recht des Käufers auf Minderung sowohl bei erfolgreicher Beseitigung der Vertragswidrigkeit durch den Verkäufer als auch bei Weigerung durch den Käufer, die Nacherfüllung anzunehmen. Bei Ablehnung der durch den Käufer angebotenen Nacherfüllung entfällt allerdings das Minderungsrecht nur, wenn das Angebot zur Behebung des Mangels zulässig bzw. die Weigerung des Käufers unberechtigt ist.

Dasselbe gilt auch für den Schadensersatzanspruch wegen des Minderwerts der Kaufsache. Der Käufer verliert auch sein Recht auf Verlangen des Ersatzes seines Schadens, wenn er die Nacherfüllung durch den Verkäufer unberechtigterweise ablehnt oder wenn der Verkäufer den Mangel erfolgreich beseitigt. Der Verlust des Rechts auf Schadensersatz ist hier für die Anwendung des Art. 50 S. 2 CISG notwendig, weil sonst der Käufer das Entfallen des Minderungsrechts aufgrund seiner unberechtigten Weigerung umgehen könnte.

Das Nacherfüllungsrecht des Verkäufers entfällt aber gegenüber dem Minderungsrecht des Käufers bei einer wesentlichen Vertragsverletzung. Demgemäß ist der Käufer bei einer wesentlichen Vertragsverletzung, wonach gem. den Art. 25 und 49 Abs. 1 lit. a CISG der Rechtsbehelf auf Vertragsaufhebung nur deshalb vorliegt, weil ein Nacherfüllungsrecht des Verkäufers nach den Voraussetzungen des Art. 48 Abs. 1 nicht besteht, berechtigt, durch die Erklärung der Minderung des Kaufpreises die mangelhafte Sache zu behalten.

Dass der Käufer es vorgezogen hat, den Rechtsbehelf der Minderung auszuüben und am Vertrag festzuhalten, anstatt diesen aufzuheben, widerspricht dem Sinn des Vorrangs der Vertragsaufhebung gegenüber der Nacherfüllung im Fall der wesentlichen Vertragsverletzung nicht. Der Käufer hat durch seine Minderungserklärung gezeigt, dass er trotz der wesentlichen Vertragswidrigkeit der Kaufsache diese behalten will; eine Duldung der Nacherfüllung bzw. ein erneutes Warten auf die Erfüllung ist ihm nicht zumutbar. Dies könnte der Fall sein, in dem der Käufer nach erfolglosem Ablauf der angemessenen Nacherfüllungsfrist – wo auf alle Fälle die Vertragsverletzung wesentlich wird – statt der Vertragsaufhebung die vertragswidrige Ware gegen einen verminderten Kaufpreis umgehend verbrauchen, verkaufen oder weiterverarbeiten kann, ohne –, um das Minderungsrecht berechtigterweise auszuüben, – abwarten zu müssen, dass der Verkäufer noch ein Mal versuchen muss, den Mangel zu beseitigen.

Die nationalen Rechte Deutschlands und Griechenlands gestalten den Rechtsbehelf der Minderung hinsichtlich der Voraussetzungen und der Durchführung ohne besondere Unterschiede zum UN-Kaufrecht (vgl. § 441 BGB bzw. Art. 540 Abs. 1 Nr. 2 gr. ZGB). Wie im Rahmen der Konvention ist eine Einverständniserklärung durch den Verkäufer für die Wirksamkeit der Minderung nicht erforderlich.

Ferner setzt das deutsche Recht eine erfolglose Fristsetzung auf Nacherfüllung mit der Folge voraus (vgl. § 441 Abs. 1 S. 1 BGB), dass der Verkäufer eine Gelegenheit zur Abwendung dieses Rechtsbehelfs hat. Diese Regelung steht auch im Interesse des Käufers, dessen Entscheidung über die Wahl des dem konkreten Fall angemessenen bzw. für ihn günstigen Rechtsbehelfs damit einfacher wird.

Darüber hinaus schließen beide nationalen Rechte die Minderung bei der Unerheblichkeit des Mangels nicht aus (vgl. § 441 Abs. 1 S. 2 BGB bzw. Art. 540 Abs. 1 Nr. 2 gr. ZGB). Eine Bagatellgrenze gilt nur für den Rücktritt als einzigen unter den Rechtsbehelfen des Käufers (vgl. § 323 Abs. 5 S. 2 BGB bzw. Art. 540 Abs. 1 Nr. 3 gr. ZGB).

In Übereinstimmung mit dem UN-Kaufrecht ist der Rechtsbehelf der Minderung vom Vertretenmüssen des Verkäufers unabhängig. Wenn aber der Käufer einen eigenen Schaden und das Verschulden des Verkäufers nachweist, kann er die Geltendmachung des Minderwerts der vertragswidrigen Ware im Wege des Schadensersatzes erreichen.

Bezüglich der Berechnungsmethode des Minderungsbetrags weichen alle drei Rechte kaum voneinander ab. Im Rahmen des deutschen und griechischen Rechts wird nämlich wie im UN-Kaufrecht die relative Berechnungsmethode angewendet (§ 441 Abs. 3 S. 1 BGB). Dementsprechend ist Anknüpfungspunkt für die Berechnung der Minderung der von den Parteien vereinbarte Kaufpreis.

Beide nationalen Rechte unterscheiden sich aber vom UN-Kaufrecht hinsichtlich des Berechnungszeitpunkts.

Maßgeblich für die Berechnung der Wertverhältnisse im deutschen und griechischen Recht ist der Zeitpunkt des Vertragsabschlusses und nicht der Zeitpunkt der Lieferung, der als Berechnungszeitpunkt bei der Minderung des Kaufpreises im Rahmen des UN-Kaufrechts gilt.

Ob das Abstellen auf die Wertverhältnisse bei Vertragsschluss statt bei Lieferung generell zu unterschiedlichen, angemesseneren und realistischeren Ergebnissen führt, lässt sich bezweifeln.

Denn der Zeitpunkt der Lieferung der Kaufsache kann als Berechnungszeitpunkt nur dann auf die aktuellen Wertverhältnisse bei der Minderung des Kaufpreises abgestellt werden kann, wenn der Moment der Lieferung mit dem des Gefahrübergangs bzw. der Übergabe der Kaufsache an den Käufer zusammenfallen; nämlich nur dann, wenn die Lieferung der Ware als zweiseitiger, die Mitwirkung des Käufers umfassender Akt (Übergabe bzw. Übernahme der Ware) verstanden wird.

§ 11. Der Rechtsbehelf des Schadensersatzes nach dem UN-Übereinkommen und nach deutschem und griechischem nationalem Recht

I. Der Anspruch des Käufers auf Schadensersatz im Fall der Lieferung einer vertragswidrigen Ware gem. Art. 74 CISG

1. Die Anspruchsgrundlage und das Verhältnis des Schadensersatzes zu den anderen Rechtsbehelfen des Käufers

Das UN-Kaufrecht gewährt dem Käufer im Fall der Lieferung einer vertragswidrigen Ware ein Recht auf Schadensersatz nach Art. 45 Abs. 1 lit. b CISG, insofern es dem Verkäufer keine Befreiungsmöglichkeit nach Art. 79 oder Art. 80 CISG einräumt[1499] und die Frist des Art. 39 Abs. 2 CISG noch nicht verstrichen ist. Verschulden hingegen gehört nicht zu den Voraussetzungen der Schadensersatzpflicht; auch auf das „Vertretenmüssen" im Sinn des nationalen Rechts kommt es hier nicht an[1500]. Art. 45 Abs. 1 lit. b CISG verweist einfach auf Art. 74-77 CISG, nach denen der Käufer einen Schadensersatz verlangen kann.

Diese Vorschriften, die sich grundsätzlich auf die Feststellung der Schadenshöhe beziehen, sind – wie im EKG – im gesonderten Kapitel über die gemeinsamen Bestimmungen bezüglich der Pflichten des Käufers und des Verkäufers zusammengefasst. Denn Art. 74 bis 77 CISG stellen keine Anspruchsgrundlage dar, sondern regeln nur die Art und den Umfang des Schadensersatzes: Art. 74 CISG, wonach der geschädigten Partei sowohl der entstandene Verlust als auch der ihm entgangene Gewinn zu ersetzen sind, ist die Grundnorm. Dieser wird ferner durch Art. 75 CISG ergänzt, der bei Vertragsaufhebung die konkrete Berechnung des Nichterfüllungsschadens regelt, und durch Art. 76 CISG, der unter bestimmten Voraussetzungen bei Vertragsaufhebung eine abstrakte Schadensberechnung zulässt.

[1499] Vgl. *Audit,* La vente internationale de marchandises, Anm. 171; *Herber/Czerwenka,* Art. 74, Rn. 3; *Karollus,* UN-Kaufrecht, S. 206; *Neumayer/Ming,* Art. 74, Rn. 2; *Ryffel,* Schadenersatzhaftung des Verkäufers, S. 4-7 und 37-41. In Wirklichkeit besteht bei Lieferung einer vertragswidrigen Ware keine Entlastungsmöglichkeit bezüglich der Pflicht des Verkäufers zum Schadensersatz, vgl. dazu BGH Urt. v. 24.03.1999 – VIII ZR 121/98, CISG-Online Case 396.

[1500] Vgl. *Schlechtriem/Stoll,* Art. 74, Rn. 10.

Art. 77 CISG sieht schließlich eine Schadensminderungspflicht für den Gläubiger vor, durch die die Ersatzpflicht des Schuldners begrenzt wird.
In Art. 45 Abs. 2 CISG ist ausdrücklich klargestellt, dass ein Schadensersatzanspruch des Käufers nicht dadurch verloren geht, dass er einen anderen Rechtsbehelf ausübt.
Diese Regel beruht auf der Vorschrift des Art. 41 Abs. 2 EKG, wonach der Käufer neben der Vertragsaufhebung einen Schadensersatz verlangen kann[1501], und setzt das Prinzip der Kumulierung der Rechtsbehelfe in anschaulicher Weise fest[1502]: Der Gläubiger kann einen Schadensersatzanspruch neben dem Erfüllungsanspuch, dem Recht auf Minderung des Kaufpreises sowie dem Aufhebungsrecht geltend machen[1503]. Er kann allerdings keinen Schadensersatz verlangen, soweit er einen anderen Rechtsbehelf erfolgreich ausgeübt und dadurch erreicht hat, dass der Schaden ganz oder teilw. beseitigt wird[1504].
Dies bedeutet ferner, dass bei der Kumulation von Schadensersatz und Vertragsaufhebung ein einheitlicher Rechtsbehelf für den Käufer erwächst, der Schadensersatz wegen Nichterfüllung[1505]. Bei einer wesentlichen Vertragsverletzung – nach einer erfolgten wirksamen Vertragsaufhebung – kann der Käufer durch einen Schadensersatz wegen Nichterfüllung die Folgen der Vertragsaufhebung gem. Art. 81-84 CISG überlagern[1506].
Der Ersatzanspruch bleibt in diesen Fällen trotz der Umwandlung des Vertrags in ein Abwicklungsverhältnis zwischen den Parteien[1507] auf das Ziel der gehörigen Erfüllung ausgerichtet, d. h. der Käufer kann ersatzweise in Geld die Herbeiführung einer der gehörigen Erfüllung gleichwertigen Lage verlangen[1508]. Wahlweise kann der Käufer nämlich, falls er den Vertrag aufhebt und evtl. einen Schadensersatz wegen Nichterfüllung der Rückabwicklungspflichten des Verkäufers gem. Art. 81-84 CISG geltend macht,

---

1501 Artikel 41 EKG: „(2) Der Käufer kann ferner Schadensersatz nach Artikel 82 oder nach den Artikeln 84 bis 87 verlangen".

1502 Das Haager Kaufrecht drückt denselben Sachverhalt durch die kurze Formulierung, dass der Käufer „ferner" Schadensersatz verlangen kann, etwas unklarer aus.

1503 Vgl. *Karollus,* UN-Kaufrecht, S. 205; *Heuzé,* Art. 74, Anm. 447; *Honsell/Schönle*, Art. 74, Rn. 15; *Bianca/Bonell/Knapp*, Art. 74, Anm. 3.8.

1504 Vgl. *Karollus,* UN-Kaufrecht, S. 93; *Schlechtriem/Stoll,* Art. 74, Rn. 5; *Staudinger/Magnus,* Art. 74, Rn. 8; TranspR-IHR 2000, S. 14 = CISG-Online Case 413.

1505 Vgl. *Schlechtriem/Schwenzer/Stoll/Gruber*, Art. 74, Rn. 5.

1506 Vgl. RIW 1996, S. 766, 768 = Schiedsgericht der Handelskammer Hamburg, Urt. v. 21.03.1996, CISG-Online Case 187; auch dazu *Schlechtriem/Stoll,* Art. 74, Rn. 3; *Leser* in *Schlechtriem,* Einheitliches Kaufrecht u. nat. OR., S. 251-255, der den Regeln über die Rückabwicklung den Vorrang einräumt.

1507 Vgl. dazu oben, § 9.II.

1508 Vgl. *Schlechtriem,* Internationales UN-Kaufrecht, (2003), Rn. 309; *Schlechtriem/Stoll*, Art. 74, Rn. 3, 5; AG Nordhorn CISG-Online Case 259.

Ersatz nach Maßgabe des Vertrauensinteresses verlangen, d. h. Ersatz der Aufwendungen, die er bereits im Vertrauen auf die ordnungsgemäße Durchführung des Vertrags gemacht hat[1509], oder, um zu verhindern, dass der Verkäufer das Risiko des Verlusts aufgrund der Vertragsaufhebung auf den Käufer abwälzt, Ersatz der Aufwendungen, die für die Vorbereitung oder die Durchführung des Vertrags erforderlich waren und mit denen der Verkäufer beim Vertragsabschluss rechnen müsste[1510].

Falls aber die Vertragsaufhebung unterbleibt oder sie ausgeschlossen ist, kann der Käufer nach Art. 74 CISG Schadensersatz wegen Nichterfüllung verlangen, der, weil er auf der Aufrechterhaltung und Durchführung des Vertrags beruht, den Ersatz für evtl. Verspätungsschäden oder Mangelschäden, nicht aber den Schadensersatz wegen Nichterfüllung unter Abstandnahme vom Vertrag umfasst[1511].

Allerdings ist zu bemerken, dass der Schadensersatz nach dem UN-Kaufrecht nur selten als selbständige und alleinige Sanktion einer Vertragswidrigkeit verwendet wird, sondern vielmehr zur Ergänzung der anderen Sanktionen, wobei er alle weiteren, aber noch nicht abgedeckten Nachteile des Käufers ausgleicht[1512].

1509 Vgl. *Neumayer/Ming,* Art. 74, Rn. 1; *Honsell/Schönle*, Art. 74, Rn. 15, 17; *Ziegler,* S. 207 f.; *Schlechtriem/Schwenzer/Stoll/Gruber*, Art. 74, Rn. 5.

1510 Vgl. *Honsell/Schönle*, Art. 74, Rn. 16, 17; *Schlechtriem/Schwenzer/Stoll/Gruber*, Art. 74, Rn. 5; *Schlechtriem,* Internationales UN-Kaufrecht, (2003), Rn. 308; *Staudinger/Magnus,* Art. 74, Rn. 53. Dazu vgl. auch OGH, 14.01.2002, CISG-Online, Case 643 = IHR 2002, S. 76, 80.

1511 Vgl. *Schlechtriem,* Internationales UN-Kaufrecht, (2003), Rn. 309; *Schlechtriem/Schwenzer/Stoll/Gruber*, Art. 74, Rn. 5; kritisch hierzu *Honsell/Schönle*, Art. 74, Rn. 12, 14 und Art. 75, Rn. 5; *Ziegler,* S. 207; *Karollus,* UN-Kaufrecht, S. 223. Dazu vgl. auch OGH, 06.02.1996, CISG-Online Case 224 = ZfRVgl. 1996, S. 248; OGH, 09.03.2000, CISG-Online Case 573 = IHR 2001, S. 39, 40.

1512 Vgl. OLG Köln Urt. v. 08.01.1997 – 27 U 58/96, CISG-Online Case 217; BGH Urt. v. 25.06.1997 – VIII ZR 300/96, CISG-Online Case 277; OLG Koblenz Urt. v. 31.01.1997 – 2 U 31/96, CISG-Online Case 256; BGH Urt. v. 25.11.1998 – VIII ZR 259/97, CISG-Online Case 353; OLG Hamburg Urt. v. 28.02.1997 – 1 U 167/95, CISG-Online Case 261; LG Kresfeld Urt. v. 19. 12.1995 – 12 O 160/93, CISG-Online Case 397; OLG Düsseldorf Urt. v. 11.07.1996 – 6 U 152/95, CISG-Online Case 201; OLG Köln Urt. v. 21.08.1997 – 18 U 121/96, CISG-Online Case 290; OLG Köln Urt. v. 21.05.1996 – 22 U4/96, CISG-Online Case 254; LG Paderborn Urt. v. 25.06.1996 – 7 O 147/94, CISG-Online Case 262; OLG Braunschweig Urt. v. 28.10.1999 – 2 U 27/99, CISG-Online Case 510; LG Stuttgart Urt. v. 31.08.1989 – 3 KfH O 97/89, CISG-Online Case 11; LG Berlin Urt. v. 21.03.2003 – 103 O 213/02, CISG-Online Case 785.

2. Die Grundprinzipien des Art. 74 CISG

Art. 74 CISG ist wie gesagt die Grundregel: Zu ersetzen ist der von der anderen Partei infolge der Vertragsverletzung entstandene Verlust einschließlich des entgangenen Gewinns, insofern die vertragsbrüchige Partei diese Schäden bei Vertragsabschluss als „mögliche Folge" der Vertragsverletzung vorausgesehen hat oder hätte voraussehen müssen.
Daraus lassen sich drei Prinzipien über das System des Schadensersatzes im UN-Kaufrecht ableiten.
Es handelt sich um das Prinzip der Totalreparation der vertragstreuen Partei durch Geldersatz, um das Prinzip der Voraussehbarkeit des zu ersetzenden Schadens und schließlich um das Prinzip des Kausalverhältnisses zwischen der Vertragsverletzung und dem schädlichen Erfolg i. S. d. Äquivalenztheorie.
Diese Prinzipien, die dem Grunde nach nie streitig waren und deshalb weitgehend aus dem Haager Kaufgesetz übernommen wurden[1513], geben die Hauptrichtlinien für die Schadensberechnung im Rahmen des internationalen Kaufrechts.
Im Folgenden werden sie daher gesondert behandelt.

a. Die Totalreparation durch Geldersatz: Der zu ersetzende Schaden umfasst die durch Vertragsverletzung hervorgerufenen Vermögenseinbussen, die Mangelfolgeschäden und den entgangenen Gewinn

Der Schadensersatz ist stets als Geldersatz zu leisten; der Gedanke der Naturalrestitution ist dem UN-Kaufrecht ebenso fremd wie dem Haager Kaufrecht[1514].
Der Geldersatz soll zu einer Totalreparation[1515] der vertragstreuen Partei, einschließlich des entgangenen Gewinns, führen. Der Käufer als Schadensersatzberechtigter erlangt damit dieselbe ökonomische Position, die er bei

---

[1513] Vgl. *Kranz,* Die Schadensersatzpflicht, S. 208.
[1514] Vgl. *Beß*, S.125; *Herber/Czerwenka,* Art. 74, Rn. 4; *Hutter*, S. 179.
[1515] Vgl. Sekretariatskommentar, Art. 70, Anm. 3, Off. Rec. 59; *Bianca/Bonell/Knapp*, Art. 74, Anm. 3.2; *v. Caemmerer/Schlechtriem/Stoll*, Art. 74, Rn. 3; *Honnold,* Uniform Law, Rn. 408; *Herber/Czerwenka*, Art. 74, Rn. 4; *Hutter*, S. 179; *Schwentzer*, NJW 1990, S. 602, 606.

vertragsgemäßer Erfüllung gehabt hätte. Daher ist ein Vergleich zwischen der tatsächlichen Vermögenslage des Käufers und jener, die sich bei bestimmungsgemäßer Vertragserfüllung ergeben hätte, nach Maßgabe der Differenzmethode erforderlich[1516].

Zu ersetzen sind also grundsätzlich der Minderwert der Ware, Schäden, die sich aus dem verletzten Integritätsinteresse des Käufers ergeben, sowie nutzlose Aufwendungen, die der Käufer im Vertrauen auf die ordnungsgemäße Abwicklung des Vertrags getätigt hat, sofern sie nach den Umständen angemessen waren[1517].

Ersatzfähig sind ferner der entgangene Gewinn[1518], Kosten einer notwendigen Rechtsverfolgung[1519] und schließlich anderweitige erlittene Nachteile des Käufers, wie angemessene Aufwendungen des Käufers zur Abwendung oder zur Minderung eines vom Verkäufer zu verantwortenden Schadens[1520]. Alle diese Schäden sind materiell, können in Geld berechnet werden und müssen daher in Geld ersetzt werden. Es bestehen auch die immateriellen Schäden, die aber nicht ersatzfähig sind, da sie normalerweise keinen wirtschaftlichen Wert haben[1521]. Schmerzensgeld oder eine Entschädigung für „pain and suffering" sind im UN-Kaufrecht nicht vorgesehen und können im Fall eines Vertragsbruchs, der nach der Konvention zu behandeln ist, auch nicht nach einer nationalen Regelung zugesprochen werden, da die Art. 74 ff. CISG insoweit eine ausschließliche Regelung treffen[1522]. Der Verlust von good will bzw. die Entwertung des Unternehmens des Käufers ist jedoch ein immaterieller Schaden, der, soweit er in Geld zu beziffern, ggf. zu schätzen ist, ersatzfähig ist[1523].

Auf die ersatzfähigen Schäden sind aber ersparte Aufwendungen oder sonstige Vorteile nach dem Grundsatz von Treu und Glauben anzurechnen[1524].

1516 Vgl. *v. Caemmerer/Schlechtriem/Stoll*, Art. 74, Rn. 11; *Enderlein/Maskow/Strohbach*, Internationales Kaufrecht, Art. 74, Rn. 1.

1517 Vgl. *Schlechtriem/Stoll*, Art. 74, Rn. 2 und 3; dazu auch oben, § 11.I.1.

1518 Vgl. *Karollus*, UN-Kaufrecht, S. 213; *Staudinger/Magnus*, Art. 74, Rn. 19; *Heilmann*, Mängelgewährleistung, S. 556. Dazu vgl. auch OGH, 14.01.2002, CISG-Online, Case 643 = IHR 2002, S. 76, 80.

1519 Vgl. *Hutter*, S. 179; *v. Caemmerer/Schlechtriem/Stoll*, Art. 74, Rn. 14; *Piltz*, Internationales Kaufrecht, § 5, Rn. 453.

1520 Vgl. *v. Caemmerer/Schlechtriem/Stoll*, Art. 74, Rn. 14.

1521 Vgl. *Staudinger/Magnus*, Art. 74, Rn. 27; *MünchKomm/Huber*, Art. 74, Rn. 22.

1522 Vgl. *Staudinger/Magnus*, Art. 74, Rn. 1; *Schlechtriem/Stoll*, Art. 74, Rn. 2; *MünchKomm/Huber*, Art. 74, Rn. 1.

1523 Vgl. *Schlechtriem*, Internationales UN-Kaufrecht, (2003), Rn. 299; *Staudinger/Magnus*, Art. 74, Rn. 27; *Schlechtriem/Stoll*, Art. 74, Rn. 11.

1524 Vgl. *Schlechtriem*, Internationales UN-Kaufrecht, (2003), Rn. 300; *Staudinger/Magnus*, Art. 74, Rn. 22; *Schlechtriem/Stoll*, Art. 74, Rn. 32; auch zum EKG, *Schlechtriem/Magnus*, Internationale Rechtsprechung zu EKG und EAG, Art. 76, Nr. 4.

Abschließend ist noch zu sagen, dass die Berechnung des Schadensersatzes zur Erzielung reeller Ergebnisse nach h. M. zu einem möglichst späten Zeitpunkt – und nicht zum Zeitpunkt des Schadenserfolgs – erfolgen muss, d. h. regelmäßig erst bei der Urteilsfindung, damit alle Schadensfolgen Berücksichtigung finden können[1525].

b. Kausalität

Ersatzfähig ist nur der durch eine Vertragsverletzung verursachte Schaden. Nach dem Wortlaut des Art. 74 S. 1 CISG muss der zu ersetzende Schaden die Folge der Vertragsverletzung sein. Gemeint ist damit, dass die Vertragsverletzung eine Bedingung bzw. eine „conditio sine qua non" für den Eintritt des schädigenden Erfolgs sein muss[1526].

Für die Ermittlung einer solchen Bedingung bzw. eine „conditio sine qua non" für den Eintritt des Schadens genügt grundsätzlich ein logischer Ursachenzusammenhang zwischen der Vertragsverletzung und dem Schaden. Weil aber damit die Gefahr einer grenzenlosen Schadenszurechnung besteht, unterliegt dieses Kausalitätsverständnis Einschränkungen allein durch das Voraussehbarkeitserfordernis in Art. 74 S. 2 CISG[1527], wonach die ersatzfähigen Schäden als mögliche Folgen der Vertragsverletzung von der vertragsbrüchigen Partei vorausgesehen oder voraussehbar sein müssen.

Für weitergehende Einschränkungen bleibt im UN-Kaufrecht kein Raum[1528].

Deshalb können nur wahrscheinliche oder nicht ganz fernliegende Kausalabläufe in Betracht kommen[1529]. Dies gilt freilich auch bei Unterlassungen, wo die Kausalität anzunehmen ist, wenn mit hoher Wahrscheinlichkeit feststeht, dass der Schaden bei pflichtgemäßem Handeln unterblieben wäre[1530].

[1525] Vgl. *Schlechtriem/Stoll*, Art. 74, Rn. 33; *Staudinger/Magnus*, Art. 74, Rn. 55. A. A. aber *Bianca/Bonell/Knapp*, Art. 74, Anm. 3.16, nach dem der geeignete Zeitpunkt für die Schadensberechnung der Lieferzeitpunkt oder derjenige ist, in dem der Gläubiger von der Pflichtverletzung erfahren hat.

[1526] Vgl. *Staudinger/Magnus*, Art. 74, Rn. 28 f.; *Schlechtriem/Stoll*, Art. 74, Rn. 12.

[1527] Vgl. *MünchKomm/Huber*, Art. 74, Rn. 25.

[1528] Vgl. *Staudinger/Magnus*, Art. 74, Rn. 30; *Schlechtriem/Stoll*, Art. 74, Rn. 12; *Honsell/Schönle*, Art. 74, Rn. 21.

[1529] Vgl. *v. Caemmerer/Schlechtriem/Stoll*, Art. 74, Rn. 12; *Hutter*, S. 180.

[1530] Vgl. *Staudinger/Magnus*, Art. 74, Rn. 28; *Honsell/Schönle*, Art. 74, Rn. 20.

c. Die Voraussehbarkeit: Ein Instrument zur Begrenzung des Schadensersatzes

Entsprechend seinem Vorläufer, dem Art. 82 EKG[1531], enthält Art. 74 S. 2 CISG den Grundsatz, dass die Ersatzfähigkeit auf den voraussehbaren Schaden zu beschränken ist.
Nach dem Wortlaut dieser Vorschrift muss nämlich der Ersatzanspruch des von einer Pflichtverletzung – hier der Lieferung einer vertragswidrigen Ware – betroffenen Käufers auf diesen Schaden begrenzt sein, der für den Verkäufer als vertragsbrüchige Partei im Zeitpunkt des Vertragsabschlusses unter der Berücksichtigung der Umstände, die sie kannte oder kennen musste, als mögliche Folge des Vertragsbruchs voraussehbar war.
Der Grundgedanke dieser Regel – den Schadensersatz auf das mit dem Vertragsabschluss übernommene Haftungsrisiko zu beschränken –, die aus Art. 1150 franz. Cc. stammt und in England anläßlich des berühmten Falls *Hadley v. Baxendale* aus dem Jahre 1854 zur Grundlage der Schadensberechnung beim Vertragsbruch im angloamerikanischen Recht geworden ist[1532], ist von *Ernst Rabel* für die Entwürfe zum Einheitsrecht sowie von *Ulrich Huber* für das interne deutsche Recht fruchtbar gemacht worden[1533].
Die zugrundeliegende rechtspolitische Wertung dieser Regelung ist leicht verständlich und plausibel: Die Begrenzung des Schadensersatzes nach Art. 74 S. 2 CISG auf den beim Vertragsabschluss voraussehbaren Schaden erlaubt jeder Partei, nur das erkennbare Haftungsrisiko in diesem Zeitpunkt zu übernehmen und dadurch vorausberechnen zu können, welche Kosten entstehen würden, falls eine Partei den Vertrag nicht einhalten würde[1534].

[1531] Artikel 82 EKG: „Wird der Vertrag nicht aufgehoben, so sind als Schadenersatz für die durch eine Partei begangene Vertragsverletzung der der anderen Partei entstandene Verlust und der ihr entgangene Gewinn zu ersetzen. Der Schadensersatz darf jedoch den entstandenen Verlust und den entgangenen Gewinn nicht übersteigen, welche die Partei, die den Vertrag verletzt hat, bei Vertragsabschluß unter Berücksichtigung der Umstände, die sie gekannt hat oder hätte kennen müssen, als mögliche Folge der Vertragsverletzung hätte voraussehen müssen".

[1532] Vgl. *Ryffel,* Schadenersatzhaftung des Verkäufers, S. 56 und 57; *Herber/Czerwenka*, Art. 74, Rn. 10.

[1533] Vgl. *Rabel,* Das Recht des Warenkaufs, 1. Band, S. 494: „Nur der Schaden, mit dem der Verkäufer als Folge seiner etwaigen Nichterfüllung bereits bei Vertragsschluss rechnen konnte oder musste oder mit dem er in diesem Zeitpunkt wirklich zu rechnen hat, ist ersatzfähig". In Deutschland ist die Voraussehbarkeitsregel als Haftungseinschränkung von *Huber* für die Reform des Schuldrechts vorgeschlagen worden, vgl. *Huber,* Gutachten und Vorschläge zur Überarbeitung des Schuldrechts, Band 1., S. 726 ff.

[1534] Vgl. *Schlechtriem,* Internationales UN-Kaufrecht, (2003), Rn. 302; *Staudinger/Magnus,* Art. 74, Rn. 31; *Schlechtriem/Stoll*, Art. 74, Rn. 4; *Heilmann*, Mängelgewährleistung, S. 550; *Faust,*

Die Voraussehbarkeit nach Art. 74 S. 2 CISG ist also die Grundlage für die vertragliche Kalkulation, die beim Abschluss eines Vertrags durchgeführt wird.
Diese Beschränkung des Schadensersatzes bedeutet aber nicht, dass die vertragsbrüchige Partei die Folgen des Vertragsbruchs verschuldet haben muss. Die Regel betrifft allein die Zurechnung der Haftungsfolgen, und zwar unabhängig davon, ob den Schuldner ein Verschulden an der Vertragsverletzung trifft und wie schwer dieses Verschulden wiegt[1535]. Maßgebend ist allein, ob der Schuldner die Folgen seines vertragswidrigen Verhaltens tatsächlich als möglich vorausgesehen hat oder ob er selbst oder eine vernünftige Person in seiner Lage beim Vertragsabschluss hätte voraussehen müssen, dass, wenn der Vertrag in der geschehenen Weise verletzt wird, die eingetretenen Schadensfolgen entstehen können.
Die Voraussehbarkeitsregel erfasst nämlich zwei Fallgruppen, die erste, bei der der Maßstab subjektiv ist, und die zweite, bei der der Maßstab für die Voraussehbarkeit eines Schadens objektiv ist[1536].
Die praktisch größte Bedeutung kommt der zweiten Gruppe zu[1537]. Denn der Schuldner kann nur dann die Folgen seines vertragswidrigen Verhaltens tatsächlich als möglich vorausgesehen haben, wenn er vom Gläubiger bei Vertragsabschluss auf das konkrete Schadensrisiko hingewiesen wurde[1538]. Das passiert aber praktisch selten. Dagegen kann man die Haftung des Schuldners öfter begründen, wenn der Schuldner nach dem objektiven Maßstab eines vernünftigen Drittens das Schadensrisiko in der konkreten Situation hätte voraussehen müssen[1539]. Denn der Schuldner hat objektiverweise, obwohl es nicht genügt, dass die Vertragsverletzung eine Bedingung für den eingetretenen Schaden nach dem gewöhnlichen Lauf der Dinge und der allgemeinen Lebenserfahrung ist[1540], grundsätzlich für Schäden aus dem üblichen Handelsverkehr einzustehen[1541], während er sich bei ungewöhnli-

---

Die Vorhersehbarkeit des Schadens, S. 75 ff.; *Piltz,* Internationales Kaufrecht, § 5, Rn. 450; *Herber/Czerwenka*, Art. 74, Rn. 10.

[1535] Vgl. *Bianca/Bonell/Knapp*, Art. 74, Anm. 2.15.; *v. Caemmerer/Schlechtriem/Stoll*, Art. 74, Rn. 27, 29; *Herber/Czerwenka*, Art. 74, Rn. 11; *Piltz,* Internationales Kaufrecht, § 5, Rn. 451.

[1536] Vgl. Vgl. *MünchKomm/Huber*, Art. 74, Rn. 30.

[1537] Vgl. Vgl. *MünchKomm/Huber*, Art. 74, Rn. 31.

[1538] Vgl. *Faust,* Die Vorhersehbarkeit des Schadens, S. 13; *Staudinger/Magnus,* Art. 74, Rn. 36; OGH, IHR 2002, S. 76, 80 = CISG-Online Case 643; *MünchKomm/Huber*, Art. 74, Rn. 30.

[1539] Vgl. *Piltz,* Internationales Kaufrecht, § 5, Rn. 452; *Staudinger/Magnus,* Art. 74, Rn. 35; *Schlechtriem/Stoll,* Art. 74, Rn. 35; *Enderlein/Maskow/Strohbach,* Internationales Kaufrecht, Art. 74, Rn. 10; *Heuzé,* Art. 74, Anm. 450; OGH, IHR 2002, S. 76, 80 = CISG-Online Case 643.

[1540] Vgl. *Honsell/Schönle*, Art. 74, Rn. 27.

[1541] Vgl. *Piltz,* Internationales Kaufrecht, § 5, Rn. 452; *MünchKomm/Huber*, Art. 74, Rn. 31; *Staudinger/Magnus,* Art. 74, Rn. 35; *Bianca/Bonell/Knapp*, Art. 74, Anm. 2.8., nach dem die Unterschied zwischen der Kausalzusammenhang gemäß der Adäquanzlehre und der Voraussehbarchen Schadensrisiken, bei denen es an der Voraussehbarkeit fehlt, entlastet. Für solche Schadensrisiken haftet er nur dann, wenn er positiv weiß, dass der Eintritt des konkreten Schadens als Folge seines vertragswidrigen Verhaltens möglich ist[1542].

Dementsprechend ist im Fall der mangelhaften Lieferung für die Haftungsübernahme vom Verkäufer entscheidend, ob er unter Berücksichtigung der Umstände, die er kannte oder kennen musste, nach dem Maßstab einer vernünftigen Person in der gleichen Lage die Schadensfolgen dieser Verletzung voraussehen musste; dagegen spielt keine Rolle für die Bestimmung seiner Haftung die Voraussehbarkeit der Lieferung der mangelhaften Ware[1543].

Die Voraussehbarkeitsregel bekommt daher nach der h. L. insofern ein normatives Element im Sinn einer Haftungserweiterung, als dem Schuldner auch solche Schadensfolgen zugerechnet werden, die er zwar nicht vorausgesehen hat, die aber eine vernünftige Person in seiner Lage bei Vertragsabschluss hätte voraussehen müssen[1544].

Diese Erweiterung des Haftungsbereichs der vertragsbrüchigen Partei wird nach überzeugender Meinung durch die Zurechnung der nach Maßgabe des jeweiligen Vertrags voraussehbaren Schäden korrigiert[1545]. Demgemäß haftet die vertragsbrüchige Partei für Schadensfolgen nicht, wenn sie außerhalb des Schutzzwecks des Vertrags liegen, selbst wenn sie für diese Partei voraussehbar waren; denn besondere, außerhalb des Vertrags, Schadensrisiken müssen bei der Bestimmung der Haftung der Vertragsparteien nicht berücksichtigt werden, wenn es an speziellen Abreden für bestimmte ungewöhnliche Risiken fehlt[1546].

Weil aber in den verschieden Fällen hinsichtlich der konkreten Schadensberechnung auch noch Einschränkungen des Haftungsbereichs des Schuldners

---

keitsregel des Art. 74 S. 2 CISG geringfügig ist; OGH, IHR 2002, S. 76, 80 = CISG-Online Case 643.

1542 Vgl. OLG Bamberg, TranspR-IHR 2000, S. 17, 18 = CISG-Online Case 516; *Schlechtriem*, Internationales UN-Kaufrecht, (2003), Rn. 302; *Staudinger/Magnus*, Art. 74, Rn. 36, 37; *Münch-Komm/Huber*, Art. 74, Rn. 31; *Schlechtriem/Schwenzer/Stoll/Gruber*, Art. 74, Rn. 41; *Neumayer/Ming*, Art. 74, Rn. 3.

1543 Vgl. *v. Caemmerer/Schlechtriem/Stoll*, Art. 74, Rn. 35; *Herber/Czerwenka*, Art. 74, Rn. 10; *Karollus*, UN-Kaufrecht, S. 217; *Piltz*, Internationales Kaufrechts, § 5, Rn. 450; *Honsell/Schönle*, Art. 74, Rn. 22; auch dazu OGH Urt. v. 14.01.2002, CISG-Online Case 643 = IHR 2002, S. 76, 80.

1544 Vgl. *v. Caemmerer/Schlechtriem/Stoll*, Art. 74, Rn. 36; *Staudinger/Magnus*, Art. 74, Rn. 35; *Schlechtriem/Stoll*, Art. 74, Rn. 36; *Karollus*, UN-Kaufrecht, S. 217.

1545 Vgl. *Schlechtriem/Stoll*, Art. 74, Rn. 36; *Karollus*, UN-Kaufrecht, S. 217 f.; *Schlechtriem*, Internationales UN-Kaufrecht, (2003), Rn. 302.

1546 Vgl. *Schlechtriem*, Internationales UN-Kaufrecht, (2003), Rn. 302.

bestehen[1547], ist schließlich die Ansicht anzunehmen, nach der die oben erwähnten normativen Korrekturen zurückhaltend zu verwenden sind[1548].

i. Die Lösung des Problems der Teilung von Informationen zwischen den Parteien über drohende Schäden durch die Voraussehbarkeitsregel

Wie es bereits erwähnt wurde, dient die Voraussehbarkeitsregel des Art. 74 S. 2 CISG nach der h. M.[1549] zur Begrenzung des Schadensersatzes bei einer Vertragsverletzung bzw. der Lieferung einer vertragswidrigen Ware, so dass der Gefahr einer uferlosen Haftung des Verkäufers vorgebeugt wird, die sonst aufgrund des verschuldensunabhängigen Schadensersatzhaftungssystems im UN-Kaufrecht bestehen würde. Die Haftung soll sogar auf das im Zeitpunkt des Vertragsabschlusses erkennbare Risiko beschränkt werden, weil der Verkäufer nur dieses Risiko übernehmen soll. Dadurch wird also die beim Abschlusss des Vertrags erforderliche Vorausberechnung der Vor- und Nachteile der Einhaltung des Vertrags für die Übernahme des Haftungsrisikos ermöglicht.

Ausgehend nun davon, dass für diese Vorausberechnung Informationen über die mögliche Leistungsstörung und die Wahrscheinlichkeit ihres Eintretens sowie Informationen über den im Fall der Vertragsverletzung eintretenden Schaden notwendig sind, so dass das Schadensrisiko voraussehbar sein kann[1550], wird auch die Meinung auf der Basis der ökonomischen Analyse des Rechts vertreten, dass die Voraussehbarkeitsregel vor allem zur Informationsteilung zwischen den Parteien über drohende Schäden dient, so dass beide Parteien den größtmöglichen Vorteil aus dem Vertrag ziehen können[1551].

Denn unter dem Grundsatz, dass der Verkäufer für die von ihm nicht voraussehbaren Schäden nicht haftet, veranlasst die Voraussehbarkeitsregel den Käufer, sein Wissen über die im Fall einer Vertragsverletzung drohen-

---

[1547] Beispielsweise ist der mangelbedingte Minderwert der Ware zwar voraussehbar und ersatzfähig, ist aber nur nach der analog anzuwendenden Vorschrift des Art. 50 S. 2 CISG zu berechnen (vgl. dazu *MünchKomm/Huber*, Art. 74, Rn. 35). Denn der Vorrang des Nacherfüllungsrechts des Verkäufers nach Art. 48 CISG, wie oben gesagt wurde, ist auch hier zu beachten, so dass die Geltendmachung des Minderwerts der Kaufsache im Wege des Schadensersatzes nur dann möglich ist, wenn dem Verkäufer kein Recht auf Nacherfüllung mehr zusteht (vgl. dazu oben, § 10.I.3.a.).

[1548] Vgl. *MünchKomm/Huber*, Art. 74, Rn. 32, Fn. 73.

[1549] Vgl. dazu oben, § 11.I.2.c.

[1550] Vgl. *Faust,* Die Vorhersehbarkeit des Schadens, S. 221.

[1551] Vgl. *Faust,* Die Vorhersehbarkeit des Schadens, S. 225 ff.

den Schäden mit dem Verkäufer zu teilen, so dass das Schadensrisiko letzterem auferlegt werden kann[1552]. Aufgrund dieses Wissens kann der Verkäufer weiter die optimalen Maßnahmen zur Schadensvermeidung bzw. –verringerung treffen und den Kaufpreis entsprechend festsetzen[1553].
Der Käufer trägt folglich das Risiko für Schäden, die der Verkäufer nicht voraussehen kann und die deshalb unkalkulierbar sind. Wenn der Käufer über den drohenden Schaden Bescheid weiß, muss er daher den Verkäufer darüber informieren, so dass er dadurch den Schaden für seinen Vertragspartner voraussehbar machen und die Pflicht zum Treffen von Maßnahmen zur Schadensvermeidung oder -verringerung auf ihn verlagern kann[1554].
Auf diese Weise werde es den Parteien ermöglicht, das Risiko demjenigen aufzuerlegen, der es ökonomisch am günstigsten vermeiden könne[1555].
Diese Ansicht, obwohl sie theoretisch überzeugend ist, hat sich bisher – wahrscheinlich wegen der damit verbundenen praktischen Probleme in Bezug auf den Beweisführung durch die Parteien[1556] – in Literatur und Rechtsprechung nicht durchgesetzt.

ii. Der Gegenstand der Voraussehbarkeitsregel

Aus Art. 74 S. 2 CISG ergibt sich, dass der drohende Schaden als Folge der Vertragsverletzung und nicht die Vertragsverletzung selbst der Gegenstand der Voraussehbarkeitsregel ist[1557].
Die Frage nach der Vertragsverletzung ist bei der Prüfung der Voraussehbarkeitsfrage irrelevant[1558]; es wird nämlich danach gefragt, ob der Verkäufer beim Vertragsabschluss hätte voraussehen müssen, dass die Vertragsverletzung den beim Käufer eingetretenen Verlust verursachen würde, und nicht, ob der Verkäufer beim Vertragsabschluss hätte voraussehen müssen, dass er eine bestimmte Vertragsverletzung begehen würde.
Dies führt jedoch nicht dazu, dass bei der Prüfung der Voraussehbarkeitsfrage auf die Voraussehbarkeit der konkreten Vertragsverletzung zu ver-

---

1552 Vgl. *Faust,* Die Vorhersehbarkeit des Schadens, S. 225, 226.
1553 Vgl. *Faust,* Die Vorhersehbarkeit des Schadens, S. 225.
1554 Vgl. *Faust,* Die Vorhersehbarkeit des Schadens, a. a. O.
1555 Vgl. *Faust,* Die Vorhersehbarkeit des Schadens, a. a. O.
1556 Vgl. *Faust,* Die Vorhersehbarkeit des Schadens, S. 335, der es selbst gesteht zu.
1557 Vgl. *Faust,* Die Vorhersehbarkeit des Schadens, S. 28; dazu auch oben, § 11.I.2.c.
1558 Vgl. *Faust,* Die Vorhersehbarkeit des Schadens, S. 28.

zichten ist[1559]. Die Voraussehbarkeit bezieht sich immer erstens auf den im Fall einer ganz bestimmten Vertragsverletzung eintretenden Schaden, nicht auf den Schaden generell, der im Rahmen der Vertragsdurchführung droht, und zweitens auf die Höhe des konkreten Schadens, um den Umfang der Haftung des Schuldners zu bestimmen[1560].

Hinsichtlich der Voraussehbarkeitsregel kann man also auf zwei Komponenten des im Fall einer konkreten Vertragsverletzung drohenden Schadens abstellen: Auf die Art sowie auf die Höhe des Schadens[1561]. Das ist erforderlich, weil der Verkäufer, der darüber zu entscheiden hat, welche Maßnahmen er treffen soll, um eine bestimmte Leistungsstörung zu verhindern, und welchen Kaufpreis er entsprechend den Kosten für diese Schadensminderungsmaßnahmen zu bestimmen hat, wissen muss, welcher Schaden gerade bei der konkreten Leistungsstörung droht, sowie wie hoch dieser Schaden sein könnte[1562]. Deshalb sind die Versuche, die Voraussehbarkeit allein auf die Schadensart zu beziehen und den Schadensumfang auszuklammern, nicht überzeugend[1563].

Das bedeutet jedoch nicht, dass die tatsächlich eingetretene Schadensart bzw. die ziffernmäßige Höhe des tatsächlich eingetretenen Schadens sowie der Kausalverlauf zwischen der Vertragsverletzung und diesem Schaden voraussehbar sein müssen[1564].

Dafür spricht vor allem der Wortlaut des Art. 74 S. 2 CISG, wonach es weder auf die Voraussehbarkeit des tatsächlich eingetretenen Verlusts noch auf die Voraussehbarkeit des konkreten Kausalverlaufs zwischen Vertragsverletzung und eingetretenem Schaden ankommt. In dieser Vorschrift legt der voraussehbare Verlust in Wirklichkeit die Obergrenze für den Ersatz des tatsächlichen Verlusts fest, während in bezug auf den Kausalverlauf allein entscheidend ist, dass irgendein Kausalverlauf zwischen Vertragsverletzung und Schaden voraussehbar ist, denn der Verlust muss nur als

---

[1559] Vgl. *Faust,* Die Vorhersehbarkeit des Schadens, S. 28; *Honsell/Schönle,* Art. 74, Rn. 27; *Schlechtriem,* Internationales UN-Kaufrecht, (2003), Rn. 302.

[1560] Vgl. *Faust,* Die Vorhersehbarkeit des Schadens, S. 28, 29.

[1561] Vgl. *Schlechtriem/Schwenzer/Stoll/Gruber*, Art. 74, Rn. 39.

[1562] Vgl. *Faust,* Die Vorhersehbarkeit des Schadens, S. 238 f., 241.

[1563] Vgl. *Schlechtriem/Schwenzer/Stoll/Gruber,* Art. 74, Rn. 39; *Bianca/Bonell/Knapp*, Art. 74, Anm. 2.9.; *Heuzé,* Art. 74, Anm. 450; *Audit,* La vente internationale de marchandises, Anm. 172; *Faust,* Die Vorhersehbarkeit des Schadens, S. 239; auch dazu OGH, IHR 2002, S. 76, 80 = CISG-Online Case 643.

[1564] So schon *Rabel,* Das Recht des Warenkaufs I, S. 509; *Bianca/Bonell/Knapp*, Art. 74, Anm. 2.9.; *Staudinger/Magnus,* Art. 74, Rn. 34; *Enderlein/Maskow/Strohbach,* Internationales Kaufrecht, Art. 74, Rn. 8; *Herber/Czerwenka,* Art. 74, Rn. 10; auch dazu OGH, IHR 2002, S. 76, 80 = CISG-Online Case 643.

mögliche Folge der Vertragsverletzung voraussehbar sein[1565]. Ob sich daher dieser oder ein völlig anderer, atypischer Kausalverlauf realisiert, ist bedeutungslos.

Beide Komponenten des drohenden Schadens, seiner Art und Höhe, müssen mit den entsprechenden Komponenten des eingetretenen Schadens im Wesentlichen übereinstimmen[1566]. Wenn nämlich der Umfang des tatsächlich eingetretenen Schadens wesentlich höher als voraussehbar ist, hat sich eben ein anderes Schadensrisiko verwirklicht als das voraussehbare, für das der Schuldner nicht einzustehen hat, selbst wenn die Art dieses Schadens gleich mit der des voraussehbaren ist. Der Ersatz wird dabei auf den voraussehbaren Teil des wesentlich umfangreicheren Schadens beschränkt[1567].

iii. Der maßgebliche Zeitpunkt

Die Voraussehbarkeit eines Schadens als Voraussetzung für seine Ersatzfähigkeit ist, wie der Wortlaut des Art. 74 S. 2 CISG besagt, im Zeitpunkt des Vertragsabschlusses zu beurteilen. Zeitpunkt des Vertragsabschlusses ist nach Art. 23 CISG derjenige Zeitpunkt, in dem die Annahme eines Angebots wirksam wird, d. h. in dem die Annahmeerklärung gem. den Art. 18 Abs. 2 S. 1 und Art. 24 CISG zugeht oder eine Annahmehandlung gem. Art. 18 Abs. 3 CISG vorgenommen wird.

Gemäß dem bereits oben Gesagten bezüglich des Zwecks der Voraussehbarkeitsregel ist leicht zu verstehen, weshalb ein Schaden nur dann ersatzfähig ist, wenn das Risiko, das sich im konkreten Fall verwirklicht hat, im Wesentlichen mit dem bei Vertragsabschluss voraussehbaren und konkludent übernommenen Schadensrisiko übereinstimmen muss: Die Bestimmung des Zeitpunkts des Vertragsabschlusses als maßgeblichem Zeitpunkt für die Ersatzfähigkeit eines Schadens ermöglicht beiden Parteien die sog. vertragliche Kalkulation[1568].

Sogar entsprechend der Ansicht, nach der die Voraussehbarkeitsregel dazu dient, den Informationsfluss unter den Parteien zu fördern und so sicherzustellen, dass beide Parteien den größtmöglichen Vorteil vom Vertrag profi-

---

[1565] Vgl. *Ziegler,* S. 210, der einen geringen Grad an Wahrscheinlichkeit verlangt; ähnlich *Staudinger/Magnus,* Art. 74, Rn. 46; *Faust,* Die Vorhersehbarkeit des Schadens, S. 28, 29.

[1566] Vgl. *Piltz,* Internationales Kaufrecht, § 5, Rn. 452; *Schlechtriem,* Internationales UN-Kaufrecht, (2003), Rn. 302.

[1567] Vgl. *Schlechtriem/Schwenzer/Stoll/Gruber*, Art. 74, Rn. 39.

[1568] Vgl. dazu oben, § 11.I.2.c.

tieren[1569], kann die Beurteilung der Voraussehbarkeit auf den Zeitpunkt des Vertragsabschlusses eine Planung in zweifacher Hinsicht möglich machen; zum einen kann sie den Verkäufer in die Lage versetzen, die optimalen Maßnahmen zur Schadensabwehr zu treffen, und zum anderen kann sie verhindern, dass der Käufer sich einen Preisvorteil verschafft, indem er Informationen zur Verringerung oder Vermeidung der drohenden Schäden zurückhält[1570].

Deshalb wäre die Bestimmung eines Zeitpunkts vor oder nach dem Vertragsabschluss als maßgeblicher Zeitpunkt für die Voraussehbarkeit eines Schadens von vornherein abwegig[1571]:

Im Falle, dass ein Zeitpunkt vor dem Vertragsabschluss maßgeblich wäre, würde der Zweck der Voraussehbarkeitsregel des Art. 74 S. 2 CISG vereitelt, da der Käufer, der dem Verkäufer unbekannte schadenserhöhende Umstände nennen sollte, diese ihm aufgrund einer drohenden Preiserhöhung nicht mitteilen würde[1572].

Nichts anderes gilt auch für den Fall, dass der Verkäufer nach Vertragsabschluss, aber vor der Vertragsverletzung von Umständen erfährt, die einen außergewöhnlich hohen Schaden als Folge des Vertragsbruchs androhen. Sein Haftungsumfang kann dadurch nicht nachträglich erweitert werden[1573]. Dies würde der ratio legis der Voraussehbarkeitsregel widersprechen.

Denn wenn der Verkäufer nach dem Vertragsabschluss über unbekannte schadenserhöhende Umstände erfahren würde, würde er auch den Zeitpunkt, in dem er über die Schadensabwehrmaßnahmen entscheiden soll, versäumen. Es läge dann genau die Situation vor, die die Voraussehbarkeitsregel verhindern will: keine Vorausberechnung der entstehenden Kosten beim Vertragsabschluss bzw. keine Bestimmung des Kaufpreises entsprechend den Kosten des in die Schadensverringerung Investierens[1574], was ggf. durch den Abschluss eines Versicherungsvertrags erreicht werden kann[1575].

[1569] Vgl. dazu oben, § 11.I.2.c.i.

[1570] Vgl. *Faust,* Die Vorhersehbarkeit des Schadens, S. 244.

[1571] Vgl. OHG Bamberg, TranspR-IHR 2000, S. 17, 18 = CISG-Online Case 516; .*Schlechtriem/Stoll*, Art. 74, Rn. 37; *Bianca/Bonell/Knapp*, Art. 74, Anm. 2.13; *Faust,* Die Vorhersehbarkeit des Schadens, a. a. O.; *Honsell/Schönle*, Art. 74, Rn. 26; *Staudinger/Magnus,* Art. 74, Rn. 38; *Heilmann,* Mängelgewährleistung, S. 573.

[1572] Vgl. *Faust,* Die Vorhersehbarkeit des Schadens, S. 244.

[1573] Vgl. *v. Caemmerer/Schlechtriem/Stoll*, Art. 74, Rn. 29; *Schlechtriem/Schwenzer/Stoll/Gruber*, Art. 74, Rn. 37; *Bianca/Bonell/Knapp*, Art. 74, Anm. 2.13.; *Staudinger/Magnus,* Art. 74, Rn. 38; *Heuzé,* Art. 74, Anm. 450; *Honsell/Schönle*, Art. 74, Rn. 27; *Neumayer/Ming,* Art. 74, Rn. 3.

[1574] Vgl. *Faust,* Die Vorhersehbarkeit des Schadens, S. 245.

[1575] Vgl. .*Schlechtriem/Stoll*, Art. 74, Rn. 4; *Schlechtriem,* Internationales UN-Kaufrecht, (2003), Rn. 302; *Staudinger/Magnus,* Art. 74, Rn. 31; *Heilmann*, Mängelgewährleistung, S. 550.

Für alle Verluste also, die der vertragsbrüchige Verkäufer objektiv nicht beim Vertragsabschluss abschätzen kann, soll er nicht verantwortlich sein.

iv. Die Beweislast

Der Wortlaut des Art. 74 CISG legt nahe, dass der Geschädigte – hier der Käufer – außer dem Haftungsgrund, der Lieferung einer mangelhaften Sache, den Schaden und dessen Verursachung durch den Haftungsgrund zu beweisen hat, wohingegen es Sache des Schädigers bzw. des Verkäufers ist, zur Begrenzung seiner Haftung die mangelnde Voraussehbarkeit des Schadens einzuwenden und darzutun[1576].

Gegen diese Beweislastverteilung spricht jedoch der Grundgedanke des Art. 74 CISG, dass der Verkäufer nur im Rahmen des mit dem Vertragsabschluss übernommenen Haftungsrisikos verantwortlich ist. Deshalb wird die Meinung vertreten, dass der Käufer die Beweislast dafür zu tragen hat, dass der Verkäufer beim Vertragsabschluss Schäden in einer bestimmten Höhe tatsächlich vorausgesehen hat oder hätte voraussehen müssen[1577].

Diese Beweislastverteilung ist überzeugend.

Denn es geht bei der Voraussehbarkeitsregel des Art. 74 S. 2 CISG, wonach der Verkäufer für Schäden haftet, die er beim Vertragsabschluss tatsächlich vorausgesehen hat oder hätte voraussehen müssen, um innere Tatsachen, die naturgemäß schwer zu beweisen sind. Der positive Beweis, dass der Verkäufer positive Kenntnis von der Möglichkeit des konkreten Schadenseintritts hat, wird daher dem Käufer leichter zu führen sein als der negative, dass der Verkäufer keine Kenntnis von drohenden Schäden hatte oder hätte haben müssen[1578]. Ein solcher Beweis dürfte sogar dem Käufer in der Regel ohne allzu großen Aufwand durch Zeugen, Kopien von Schriftstücken etc. möglich sein. Dagegen würde es dem Verkäufer erhebliche

---

[1576] Vgl. *Enderlein/Maskow/Strohbach*, Internationales Kaufrecht, Art. 74, Rn. 10; *Herber/Czerwenka*, Art. 74, Rn. 13; *Staudinger/Magnus*, Art. 74, Rn. 62. Dazu vgl. auch LG München CISG-Online Case 668; LG Kassel CISG-Online Case 190; OLG Zweibrücken, Urt. v. 311.03.1998, CISG-Online Case 481.

[1577] Vgl. *Schlechtriem/Stoll*, Art. 74, Rn. 47; *Schlechtriem*, Internationales UN-Kaufrecht, (2003), Rn. 302; *Honsell/Schönle*, Art. 74, Rn. 33-34; *Bianca/Bonell/Knapp*, Art. 74, Anm. 2.8.; *Ryffel*, Schadenersatzhaftung des Verkäufers, S. 60; *Faust*, Die Vorhersehbarkeit des Schadens, S. 324 ff. Dazu vgl. auch OHG Bamberg, TranspR-IHR 2000, S. 17, 18 = CISG-Online Case 516; Handelsgericht Zürich, CISG-Online Case 248.

[1578] Vgl. *MünchKomm/Huber*, Art. 74, Rn. 30; *Faust*, Die Vorhersehbarkeit des Schadens, S. 324.

Probleme bereiten, beweisen zu müssen, dass er vom Käufer nicht informiert wurde[1579].

Allerdings gilt das nicht, wenn der Verkäufer sich darauf beruft, dass er darüber hinaus weitere Tatsachen kannte, deren Berücksichtigung zu einer Verringerung des voraussehbaren Schadens führen würde. Dabei hat der Verkäufer ausgehend vom Grundsatz, dass jede Partei die ihr günstigen Tatsachen beweisen muss[1580], die Beweislast zu tragen[1581]. Er muss aber hier nur die Tatsachen beweisen, die er tatsächlich kannte, da das Kennenmüssen in bezug auf die dem Verkäufer günstigen Tatsachen generell unerheblich bleiben soll[1582].

Der Käufer hat schließlich auch die Beweislast zu tragen, wenn er sich darauf beruft, dass der Verkäufer den Schaden nicht gemindert habe, obwohl er dazu analog Art. 77 CISG verpflichtet gewesen wäre[1583]. Insbesondere hat er dabei die Höhe des Schadensminderungsbetrags zu beweisen, so dass der vom Verkäufer zu leistende Schadensersatz um denjenigen Betrag erhöht wird, um den die Schadensminderungsmaßnahme den eingetretenen Schaden vermindert hätte[1584].

II. Die Schadensberechnung bei Vertragsaufhebung gem. den Art. 75, 76 CISG

Art. 74 CISG ist die allgemeine Regelung, nach der der Umfang bzw. die Höhe des Schadensersatzes im Fall des Fortbestehens des Vertrags bestimmt wird[1585]. Für die Schadensberechnung bei Vertragsaufhebung gelten die Sonderregelungen der Art. 75 und 76 CISG, durch die die Vorschrift des Art. 74 CISG verdrängt wird.

Allerdings findet Art. 74 CISG ergänzend Anwendung[1586], wenn dem Käufer Schäden entstehen, die nicht nach Art. 75 oder 76 CISG berechnet werden können.

[1579] Vgl. *Faust,* Die Vorhersehbarkeit des Schadens, a. a. O.

[1580] Vgl. *Schlechtriem,* Internationales UN-Kaufrecht (1996), Rn. 50; *Stadinger/Magnus,* Art. 4 CISG, Rn. 67.

[1581] Vgl. *Faust,* Die Vorhersehbarkeit des Schadens, S. 325.

[1582] Vgl. entsprechende Beispiele in *Faust,* Die Vorhersehbarkeit des Schadens, S. 262, 263.Nach ihm soll ein Wissenmüssen des Verkäufers hinsichtlich der Voraussehbarkeit eines Schadens nur bei Tatsachen in Betracht kommen, die den drohenden Schaden erhöhen.

[1583] Vgl. *Faust,* Die Vorhersehbarkeit des Schadens, S. 327 f.

[1584] Vgl. *Faust,* Die Vorhersehbarkeit des Schadens, S. 327.

[1585] Vgl. *MünchKomm/Huber*, Art. 74, Rn. 1.

[1586] Vgl. *MünchKomm/Huber*, Art. 75, Rn. 18 und Art. 76, Rn. 14.

Die Regel des Art. 75 CISG geht vom Abschluss eines Deckungskaufs bzw. Deckungsverkaufs aus und enthält eine konkrete Schadensberechnung; die Regel des Art. 76 CISG dagegen eröffnet eine abstrakte Berechnungsmöglichkeit des Schadens, die den Unterschied zwischen Vertrags- und Marktpreis zugrunde legt.

1. Konkrete Schadensberechnung

Die konkrete Schadensberechnung nach Art. 75 CISG geht auf Art. 85 EKG[1587] zurück. Nach dieser Vorschrift des UN-Kaufrechts kann als Schadensersatz die Differenz zwischen dem Kauf- und dem Deckungskaufpreis verlangt werden, wenn der Deckungskauf bzw. Deckungsverkauf in „angemessener Weise und innerhalb eines angemessenen Zeitraums" vorgenommen wurde. Ausdrücklich ist außerdem festgelegt, dass neben dieser Differenz jeder weitere Schaden in den Grenzen des Art. 74 CISG geltend gemacht werden kann.

Die Vorschrift des Art. 75 CISG verlangt, dass das Deckungsgeschäft in „angemessener Weise und innerhalb eines angemessenen Zeitraums" vorgenommen werden muss. Wenn es aber nicht bzw. nicht in angemessener Weise und innerhalb eines angemessenen Zeitraums durchgeführt wird, ist nach der h. M. anzunehmen, dass der Schaden anders – nämlich abstrakt i. S. d. Art. 76 CISG, falls die Ware einen Marktpreis hat – berechnet werden muss[1588]. Die Gegenansicht, nach der die konkrete Schadensberechnung des Art. 75 CISG, wobei der Schaden durch den hypothetischen Schaden bei Durchführung eines angemessenen Deckungsgeschäfts begrenzt ist, noch möglich ist[1589], ist dagegen als eine zu Rechtsunsicherheit führende Lösung abzulehnen[1590].

[1587] Artikel 85 EKG: „Hat der Käufer einen Deckungskauf oder der Verkäufer einen Deckungsverkauf in angemessener Weise vorgenommen, so kann er den Unterschied zwischen dem im Vertrag vereinbarten Preis und dem Preis des Deckungskaufs oder des Deckungsverkaufs verlangen".

[1588] Vgl. *Bianca/Bonell/Knapp*, Art. 75, Anm. 2.3.; *Herber/Czerwenka,* Art. 75, Rn. 6; *Enderlein/Maskow/Strohbach,* Internationales Kaufrecht, Art. 75, Rn. 3; *Heilmann*, Mängelgewährleistung, S. 582; *Piltz,* Internationales Kaufrecht, § 5, Rn. 432; *Staudinger/Magnus,* Art. 75, Rn. 20; Sekretariatskommentar, Art. 71, Anm. 6; OHG Hamm, TranspR-IHR 1999, S. 24, 25 = CISG-Online Case 57.

[1589] Vgl. *Honsell/Schönle*, Art. 75, Rn. 15; *Schlechtriem/Stoll*, Art. 74, Rn. 9; *Audit,* La vente internationale de marchandises, Anm. 177; *Schlechtriem/Schwenzer/Stoll/Gruber*, Art. 74, Rn. 9; *Honnold,* Uniform Law, Rn. 414.

[1590] Vgl. *MünchKomm/Huber*, Art. 75, Rn. 15.

Dass in einem solchen Fall auf den Marktpreis der Ware zurückzugreifen ist, was zwangsläufig die Methode der konkreten Schadensberechnung ausschließt, ist leicht zu verstehen; der Marktpreis kann praktisch nie zur Grundlage der konkreten Schadensberechnung gemacht werden, weil ein Deckungsgeschäft, um vom Gläubiger vorgenommen zu werden, zu einem günstigerem Preis als dem Marktpreis abgeschlossen werden muss. Bei marktgängiger Ware ist deshalb nur die abstrakte Schadensberechnung des Art. 76 CISG anzuwenden[1591].

In diesem Zusammenhang ist auch Art. 77 CISG zu beachten, der im Rahmen der Schadensminderungspflicht des Käufers eine Schadensberechnung auf der Basis eines fingierten günstigen Deckungskaufs notwendig macht[1592]. Daher kann man – ausgegangen von der Angemessenheit in der Regelung der Schadensminderungspflicht des Käufers nach Art. 77 CISG, obwohl eine Pflicht zur Vornahme eines Deckungsgeschäfts den Gläubiger grundsätzlich nicht trifft[1593] – auch den Begriff der Angemessenheit in der betreffenden Vorschrift des Art. 75 CISG auslegen, um beide Kriterien für die Vornahme eines Deckungskaufs, das der angemessenen Weise und das des angemessenen Zeitraums, näher zu bestimmen[1594].

Angemessen i. S. d. Art. 77 CISG ist also eine Maßnahme, wenn der Käufer zum Zeitpunkt, zu dem er über die Vornahme von Schadensminderungsmaßnahmen entscheiden muss, vernünftigerweise annehmen kann, dass die Kosten dieser Maßnahme geringer sind als die durch sie erzielte Verringerung des Schadens[1595].

Dementsprechend kann ein Deckungskauf nur dann als angemessen gelten, wenn seine Kosten geringer als der Betrag sind, mit dem der Schaden des Käufers durch die Vornahme einer anderen Schadensminderungsmaßnahme vermindert würde[1596]. Dabei wird man aber nicht verlangen können, dass der Gläubiger intensive Bemühungen unternehmen muss, um die günstigere Möglichkeit für das Deckungsgeschäft wahrnehmen zu können. Er braucht nur „nahe liegende Geschäftschancen“ [1597] auszunutzen.

[1591] Vgl. *Schlechtriem/Schwenzer/Stoll/Gruber*, Art. 74, Rn. 9.

[1592] Vgl. *Bianca/Bonell/Knapp*, Art. 75, Anm. 3.1.; *Herber/Czerwenka,* Art. 75, Rn. 7; *Enderlein/Maskow/Strohbach,* Internationales Kaufrecht, Art. 75, Rn. 4; *Staudinger/Magnus,* Art. 75, Rn. 4; *Honsell/Schönle*, Art. 75, Rn. 6; *Rudolf,* Kaufrecht der Export- und Importverträge, Art. 75, Rn. 4; *Karollus,* UN-Kaufrecht, S. 222.

[1593] Vgl. *MünchKomm/Huber*, Art. 75, Rn. 21.

[1594] Vgl. *Honsell/Schönle*, Art. 75, Rn. 15; *Audit,* La vente internationale de marchandises, Anm. 177; *Heilmann*, Mängelgewährleistung, S. 581; *Neumayer/Ming,* Art. 75, Rn. 2.

[1595] Vgl. die Beispiele von *Faust,* Die Vorhersehbarkeit des Schadens, S. 302.

[1596] Vgl. *MünchKomm/Huber*, Art. 75, Rn. 13.

[1597] Zit. *MünchKomm/Huber*, Art. 75, Rn. 13.

Es geht aber gar nicht um die Angemessenheit eines Deckungskaufs, wenn der Käufer ohne Grund zu überhöhten Preisen eingekauft hat. In einem solchen Fall hat er vor allem seine Schadensminderungspflicht verletzt[1598].

Der Käufer trägt in voller Höhe das Risiko, dass ein Deckungskauf beim Eintritt des Schadens angemessen erscheint, während zugleich für einen optimalen Beobachter erkennbar war, dass damit der Schaden nicht vermindert werden könnte. Die Voraussehbarkeitsregel findet im Rahmen des Art. 75 CISG[1599] keine Anwendung. Der Verlust, der durch den vermeintlich angemessenen Deckungskauf eintritt, ist ein unvorhersehbarer Schaden und soll deshalb nur vom Käufer getragen werden. Das ergibt sich vor allem aus dem Wortlaut der hier behandelten Schadensersatzvorschriften und der Systematik des UN-Kaufrechts[1600]

Das Prinzip, dass die Haftung des Verkäufers auf das erkennbare Risiko beschränkt werden muss, soll nicht bei einem Deckungsgeschäft gelten, das mit der Absicht der Schadensminderung i. S. d. Art. 77 CISG abgeschlossen wurde.

Nach dem Wortlaut des Art. 75 CISG stellt das Angemessenheitserfordernis des Deckungsgeschäfts darüber hinaus Anforderungen hinsichtlich der Zeit. Das Deckungsgeschäft muss innerhalb eines angemessenen Zeitraums nach der Aufhebung vorgenommen werden. Grundgedanke dieser Vorschrift ist dem Käufer die Möglichkeit zu nehmen, bei schwankenden Marktpreisen auf Kosten des Verkäufers zu spekulieren[1601].

Für die Länge des angemessenen Zeitraums als entscheidendes Kriterium für die Vornahme eines günstigen Deckungsgeschäfts kommt es auf den Einzelfall an[1602]. Denn der Käufer braucht, um einen günstigen Deckungskauf abzuschließen, vernünftigerweise einen Zeitraum, innerhalb dessen er die aktuellen Marktgegebenheiten prüfen und generell alle nach den Umständen zum Abschluss erforderlichen Geschäftskontakte machen kann. In der Rechtsprechung wurde in einer Entscheidung sogar eine Frist von zwei Wochen als unproblematisch angesehen[1603], während in anderen Entscheidungen eine Frist von bis zu drei Monaten als angemessen angenommen wurde[1604].

[1598] Vgl. *Hutter*, S. 186.

[1599] Vgl. *Enderlein/Maskow/Strohbach,* Internationales Kaufrecht, Art. 75, Rn. 7; *MünchKomm/Huber*, Art. 75, Rn. 16; *Faust,* Die Vorhersehbarkeit des Schadens, S. 25 f.

[1600] Vgl. *MünchKomm/Huber*, Art. 75, Rn. 16, Fn. 34.

[1601] Vgl. *Herber/Czerwenka,* Art. 75, Rn. 4; *Loewe,* Internationales Kaufrecht, Art. 75, S. 93.

[1602] Vgl. *Herber/Czerwenka,* Art. 75, Rn. 4; *Staudinger/Magnus,* Art. 75, Rn. 18; Sekretariatskommentar, Art. 71, Anm. 5.

[1603] Vgl. OLG Hamburg, OLGR Hamburg 1997, S. 149 = CISG-Online Case 261.

[1604] Vgl. OLG Düsseldorf CISG-Online Case 119; Supreme Court of Queensland Urt. v. 17.11.2000 CISG-Online 587.

Fraglich ist hingegen, was gilt, wenn der Käufer zwar den eigentlich angemessenen Zeitraum nicht überschritten hat, diese Frist aber nicht nach der Aufhebung des Vertrags, sondern früher beginnt. Mit anderen Worten, es ist zweifelhaft, ob der Käufer abweichend vom Wortlaut des Art. 75 CISG einen günstigen Deckungskauf vor der Aufhebungserklärung vornehmen kann.

Die Antwort darauf ergibt sich aus der ergänzenden Funktion des Art. 75 CISG im Schadensersatzrecht des UN-Kaufrechts, die, wie oben erklärt wurde, in der konkreten Schadensberechnung bei Vertragsaufhebung liegt. Daher ist die Frage nach der Zulässigkeit eines Deckungsgeschäfts, das der Gläubiger vor der Aufhebungserklärung abgeschlossen hat, grundsätzlich nicht zu bejahen[1605]. Dies ist aber nicht ohne Einwände anzunehmen. Bei der ernsthaften und endgültigen Erfüllungsverweigerung kann man ohnehin auf die Aufhebungserklärung verzichten, denn dabei ist die Durchführung des Vertrags unmöglich[1606]. Dabei kann man dann ein Deckungsgeschäft zur Schabensminderung abschließen, ohne eine Aufhebungserklärung abzusenden zu brauchen.

Daher ist die Ansicht anzunehmen, dass man nur im Fall der ernsthaften und endgültigen Erfüllungsverweigerung den Abschluss eines Deckungsgeschäfts vor der Absendung der Aufhebungserklärung zulassen sollte[1607]. In allen anderen Fällen steht dem ersatzberechtigten Käufer der Weg über Art. 74 CISG offen[1608].

2. Abstrakte Schadensberechnung

Außer der konkreten Schadensberechnung regelt das UN-Kaufrecht in Art. 76 CISG die abstrakte Schadensberechnung, also die Möglichkeit des Käufers als Geschädigter, im Fall der Vertragsaufhebung den Schaden abstrakt als Differenz zwischen dem Vertrags- und dem Marktpreis der Kaufsache

---

[1605] Vgl. *Soergel/Llüderitz/Dettmeier*, Art. 75, Rn. 4.

[1606] Vgl. OLG Hamburg, OLGR Hamburg 1997, S. 149 = CISG-Online Case 261; OLG Bamberg, TranspR-IHR 2000, S. 17, 18 = CISG-Online Case 516; *Schlechtriem/Stoll*, Art. 75, Rn. 5; *Staudinger/Magnus*, Art. 75, Rn. 8; *MünchKomm/Huber*, Art. 75, Rn. 12.

[1607] Vgl. OLG Hamburg CISG-Online Case 261; *Honsell/Schönle*, Art. 75, Rn. 22; *MünchKomm/Huber*, Art. 75, Rn. 12; *Schlechtriem/Stoll*, Art. 75, Rn. 5. Anders aber *Staudinger/Magnus*, Art. 75, Rn. 12, der die Vornahme des Deckungsgeschäfts vor der Aufhebungserklärung im Falle annimmt, dass das Deckungsgeschäft im geringen zeitlichen Abstand von der Aufhebungserklärung und in günstigem Preis abgeschlossen wird.

[1608] Vgl. *MünchKomm/Huber*, Art. 74, Rn. 1; OGH, IHR 2001, S. 208 = CISG-Online Case 581.

zu berechnen, wenn diese einen Marktpreis hat und kein Deckungskauf vorgenommen wurde.

Die abstrakte Schadensberechnungsmethode, die dem englischen Recht entnommen ist[1609], war schon in Art. 84 EKG[1610] geregelt. Die Vorschrift des Art. 76 CISG weicht aber von dieser Norm in einigen wesentlichen Punkten ab: 1. Während das Haager Kaufrecht die abstrakte Schadensberechnung als gleichrangig neben der konkreten Schadensberechnung behandelt, so dass der Gläubiger zwischen beiden Berechnungsformen frei wählen kann[1611], sofern die Ware einen Marktpreis hat, lässt Art. 76 CISG nach seinem klaren Wortlaut eine abstrakte Schadensberechnung nach der Marktpreisregel nur dann zu, wenn der ersatzberechtigte Gläubiger kein Deckungsgeschäft vorgenommen hat[1612]. 2. Während der Art. 84 EKG auf den Marktpreis des Tages abstellt, an dem der Vertrag aufgehoben worden ist, hat nach Art. 76 CISG die abstrakte Schadensberechnung im Fall der Vertragsaufhebung nach der Übernahme der Ware durch den Käufer ausnahmsweise zum Zeitpunkt der Warenübernahme zu erfolgen. 3. Während die betreffende Vorschrift des Haager Kaufrechts für den maßgeblichen Marktpreis auf den Markt verweist, auf dem das Geschäft vorgenommen worden ist, notfalls auf den Markt, der in angemessener Weise an seine Stelle treten kann, präzisiert Art. 76 CISG diese Regel, indem er in erster Linie auf den Marktpreis abstellt, der am Ort gilt, an dem die Lieferung der Ware hätte erfolgen sollen, und nur notfalls – nämlich wenn dort kein Marktpreis besteht – auf den Marktpreis eines angemessenen Ersatzortes.

Aus diesen Bedingungen im Rahmen des Art. 76 CISG ergibt sich der Wille der Verfasser des UN-Kaufrechts, die abstrakte Schadensermittlung nur subsidiär zur konkreten zu ermöglichen[1613]; ein Schadensersatz kann nach Art. 76 CISG nur verlangt werden, wenn kein Deckungsgeschäft bzw. kein

---

[1609] Vgl. *Beß,* S. 51.

[1610] Artikel: (1) „Bei Aufhebung des Vertrages ist, wenn die Sache einen Marktpreis hat, als Schaden der Unterschied zu ersetzen, der zwischen dem im Vertrag vereinbarten Preis und dem Marktpreis an dem Tag, an dem der Vertrag aufgehoben worden ist, besteht.
(2) Für die Berechnung des Schadensersatzes nach Absatz 1 ist der Preis auf dem Markt maßgebend, auf dem das Geschäft vorgenommen worden ist, oder, wenn ein solcher Preis nicht besteht oder seine Anwendung nicht angebracht wäre, der Preis auf dem Markt, der in angemessener Weise an seine Stelle treten kann, wobei Unterschiede in den Kosten der Beförderung der Sache zu berücksichtigen sind".

[1611] Vgl. *Dölle/Weitnauer,* Vor Art. 84-87 EKG, Rn. 11 und Art. 85, Rn. 4; *Huber*, RabelsZ 43 (1979) S. 413, 470 f.

[1612] Vgl. *Schlechtriem/Stoll*, Art. 76, Rn. 1.

[1613] Vgl. *v. Caemmerer/Schlechtriem/Stoll,* Art. 76, Rn. 5.

Deckungskauf vorgenommen wurde, oder wenn dieser unangemessen oder verspätet ist und damit zu einer Erhöhung des Schadens führen würde[1614]. Hier stellt sich aber die Frage, wann eigentlich ein Deckungskauf vorliegt. Um diese Frage zu beantworten, muss man zwischen dem Deckungskauf, der anstatt des ursprünglichen Kaufs zur Verminderung des Schadens wegen Nichterfüllung des Vertrags vorgenommen werden muss, und dem bloßen Kauf zur Beschaffung von Ersatzwaren (Ersatzkauf), für die der Käufer dem Verkäufer keine Rechenschaft schuldig ist, unterscheiden[1615].
Mit dem Deckungskauf ist ein konkretes Deckungsgeschäft gemeint[1616], das dem aufgelösten Vertrag entspricht[1617]. Vor allem spricht die Übereinstimmung in Maß, Gewicht oder sonstigen Besonderheiten der Kaufsache für das Vorliegen eines solchen Kaufs[1618]. Zusätzlich ist auch eine Auslegung des zweiten Kaufes entsprechend dem Sinn und dem Zweck der Vorschrift des Art. 75 CISG entscheidend, die, wie oben gezeigt wurde, im Zusammenwirken mit der Schadensminderungspflicht des Käufers nach Art. 77 CISG eine Preisspekulation zum Nachteil des Schadensersatzverpflichteten verhindern will[1619]. Ist aber zweifelhaft, ob ein Deckungskauf vorgenommen wurde, so ist ein bloßer Ersatzkauf anzunehmen und folglich ist hier die abstrakte Schadensberechnungsmethode des Art. 76 CISG möglich[1620].
Wie oben gesagt wurde, ist der Zeitpunkt der Vertragsaufhebung, also der Vertragsauflösungserklärung gem. Art. 76 Abs. 1 S. 1 CISG für die abstrakte Schadensermittlung maßgeblich[1621], während im Sonderfall des Art. 76 Abs. 1 S. 2 CISG, in dem der Vertrag erst nach der Warenübernahme aufgelöst wird, der frühere Zeitpunkt der Übergabe der Ware an den Käufer maßgeblich ist[1622]. Grundgedanke dieser Regelung ist die Spekulation zu

---

1614 Vgl. OHG Hamm, TranspR-IHR 1999, S. 24, 25 = CISG-Online Case 57; *Bianca/Bonell/Knapp*, Art. 76, Anm. 2.3.; *Herber/Czerwenka*, Art. 76, Rn. 6; *Kranz,* Die Schadensersatzpflicht, S. 222; *Staudinger/Magnus,* Art. 76, Rn. 20; Sekretariatskommentar, Art. 71, Anm. 6; *Enderlein/Maskow/Strohbach,* Internationales Kaufrecht, Art. 76, Rn. 3; *Piltz,* Internationales Kaufrecht, § 5, Rn. 432; Sekretariatskommentar, Art. 71, Anm. 6; *Reinhart,* UN-Kaufrecht, Art. 76, Rn. 3.

1615 Vgl. *Enderlein/Maskow/Strohbach,* Internationales Kaufrecht, Art. 76, Rn. 1.

1616 Vgl. *Enderlein/Maskow/Strohbach,* Internationales Kaufrecht, Art. 75, Rn. 4; *Staudinger/Magnus,* Art. 75, Rn. 13; *Honsell/Schönle*, Art. 75, Rn. 13.

1617 Vgl. *Schlechtriem/Stoll*, Art. 75, Rn. 3; *Bianca/Bonell/Knapp*, Art. 75, Anm. 2.6.; *Herber/Czerwenka*, Art. 75, Rn. 4; *Staudinger/Magnus,* Art. 75, Rn. 12; Sekretariatskommentar, Art. 72, Anm. 3; *Reinhart,* UN-Kaufrecht, Art. 75, Rn. 3.

1618 Vgl. *Hutter*, S. 192.

1619 Vgl. *Schlechtriem/Stoll*, Art. 75, Rn. 3; *Staudinger/Magnus,* Art. 75, Rn. 10; OLG Hamburg, OLGR Hamburg 1997, S. 149 = CISG-Online Case 261.

1620 Vgl. *Herber/Czerwenka*, Art. 76, Rn. 4; *Honsell/Schönle*, Art. 76, Rn. 5; OGH, IHR 2001, S. 207, 208 = CISG-Online Case 581.

1621 Vgl. *Staudinger/Magnus,* Art. 76, Rn. 15.

1622 Vgl. *Staudinger/Magnus,* Art. 76, Rn. 16.

Lasten des ersatzpflichtigen Verkäufers aufgrund evtl. Preisschwankungen zwischen Warenübernahme und Vertragsaufhebung zu verhindern[1623].
In gleicher Absicht wird neben dem Zeitpunkt, zu dem der Marktpreis der Kaufsache bestimmt wird, auch der Ort für die Übermittlung des Marktpreises geregelt.
Nach Art. 76 Abs. 2 CISG ist also auf den Marktpreis an dem Ort abzustellen, an dem die Lieferung der Ware hätte erfolgen sollen. Der Lieferort wird hier durch Art. 31 CISG bestimmt[1624]. Im Sonderfall aber, in dem die Ware keinen Marktpreis am Lieferort hat, ist auf den Marktpreis eines angemessenen Ersatzortes zurückzugreifen, wenn die gleichen Waren dort unter gleichen Marktbedingungen gehandelt werden[1625]. Dabei ist jedoch erhöhte oder verminderte Transportkosten rechnerisch zu berücksichtigen[1626].
Notwendig ist nämlich stets, dass überhaupt ein Marktpreis für die Ware der verkauften Art besteht. Ansonsten ist der Käufer durch die Möglichkeit eines konkreten Deckungskaufs nach Art. 75 CISG geschützt[1627], während weitere Schäden zusätzlich nach Art. 74 CISG geltend gemacht werden können[1628].
Es ist nun die Frage zu beantworten, ob die Voraussehbarkeitsregel des Art. 74 S. 2 CISG auch auf die Schadensberechnung gem. Art. 76 CISG anwendbar ist.
Ausgehend davon, dass die Abrechnung auf der Marktpreisbasis in der Regel vorhersehbar ist, wird teilw. die Ansicht vertreten, dass die Anwendung des Art. 74 S. 2 CISG nicht generell ausgeschlossen sei[1629].
Diese Stellungnahme überzeugt aber nicht. Denn für die Übernahme des erkennbaren Haftungsrisikos durch den Verkäufer bzw. die Beschränkung des Schadensersatzes auf die voraussehbaren Schäden hat die Schadensbe-

---

[1623] Vgl. Off. Rec. 222, Nr. 38-40; *Honsell/Schönle*, Art. 76, Rn. 11; *Honnold*, Uniform Law, Rn. 412.
[1624] Vgl. *v. Caemmerer/Schlechtriem/Stoll*, Art. 76, Rn. 3; *Bianca/Bonell/Knapp*, Art. 76, Anm. 3.2.; *Herber/Czerwenka*, Art. 76, Rn. 8; *Honsell/Schönle*, Art. 76, Rn. 17; *Staudinger/Magnus*, Art. 75, Rn. 18; Sekretariatskommentar, Art. 72, Anm. 5; *Heilmann*, Mängelgewährleistung, S. 589; *Karollus*, UN-Kaufrecht, S. 220; OHG Hamm, TranspR-IHR 1999, S. 24 = CISG-Online Case 57.
[1625] Vgl. *Herber/Czerwenka*, Art. 76, Rn. 8; *Staudinger/Magnus*, Art. 76, Rn. 19.
[1626] Vgl. *Schlechtriem/Stoll*, Art. 75, Rn. 9.
[1627] Vgl. *Schlechtriem/Stoll*, Art. 75, Rn. 1; *MünchKomm/Huber*, Art. 76, Rn. 15, nach dem Art. 75 CISG bei Vorliegen eines angemessenen Deckungsgeschäft eine „Sperrwirkung" gegenüber Art. 76 CISG entfaltet.
[1628] Vgl. *Schlechtriem/Stoll*, Art. 76, Rn. 9; *Bianca/Bonell/Knapp*, Art. 76, Anm. 3.7; *Hutter*, S. 193; *Herber/Czerwenka*, Art. 76, Rn. 6; *Audit*, La vente internationale de marchandises, Anm. 178.
[1629] Vgl. *Schlechtriem/Stoll*, Art. 76, Rn. 11; *Staudinger/Magnus*, Art. 76, Rn. 6.

rechnung im Rahmen des Art. 76 CISG, die auf der Differenz zwischen Kauf- und Marktpreis der Ware zum Zeitpunkt der Vertragsaufhebung bzw. der Warenübernahme beruht, keine Bedeutung. Der Verlust, der durch die Differenz zwischen Kauf- und Marktpreis der Ware zu diesem Zeitpunkt eintritt, ist zwar ein vorhersehbarer Schaden, wird er aber nicht vom Verkäufer übernommen. Art. 76 CISG regelt eine Schadensberechnungsmethode nach Aufhebung des Vertrags und hat nichts mit der Übernahme des Haftungsrisiko vom Verkäufer nach Art. 74 S. 2 CISG zu tun.
Daher ist die Meinung anzunehmen, nach der die Anwendung der Voraussehbarkeitsregel des Art. 74 S. 2 bei der Schadensberechnung gem. Art. 76 CISG – wie bei der gem. Art. 75 CISG – dem Wortlaut und der Systematik des UN-Kaufrechts widersprechen würde[1630].

III. Der Rechtsbehelf des Schadensersatzes im deutschen und griechischen nationalen Recht im Vergleich mit dem UN-Kaufrecht

Die Schadensersatzansprüche bei Sachmängeln ergeben sich im deutschen nationalen Kaufrecht aus dem Verweis der generellen Vorschrift des § 437 BGB auf das allgemeine Leistungsstörungsrecht (vgl. §§ 280, 281, 283, 284 und 311 a BGB), während sie im griechischen nationalen Recht in Art. 543, 544 gr. ZGB geregelt sind; wichtige Unterschiede zwischen deutschem und griechischem Recht bestehen im Hinblick auf den Umfang der Haftung und des Schadensersatzes nicht, sondern nur auf die Voraussetzung der Fristsetzung zu Nacherfüllung, die für die Geltendmachung des Schadensersatzrechtsbehelfs im Rahmen des deutschen Rechts nach § 281 Abs. 1 BGB erforderlich ist.
Die Regelungen über die Schadensersatzansprüche bei Sachmängeln in beiden nationalen Rechten führen zu ähnlichen Ergebnissen in der Praxis wie das UN-Kaufrecht; sie weichen aber hinsichtlicht des Voraussehbarkeitskriteriums und des Vertretenerfordernises erheblich von diesem ab.

1630 Vgl. *MünchKomm/Huber*, Art. 76, Rn. 11; *Faust,* Die Vorhersehbarkeit des Schadens, S. 25 f.

1. Die Voraussetzungen des Schadensersatzes

Die Schadensersatzhaftung in beiden nationalen Rechten setzt vor allem voraus, dass der Verkäufer den Mangel zum Zeitpunkt des Gefahrübergangs zu vertreten hat[1631] (vgl. §§ 281, 280 Abs. 1, 3 BGB bzw. Art. 543 S. 2 gr. ZGB). Mit diesem Verschuldenserfordernis unterscheidet sie sich von der Schadensersatzhaftung im UN-Kaufrecht, die, wie dargelegt wurde, gem. Art. 45 Abs. 1 lit. b, 79 CISG nicht auf ein Vertretenmüssen des Verkäufers, sondern durch die Einteilung in Risikobereiche im Ergebnis auf eine Garantiehaftung abstellt. Der Verkäufer ist nämlich nur bei fehlender Beherrschbarkeit eines Risikos von seiner Schadensersatzhaftung befreit. In der Regel hat er aber für Sachmängel ohne Entlastungsmöglichkeit zu haften, weil es sich häufig um von ihm selbst hergestellte Sachen handelt, derer vertragsgemäße Beschaffenheit zu seinem Verantwortungsbereich gehört. Eine Entlastung gem. Art. 79 CISG ist lediglich in den seltenen Fällen denkbar, dass der Mangel unter Mitwirkung eines nicht beherrschbaren Ereignisses entstanden ist oder ein Entwicklungsfehler vorliegt[1632].

Das Vertretenmüssen des Schuldners im Rahmen beider nationaler Rechtsordnungen richtet sich nach § 276 bzw. Art. 330 gr. ZGB. Der Verkäufer hat danach den Mangel insbesondere dann zu vertreten, wenn er ihn kennt[1633] oder fahrlässig nicht kennt[1634], oder wenn ihm hinsichtlich der Mangelhaftigkeit der Kaufsache das fahrlässige Verhalten eines Dritten vorzuwerfen ist[1635].

[1631] Das Vertretenmüssen des Verkäufers wird aber widerleglich vermutet, so dass er das fehlende Verschulden behaupten und beweisen muss. Vgl. *MünchKomm/Westermann*, § 437, Rn. 27; hinsichtlich des griechischen Rechts vgl. auch die Entscheidung von Efeteio Thessaloniki (ΕφΘεσ) 2451/1997.

[1632] Vgl. *v. Caemmerer/Schlechtriem/Stoll*, Art. 79, Rn. 46; *Ryffel*, Schadenersatzhaftung des Verkäufers, S. 106.

[1633] Kennt der Verkäufer die Mangelhaftigkeit der Kaufsache und verschweigt er diese dem Käufer, so können u. U. § 444 BGB bzw. Art. 557 gr. ZGB angewendet werden; zu der Offenbarungspflicht des Verkäufers beim begründeten Verdacht eines Mangels, der als Sachmangel i. S. d. § 434 BGB anzusehen ist, vgl. LG Bonn, NJW 2004, S. 74.

[1634] Vgl. *MünchKomm/Westermann*, § 437, Rn. 27.

[1635] Dem Verkäufer ist das Verschulden des Herstellers nicht gem. § 278 BGB vorzuwerfen, da die Herstellung der Kaufsache nicht zu seinem Pflichtenprogramm gehört; vgl. RGZ 101, S. 158; BGH, NJW 68, S. 2238; NJW-RR 89, S. 1190; *MünchKomm/Grundmann*, § 278, Rn. 31; *Palandt/Heinrichs*, § 278, Rn. 13. Dementsprechend ist der Hersteller auch nicht als Erfüllungsgehilfe des Verkäufers anzusehen, wenn der Verkäufer seine Untersuchungspflicht wegen berechtigten Vertrauens auf die Zuverlässigkeit des Herstellers unterlassen hat (vgl. BGH, LM § 276 (Hb) Nr. 2). Ist der Verkäufer aber selbst Hersteller, oder tritt er als solcher auf, muss er sich das Verschulden seiner Hilfspersonen anrechnen lassen.

Nach den betreffenden Vorschriften liegt Fahrlässigkeit des Verkäufers vor, wenn dieser die im Verkehr erforderliche Sorgfalt außer Acht gelassen hat. Das bedeutet, dass es jedes Mal auf die Umstände des konkreten Falls ankommen soll, insbesondere auf die Natur des Kaufgegenstandes, auf die Art des Geschäfts oder auf die besonderen Kenntnisse und Erfahrungen des Verkäufers, um zu entscheiden, ob der Verkäufer gegen die Sorgfaltsanforderungen verstoßen bzw. sich fahrlässig verhalten hat[1636].

Für den Inhalt und die Schärfe der Sorgfaltsanforderungen bzw. für den Verstoß dagegen ist oft die Pflicht des Verkäufers zur Untersuchung der Kaufsache entscheidend[1637].

Allerdings besteht eine allgemeine Untersuchungspflicht des Verkäufers nicht[1638].

So ist bei industriell gefertigten Massenwaren eine Untersuchungspflicht des Verkäufers und folglich ein entsprechendes fahrlässiges Verhalten seinerseits nicht anzunehmen, wenn es sich um Waren handelt, die an den Käufer originalverpackt abgegeben werden sollen[1639]. Das gilt aber nicht bei hochwertigen oder fehleranfälligen Produkten[1640], wo eine Untersuchung erforderlich ist, oder bei Gebrauchtwaren[1641], wo nicht regelmäßig von deren Mangelfreiheit ausgegangen werden kann, und deshalb eine Untersuchung durch den Verkäufer notwendig ist.

Eine Untersuchungspflicht des Verkäufers kann sich auch daraus ergeben, dass er gerade mit seinem Sachverstand wirbt[1642]. Unter Umständen ist dann aber schon eine verschuldensunabhängige Haftung des Verkäufers wegen Übernahme einer Garantie anzunehmen[1643].

Der Verkäufer hat also die Pflichtverletzung auch ohne Rücksicht auf sein Verschulden zu vertreten, wenn er die Abwesenheit eines Mangels oder das Vorhandensein einer bestimmten Eigenschaft der Kaufsache zugesichert hat (Übernahme einer Beschaffenheits- und Haltbarkeitsgarantie nach § 443 BGB bzw. einer Haftung für das Vorhandensein einer zugesicherten Eigenschaft nach Art. 543 S. 1 gr. ZGB). In solchen Fällen besteht in Wirklichkeit kein Unterschied der nationalen Schadensersatzregelung zu der des UN-Kaufrechts.

1636 Vgl. *MünchKomm/Westermann*, § 437, Rn. 27.
1637 Vgl. *MünchKomm/Westermann*, a. a. O.
1638 Vgl. *MünchKomm/Westermann*, § 437, Rn. 27, Fn. 117.
1639 Vgl. BGH, NJW 68, S. 2238; 81, S. 1269.
1640 Vgl. *Palandt/Heinrichs*, § 280, Rn. 19.
1641 Vgl. *MünchKomm/Westermann*, § 437, Rn. 41.
1642 Vgl. BGHZ 61, S. 120.
1643 Vgl. *MünchKomm/Westermann*, § 437, Rn. 36.

Nach dem deutschen nationalen Recht (vgl. § 281 Abs. 1 BGB) ist eine weitere Voraussetzung für das Schadensersatzverlangen erforderlich: eine dem Verkäufer zu setzende Frist zur Nacherfüllung muss fruchtlos verstrichen sein[1644].
Abweichend vom UN-Kaufrecht und dem griechischen Recht hat also der Verkäufer – wie bei der Regelung des Rücktritts und der Minderung – durch die grundsätzlich geforderte Nachfristsetzung Gelegenheit, die Pflicht zum Ersatz des Mangelschadens durch Nacherfüllung abzuwenden. Der Unterschied zu UN-Kaufrecht und griechischem Recht, die sofort und unabhängig von einer ergebnislosen Nachfristsetzung die Haftung für den Mangelschaden vorsehen, wirkt sich in der Praxis allerdings nur dann aus, wenn der Mangelschaden höher ist als der Betrag, den der Käufer aufgrund der Minderung erzielen kann[1645].

2. Der Umfang des Schadensersatzes

Nach den Voraussetzungen der §§ 280 Abs. 1 und 3, 281 Abs. 1, 311 a BGB bzw. des Art. 543 gr. ZGB haftet der Verkäufer bei Lieferung einer mangelhaften Ware wegen Nichterfüllung des Vertrags.
Dabei hat er für das positive Interesse des Käufers einzustehen. Der Käufer muss so gestellt werden, wie er stehen würde, wenn ordnungsgemäß erfüllt worden wäre[1646]. Dementsprechend kann dieser entweder einen kleinen Schadensausgleich für die erbrachte mangelhafte Leistung nach §§ 311 a Abs. 2, 281 Abs. 1 S. 1 BGB verlangen oder, wenn besondere Voraussetzungen vorliegen, einen Anspruch auf einen großen Schadensersatz für das Ausfallen seines Erfüllungsinteresses nach § 281 Abs. 1 S. 3 BGB erheben. Er hat nämlich zur Befriedigung seines Erfüllungsinteresses einen Anspruch entweder auf „kleinen Schadensersatz" (Schadensersatz für den Leistungsminderwert der mangelhaften Kaufsache) oder auf „großen Schadensersatz" (Schadensersatz statt der ganzen Leistung).
Beim Anspruch auf „kleinen Schadensersatz" kann der Käufer die mangelhafte Sache behalten und nur die Wertdifferenz zwischen der mangelhaften

---

[1644] Vgl. AG Daun, NJW-RR 2003, S. 1465.
[1645] Vgl. *Schlechtriem*, ZeuP 1993, S. 217, 234.
[1646] Vgl. BGH, NJW 98, S. 2901; *MünchKomm/Westermann*, § 437, Rn. 34; hinsichtlich des griechischen Rechts vgl. *Vogopoulos* in *Georgiades/Stathopoulos/Vogopoulos,* Kommentar zum gr. ZGB, Art. 543 a.F., Rn. 10; *Kornilakis,* S. 288.

und der mangelfreien Sache fordern[1647]. Dabei ist der Schadensersatzanspruch nach dem niedrigeren Preis zu bemessen, zu dem der Vertrag in Kenntnis des Mangels abgeschlossen worden wäre[1648].

Alternativ zum kleinen Schadensersatz kann der Käufer den sog. großen Schadensersatz, also Ersatz des durch die Nichterfüllung des gesamten Vertrags entstehenden Schadens, verlangen. Er kann nämlich die erhaltene Sachleistung zur Verfügung stellen bzw. deren Abnahme ablehnen und Schadensersatz statt der ganzen Leistung fordern[1649]. Dieser Anspruch des Käufers steht aber nach § 281 Abs. 1 S 3 BGB ausdrücklich unter der besonderen Voraussetzung, dass die Pflichtverletzung bzw. die Mangelhaftigkeit der Kaufsache nicht unerheblich ist. Das ergibt sich auch aus der Verbindung der Schadensersatzvorschriften mit der Vorschrift des § 323 Abs. 5 S. 2 BGB bzw. Art. 540 Abs. 1 Nr. 3 gr. ZGB über den Rücktritt, der nur bei einer erheblichen vertragswidrigen Lieferung zulässig ist. Folglich kann in Anwendung des § 281 Abs. 1 S. 3 BGB, auf den § 311 a Abs. 2 BGB ausdrücklich mitverweist, nur der kleine Schadensersatz gefordert werden, wenn es sich um einen unerheblichen Mangel handelt[1650].

Ersatzfähig sind auch, wie im Rahmen des Schadensersatzrechts des UN-Kaufrechts, außer den Schäden, die aus dem Mangel selbst erwachsen, die Schäden an sonstigen Rechtsgütern des Käufers (Mangelfolgeschäden)[1651] und der entgangene Gewinn wegen der Mangelhaftigkeit der Ware (vgl. § 280 Abs. 1 BGB bzw. Art. 543 gr ZGB)[1652]. Als Schaden, die zu ersetzen sind, kommen neben dem entgangenen Gewinn auch vergebliche Aufwendungen (vgl. § 284 BGB bzw. Art. 526 gr. ZGB, obwohl nach dem Wort-

---

[1647] Vgl. BGHZ 96, S. 283, [287]; BGH, NJW 1986, S. 920; BGHZ 108, S. 156; *MünchKomm/Westermann*, § 463 a. F., Rn. 20; *MünchKomm/Westermann*, § 437, Rn. 34; *Palandt/Heinrichs*, § 281, Rn. 46. Hinsichtlich des griechischen Rechts vgl. die Entscheidungen v. Efeteio Athen (ΕφΑθ) 5655/1995, EllDik (ΕλλΔικ) 37/1996, S. 1436; AP (ΑΠ) 1760/1987, NoB 36/1988 = EEN 1989, S. 911; AP (ΑΠ) 1741/1987, EEN 1988, S. 906; Efeteio Athen (ΕφΑθ) 5837/1987, ArchN (ΑρχΝ) 39/1988, S. 20; vgl. auch *Georgiades/Stathopoulos/Vogopoulos*, Kommentar zum gr. ZGB, Art. 543 a. F., Rn. 11; *Filios*, I/1, S. 78.

[1648] Vgl. OLG Koblenz, NJW-RR 91, S. 847; BGH NJW 93, S. 2103.

[1649] Vgl. BGHZ 29, S. 148; *MünchKomm/Westermann*, § 437, Rn. 22, 35; hinsichtlich des griechischen Rechts vgl. *Filios*, I/1, S. 78; *Kornilakis*, S. 291.

[1650] Vgl. *MünchKomm/Westermann*, § 437, Rn. 22.

[1651] Vgl. *MünchKomm/Westermann*, § 437, Rn. 26. Zur Definition des Begriffs der Mangelfolgeschäden vgl. auch *Filios*, I/1, S. 79; Doris in *Georgiades/Stathopoulos/Doris*, Kommentar zum gr. ZGB, Art. 534-562 a. F., Rn. 33; vgl. auch die Entscheidung von AP (ΑΠ) 1452/2001.

[1652] Der schlecht belieferte Käufer kann konkret darlegen, dass ein geplanter Weiterverkauf wegen der Mangelhaftigkeit der Kaufsache nicht durchgeführt werden konnte und ihm deswegen ein bestimmter Betrag als Gewinn entgangen ist, vgl. dazu BGH, NJW 79, S. 812; 80, S. 1742; BGH, NJW 93, S. 2104. Den Gewinn aus einem solchen Kauf braucht er sich aber nicht anrechen zu lassen, da dieser auch bei ordnungsgemäßer Erfüllung erzielt worden wäre, vgl. RGZ 52, S. 150; 90, S. 161.

laut der Vorschrift des griechischen Rechts nicht klar ist, dass der Verkäufer auch für das negative Interesse des Käufers einzustehen hat)[1653] sowie die Belastung des Käufers mit Schadensersatzpflichten gegenüber seinen Abnehmern[1654] in Betracht. Der Käufer kann ferner den Verlust aus einem Deckungsgeschäft auch dann ersetzt verlangen, wenn er dieses vor Ablauf der Frist zur Nacherfüllung abgeschlossen hat[1655].

Daraus ergibt sich also, dass im Rahmen beider nationaler Rechte von Deutschland und Griechenland wie im UN-Kaufrecht das Prinzip der Totalreparation bzw. des vollständigen Schadensausgleiches für den Geschädigten gilt[1656].

Bemerkenswert ist auch, dass im Einklang mit dem Wiener internationalen Kaufrecht in beiden nationalen Rechten das Prinzip der Kumulierung des Schadensersatzes mit den anderen Rechtsbehelfen des Käufers und besonders mit dem Rücktritt gilt (vgl. §§ 441 Ab. 4, 325 BGB bzw. Art. 543 Abs. 1 gr. ZGB). Damit umfasst der Schadensersatzanspruch lediglich den über das Erfüllungsinteresse hinausgehenden Schaden[1657]. Hier ist hingegen darauf hinzuweisen, dass die deutsche Rechtsordnung mit § 325 BGB im Vergleich mit der griechischen Regel des Art. 543 Abs. 1 gr. ZGB umfassend und deutlicher ist. Zwar hat der Käufer nach Art. 543 Abs. 1 gr. ZGB die Möglichkeit den Rechtsbehelf des Rücktritts mit dem des Schadensersatzes zu kombinieren. Nach dem Wortlaut der betreffenden Vorschrift erscheint aber das Verlangen des Schadensersatzes im Fall des Rücktritts nicht möglich zu sein. Es wäre daher wünschenswert gewesen, eine ähnliche Regel wie § 325 BGB im Rahmen des griechischen Kaufrechts einzuführen, die ausdrücklich die Kumulierung des Schadensersatzes mit dem Rücktritt vorsieht.

Schlussendlich bestehen kaum Unterschiede beider nationalen Rechte zum UN-Kaufrecht hinsichtlich des Umfangs der Haftung des Verkäufers, obwohl das Schadensersatzrecht im UN-Kaufrecht auf dem Prinzip der Voraussehbarkeit des zu ersetzenden Schadens nach Art. 74 S. 2 CISG beruht. Es ist bereits gezeigt, dass gemäß der Voraussehbarkeitsregel in Art. 74 S. 2 CISG die vertragsbrüchige Partei für Schadensfolgen, die nicht außerhalb

---

1653 Vgl. LG Bonn, NJW 2004 S. 75 m. Bespr. *Lorenz*, NJW 2004, S. 27, 28; *MünchKomm/Westermann*, § 437, Rn. 34; hinsichtlich des griechischen Rechts vgl. die Entscheidung von AP (ΑΠ) 1760/1987; *Filios*, I/1, S. 78; *Georgiades/Stathopoulos/Vogopoulos*, Kommentar zum gr. ZGB, Art. 543 a. F., Rn. 11.

1654 Vgl. *Palandt/Heinrichs*, § 281, Rn. 26.

1655 Vgl. BGH, NJW, 98, S. 2902.

1656 Vgl. hinsichtlich des griechischen Rechts *Georgiades/Stathopoulos/Vogopoulos*, Kommentar zum gr. ZGB, Art. 543 a. F., Rn. 10.

1657 Vgl. hinsichtlich des griechischen Rechts *Kornilakis*, S. 290-291.

des Schutzzwecks des Vertrags bzw. der Pflichten liegen, die jede Partei beim Vertragsabschluss übernimmt, zu haften hat[1658]. Aber auch im Rahmen beider nationalen Rechte sind Nachteile als ersatzfähig zu berücksichtigen, die adäquat kausal durch die Pflichtverletzung entstanden sind und von dem jeweiligen Schutzbereich der verletzten Pflicht erfasst werden[1659]. In beiden nationalen Rechten muss man daher, wie im UN-Kaufrecht, für die Bestimmung des Umfangs der Haftung des Verkäufers bzw. seiner Schadensersatzpflicht auf den konkreten Vertrag zurückgreifen.

IV. Zusammenfassung

Im Rahmen des UN-Kaufrechts gewährt Art. 45 Abs. 1 lit. b CIS dem vertragstreuen Käufer bei Lieferung einer mangelhaften Kaufsache einen Anspruch auf Schadensersatz. In dieser Norm, welche nicht auf „Verschulden“ oder „Vertretenmüssen“ des Verkäufers abstellt, wird hinsichtlich der Berechnung und des Umfangs des Schadensersatzes auf die Art. 74-77 CISG verwiesen, die jedoch lediglich eine allgemeine Regelung enthalten.

Art. 45 Abs. 2 CISG erlaubt die Kumulierung bzw. Kombination eines anderen Rechtsbehelfs mit dem Schadensersatzanspruch, den der vertragstreue Käufer parallel ausüben darf, damit der mit dem ersten ausgeübten Rechtsbehelf nicht abgedeckte Schaden durch den Schadensersatz ausgeglichen werden kann.

Gemäß der Systematik der Konvention ist Art. 74 CISG die Grundregel, die die Höhe des Schadensersatzes bestimmt, wenn der Vertrag fortbesteht, während die Sonderregeln der Art. 75 und 76 CISG sich auf die Schadensberechnung beziehen, wenn der Käufer den ursprünglichen Vertrag wegen der Vertragsverletzung auflöst.

Das Schadensersatzrecht im UN-Kaufrecht beruht, wie in Art. 74 CISG ausgedrückt wird, auf drei Grundprinzipien: die Totalreparation der vertragstreuen Partei durch Geldersatz, die Voraussehbarkeit des zu ersetzenden Schadens und das Kausalverhältnis zwischen der Vertragsverletzung und dem schädigenden Erfolg nach der „conditio-sine-qua-non“-Formel.

Nach dem Grundsatz der Totalreparation in Art. 74 S. 1 CISG hat der Verkäufer den Vermögenszustand des Käufers herzustellen, der ohne die Vertragsverletzung bzw. die Lieferung einer vertragswidrigen Ware bestehen

---

[1658] Vgl. dazu oben, § 11.I.2.c.

[1659] Vgl. *Bianca/Bonell/Knapp*, Art. 74, Anm. 2.8., der für einen nur geringfügigen Unterschied spricht; *Schlechtriem/Schwenzer/Sto ll/Gruber*, Art. 74, Rn. 35.

würde. Daher sind alle Vermögenseinbußen sowie der entgangene Gewinn zu ersetzen, die infolge dieser Vertragsverletzung entstehen. Der Ersatz hat dabei stets in Geld zu erfolgen; ein Recht auf Naturalrestitution gibt es im UN-Kaufrecht nicht.

Die Schäden werden hier nach der Differenztheorie ausgeglichen, also nach der Differenz zwischen der hypothetischen Vermögenslage des Gläubigers, die bei vertragsgemäßer Erfüllung eingetreten wäre und der tatsächlichen, infolge der Vertragsverletzung gegebenen Vermögenslage.

Nach dem Grundsatz der Voraussehbarkeit in Art. 74 S. 2 CISG darf der Schadensersatz den Verlust nicht überschreiten, den der vertragsbrüchige Schuldner bei Vertragsabschluss als mögliche Folge einer Vertragsverletzung vorausgesehen hat oder unter Berücksichtigung der Umstände, die er kannte oder kennen musste, hätte voraussehen müssen.

Demgemäß ist der Schaden voraussehbar, wenn sein Eintritt als Folge einer bestimmten Vertragsverletzung zu erwarten ist. Ein solcher Schaden ist ersatzfähig. Ob der tatsächlich eingetretene Schaden oder der Kausalverlauf zwischen der Leistungsstörung und diesem Schaden voraussehbar sind, ist unerheblich. Zweck der Voraussehbarkeitsregel ist, das Haftungsrisiko des Schuldners auf das beim Vertragsabschluss erkennbare zu beschränken. D. h., die vertragsbrüchige Partei haftet für Schadensfolgen nicht, wenn sie außerhalb des Schutzzwecks des konkreten Vertrags liegen, selbst wenn sie für diese Partei voraussehbar waren.

Die Voraussehbarkeitsregel erfasst zwei Fallgruppen, die erste, bei der der Maßstab subjektiv ist, und die zweite, bei der der Maßstab für die Voraussehbarkeit eines Schadens objektiv ist.

Maßgebend ist also, ob der Schuldner die Folgen seines vertragswidrigen Verhaltens tatsächlich als möglich vorausgesehen hat oder ob er selbst oder eine vernünftige Person in seiner Lage beim Vertragsabschluss hätte voraussehen müssen, dass, wenn der Vertrag in der geschehenen Weise verletzt wird, die eingetretenen Schadensfolgen entstehen können.

Nach einer anderen fundiert begründeten Ansicht, die sich aber in Literatur und Rechtsprechung nicht durchgesetzt hat, besteht der Sinn der Voraussehbarkeitsregel auf der Basis der ökonomischen Analyse des Rechts darin, den Gläubiger zu veranlassen, sein Wissen über den im Fall der Vertragsverletzung drohenden Schaden mit dem Schuldner zu teilen, damit dieser die im Rahmen des konkreten Vertrags optimalen Maßnahmen zur Schadensverringerung treffen und den Kaufpreis so festsetzen kann, dass er den durch den Kauf verursachten Kosten entspricht. Auf diese Weise wird verhindert, dass der Käufer als Geschädigter zu Lasten des Verkäufers von einem eventuell niedrigen Kaufpreis profitiert.

Gegenstand der Voraussehbarkeit ist allein der drohende Schaden, der als Folge einer bestimmten Vertragsverletzung eintreten muss.
Hinsichtlich dieses Schadens soll man auf zwei Komponenten abstellen: Auf die Art sowie auf die Höhe des drohenden Schadens. Der drohende Schaden soll nämlich in Bezug auf seine Art und Höhe voraussehbar sein, denn damit kann der Verkäufer die optimalen Maßnahmen zur Schadensvermeidung oder –verminderung treffen und entsprechend dazu den Kaufpreis bestimmen.
Mit diesen Komponenten des drohenden Schadens müssen aber die Art und Höhe des eingetretenen Schadens nur im Wesentlichen übereinstimmen. Wenn nämlich der Umfang des tatsächlich eingetretenen Schadens wesentlich höher als voraussehbar ist, hat sich eben ein anderes Schadensrisiko verwirklicht als das voraussehbare, sodass der Schuldner keine Haftung trägt. Dies gilt, selbst wenn die Art des eingetretenen Schadens gleich mit der des voraussehbaren ist.
Die Voraussehbarkeit ist, wie der Wortlaut des Art. 74 S. 2 CISG besagt, im Zeitpunkt des Vertragsabschlusses zu beurteilen. Dies entspricht dem Sinn der Voraussehbarkeitsregel, die Haftung der vertragsbrüchigen Partei auf das mit dem Vertragsabschluss übernommene Risiko zu begrenzen. Denn nur zu diesem Zeitpunkt ist es beiden Parteien und besonders dem Verkäufer in Bezug auf seine Pflicht zur Lieferung einer vertragsmäßigen Ware möglich, das erkennbare Schadensrisiko zu übernehmen.
Die Beweislast hinsichtlich aller mit der Voraussehbarkeit der drohenden Schäden zusammenhängenden Umstände trägt grundsätzlich der Käufer. Dieser Grundsatz wird mit dem Sinn der Voraussehbarkeitsregel begründet, dass der Verkäufer nur im Rahmen des mit dem Vertragsabschluss übernommenen Haftungsrisikos verantwortlich ist.
Diese Beweislastverteilung wird aber auch durch die Praxis selbst begründet. Denn dabei geht es oft um innere Tatsachen, deren Beweis vom Verkäufer schwer zu führen ist.
Das wird schließlich mit dem Grundsatz begründet, dass jede Partei die für sie günstigen Tatsachen zu beweisen hat. Demgemäß hat der Käufer zu beweisen, wenn er sich auf die Nichterfüllung der Schadensminderungspflicht des Verkäufers beruft, dass letzterer den eingetretenen Schaden nicht gemindert hat, obwohl er dazu analog Art. 77 CISG verpflichtet gewesen wäre. Insbesondere hat er dabei die Höhe des Schadensminderungsbetrags zu beweisen, so dass der vom Verkäufer zu leistende Schadensersatz um denjenigen Betrag erhöht wird, um den die Schadensminderungsmaßnahme den eingetretenen Schaden vermindert hätte.
Außer auf die Grundnorm des Art. 74 CISG ist im Rahmen des Schadenersatzrechts nach dem UN-Kaufrecht für den Fall der Vertragsaufhebung auf

die Sonderregelungen der Art. 75 und 76 CISG zurückzugreifen; Art. 74 ist jedoch auch hier ergänzend heranzuziehen, soweit es um den Ersatz eines weitergehenden Schadens geht.

Art. 75 CISG ordnet für den Fall der Vertragsaufhebung eine konkrete Schadensberechnungsmethode an: Nach dieser Vorschrift kann der Käufer den Schaden nach Maßgabe eines tatsächlich durchgeführten Deckungskaufs berechnen, der in angemessener Weise und innerhalb eines angemessenen Zeitraums vorgenommen wurde; d. h. er kann den Unterschiedsbetrag zwischen dem im Vertrag vereinbarten Preis und dem Preis des tatsächlich durchgeführten Deckungskaufs verlangen.

Der Sinn dieser Regel liegt in der Schadenminderungspflicht des Käufers nach Art. 77 CISG, gemäß der der Käufer den Schadensbetrag vermindern muss. Daher steht die Angemessenheit eines Deckungskaufs, wenn der Käufer seine Schadensminderungspflicht verletzt hat, indem er ohne Grund zu überhöhten Preisen einkauft, gar nicht mehr zur Diskussion. Ebenso ist ein Deckungskauf auch nie als angemessen anzusehen, wenn dieser außerhalb einer vernünftigen Frist nach der Vertragsaufhebung vorgenommen wird. Die Angemessenheit eines Zeitraums ist jedoch nur zu bejahen, wenn die Umstände des Einzelfalls dies zulassen.

Der Käufer kann auch nach Art. 76 CISG bei der Aufhebung des Vertrags den Differenzbetrag zwischen dem Vertragspreis und dem Marktpreis der Ware verlangen, sofern diese einen Marktpreis hat.

Diese Berechnungsmethode ist insofern abstrakt, als der Käufer tatsächlich keinen entsprechenden Deckungskauf getätigt hat. Die Vorschrift des Art. 76 CISG ist jedoch gegenüber der Vorschrift des Art. 75 CISG subsidiär, weil die konkreten Ergebnisse eines tatsächlich durchgeführten Deckungskaufs vorzuziehen sind. Die Vornahme eines Deckungsgeschäfts schliesst nämlich die abstrakte Berechnungsmethode aus.

Die Regelungen über die Schadensersatzansprüche des Käufers bei Lieferung einer vertragswidrigen Sache im Rahmen der nationalen Rechte von Deutschland und Griechenland weichen vom UN-Kaufrecht in starke Masse ab, obwohl sie zu ähnlichen Ergebnissen wie dieses führen.

Im Gegensatz zum UN-Kaufrecht, das eine verschuldensunabhängige Haftung für den Verkäufer vorsieht, löst also die in der mangelhaften Lieferung enthaltene Pflichtverletzung in beiden nationalen Rechten einen Schadensersatzanspruch des Käufers nur dann aus, wenn der Verkäufer die Pflichtverletzung nach §§ 280, 281, 283, 284 und 311 a BGB bzw. Art. 543 S. 2 gr. ZGB zu vertreten hat. Das Vertretenmüssen kann dabei entweder auf Vorsatz oder Fahrlässigkeit des Verkäufers oder auf Übernahme einer Garantie bzw. Zusicherung des Bestehens einer Eigenschaft der Ware beruhen (vgl. § 443 BGB bzw. Art. 543 S. 1 gr. ZGB). Dem Verkäufer kann auch u.

U. hinsichtlich der Mangelhaftigkeit der Kaufsache die Fahrlässigkeit des Verhaltens eines Dritten vorgeworfen werden.

Als wesentlicher Unterschied des deutschen Rechts zum UN-Kaufrecht und dem griechischen Recht, besteht das Erfordernis einer Fristsetzung zur Nacherfüllung (vgl. §§ 437, 440 i. V. m. §§ 281 Abs. 1, 311 a Abs. 2 BGB). Nur bei fruchtlosem Ablauf dieser Frist kann der Käufer einen Ausgleich seiner Schäden verlangen. Dieser Unterschied hat aber in der Praxis aufgrund des Vorrangs des Nacherfüllungsrechts des Verkäufers – sowohl im UN-Kaufrecht als auch im griechischen Recht – wenig Bedeutung.

Nach dem Prinzip der Totalreparation ist der Käufer in beiden nationalen Rechten wie im UN-Kaufrecht so zu stellen, wie er gestanden hätte, wenn der Verkäufer im Zeitpunkt der Fälligkeit der Leistung diese ordnungsgemäß erbracht hätte. Es sind also dabei wie im UN-Kaufrecht nicht nur die Schäden, die aus dem Mangel der Kaufsache selbst erwachsen, sondern auch die Schäden an sonstigen Rechtsgütern des Käufers (Mangelfolgeschäden) und die Schäden, die auf vergebliche Aufwendungen zurückzuführen sind, die der Käufer im berechtigten Vertrauen auf den Erhalt einer mangelfreien Sache gemacht hat. Die Schadensersatzpflicht des Verkäufers umfasst auch den Ersatz des entgangenen Gewinns wegen der Mangelhaftigkeit der Ware (vgl. §§ 280, 281, 283, 311a und 284 BGB bzw. Art. 543 Abs. 1, 526 gr. ZGB).

Der Käufer hat nach dem Prinzip der Kumulierung des Schadensersatzes mit den anderen Rechtsbehelfen auch die Möglichkeit, den Rechtsbehelf des Rücktritts mit dem des Schadensersatzes zu kombinieren, wenn er sich am Vertrag nicht festhalten will (vgl. § 325 BGB bzw. Art. 543 Abs. 1 gr. ZGB).

Es bestehen schließlich kaum Unterschiede in der Praxis beider nationalen Rechte zum UN-Kaufrecht hinsichtlich des Umfangs der Haftung des Verkäufers. Denn im Rahmen der Voraussehbarkeitsregel des Art. 74 S. 2 CISG, die das Schadensersatzhaftungssystem des UN-Kaufrechts ordnet, sind diejenigen Schäden ersatzfähig bzw. durch den Verkäufer voraussehbar, die im deutschen und griechischen Kaufrecht adäquat kausal durch die Pflichtverletzung entstanden sind und von dem jeweiligen Schutzbereich des Vertrags erfasst werden.

Literaturverzeichnis

Abschlußbericht: Abschlußbericht der Kommission zur Überarbeitung des Schuldrechts, (Hrsg. Bundesminister der Justiz) Köln 1992; zit.: Abschlußbericht, S...

Aicher, Josef: Beiträge zum Zivil- und Handelsrecht, Festschrift für Rolf Ostheim zum 65. Geburtstag, Wien 1990.

ders.: Leistungsstörungen aus der Verkäufersphäre in: *Hoyer/Posch,* Wiener Kaufrecht, S. 114 ff., Wien 1992; zit.: *Aicher/Hoyer/Posch,* Wiener Kaufrecht, S....

Antweiler, Clemens: Beweislastverteilung im UN-Kaufrecht, insbesondere bei Vertragsverletzungen des Verkäufers, Frankfurt a. M. 1995; zit.: *Antweiler,* Beweislastverteilung, S....

Asam, Herbert/Portale, Giuseppe/Thietz-Bartram, Joachim/Biamonti, Luigi: UN-Kaufrecht, Bankgarantie, Anwaltsniederlassung; Heidelberg 1990.

Asam, Herbert: Anmerkung zu LG Stuttgart Entscheidung am 31.08.1989, RIW 1989, S. 942 f.; zit.: LG Stuttgart, RIW 1989, S. 984; m. Anm. *Asam,* RIW 1989, S...

Audit, Bernard: La vente internationale de marchandises, Convention des Nations-Unies du 11 avril 1980, Paris 1990; zit.: *Audit,* La vente internationale de marchandises, Anm...

Aue, Joachim: Mängelgewährleistung im UN-Kaufrecht unter besonderer Berücksichtigung stillschweigender Zusicherungen, Frankfurt a. M., Bern, New York, Paris 1989; zit.: *Aue,* S...

Auszug aus dem Abschlußbericht: Auszug aus dem Abschlußbericht der Kommission zur Überarbeitung des Schuldrechts, Diskussionsgrundlage zum 60. Deutschen Juristentag Münster 1994.

Assmann, Heinz-Dieter/Kirchner, Christian/Schanze, Erich: Ökonomische Analyse des Rechts, Mohr Tübingen 1993.

Bacher, Gabriela: Irrtumsanfechtung, vertragswidrige Leistung und Sachmängelgewährleistung beim Kauf, Diss. Univ. Freiburg 1995.

Ballerstedt, Kurt: Zur Lehre vom Gattungskauf, in Festschrift für Hans-Carl Nipperdey, zum 60. Geburtstag 21. Januar 1955, München und Berlin 1955.

Basedow Jürgen: Die Reform des deutschen Kaufrechts, Rechtsvergleichendes Gutachten des Max-Planck-Instituts für ausländisches und internationales Privatrecht im Auftrag des Bundesministers der Justiz.

ders.: Europäische Vertragsrechtsvereinheitlichung und deutsches Recht – Einführung in: Basedow, Jürgen, Europäische Vertragsrechtsvereinheitlichung und deutsches Recht, Tübingen 2000.

Beinert, Dieter: Wesentliche Vertragsverletzung und Rücktritt, Bielefeld 1979; zit.: *Beinert*, Wesentliche Vertragsverletzung und Rücktritt, S....

Benicke, Christoph: Anmerkung zu BGH Entscheidung am 03.04.1996 – VIII ZR 51/95, IPRax 1997, S. 326, 331; zit.: BGH, IPRax 1997, S. 342 mit Anm. *Benicke*, S...

Beß, Jürgen: Die Haftung des Verkäufers für Sachmängel und Falschlieferung im Einheitlichen Kaufgesetz im Vergleich mit dem englischen und deutschen Recht, Heidelberg 1971; zit.: *Beß,* S...

Bianca C. M./Bonell M. J. (Hrsg.): Commentary on the international Sales Law, The 1980 Vienna Sales Convention, Guiffré/Milano 1987; zit.: *Bianca/Bonell/*Bearbeiter, Art…, Anm…

Bianca, Massimo: Wesentliche Vertragsverletzung im italienischen und internationalen Kaufrecht, Institut der Universität des Saarlandes, Vortrag am 23. April 1988.

Binder, Michael: Diskussionsbeiträge, S. 146 f., in: *Doralt,* Das UNCITRAL-Kaufrecht (1985); zit.: *Binder* in *Doralt,* Das UNCITRAL-Kaufrecht, S...

Bitter, Georg/Meidt, Eva: Nacherfüllungsrecht und Nacherfüllungspflicht des Verkäufers in neuen Schuldrecht, ZIP 2001, S. 2114 ff.; zit.: *Bitter/Meidt,* Nacherfüllungsrecht und Nacherfüllungspflicht des Verkäufers im neuen Schuldrecht, ZIP 2001, S....

Bitter, Walter: Wandelungsmöglichkeit des professionellen Käufers und Nachlieferungsrecht des Verkäufers bei aliud-Lieferung, Eine Untersuchung zum deutschen und UN-Kaufrecht, BB 1993, Heft 33, S. 2315 ff.; zit.: *Bitter*, BB 1993, S....

Blaurock, Uwe: Culpa-Haftung und nachträgliche Unmöglichkeit in: *Schlechtriem, Peter/Leser, Hans:* Zum deutschen und Internationalen Schuldrecht, Kolloquium aus Anlaß des 75. Geburtstages von Ernst von Caemmerer, Tübingen 1983.

Böckler, Rolf: Die Entwicklung der Zusicherung in der Rechtsprechung des Reichsgerichts und Bundesgerichtshofs, Ein Beitrag zur Fortbildung des gewährleistungsrechtlichen Schadensersatzanspruches (§§ 463 S. 1, 480 II BGB) zu einem in der Vertragsstruktur fundierten typisierten Haftungsbehelf des Käufers, Berlin 1987.

Böhm, Claudia: Umtausch beim Kauf, Univ. Münster, Diss. 1992.

Bonell, Michael-Joachim: Vertragsverhandlungen und culpa in contrahendo nach dem Wiener Kaufrechtsübereinkommen, RIW 1990, S. 693 ff.

Borer, Peter: Produkthaftung: Der Fehlerbegriff nach deutschem, amerikanischem und europäischem Recht, St. Gallen 1986.

Botzenhardt, Bertrand: Die Auslegung des Begriffs der wesentlichen Vertragsverletzung im UN-Kaufrecht, Diss. Univ. Augsburg 1997.

Brüggermeier, Gert: Anmerkung zur Entscheidung BGH, Urteil v. 12.2.1992 – VIII ZR 276/90 (OLG Frankfurt a.M.), JZ 1992, S. 801 ff.

ders.: Anmerkung zur Entscheidung BGH, Urteil v. 31.3.1998-VI ZR 109/97 (OLG Karlsruhe/Freiburg), JZ 1999, 97 ff.

Bundesministerium der Justiz: Diskussionsentwurf eines Schuldrechtsmodernisierungsgesetzes, Stand: 04.08.2000; http://www.bmj.bund.de/ggv/eschurmo.pdf

dass.: Diskussionsentwurf eines Schuldrechtsmodernisierungsgesetzes, Stand: 09.052001; http://www.bmj.bund.de/ggv/eschurmo.pdf

Bunte, Hermann-Josef: Zur geplanten Überarbeitung des Schuldrechts, Zugleich Besprechung von: Gutachten und Vorschläge zur Überarbeitung des Schuldrechts, herausgegeben vom Bundesminister der Justiz, Köln 1981, BB 1982, S. 685 ff.

Bydlinski, Franz: Diskussionsbeiträge, S. 147 ff. in: *Doralt,* Das UNCITRAL-Kaufrecht (1985); zit.: *Bydlinski* in *Doralt,* Das UNCITRAL-Kaufrecht, S...

Cahn, Andreas: Produzentenhaftung, Instruktionsfehler/"Milupa", EwiR 1992, S. 35-36.

v. Caemmerer, Ernst: Die wesentliche Vertragsverletzung im international Einheitlichen Kaufrecht in Festschrift für Helmut Coing Band 2 (1982), S. 35 ff.; zit.: *v. Caemmerer,* Wesentliche Vertragsverletzung, FS Coing, Band 2, S....

v. Caemmerer/Schlechtriem: Kommentar zum Einheitlichen UN-Kaufrecht, Das Übereinkommen der Vereinten Nationen über Verträge über den internationalen Warenkauf – CISG Kommentar – 2. Auflage, München 1995; zit.: *v. Caemmerer/Schlechtriem/*Bearbeiter, Art..., Rn...

v. Caemmerer Ernst: Probleme des Haager einheitlichen Kaufrechts, AcP 178 (1978), S. 121 ff.

ders.: Vorschläge und Gutachten zur Reform des deutschen internationalen Privatrechts der außervertraglichen Schuldverhältnisse, Tübingen 1983.

Canaris, Claus-Wilhelm: Ansprüche wegen "positiver Vertragsverletzung" und "Schutzwirkung für Dritte" bei nichtigen Verträgen – zugleich ein Beitrag zur Vereinheitlichung der Regeln über die Schutzpflichtverletzungen, JZ 1965, S. 475 ff.

ders.: Systemdenken und Systembegriff in der Jurisprudenz, entwickelt am Beispiel des deutschen Privatrechts, 2. überarbeitete Auflage, Graz 1968.

ders.: Schutzgesetze – Verkehrspflichten – Schutzpflichten, in FS für Karl Larenz zum 80. Geburtstag am 23. April 1983, herausgegeben von Canaris, Claus-Wilhelm/Diederichsen, Uwe, München 1983; zit.: *Canaris*, FS für Larenz, S...

ders.: Die Vertrauenshaftung im deutschen Privatrecht, München 1972.

ders.: Handelsrecht, 22. Aufl. München 1995; zit.: *Canaris,* Handelsrecht, S....

ders.: Die Stellung der „UNIDROIT Principles" und der „Principles of European Contract Law" im System der Rechtsquellen in: Basedow, Jürgen, Europäische Vertragsrechtsvereinheitlichung und deutsches Recht, Tübingen 2000.

ders.: Die Schadensersatzpflicht der Kreditinstitute für eine unrichtige Finanzierungsbestätigung als Fall der Vertrauenshaftung, in Festschrift für Herbert Schimansky, Herausgegeben von Horn, Lwowski, Nobbe, Köln 2000.

ders.: Die Reform des Rechts der Leistungsstörungen, JZ 2001, S. 499 ff.

Coerster-Waltjen, Dagmar: Die nichtvertragsgemäße Ware im Kaufrecht, Jura 1997, S. 637 ff.

Corvaglia, Stefano: Das einheitliche UN-Kaufrecht CISG, Bern 1998.

Dawwas, Amin: Die Gültigkeit des Vertrages und das UN-Kaufrecht, Univ. Berlin, Humboldt; Diss. 1998, Aachen 1998.

Daun, Johannes: Grundzüge des UN-Kaufrechts, JuS 1997, S. 811 ff.; zit.: *Daun,*, JuS 1997, S...

Dellios, Georgios: Die besonders leichte Fahrlässigkeit, Thessaloniki 1993.

ders.: Der Schutz von Konsumenten und das System des Privatrechts, Athen-Thessaloniki 2001.

Detzer, Klaus/Thamm, Manfred: Überblick über das neue UN-Kaufrecht, BB 1992, S. 2369 ff.

Deutscher Bundestag (Hrsg.): Entwurf eines Gesetzes zur Modernisierung des Schuldrechts, Deutscher Bundestag – 14. Wahlperiode, Drucksache 14/6040; zit.: BT-Drucks. S...

Deutscher Bundesrat (Hrsg.): Entwurf eines Gesetzes zur Modernisierung des Schuldrechts, Stellungnahme des deutschen Bundesrates, Drucksache 338/01; zit. BR-Drucks, S...

Diederichsen, Uwe: Das Zusammentreffen von Ansprüchen aus Verschulden beim Vertragsschluss und Sachmängelgewährleistung, BB 1965, S. 401 ff.

ders.: Zur gesetzlichen Neuordnung des Schuldrechts, AcP 182 (1982). S. 101 ff.

Diedrich, Frank: Autonome Auslegung von Internationalem Einheitsrecht, Diss. Baden-Baden 1994; zit.: *Diedrich,* Autonome Auslegung, S...

ders.: Voraussetzungen einer Vertragsaufhebung wegen Sachmängel nach dem Wiener Kaufrecht, Anmerkung zu OLG Frankfurt a. M., Teilurteil vom 18.1.1994-5U 15/93, RIW 1994 S. 240, RIW 1995, Heft 1, S. 11 ff.; zit.: *Diedrich,* Anmerkung zu OLG Frankfurt a. M., RIW 1995, S....

ders.: Lückenfüllung im Internationalen Einheitsrecht, Möglichkeiten und Grenzen richterlicher Rechtsfortbildung im Wiener Kaufrecht, RIW 1995, Heft 5, S. 354 f.

Dielmann, Heinz: Produzentenhaftung für Lebensmittelprodukte in den USA; RIW 1986, S. 949 ff.

Dölle, Hans: Einheitliches Kaufgesetz und Internationales Privatrecht, RabelsZ 32 (1968), S. 438 ff.

ders.: Kommentar zum einheitlichen Kaufrecht. Das Haager Kaufrechtsübereinkommen vom 1. Juli 1964, 1. Aufl., München 1976; zit.: *Dölle*/Bearbeiter, Art..., Rn...

Doralt, Peter: Das UNCITRAL-Kaufrecht im Vergleich zum österreichischen Recht, Referate und Diskussionen des Symposiums in Baden bei Wien 17.-19. April 1983, Wien 1985; zit.: Referent in: *Doralt,* Das UNCITRAL-Kaufrecht, S...

ders.: Gefahrtragungsprobleme beim Versendungskauf, Diss. Univ. Münster 1970.

Dötsch, Wolfgang: Ansprüche des Käufers bei Selbstvornahme, Anmerkung zu AG Kempen, Urt. v. 18.08.2003 – 11 C 225/02, DAR 2004, S. 34 ff.; zit.: AG Kempen, DAR 2004, S. 34 m. Anm. Dötsch.

Dreher, Fritz-Jürgen: Gefahrtragungsprobleme beim Versendungskauf, Diss. Univ. Münster 1970; zit.: *Dreher,* Gefahrtragungsprobleme beim Versendungskauf, S...

Drexter, Volker: Das Verhältnis von culpa in contrahendo zur Sachmängelgewährleistung, insbesondere unter Berücksichtigung der Rechtslage beim Unternehmenskauf, Diss. Köln 1998.

Ehmann, Horst/Rust, Ulrich: Die Verbrauchsgüterkaufrichtlinie, Umsetzungsvorschläge unter Berücksichtigung des Reformentwurfs der deutschen Schuldrechtskommission, JZ 1999, S. 853 ff.

Eichler, Hermann: Die Einheit des Privatrechts, ZHR 126 (1964), S. 181-198.

Emmerich, Volker: Verschulden bei Vertragsverletzungen, positiver Vertragsverletzung uns Sachmängelhaftung beim Kauf, in Festschrift für Günther Jahr, herausgegeben von *M. Martinek, J. Schmidt, E. Walde*, Tübingen 1993.

ders.: Abgrenzung von aliud und peius beim PC-Kauf, BGB §§ 326, 459, 463, 480, 812, BGH Urt. v. 12.3.1997 – VIII ZR 15/96 (Köln), Jus 1997, S. 1042 ff.

ders.: Der Handelskauf, JuS 1997, S. 98 ff.

ders.: Rechtsprechungsübersicht- Haftung des Verkäufers für die Verletzung von Aufklärungspflichten, JuS 1999, S. 496-497.

Enderlein, Fritz/Maskow, Dietrich/Strohbach, Heinz: Internationales Kaufrecht, Berlin 1996; zit.: *Enderlein/Maskow/Strohbach,* Internationales Kaufrecht, Art...., Rn....

Ernst, Wolfgang: Die Verpflichtung zur Leistung in den Principles of European Contract Law und in den Principles of International Commercial Contracts in: Basedow, Jürgen, Europäische Vertragsrechtsvereinheitlichung und deutsches Recht, Tübingen 2000.

Ernst, Wolfgang/Zimmermann, Reinhard: Zivilrechtswissenschaft und Schuldrechtsreform, Tübingen 2001; zit.: Bearbeiter in *Ernst/Zimmermann,* Zivilrechtswissenschaft und Schuldrechtsreform, S...

Ensthalter, Jürgen: Haftungsrechtliche Bedeutung von Qualitätssicherungsvereinbarungen, NJW 1994, S. 817 ff.

Escher, Alfred: UN-Kaufrecht: Stillschweigender Verzicht auf Einwand einer verspäteten Mängelrüge?, RIW 1999, 495 ff.

Eujen, H./Müller, W.-Freienfels: Zur Schadensersatzhaftung eines französischen Warenherstellers gegenüber dem deutschen Abnehmer, Ein Beitrag zur internationalen Produktenhaftung, RIW/AWD 1972, S. 503 ff.

Faust, Florian: Die Vorhersehbarkeit des Schadens gemäß Art. 74 Satz 2 UN-Kaufrecht (CISG), Tübingen 1996; zit.: *Faust,* Die Vorhersehbarkeit des Schadens, S...

Fatouros, A./Kazazis, A./Kroustalakis, E.: Das Verhältnis zwischen dem internen und dem europäischen Recht, Thessaloniki 1990.

Filios, Paul Chr.: Die Gefahrtragung beim Kauf im Rahmen des Synallagmas, Berlin 1964; zit.: *Filios*, Die Gefahrtragung beim Kauf, S...

der.: Lehrbuch des Schuldrechts, Erster Band – Besonderer Teil, 5. Aufl., Athen 2002; zit.: *Filios,* I/1, S...

Firsching/von Hoffmann: Internationales Privatrecht, 5. Aufl. 1997.

Fischer, Nicole: Die Unmöglichkeit der Leistung im internationalen Kauf- und Vertragsrecht, die Haftungsbefreiung des Schuldners nach Art. 79 CISG, den Vorschriften der UNIDROIT Principles of International Commercial Contracts and the Principles of European Contract Law im Vergleich zum deutschen Unmöglichkeitsrecht, Berlin 2001.

Fischer, Willi: Der unmittelbare und der mittelbare Schaden im Kaufrecht, Diss. Univ. Zürich 1984.

Flech, Karin: Mängelhaftung und Beschaffenheitsirrtum beim Kauf, Diss. Baden-Baden 1994.

Flume, Werner: Das Rechtsgeschäft und das rechtlich relevante Verhalten, AcP 161 (1962), S. 52 ff.

ders.: Gesetzesreform der Sachmängelhaftung beim Kauf?, AcP 193 (1993), S. 89 ff.

ders: Die Haftung für Fehler kraft Wissenszurechnung bei Kauf und Werkvertrag, AcP 197 (1997), S. 441 ff.

Fox, Thomas: Das Wiener Kaufrechtsübereinkommen – Ein Vergleich zum italienischen und deutschen Recht, Diss. München 1994.

Franzen, Martin: Deiktische Haftung für Produktionsschäden, JZ 1999, 702 ff.

Freiburg, Nina: Das Recht auf Vertragsaufhebung im UN-Kaufrecht, Berlin 2001; zit.: *Freiburg,* Das Recht auf Vertragsaufhebung, S....

Frick, Joachim: Culpa in contrahendo – Eine rechtsvergleichende und kollisionsrechtliche Studie, Zürich 1992.

Fuchs, Tobias: Kaufmännische Bestätigungsschreiben im englischen und französischen Recht im Vergleich zum deutschen Bestätigungsschreiben, Univ. München, Diss. 1998.

Gabrielli, Giuliano: Das Verhältnis zwischen der Anfechtung wegen Eigenschaftsirrtums und den Gewährleistungsansprüchen im deutschen, österreichischen und italienischen Recht, Univ. Regensburg, Diss. 1998.

Georgiades, Apostolos: Standpunkt und Entwicklung des griechischen Deliktsrechts, in Festschrift für Karl Larenz zum 80. Geburtstag am 23. April 1983, herausgegeben von Canaris, Claus-Wilhelm/Diederichsen, Uwe, München 1983.

Georgiades, Apostolos/Stathopoulos, Michael: Kommentar zum gr. ZGB, Athen 1997; zit.: *Georgiades/Stathopoulos/*Bearbeiter, Kommentar zum gr. ZGB, Art..., Rn...

Gerny, Michael-Georg: Untersuchungs- und Rügepflichten beim Kauf nach schweizerischem, französischem und US-amerikanischem Recht sowie nach CISG, Basel, Univ., Diss. 1999; zit.: *Gerny,* Untersuchungs- und Rügepflichten beim Kauf, S....

Goede, Steffen: zum Problem des Wahlrechts auf schadensersatzrechtliche Minderung bei Aufklärungspflichtverletzungen, die zu Vertragsabschlüssen führen, Erlangen-Nürnberg, Univ., Diss., 1995.

Goessler, Donna: International Kaufrecht- Gewährleistung, Internationales und ausländisches Wirtschafts- und Steuerrecht, Köln, Berlin 1994.

Gordley, James: Common law und civil law: eine überholte Unterscheidung, ZeuP 1993, S. 498 ff.

Göritz, Andreas: Zur Wesentlichen Vertragsverletzung beim Warenkauf – Wechselbeziehungen zwischen dem nordischen und dem international einheitlichen Recht – Univ. des Saarlandes 1988, Europa Institut.

Götz, Volkmar: Sachmängelbeseitigung beim Kauf, Recht und Pflicht der Nachbesserung, Frankfurt a. M. 1960.

Graf von Westphalen: Friedrich: UN-Kaufrecht – Haftungsfreizeichnungen im kaufmännischen Verkehr: Wertungskriterien gemäß § 9 AGBG, EWS 1990, Heft 4+5, S. 105 ff.

ders.: Grenzüberschreitendes Finanzierungsleasing, Einige Anmerkungen zu Schnittstellen zwischen Unidroit-Convention on International Financial-Leasing (1988), UN-Kaufrecht, EG-Schuldvertragsübereinkommen und dem deutschen Recht, RIW 1992, S. 257 ff.

Graue, Eugen Dietrich: Die mangelfreie Lieferung beim Kauf beweglicher Sachen, München 1965.

Grigoleit, Christoph: Vorvertragliche Informationshaftung, München 1997.

Grigoleit, H. C./Herrestahl, C.: Die Beschaffenheitsvereinbarung und ihre Typisierung in § 434 I BGB, JZ 2003, S. 233 ff.

Grübe, Lars: Deutsch-spanischer Handelskauf, Einige Brennpunkte der Vertragsanbahnung und Vertragsabwicklung im deutsch-spanischen Recht unter Berücksichtigung des Wiener UN-Kaufrechts-Übereinkommens vom 11. April 1980, Diss. Univ. Regensburg 1998.

Grubel, Urs Peter: Die Nacherfüllung als zentraler Rechtsbehelf im neuen deutschen Kaufrecht – eine methodische und vergleichende Betrachtung zur Auslegung – Beitrag auf der Freiburger Tagung mit dem Thema „Das neue Schuldrecht", S, 187 ff.

Grundmann, Stefan: Internationalisierung und Reform des deutschen Kaufrechts, in: Europäisches Kaufgewährleistungsrecht, Reform und Internationalisierung des deutschen Schuldrechts, Köln, Berlin, Bonn, München 2000.

Grünewald, Barbara: Regelungsgehalt und System des deutschen Kaufrechts, in: Europäisches Kaufgewährleistungsrecht, Reform und Internationalisierung des deutschen Schuldrechts, Köln, Berlin, Bonn, München 2000.

Grünhoff, Lutz: Die Rechtsfolgen der unterlassenen Mängelrüge (§§ 377, 378 HGB) bei genehmigungsfähiger Minder- oder Mehrlieferung im Handelskauf, Bochum 1995.

Grunsky, Wolfgang: Vorschläge zu einer Reform des Schuldrechts, AcP 182 (1982), S. 453 ff.

Gsell, Beate: Kaufrechtsrichtlinie und Schuldrechtsmodernisierung, JZ 2001, S. 65 ff.

dies.: Der Schadensersatz statt der Leistung nach dem neuen Schuldrecht, Beitrag auf der Freiburger Tagung mit dem Thema „Das neue Schuldrecht", S. 105 ff.

Gutknecht, Uta: Das Nacherfüllungsrecht des Verkäufers bei Kauf- und Werklieferungsverträgen, Univ. Hamburg, Diss. 1996; zit.: *Gutknecht,* Das Nacherfüllungsrecht des Verkäufers, S....

Haas, Lothar: Vorschläge zur Überarbeitung des Schuldrechts: Die Mängelhaftung bei Kauf- und Werkverträgen, NJW 1992, Heft 38, S. 2389 ff.

ders.: Entwurf eines Schuldrechtsmodernisierungsgesetzes: Kauf- und Werkvertragsrecht, BB 2001, S. 1313 ff.; zit.: *Haas,* Entwurf eines Schuldrechtsmodernisierungsgesetzes: Kauf- und Werkvertragsrecht, BB 2001, S....

Habermeier, Stefan: Das Recht der Leistungsstörungen, JuS-Lernbogen 1999, S. L 49 ff.

Hager, Günter: Die Gefahrtragung beim Kauf, Eine rechtsvergleichende Untersuchung, Frankfurt am Main 1982; zit.: *Hager*, Die Gefahrtragung beim Kauf, S...

ders.: Zum Schutzbereich der Produzentenhaftung, AcP 184 (1984), S. 413 ff.

ders.: Einstandspflicht des Produzenten für das Äquivalents- und Nutzungsinteresse des Produkterwerbers, BB 1987, S. 1748 ff.

Hager, Johannes: Die culpa in contrahendo in den UNIDROIT-Prinzipien und den Prinzipien des Europäischen Vertragsrechts aus der Sicht des deutschen Bürgerlichen Rechts in: *Basedow, Jürgen,* Europäische Vertragsrechtsvereinheitlichung und deutsches Recht, Tübingen 2000.

ders.: Das geplante Recht des Rücktritts und des Widerrufs, in: *Ernst/Zimmermann,* Zivilrechtswissenschaft und Schuldrechtsreform (2001), S. 429 ff.; zit.: *Hager* in *Ernst/Zimmermann,* Zivilrechtswissenschaft und Schuldrechtsreform, S...

Happ, Richard: Anwendbarkeit völkerrechtlicher Auslegungsmethoden auf das UN-Kaufrecht, RIW 1997, Heft 5, S. 376 ff.

Haß, Hermann: Divergierende Willenserklärungen beim Abschluss von Warenkaufverträgen zwischen Kaufleuten nach dem Uniform Commercial Code, dem Haager Einheitlichen Kaufrecht und dem UN-Übereinkommen über internationale Warenkaufverträge, Uni. Berlin, Diss. 1995.

Heilmann, Jan: Mängelgewährleistung im UN-Kaufrecht, Voraussetzungen und Rechtsfolgen im Vergleich zum deutschen internen Kaufrecht und zu den Haager Einheitlichen Kaufgesetzen, Berlin 1994; zit.: *Heilmann*, Mängelgewährleistung, S...

Henninger, Michael: Die Frage der Beweislast im Rahmen des UN-Kaufrechts zugleich eine rechtsvergleichende Grundlagenstudie zur Beweislast, München Univ., Diss. 1995; zit.: *Henninger,* S...

Herber, Rolf: Die Arbeiten des Ausschusses der Vereinten Nationen für internationales Handelsrecht (UNCITRAL), RIW 1980, S. 81 ff.; zit.: *Herber,* Die Arbeiten des Ausschusses der Vereinten Nationen für internationales Handelsrecht, RIW 1980, S...

ders.: Das VN-Übereinkommen über internationale Kaufverträge, RIW 1980, S. 601 ff.; zit.: *Herber,* RIW 1980, S...

ders.: Wiener UNCITRAL-Übereinkommen über internationale Warenkaufverträge vom 11. April 1980, Köln 1983; zit.: *Herber*, Wiener UNCITRAL-Übereinkommen, S....

ders.: Diskussionsbeiträge, in: *Doralt,* Das UNCITRAL-Kaufrecht (1985), S. 141 f.; zit.: *Herber* in *Doralt,* Das UNCITRAL-Kaufrecht, S....

ders.: Gedanken zum Inkrafttreten des VN-Kaufrechtsübereinkommens, RIW 1987, Heft 5, S. 340 ff.

ders.: Kurzkommentar zu OLG Frankfurt a. M., Urt. v. 13.06.1991, EwiR 1991, S. 1199 f.

Herber, Rolf/Czerwenka, Beate: Internationales Kaufrecht, Kommentar zu dem Übereinkommen der Vereinten Nationen vom 11. April 1980 über Verträge über den internationalen Warenkauf, München 1991; zit.: *Herber/Czerwenka,* Art..., Rn...

Herold, Kathrin: Das Rückabwicklungsschuldverhältnis aufgrund vertraglichen oder gesetzlichen Rücktritts, Berlin 2001; zit.: *Herold,* Das Rückabwicklungsschuldverhältnis, S....

Hess, Hans-Joachim: Kommentar zum Produktehaftpflichtgesetz (PrHG), Wien 1996.

Heuzé, Vincent: La vente internationale de marchandises, Paris 1992; zit.: *Heuzé,* Art...., Anm....

Hinsch, Christian: Ausweitung der deliktsrechtlichen Zuliefererhaftung durch das Transistor – Urteil? Zugleich Anmerkung zum Urteil des BGH vom 31.3.1998 (VI ZR 109/97), VersR 1998, 1353 ff.

Hirner, Matthias: Der Rechtsbehelf der Minderung nach dem UN-Kaufrecht, Diss. Freiburg, Univ. 1998; zit.: *Hirner,* Der Rechtsbehelf der Minderung, S....

v. Hoffmann, Bernd: Gewährleistungsansprüche im UN-Kaufrecht verglichen mit dem EKG und BGB, S. 293 ff. in: *Schlechtriem,* Einheitliches Kaufrecht und nationales Obligationsrecht Referate und Diskussionen der Fachtagung Einheitliches Kaufrecht am 16./17.2.1987 (1987); zit.: *v. Hoffmann* in *Schlechtriem,* Einheitliches Kaufrecht u. nat. OR., S...

ders.: Internationales Privatrecht einschließlich der Grundzüge des Internationalen Zivilverfahrensrechts, München 1997.
Hoffmann, William/Susanne, Hill-Arning: Produkthaftung in Europa, EG-Produkthaftungsrichtlinie, nationale Produkthaftungsgesetze, weitergeltendes Deliktsrecht, Verfahrensrecht und Kosten, Heidelberg 1995.
Holl, H./Keßler, Oliver: „Selbstgeschaffenes Recht der Wirtschaft" und Einheitsrecht. Die Stellung der Handelsbräuche und Gepflogenheiten im Wiener UN-Kaufrecht, RIW 1995, Heft 6, S. 457 ff.
Holthausen, Rüdiger: Vertraglicher Ausschluss des UN-Übereinkommens über internationale Warenkaufverträge, RIW 1989, S. 513 ff.; zit.: *Holthausen,* Vertraglicher Ausschluss des UN-Übereinkommens über internationale Warenkaufverträge, RIW 1989, S...
ders.: Die wesentliche Vertragsverletzung des Verkäufers nach Art. 25 UN-Kaufrecht, RIW 1990, Heft 2, S. 101 ff.: zit.: *Holthausen*, RIW 1990, S...
Hönn, Günther: Positive Vertragsverletzung und kaufmännische Untersuchungs- und Rügeobliegenheit, BB 1978, S. 685 ff.
Honnold, John: Uniform Law for International Sales under the United Nations Convention, Antwerp-Boston-London-Frankfurt 1982; zit.: *Honnold,* Uniform Law, Rn...
ders.: Documentary History of the Uniform Law for International Sales, Philadelphia 1989; zit.: *Honnlod,* Documentary History, S...
Honsell, Heinrich: Aktuelle Probleme der Sachmängelhaftung, JB 1989, S. 206 ff.
ders.: Kommentar zum UN-Kaufrecht. Übereinkommen der Vereinten Nationen über Verträge über den internationalen Warenkauf (1997); zit.: *Honsell*/(Bearbeiter), Art..., Rn...
ders.: Einige Bemerkungen zum Diskussionsentwurf eines Schuldrechtsmodernisierungsgesetzes, JZ 2000, S. 18 ff.
ders.: Die EU-Richtlinie über den Verbrauchsgüterkauf und ihre Umsetzung ins BGB, JZ 2001, S. 278 ff.; zit.: *Honsell*, JZ 2001, S....
Hoyer, Hans/Posch, Willibard: Das Einheitliche Wiener Kaufrecht. Neues Recht für den Internationalen Warenkauf, Wien 1992; zit.: *Hoyer/Posch/*(Bearbeiter), Das Einheitliche Kaufrecht, S....
Huber, Günter: Kaufverträge, Der praktische Ratgeber zum Kaufrecht – Rechtsgrundlagen – Formulierungshilfen – Vertragsmuster, 3. Aufl., Freiburg 1993.
Huber, Peter: Internationales Deliktsrecht und Einheitskaufrecht (zu BGH, 28.11.1994 – VIII ZR 44/94), IPRax 1996, S. 911 ff.
ders.: Irrtumsanfechtung und Sachmängelhaftung, Tübingen 2001.
Huber, Ulrich: Einige Probleme des Rechts der Leistungsstörungen im Licht des Haager einheitlichen Kaufrechts, JZ 1974, S. 433 ff.

ders.: Zur Haftung des Verkäufers wegen positiver Vertragsverletzung, AcP (177) 1977, S. 281 ff.
ders.: Der UNCITRAL-Entwurf eines Übereinkommens über internationale Warenkaufverträge (mit englischem Summary) in: Rabels Zeitschrift für ausländisches und internationales Privatrecht 43 (1979), S. 413 ff.; zit.: *Huber*, RabelsZ 43 (1979) S....
ders.: Leistungsstörungen: Empfiehlt sich die Einführung eines Leistungsstörungsrechts nach dem Vorbild des Einheitlichen Kaufgesetzes? Welche Änderungen im Gesetzestext und welche praktischen Auswirkungen im Schuldrecht würden sich dabei ergeben, in: Gutachten und Vorschläge zur Überarbeitung des Schuldrechts, Band 1. Köln 1981 (Bundesanzeiger) (Hrsg.: Bundesminister der Justiz); zit.: *Huber,* Gutachten und Vorschläge zur Überarbeitung des Schuldrechts, Band 1., S....
ders.: Die Haftung des Verkäufers für Verzug und Sachmängel nach dem Wiener Kaufrechtsübereinkommen, JBl 1989, S. 273 ff.; zit.: *Huber*, JBl 1989, S....
ders.: Die Haftung des Verkäufers nach dem Kaufrechtsübereinkommen der Vereinten Nationen und nach deutschem Recht, Vortrag gehalten von der Juristischen Gesellschaft zu Berlin am 16. Mai 1990; zit.: *Huber,* Die Haftung des Verkäufers, S...
Huda, Armin: Freiheit und Rechtsgeschäft – entwickelt am Beispiel des Eigenschaftsirrtums beim Spezieskauf, Diss. Univ. Gießen 1996.
Hüffer, Uwe: Grundfälle zur Gefahrtragung beim Kaufvertrag, JuS 1988, S. 123 ff.
Hutter, Max: Die Haftung des Verkäufers für Nichtlieferung bzw. Lieferung vertragswidriger Ware nach dem Wiener UNCITRAL-Übereinkommen über internationale Warenkaufverträge vom 11. April 1980, Dissertation, Regensburg 1988; zit.: *Hutter,* S...

Imberg, Alexander: Die Verteilung der Beweislast beim Gefahrübergang nach UN-Kaufrecht, Univ. Mainz, Diss. 1997, Frankfurt a. M. 1998.

Jagert, Uwe/Essen/Derichsweiler, Stefan: Internationales Einheitskaufrecht, JuS 1989, S. 972 ff.; zit.: *Jagert/Essen/Derichsweiler,* JuS 1989, S...
Janssen, André: Die Untersuchungs- und Rügepflichten im deutschen, niederländischen und internationalen Kaufrecht, Münster Univ. Diss. 2001.
Jud, Brigitta: Die Rangordnung der Gewährleistungsbehelfe, Verbrauchsgüterkaufrichtlinie, österreichisches, deutsches und UN-Kaufrecht im Vergleich, Beitrag auf der Freiburger Tagung mit dem Thema „Das neue Schuldrecht“.

Jung, Reinhard: Die Beweislastverteilung im UN-Kaufrecht, insbesondere beim Vertragsabschluss, bei Vertragsverletzungen des Käufers, bei allgemeinen Bestimmungen sowie beim gemeinsamen Bestimmungen über Verkäufer- und Käuferpflichten, Mainz, Univ. Diss. 1996.

Junker, Abbo: Neuere Entwicklungen im Internationalen Privatrecht, RIW 1998, S. 742 ff.

Kadner, Thomas: Der praktische Fall – Rechtsvergleichung: Ein Spiel, das ins Auge ging, JuS 1999, Heft 2, S. 152 ff.

Kaiser, Dagmar: Die Rechtsfolgen des Rücktritts in der Schuldrechtsreforrm, JZ 2001, S. 1057 ff.; zit.: *Kaiser,* JZ 2001, S....

Kappus, Andreas: „Conflict avoidance" durch „lex mercatoria" und UN-Kaufrecht 1980, RIW 1990, Heft 10, S. 788 ff.

ders.: Rechtsvergleichende Aspekte zur Vertragsaufhebung wegen Sachmangels nach UN-Kaufrecht, RIW 1992, S. 528 ff.; zit.: *Kappus,* Rechtsvergleichende Aspekte zur Vertragsaufhebung wegen Sachmangels nach UN-Kaufrecht, RIW 1992, S....

ders.: Vertragsaufhebung nach UN-Kaufrecht in der Praxis, Anmerkung zu OLG Frankfurt a. M. Entscheidung am 18.01.1994 – 5 U 15/93, NJW 1994, S. 984 ff.; zit.: OLG Frankfurt a. M., NJW 1994, S. 1013, 1014 mit Anm. *Kappus,* S...

Karollus, Martin: UN-Kaufrecht, Eine systematische Darstellung für Studium und Praxis, Wien, New York 1991; zit.: *Karollus,* UN-Kaufrecht, S...

ders.: UN-Kaufrecht: Vertragsaufhebung und Nacherfüllungsrecht bei Lieferung mangelhafter Ware, ZIP 1993, S. 490 ff.; zit.: *Karollus,* ZIP 1993, S...

ders.: Anmerkung zu OGH Entscheidung am 06.12.1996, RdW 1996, S. 197; zit.: OGH, RdW 1996, S. 203, 205 mit Anm. *Karollus,* S....

Katzenmeier, Christian: Produkthaftung und Gewährleistung des Herstellers teilmangelhafter Sachen, NJW 1997, 486 ff.

Keil, Andreas: Die Haftungsbefreiung des Schuldners im UN-Kaufrecht im Vergleich mit dem deutschen und US-amerikanischen Recht, Bochum, Univ. Diss. 1992.

Keinath, Steffen: Der gute Glauben im UN-Kaufrecht, Univ. Konstanz, Diss. 1997.

Kerschner, Ferdinand: Probleme der Sachmängelhaftung. Oder: Das ABGB ist tot- Es lebe das BGB!, JB 1989, S. 541 ff.

Kindler, Peter: Sachmängelhaftung, Aufrechnung und Zinssatzbemessung: Typische Fragen des UN-Kaufrechts in der gerichtlichen Praxis (zu LG München I, 20.3.1995), IPRax 1996, S. 16 ff.; zit.: *Kindler,* IPRax 1996, S....

Kircher, Wolfgang: Die Voraussetzungen der Sachmängelhaftung beim Warenkauf, Eine vergleichende Darstellung des deutschen und des englischen Rechts unter Berücksichtigung des UN-Kaufrechts und aktueller Reformbestrebungen, Max-Planck-Institut für ausländisches und internationales Privatrecht, Tübingen 1998; zit.: *Kircher,* Die Voraussetzungen der Sachmängelhaftung beim Warenkauf, S...

Klavanidou, Despoina: Der Irrtum der Willenserklärung über die Eigenschaften der Ware beim Kauf, Thessaloniki 1991; zit.: *Klavanidou,* S...

Kniese, Andreas: Die Verteilung von Nutzungen und Lasten nach § 446 Abs. 1 Satz 2 BGB, Diss. Univ. Hamburg 1993.

Knöpfe, Robert: Der Fehler beim Kauf, München 1989.

ders.: Der Anspruch auf Rückübereignung des aliud bei nicht rechtzeitiger Rüge des Käufers, NJW 1979, Heft 14, S. 693 ff.

Koch, Robert: Zur Bestimmung des Begriffes der wesentlichen Vertragsverletzung im UN-Kaufrecht im Falle der Lieferung nicht vertragsgemäßer Ware (Zugleich Anmerkung zum Urteil des OLG Frankfurt a. M., RIW 1994, S. 240 ff.), RIW 1995, Heft 2, S. 98 ff.

ders.: Der besondere Gerichtsstand des Klägers/Verkäufers im Anwendungsbereich des UN-Kaufrechts, zugleich Anmerkung zum Urteil des EuGH v. 29.6.1994 – Rs. C – 288/92 – Custom Made Commercial Ltd./Stawa Metallbau GmbH, (RIW 1994, S. 676 f.), RIW 1996, Heft 5, S. 379 ff.

Koch Detlef: Produkthaftung, Zur Konkurrenz von Kaufrecht und Deliktsrecht, Diss., Berlin 1995.

Kock, Annette: Nebenpflichten im UN-Kaufrecht, dargestellt am Beispiel der Pflichten des Verkäufers, Diss. Regensburg 1995.

Kohler, Jürgen: Das Rücktrittsrecht in der Reform, JZ 2001, S. 325 ff.

Köhler, Helmut: Zur Nachbesserung beim Kauf, JZ 1984, 393 ff; zit.: *Köhler,* Zur Nachbesserung beim Kauf, JZ 1984, S...

Kohlhepp, Gerhard: Das Verhältnis von Sachmängelhaftung und culpa in contrahendo im Kaufrecht, Frankfurt am Main, Univ., Diss., 1989.

König, Detlef: Gewinnhaftung, in FS für Ernst von Caemmerer zum 70. Geburtstag, Tübingen 1978; zit.: *König,* Gewinnhaftung, S....

Koppensteiner, Hans-Georg: Rügeversäumnis und Käuferpflichten beim Handelkauf, BB 1971, S. 547 ff.

ders.: Diskussionsbeiträge, S. 137 f. in: *Doralt,* Das UNCITRAL-Kaufrecht (1985); zit.: *Koppensteiner* in *Doralt,* Das UNCITRAL-Kaufrecht, S....

Kornilakis, Panos: Besonderer Teil des Schuldrechts, Athen/Thessaloniki 2002; zit.: *Kornilakis,* S...

Kötz, Hein: Zur Verjährung der Sachmängelansprüche – Die Vorschläge der Schuldrechtskommission im Lichte der ökonomischen Analyse des

Rechts, in FS für Dieter Medicus zum 70. Geburtstag, Köln, Berlin, Bonn, München 1999, S. 283 ff.

Koutsonassios, Christos: Die Richtlinie des EG-Rats für die Vereinheitlichung des Produkthaftungsrechts NoB 1987 (35) S.134 ff.

Koziol, Helmut: Europäische Vertragsrechtsvereinheitlichung und deutsches Schadensrecht in: Basedow, Jürgen, Europäische Vertragsrechtsvereinheitlichung und deutsches Recht, Tübingen 2000.

ders.: Objektivierung des Fahrlässigkeitsmaßstabes im Schadenersatzrecht?, AcP 196 (1996), S. 593 ff.

Kranz, Norbert: Die Schadensersatzpflicht nach den Haager Einheitlichen Kaufgesetzen und dem Wiener UN-Kaufrecht, Uni. Hamburg 1989, Frankfurt a. M. 1989; zit.: *Kranz,* Die Schadensersatzpflicht, S...

Krebs, Peter: Sonderverbindung und außerdeliktische Schutzpflichten, München 2000.

Krebs, Markus: Die Rückabwicklung im UN-Kaufrecht, München 2000; zit.: *Krebs*, Die Rückabwicklung, S....

Kress, Hugo: Lehrbuch des Allgemeinen Schuldrechts, München 1974.

Kreutzer, Karl: Anmerkung zu BGH Urteil v. 28.1.1976 – VIII ZR 246/74 (OLG Koblenz), JZ 1976, S. 776 ff.

Kropholler, Jan: Internationales Privatrecht, 2. Aufl., Tübingen 1994.

Krüger, Ulrich: Modifizierte Erfolgshaftung im UN-Kaufrecht – Die Haftungsbefreiung bei Lieferung vertragswidriger Ware gemäß Art. 79 CISG, Univ. Bremen, Diss. 1999, Frankfurt a. M. 1999.

Kuhlen, Dydra: Produkthaftung im internationalen Kaufrecht, Entstehungsgeschichte, Anwendungsbereich und Sperrwirkung des Art. 5 des Wiener UN-Kaufrechts (CISG), Augsburg 1997; zit.: *Kuhlen,* Produkthaftung im internationalen Kaufrecht, S...

Kullmann, Hans-Josef: Die Rechtsprechung des BGH zum Produkthaftpflichtrecht in den Jahren 1991/92, NJW 1992, S. 2669 ff.

Lammich, Klaus: Sachmängelhaftung und Rügeobliegenheit im Handelsrecht, Berlin 2000.

Langenecker, Josef: UN-Einheitskaufrecht und Immaterialgüterrechte, Die Rechtsmängelhaftung bei internationalen Kaufverträgen nach dem UN-Kaufrechtsübereinkommen unter besonderer Berücksichtigung von Immaterialgüterrechten, Diss. Univ. München 1994.

Larenz, Karl: Lehrbuch des Schuldrechts, Erster Band – Allgemeiner Teil, 13. Aufl., München 1986; zit.: *Larenz,* SchuldR I, §..., S...

ders.: Lehrbuch des Schuldrechts, Zweiter Band – Besonderer Teil, 13. Aufl., München 1986; zit.: *Larenz,* SchuldR II, §..., S...

ders.: Methodenlehre der Rechtswissenschaft, 6. Auflage 1991.

Lautenbach, Boris: Die Haftungsbefreiung im internationalen Warenkauf nach dem UN-Kaufrecht und dem schweizerischen Kaufrecht, Diss. Zürich 1990.

Lehmann, Michael: Die Untersuchungs- und Rügepflicht des Käufers in BGB und HGB, WM 1980, S. 1162 ff.

Lem, Catherine: Die Haftung für fehlerhafte Produkte nach deutschem und französischem Recht, Heidelberg 1993.

Leonhard, Franz: Die Beweislast, 2. Aufl., Berlin 1926; zit.: *Leonhard,* Beweislast, S.....

Leser, Hans/W. F. Marsachall von Bieberstein (Hrsg.): Das Haager Einheitliche Kaufgesetz und das deutsche Schuldrecht, Kolloquium zum 65. Geburtstag von Ernst von Caemmerer, Karlsruhe 1973.

Leser, Hans: Der Rücktritt vom Vertrag, Abwicklungsverhältnis und Gestaltungsbefugnisse bei Leistungsstörungen, Tübingen 1975; zit.: *Leser,* Rücktritt, S....

ders.: Vertragsaufhebung und Rückabwicklung unter dem UN-Kaufrecht, S. 225 ff., in: *Schlechtriem,* Einheitliches Kaufrecht und nationales Obligationenrecht, Referate und Diskussionen der Fachtagung Einheitliches Kaufrecht am 16./17.2.1987 (1987); zit.: *Leser* in *Schlechtriem,* Einheitliches Kaufrecht u. nat. OR., S...

Lessiak, Rudolf: Diskussionsbeiträge, in: *Doralt,* Das UNCITRAL-Kaufrecht (1985), S.144 f.; zit. *Lessiak* in *Doralt,* Das UNCITRAL-Kaufrecht, S...

ders.: UNCITRAL-Kaufrechtsabkommen und Irrtumsanfechtung, JBI, Heft 8, August 1989, S. 487 ff.

Lieb-Dauner, Barbara: Die geplante Schuldrechtsmodernisierung – Durchbruch oder Schnellschluss?, JZ 2001, S. 8 ff.

Lieb, Manfred: Culpa in contrahendo und rechtsgeschäftliche Entscheidungsfreiheit, in: FS für Dieter Medicus zum 70. Geburtstag, München 1999.

Lindbach, Jochen: Rechtswahl im Einheitsrecht am Beispiel des Wiener UN-Kaufrechts, Univ. Augsburg, Diss. 1996.

Loewe, Roland: Internationales Kaufrecht, Wiener UN-Kaufrechtsübereinkommen vom 11. April 1980 und New Yorker UN-Verjährungsübereinkommen vom 14. Juni 1974 samt Protokoll vom 11. April 1980, Wien 1989; zit.: *Loewe,* Internationales Kaufrecht, Art..., S...

Looschelders, Dirk: Die Anpassung im Internationalen Privatrecht, Heidelberg 1995.

Lorenz, Stephan: „Großer Schadensersatz und entgangener Gewinn im Kaufrecht, JZ 1998, S. 943 ff.

ders.: Die Lösung vom Vertrag, insbesondere Rücktritt und Widerruf, in: *Schulze/Schulte-Nölke,* Die Schuldrechtsreform vor dem Hintergrund des Gemeinschaftsrechts (2001), S. 329 ff.; zit.: *Lorenz* in *Schulze/Schulte-Nölke,* Die Schuldrechtsreform vor dem Hintergrund des Gemeinschaftsrechts; S...

ders.: Schadensersatz statt der Leistung, Rentabilitätsvermutung und Aufwendungsersatz im Gewährleistungsrecht, Bespr. zu LG Bonn, Urt. v. 30.10.2003 – 10 O 27/03, NJW 2004, S. 26 ff.; zit.: LG Bonn, NJW 2004 S. 75 m. Bespr. *Lorenz*, NJW 2004, S...

Lüderitz, Alexander: Pflichten der Parteien nach UN-Kaufrecht im Vergleich zu EKG und BGB, S. 179 ff. in: *Schlechtriem,* Einheitliches Kaufrecht und nationales Obligationenrecht, Referate und Diskussionen der Fachtagung Einheitliches Kaufrecht am 16./17.2.1987 (1987); zit.: *Lüderitz in Schlechtriem*, Einheitliche Kaufrecht u. nat. OR., S....

ders.: Eilige Mängelrüge trotz großzügiger Zahlungsfristen? (zu OLG Düsseldorf, 14.12.1988 – 17 U 70/88), IPRax 1990, S. 162 ff.

ders.: Anmerkung zu OLG Düsseldorf Entscheidung am 14.12.1988 – 17 U 70/88, IPRax 1990, S. 162 f.; zit.: OLG Düsseldorf, IPRax 1990, S. 178, m. kritischer Anm. *Lüderitz,* IPRax 1990, S...

Ludwig, Katharina: Der Vertragsschluß nach UN-Kaufrecht im Spannungsverhältnis von Common Law und Civil Law, Dargestellt auf der Grundlage der Rechtsordnungen Englands und Deutschlands, Univ. Heidelberg, Diss. 1994.

Magnus, Ulrich: Aktuelle Fragen des UN-Kaufrechts, ZEuP 1993, S. 79 ff.

ders.: Zum räumlich-internationalen Anwendungsbereich des UN-Kaufrechts und zur Mängelrüge (zu OLG Düsseldorf, 8.1.1993 – 17.U 82/92); IPRax 1993, S. 390 ff.; zit.: IPRax 1993, S. 412 m. Bespr. *Magnus,* IPRax 1993, S....

ders.: Einheitliches Schadenersatzrecht, Reformüberlegungen für das österreichische Haftpflichtrecht, Wien 1994.

ders.: Einheitliches Schadenersatzrecht, Wien 1994.

ders.: Der Stand der internationalen Überlegungen: Die Verbrauchsgüterkauf-Richtlinie und das UN-Kaufrecht, in: Europäisches Kaufgewährleistungsrecht, Reform und Internationalisierung des deutschen Schuldrechts, Köln, Berlin, Bonn, München 2000.

ders.: Aufhebungsrecht des Käufers und Nacherfüllungsrecht des Verkäufers im UN-Kaufrecht, S. 599 ff. in FS für Peter Schlechtriem zum 70. Geburtstag, Tübingen 2003.

Mankowski, Peter: Prozeßaufrechnung in internationalen Fällen, Darlegungslast für Mängelrüge unter der CISG, EwiR 1995, S. 249-250.

Martinek, Michael: Sind Rügeverzichtsklauseln in Just-in-time-Verträgen AGB-rechtlich wirksam? in FS für Günther Jahr, herausgegeben von *M. Martinek, J. Schmidt, E. Walde*, Tübingen 1993.

Marutschke, Hans-Peter: Probleme der Konkurrenz von Sachmängelgewährleistung und culpa in contrahendo beim Kauf, JuS 1999, S. 729 ff.

Medicus, Dieter: Gesetzgebung und Jurisprudenz im Recht der Leistungsstörungen, AcP 186 (1986), S. 268 ff.

ders.: Zum Stand der Überarbeitung des Schuldrechts, AcP 188 (1988), S. 169 ff.

ders.: Vorschläge zur Überarbeitung des Schuldrechts: Das allgemeine Recht der Leistungsstörungen, NJW 1992, Heft 38, S. 2384 ff.

ders.: Schuldrecht, Allgemeiner Teil, Aufl. 15, München 2004; zit.: *Medicus,* SchuldR I, §..., Rn....

ders.: Schuldrecht, Besonderer Teil, Aufl. 12, München 2004; zit.: *Medicus,* SchuldR II, §..., Rn....

ders.: Ein neues Kaufrecht für Verbraucher?, ZIP 1996, S. 1925 ff.

ders.: Voraussetzungen einer Haftung für Vertragsverletzung in: Basedow, Jürgen, Europäische Vertragsrechtsvereinheitlichung und deutsches Recht, Tübingen 2000.

Meeske, H.: Die Mängelrüge, Heidelberg 1965.

Mertens, Hans-Joachim/Rechbinder, Eckard: Internationales Kaufrecht. Kommentar zu den Einheitlichen Kaufgesetzen, Frankfurt a. M. 1975; zit.: *Mertens/Rechbinder,* Internationales Kaufrecht zum EKG, Art...., Rn....

Milonas, Dionisios: Die Haftung des Herstellers für fehlerhafte Produkte, NoB 1987 (35), S. 1487 ff.

Moecke, Hans-Jürgen: Gewährleistungsbedingungen und Allgemeine Lieferbedingungen nach dem UNCITRAL-Übereinkommen über den Warenkauf, RIW 1983, S. 885 ff.

Morscher, Thomas: Staatliche Rechtssetzungsakte als Leistungshindernisse im internationalen Warenkauf, Ihre kollisionsrechtliche Behandlung im schweizerischen IPR-Gesetz und im UN-Kaufrecht, Diss. Basel und Frankfurt a. M. 1992.

Müller, Gerd: Kaufrechtliche Sachmängelhaftung oder culpa in contrahendo?, ZIP 1993, S.1045 ff.

Müller, Klaus: Zur Haftung des Warenherstellers gegenüber dem Endverbraucher, AcP 165 (1965), S. 285 ff.

Münchener Kommentar zum BGB: Münchener Kommentar zum Bürgerlichen Gesetzbuch, herausgegeben von Rebmann, Kurt/Säcker, Jürgen/Rixecker, Roland.

Band 2a, Schuldrecht – Allgemeiner Teil §§ 241-432, 4. Aufl., München 2003, Redakteur: Krüger, Wolfgang,

Band 3, Schuldrecht – Besonderer Teil I §§ 433-606 und CISG, 4. Aufl., München 2004, Redakteur: Krüger, Wolfgang/Westermann, Harm-Peter; zit.: *MünchKomm*/Bearbeiter, §..., Rn.... oder *MünchKomm*/Bearbeiter, Art..., Rn....

Musger, Gottfried: Die wesentliche Vertragsverletzung – Probleme des Art. 25 WKR und Parallelen im österreichischen Recht, Universität des Saarlandes 1989; zit.: *Musger,* Wesentliche Vertragsverletzung, S....

Nau, Evelyn: Das Gewährleistungsrecht in BGB, UN-Kaufrecht und den Reformvorschlägen der Schuldrechtskommission, Heidelberg, Univ., Diss. 2002.

Neumayer, Karl-Heinz: Diskussionsbeiträge, in: *Doralt,* Das UNCITRAL-Kaufrecht (1985), S. 135 ff.; zit.: *Neumayer* in *Doralt,* Das UNCITRAL-Kaufrecht, S...

der.: Offene Fragen zur Anwendung des Abkommens der Vereinten Nationen über den internationalen Warenkauf, RIW 1994, Heft 2, S. 99 ff.; zit.: *Neumayer,* RIW 1994, S...

Neumayer, Karl-Heinz/Ming, Chaterine: Convention de Vienne sur les contrats de vente internationale de marchandises. Commentaire, Lausanne 1993; zit.: *Neumayer/Ming,* Art...., Rn....

Niggemann, Friedrich: Die Bedeutung des Inkrafttretens des UN-Kaufrechts für den deutsch-französischen Wirtschaftsverkehr, RIW 1991, S. 372 ff.

Official Records: United Nations Conference on Contracts for the international Sale of Goods, Wienna 10 March 11 April 1980. Documents of the Conference and Summary Records of the Plenary Meetings and of the Meetings of the Main Committees, New York: United Nations 1981; zit.: Off. Rec..., Nr....

Olsen, Dietmar: Das kaufrechtliche Sachmängelgewährleistungsrecht des Code Civil in der Rechtsprechung deutscher Gerichte im 19. Jahrhundert, Frankfurt a. M. 1997.

Otte, Karsten: UN-Kaufrecht bei Weiterverarbeitung der Kaufsache bzw. unterlassener Untersuchung und Mängelanzeige (zu BGH, 25.6.97 – VIII ZR 300/96, unten S. 375, Nr. 45, und zu BGH, 25.11.1998 – VIII ZR 259/97, unten S. 377, Nr. 46), IPRax 1999, S. 352 ff.

Paefgen, G. Walter: Haftung für mangelhafte Aufklärung aus culpa in contrahendo, Baden-Baden 2000.

Palandt, Otto: Kurz Kommentare des Bürgerlichen Gesetzbuchs, 61. Aufl., München 2002; zit.: *Palandt*/Bearbeiter, §..., Rn....

Pantelidou, Kallirois: Die Entwicklung der Produzentenhaftung im griechischen Recht, RIW 1990, Heft 7, S. 540 ff.

Papanikolaou, Andreas: Das Problem der Produzentenhaftung, NoB 1981 (27), S. 1453 ff.

Peters, Frank: Kein gesetzlicher Nachbesserungsanspruch des Käufers?, JZ 1978, S. 92 ff.

Petrikic, Radivoje: Das Nacherfüllungsrecht im UN-Kaufrecht – Grundprobleme der Leistungsstörungen, Wien 1999; zit.: *Petrikic,* Das Nacherfüllungsrecht, S...

Picker, Eduard: Positive Forderungsverletzung und culpa in contrahendo – Zur Problematik der Haftungen „zwischen" Vertrag und Delikt, AcP 183 (1983), S. 369 ff.

Piltz, Burghard: Die Rechtsprechung zum Haager Einheitlichen Kaufrecht, RIW 1986, S. 167 ff.; zit.: *Piltz,* RIW 1986, S....

ders.: Internationales Kaufrecht, NJW 1989, S. 615 ff.

ders.: Internationales Kaufrecht, Das UN-Kaufrecht (Wiener Übereinkommen von 1980) in praxisorientierter Darstellung, München 1993; zit.: *Piltz,* Internationales Kaufrecht, § ..., Rn...

ders.: Neue Entwicklungen im UN-Kaufrecht, NJW 1994, S. 1101 ff.; zit.: *Piltz,* Neue Entwicklungen im UN-Kaufrecht, NJW 1994, S...

ders.: Neue Entwicklungen im UN-Kaufrecht, NJW 1996, S. 2768 ff.; zit.: *Piltz,* Neue Entwicklungen im UN-Kaufrecht, NJW 1996, S...

ders.: Gestaltung von Exportverträgen, RIW 1999, S. 897 ff.

ders.: Neue Entwicklungen im UN-Kaufrecht, NJW 2000, S. 553 ff.; zit.: *Piltz,* Neue Entwicklungen im UN-Kaufrecht, NJW 2000, S...

ders.: Neue Entwicklungen im UN-Kaufrecht, NJW 2003, S. 2056 ff.; zit.: *Piltz,* Neue Entwicklungen im UN-Kaufrecht, NJW 2003, S...

Pötting, Dietmar: Anwendung des § 326 BGB auf den Nachlieferungsanspruch des § 480 I BGB. Eine Untersuchung unter Berücksichtigung des Einheitlichen Kaufgesetzes, des UN-Kaufrechts sowie der Reformbestrebungen zum Schuldrecht des BGB, Diss. Univ. Bonn 1991.

Pouliadis, Athanassios: Culpa in contrahendo und Schutz Dritter, Betrachtungen zur Rechtsprechung des BGH unter vergleichender Berücksichtigung des griechischen Rechts, Diss. Univ. München 1982.

ders.: Produzentenhaftung und Beweislastverteilung, NoB 1987 (35), S. 479 ff.

ders.: The concurrence of special and general norms of the civil liability of the seller. Vol. I: Warranty and non-performance-Doctrinal and policy analysis, including ULIS and CISG as well as the Final Report of the Commission Charged with Reforming the German Law of Obligations, and Vol. II, Sakkoulas/Thessaloniki 1997.

Pouliadis, Athanassios/Kornilakis, P./Valtoudis, An.: Das Wiener Übereinkommen für den internationalen Kauf von beweglichen Waren, Athen-Thessaloniki 2001.

Pünder, Hermann: Das Einheitliche UN-Kaufrecht – Anwendung kraft kollisionsrechtlicher Verweisung nach Art. 1 Abs. 1 lit. b UN-Kaufrecht, RIW 1990, S.869 ff.; zit.: *Pünder,* RIW 1990, S...

Rabe, Dieter: Vorschläge zur Überarbeitung des Schuldrechts: Verjährung, NJW 1992, Heft 38, S. 2395 ff.

Rabel, Ernst: Der Entwurf eines einheitlichen Kaufgesetzes, RabelsZ 9 (1935); zit.: *Rabel,* Der Entwurf eines einheitlichen Kaufgesetzes, RabelsZ 9 (1935), S...

ders.: Das Recht des Warenkaufs. Eine rechtsvergleichende Darstellung, Band 1., Berlin-Leipzig 1936; zit.: *Rabel,* Das Recht des Warenkaufs I, S....

ders.: Das Recht des Warenkaufs. Eine rechtsvergleichende Darstellung, Band 2., Berlin-Tübingen 1958; zit.: *Rabel,* Das Recht des Warenkaufs II, S...

ders.: Gesammelte Aufsätze, Band I, Arbeiten zum Privatrecht 1907-1930, Tübingen 1965.

RabelsZ 39 (1975): UN Convention on the Limitation Period in the International Sale of Goods, abgedruckt in RabelsZ 39 (1975), S. 342 ff.

Rathjen, Peter: Haftungsentlastung des Verkäufers oder Käufers nach Art. 79, 80 CISG, RIW 1999, S. 561 ff.

Recknagel, Christian: Die Trennung von Zivil- und Handelsrecht unter besonderer Berücksichtigung der Untersuchungs- und Rügepflicht nach § 377 HGB, Eine rechtsvergleichende Untersuchung unter Einbeziehung internationaler Einheitsrechte (EKG, UN-Kaufrecht) und des französischen, englischen, amerikanischen und schweizerischen Rechts, Frankfurt a. M., Bern, New York 1985; zit.: *Recknagel*, Die Trennung von Zivil- und Handelsrecht, S...

Reich, Norbert: Die Umsetzung der Richtlinie 1999/44/EG in das deutsche Recht, NJW 1999, 2397 ff.

Reinhardt, Wilhelm: Die Gefahrtragung beim Kauf unter besonderer Berücksichtigung der Regelungsvorschläge des Schuldrechtsreformentwurfs, Berlin 1998; zit.: *Reinhardt*, Die Gefahrtragung beim Kauf, S...

ders.: Gefahrtragung beim Kauf unter besonderer Berücksichtigung der Regelungsvorschläge des Schuldrechtsreformentwurfs, JR 1998, S. 446 ff.

Reinhart, Gert: Vom Haager zum Wiener Einheitlichen Kaufrecht – Italien und Bundesrepublik Deutschland auf gleichem Weg in unterschiedlichem Tempo, in: Jayme/Hausmann/Neuhaus/Trucco/Reinhart/Petzold, Eherecht, Schadensregulierung, Wiener Kaufrecht, Sprachrisiko, Heidelberg 1989.

ders.: Anmerkung zu LG Stuttgart Entscheidung am 31.08.1989, IPRax 1990, S. 289 f.; zit.: LG Stuttgart, RIW 1989, S. 984; m. Anm. *Reinhart*, IPRax 1990, S...

ders.: Entspräche das Kaufrecht der Vereinten Nationen den Erwartungen Ernst Rabels?; FS für Hubert Niederländer zum siebzigsten Geburtstag am 10. Februar 1991, Heidelberg 1991.

ders.: UN-Kaufrecht, Kommentar der Vereinten Nationen vom 11. April 1980 über Verträge über den internationalen Warenkauf, Heidelberg 1991; zit.: *Reinhart,* UN-Kaufrecht, Art..., Rn...

Reishofer, Wolfgang: Diskussionsbeiträge in *Doralt,* Das UNCITRAL-Kaufrecht (1985), S. 134; zit.: *Reishofer,* in *Doralt,* Das UNCITRAL-Kaufrecht, S...

Reithmann, Christoph/Martiny, Dieter: Internationales Vertragsrecht, das internationale Privatrecht der Schuldverträge, Köln 1988.

Resch, Reinhard: Zur Rüge bei Sachmängeln nach UN-Kaufrecht, ÖJZ 1992, S. 470 ff.; zit.: *Resch*, ÖJZ 1992, S....

Rodriguez, Iglesias: Gedanken zum Entstehen einer Europäischen Rechtsordnung, NJW 1999, S. 1 ff.

Rohlack, Tammo: Das Verhältnis der positiven Forderungsverletzung und culpa in contrahendo zur Sachmängelhaftung beim Kauf- und Werkvertrag, Diss. Kiel Univ. 1997.

Rolland, Walter: Risikoverlagerung nach den Vorschlägen der Schuldrechtskommission, in FS für Dieter Medicus zum 70. Geburtstag, Köln, Berlin, Bonn, München 1999, S. 469 ff.

ders.: Schuldrechtsreform – Allgemeiner Teil, NWJ 1992, S. 2377 ff.

Rossmeier, Daniela: Schadensersatz und Zinsen nach UN-Kaufrecht – Art. 74 bis 78 CISG, RIW 2000, S. 407 ff.

Rudolf, Helga: Kaufrecht der Export- und Importverträge, Kommentierung des UN-Übereinkommens über internationale Warenkaufverträge mit Hinweisen für die Vertragspraxis, Freiburg, Berlin 1996; zit.: *Rudolf,* Kaufrecht der Export- und Importverträge, Art..., Rn....

Rust, Ulrich: Das kaufrechtliche Gewährleistungsrecht, Eine kritische Untersuchung der Reformvorschläge der Schuldrechtskommission, Diss. Univ. Trier 1996/97.

ders.: Zum Umfang des deliktischen Schadensersatzanspruchs eines getäuschten Käufers, NJW 1999, S. 339-340.

Ryffel, Gritli: Schadenersatzhaftung des Verkäufers nach dem Wiener Übereinkommen über internationale Warekaufverträge vom 11. April 1980, Diss. Bern, Frankfurt, New York, Paris, Wien 1992; zit.: *Ryffel,* Schadenersatzhaftung des Verkäufers, S...

Sack, Rolf: Probleme des Produkthaftungsgesetzes unter Berücksichtigung der Produkthaftungsrichtlinie der EG, JB 1989, S. 615 ff.

Sagler, Hans-Christian: Beschaffung und Beschaffenheit, Zur vertraglichen Haftung des Warenverkäufers für seine Lieferquelle unter Betrachtung insbesondere des deutschen und amerikanischen Rechts als Beitrag zum UN-Kaufrecht, Köln, Berlin, Bonn, München 1985.

Schäfer, Peter/Pfeiffer, Karen: Die EG-Richtlinie über den Verbrauchsgüterkauf. Gesetzgeberische Alternativen und wirtschaftliche Folgen ihrer Umsetzung in deutsches Recht, ZIP 1999, S. 1829 ff.

Schapp, Jan: Probleme der Reform des Leistungsstörungsrechts, JZ 1993, S. 637 ff.

Scheifele, Bernd: Die Rechtsbehelfe des Verkäufers nach deutschem und UN-Kaufrecht, Rheinfelden 1986.

Schlechtriem, Peter: Einheitliches Kaufrecht – wissenschaftliches Modell oder praxisnahe Regelung?, Heidelberg, Karlsruhe 1978.

ders.: Einheitliches UN-Kaufrecht, Das Übereinkommen der Vereinten Nationen über internationale Warenverträge, Darstellung und Texte, Tübingen 1981; zit.: *Schlechtriem,* Einheitliches UN-Kaufrecht, (1981), S...

ders.: Haftung bei „weiterfressendem" Mangel-BGH, VI ZR 310/79 vom 18.1.1983, JA 1983, S. 255 ff.

ders.: Einheitliches Kaufrecht und nationales Obligationenrecht, Referate und Diskussionen der Fachtagung Einheitliches Kaufrecht am 16./17.2.1987, veranstaltet von der Gesellschaft für Rechtsvergleichung Fachgruppe für vergleichendes Handels- und Wirtschaftsrecht, Baden-Baden 1987; zit.: Referent in *Schlechtriem,* Einheitliches Kaufrecht u. nat. OR., S...

Schlechtriem, Peter/Magnus, Ulrich: Internationale Rechtsprechung zu EKG und EAG, Eine Sammlung belgischer, deutscher, italienischer, israelischer und niederländischer Entscheidungen zu den Haager Einheitlichen Kaufgesetzen, Baden-Baden 1987; zit.: *Schlechtriem/Magnus*, Internationale Rechtsprechung zu EKG und EAG, Art..., Nr..., S....

Schlechtriem, Peter: Einheitliches UN-Kaufrecht, ZJ 1988, S. 1037 ff.

ders.: Voraussehbarkeit und Schutzzweck der verletzten Pflicht als Kriterium der Eingrenzung des ersatzfähigen Schadens im deutschen Recht, in: Recht in Ost und West, FS zum 30-jährigen Jubiläum des Instituts für Rechtsvergleichung der Waseda Universität, Tokio 1988, S. 505 ff.; zit.: *Schlechtriem,* Voraussehbarkeit und Schutzzweck der verletzten Pflicht als Kriterium der Eingrenzung des ersatzfähigen Schadens im deutschen Recht, FS zum 30-jährigen Jubiläum des Instituts für Rechtsvergleichung der Waseda Universität, S...

ders.: Ansprüche aus culpa in contrahendo wegen Abbruchs von Vertragsverhandlungen, EwiR 1989, S. 443-444.

ders.: Zur deliktischen Haftung des Verkäufers nach Lieferung einer mangelhaften Sache, welche beim Ausbau Schäden an den bisher mangelfreien Sachen des Käufers verursacht, EwiR 1992, S. 347-348.

ders.: Rechtsvereinheitlichung in Europa und Schuldrechtsreform in Deutschland, ZEuP 1993, S. 217 ff.; zit.: *Schlechtriem*, ZeuP 1993, S....

ders.: Anmerkung zu OLG Köln Entscheidung am 22.02.1994, EWiR 1994, S. 867 f.; zit.: OLG Köln, EWiR 1994, S. 867 m. Anm. *Schlechtriem.*

ders.: Fristsetzungen bei Leistungsstörungen im Einheitlichen UN-Kaufrecht (CISG) und der Einfluß des § 326 BGB, in FS für Reinhold Trinker zum 65. Geburtstag. Lebendiges Recht – von den Sumerern bis zur Gegenwart. Heidelberg 1995, S. 321 ff.; zit.: *Schlechtriem,* FS *Trinker,* S....

ders.: UNWaVtrÜbk Art. 49 Abs. 2 – Vertragsaufhebung wegen Vertragsverletzung nach rechtzeitiger Lieferung, EwiR 1995, S. 451-452.

ders.: Vertragswidrigkeit, öffentlich-rechtliche Vorgaben (Grenzwerte) für Schwermetallbelastung, Vertragsaufhebung, EwiR 1995, S. 569-570; zit.: *Schlechtriem,* Vertragswidrigkeit, öffentlich-rechtliche Vorgaben (Grenzwerte) für Schwermetallbelastung, Vertragsaufhebung, EwiR 1995, S....

ders.: Internationales UN-Kaufrecht, Ein Studien- und Erläuterungsbuch zum Übereinkommen der Vereinten Nationen über Verträge über den internationalen Warenkauf (CISG), Tübingen 1996; zit.: *Schlechtriem,* Internationales UN-Kaufrecht, (1996), Rn...

ders.: UNWaVtrÜk- Falschlieferung als Nichtlieferung oder Lieferung vertragswidrig beschaffener Ware, EwiR 1996, S. 597-598; zit.: *Schlechtriem,* EwiR 1996, S...

ders.: Vertragsmäßigkeit der Ware als Frage der Beschaffenheitsvereinbarung (zu BGH, 8.3.1995 – VIII ZR 159/94), IPRax 1996, Heft 1, S. 12 ff.

ders.: Aufrechnung durch den Käufer wegen Nachbesserungsaufwand – deutsches Vertragsstatut und UN-Kaufrecht, (zu OLG Hamm, 9.6.1995 – 11 U 191/94, unten S. 269, Nr. 36), IPRax 1996, Heft 4, S. 256 ff.; zit.: *Schlechtriem,* IPRax 1996, S...

ders.: Anmerkung zu OLG Hamm Entscheidung am 9.6.1995, IPRax 1996, S. 184 ff.; zit.: IPRax 1996, S.... mit Anm. *Schlechtriem,* S....

ders.: Wesentlicher Vertragsbruch durch Lieferung gezuckerten Weins, (zu Cour de Cassation, 23.1.1996), IPRax 1997, Heft 2, S. 132.

ders.: Rüge der Vertragswidrigkeit der Ware nach UNWaVtrÜk Art. 39 Abs. 1, EwiR 1997, S. 653-654.

ders.: Verspätete Rüge infolge unterlassener Untersuchung der Ware im UN-Kaufrecht, EwiR 1997, S. 785-786; zit.: *Schlechtriem*, EwiR 1997, S....

ders.: Verbraucherkaufverträge- ein neuer Richtlinienentwurf, JZ 1997, S. 441 ff.

ders.: Das Recht auf Vertragsaufhebung bleibt dem Käufer gem. Art. 82 Abs. 2 lit. b CISG auch dann erhalten, wenn die Ware verarbeitet worden ist und die Verarbeitung zum Zwecke der Untersuchung gem. Art. 38 CISG erforderlich war, EwiR 1997, S. 1079-1080.

ders.: Länge der Untersuchungs- und Rügefrist nach dem UNWaVtrÜk, EwiR 1998, S. 549-550; zit.: *Schlechtriem*, EwiR 1998, S...

ders.: Commentary on the UN-Convention on the international Sale of Goods (CISG), C.H. Beck München 1998.

ders.: Zur Entlastungsmöglichkeit des Verkäufers bei Schadensersatzansprüchen aus einem internationalen Kaufvertrag, JZ 1999, S. 794 ff.

ders.: Schutzpflichten und geschützte Personen, in FS für Dieter Medicus zum 70. Geburtstag, München 1999.

ders.: Vertragsmäßigkeit der Ware und öffentlich-rechtliche Vorgaben (zu Medical Marketing International, Inc. V. Internationale Medico Sientifica, S.R.L., United States District Court, E.D. Louisiana, 17. Mai 1999), IPRax 1999, S. 388 ff.

Schlechtriem, Peter/ Schmidt-Kessel, Martin: Zum stillschweigenden Verzicht auf einen Verspätungseinwand beim internationalen Warenkauf, EwiR 1999, S. 257-258.

Schlechtriem, Peter: Kommentar zum Einheitlichen UN-Kaufrecht (CISG), 3. Aufl. München 2000; zit.: *Schlechtriem/*Bearbeiter, Art....Rn....

ders.: Abstandnahme vom Vertrag in: Basedow, Jürgen, Europäische Vertragsrechtsvereinheitlichung und deutsches Recht, Tübingen 2000.

ders.: Internationales UN-Kaufrecht, Ein Studien- und Erläuterungsbuch zum Übereinkommen der Vereinten Nationen über Verträge über den internationalen Warenkauf (CISG), Tübingen 2003; zit.: *Schlechtriem,* Internationales UN-Kaufrecht, (2003), Rn...

Schlechtriem, Peter/Schwenzer, Ingeborg: Kommentar zum Einheitlichen UN-Kaufrecht (CISG), 4. Aufl. München 2004; zit.: *Schlechtriem/Schwenzer/*Bearbeiter, Art....Rn.....

Schmid, Christoph: Das Zusammenspiel von Einheitlichem UN-Kaufrecht und nationalem Recht: Lückenfüllung und Normenkonkurrenz, Univ. München, Diss. 1995, Berlin 1996.

ders.: Das Verhältnis von Einheitlichem Kaufrecht und nationalem Deliktsrecht am Beispiel des Ersatzes von Mangelfolgeschäden, RIW 1996, Heft 1, S. 904 ff.

Schmidt-Kessel, Martin: Vertragsaufhebung nach UN-Kaufrecht, RIW 1996, S. 60 ff.

Schmidt, Jürgen-Räntsch: Zum Stand der Kaufrechtsrichtlinie, ZIP 1998, S. 849 ff.

Schmidt, Rudolf: Die Falschlieferung beim Kauf, NJW 1962, S. 710 ff.

Schmidt, Lutz: Die Vertragsaufhebung durch den Warenkäufer, Eine rechtsvergleichende Untersuchung mit Interessenanalyse und Ausblicken auf ein mögliches europäisches Schuldvertragsrecht, Berlin, Humbolt-Univ., Diss. 2003.

Schneider, Dirk: UN-Kaufrecht und Produktenhaftpflicht, Zur Auslegung von Art. 4 Satz 1 und Art. 5 CISG und zur Abgrenzung vertraglicher und außervertraglicher Haftung aus der Sicht des CISG, Diss. Basel und Frankfurt a. M. 1995; zit.: *Schneider,* UN-Kaufrecht und Produktenhaftpflicht, S...

Schnüll, Valcárcel, Dagmar: Die Haftung des Verkäufers für Fehler und zugesicherte Eigenschaften im europäischen Rechtsvergleich, Diss. Bonn 1994; zit.: *Schnüll,* Die Haftung des Verkäufers für Fehler und zugesicherte Eigenschaften, S...

Schott, Volker: Antizipierter Vertragsbruch und Leistungsgefährdung.

Schubel, Christian: Nacherfüllung im Kaufrecht. Bemerkungen zu den Vorschlägen der Schuldrechtskommission, ZIP 1994, S. 1330 ff.

Schultz, Dietrich: Preisgefahr und Gehilfenhaftung beim Versendungskauf, JZ 1075, S. 240 ff.; zit.: *Schulz,* Preisgefahr und Gehilfenhaftung, beim Versendungskauf, JZ 1975, S...

Schulz, Florian: Der Ersatzlieferungs- und Nachbesserungsanspruch des Käufers im internen deutschen Recht, im UCC und im CISG, Hamburg Univ. Diss. 2001; zit.: *Schulz,* Der Ersatzlieferungs- und Nachbesserungsanspruch des Käufers, S....

Schulze, Reiner/Schulte-Nölke, Hans: Die Schuldrechtsreform vor dem Hintergrund des Gemeinschaftsrechts, Tübingen 2001; zit.: Bearbeiter, in *Schulze/Schulte-Nölke,* Die Schuldrechtsreform vor dem Hintergrund des Gemeinschaftsrechts, S...

Schumacher, Rudolf: Verweist § 378 1. Hs. HGB nur auf die Rügepflicht des § 377 HGB oder darüber hinaus auf die Anwendung des Gewährschaftrechts?, MDR 1977, S. 19 ff.

Schütz, Markus: UN-Kaufrecht und Culpa in contrahendo, Univ. Heidelberg, Diss. 1995, Frankfurt a. M. 1996.

Schwappach, Jürgen: EU-Rechtshandbuch für die Wirtschaft, München 1996.

Schwark, Eberhard: Kaufvertragliche Mängelhaftung und deliktsrechtliche Ansprüche, AcP 179 (1979), S. 57 ff.

ders.: Auswirkungen einer Verletzung der Rügeobliegenheit des § 377 HGB auf deliktische Ansprüche, Nachberatung zu BGHZ 101, 337, JZ 1990, S. 374 ff.
Schwartze, Andreas: Europäische Sachmängelgewährleistung beim Warenkauf, Max-Plank-Institut für ausländisches und internationales Privatrecht 2000.
Schwenk, Edmund H.: Gewährleistung für Rechts- und Sachmängel nach dem Uniform Commercial Code und dem Einheitlichen Gesetz über den internationalen Kauf beweglicher Sachen, RabelsZ 35 (1971), S. 645 ff.
Schwentzer, Ingeborg: Sachgüterschutz im Spannungsfeld deiktischer Verkehrspflichten und vertraglicher Leistungspflichten, JZ 1988, S. 525 ff.
ders.: Das UN-Abkommen zum internationalen Warenkauf, NJW 1990, S. 602 ff.; zit.: *Schwentzer*, NJW 1990, S...
ders.: Schuldrecht, Rechtsvergleichung und Rechtsvereintlichung an der Schwelle zum 21. Jahrhundert, Symposium aus Anlass des 65. Geburtstages von Peter Schlechtriem, Tübingen 1999.
Schwung, Siegfried: Die Zusendung unbestellter Waren, JuS 1985, S. 449 ff.
Sekretariatskommentar: Kommentar zum UNCITRAL-Entwurf 1978, erarbeitet vom UN-Sekretariat, abgedruckt in den Official Records 14-66; zit.: Sekretariatskommentar, Art..., Anm..., Off. Rec...
Seiler, Hans-Hermann: Das geplante Werkvertragsrecht I, in: *Ernst/Zimmermann,* Zivilrechtswissenschaft und Schuldrechtsreform (2001), S. 263 ff.; zit.: *Seiler* in *Ernst/Zimmermann,* Zivilrechtswissenschaft und Schuldrechtsreform, S...
Sickinger, Christian: Gefahrtragung und Haftung beim Rücktritt vom Kaufvertrag, Bonn 1994.
Sieber, Liliane: Gefahrtragung im Kaufrecht, Diss. Univ. Zürich 1993.
Signer, Reinhard: Sonderprivatrecht für Kaufleute?, ZIP 1992, S. 1058 ff.
Soergel, Hans-Theodor: Kommentar zum Bürgerlichen Gesetzbuch mit Einführungsgesetzen und Nebengesetzen:
Band 2. Schuldrecht I – II, 10. Aufl. Stuttgart, Berlin, Köln 1967,
Band 2. Schuldrecht I, 11. Aufl. Stuttgart, Berlin, Köln 1986,
Band 2. Schuldrecht II, 11. Aufl. Stuttgart, Berlin, Köln 1986,
Band 2. Schuldrecht I (§§ 241-432), 12. Aufl. Stuttgart, Berlin, Köln 1990,
Band 3. Schuldrecht II (§§ 433-515), AGB-Gesetz, AbzG, EAG, EKG, UN-Kaufrecht, 12. Aufl., Stuttgart/Berlin/Köln 1991,
Band 13. Schuldrechtliche Nebengesetze 2, Übereinkommen der Vereinten Nationen über Verträge über den internationalen Warenkauf (CISG), 13. Aufl., Stuttgart/Berlin/Köln 2000; zit.: *Soergel*/Bearbeiter, Art...., Rn.....

Sonnenberger, Hans-Jürgen: Leistungsstörung, positive Forderungsverletzung und Beweislast – rechtsvergleichende Bemerkungen, in FS für Dieter Medicus zum 70. Geburtstag, Köln, Berlin, Bonn, München 1999, S. 621 ff.

Stathopoulos, Michael: Bemerkungen zum Verhältnis von Fahrlässigkeit und Rechtswidrigkeit im Zivilrecht, in FS für Karl Larenz zum 80. Geburtstag am 23. April 1983, herausgegeben von Canaris, Claus-Wilhelm/Diederichsen, Uwe, München 1983.

Stathopoulos, Michael: Das Abkommen der Vereinten Nationen über den internationalen Warenkauf, und das griechische Kaufrecht von ZGB, NoB 1997, S. 1086 ff.

Stathopoulos, Michael: Rechtsbehelfe des Käufers nach dem Wiener Übereinkommen über den internationalen Warenkauf in Vergleichung zum deutschen, englischen und griechischen Recht, Vortag in Hamburg in Mai 1997.

Staudenmayer, Dirk: Die EG-Richtlinie über den Verbrauchsgüterkauf, NJW 1999, S. 2393 ff.

J. von Staudingers: Kommentar zum Bürgerlichen Gesetzbuch mit Einführungsgesetz und Nebengesetzen:

Erstes Buch, Allgemeiner Teil (§§21-103), 13. Bearbeitung, Berlin 1995,

Zweites Buch, Recht der Schulverhältnisse (§§ 255-292), 13. Bearbeitung, Berlin 1995,

Zweites Buch, Recht der Schulverhältnisse (§§ 328-361), 13. Bearbeitung, Berlin 1995,

Zweites Buch, Recht der Schulverhältnisse (§§ 433-534), 13. Bearbeitung, Berlin 1995,

Zweites Buch, Recht der Schulverhältnisse (§§ 631-651), 13. Bearbeitung, Berlin 1994,

Zweites Buch, Recht der Schulverhältnisse (§§ 812-822), 13. Bearbeitung, Berlin 1999,

Wiener UN-Kaufrecht (GISG), Berlin 1999.

Gesetz zur Regelung des Rechts der Allgemeinen Geschäftsbedingungen (AGBG), 13. Bearbeitung, Berlin 1998; zit.: *Staudinger/*Bearbeiter, Art..., Rn...

Stern, Elisabeth: Erklärungen im UNCITRAL-Kaufrecht, Wien, Univ., Diss., 1989; zit.: *Stern,* Art...., Rn....

Stoll, Hans: Haftungsfolgen im bürgerlichen Recht, Heidelberg 1993.

Stötter, Viktor: Stillschweigender Ausschluss der Anwendbarkeit des internationalen Kaufabschlussübereinkommens und des Einheitlichen Kaufgesetzes, RIW/AWD 1980, S. 37 ff.

Thamm, Manfred: Die Dauer einer „angemessenen Nachfrist“ für Lieferung und Mängelbeseitigung, BB 1982, Heft 33, S. 2018 ff.

ders.: Hemmung und Unterbrechung der Gewährleistungs-/ Verjährungsfrist nach BGB durch Nachbesserung, BB 1988, Heft 22, S. 1477 ff.
ders.: Die Mängelrüge nach Gesetz, Rechtsprechung und AGB-Praxis, BB 1994, Heft 2, S. 2224 ff.
Tonner, Klaus: Verbrauchsgüterkauf-Richtlinie und Europäisierung des Zivilrechts, BB 1999, Heft 35, S. 1769 ff.

UNILEX: Centre for Comparative and Foreign Law Studies (Hrsg.), UNILEX – A comprehensive and „intelligent" data base on the Convention on Contracts on the International Sale of Goods (Diskette), Irvington-Hudson, New York 1995 ff.; zit.: UNILEX.

Valtoudis, Anastassios: Die Haftung für die fehlerhaften Produkte, Thessaloniki 1999.
ders.: The seller's right to cure according to the Vienna Convention: arts. 37, 48 CISG, – *in Greek* – Armenoupoulos 1999, p. 595-615.
ders.: The problem of concurrent liability for defective goods under the CISG and under national tort law – *in Greek* – Armenopoulos [Thessaloniki Bar Review]: Thessaloniki (1999) 327-351.
Volken, Paul: Das Wiener Übereinkommen über den internationalen Warenkauf; Anwendungsvoraussetzungen und Anwendungsbereich, in: *Schlechtriem,* Einheitliches Kaufrecht und nationales Obligationenrecht, Referate und Diskussionen der Fachtagung Einheitliches Kaufrecht am 16./17.2.1987 (1987), S. 81 ff.; zit.: *Schlechtriem,* Einheitliches Kaufrecht u. nat. OR., S...
Vourvouri, Theodora: Die Sachmängelhaftung beim Kauf nach deutschem und griechischem Recht, Diss. Bochum Univ. 1998.

Waas, Bernd: Verjährungsunterbrechung und Gewährleistungsansprüchen bei erfolglosen Nachbesserungsversuchen des Schuldners, Zugleich eine Besprechung der Entscheidung des BGH vom 2.6.1999, BB 1999, Heft 48, S. 2472 ff.
Wanner, Antonia: Gefahrtragung und Haftung beim gesetzlichen Rücktritt, Diss. Univ. Bonn 2000.
Wartenberg, Konrad: CISG und deutsches Verbraucherschutzrecht, Tübingen, Univ., Diss. 1997.
Weber, Martin: Bereicherungsansprüche wegen enttäuschter Erwartung?, JZ 1989, S. 25 ff.
Welser, Rudolf: Die Vertragsverletzung des Verkäufers und ihre Sanktion in: *Doralt,* Das UNCITRAL-Kaufrecht (1985), S. 105 ff.; zit.: *Welser,* in *Doralt,* Das UNCITRAL-Kaufrecht, S...

Werner, Olaf: Die Qualitätsabweichung beim Handelskauf, BB 1984, S. 221 ff.

Wessel, Hans Heinz: Die Zusendung unbestellter Waren, BB 1966, S. 432 ff.

Westermann H.P.-Karakatsanes J.: Schuldrechtsreform in Deutschland und Griechenland, Athen-Komotini 1986.

Westermann, Harm Peter: Gefahr und Gefahrübergang im Schuldrecht, JA 1978, S. 481 ff. und 551 ff.; zit.: *Westermann,* Gefahr und Gefahrübergang im Schuldrecht, JA 1978, S...

ders.: Das neue Kaufrecht einschließlich des Verbrauchsgüterkaufs, JZ 2001, S. 530 ff.; zit.: *Westermann*, JZ 2001, S....

Westphal, Constantin: Der Ausschluss der §§ 377, 378 HGB durch Allgemeine Eikaufsbedingungen, Frankfurt a. M., Univ. Diss. 1995.

Wilhelm, Jan: Irrtum über rechtliche Eigenschaften und Kauf – 50 Jahre „Eigenschaftsirrtum und Kauf" von Werner Flume –, Festgabe für Werner Flume zum 90. Geburtstag, Berlin, Heidelberg 1998.

Witz, Claude/Wolter, Gerhard: Die ersten Entscheidungen französischer Gerichte zum Einheitlichen UN-Kaufrecht, RIW 1995, Heft 10, S. 810 ff.

Witz, Claude/Wolter, Gerhard: Die neure Rechtsprechung französischer Gerichte zum Einheitlichen UN-Kaufrecht, RIW 1998, Heft 4, S. 278 ff.; zit.: *Witz/Wolter,* Die neue Rechtsprechung französischer Gerichte zum Einheitlichen UN-Kaufrecht, RIW 1998, S....

Witz, Claude/Wolter, Gerhard: Die Umsetzung der EG-Produkthaftungs – Richtlinie in Frankreich, RIW 1998, S. 832 ff.

Witz, Claude/Kapnopoulou, Elissabet: Vienna Convention on Contracts for the International Sale of Goods and recent relevant case law [Greek Review of European Law], Thessaloniki (1995) 3:561-576.

Wolf, Eckhard: Die Rechtsprechung des Bundesgerichtshofs zum Kaufrecht, WM Sonderbeil. Nr. 2 zu Heft 47/1998.

Wolf, Manfred: Willensmängel und sonstige Beeinträchtigungen der Entscheidungsfreiheit in einem europäischen Vertragsrecht in: Basedow, Jürgen, Europäische Vertragsrechtsvereinheitlichung und deutsches Recht, Tübingen 2000.

Wolf Sabine: Reform des Kaufrechts durch EG-Richtlinie- ein Vorteil für die Wirtschaft? Die möglichen Auswirkungen einer Richtlinie über den Verbrauchsgüterkauf und -garantien auf das deutsche Kaufrecht und die Wirtschaft, RIW 1997, S. 899 ff.

Yearbook: UNCITRAL Yearbook, United Nations, New York. 1971 ff.; zit.: UNCITRAL-YB (J...), S...

Zhang, Xi aus Shenyang/China: Die Rechtsmängelhaftung des Verkäufers nach UN-Kaufrecht im Vergleich mit deutschem, englischem US-amerikanischem und Haager Einheitlichem Kaufrecht, Diss. Univ. Tübingen 1994.
Ziegler, Ulrich: Leistungsstörungsrecht nach dem UN-Kaufrecht, Dissertation zur Erlangung der Doktorwürde einer Hohen Juristischen Fakultät der Ludwig-Maximilians-Universität zu München, 1994; zit.: *Ziegler,* S...
Zimmer, Daniel: Das geplante Kaufrecht in: *Ernst/Zimmermann,* Zivilrechtswissenschaft und Schuldrechtsreform (2001), S. 191 ff.; zit.: *Zimmer,* in *Ernst/Zimmermann,* Zivilrechtswissenschaft und Schuldrechtsreform, S...
Zimmerman Reinhard: Der europäische Charakter des englischen Rechts, Historische Verbindung zwischen civil law und common law, ZEuP 1993, S. 4 ff.
Zheng, Xiaoquing: Risikoverteilung im Verhältnis der Vertragsstörung unter besonderer Berücksichtigung der Gefahrtragung beim Kauf nach chinesischem Recht, deutschem Recht und UN-Kaufrecht, Georg-August Univ. zu Göttingen, Diss. 1996.
Zocher-Reimers, Birgit: Beweislastfragen im Haager und Wiener Kaufrecht, Diss. Frankfurt a. M. 1995.

Lebenslauf der Autorin

Familienname:	Stathouli
Vorname:	Sofia
Geburtsdatum:	19.04.1969
Geburtsort	Maroussi/Athen
Staatsangehörigkeit:	griechisch
Heimatadresse:	Stefanou-Dragoumi-Strasse 2 GR – 151 22 Maroussi/Athen
1975-1987:	Besuch der Schule in Athen.
1987:	Apolitirium mit der Gesamtnote „sehr gut“ (entspricht dem deuschen Abitur).
1991:	Teilnahme an der Hochschulaufnahmeprüfung (panhellinische Prüfungen) und mit der Gesamtnote „sehr gut“ bestanden. Auf Grund dieser Ergebnisse 1. Platz an der juristischen Fakultät der Universität Athen.
1991-1995:	Jurastudium an der Universität Athen.
September 1995:	Abschluss des Jurastudiums mit der Gesamtnote „sehr gut“ und mit Auszeichnung.
1996-1998:	Magisterstudium in Jura an der Ludwig-Maximilians-Universität München. Das Thema der Magisterarbeit lautet: „Zivilrechtliche Haftung für Umweltschäden“. Verleihung eines Stipendium für die Durchführung des Magisterstudiums durch die deutsche staatliche Stiftung DAAD (Deutscher Akademischer Austauschdienst) und die griechische Stiftung „ALEXANDER S. ONASSIS PUBLIC BENEFIT FOUNDATION.

März von 1998:	Verleihung des akademischen Grades „Magister Legum“ (LL. M. München) mit der Gesamtnote „sehr gut“ (1,33).
April 1998:	Zweites Staatsexamen in Athen.
ab Oktober 1998:	Nach Bestehen des zweiten Staatsexamens als Rechtsanwältin in Athen zugelassen.
Januar 1999:	Verleihung des diesjährigen DAAD-Preises für hervorragende Leistungen ausländischer Studierender für den Abschluss des Magisterstudiums mit der Gesamtnote „sehr gut“.
1998-2006:	Promotionsstudium an der juristischen Fakultät der Universität München. Das Thema der Dissertation lautet: „Die Haftung des Verkäufers für Sachmängel und Falschlieferung nach dem Wiener Übereinkommen über den internationalen Warenkauf unter Berücksichtigung des deutschen und griechischen Rechts“. Im ersten Jahr des Promotionstudiums Stipendium der griechischen Stiftung „ALEXANDER S. ONASSIS PUBLIC BENEFIT FOUNDATION“, für die Weiterführung und den Abschluss dieses Studiums Stipendium der deutschen Stiftung KONRAD ADENAUER.
Juli 2006:	Erlangung der Doktorwürde der Juristischen Fakultät der Ludwig-Maximilians-Universität-München mit der Gesamtnote „magna cum laude“ (2).
Fremdsprachen:	Deutsch, englisch, französisch.

Rechtswissenschaften

Herausgegeben von

Dr. Thomas Küffner
Dr. Küffner & Partner, Landshut, München

Band 50: Monika Ackermann: **Die Rechtsbehelfe des Verletzten gegen die negative Anklageentscheidung des Staatsanwaltes in den USA** · Rechtslage und Reformbestrebungen
2006 · 192 Seiten

Band 49: Babette Steinbauer: **Reorganisation in der Energiewirtschaft (»unbundling«) und deren arbeitsrechtliche Folgen**
2006 · 260 Seiten

Band 48: Steffen Zimmer: **Ostalpine Bergrechtsaufzeichnungen im Mittelalter** · Ein bergrechtliches Entwicklungsprofil
2006 · 208 Seiten

Band 47: Petra Kiel-Junk: **Verfahrenskoordination im Umweltrecht** · Die europäische Verpflichtung zur Koordination umweltrechtlicher Verfahren und ihre Umsetzung in das deutsche immissionsschutzrechtliche Genehmigungsverfahren
2006 · 196 Seiten

Band 46: Anke Brodherr: **Alfred Verdross' Theorie des gemäßigten Monismus**
2005 · 264 Seiten

Band 44: Thomas Maier: **Beamte als Aufsichtsratsmitglieder der öffentlichen Hand in der Aktiengesellschaft: weisungsgebundene Werkzeuge des öffentlichen Gesellschafters?**
2005 · 240 Seiten

Band 43: Michael Rimbeck: **Rechtsfolgen fehlerhafter Ad-hoc Mitteilungen im deutschen und US-amerikanischen Recht**
2005 · 250 Seiten

Band 42: Thomas Eisgruber: **Die Zahlungsmittelrechnung nach § 4 Abs. 3 EStG** · Eine Systematik der vereinfachten Gewinnermittlung, verprobt am Beispiel des Tausches
2005 · 175 Seiten

Band 41: Stephan Friedrich König: **Die Gefahrenabwehrverordnungen der rheinland-pfälzischen kreisfreien Städte im Spannungsverhältnis zwischen Rechtsverordnung und Allgemeinverfügung**
2004 · 272 Seiten

Band 40: Kerstin Wetzel: **Die EG-Richtlinie zu Massenentlassungen RL 98/59/EG und ihre Umsetzung im französischen Recht**
2004 · 200 Seiten

Band 39: Patrick Bühring: **Demonstrationsfreiheit für Rechtsextremisten?** · Verfassungsrechtliche Spielräume für eine Verschärfung des Versammlungsgesetzes
2004 · 230 Seiten

Band 38: Anna-Maria Savelsberg: **Die Pfändungskonstitution der RKGO 1555, Teil 2, Tit. 22 als ein landesherrliches Mittel zum Ausbau der Territorialstaatlichkeit**
2004 · 143 Seiten

Band 37: Friederike Knaupp: **Der Einkommensteuertarif als Ausdruck der Steuergerechtigkeit**
2004 · 240 Seiten

Band 36: Sabine Leube: **Die Rolle des Staates im Internet** · Eine Untersuchung der Möglichkeit, Zulässigkeit und Notwendigkeit staatlicher Regulierung
2004 · 347 Seiten

Band 35: Natascha Hühnerbein: **Rechtsvergleichende Untersuchung der Miterfinderschaft**
2004 · 261 Seiten

Band 34: Christine von Schildt-Lutzenburger: **Der urheberrechtliche Schutz von Gebäuden**
2004 · 236 Seiten

Band 33: Ursula Schweßinger: **Der Einfluss der Europäischen Menschenrechtskonvention auf den zivilrechtlichen Persönlichkeitsschutz in Deutschland, Frankreich und England**
2004 · 445 Seiten

Band 32: Kilian Friemel: **Die Betriebsvereinbarung über Arbeitnehmererfindungen und technische Verbesserungsvorschläge**
2004 · 260 Seiten

Band 31: Michael Luber: **Der mehrseitige Austauschvertrag** · Eine materiellrechtliche und zivilprozessuale Untersuchung
2003 · 265 Seiten

Band 30: Dagmar Güttler: **Die Rangfolgeregelungen für die Einspeisung von Fernsehprogrammen in analoge Kabelanlagen und ihre Vereinbarkeit mit der Dienstleistungsfreiheit**
2003 · 268 Seiten

Band 29: Christoph Parchmann: **Pluralistische Wirklichkeit und Verwaltungsrecht** · Das Beispiel der baurechtlichen Verunstaltungsvorschriften
2003 · 196 Seiten

Band 27: Andreas Erler: **Die private Nutzung neuer Medien am Arbeitsplatz**
2003 · 300 Seiten

Band 26: Dagobert Nitzsche: **Ausgewählte rechtliche und praktische Probleme der gewerblichen Prozesskostenfinanzierung unter besonderer Berücksichtigung des Insolvenzrechts**
2003 · 217 Seiten

Erhältlich im Buchhandel oder direkt beim Verlag:
Herbert Utz Verlag GmbH, München
089-277791-00 · info@utz.de

Gesamtverzeichnis mit mehr als 2800 lieferbaren Titeln: www.utz.de

FSC
www.fsc.org
MIX
Papier | Fördert
gute Waldnutzung
FSC® C083411

Kolibri 360 GmbH
Ferdinand-Jühlke-Straße 7
99095 Erfurt, Deutschland
produktsicherheit@kolibri360.de